U0693371

国家哲学社会科学成果文库

NATIONAL ACHIEVEMENTS LIBRARY
OF PHILOSOPHY AND SOCIAL SCIENCES

《卫拉特法典》研究

达力扎布 著

人民出版社

作者简介

达力扎布　复旦大学历史学系教授，历史学博士，1955 年 2 月生，蒙古族。原籍内蒙古通辽市科尔沁左翼后旗。

主要研究方向为明、清蒙古史、蒙古法律，先后发表专著《明代漠南蒙古历史研究》《〈喀尔喀法规〉汉译及研究》，*Manchu-Mongol Relation on the Eve of the Qing Conquest: A Documentary History*（与 Nicola Di Cosmo 合著）。发表学术论文近 60 篇，翻译发表英、日、西里尔蒙古文学术论文 10 余篇。出版《明清蒙古史论稿》《清代蒙古史论稿》两部文集。主编《中国民族史研究 60 年》《中国边疆民族研究》集刊 1—12 辑。曾任中国蒙古史学会副理事长、中央民族大学历史系主任、中央民族大学中国边疆民族地区历史与地理研究中心主任等职。

《国家哲学社会科学成果文库》
出版说明

为充分发挥哲学社会科学研究优秀成果和优秀人才的示范带动作用，促进我国哲学社会科学繁荣发展，全国哲学社会科学工作领导小组决定自2010年始，设立《国家哲学社会科学成果文库》，每年评审一次。入选成果经过了同行专家严格评审，代表当前相关领域学术研究的前沿水平，体现我国哲学社会科学界的学术创造力，按照"统一标识、统一封面、统一版式、统一标准"的总体要求组织出版。

全国哲学社会科学工作办公室

2021年3月

目 录

第一部分 研究编

第二部分 译释编

CONTENTS

绪　论

卫拉特，即蒙古语 Oyirad 的译音，意为“林木中的百姓”。“Oyirad”一词元代汉译为“斡亦剌”，明代译为“瓦剌”，清代译为“厄鲁特”或“额鲁特”（即 Ögeled 的译音），Ögeled 是卫拉特古老的部落之一，并非其统称。俄国和一些伊斯兰史料中称居于伏尔加河、顿河和乌拉尔河一带的卫拉特人为“卡尔梅克”（Kalmyk），源自突厥语，意为“留下”，表示留下的异教徒。

一、卫拉特历史述略

成吉思汗时斡亦剌部归附蒙古，大蒙古国建立后因功被封为四个千户，元代居住于谦河（叶尼塞河）上游八河地区。斡亦剌部与成吉思汗及其子孙，尤其是拖雷家族互相嫁娶，有密切的姻亲关系。洪武元年（1368 年），元朝廷在中原的统治崩溃后，退居岭北；洪武五年（1372 年），岭北之役后，与明朝形成对峙局面；洪武二十年（1387 年），明军出征北元辽阳行省左丞相纳哈出，迫使其率二十余万人投降；洪武二十一年（1388 年）又出击北元汗庭于“捕鱼儿海子”（今内蒙古呼伦贝尔市的贝尔湖），脱古思帖木儿汗逃至西部图拉河一带，被阿里不哥后裔也速迭儿王杀死。瓦剌首领拥立也速迭儿王为汗，与东部支持忽必烈后裔的阿速特部首领阿鲁台分庭抗礼，争夺北元的最高领导权。明初黄金家族衰落，异姓权臣掌权。明朝称元裔大汗统辖的东部蒙古为鞑靼，拥立阿里不哥后裔为汗的西部蒙古为瓦剌。

永乐五年（1407 年），元臣阿鲁台等废除非元裔的鬼力赤汗，次年拥立元裔本雅失里为汗，大有统一漠北之势。永乐七年（1409 年），明朝封瓦剌三部落首领为王，封马哈木为顺宁王、太平为贤义王、把秃孛罗为安乐王，允许其通贡贸易。派遣大将军丘福率军十万出征本雅失里汗，行至克鲁伦河下游全军覆没。永乐八年（1410 年），明成祖朱棣亲征本雅失里，本雅失里西逃，被瓦剌马哈木杀死。瓦剌拥立阿里不哥后裔答里巴为汗。永乐十二年（1414 年），明朝出征西部答里巴汗，击败瓦剌。明成祖采取分化打击策略，全力打击拥立大汗的一方，而扶持其对立方，以阻止其统一。稍后，阿鲁台拥立阿台汗后，明成祖率军三征阿鲁台，使阿鲁台部受到沉重打击而衰落。瓦剌势力迅速恢复，顺宁王马哈木之子脱欢袭位后，于 15 世纪 30 年代兼并贤义王太平、安乐王把秃孛罗，统一瓦剌。宣德九年（1434 年）击杀阿鲁台，正统三年（1438 年）又杀死阿鲁台所立阿台汗，统一了漠北蒙古诸部。脱欢立元裔脱脱不花为汗，自称太师、淮王、右丞相。

正统四年（1439 年），脱欢太师死后，子也先袭位。也先击败东察合台汗国，臣服吐鲁番、哈密，势力西达楚河、塔拉斯河一带，一度至锡尔河，控制了中亚部分地区。正统八年（1443 年），又征服明朝沙州、赤斤等关西诸卫，在沙州设立甘肃行省建置。向东南用兵，兀良哈三卫臣服，征伐女真诸部，甚至以元朝皇帝名义遣使朝鲜国王，敦促其恢复君臣关系。正统十四年（1449 年），由于贸易和赏赐的矛盾，也先和脱脱不花汗发动对明朝的战争。明英宗在太监王振怂恿之下率军出征，结果于土木堡之役被也先所俘。也先欲以明英宗要挟明朝，获取更大利益。但明军坚守北京城，扶立明代宗，挫败了也先的企图。也先只好释放明英宗，双方恢复了和平贸易关系。此后也先与脱脱不花汗发生冲突，也先杀脱脱不花汗。景泰四年（1453 年），也先自立为汗，但蒙古各部封建主不予承认，明朝亦不承认，称其为瓦剌汗。次年，也先被阿剌知院杀死。也先死后，东部蒙古势力复兴，达延汗统一东部蒙古，以瓦剌为主的西部蒙古各部西迁。

16 世纪，西部蒙古居地东至杭爱山，西至额尔齐斯河，北越唐努山至叶尼塞河上游，南接东察合台汗国。16 世纪后期，在漠南蒙古土默特部及漠北蒙古喀尔喀的攻击下西退阿尔泰山一带。16 世纪末，西部蒙古形成绰罗斯、和硕特、杜尔伯特、土尔扈特四部，互不统属，形成松散的联盟。盟主由成吉思汗长弟合撒儿后裔和硕特部首领拜巴噶斯担任。17 世纪初，在拜巴噶斯担任“楚固兰”（盟会）首领时，四部信奉了藏传佛教。绰罗斯部在首领哈喇忽剌时逐渐强盛，摆脱了东部喀尔喀和托辉特部的控制。崇祯七年（1634 年），哈喇忽剌死，其子和多克沁袭为首领，即巴图尔珲台吉。

崇祯元年（1628 年），土尔扈特部首领和尔勒克率领部众从额尔齐斯河中上游一带西迁里海以北的伏尔加河下游游牧。崇祯十年（1637 年），卫拉特受藏传佛教格鲁派寺院集团的邀请，派遣联军镇压入居青海的喀尔喀绰克图台吉部众。卫拉特联军消灭绰克图台吉势力之后撤回，和硕特部顾实汗率部众留居青海。之后，顾实汗率军灭康区白利土司和后藏的藏巴汗，于崇祯十五年（1642 年）控制了整个青海、西藏以及甘肃和云南的藏族地区。由于各部的外迁，绰罗斯部成为留在故地的卫拉特诸部中最强盛的部落，与和硕特、杜尔伯特、辉特等部形成松散联盟。

崇祯八年（1635 年），后金皇太极统一漠南蒙古，崇祯十二年（1639 年）喀尔喀扎萨克图汗与清朝发生冲突，清朝威胁出征扎萨克图汗部。次年（1640 年），喀尔喀扎萨克图汗与准噶尔部巴图尔珲台吉召集喀尔喀和卫拉特诸部首领举行会盟商议对策。喀尔喀扎萨克图汗、土谢图汗，准噶尔部巴图尔珲台吉、和硕特部顾实汗、土尔扈特部和尔勒克等诸部首领及大喇嘛参加会盟，在盟会上商定共同抵御清朝的兼并，并制定了《1640 年喀尔喀—卫拉特大法典》，作为共同遵守的法规。

顺治十年（1653 年），准噶尔部巴图尔珲台吉去世。其子僧格即位，僧格与其异母弟车臣、卓特巴巴图尔发生内讧。康熙九年（1670 年），僧格被车臣和卓特巴巴图尔杀害。其弟噶尔丹活佛还俗为兄报仇，在和硕特部鄂齐尔图汗和叔父楚琥尔乌巴什台吉支持下击败车臣和卓特巴巴图尔，成为准噶尔部首领。康熙十五年（1676 年），噶尔丹击败其叔父楚琥尔乌巴什台吉，次年击败其岳父和硕特部鄂齐尔图汗，统一了留居原地的卫拉特四部。康熙十七年（1678 年），噶尔丹从五世达赖喇嘛处获得“博硕克图汗”号，建立了以绰罗斯氏为首的准噶尔汗国。

康熙十八年（1679 年），噶尔丹派兵占据哈密、吐鲁番。康熙十九年（1680 年），进兵今南疆地区，灭叶尔羌汗国（1514—1680 年），设立傀儡政权管理南疆地区；次年向西扩张，击败哈萨克、布鲁特（吉尔吉斯），使其臣服。至此，准噶尔汗国的领地西至巴尔喀什湖迤东、迤南一带，北至额尔齐斯河上游鄂木河，东抵阿尔泰、哈密，包括天山南北地区，其游牧中心在伊犁河流域。

在此期间，漠北喀尔喀右翼扎萨克图汗和左翼土谢图汗之间也因属民归属纠纷发生内讧。康熙二十五年（1686 年），清朝和五世达赖喇嘛共同派遣使者于库伦伯勒齐尔召集喀尔喀两翼各部会盟，调解双方关系，但未能彻底解决双方矛盾。会后，双方矛盾再度激化，土谢图汗袭杀扎萨克图汗沙喇。康熙二十七年（1688 年），噶尔丹出兵击败土谢图汗部，迫使喀尔喀三部南来归附清朝。康熙二十八年（1689 年），清朝请五世达赖喇嘛派遣使者，共同调节准噶尔和喀尔喀的矛盾。此时五世达赖喇嘛已圆寂，第巴桑结嘉措以达赖喇嘛的名义暗中干扰，调节没有成功。噶尔丹退居科布多后，其侄策妄阿喇布坦因与噶尔丹产生矛盾，率部众逃至博尔塔拉，逐渐控制了准噶尔汗国本土。噶尔丹为追索喀尔喀土谢图汗和哲布尊丹巴呼图克图与清朝发生直接冲突，乌兰布通之役被清军击败。之后再败于昭莫多，于康熙三十六年（1697 年）病逝。其余众或投降清朝，或投奔其侄策妄阿喇布坦。

在策妄阿喇布坦及其子噶尔丹策零统治时期，准噶尔部又强盛起来。策妄阿喇布坦曾与清朝争夺对西藏的控制权，派兵入藏，占据西藏三年。康熙五十九年（1720 年），清朝派兵将其驱逐出西藏，任命藏人为噶伦，管理西藏事务。雍正元年（1723 年），清军又平定青海罗卜藏丹津叛乱，统一了青海及甘肃和云南部分地区。雍正皇帝试图乘机统一准噶尔，派兵出征，互有胜负，于雍正末年双方议和，乾隆初年划定边界。

乾隆十年（1745 年），噶尔丹策零病逝，其诸子内讧，战败的各部贵族纷纷率众归附清朝。乾隆二十年（1755 年），清朝出兵统一准噶尔部，随后平定辉特部首领阿睦尔撒纳叛乱，统一了新疆天山迤北地区；又平定大小和卓木叛乱，统一了原附属于准噶尔的南疆地区。乾隆三十六年（1771 年），渥巴锡汗率领在伏尔加河流域的土尔扈特部摆脱俄国控制，东归故土，清朝接济土尔扈特部，将其安置于今新疆地区。一部分杜尔伯特、和硕特及土尔扈特人仍留居于俄罗斯，这部分人即俄国卡尔梅克自治共和国的卡尔梅克人。

综上所述，卫拉特是蒙古族的重要一支，在元明时期活跃在漠北地区，明代曾一度统一漠北蒙古各部，“土木之变”俘获明英宗，在中国历史上扮演了重要的角色。清代准噶尔部据有今天新疆地区，势力向西至巴尔喀什湖；土尔扈特部居于伏尔加河下游及顿河、乌拉尔河一带；和硕特部则控制着今青海、西藏以及甘肃、云南的部分地区。卫拉特人英勇抗击沙俄入侵，在西北地区实现了局部统一，为后来清朝大统一奠定了基础。卫拉特人继承和发展了古代蒙古族的文化，在政治制度、法律和文化方面都有自己的创建。卫拉特著名活佛咱雅班第达呼图克图在回鹘式蒙古文基础上创制了标音更为准确的托忒蒙古文，是清代五种主要官方文字之一。

二、《卫拉特法典》及研究概况

（一）《卫拉特法典》

《卫拉特法典》是17—19世纪卫拉特蒙古各部的法律汇编，作为具有代表性的游牧民族法典，对于研究古代蒙古以及游牧民族的历史和文化都有重要参考价值。

1640年，喀尔喀与卫拉特两部首领共同制定了yeke čaγaǰa，即《1640年蒙古—卫拉特大法典》（以下简称《大法典》）。而现存《大法典》托忒文抄本实际上是卫拉特各部在不同时期制定的几部法规的汇抄本，不仅有1640年《大法典》，还包括《准噶尔法典》《噶尔丹珲台吉敕令》（两道敕令），后增入《敦啰布喇什法典》。目前传世的不同抄本所收法规篇数不同。1640年《大法典》是以回鹘式蒙古文撰写的，后来被转写为托忒蒙古文。到目前为止仅在俄国境内的土尔扈特部（卡尔梅克）发现了《大法典》的托忒文抄本，而在准噶尔、青海和硕特、喀尔喀等参与制定《大法典》的部落和地区却没有发现任何文字的抄本。

学者们在翻译和研究《大法典》的过程中对其有不同的称呼，从而形成了诸多名称。苏联学者戈利曼指出，巴库宁俄译文的名称是《蒙古和卡尔梅克各民族法典或法律译文》，但更广泛地被称为《蒙古和卡尔梅克各民族法律》。戈尔斯通斯基称之为《1640年蒙古卫拉特法典》，此称比其他名称更符合该史料的性质和内容。帕拉斯最先提到卫拉特残存的古老法规的名称是čaajin bičiq（《察津·必扯克》），因此列昂托维奇认为这是1640年法典的原名称。不过“察津·必扯克”只是一个通用术语，不是专指 1640 年法典，其最正确的标题应该是《1640 年喀尔喀—卫拉特大法典》。[①] 迪雷科夫指出法典制定者在序言中已明确记述其名称为 yeke čāji，托忒文和回鹘式蒙古文的拉丁字母转写分别为 yeke čāji 和 yeke čaɣaǰa，但是在蒙古学著作中通称之为《草原法典》《惩罚条例》《察津·必扯克》等，这是没有关注其序言中原有的名称。[②] 因此，他主张应称之为 yeke čāji（《大法典》）。中国学者道润梯步校注该法典，其书题名为《卫拉特法典》。该法典的称谓繁多，此不赘述。[③] 1640 年《大法典》是由喀尔喀与卫拉特两部共同制定的，而喀尔喀方面自称“蒙古”，以与卫拉特区别。戈利曼所说的《1640 年喀尔喀—卫拉特大法典》之称有可取之处，不过现存 1640 年《大法典》的抄本都是汇抄本，内含数篇法律，其中除 1640 年《大法典》是由喀尔喀与卫拉特两部共同制定之外，其余法规为准噶尔、土尔扈特两部制定的法规，因此，本书采纳道润梯步校注本《卫拉特法典》的题名，统称之为《卫拉特法典》。

（二）《卫拉特法典》研究概况（1727—1979 年）

对《卫拉特法典》的翻译和研究始于 18 世纪 20 年代，至今已近三百年。《卫拉特法典》被译为俄、德、英、日、汉等多种文字，国内外学者出版了许多译本和研究著作，撰写了大量论文。苏联学者 M. И. 戈利曼、C. Д. 迪雷科夫，中国学者成崇德、那仁朝克图、策·巴图，蒙古国学者 T. 阿勒腾格日勒、H. 伦都布道尔济、B. 巴雅尔赛汉、Б. 巴图巴雅尔等都对不同时期的学术研究状况作过较为详细的综述，以下在吸收上述成果的基础上，对《卫拉特法典》研究状况作简略的回顾。

俄国人最早俄译和研究《卫拉特法典》，18 世纪 20 年代，驻俄国阿斯

① ［苏联］M. И. 戈利曼：《1640 年蒙古卫拉特法典的俄文译本和抄本》，李佩娟译，载国家清史编纂委员会编译组、中国社会科学院原民族研究所《准噶尔史略》编写组合编：《卫拉特蒙古历史译文汇集》第 1 册，2005 年，第 314 页。

② ［苏联］C. Д. 迪雷科夫：《厄鲁特蒙古封建法的整理和研究》，马大正译，《民族译丛》1984 年第 5 期，第 41 页。

③ 有关论述详见宝音乌力吉、包格校注：《蒙古—卫拉特法典》（蒙古文），内蒙古人民出版社 2000 年版，第 2、3 页；H. 伦都布道尔济、B. 巴雅尔赛汉主持出版：K. Ф. Голстунскаго，*Монголо-Ойратскiе Законы* 1640 *года*，*Доплнтельные указы Галдан-хунь-тайджiя* и *законы*，*составленные длявлжскихъ калмыковь при калмыкомь хане Дондукь-Даш* и. Ulaanbaatar 2004. 8—9дахь тал。

特拉罕省哥萨克部队上校别克列米舍夫斯基（В. беклемишевский）将一个《卫拉特法典》抄本送交俄国外交委员会（以下简称“别克列米舍夫斯基本”），大约于 1727 年，俄国外交委员会秘书瓦西里·巴库宁（В. М. Бакунин）据此抄本翻译出了第一个俄文译本，以后有所修改，此译本完成时间大约在 1727—1740 年间，封面题名为《1640 年 9 月 5 日蒙古卡尔梅克各民族法典或法律》。内容包括 1640 年《大法典》及《噶尔丹珲台吉敕令》（第一道敕令）。[①] 此译本及其依据的托忒文本都保存于俄国中央国家古代文书档案库。1776 年，舍列麦季耶夫伯爵以《蒙古和卡尔梅克诸民族法律的译文》为名刊布了巴库宁的俄译文。此后，与此译本完全相同的副本以《蒙古和卡尔梅克诸法规》之名刊载于 1828 年两期《北方档案》杂志上。同年，此译文又转载于《祖国之子》杂志。[②]

1776 年，在巴库宁俄文译本出版的同时，德国学者帕拉斯（Peter Simon Pallas）以《蒙古各族法规》（*Gesetae der mongolischen Völker*）为名出版了德译本，此书是其所编《蒙古历史资料汇编》（1776—1801 年）的一部分。该译本包括 1640 年《大法典》《噶尔丹珲台吉敕令》（两道敕令）以及《敦啰布喇什法典》的摘录，[③] 内容多于巴库宁译本。

1879 年，列昂托维奇教授将斯塔夫洛波尔统计委员会原秘书长宾特科夫斯基赠给俄国皇家挪沃罗西亚大学图书馆的手稿，即“宾特科夫斯基抄本”，刊载于《挪沃罗西亚大学札记》第 28、29 卷。列昂托维奇在其《古代蒙古卡尔梅克卫拉特刑法典》（1879 年）一书中刊发了此抄本（包括《噶尔丹珲台吉敕令》第一道敕令），并写了导言和注释，此本与巴库宁译本在个别语句上有差异。[④]其书中同时收入了帕拉斯的德译本。

---

① ［苏联］М. И. 戈利曼：《1640 年蒙古卫拉特法典的俄文译本和抄本》，李佩娟译，载国家清史编纂委员会编译组、中国社会科学院原民族研究所《准噶尔史略》编写组合编：《卫拉特蒙古历史译文汇集》第 1 册，2005 年，第 298—300 页。

② ［苏联］С. Д. 迪雷科夫：《厄鲁特蒙古封建法的整理和研究》，马大正译，《民族译丛》1984 年第 5 期，第 38、39 页。

③ ［德］P. S. 帕拉斯：《内陆亚洲厄鲁特历史资料》，邵建东、刘迎胜译，云南人民出版社 2002 年版。

④ ［苏联］М. И. 戈利曼：《1640 年蒙古卫拉特法典的俄文译本和抄本》，李佩娟译，载国家清史编纂委员会编译组、中国社会科学院原民族研究所《准噶尔史略》编写组合编：《卫拉特蒙古历史译文汇集》第 1 册，2005 年，第 305 页。

1851 年，原俄国阿斯特拉罕省卡尔梅克民事法庭院长马利采夫把《蒙古卡尔梅克各民族法律的译文》（上面注明是抄本）交给了俄国司法部。另外，1843 年暂时派往阿斯特拉罕省监察委员会工作的比尤列尔男爵复制了阿斯特拉罕省法院扎尔固档案馆保存的法典译本，题为《卡尔梅克决议集》，即“比尤列尔抄本”，以及卡尔梅克事务委员会在 1822 年《津齐林决议集》基础上拟订的《1827 年卡尔梅克法典草案》。1875 年，比尤列尔将这两个复印件赠给了莫斯科法律协会图书馆。该图书馆于 1880 年送交列昂托维奇。同年，列昂托维奇出版了这两个复制本的全文，而且刊载了他发现的宾特科夫斯基和比尤列尔两个抄本之间的异读现象，其实两个抄本之间除第 11 条外，没有任何不同，而《1827 年卡尔梅克法典草案》是宾特科夫斯基抄本的简本（遗漏了绪言、祈祷、结语，第 47 条后半部分，第 60 条后半部分，第 64、112、150、158、160、165 和 166 条全文）。[①]

1880 年，俄国彼得堡大学教授戈尔斯通斯基发表了《1640 年蒙古卫拉特大法典》俄译文，其中包括《噶尔丹珲台吉敕令》（两道敕令）和《敦啰布喇什法典》，附托忒原文印刷版。[②] 戈尔斯通斯基是从原卡尔梅克人民督学科斯坚科夫（К. И. Костенков）得到一个抄本，并将其译为俄文的。这是第一次全部发表该法典最完整的托忒文抄本，其中包括《噶尔丹珲台吉敕令》（两道敕令）和《敦啰布喇什法典》，并发表了俄译文以及极有价值的注释，注释多取材于卡尔梅克文的许多历史著述。[③] 普契柯夫斯基认为戈尔斯通斯基发表的是和硕特部巴图尔乌巴什图缅 1819 年的抄本，此抄本

---

① ［苏联］М. И. 戈利曼：《1640 年蒙古卫拉特大法典的俄文译本和抄本》，李佩娟译，载国家清史编纂委员会编译组、中国社会科学院原民族研究所《准噶尔史略》编写组合编：《卫拉特蒙古历史译文汇集》第 1 册，2005 年，第 304—308 页。

② К. Ф. Голстунскаго. Монголо-Ойратскіе Законы 1640 года, Дополнительные указы Галдань-хунь-тайджія и законы, составленные для волжскихь калыковь при калмыuкомь хань Дондукь-Даши. СПб., 1880.

③ ［苏联］М. И. 戈利曼：《1640 年蒙古卫拉特法典的俄文译本和抄本》，李佩娟译，载国家清史编纂委员会编译组、中国社会科学院原民族研究所《准噶尔史略》编写组合编：《卫拉特蒙古历史译文汇集》第 1 册，2005 年，第 308、309、312 页。

被收入戈尔斯通斯基藏件中，藏于苏联科学院东方学研究所，书号为 E83。[①]而帕里莫夫指出戈尔斯通斯基手中有巴图尔乌巴什图缅 1819 年的抄本，但发表的是科斯坚科夫提供的另一个本子。[②] 迪雷科夫也认为，戈尔斯通斯基发表的文本与列宁格勒大学的抄本 B9 接近，同时指出："戈尔通斯基刊布的文本和现在收藏在列宁格勒的所有这三种抄本都有些不同。"[③]（包括 B9 本）"他刊布列宁格勒大学抄本 B9 时，并未做足够的准备工作，也没有和原件作过仔细的校核。"通过迪雷科夫对苏联所藏五种抄本的校勘，可知戈尔通斯基发表的抄本确实与这些抄本都有所差别。

戈尔斯通斯基译本有两种本子：一个译本（旧译本）俄译文没有分节和序号；另一个译本（新译本）增加了节和序号，新译本中对旧译本的译文也有许多小的增补和改进，新译本代表了戈尔斯通斯基最后的思考。[④] 新译本在托忒文印刷版后面（即《敦啰布喇什法典》之后）增入了在人家吃喝失态的一个条款。

戈利曼指出，除戈尔斯通斯基译本外，所有见诸于世的俄文抄本其多数条款的篇幅或内容都可以溯源于最早的巴库宁俄译本。但是，"旧"抄本（中央国家古代文书档案库手稿、舍捷麦列夫、《北方档案》、马利采夫抄本）之间，比起"新"抄本（宾特科夫斯基、比尤列尔、《1827 年卡尔梅克法典草案》第一栏等几个抄本）之间，互相更为接近；"新"抄本之间几乎也没有差别；戈尔斯通斯基译文与原文比较接近，但不够具体、清楚。它突出的地方是，在个别条款的篇幅、数据、意思上与所有其余的译本相比，距离相当大；除马利采夫和《1827 年卡尔梅克法典草案》第一栏的抄本外，所有其余手写的和付印的抄本，特别是巴库宁俄译本、宾特科夫斯基抄本和

---

① ［苏联］Л. С. 普契柯夫斯基：《东方学研究所所藏蒙古、布里亚特蒙古和卫拉特的抄本的木刻本》第 1 卷，历史、法律类（莫斯科—列宁格勒，1957 年版）第 263—265 页，余大钧译，载《蒙古史研究参考资料》新编第 24 辑（总第 49 辑），1982 年 9 月。

② ［苏联］Н. 帕里莫夫：《卡尔梅克族在俄国境内时期的历史概况》，许淑明译，徐滨校，新疆大学出版社 1986 年版，第 8 页注①。

③ ［苏联］С. Д. 迪雷科夫：《厄鲁特蒙古封建法的整理和研究》，马大正译，《民族译丛》1984 年第 5 期，第 37 页。

④ John. R. Krueger, "New Materials on Oirad Law and history", Part One: The jinjil Decrees, *Central Asiatic Journal*, Volume XVI, No. 3, Wiesbaden, 1972, pp. 194-205.

戈尔斯通斯基译本，都有其独特的意义。因为，它们之间在含义上有一系列重要差别，有许多起到了互相充实的作用（术语和音标的分歧不在内）。[①] 戈利曼指出的戈尔斯通斯基本与其他各译本间的差异，若对照托忒原文，绝大部分是戈尔斯通斯基的译文与原文比较接近，还有一些差异则是因为二者使用的底本不同。[②] 戈利曼的评价是正确的，相对于戈尔斯通斯基译本，帕拉斯的德译本漏译内容较多，有些段落是摘译，难以理解的部分被舍弃，误解误译处甚多，质量上远不及戈尔斯通斯基译本。戈尔斯通斯基俄译本所收法典虽然与帕拉斯的德译本相同，但内容最为全面。

1929 年，俄裔美国学者 V. A. 梁赞诺夫斯基用英文出版《蒙古诸部族习惯法》（*Customary Law of the Mongol Tribes*）一书。[③] 1934 年，该书被译为日文出版，书名为《蒙古民族の習慣法》。[④] 1931 年又出版俄文修订版，*Монгольское право*（*преимущедвенно обычное*），[⑤] 1935 年又被译为日文出版，书名为《蒙古慣習法の研究》。[⑥] V. A. 梁赞诺夫斯基主要利用戈尔斯通斯基俄译本进行研究。[⑦] 他从法学角度对《大法典》（含《噶尔丹珲台吉敕令》）作了深入研究，例如在 1931 年修订版（即 1935 年日译本）中对《大法典》制定的历史背景、法源、版本进行考述，将法典内容分为序言（对宗教和喇嘛的态度）、诸部落的相互关系及攻防组织、畜牧及狩猎、驿传及运输赋役、氏族制度及族内诸关系、私法、刑法、裁判制度及诉讼制度等八个部分进行了论述，还对帕拉斯书中提及的旧《察津毕齐格》作了考察。

---

① ［苏联］M. И. 戈利曼：《1640 年蒙古卫拉特法典的俄文译本和抄本》，李佩娟译，载国家清史编纂委员会编译组、中国社会科学院原民族研究所《准噶尔史略》编写组合编：《卫拉特蒙古历史译文汇集》第 1 册，2005 年，第 317 页。

② ［苏联］M·И·戈利曼《〈1640 年蒙古卫拉特法典〉俄文译文和抄本》，李佩娟译，载国家清史编纂委员会编译组、中国社会科学院原民族研究所《准噶尔史略》编写组合编：《卫拉特蒙古历史译文汇集》第 1 册，2005 年，第 310、317 页。

③ V. A. Riasanovsky, *Customary Law of the Mongol Tribes*, Harbin, 1929.

④ ウエ・ア・リヤザノフスキイ：《蒙古民族の習慣法》，伪满洲国兴安总署，新京［长春］，1934 年。

⑤ Б. А. Рязановский, *Монгольское право*（*преимущедвенно обычное*）, Харбин, 1931.

⑥ ウエ・ア・リヤザノフスキイ：《蒙古慣習法の研究》，東京，東亞經濟調查局刊，1935 年。

⑦ ウエ・ア・リヤザノフスキイ：《蒙古慣習法の研究》，東京，東亞經濟調查局刊，1935 年，第 51 頁。

对于《敦啰布喇什法典》和《津齐林法规》亦设专章论述。[①] 1937 年，V. A. 梁赞诺夫斯基在天津用英文出版了《蒙古法律的基本原理》（*Fundamental principles of Mongol Law*, *Tientsin*: *Telbrcjs International Bookstores*, 1937.）一书，1965 年、1997 年在美国再版。该书被青木富太郎译为日文出版。[②]

1934 年，德国学者阿灵格在其《蒙古法，蒙古抄本法律文献（私法、刑法和检察)》著作中根据帕拉斯德译本进行了法学研究。他将《大法典》分为序言、三个部分，二十二类。例如，在私法部分中有房产法、财产法、家庭法、继承法等，作了法律解释。[③]

1954 年，日本学者田山茂将帕拉斯德译本转译为日文，[④] 并附于其《清代蒙古社会制度》一书中。

1957 年，苏联学者普契柯夫斯基介绍了苏联科学院东方学研究所所藏托忒文《卫拉特法典》抄本三种。第一种，著录第 260 号，包含《大法典》《噶尔丹珲台吉敕令》（两道敕令）、《敦啰布喇什法典》，另有安娜·约斡诺芙娜批准敦都克翁布为卡尔梅克人总督的敕令。以上均系戈尔斯通斯基藏本，1880 年戈尔斯通斯基将前三种文献原文、译文和注释一起出版；波兹德涅耶夫将安娜·约斡诺芙娜批准敦都克翁布为卡尔梅克人总督的敕令原文刊布。[⑤] 对戈尔斯通斯基书所收内容予以摘要刊布的有前述波兹德涅耶夫书、V. A. 梁赞诺夫斯基《蒙古诸部习惯法》第三编，还有 V. A. 梁赞诺夫斯基《蒙古法》第三编。第二种，著录第 261 号，书号：C287，无标题。包括《大法典》《噶尔丹珲台吉敕令》（两道敕令），各条没有编号。第三种，著录第 262 号，书号：C250，无标题。内有无标题的《敦啰布喇什法典》，与第 260 号相同，无标题。上述法规于 1815 年到 1820 年间进一步补

---

① ウエ・ア・リヤザノフスキイ：《蒙古慣習法の研究》，東京，東亞經濟調查局刊，1935 年。

② ウエ・ア・リヤザノフスキイ：《蒙古法の基本原理》，東京，青木富太郎譯，1943 年。

③ Alinge Curt, *Mongolishe Gesetze.* Darstellung des ges geschriebenen mongolishen Rechts (Privatrecht, Strafreccht, u, Prozess) leipziper rechtswissenschaftliche studien 87 leipzig 1934. 有关介绍见 Б. Батбаяр, *ИХЦААЗ-ын эх бичгийн судалгаа*, Улаанбаатар хот 2008он. Оршил, 15 дахь тал.

④ ［日］田山茂：《清代に於ける蒙古の社會制度》，文京書院，1954 年；汉译本见［日］田山茂：《清代蒙古社会制度》，潘世宪译，商务印书馆 1987 年版。

⑤ 见波兹德涅耶夫：《供卡尔梅克民族学校高年级阅读的卡尔梅克文选》，圣彼得堡，1892 年。

充与变更。上面有戈尔斯通斯基手写的批语和字。① 此前已述帕里莫夫、戈利曼、迪雷科夫都认为戈尔斯通斯基所译底本不是其所藏的和硕特部巴图尔乌巴什邱孟抄本，而是从原卡尔梅克人民督学科斯坚科夫（К. И. Костенков）得到的一个抄本，内容与列宁格勒大学所藏抄本 B9 接近。

1958 年，蒙古国 C·扎兰阿扎布在《〈喀尔喀法规〉是蒙古早期法律文献》一书中将《1640 年蒙古—卫拉特大法典》的内容分为七个方面作了简要论述，在论述刑法内容时与成吉思汗《大扎撒》作了比较。②

1967 年，日本学者田山茂出版《蒙古法典研究》一书，③ 将戈尔斯通斯基本原文与苏联科学院所藏托忒文本作了对照，指出了其中的差异。他依据苏联科学院所藏蒙古文本复制件，参考戈尔斯通斯基俄译本以及所附托忒原文、帕拉斯德译本，将《大法典》译为日文，即原稿的第 1—108 条，不包括《噶尔丹珲台吉敕令》和《敦啰布喇什法典》。他指出《大法典》的制定地点在无其他证据的情况下，姑且依《咱雅班第达传》的记载，认为在喀尔喀扎萨克图汗部举行会盟和制定了《大法典》。这与符拉基米尔佐夫的观点相同，后来日本学者宫胁淳子亦主张此观点。④

1972 年，美国学者约翰·克鲁格（John. R. Krueger）在《有关卫拉特法律和历史的新资料》一文中简要论述了《大法典》的诸抄本，将波兹德涅耶夫 1892 年出版的《卡尔梅克文献选集》（*Kalmyk Chrestomathy*）中摘录的 1822—1827 年卡尔梅克法律（亦称津齐林法规）译为英文，附托忒文拉丁字母转写，发表于《中亚杂志》。⑤

1978 年，中国学者罗致平汉译《大法典》的俄文、英文、日文三种译

① ［苏联］Л. С. 普契柯夫斯基：《东方学研究所所藏蒙古、布里亚特蒙古和卫拉特的抄本的木刻本》，第 1 卷，历史、法律类（莫斯科—列宁格勒，1957 年版）第 263—265 页，余大钧译，载《蒙古史研究参考资料》新编第 24 辑（总第 49 辑），1982 年 9 月。

② С. Жалан-Аажав, *ХАЛХ ЖУРАМ бол монголын хууль цаазны эртний дурсгалт бичиг*, Улаанваатар, 1958. 18—29 р тал.

③ ［日］田山茂：《蒙古法典研究》，日本学术振兴会 1967 年版。

④ ［苏联］Б·Я·符拉基米尔佐夫：《蒙古社会制度史》，刘荣焌译，中国社会科学出版社 1980 年版，第 275 页注⑤；［日］宫胁淳子：《ガルダン以前のオイラット——若松說再批判——》，《東洋學報》第 65 卷，第 1、2 號，1984 年，第 90—120 页。

⑤ John. R. Krueger, "New Materials on Oirad Law and history", Part One: The jinjil Decrees, *Central Asiatic Journal*, Volume XVI, No. 3, 1972, pp. 194-205.

本。其中包括戈尔斯通斯基俄译《1640年蒙古—卫拉特大法典》《噶尔丹珲台吉敕令》（两道敕令），田山茂日译帕拉斯德译《噶尔丹珲台吉敕令》（两道敕令），V. A. 梁赞诺夫斯基《蒙古习惯法研究》（日文版）、《蒙古部落习惯法》（英文版）中的《蒙古—卫拉特法典》。并将戈尔斯通斯基、帕拉斯和V. A. 梁赞诺夫斯基等三种文本进行了对勘。又以《1640年蒙古—卫拉特法典的解说》为题，将V. A. 梁赞诺夫斯基《蒙古习惯法研究》1935年日译本第二章《卫拉特同盟时代（准噶尔）的法律》的第1—5节，《蒙古法律的基本原理》的第五章第六、七节译为汉文。在上述译文之上加入李佩娟汉译的俄国学者戈利曼《1640年蒙古卫拉特法典的俄文译本和抄本》一文，合编为《蒙古族厄鲁特部历史资料》（第5辑）即《1640年蒙古—卫拉特法典专辑》，于1978年油印出版。[①] 向中国学术界介绍了《蒙古—卫拉特大法典》俄、日、德、英四种文字译本，比较了它们相互间的差别，推动了国内对《卫拉特法典》的研究。

（三）《卫拉特法典》研究概况（1980—2018年）

在20世纪80年代之前，主要有俄国、德国、美国、日本、蒙古国等国学者研究《卫拉特法典》，而自进入80年代后，中国学者开始参与研究，沉寂多年的《卫拉特法典》研究也进入了一个新阶段。

1981年，苏联学者迪雷科夫以《大法典》别克列米舍夫斯基抄本和巴库宁俄译本为底本，以其他四种本子校勘补充，俄译了《大法典》及《噶尔丹珲台吉敕令》（两道敕令），附托忒原文。还把托忒文转写为回鹘式蒙古文，同时附托忒文和回鹘式蒙古文拉丁字母转写，对其中一些词语作了注释，以《大法典》（*Их цааз*）之书名出版。[②] 迪雷科夫书以发现最早、质量最好的抄本为底本，并与其他四种抄本校勘，把托忒文转写为拉丁字母，又转写为回鹘式蒙古文，为学术界提供了规范文本，有力地推进了《大法典》

① 中国社会科学院民族研究所历史室、新疆维吾尔自治区民族研究所历史室编：《蒙古族厄鲁特部历史资料译文集》，第5辑，即罗致平编译《1640年蒙古—卫拉特法典专辑》，1978年6月，后收入国家清史编纂委员会编译组、中国社会科学院原民族研究所《准噶尔史略》编写组合编：《卫拉特蒙古历史译文汇集》第1册，2005年。

② С. Д. Дылыков, *Их цааз«Великое уложение»Памятник монгольского Феодального права XVII В. Ойратский текст. Транслитерация сводного ойратского теста, реконструированный монгольский текст и его транслитерация, перевод, введение и комментарий*, Москва, 1981.

研究的深入。

同年，中国学者罗致平、白翠琴发表《试论卫拉特法典》一文，[①] 这是中国学者第一次系统地研究该法典。文中对《大法典》制定地点、参与制定者、法典内容都作了较为深入的研究。

1982 年，中国学者潘世宪汉译日本学者田山茂《清代蒙古社会制度》一书附录的《卫拉特法典译文》，[②] 即日译的帕拉斯德译本，以《卫拉特法典》（又称《察津毕齐格》）的名称发表于《蒙古史研究参考资料》。[③] 1987 年，田山茂的《清代蒙古社会制度》一书出版，附录《卫拉特法典译文》。[④]

1985 年，中国学者道润梯步校注《大法典》，以《卫拉特法典》为书名出版。[⑤] 其书以回鹘式蒙古文转写戈尔斯通斯基 1880 年发表的托忒文本为底本，以内蒙古社会科学院图书馆所藏墨尔根巴图用回鹘式蒙古文转写的本子，以及迪雷科夫校勘本中的回鹘式蒙古文转写本校勘，作了详细注释。将《噶尔丹珲台吉敕令》和《敦啰布喇什法典》作为《大法典》的附录。在序言中对《大法典》版本、反映的社会状况、该法典的法学地位等作了评述。对三个法规的条款详细分类，将《大法典》分为 120 条 27 类，将附录中的《噶尔丹珲台吉敕令》（两道敕令）共分为 10 条，《敦啰布喇什法典》分为 53 条 18 类。对三个法规都有评论，对三个法规中出现的人名、词语作了广泛注解。该书是国内首次直接利用蒙古文原文进行校注和研究的专著。道润梯步还发表了《〈卫拉特法典〉在蒙古法律史上的地位》《论〈卫拉特法典〉》和《〈卫拉特法典〉的主要思想》等三篇研究论文。[⑥]

1997 年，蒙古国学者阿木尔们都、达什策登、苏布德合著《蒙古法律》一书，在第三章第一节专门论述了《大法典》，将《大法典》内容按现代法

---

① 罗致平、白翠琴：《试论卫拉特法典》，《民族研究》1981 年第 2 期，第 9—21 页。

② ［日］田山茂：《清代蒙古の社會制度》，文京書院 1954 年版。

③ 内蒙古大学蒙古史研究所编：《蒙古史研究参考资料》，新编 24 辑，1982 年。

④ ［日］田山茂：《清代蒙古社会制度》，潘世宪译，商务印书馆 1987 年版。

⑤ 道润梯步校注：《卫拉特法典》（蒙古文），内蒙古人民出版社 1985 年版。

⑥ 道润梯步：《〈卫拉特法典〉在蒙古法律史上的地位》，《卫拉特历史论文集》（《新疆师范大学学报》专号），乌鲁木齐，1987 年，第 158—173 页；《论〈卫拉特法典〉》，《新疆师范大学学报》1989 年第 4 期，第 20—81 页；《论卫拉特法典的主要思想》，《卫拉特历史论文集》（《内蒙古师范大学学报（哲社版）》1990 年第 3 期专号），呼和浩特，1990 年，第 230—240 页。

学门类分为 11 类作了介绍。[①]

1998 年，蒙古国学者额尔登绰克图将迪雷科夫《大法典》的托忒文重新进行了罗马字母转写，同时将其转写为西里尔蒙古文，以《四十部与四部大法典》之名出版。[②] 序言中对《卫拉特法典》的文本及其研究状况作了简要的论述和评价，在《大法典——蒙古历史、法学的重要文献》第一章第三部分对法典内容、刑罚类别等作了系统地研究，从历史、法学、习俗、宗教等多方面作了简要分析。

同年，蒙古国学者 T. 阿勒腾格日勒出版《〈蒙古卫拉特大法典〉及其研究》一书，[③] 讨论了《大法典》的研究状况，包括法典施行的范围、文本、条款及其分类、刑法、刑罚体系等，将《大法典》《噶尔丹珲台吉敕令》（两道敕令）和《敦啰布喇什法典》转写为西里尔蒙古文。

1999 年，中国学者奇格出版《古代蒙古法制史》一书，在第三章中分别论述了《旧察津毕齐格》《大法典》《噶尔丹珲台吉敕令》（两道敕令）和《敦啰布喇什法典》。作者以道润梯步校注本为底本，参考内蒙古社会科学院图书馆所藏本汉译了法典大部分条文，[④] 对《大法典》产生的历史背景、主要内容、特点和历史意义予以论述。对《噶尔丹珲台吉敕令》《敦啰布喇什法典》制定背景，《卫拉特法典》的裁判制度、刑罚及其特点等亦有论述。[⑤]

2000 年，中国学者宝音乌力吉、包格出版了《蒙古—卫拉特法典》校注本。[⑥] 该书采用的底本、互校本与道润梯步基本相同。序言中讨论了法典的名称和内容特点，对法典内容的分类稍异于道润梯步本，在词语解释方面有所补充。

2001 年，蒙古国学者 T. 阿勒腾格日勒出版《蒙古卫拉特大法典是政治、法学的历史文献》的专著，这是蒙古国蒙古法律研究领域内第一部有

---

① Э. Авирмэнд, Д. Дашцэдэн, Г. Совд, *Монгол Хууль*. Улаанбаатар хот., 1997. 58–72р тал.

② Р. Эрдэнцогт, *Дөчин Дөрвөн хоёрын Их цааз*. Ховд., 1988.

③ Т. Алтангэрэл, *Монгол Ойрадын Их Цааз*, *Тууний Судалгаа*. Улаанбаатар., 1998.

④ 奇格书中少译近 20 条法规，见黄华均：《蒙古族草原法的文化阐释——〈卫拉特法典〉及卫拉特法的研究》，中央民族大学出版社 2006 年版，第 168 页。

⑤ 奇格：《古代蒙古法制史》，辽宁民族出版社 1999 年版。

⑥ 宝音乌力吉、包格校注：《蒙古—卫拉特法典》（蒙古文），内蒙古人民出版社 2000 年版。

关《卫拉特法典》的专题研究著作。其研究依据了 1981 年俄国学者迪雷科夫出版的《大法典》所附托忒文本。T. 阿勒腾格日勒著作内容包括《大法典》研究状况综述、《大法典》反映的 17 世纪蒙古的政治、法律思想和刑法思想等。①

2002 年，中国学者邵建东、刘迎胜汉译帕拉斯《蒙古历史资料汇编》，以《以内陆亚洲厄鲁特历史资料》的书名出版，还对该法典的一些词语作了注释，使国内学者得以方便地利用汇编中有关卫拉特历史的资料。其中包括帕拉斯德译的《1640 年蒙古—卫拉特法典》《噶尔丹珲台吉敕令》（两道敕令及《敦啰布喇什法典》的汉译文.②

2004 年，蒙古国学者伦登道尔济、巴雅尔赛汉主持影印出版了戈尔斯通斯基于 1880 年在圣彼得堡出版的《1640 年蒙古—卫拉特法典》新译本（有条目序号），在出版前言中对《大法典》制定时的社会政治状况、原抄本的名称、法典的研究状况等作了详细论述，对戈尔斯通斯基的研究成果给予评价，书后附相关研究论著目录，收论著 70 余种。③ 戈尔斯通斯基《1640 年蒙古—卫拉特法典》一书出版一百多年，难以觅得，其影印重版为学术界利用这部珍贵史料提供了方便，推动了《卫拉特法典》的研究。

同年，中国学者白翠琴发表了《〈蒙古—卫拉特法典〉及〈噶尔丹珲台吉敕令〉比较研究》一文，④ 对两个法典制定的历史背景、调整关系的差异及其主要内容进行了比较研究。

2005 年，成崇德、那仁朝克图发表《清代卫拉特蒙古及其〈蒙古—卫拉特法典〉研究》一文，对《卫拉特法典》制定的历史背景、时间、名称、文本及研究状况作了学术综述，并汉译《大法典》《噶尔丹珲台吉敕令》

---

① Т. Алтангэрэл, *Монгол Ойрадын Их Цааз Тэр, эрх, зүйн түүхэн сурвалж болох нь*, Улаанбаатар, 2001.

② ［德］P. S. 帕拉斯：《内陆亚洲厄鲁特历史资料》，邵建东、刘迎胜译，云南人民出版社 2002 年版。

③ К. Ф. Голстунскаго, Монголо-Ойратскіе Законы 1640 года, Дополнительные указы Галдань-хунь-тайджія и законы, составленные для влжскихь калыковь при калмыцкомь хане Дондукь-Даши. Эрхлэн хэвлүүлсэн Н. ЛүндэндорЖЬ. Ьаярсайхан, Ulaanbaatar 2004.

④ 白翠琴：《〈蒙古—卫拉特法典〉及〈噶尔丹珲台吉敕令〉比较研究》，《卫拉特研究》2004 年第 1 期。

（两道敕令）和《敦啰布喇什法典》，对其主要内容进行了分类论述。[①]

2006 年，中国学者策·巴图出版了《〈蒙古—卫拉特法典〉词语研究》一书。[②] 前言详细介绍了《大法典》的研究状况，以戈尔斯通斯基本托忒文印刷件为主，参照回鹘式蒙古文本以及各种文字译本，对道润梯步《卫拉特法典》一书中七十多个词语注释进行考证，纠正其误释之处。这是第一部专门从词语入手研究《卫拉特法典》的专著。

同年，中国学者黄华均发表《蒙古族草原法的文化阐释——〈卫拉特法典〉及卫拉特法的研究》一书。[③] 该书将法典内容重新分类，从文献学、历史学和法文化学角度对三个法典产生的背景、抄本、译本和法典内容作了考证和文化阐释。

2008 年，蒙古国学者 Б. 巴图巴雅尔著《大法典的文献学研究》一书，[④] 内容包括前言、《大法典》研究、《大法典》词语和文献研究三部分。后附词语索引、戈尔斯通斯基和迪雷科夫书中的托忒文影印件，《大法典》人名、名号、爵位索引，社会阶层的衔、职、爵名称的索引，法律名词术语索引等。该书第一部分详细论述《大法典》研究状况，并分专题探讨了一些问题，如法典的文本、名称、制定者、地点等，提出了自己的看法；第二部分讨论了法典文字的正字法特点、词汇和语法特点；第三部分以西里尔字母转写了三个法典的全文。同时将戈尔斯通斯基和迪雷科夫书的托忒文文本用拉丁字母转写，逐字逐句作了详细比勘，编制了全书的词汇索引。该书虽采用《大法典》（*Их цааз*）书名，其内容则包括《噶尔丹珲台吉敕令》（两道敕令）和《敦啰布喇什法典》。

2010 年，中国学者额尔德木图汉译《卫拉特法典》，没有注明其利用的底本。[⑤]

2011 年，中国学者策·巴图著《〈蒙古—卫拉特法典〉语言研究》一

① 成崇德、那仁朝克图：《清代卫拉特蒙古及其〈蒙古—卫拉特法典〉研究》，《卫拉特研究》2005 年第 3 期第 2—12 页、第 4 期第 16—26 页。

② 策·巴图：《〈蒙古—卫拉特法典〉词语研究》（蒙古文），民族出版社 2006 年版。

③ 黄华均：《蒙古族草原法的文化阐释——〈卫拉特法典〉及卫拉特法的研究》，中央民族大学出版社 2006 年版。

④ Б. Батбаяр，*ИХ ЦААЗ-ын эх бичгийн судалгаа*，Улаанбаатар хот，2008.

⑤ 李金山主编：《蒙古古代四部法典》，内蒙古教育出版社 2010 年版，第 87—116 页。

书出版,[①] 以迪雷科夫书所附的托忒文文本为基础，参考其他各种文本，对法典的托忒文从语音、正字法、词法、句法、构词法和词汇等方面进行了深入细致的研究和描述，指出《大法典》的语言是 17 世纪蒙古书面语，不是卫拉特或喀尔喀方言。

2015 年，中国学者那仁朝克图著《13—19 世纪蒙古法制沿革史研究》一书出版，在该书第六章中对《蒙古—卫拉特法典》《噶尔丹珲台吉敕令》（两道敕令）和《敦啰布喇什法典》有关法规的制定背景、内容等予以论述。[②]

2016 年，策・巴图著《〈蒙古—卫拉特大法典〉文献学研究》一书出版，从研究词语的角度对《蒙古—卫拉特法典》进行了文献学研究，附迪雷科夫本托忒文影印件和拉丁字母转写，将其中《1640 年蒙古—卫拉特大法典》部分直接从托忒文译为汉文，作了注释，未译《噶尔丹珲台吉敕令》。将迪雷科夫本、回鹘式蒙古文转写本作为底本与其他两种回鹘式蒙古文转写本互校，对 306 个词语作了注释。书后附《噶尔丹珲台吉敕令》和《敦啰布喇什法典》等六种与卫拉特法律相关的法律文献。[③]

自 18 世纪至 20 世纪 70 年代末，《卫拉特法典》研究主要集中在收集和整理文本，翻译、注释，以及疑难词语的解释等方面，从文献学和历史学角度研究的论著较多，而从法学角度研究的论著不多。从 20 世纪 80 年代开始，《卫拉特法典》研究进入一个新阶段，该课题得到国内外学术界的广泛关注，发表了大量论著，研究进展突出地体现在文献整理、词语解释、法学研究等三个方面。

在文献整理方面，苏联和蒙古国学者取得了突出成就，迪雷科夫以别克列米舍夫斯基抄本为底本，对五种抄本进行校勘形成一个定本，对其进行俄译、拉丁字母转写、回鹘式蒙古文转写，并影印出版了原件。蒙古国学者重新影印出版了戈尔斯通斯基的原著，还将戈尔斯通斯基本和迪雷科夫本中所附托忒文都作了拉丁字母转写和比勘，又转写为西里尔文，附详细的词语索引。这些学者对法典抄本的规范整理，为学术界进一步研究打下了坚实的基础。

---

① 策・巴图:《〈蒙古—卫拉特法典〉语言研究》(蒙古文)，民族出版社 2011 年版。

② 那仁朝克图:《13—19 世纪蒙古法制沿革史研究》，辽宁民族出版社 2015 年版。

③ 策・巴图:《〈蒙古—卫拉特大法典〉文献学研究》(蒙古文)，民族出版社 2014 年版，2016 年 11 月第一次印刷。

在词语解释方面，中国学者取得了显著成果，道润梯步在国内出版了第一部《卫拉特法典》校注本，直接利用回鹘式蒙古文对《卫拉特法典》的词语作了详细的解释，解决了一些疑难问题，纠正了前人的一些误解和误释。但是《卫拉特法典》中既有中古蒙古语词语，又有卫拉特方言词语、佛教词语及生僻词语，释读难度极大，道润梯步在注释中不免出现了一些误解、误释。自其著作发表之后，国内学者达·巴图扎布、布仁巴图、尼·巴德玛、宝音乌力吉、包格、何·才布希格、策·巴图、李保文、赛音乌其拉图等先后撰文纠正其误释之处，在国内学术界一时形成了法典词语研究的小高潮，使《卫拉特法典》词语的释读取得了长足的进展，推动了研究的深入。其中策·巴图的成果最多，策·巴图还从语言学、文献学的角度对《卫拉特法典》进行了全面研究。

在法学研究方面，V. A. 梁赞诺夫斯基、阿灵格以现代法学理论对《卫拉特法典》的内容进行了法学归类和分析研究。蒙古国 T. 阿勒腾格日勒等亦从法学角度展开研究。近年中国学者的相关研究成果逐渐增多，从 20 世纪 90 年代开始，有包红颖、特木尔博罗特、青格勒图、宝永、王海锋、白红娟、胡春香、包朝鲁门、春荣、闫美林等发表学术论文或学位论文。黄华均出版专著，从现代部门法的角度对《卫拉特法典》内容进行分类和分析研究，取得了进展。

奇格、黄华均、那仁朝格图、特木尔博罗特、巴图、包丽娟等人的研究论著探讨了卫拉特的司法制度，考论其诉讼制度和审理机构。萨仁图雅、陈志强、扎拉噶、黄华均、赛音乌其拉图、萨仁格日勒、黄伟星等人的论文则对《卫拉特法典》反映的社会等级制度、藏传佛教对《卫拉特法典》的影响，以及卫拉特的文化习俗等进行了研究，达力扎布对《大法典》的文本和《敦啰布喇什法典》制定的目的作了研究。以上学者的论著详见书后参考文献目录，不一一罗列。

总之，目前对《卫拉特法典》的研究逐渐细化，涉及内容更加广泛。中国学者开始直接利用原典研究，逐步与国际接轨，取得了明显进步。

三、本书主要内容

本书在前人研究基础上，从历史学和文献学角度对该法典制定的历史背景、目的、作用和内容作了进一步研究。鉴于国内汉译本多转译自俄、德、英、日译本，错讹较多，[①] 本书将其从托忒文直接译为汉文，试图给学术界提供一部可信的译本。本书分为两个部分：

第一部分为研究编。《卫拉特法典》托忒文抄本是一个汇抄本，收录了五篇法律文献，这些法律文献是在不同时期制定的，其历史背景、立法目的和特点各不相同。因此，本书没有把《卫拉特法典》笼统地作为一部法律加以论述，而是对其中各篇法律文献分别予以研究。指出所谓的《1640年蒙古—卫拉特大法典》实为两个法律文献的合抄本，即《1640年蒙古—卫拉特大法典》和《准噶尔法典》两部法律的合抄本。并对《1640年蒙古—卫拉特大法典》《准噶尔法典》《噶尔丹珲台吉敕令（一）》《噶尔丹珲台吉敕令（二）》和《敦啰布喇什法典》等五篇法律制定的历史背景、时间、地点、主要内容、刑罚体系进行了研究。

《1640年蒙古—卫拉特大法典》是在清朝统一漠南蒙古之后与喀尔喀扎萨克图汗发生冲突，清朝威胁出征的情况下，由扎萨克图汗召集喀尔喀和卫拉特各部会盟制定的法典。法典协调解决了喀尔喀—卫拉特两部旧有矛盾，签订了共同抵御外部入侵的军事同盟条约——yeke čaǰa，即大法典。

《准噶尔法典》是在准噶尔部巴图尔珲台吉时期制定的法规，其中包括准噶尔首领哈喇忽剌时期以及更早的法规，具有鲜明的准噶尔特点，内容丰富，涉及卫拉特社会的诸多方面。这是一部具有极高学术价值的蒙古法律文献。

《噶尔丹珲台吉敕令》是噶尔丹珲吉台打败其叔父准噶尔部的楚琥尔乌巴什，以及岳父和硕特部鄂齐尔图车臣汗，统一了留在故地的卫拉特四部之后，为战后恢复社会秩序制定的法令。该法令反映出了准噶尔汗国的“官府”、社会组织和法律审判制度，以及对回商的法律适用情况。

《敦啰布喇什法典》是在土尔扈特汗敦啰布喇什汗时期为适应土尔扈特部面临的外部环境和自身社会变化而制定的法典，是土尔扈特上层为抵制俄

---

① 需要说明的是，本书稿作为国家社科基金重大项目结项成果，于2016年12月提交审核后，策·巴图著《〈蒙古—卫拉特大法典〉文献学研究》（蒙古文，民族出版社2014年版，2016年11月第一次印刷）一书出版，其中从托忒文直接汉译了《1640年蒙古—卫拉特大法典》部分，不包括《噶尔丹珲台吉敕令》两道和《敦啰布喇什法典》。

国政府政治上的控制和东正教渗透，整肃上层贵族、官僚的专横腐败，为维护汗国统治而制定的。其内容丰富，是独立的一部法规，继承和发展了卫拉特法律传统，反映了 18 世纪上半叶敦啰布喇什汗时期土尔扈特部的社会、政治和司法体系。

《津齐林法规》是 1822—1827 年间在俄国政府主导下由留在俄国境内的卡尔梅克人制定的法规。由于俄国政府没有批准和颁布施行，该法规是一部未施行的法规草案，但是，反映了留居俄境的卡尔梅克人的处境，对研究当时卡尔梅克人的社会、政治、法律都有一定参考价值，因此增入本书中，以供参考。

目前以现代法律的部门法阐释《卫拉特法典》的论著已很多，但是学术界对于以现代法律体系和理论如何阐释古代法律还存有争议，因此本书没有对以上法典内容从现代部门法的角度进行分类和阐释，保留了各篇法律原文，参照同时代的清朝蒙古律的分类予以分类，作了必要的解释和论述。在前人研究基础上对各篇法律的刑罚体系作了归纳和解释，注意了古代蒙古传统法律术语在《卫拉特法典》中的保存和应用的情况。

第二部分为译释编，对《卫拉特法典》各篇文献进行了汉译和注释，直接从托忒文汉译的同时根据法规内容重新划分条款，拟写了各条款的标题，以便读者查核，还对一些疑难词语作了注释。在汉译过程中充分吸收前人有关《卫拉特法典》词语研究的成果，将译文与蒙古文校注本、汉译本以及相关论文和著作的成果逐字逐句比勘，取其精华，去其糟粕，尽可能使译文准确表达原意。但是，古代蒙古法律文献的语句比较简略，词语涉及政治、宗教、法律和卫拉特方言，有些旧词不见于辞书、字典，或没有恰当的汉语对应词，因此，难免有错讹之处。书中附托忒原文和拉丁字母转写，以便于读者比勘原文。书后附现存诸种汉译本的对勘表，以便于读者比勘和利用。

第一部分

研　究　编

第一章

《1640年蒙古—卫拉特大法典》的文本问题

第一节 《1640年蒙古—卫拉特大法典》是两部法典的合抄本

现存《1640年蒙古—卫拉特大法典》的诸抄本除增入《噶尔丹珲台吉敕令》和《敦啰布喇什法典》之外，从其内容来看，本身也是两部法典的合抄本，即《1640年蒙古—卫拉特大法典》（yeke čāji /yeke čaγaǰa）（抄本的前五条）和《准噶尔法典》（第六条以后的内容）。

一、《1640年蒙古—卫拉特大法典》

《1640年蒙古—卫拉特大法典》序言记载蒙古（即喀尔喀）与卫拉特双方共27位首领和3位大喇嘛参加会盟和制定法典，其中有喀尔喀扎萨克图汗、土谢图汗，卫拉特准噶尔部巴图尔珲台吉、墨尔根岱青、楚琥尔乌巴什台吉，和硕特部鄂齐尔图台吉，杜尔伯特部鄂木布岱青和硕齐台吉，青海和硕特部顾实汗，土尔扈特部和尔勒克等重要人物。

自1635年后金皇太极统一漠南蒙古各部之后，对漠北喀尔喀和漠西卫拉特两部形成威胁。1638年，喀尔喀扎萨克图汗派人到清朝控制的归化城附近，试图与明朝贸易，皇太极率兵亲征，迫使其退走。之后，扎萨克图汗遣使与清朝联系，不过信中与皇太极尔我相称，以敌国自居，因此皇太极数次威胁对其发动远征。在此严峻形势下，扎萨克图汗联络长期相互征战的喀尔喀与卫拉特两部首领，试图结为军事同盟。1639 年，面对共同的外部威胁，各部首领尽释前嫌，达成共识。[①] 1640 年秋，两部首领不远万里汇集一处，商议停止敌对战争，协商解决属民争议，并制定了军事同盟条约。这个条约是由双方最高级首领共同制定的，故称为“yeke čāji”（音译为也可察津，直译为大法典），这与《喀尔喀三旗大法典》（γurban qosiγun-u yeke čaγaǰa）中 yeke čaγaǰa 的用意相同。“yeke”（大）是指其规格和重要性。“yeke čāji”内容（即迪雷科夫本前五条）如下：

第 1 条，凡人违犯此法规，[②] 杀掠大爱马克人众，蒙古和卫拉特双方共同［出兵惩治］，只释放其本人，将其属民［财产］全部籍没，一半给予惩治者，余下的一半［由蒙古和卫拉特］之间平分。

第 2 条，在边境抢掠少量爱马克人众者，罚甲百副、骆驼百峰、马千匹。将其所抢掠的一切归还［原主］，令其赔偿损失的人、畜和财物。若［杀死］有官职之人赔偿［命价］五个［伯尔克］、无官职之人赔偿一个伯尔克。

第 3 条，自火蛇年（1617 年）至土龙年（1628 年）间，巴尔虎、巴图特、辉特人在蒙古者归蒙古，在卫拉特者归卫拉特。除此之外［此后凡双方所属］人口［有逃走或被掳掠者］，可以不受限制地［相互］索取。何人不肯还给，每口人罚马二十匹、骆驼二峰，并将此人索出返还。

第 4 条，［喀尔喀］绰克图台吉［属下］被兼并入卫拉特之人，若有逃［回喀尔喀］者，应返还给卫拉特。

第 5 条，若有敌人来侵袭，蒙古与卫拉特［互相］报警。闻警之后，邻近［部落的］大诺颜不［率兵］来［御敌］，罚甲百副、骆驼

---

① 崇德五年（1640 年）正月，皇太极给喀尔喀扎萨克图汗回信称：“尔的夙仇有夺城的乞塔特（明国），夺羊的卫拉特。尔却声称，已与因旧仇杀死尔父，侵袭尔兄弟，掳去了尔妻子的仇人和好了，此乃不知大政之声名。”见中国第一历史档案馆、内蒙古自治区档案馆、内蒙古大学蒙古学研究中心编：《清内秘书院蒙古文档案汇编》第 1 辑，内蒙古人民出版社 2003 年版，第 270—271 页。

② törö，政事、政权、政体、国家。此指双方制定的法规、军事同盟盟约、行政秩序（törö yoso）。aliba kümün ene töröyigi ebden，何人违犯此法规、破坏此盟约。

百峰、马千匹；小诺颜不［率兵］来［御敌］，罚甲十副、骆驼十峰、马百匹。①

所谓蒙古指喀尔喀蒙古部，卫拉特指卫拉特蒙古部。

第1条、第2条是禁止蒙古（喀尔喀）与卫拉特各部落之间互相杀掠，有违法者，双方共同惩治，以维护双方团结。第1条指对大爱马克人众的袭掠，由两部共同对杀掠者予以处罚，没收攻掠者的全部属民和财产，一半给出兵惩治者，一半由两部平分。第2条是针对双方边界上少数人抢掠对方爱马克的人畜，对参与抢掠的诺颜予以处罚，罚诺颜甲百副、骆驼百峰、马千匹，收回其所掠夺的一切。令其赔偿所杀掠的人、畜及财物，被杀之人有官职者赔偿五个伯尔克、无官职者赔偿一个伯尔克。

第3条是解决两部间历史遗留问题，规定互不收留逃人。此前喀尔喀与卫拉特处于敌对状态，互相杀掠所属部众、相互收留俘虏和逃人。此次商定自火蛇年（1617年）至土龙年（1628年）间，在双方征战中被劫掠的巴尔虎人、巴图特人、辉特人在喀尔喀蒙古者归于喀尔喀蒙古，在卫拉特者归于卫拉特，互相不再索取。而新出现的逃人或被掠之人可以互相索取，必须交还给对方。

第4条规定1637年卫拉特各部联军在青海兼并的喀尔喀绰克图台吉所部之人归于卫拉特，喀尔喀不再索取，若有人逃回喀尔喀，必须返还给卫拉特。这样彻底解决了两部之间的属民争议，为建立军事同盟奠定了基础。

第5条规定，若有敌警，邻境各部首领必须派兵支援，共同御敌，不支援者将受到严厉处罚。以上条款中都提及"蒙古和卫拉特"双方，由双方共同执行和执法，其内容与序言中双方共同制定法典的记载相合。这些条款的宗旨是消除两部间隔阂，结为军事同盟，毫无疑问这些都是"yeke čāji"（《大法典》）的条款。

---

① С. Д. Дылыков, *Их цааз «Великое уложение» Памятник монгольского Феодального права XVII В. Ойратский текст. Транслитерация сводного ойратского теста, реконструированный монгольский текст и его транслитерация, перевод, введение и комментарий*,（以下简称 С. Д. Дылыков, *Их цааз.*）Москва. 1981。第125—126页托忒文和第43—44页拉丁字母转写。本节引用条目皆译自 С. Д. Дылыков, *Их цааз.* 的托忒文，条文序号为该书俄译文和拉丁文字母转写的序号，与本书汉译文条目序号不同。

二、《准噶尔法典》

现存《大法典》第 6 条及以后各条款应为《准噶尔法典》的内容（这是依据其内容称之，法典并无此标题），在第 6 条以后各条中再也没有出现蒙古（喀尔喀）、卫拉特两部的名称，亦未提及两部共同执法，内容也不是处理部与部之间的案件。第 6 条是有关宗教法规、第 7 条是逃人法规，再下面是战阵、驿递、辱骂殴斗等内容。第 7 条逃人法规与我们前面提到的第 3、4 条不同，显然不是针对喀尔喀和卫拉特两部制定的。再者第 6 条及以下诸条所反映的社会组织、职官、社会阶层、风俗习惯、人名、地名都有强烈的准噶尔特征，与喀尔喀部不同，以下略举数例。

（一）依也可合博（yeke keb）处罚

> 第 6 条，有关宗教［法规］，凡杀掠喇嘛爱马克及产业者，罚甲百副、骆驼百峰、马千匹。若杀掠个别或少数人，依也可合博处罚。
>
> 第 8—9 条，若杀［逃人］依也可合博处罚，罚畜雅拉为八九牲畜，给证人一九牲畜。
>
> 第 98—99 条，挟仇放火依也可合博处罚，烧死上等人，攻掠之；烧死中等人，罚三十伯尔克及三百头牲畜；烧死下等人，罚以伯尔克为首的十五九牲畜。

以上三条中都没有出现“蒙古和卫拉特”两部名称及两部共同执法的内容。有关杀掠在《大法典》第 2 条中已有规定，第 6 条杀掠喇嘛爱马克及产业者的处罚与第 2 条在边境抢掠少量爱马克人众的处罚相同，“罚甲百副、骆驼百峰、马千匹”。杀掠个别或少数人依也可合博处罚。杀掠喇嘛爱马克之事也有可能发生在两部之间，但此条款中未提及双方共同处罚。也可合博的含义不清楚，第 9 条有“罚畜雅拉为八九牲畜”一句，[①] 似指也可合博的罚畜额度，不过从上述三个条款来看也可合博的处罚各不相同，也可合博显

① С. Д. Дылыков, *Их цааз.* Москва，1981，第 44 页第 9 条，第 75 页第 5 行。巴图尔乌巴什图缅抄本是罚羊一千只。本节以下所引《大法典》皆为 С. Д. Дылыков，*Их цааз.* 本。

然不是一个固定的罚畜数量，其含义应为“重罚”“从重处罚”。[①] 在喀尔喀《白桦法典》和《喀尔喀法规》中依也可合博处罚的条款也都没有罚畜数额，[②] 从另一个侧面证实了此词是“重罚”之类的词语。第6条中的“依也可合博处罚”没有规定具体如何处罚，喀尔喀和卫拉特两部的也可合博（重罚）自然不会相同，那么处罚的轻重就难以一致，因此第6条法规应为某一部的法规，而不是两部共同制定和执行的法规条款。

（二）有关逃人规定

《大法典》第3条、第4条是有关喀尔喀与卫拉特两部间逃人的规定。第7—13条再次出现有关逃人的规定，不过没有提及是两部之间的逃人。在第13条中提及“墨尔根岱青、楚琥尔等辈诺颜”“有官职的四个图什墨尔”等名号和官称。墨尔根岱青、楚琥尔是巴图尔珲台吉的两个弟弟，详见以下第（三）部分；“有官职的四个图什墨尔”是准噶尔汗国的官名，详见以下第（四）部分。第7—13条是对准噶尔内部逃人的规定，而不是喀尔喀与卫拉特两部共同制定和执行的法规。

（三）墨尔根岱青、楚琥尔等辈诺颜

第13条和第14.1条都提到 mergen dayičing čöüker edeni üyeyin noyodoüd，即墨尔根岱青、楚琥尔等辈诺颜，还有官职的四个图什墨尔。以第14.1—12条为例，其内容如下：

大诺颜亲自出征后于阵前败逃，罚甲百副、骆驼百峰、属人五十

---

① С. Д. Дылыков, *Их цааз.* 为 yeke keb-yēr abxu bolbo，原文见第126页，第13行，转写见第44页第6条。yeke keb，音译为“也可合博”。戈尔斯通斯基译为“重罚”，见罗致平译《〈1640年蒙古—卫拉特法典〉译文》，国家清史编纂委员会编译组、中国社会科学院原民族研究所《准噶尔史略》编写组合编：《卫拉特蒙古历史译文汇集》第1册，第195页。道润梯步也认为可能是指重罚，道润梯步校注：《卫拉特法典》，内蒙古人民出版社1985年版，第24页注②。

② 《白桦法典》的《六和硕法典》第1.32条塔布囊殴打平人依也可合博（yeke keb）处罚；第1.33条除聚集之乌拉外，其余与也可合博所定乌拉相同。《火龙年小法规（1616年）》第13.2条在巴噶乌特尔集合，耽搁几时，罚几匹马，不来者按也可合博处罚。见 Хөдөгийн Пэрлээ：Халхын Шинэ Олдсон Цааз-эрхэмжийн Дрсгалт Бичиг. Монгол Ба Төв Азийн Орнуудын Сёлын Туухэнд Холбогдох Хоёр Ховор Сурвалж Бичиг. Улаанбаатар хот. 1974. 17дахь тал，46 дахь тал。《喀尔喀法规》记：使者窃取其所征集之牲畜，即依也可合博处罚（1：11、12），以玩笑用何物殴打人，依也可合博处罚，罚以哈剌出殴打哈剌出的案主。（14：1）《喀尔喀法规》以上条文见达力扎布：《〈喀尔喀法规〉汉译及研究》，中央民族大学出版社2015年版，第166、180页。

户，马千匹；岱青、楚琥尔等辈的诺颜出征于阵前败逃，罚甲五十副、骆驼五十峰、属民二十五户、马五百匹；若小诺颜［败逃］，罚甲十副、骆驼十峰、属民十户、马百匹。若塔布囊及执政的四图什墨尔［败逃］，罚甲五副、骆驼五峰、属民五户、马五十匹；若各鄂托克之图什墨尔［败逃］罚三个伯尔克、属民三户、马三十匹。若旗手和号手［败逃］，依塔布囊、图什墨尔之例处罚；若｛立誓｝出征的和硕齐［败逃］依爱马克之图什墨尔之例处罚。没收其全副铠甲，令其穿妇人无袖外衣；若为有官职之人和恰等［败逃］，罚一户属民，罚全副铠甲为首的一九；若为全副铠甲之士［败逃］，罚全副铠甲为首四匹乘用马；若戴头盔甲士［败逃］，罚铠甲和［乘用］马三匹；若为着胸甲之士［败逃］，罚甲、［乘用］马两匹；若平民［败逃］，罚其箭筒（内有弓箭）、［乘用］马一匹。凡人［于战阵］败逃者，令其穿妇人无袖外衣。

这是有关战阵的规定，凡败逃者予以处罚。这个规定是不是喀尔喀和卫拉特双方共同制定的共同抵御外敌的条款呢？以往认为有墨尔根、岱青、楚琥尔等称号者是汗和珲台吉之下的中等诺颜，法典中是泛指有此称号台吉的等级。① 其实这三个称号无论是在东部蒙古还是在卫拉特从未形成一个固定的台吉等级，在此法典中是以某人为例指中间等级的诺颜。此句应断为“墨尔根岱青、楚琥尔”，即墨尔根岱青台吉和楚琥尔乌巴什台吉，是哈喇忽剌台吉次子和第三子的称号，② 即巴图尔珲台吉的两个弟弟，他们作为重要的台吉都参与制定了“yeke čāji”，其名字见于《大法典》序言。“mergen dayičing čöüker edeni üyeyin noyoduüd”即“墨尔根岱青、楚琥尔辈的诺颜”，是以巴图尔珲台吉两个弟弟来表示与其同属一个等级的诺颜。在巴图尔珲台吉时期，准噶尔还未统一卫拉特四部，大诺颜应为巴图尔珲台吉，而“墨

① 道润梯步校注：《卫拉特法典》（蒙古文），内蒙古人民出版社 1985 年版，第 28 页；策・巴图：《〈蒙古—卫拉特大法典〉文献学研究》，民族出版社 2014 年版，第 557 页。

② 钟兴麒、王豪、韩慧校注：《西域图志校注》（以下简称《西域图志校注》）卷 29《官制一・附准噶尔部旧官制》，新疆人民出版社 2002 年版，第 415 页。亦见包文汉、奇・朝克图整理：《蒙古回部王公表传》卷 77 载《厄鲁特扎萨克多罗郡王阿喇布坦列传》第 1 辑，内蒙古大学出版社 1998 年版，第 529 页。

尔根岱青、楚琥尔辈的诺颜”的地位仅次于巴图尔珲台吉，高于一般的台吉。《大法典》多次提及有官职的诺颜，如第28.1—2条记载：“辱骂大诺颜者籍没其家产，辱骂有官职的诺颜、塔布囊者罚一九牲畜……辱骂小诺颜、塔布囊者罚五头牲畜。”[①]“墨尔根岱青、楚琥尔辈的诺颜”相当于“有官职的诺颜”，即执政诺颜。哈喇忽剌的其他儿子达尔玛、色楞、沙巴图、诺木齐等应属于小诺颜（小台吉）。法典内以巴图尔珲台吉弟弟墨尔根岱青、楚琥尔之辈诺颜来表示某等级的台吉的事实可以证明此条款与准噶尔部有密切联系。从条款内提到的官职来看更像是准噶尔部的法规，而不是喀尔喀和卫拉特共同制定的法规。

（四）有官职的四个图什墨尔

前引《大法典》第13条和第14.1—12条较全面地反映出了准噶尔部的社会组织、社会阶层和官职。如第14.3条有 jasaq bariqsan dörbön tüšimed（执政的四个图什墨尔），第13条也有 yamutu dörbön tüšimed（有官职的四个图什墨尔），都是指准噶尔汗（珲台吉）之下的主要执政官员。《西域图志校注·附准噶尔部旧官制》记载：“大台吉官属，自图什墨以下。小台吉官属，自宰桑以下。二十一昂吉境内别设台吉居住，以统领游牧，谓之六游牧台吉焉。图什墨尔，系准噶尔参决政事之臣，枢管机务之要职。凡六游牧、二十一昂吉、大小政务，经宰桑办理，以告图什墨尔，详悉定议，上告台吉然后施行，其员缺有四。”又记载清朝平定达瓦齐之后，“官则仍其旧制，易以新衔。授四图什墨尔为内大臣，授六扎尔扈齐为散秩大臣，以管理鄂托克、昂吉之事，未偿有其地而遽易其俗也”[②]。可见准噶尔部在巴图尔珲台吉时就设有四个图什墨尔执政，至准噶尔汗国末期仍沿袭未改，直至清军击败达瓦齐汗，仍相应封授准噶尔“四图什墨尔”以清朝内大臣之职衔。除准噶尔部之外，在卫拉特其他各部和喀尔喀汗廷中都没有“执政四个图什墨尔”职官的配置。

（五）四十户的德木齐

第52条、第58条都有 döčini demči（四十户的德木齐）的记录。“四十

---

① С. Д. Дылыкова. *Их цааз*. Москва, 1981, p. 45.

② 钟兴麒、王豪、韩慧校注：《西域图志校注》卷29《官制一·附准噶尔部旧官制》，新疆人民出版社2002年版，第415、417页。

户的德木齐”是准噶尔各鄂托克宰桑之下的官员。噶尔丹珲台吉第一道敕令中记载：“各鄂托克首领传令各四十户的德木齐收集［穷困者，予以救济］，若有不收集者罚一九牲畜，革职……为防偷窃，十户设一长，十户长管理十户。”噶尔丹珲台吉时各鄂托克下有四十户的德木齐，设有十户长（阿尔班尼阿哈）。《西域图志校注·附准噶尔部旧官制》记载：“凡一鄂托克中大者有宰桑，其次德木齐，其次收楞额，最下阿尔班尼阿哈，共四等。”① 《西域图志》还记载 Demüči 分两类：一是在汗（洪台吉）廷的德墨齐，“内则佐台吉以理家务，外则抽收牧厂税务，差派征收山南回部徭赋，接待布鲁特使人，员缺有二”。二是鄂托克内的德木齐，“系管理鄂托克内自一百户以上至二百户事务”②。“四十户”是一级行政组织的名称。四十户及“四十户的德木齐”是准噶尔部的社会组织和官职，③ 不见于喀尔喀《白桦法典》《喀尔喀法规》和其他史籍，喀尔喀无此官职。土尔扈特部有四十户德木齐。④

（六）三等人的划分

《大法典》中有三等人的划分。如：

> 第 21.3 条，“若有人闻见劫匪而不追，上等人罚取其财产和牲畜之半，中等人罚一九牲畜，下等人罚五头牲畜。”

第 55 条、第 56 条结婚聘礼的规定中把人划分为上、中、下三等人。这种明确的社会等级划分在蒙古各部法律中仅见，在《咱雅班第达传》中也

---

① 钟兴麒、王豪、韩慧校注：《西域图志校注》卷 29《官制一·附准噶尔部旧官制》，新疆人民出版社 2002 年版，第 415 页。

② 钟兴麒、王豪、韩慧校注：《西域图志校注》卷 29《官制一·附准噶尔部旧官制》，新疆人民出版社 2002 年版，第 415 页。志中将汗廷的 Demüči 官职译为“德墨齐”，把鄂托克的 Demüči 译为“德木齐”以示区别，本书采纳其译文。

③ 鄂托克宰桑、德木齐等官职亦见于西域和硕特部，见成崇德译注：《咱雅班第达传》，载《清代蒙古高僧传译辑》，全国图书馆文献缩微复制中心 1990 年版，第 11 页。

④ ［德］P. S. 帕拉斯：《内陆亚洲厄鲁特历史资料》，邵建东、刘迎胜译，云南人民出版社 2002 年版，第 187 页。亦见 John. R. Krueger，“New Materials on Oirad Law and history”，Part One：The jinjil Decrees，*Central Asiatic Journal*，Volume XVI，No. 3，1972，pp. 201－203. Volume XVIII，No. 1，1974，pp. 90－91。

提及三等人，[①] 在《敦啰布喇什法典》中有上等人、众所知晓之人和下等众人这样的划分，与此基本相同，只是说法稍异。[②] 显然沿袭了《准噶尔法典》。《喀尔喀法规》只提及过上等人（sayin kömün），没有三等人的完整定义，在其他蒙古法律中也没有这种明确的社会等级划分，这是《准噶尔法典》独有的。

（七）《大法典》反映的准噶尔部社会组织、官职和社会阶层

据《西域图志》记载：准噶尔部内“绰罗斯、杜尔伯特、和硕特、辉特四部长为大台吉，其中绰罗斯台吉称汗王，余为小台吉。汗王辖有鄂托克，大、小台吉则各有昂吉为户属”。《西域图志》记载了准噶尔汗国的社会组织、官制，若将其与《大法典》有关内容比较，可以看出准噶尔汗国在社会组织方面继承了四卫拉特早期制度，特别是保留了准噶尔部的制度。将《大法典》第6条及以后各条款内容中反映出的社会组织、职官与《西域图志》记载做一简要的比较，请见下表：

对比项目	出处	内容
社会组织	大法典	和硕、鄂托克、四十户、二十户。噶尔丹珲台吉敕令中设立十户长。
	西域图志	鄂托克、昂吉、四十户、二十户、十户。
官职	大法典	汗庭官员：执政图什墨尔四人、扎尔扈齐。 鄂托克官员：赛特、四十户德木齐、二十户收楞额、十户长。
	西域图志	汗庭官员：执政图什墨尔四人、扎尔扈齐六人、德墨齐、阿尔巴齐宰桑。 鄂托克、昂吉官员：宰桑、德木齐、收楞额、阿尔巴尼阿哈（十户长）。

《大法典》反映出的社会组织、职官与《西域图志》的准噶尔部旧官制

① 成崇德译注：《咱雅班第达传》，载《清代蒙古高僧传译辑》，全国图书馆文献缩微复制中心1990年版，第7页。

② К. Ф. Голстунскаго, Монголо-Ойратскіе Законы 1640 года, Дополнительные указы Галдань-хунь-тайджия и законы, составленные для вжлскихь калыковь при калмыцкомь хань Дондукь-Даши. Эрхлэн хэвлүүлсэн Н. ЛүндэндорЖЬ. Баярсайхан, Ulaanbaatar 2004. СТР. 62И63.

基本一致，显然噶尔丹珲台吉统一卫拉特四部之后，基本沿袭了准噶尔部在巴图尔珲台吉时期的制度。以下再将《大法典》与喀尔喀的两部法律汇编本《白桦法典》《喀尔喀法规》的内容做一比较，请见下表：

对比项目	出处	内容
社会组织	大法典 (1635—1653年)	和硕、鄂托克、四十户、二十户。
	白桦法典 (1596—1639年)	和硕、鄂托克、[爱马克]、十户。
	喀尔喀法规 (1676—1770年)	和硕（旗）、苏木（佐领）、和屯；沙毕纳尔的鄂托克、爱马克、扎仓。
	土尔扈特 (1741—1776年)	爱马克、昂吉、四十户、和屯；军事组织和硕。
官职	大法典	汗（珲台吉）下官府的官员：执政图什墨尔四人、扎尔扈齐。 鄂托克、昂吉官员：四十户德木齐、二十户收楞额、十户长。和硕齐、恰。
	白桦法典	汗、大台吉：各和硕执政大臣、和硕扎尔扈齐、达鲁嘎、收楞额、十户长。另有欢津、固什、舍津、席勒格图、库克尔藤、乌尔鲁克、宰桑、和硕齐、扎雅齐、恰（侍卫）。
	喀尔喀法规	库伦沙毕职官：达鲁嘎、收楞额，泛称官员为赛特或土锡默特（即图什墨尔的复数）。 清朝职官：扎萨克、管旗章京、梅林章京、苏木章京、昆都、拨什库。
	土尔扈特	汗下官府的官员：（扎尔固的）宰桑、扎尔扈齐、雅尔扈齐、达鲁花、恰。 爱马克官职：宰桑、四十户德木齐、收楞额、叙马、和屯阿合。

注：表中土尔扈特情况主要依据了P. S. 帕拉斯《内陆亚洲厄鲁特历史资料》和《敦啰布喇什法典》。

从表中可见，《大法典》中的准噶尔部社会组织和职官与喀尔喀两部法典反映的相关情况有较大的差别。社会组织方面，喀尔喀有和硕，其下有鄂托克、爱马克，《大法典》中“和硕”一词仅出现一次。官职方面，准噶尔汗（珲台吉）下有örgȫ/örgöge（即官府衙门），官员有执政四图什墨尔、扎尔扈齐等，喀尔喀无此机构及定额的官员，是在各和硕之下设执政大臣，员额不明。准噶尔的基层官员有德木齐、收楞额，喀尔喀则称作达鲁嘎、收楞额。《白桦法典》中所记“欢津”“固什”“西格齐”“乌尔鲁克”等官称或名号不见于《大法典》。准噶尔的“失畜查索使”等职务也不见于喀尔喀两部法规汇编。

土尔扈特的社会组织与准噶尔基本相同。土尔扈特在王公领地内分为若干爱马克，各爱马克由宰桑管理，其下有官员叙马，作为宰桑的管家亦负责收取赋税。爱马克通常以四十户为单位分为若干个四十户，由若干个阿合或德木齐管辖。土尔扈特汗下设有官府 örgöge，亦称“扎尔固”，由八名扎尔扈齐组成，其下有雅尔扈齐、达鲁花等官职。[①] 在王公领地内分为若干爱马克，通常由 150 户到 300 户，或 300 以上人家组成。各爱马克由宰桑管理，其下有叙马，作为管家，收取赋税。一个爱马克又通常以四十户为单位，分由若干阿合或达木齐（德木齐）管辖。[②] 目前难以确知土尔扈特部西迁时其社会组织和职官是否与准噶尔相同，至少从阿玉奇汗时期开始，双方的职官设置有一定差别。总之，《大法典》反映的是准噶尔部的社会组织、阶层和职官，土尔扈特与准噶尔比较接近。

（八）禁止杀死阿拉克鄂拉山以外的蛇

第 185 条有“［杀死］黄鸭、阿兰雀、狗者罚马，［杀死］阿拉克山以外［地方］的蛇，罚二支箭，无箭者罚取其刀”[③]。据《西域图志》记载：阿拉克鄂拉在阿勒坦鄂拉（旧音阿尔泰，为古金山）西三百余里。西南距

---

① ［德］P. S. 帕拉斯：《内陆亚洲厄鲁特历史资料》，邵建东、刘迎胜译，云南人民出版社 2002 年版，第 185 页。

② 土尔扈特的情况参见《敦啰布喇什法典》，亦参见［德］P. S. 帕拉斯：《内陆亚洲厄鲁特历史资料》，邵建东、刘迎胜译，云南人民出版社 2002 年版，第 185—189 页。汉译文中的“王公”，应为“诺颜”。

③ 后半句原文为：alaq oulayin moγoyiγoasa biši moγoiaača qoyor sumu ab，［sumu］ügeyigeese qutaγayini ab。《喀尔喀法典》中亦记载：“不得杀死健康的马、黄鹄、蛇、蛙、黄鸭、黄羊羔、雀及狗等。若有杀死者，见证者可向其罚取马一匹。”见达力扎布：《〈喀尔喀法规〉汉译及研究》，中央民族大学出版社 2015 年版，第 180 页。《大法典》此条款也是有关禁止杀死某些禽兽和家畜的规定。

烘和图淖尔四十里，山脉与阿勒坦鄂拉东西相属。[①] 据钟兴麒等注，阿拉克鄂拉山，位于哈萨克斯坦与中国哈巴河县交界处阿拉克别克河源处山脉。烘和图淖尔即斋桑泊，在额尔齐斯河上游。帕拉斯记载："自准噶尔部崛起以后，该部主要活动于构成准噶尔人和吉尔吉斯人边境的巴尔喀什湖流域以及楚河、伊犁河和额敏河诸河流域，其中有些河流注入巴尔喀什湖。有些人居住在阿拉克山以及阿尔泰山之间的盆地……准噶尔人将连接阿拉克山以及阿尔泰山的博格多山视为他们与蒙古人之间的边境。"[②] 巴图尔珲台吉从1616年就离开其父，居住在额尔齐斯河流域。[③] 其游牧地位于上额尔齐斯河附近，靠近斋桑泊。[④] 阿拉克鄂拉在巴图尔珲台吉时期是准噶尔游牧地无疑，此条法规应为准噶尔部法规。

（九）羞辱刑

《大法典》第14.12条规定，战阵败遁之人令其穿"cegedeq"（妇人无袖外衣）。又第37.1条规定，［独居］无子女的妇女拒绝使者在其家借宿，罚没其无袖外衣。[⑤] 此刑罚不见于喀尔喀法律，亦未见于土尔扈特法律，是准噶尔部独有的刑罚和习俗。据俄国档案记载，雍正十年（1732年）准噶尔部台吉小策凌敦多布率军出征喀尔喀及清朝驻军，在额尔德尼召（光显寺）被击败，随其逃回的官员被罚穿女人衣服以羞辱之。[⑥] 《西域图志》亦记载："从军失伍及逃回者，褫衣服，冠以纸帽，妻穿短布衣，游行徇

---

① 此山在准噶尔境内，《西域图志校注》卷47《杂录一·准噶尔》记载："阿拉克鄂拉，在阿勒坦鄂拉西三百余里。西南距烘和图淖尔四十里，山脉与阿勒坦鄂拉东西相属。""阿勒坦鄂拉旧音阿尔泰，为古金山……东为旧藩喀尔喀蒙古诸部。西为准噶尔部。乾隆二十年（1755年）大兵讨准噶尔，道出阿勒坦鄂拉，遣官祭告。"钟兴麒、王豪、韩慧校注：《西域图志校注》卷29《官制一·附准噶尔部旧官制》，新疆人民出版社2002年版，第328页及注⑧。

② ［德］P. S. 帕拉斯：《内陆亚洲厄鲁特历史资料》，邵建东、刘迎胜译，云南人民出版社2002年版，第10页。

③ ［德］P. S. 帕拉斯：《内陆亚洲厄鲁特历史资料》，邵建东、刘迎胜译，云南人民出版社2002年版，第40页。

④ ［苏联］瓦西里·弗拉基米罗维奇·巴托尔德：《中亚历史》上册，张丽译，兰州大学出版社2013年版，第103页。

⑤ С. Д. Дылыкова, *Их цааз.* Москва, 1981, pp. 44–45.

⑥ ［苏联］伊·亚·兹拉特金：《准噶尔汗国史》（修订版），马曼丽译，兰州大学出版社2013年版，第281页。

众。”[①] 此处可能将令其本人穿妻子的无袖布衣，误为令其妻子穿，传闻虽稍异，准噶尔有此羞辱刑无疑。

（十）赦免债务

《大法典》第103条有“取消布拉台什时期的债务”的法令。布拉台什（布拉太师）即哈喇忽剌台吉的父亲，巴图尔珲台吉的祖父。[②] 布拉台什从未成为整个卫拉特部的首领，亦非喀尔喀和卫拉特两部的共同首领，而《大法典》为何以布拉台什执政时期作为取消债务的时限？此条应是针对准噶尔内部制定的法令，而不是喀尔喀和卫拉特两部共同制定的法律条款。无独有偶，噶尔丹珲台吉第一道敕令也有“取消巴图尔珲台吉时期即马年（1654年）之前的债务”的法令，可见大台吉即位后发布敕令取消早期债务是准噶尔部的习惯做法，未见于其他蒙古部落法律。此条法令有可能是在巴图尔珲台吉时期或其父哈喇忽剌台吉时制定的。

（十一）取消妇女携羊、酒去借的债务

《大法典》第104条规定，妇女携羊、酒去借的债务取消，数额多者减免一半。这是该法独特的规定，不见于其他部落的法典，是准噶尔地方习俗。

（十二）准噶尔社会等级

《大法典》第52—56条，按照准噶尔的社会等级规定了婚姻聘礼和宰杀婚宴用牲畜数额，其社会等级为：有官职的诺颜、塔布囊，小诺颜、塔布囊，四十户德木齐，二十户收楞额，和硕齐，恰，中等人，下等人。在喀尔喀法律和其他史籍中没有如此严整的社会阶层划分，这几条应属于准噶尔部的法规。

（十三）四十户内每年给四个男孩娶妻、制造两副臂甲

《大法典》第59条规定，四十户内每年给四个男孩娶妻；第60条，每年四十户制造两副臂甲。《喀尔喀法规》虽有每苏木每年应购置铠甲十副的

① 钟兴麒、王豪、韩慧校注：《西域图志校说》卷29《风俗一·准噶尔》，新疆人民出版社2002年版，第512页。

② 钟兴麒、王豪、韩慧校注：《西域图志校注》卷47《杂录一·准噶尔》，新疆人民出版社2002年版，第596页。亦见［德］P. S. 帕拉斯：《内陆亚洲厄鲁特历史资料》，邵建东、刘迎胜译，云南人民出版社2002年版，第36页。

相似规定，但在喀尔喀归附清朝前没有“四十户”的组织，此条应属准噶尔部的规定。

《大法典》还有一些是准噶尔独有的条款或处罚规定，例如在人家吃喝失态被杀无咎、奸牲畜、猥亵妇女、救助自缢之人、医治疾病和帮助产妇的报酬、给行人提供酸马奶、在人家灶火中插木棍、窃什物割手指，等等。除此之外，《大法典》与喀尔喀法律之间的差别还在于蒙古传统法律术语的使用上。在喀尔喀两部法规中广泛使用案主（anʝu）、按答奚（aldangqi）、雅拉（yal-a）、巴（baγ-a）等四种刑名，而《大法典》中没有按答奚、巴两个刑名，案主仅出现一次，若为两部共同制定的法律，在刑名使用方面理应一致。

17 世纪蒙古各部落在政治制度和文化风俗方面差别不大，因此各部法律之间有较强的共性，不易相互区别，然而《大法典》与现存喀尔喀法典相比，无论在社会组织、职官、法律术语、风俗习惯等多方面都呈现出了不同的面貌，反映的是准噶尔部的情况。这些都证明《大法典》第 6 条及以下条款不是喀尔喀和卫拉特两部共同制定的法典，而是准噶尔部的法典。前辈学者对此亦有察觉，如 V. A. 梁赞诺夫斯基认为，1640 年法典的主要来源是蒙古部落的习惯法，在某种程度上是由旧《察津毕齐格》和喇嘛教教规，加上其他一些法规条款组成的。[①] 因此他指出：

> 据《咱雅班第达传》记载喀尔喀扎萨克图汗部是会议的召开地点。但是，从《法典》内容来看，法规与西蒙古诸部族的生活有关系，事实上，《法典》长时间在西蒙古人（卫拉特及卡尔梅克人）中间有效，而对喀尔喀人则没有效力。从这点可以得出结论，法规的立法者是卫拉特人，会议极有可能是在准噶尔召开的。[②]

伊·亚·兹拉特金也认为巴图尔珲台吉在法典条文的起草以及召开批准

---

① V. A. 梁赞诺夫斯基：《卫拉特和喀尔喀蒙古法律概述》，达力扎布译，达力扎布主编：《中国边疆民族研究》第 7 辑，中央民族大学出版社 2013 年版，第 343 页。

② V. A. Riasanovsky, *Fundamental principles of Mongol Law*, lndeana University, 1965, p. 48.

这部法典的大会方面都起到了主导作用。[①] 日本学者若松宽甚至认为1640年《大法典》的制定是准噶尔汗国建立的标志，该法典是这一新国家体制的根本法。[②] 这些学者都强烈地感觉到《大法典》内容反映的是准噶尔部的情况，与序言中蒙古和卫拉特两部共同制定法典之间存在矛盾，但是又无法解释这个矛盾，于是不顾《咱雅班第达传》有关会议是在喀尔喀举行的记载，坚持认为是在和硕特部境内的塔尔巴哈台举行，是由准噶尔部巴图尔珲台吉起草和主持通过的一部法典，后来也主要在卫拉特人中效力。这种推测显然缺乏根据，有关会议召开地点的讨论请见后文。据《咱雅班第达传》记载，当时巴图尔珲台吉与和硕特部鄂齐尔台吉是盟友，常被合称为“合约尔台吉”（两台吉），而杜尔伯特部达赖台什及其子孙、和硕特部拜巴噶斯之弟昆都伦乌巴什台吉与和硕特部阿布赉台吉三方是盟友关系，他们与“合约尔台吉”长期不和，双方之间经常爆发生冲突和战争。当时巴图尔珲台吉并不能统辖卫拉特四部，更不要说喀尔喀三部了。因此，巴图尔珲台吉不可能独自起草和制定喀尔喀与卫拉特两部共同制定和施行的法律，或将本部落的法律推行到卫拉特和喀尔喀两部施行，况且在《大法典》序言中明确记载该法典是由两部首领共同制定的。

1640年《大法典》（即现存《大法典》的序言与前五条）是由互不统属的喀尔喀与卫拉特两部落首领，在面临外部威胁的紧急情况下共同制定的军事同盟条约。而《准噶尔法典》（现存《大法典》迪雷科夫本第6条及以下内容），主要是针对蒙古部落内部事务，内容涉及方方面面，与外部威胁毫无关系。有些条款是对日常生活和风俗习惯的规范，例如婚姻聘礼数额、甥舅间财产关系、救助遇险牲畜、疯狗咬人、狩猎规则、奸牲畜、直称别人父母名字开玩笑、损坏人家毡帐、在别人家吃喝噎着呛着、醉酒后在别人家里大小便等，这些条款皆非当务之急。1640年，在喀尔喀与卫拉特两部面临清朝即将发动征伐和兼并的紧急形势下，各部首领在集会上没有必要花费时间就此类事务和条款进行商讨，制定出统一的法规。即使制定了此类法

① ［苏联］伊·亚·兹拉特金：《准噶尔汗国史》（修订版），马曼丽译，兰州大学出版社2013年版，第126、127页。

② ［日］若松宽：《清代蒙古的历史与宗教》，马大正等编译，黑龙江教育出版社1994年版，第37—39、42页。

规，由于各部落相距遥远，也无法实施监督和施行。鉴于各部间在风俗习惯上的差异，诸如令战败逃走者穿女人无袖外衣之类的羞辱刑也难以一律实行。历史事实证明，此后喀尔喀与卫拉特两部之间再也没有召集过大规模的会议，或审理过案件，而是各自为政，各行其法。军事同盟条约则对双方有益，起到互相保护的作用，在很长时期内得到遵守。

综上所述，现存《大法典》托忒文抄本应为1640年《大法典》和《准噶尔法典》的合抄本。1640年《大法典》有序言，而《准噶尔法典》是准噶尔原有法规的汇编，缺少序跋，后人将两部法典合抄在一起之后，误以为是一部法典。除此之外，另有一种可能，即1640年《大法典》在长期流传过程中为适应准噶尔社会需要被重新编辑修改，增入了准噶尔社会组织、习俗方面的内容，从而成为具有准噶尔特点的法律汇编本，但是，在蒙古法律编纂史上没有这样的先例。

第二节 《准噶尔法典》和《噶尔丹珲台吉敕令》传入土尔扈特的时间

《准噶尔法典》据其内容应制定于巴图尔珲台吉时期，时间上早于1640年（详见第四章第一节），而《噶尔丹珲台吉敕令》制定于1676—1678年间。[①] 这两部法规是何时传入土尔扈特的呢？我们不得不回顾一下土尔扈特部与准噶尔部之间的关系。

1640年，喀尔喀与卫拉特两部会盟时，土尔扈特首领和鄂尔勒克与其子书库尔岱青、依勒登（即衮布依勒登）都曾前来喀尔喀地方参加会盟，会后经准噶尔部返回，俄国使者在巴图尔珲台吉处曾见到伊勒登台吉。书库尔岱青还给其子朋楚克（亦译为朋苏克）娶了巴图尔珲台吉的女儿，1642年，朋楚克妻生下阿玉奇，因为孩子年幼无法随父母远途跋涉，故留养于其外祖父巴图尔珲台吉家里。1654年，阿玉奇12岁时，其祖父书库尔岱青再

① ウエ・ア・リヤザノフスキイ：《蒙古慣習法の研究》，東京：東亞經濟調查局刊，1935年，第54頁。

赴西藏朝佛返回时将其带回了俄国伏尔加河流域。[①]

准噶尔地区也是土尔扈特部首领及其使者赴西藏朝佛和赴清朝贸易的必经之地。从乾隆年间准噶尔赴西藏熬茶往来情况来看，准噶尔人先至西宁附近的东科尔贸易，获得其到西藏向喇嘛和寺院布施所需金银、哈达、茶叶等物品后，再赴西藏。而土尔扈特人则还要从伏尔加河流域至准噶尔部，在此歇息后，再赴东科尔，由东科尔赴西藏。在长达约一年的远途跋涉中，土尔扈特人将西域的准噶尔、和硕特等部作为中转歇息地之一，将一部分疲惫的役畜留在这里歇息，待返回时乘用。两部原有密切的往来、相互间联姻。巴图尔珲台吉是和鄂尔勒克的女婿。[②] 和硕特部鄂齐尔图台吉又是书库尔岱青的女婿，后来又娶了阿玉奇之妹。1642年，也就是1640年参加会盟返回土尔扈特一年之后，书库尔岱青遣人赴布哈拉和清朝边城贸易，之后亲赴西藏朝佛。[③] 1643年，书库尔岱青与温萨活佛（即英藏呼图克图）一同至西藏，1644年从西藏启程返回。[④] 同年和鄂尔勒克在与俄军作战中阵亡，1645年书库尔岱青返回土尔扈特继承汗位。1646年再次赴西藏，冬天至伊犁河中游某处驻冬。据《咱雅班第达传》记载，和硕特部鄂齐尔图台吉次子噶尔

① ［俄］M. 诺伏列托夫：《卡尔梅克人》，李佩娟译，载国家清史编纂委员会编译组、中国社会科学院原民族研究所《准噶尔史略》编写组合编：《卫拉特蒙古历史译文汇集》第2册，2005年，第100页；［苏联］H. 帕里莫夫：《卡尔梅克在俄国境内时期的历史概况》，许淑明译，徐滨校，新疆人民出版社1986年版，第17、18页。《西域图志校注》《御制土尔扈特部纪略》中记载："其时四卫拉特各自为汗，无所统属，又不相和睦。和鄂尔勒克因率其子书库尔岱青等至俄罗斯之额济勒地，其时阿玉奇尚在襁褓，因留巴图尔浑台吉处。后书库尔岱青往西藏而回，遂向浑台吉索阿玉奇归俄罗斯，巴图鲁浑台吉为阿玉奇之外祖，以时计之，适相当。"钟兴麒、王豪、韩慧校注：《西域图志校注》，新疆人民出版社2002年版，第498页。《蒙古回部王公表传》卷101《土尔扈特部总传》记载："先是书库尔岱青以巴图尔珲台吉女为子朋苏克妇生阿玉奇，育巴图尔珲台吉所，和鄂尔勒克徙牧，不获携……后书库尔岱青赴唐古特还，道假准噶尔，索阿玉奇以归。"包文汉、奇·朝克图整理：《蒙古回部王公表传》第一辑，内蒙古大学出版社1998年版。第659页。清人记载阿玉奇被留准噶尔是在和鄂尔勒克西迁伏尔加河之时。俄国方面记载阿玉奇出生于1642年，在位时间是1670—1724年，于82岁去世，那么应在1640年喀尔喀与卫拉特会盟之后，俄国方面的记载似更为准确。

② ［苏联］И. Я. 兹拉特金主编，М. И. 戈利曼、Г. И. 斯列萨尔丘克：《俄蒙关系历史档案文献集》下册（1636—1653），马曼丽、胡尚哲译，兰州大学出版社2014年版，第218、231页。

③ ［苏联］И. Я. 兹拉特金主编，М. Н. 戈利曼、Г. И. 斯列萨尔丘克：《俄蒙关系历史档案文献集》下册（1636—1653），马曼丽、胡尚哲译，兰州大学出版社2014年版，第204页。

④ 五世达赖喇嘛阿旺洛桑嘉措：《五世达赖喇嘛传》（上），陈庆英、马连龙、马林译，中国藏学出版社2006年版，第153—155页；王力：《明末清初达赖喇嘛系统与蒙古诸部互动关系研究》，民族出版社2011年版，第140页。

丹巴在书库尔岱青营帐外面举行了婚礼。[①] 1649 年，书库尔岱青在土尔扈特接见了俄国使节，此时已返回土尔扈特。[②] 1653 年，书库尔岱青又赴准噶尔参加了巴图尔珲台吉的葬礼，在此过冬。[③] 1654 年，书库尔岱青自准噶尔携孙子阿玉奇返回土尔扈特。[④] 有人认为他第二次赴藏的时间是 1645—1654 年，用了十年时间，显误。[⑤] 其弟伊勒登台吉于 1645 年邀请咱雅班第达赴伏尔加河土尔扈特部讲经，于 1655 年进藏朝佛。[⑥] 除土尔扈特首领本人赴西藏朝佛外，土尔扈特部遣使赴清朝贸易也途经准噶尔部。1646 年，书库尔岱青遣使清朝，[⑦] 后于 1650 年、1655 年、1656 年遣使清朝。其弟古木依勒登（衮布依勒登）于 1642 年、1650 年、1656 年分别遣使清朝贸易。[⑧]

1640 年，和鄂尔勒克参加喀尔喀与卫拉特会盟返回时带去了回鹘式蒙古文的《大法典》，这点应无疑问。1741—1758 年间制定的《敦啰布喇什法典》和 1775 年以后成书的《卡尔梅克诸汗简史》中都提到"四十与四"的法典，即《大法典》。而 1737 年成书的噶班沙喇布《四卫拉特史》、[⑨] 1820 年成书的巴图尔乌巴什图缅《四卫拉特史》中则称之为《四卫拉特法

① 拉德那博哈得拉：《札雅班第达传》（以下简称西・诺尔布校注：《札雅班第达传》），西・诺尔布校注，内蒙古人民出版社 1999 年版，第 60、65 页；［苏联］H. 帕里莫夫：《卡尔梅克在俄国境内时期的历史概况》，许淑明译，徐滨校，新疆人民出版社 1986 年版，第 12 页。

② ［苏联］И. Я. 兹拉特金主编，М. И. 戈利曼、Г. И. 斯列萨尔丘克：《俄蒙关系历史档案文献集》，下册（1636—1653），马曼丽、胡尚哲译，兰州大学出版社 2011 年版，第 349—352 页。

③ 西・诺尔布校注：《札雅班第达传》（蒙古文），内蒙古人民出版社 1999 年版，第 60、65、114、115 页。

④ ［苏联］H. 帕里莫夫：《卡尔梅克族在俄国境内时期的历史概况》，许淑明译，徐滨校，新疆人民出版社 1986 年版，第 18 页；1654 年，书库尔岱青自准噶尔返回途中至和硕特阿巴赉台吉处，邀请咱雅班第达去土尔扈特，成崇德译注：《咱雅班第达传》，载《清代蒙古高僧传译辑》，全国图书馆文献缩微复制中心 1990 年版，第 31 页。

⑤ Rash Bormanshinov, "Kalmyk Pilgrims to Tibet and Mongolia", *Central Aciatic Journal*, 42 (1998) 1, p. 3.

⑥ 王力：《明末清初达赖喇嘛系统与蒙古诸部互动关系研究》，民族出版社 2011 年版，第 139—141 页。

⑦ 祁韵士：《皇朝藩部要略》卷 9《厄鲁特要略一》，载西藏学汉文文献汇刻第 3 辑，全国图书馆文献缩微复制中心 1993 年版，第 114 页。

⑧ 达力扎布：《清初清朝与厄鲁特诸部的关系》，载《清代蒙古史论稿》，民族出版社 2015 年版，第 344 页及第 356 页表四。

⑨ 噶班沙喇布：《四卫拉特史》，载丹碧、格・李杰编著：《蒙汉对照托忒文字卫拉特蒙古历史文献译编》，新疆人民出版社 2009 年版，原文见第 145 页。在两部卫拉特《故事》中都把"yeke čāja"称作四卫拉特法典，这是后来的俗称。

典》，未提及《大法典》之名。[①] 所谓的《四卫拉特法典》和“四十与四”的法典似乎都是指《大法典》和《准噶尔法典》的合抄本。

《准噶尔法典》有可能是在书库尔岱青（1643—1656 年）时期传入土尔扈特部的，书库尔岱青台吉与准噶尔部巴图尔珲台吉关系密切，借鉴和施行了准噶尔部的法律。《大法典》和《准噶尔法典》原来都是用回鹘式蒙古文撰写的。1648 年，咱雅班第达创制托忒文并率先在西域准噶尔与和硕特等部使用，将托忒文推广到土尔扈特部应始于 1654 年咱雅班第达第二次赴土尔扈特部。自 1652 年咱雅班第达赴西藏熬茶返回后，咱雅班第达师徒为信众大量“誊写经书”“誊写已翻译的经书”。[②] 将此前译为回鹘式蒙古文的经典不断誊写后送给施主，此时的誊写似转写为新创制的托忒文。1652 年，咱雅班第达自西藏熬茶返回途中，于青海遇见了去朝觐清朝皇帝的五世达赖喇嘛，并请他向清朝皇帝转奏“传播蒙古字，要在蒙古普及佛教”。[③] 所谓“蒙古字”应指其新创制的托忒文，咱雅班第达这是欲借助清朝皇帝之力在整个蒙古地区推广其创制的托忒文。1653 年之后，咱雅班第达本人几乎没有再新译佛经，而是将主要精力用于把之前翻译的回鹘式蒙古文佛经转写为托忒文，推广托忒文。什么时间托忒文被卫拉特各部广泛使用，不是很清楚。噶尔丹珲台吉与清朝使信往来，在康熙十二年至十七年（1673—1678 年）间都使用回鹘式蒙古文。[④] 康熙十八年（1679 年）九月，噶尔丹给清朝皇帝的三份奏文皆为托忒文，[⑤] 这与其该年称汗有关。之前是为沟通方便，其后则是表达其政权的独立性。康熙二十三年（1684 年），罗卜藏衮布

---

① 巴图尔乌巴什图缅：《四卫拉特史》，载丹碧、格·李杰编著：《蒙汉对照托忒文字卫拉特蒙古历史文献译编》，新疆人民出版社 2009 年版，原文见第 126 页。

② 达力扎布：《读〈咱雅班第达传〉札记》，载达力扎布：《清代蒙古史论稿》，民族出版社 2015 年版，第 376、377 页。

③ 成崇德译注：《咱雅班第达传》，载《清代蒙古高僧传译辑》，全国图书馆文献缩微复制中心 1990 年版，第 28 页。

④ 康熙十二年十一月一日《噶尔丹台吉请安献礼之奏文》（蒙古文），载中国第一历史档案馆、内蒙古大学蒙古学学院编：《清内阁蒙古堂档》（以下简称《清内阁蒙古堂档》）第 1 卷，内蒙古人民出版社 2005 年版，第 121、122 页；康熙十七年《厄鲁特噶尔丹台吉报安奏文》（蒙古文），《清内阁蒙古堂档》，第 1 卷，内蒙古人民出版社 2005 年版，第 548、549 页。

⑤ 康熙十八年九月一日《噶尔丹台吉以使臣事问候康熙帝奏文》（托忒文），《清内阁蒙古堂档》，第 2 卷，内蒙古人民出版社 2005 年版，第 143—145 页。

给康熙皇帝的奏文亦使用托忒文。[①] 罗卜藏衮布是于康熙十七年和硕特部鄂齐尔图车臣汗被噶尔丹击败后从西域逃至河套迤西的。康熙三十九年（1700 年），土尔扈特首领阿玉奇、和硕特部昆都仑之侄察汗阿海呈康熙帝的奏文都使用了托忒文。[②] 可见托忒文创制约三十年后，于 17 世纪后半期土尔扈特已经广泛使用托忒文了。从托忒文推广使用的时间来看，《大法典》和《准噶尔法典》有可能都是在土尔扈特部被转写为托忒蒙古文的。

噶尔丹珲台吉的两道敕令被附于《大法典》的时间应在土尔扈特部阿玉奇汗在位时期（1670—1724 年）。因为别克列米舍夫斯基于 1724 年赴阿斯特拉罕处理卡尔梅克事务，而 1727 年巴库宁已经把别克列米舍夫斯基获得的《大法典》托忒文抄本译为俄文，[③] 该译本中包括第一道《噶尔丹珲台吉敕令》，其附录于《大法典》的时间应早于 1724 年。阿玉奇汗在位期间，土尔扈特部处于鼎盛时期，与准噶尔无隶属关系，噶尔丹敕令不是直接颁给土尔扈特的，有可能是在噶尔丹汗统治时期（1679—1697 年）或噶尔丹败亡后由逃亡土尔扈特的准噶尔人带到了伏尔加河畔。[④] 因为在策妄阿喇布坦（1697—1727 年）在位的后期即 18 世纪初，土尔扈特汗阿玉奇因散扎布事件与准噶尔部策妄阿喇布坦关系恶化，双方几乎没有往来，土尔扈特人无法通过准噶尔地区与清朝往来和赴西藏熬茶，被迫绕道俄罗斯西伯利亚地区与清朝交往，清朝曾派遣殷札纳和图里琛为首的使团赴土尔扈特。在土尔扈特

---

① 康熙二十三年八月二十九日《厄鲁特罗卜藏衮布阿喇布坦以收到所赐茶，遣使贡马给康熙帝之奏文》（托忒文），《清内阁蒙古堂档》第 4 卷，内蒙古人民出版社 2005 年版，第 20 页；康熙二十五年九月二十四日《厄鲁特董克尔台吉问安奏文》（托忒文），《清内阁蒙古堂档》第 4 卷，内蒙古人民出版社 2005 年版，第 420 页。

② 康熙三十九年正月二十三日《土尔扈特阿玉什为班禅应召前往之心动摇之事呈康熙帝奏文》（托忒文）、康熙三十九年正月二十三日《和硕特昆都仑之侄察汗阿海为请安之事呈康熙帝奏文》（托忒文），《清内阁蒙古堂档》第 16 卷，内蒙古人民出版社 2005 年版，第 70—72 页。

③ 巴库宁译文对巴图尔珲台吉名字的注释中提到“这是准噶尔卡尔梅克人当今执政者噶尔丹策零的曾祖父”。因此，科特维奇认为该项翻译是在 1727—1745 年间进行的。而据记载 1741 年巴库宁的译本已经完成，因此戈利曼认为完成时间应在 1727—1740 年间。［苏联］М. И. 戈利曼：《1640 年蒙古卫拉特法典的俄文译本和抄本》，载国家清史编纂委员会编译组、中国社会科学院原民族研究所《准噶尔史略》编写组合编：《卫拉特蒙古历史译文汇集》第 1 册，2005 年，第 298—300 页。

④ 康熙三十五年（1696 年）九月乙丑，侍读学士喇什奏报，噶尔丹属下人克齐克默尔根等来降言，丹津俄木布之妻父察珲台吉率百余人向图尔古特（土尔扈特）而去。（清）温达等撰：《亲征平定朔漠方略》卷 29，中国藏学出版社 1994 年版，第 697、698 页。

发现的《大法典》诸抄本中都附有《噶尔丹珲台吉敕令》,[①] 有可能源之同一祖本。在噶尔丹汗时期，准噶尔已经通用托忒蒙古文，因此《噶尔丹珲台吉敕令》的原文应为托忒文本。

第三节 史籍中有关《1640年蒙古—卫拉特大法典》的记载

在卫拉特和俄国史籍中都有关于《大法典》的记载，出现较晚，均在18世纪20年代俄国人从土尔扈特获得《大法典》托忒文抄本之后。也就是说是在《大法典》和《噶尔丹珲台吉敕令》合抄本出现之后。

一、两部卡尔梅克法典中都曾提到“四十与四”的法典

约于1741—1758年间制定的《敦啰布喇什法典》序言中没有提及《大法典》，在有关侮辱喇嘛的一个条款中提及：“何人侮辱、骂詈和殴打遵守戒律的僧侣，以四十与四的大法典处罚（döčin dörböni yeke bičiger bolɣo）。”[②] 查《大法典》有一条（第24—24.4条）记曰：“辱骂绰尔济罚九九牲畜，辱骂成为诺颜之师的喇嘛，罚五九牲畜。辱骂格隆罚三九牲畜，若殴打则罚五九牲畜。辱骂班第、察巴干查罚五头牲畜，若殴打则罚一九牲畜。辱骂乌巴什、乌巴伞察，罚马一匹，若殴打，视其程度而定。”《敦啰布喇什法典》所指的只能是此条，因为未列具体内容，无法比勘。有所不同的是《敦啰布喇什法典》此条的前提是殴打“遵守戒律的”僧侣，而《大法典》无此前提。《大法典》第26条规定：“辱骂娶有家室之班第者，罚马一匹，殴打者加倍罚取。”即对违犯戒律的僧侣亦不得辱骂和殴打，在对待僧侣违戒行为的态度上二者有明显的差异。《敦啰布喇什法典》出现过“旧例”“旧法典”的称谓，是否指《大法典》呢？以下与《大法典》略作比较。

1. 依据［每人］在战斗中的表现好坏，根据旧法典（quučin bič

---

① ［苏联］С. Д. 迪雷科夫：《〈伊和察扎〉前言》，盛肖霞译，载达力扎布主编：《中国边疆民族研究》第2辑，中央民族大学出版社2009年版，第356页。

② К. Ф. Голстунскаго, *Монголо-Ойратскіе Законы* 1640 *года*. Ulaanbaatar, 2004. стр. 62.

iqtü üjiji kirerni šangnaji）分别奖赏和处罚。（第 10 条）

《大法典》第 14.1—12 条、第 15 条、第 15.1 条有关战阵的规定，没有与此条对应的内容。

2. 法定三类事务不提供乌拉者，依据旧法典籍没（quučin bičiqer tala）。[①]（第 37 条）

《大法典》第 14 条“三类事务”不提供乌拉者罚九九牲畜，两者的处罚不相同。

3. 救助被狼袭击、遇火灾和掉冰窟的牲畜者赏。其奖赏数额依照旧法典（quučin bičigier boltoγai）。（第 40 条）

《大法典》第 144 条、第 94—97 条是有关救出被狼袭击和受水、火灾害威胁的牲畜，都没有提到掉冰窟牲畜，二者不完全相同。

4. 破坏诺颜［圈禁的］营地和惊散围猎中的野兽，此两种事，罚以骆驼为首的一九牲畜，以轮值处审理的旧例（quučin yosor bolqu）为准。（第 50 条）

《大法典》第 38 条规定：“凡人破坏诺颜已经圈禁的营地和围场，罚骆驼为首之一九牲畜，不知者不坐罪。”内容相同，但《敦啰布喇什法典》此条还有“以轮值处审理的旧例为准”的规定。

5. ［盗贼］偷窃人，依杀人法规籍没。盗贼来交战，用枪或箭［等武器］伤［事主及追捕之人］，赔偿人［命价］。若伤马匹，伤一

① 此处规定与《蒙古—卫拉特法典》第 13 条罚九九的规定不同，可见所谓的“旧法典”也已经修改了。见道润梯步校注：《卫拉特法典》（蒙古文），内蒙古人民出版社 1985 年版，第 296 页注①。

匹马罚四岁骆驼一峰。若射人未中，依其所射箭数，每箭罚四岁马一匹。在畜主不在场时捉获窃贼送来的证人，赏四岁骆驼一峰。畜主带来的证人依旧例（quučin yosor ide）给付报酬。（第32条）

《大法典》无偷窃人的条款。《大法典》没有给“畜主所带证人的报酬”的规定。

6. 凡本法规中未规定之事，依照旧法典和公认的口头判例审理（quučin bičiq jangšiqsan amani jarγu qoyortu üjeji medeye）。（第46条）

根据上述对比可知，《敦啰布喇什法典》中的“旧例”“旧法典”与现存《大法典》除一个条款外，其余都不能一一对应，差别很大。在同时期蒙古法律中有内容相近的法规条款很正常，但判罚多不相同。《敦啰布喇什法典》的条款显然不是直接继承之《大法典》，所谓“旧法典”“旧例”并不等同于《大法典》，中间可能有过渡性的法规，或其他法规和判例。

其次，1822年《津齐林法规》有一个条款记载：“若用凶器击打诺颜、有官职的诺颜和台吉，或无凶器殴打，或怀有恶意威胁称持有凶器，将其审出，无论殴打与否，不分有无凶器，旧四十与四的法典中是处以籍没和死刑，现在的权限与那时的权限不同，这将超出我们的法律权限，因此，将此有过失之人的严重案件交给俄国人审明，给予判决。”① 而在《大法典》中殴打诺颜是处以籍没，并无死刑。《津齐林法规》制定者可能参考了《大法典》的托忒文汇抄本，称其为旧法规。上述“旧四十与四的法典”“四十与四的大法典”都是指《大法典》，而其判罚已经与《大法典》不相同。因此，称之为“旧四十与四的法典”，“旧法典”是泛指土尔扈特早期使用过的旧法规和判例，《大法典》已经是一个模糊的记忆。

① John. R. Krueger, “New Materials on Oirad Law and history”, Part One: The jinjil Decrees, *Central Asiatic Journal*, Volume XVI, No. 3, 1972, p. 198.

二、托忒文和俄文史籍记载

1737年成书的噶班沙喇布所著《四卫拉特史》[1] 中提及参与制定"dörbön oyiradiyin čaajiin bičiq"（四卫拉特法典）的诺颜间约定：

> 见于《四卫拉特法典》中的诺颜们在盟会上议道：不以蒙古人做家奴，同血缘之人虽衰落而成为阿拉巴图，不要让他服贱役，不要将其女儿陪嫁和做奴婢，不要送给外族作阿拉巴图，不要让他们流血。并共同立誓，其他话依照先前在蒙古会盟时所议。[2]

1820年成书的巴图尔乌巴什图缅《四卫拉特史》也转载了这段话。[3] 这两部书中的"四卫拉特法典"依其时间顺序和"其他话依照先前在蒙古会盟时所议"之语，该法典应为在蒙古（喀尔喀）会盟制定大法典之后制定的法规，是否指另一个法规或《准噶尔法典》？目前无法证实。

德国学者帕拉斯所著《内陆亚洲厄鲁特历史资料》一书记曰：

> 经过喇嘛特别是蒙古呼图克图的斡旋调解，蒙古王公与厄鲁特王公之间终于达成了和解，确立了联盟关系。这一和解和联盟关系将应作为法律适用。据卡尔梅克人说，至今卡尔梅克法院在审判时仍以此为基本准则。（第40页）

帕拉斯此说显然依据了《大法典》序言，土尔扈特东归后，留在俄罗斯的卡尔梅克人法院仍以《大法典》和《敦啰布喇什法典》作为审断依据。不过从前述《敦啰布喇什法典》与《大法典》的比较可知，所谓"旧法

---

① M. 乌兰：《卫拉特蒙古文献及史学——以托忒文历史文献研究为中心》，社会科学文献出版社2012年版，第215页。

② 丹碧、格·李杰编著：《蒙汉对照托忒文字卫拉特蒙古历史文献译编》，新疆人民出版社2009年版，第145页。

③ 丹碧、格·李杰编著：《蒙汉对照托忒文字卫拉特蒙古历史文献译编》，新疆人民出版社2009年版，第126页。

典”已不是原原本本的《大法典》了，只是人们泛称之而已。

还有些学者认为《大法典》一直藏于土尔扈特汗处，土尔扈特首领与俄国起誓时还拿来亲吻。苏联学者戈利曼认为，俄国人最早接触《法典》是在 17 世纪下半叶，俄国学者雅金夫·俾丘林曾提到过，1654 年卡尔梅克汗书库尔岱青、1661 年其子朋楚克向俄国沙皇起誓时都有亲一亲佛像、舔一舔《必扯克》（圣书）和念珠的仪式。涅费季耶夫认为《必扯克》是《经书》，而波波夫（Попов）认为“这本《必扯克》就是指 1640 年法规全集，它写于带花纹的白色绸缎上，它在阿玉奇汗逝世后丢失，在这以前，一直保存于汗的营幕中”。言之凿凿。戈利曼赞同波波夫之说，而长期管理卡尔梅克事务的巴库宁在其著作中提到在书库尔岱青和朋楚克父子执政时期曾三次起誓，每次都是“使臣或台吉本人，在起誓时亲（吻）其表示神的佛像、必扯克《圣书》”，没有说《必扯克》是《大法典》，而是佛教经典。[①]《卡尔梅克诸汗简史》记载，1661 年“据说在发誓时，朋楚克向佛爷磕头，吻了佛像、佛经、念珠，舔了刀刃，并将刀刃挨到自己的脖颈上”[②]。法国人莫理斯·古郎亦指出 1644 年一次杜尔伯特人的宣誓，“宣誓是按照卡尔梅克仪式进行的，在高悬的宝剑下，每人触摸一尊佛像、一串念珠和一部佛经”。[③] 另据俄文档案记载，早在 1633 年沙皇给喀山省衙门颁发的派遣图哈切夫斯基等前往喀尔喀和托辉特部阿勒坦汗处举行宣誓仪式和给他赠送礼品的命令中称：“以他们自己的信仰，按《可兰经》宣誓保证，为沙皇陛下效忠……”[④] 沙皇并不清楚阿勒坦汗信奉的是藏传佛教，误以为是中亚穆斯林部落，故令其按《可兰经》宣誓。显然，《必扯克》不是法典，而是佛教经典。波波夫的推测是错误的，戈利曼认为俄国人最早接触《大法典》是 17

---

① ［苏联］М. И. 戈利曼：《1640 年蒙古卫拉特法典的俄文译本和抄本》，李佩娟译，载国家清史编纂委员会编译组、中国社会科学院原民族研究所《准噶尔史略》编写组合编：《卫拉特蒙古历史译文汇集》第 1 册，2005 年，第 298 页。

② 丹碧、格·李杰编著：《蒙汉对照托忒文字卫拉特蒙古历史文献译编》，新疆人民出版社 2009 年版，第 61、166 页。

③ ［法］莫理斯·古郎：《十七和十八世纪的中亚细亚——卡尔梅克帝国还是满洲帝国》，冯桂生译，凌颂纯校，国家清史编纂委员会编译组、中国社会科学院原民族研究所《准噶尔史略》编写组合编：《卫拉特蒙古历史译文汇集》第 3 册，2005 年，第 553、554 页。

④ ［苏联］И. Я. 兹拉特金主编，М. И. 戈利曼、Г. И. 斯列萨尔丘克：《俄蒙关系历史档案文献集》上册（1607—1636），马曼丽、胡尚哲译，兰州大学出版社 2014 年版，第 220、225 页。

世纪下半叶，起誓用《大法典》的说法也是不准确的。

《卡尔梅克诸汗简史》有两处提到《大法典》，第一处记载：

> 在那铁龙年（1640年）四十与四双方尽释前嫌，统一了意志。在萨迦托音尹咱仁布齐、阿萨呼博雅满朱习礼和那木哈满朱习礼呼图克图格根面前，额尔德尼扎萨克图汗、土谢图汗、顾实诺们汗、额尔德尼巴图尔珲台吉为首汗诺颜集会制定了《大法典》(yeke čaaji)。和尔勒克前来参与，促成此喜悦盛事，把制定的法典带回自己家乡，以此约束其阿勒巴图。

第二处交代《敦啰布喇什法典》的修订原因时称：

> 早期的四十与四两方的《大法典》很适合蒙古和卫拉特的生活，而卡尔梅克与他们分开很多年之后，风俗习惯发生了变化，产生了从前没有的善恶性质，因此需要使用新定法规，由于生活于诸外国之中，与他们交往也需要新法规，因此，敦罗卜喇什汗制定新法规充实了旧法典……将旧法典有关偷盗和其他方面的规定全部充实，使其明确了。[①]

此书成书时间不详。书中提到1775年渥巴锡汗去世，其子策凌纳木扎勒袭汗位（1775—1792年），可知其成书时间最早应在策凌纳木扎勒汗时期。俄国学者雷特金从伏尔加河流域卡尔梅克人中间发现了这部文献，于1860年译为俄文发表于《阿斯特拉罕省报》。[②] 该书中引述了《大法典》序言，提到了制定《敦啰布喇什法典》的原因，作者显然阅读过这两部法典。书中详细记载土尔扈特回归及前后发生在中国和俄国的事情，例如渥巴锡受

---

① 丹碧、格·李杰编著：《蒙汉对照托忒文字卫拉特蒙古历史文献译编》，新疆人民出版社2009年版，第165、176页。

② 翻译到纪年为1710年的段落而止，未译完，由波兹德涅耶夫刊布了全文。见［俄］В. Л. 科特维奇：《有关十七至十八世纪与卫拉特人交往的俄国档案文献》，李佩娟译，载国家清史编纂委员会编译组、中国社会科学院原民族研究所《准噶尔史略》编写组合编：《卫拉特蒙古历史译文汇集》第1册，2005年，第69页；亦见丹碧、格·李杰编著：《蒙汉对照托忒文字卫拉特蒙古历史文献译编》，新疆人民出版社2009年版，第248页。

封代理汗的仪式、东迁过程、清朝安置土尔扈特、捐助牲畜、粮食等物资的数额等。这些更像是后人查阅相关史料编撰的，其中摘录了现存《大法典》抄本序言中的内容。19世纪20年代，俄国方面为修撰《津齐林法规》收集了各种汇抄本，及多种俄译本和帕拉斯德译本，此时利用《大法典》比较方便。因此该书的成书时间可能在19世纪20年代。前文已述，现存托忒文抄本汇编中除“四十与四”的军事盟约之外，其他内容应为《准噶尔法典》。而《敦啰布喇什法典》中提到的“旧法典”条款与现存《大法典》差别较大，几乎没有直接承继关系，有些条款的制定时间介于《大法典》和《敦啰布喇什法典》之间。

以上著述对《大法典》的记载都不是很清晰，是在《大法典》制定后大约一百年、一百五十年，甚至更晚的记载，虽然书中提及“旧四十与四的法典”，有的还引述《大法典》的序言，但是其中提及的所谓《大法典》、“旧法典”的条款与现存《大法典》的内容不尽相同。《卡尔梅克诸汗简史》成书较晚，作者对土尔扈特部施行《大法典》方面的记述，除其利用现存《大法典》序言外，没有提供其他新依据。作者追述距他生活的年代约一百五十多年前和鄂尔勒克台吉带《大法典》回家乡，以此约束其部落，也属于一种推测。有可能书库尔岱青台吉时把《大法典》和《准噶尔法典》带回了土尔扈特。土尔扈特部显然施行过《准噶尔法典》，其手抄本在土尔扈特得到保留。正因为土尔扈特部曾效仿准噶尔的制度，施行准噶尔法律，双方在社会组织、职官和司法制度方面都非常接近。而在青海和硕特、喀尔喀没有发现曾经施行该法（特别是《准噶尔法典》）的任何记载。在这两个部落也没有发现《大法典》的抄本，他们与准噶尔部之间在社会组织、职官、司法制度方面也有较大差别。按照蒙古人的习惯将诸次制定的法典汇抄在一起，因为《大法典》有序言，《准噶尔法典》无序言，后人有可能误以为是一个法典了。

第 二 章

《1640年蒙古—卫拉特大法典》研究

第一节 《1640年蒙古—卫拉特大法典》制定的历史背景

在《1640年蒙古—卫拉特法典》制定之前，喀尔喀和卫拉特两部处在一个复杂的外部环境之中，西面，沙俄势力不断向东扩张，蚕食两部的领地和附属部落，并不断遣使劝说其首领加入俄国国籍；东面，后金崛起，迅速兼并漠南蒙古各部，对漠北喀尔喀和漠西卫拉特部形成直接威胁。而喀尔喀和卫拉特两部之间长期的敌对状态也还没有结束。

在西面，16世纪末，沙皇俄国已经占居西伯利亚，其势力至图拉河、托波尔河、额尔齐斯河、鄂毕河沿岸，随后与卫拉特部争夺对中亚一些部族的领属权发生磨擦。17世纪前半期，由于俄国在西伯利亚的力量较为薄弱，难以武力征服卫拉特，沙俄允许各部通商贸易，试图劝诱其加入俄国国籍，双方之间没有较大的军事冲突。[①] 此时卫拉特部在与哈萨克的战争中占据上风，哈萨克分裂为几个部，对其威胁减弱。[②] 由于人口增加牧地变得狭小和为支援西藏格鲁派的原因有些部落向其他地方迁移。1628年，和鄂尔勒克

① ［苏联］伊·亚·兹拉特金：《准噶尔汗国史》（修订版），马曼丽译，兰州大学出版社2013年版，第119、113页。

② ［苏联］伊·亚·兹拉特金：《准噶尔汗国史》（修订版），马曼丽译，兰州大学出版社2013年版，第117、118页。

率领土尔扈特部西迁伏尔加河流域，1636年，受西藏格鲁派首领的邀请，卫拉特联军出兵青海地区，击败了占居青海的喀尔喀绰克图台吉，兼并其部。和硕特部顾实汗率领部属移居青海，驻守西藏通往中原和蒙古地区的要道。鄂齐尔图台吉和阿巴赉台吉统领的和硕特部人，巴图尔珲台吉统领的准噶尔部，以及一部分杜尔伯特、辉特部落仍留居于故地。

17世纪30年代，喀尔喀形成扎萨克图汗、土谢图汗和车臣汗三个部落。沙俄势力还未到达贝加尔湖，[①] 仅与喀尔喀右翼扎萨克图汗属下和托辉特部有所接触，称其首领硕垒乌巴什珲台吉父子为阿勒坦汗。从1616到1621年间，沙俄多次遣使阿勒坦汗部，希望和平相处，探听通往明朝的道路，对喀尔喀还没有构成严重威胁。

卫拉特与喀尔喀两部是宿敌，17世纪初，卫拉特与喀尔喀大约以阿尔泰山及额尔齐斯河为界，征战不休。1587年，喀尔喀左翼阿巴岱赛音汗击败卫拉特部，杀死了和硕特部首领哈奈诺颜洪果尔。[②] 喀尔喀右翼在赉瑚尔汗时仍向卫拉特部收取贡赋。[③] 1623年，和托辉特部首领硕垒乌巴什珲台吉攻打卫拉特，被和硕特部拜巴噶斯率领的卫拉特联军击败后杀死，卫拉特逐渐摆脱喀尔喀的控制。[④] 不过两部之间的敌对状态还没有解除。

在东面，1619年，女真人建立的后金政权兴起，后金支持蒙古科尔沁等部与察哈尔林丹汗对抗。1626年，后金袭击与明朝往来的漠南喀尔喀扎鲁特、巴林等部，林丹汗也对不服从自己的喀尔喀五部不满，乘其被后金击败，起兵兼并。林丹汗的暴戾使其属下的乌朱穆秦、苏尼忒、蒿齐忒、阿霸垓、阿巴哈纳尔等部落纷纷北投喀尔喀车臣汗部。1627年，林丹汗为躲避后金攻击，率部西迁，兼并右翼喀喇沁、土默特、鄂尔多斯三部，从西拉木伦河迤北迁至明朝宣府、大同迤北驻牧。向明朝索得其原在辽东的市赏以及蒙古右翼三

---

① ［英］约·弗·巴德利：《俄国·蒙古·中国》上卷，第1册，吴持哲、吴有刚译，胡钟达校，商务印书馆1981年版，第179页。

② 乌云毕力格、成崇德、张永江：《蒙古民族通史》第4卷，内蒙古大学出版社2002年版，第45页。

③ ［日］若松宽：《清代蒙古的历史与宗教》，马大正等编译，黑龙江教育出版社1994年版，第9、25页。

④ 乌云毕力格、成崇德、张永江：《蒙古民族通史》第4卷，内蒙古大学出版社2002年版，第46页。

部在宣、大两镇的市赏，从而控制了整个蒙古地区与明朝的贸易。察哈尔西迁，不仅使漠北喀尔喀受到武力兼并的威胁，也使他们与明朝的互市贸易中断。和托辉特部俄木布额尔德尼台吉受西迁察哈尔部的威胁曾于1631年主动与俄国联系，请求在必要时得到俄国的军事支持，俄国政府借机诱使其宣誓，效忠沙皇，永为臣仆。1632年6月，和托辉部代表与俄国使者宣誓。①

察哈尔林丹汗西迁之后，后金出征察哈尔，1632年，林丹汗率部再迁明朝宁夏边外，黄河河套迤西。1634年后金再次出征，林丹汗被迫率部西迁青海，病死于途中，部众东归投附后金。归化城土默特部和鄂尔多斯部从河套迤西返回故地驻牧。归化城土默特部与明朝恢复互市贸易。②

1635年，林丹汗败亡之后，漠北喀尔喀各部迫不及待地遣人恢复与明朝的贸易。他们通过归化城土默特与明朝联系，于天聪九年（1635年）正月，至明大同镇杀胡口互市卖马。天聪九年八月，出征察哈尔的后金贝勒岳托在归化城发现土默特部允许喀尔喀与明朝贸易，派兵截杀喀尔喀前来贸易之人，并以擅自允许喀尔喀与明朝贸易，处死了土默特部管事官员毛罕，任命官吏约束部众，将土默特博硕克图汗子俄木布带回了沈阳。天聪九年十二月，喀尔喀车臣汗及乌朱穆秦等部首领遣使与后金通好。天聪十年（1636年）二月，皇太极遣使致信车臣汗，责其卖马于明朝，车臣汗回信婉拒指责。喀尔喀三部继续遣使与明朝贸易。明朝则试图利用喀尔喀牵制后金，积极收购马匹。③ 皇太极于崇德元年（1636年）遣察罕喇嘛出使车臣汗，告知车臣汗清廷欲遣使邀请五世达赖喇嘛。崇德二年（1637年）八月，车臣汗和土谢图汗遣使清朝，表示喀尔喀三汗意见一致，愿意与清朝共同派人去西藏延请达赖喇嘛，④ 试图与清朝和平相处，以便继续与明朝贸易。但是扎萨

① ［苏联］И. Я. 兹拉特金主编，М. И. 戈利曼、Г. И. 斯列萨尔丘克：《俄蒙关系历史档案文献集》上册（1607—1636年），马曼丽、胡尚哲译，兰州大学出版社2014年版，第84号，第178—182页；第90号，第200—206页。［苏联］Н. П. 沙斯季娜：《十七世纪俄蒙通使关系》，北京师范大学外语系七三级工农兵学员、教师译，商务印书馆1977年版，第16—18、30—35、51页。

② 达力扎布：《明代漠南蒙古历史研究》，内蒙古文化出版社1997年版，第248、249、294—310、331、332页。

③ 达力扎布：《17世纪上半叶喀尔喀与明朝的短暂贸易》，《清史研究》2011年第2期，第89、90页。

④ 《清太宗实录》卷32，崇德元年十一月甲子，中华书局1985年版，第406页；卷38，崇德二年八月辛丑、庚戌，第497、498页。

克图汗并没有与清朝联系。

由于喀尔喀各部擅自通过清朝附属的漠南蒙古地区与明朝贸易，清廷开始采取措施，争夺对明朝贸易市口的控制权，甚至诉诸武力。崇德三年（1638 年）正月，喀尔喀扎萨克图汗遣人欲与明朝互市，驻营归化城附近，归化城土默特感受到威胁，派人向清廷报信。[①] 皇太极率兵亲征，扎萨克图汗部人退走。[②] 皇太极遣使明朝索取原给察哈尔汗的岁币，要求在张家口开市。三月，明廷被迫允准“插部旧夷”在张家口开市，[③] 实际上允许了清朝以喀喇沁部的名义在此贸易。清廷此前已经通过土默特部在大同镇杀胡口与明朝贸易，至此通过归化城土默特和喀喇沁两部得以在明朝大同、宣府两镇贸易，并向喀尔喀等部落宣示了清朝对贸易市口的控制权，只有与清朝有朝贡往来者才允许其与明朝贸易。喀尔喀扎萨克图汗受到清军阻拦后，被迫遣使与清朝议和，与清朝往来。[④] 七月，皇太极谕扎萨克图汗使臣达尔汉囊苏喇嘛，指责扎萨克图汗欲侵犯归化城，警告他不要自恃地远，如不认罪，将发动远征。[⑤]

崇祯十年（崇德二年）（1637 年）四月明宣大总督卢象升疏称：“招来哈马实始于枢臣杨嗣昌督宣之时。昨秋冬，云、宣镇官兵入援，大同空虚实甚，西哈又拥马二万余骑、健夷七八千人临边乞售，人情不胜疑虑焉，抚臣叶廷桂谕誊得宜，使远人遂通市之愿，中国收云锦之群，其作用可谓与旧督相成也。然卖马者哈，而卜实借马为缘以有求于我，乞款者卜，而哈实因市为利，以仰望于我……又采自通官夷丁之所指陈，佥谓哈夷原有两种，东哈势寡而弱，近口［奴］附口［奴］，西哈势众而强，远口［奴］抗口［奴］。”[⑥] 明

① 《兵部为飞报夷情事》，崇祯十一年正月二十七日，载中国第一历史档案馆、辽宁省档案馆合编：《明朝档案总汇》第 28 册，广西师范大学出版社 2001 年版，第 2141 件，第 490—496 页。

② 《清太宗实录》卷 40，崇德三年正月庚辰，中华书局 1985 年版，第 527 页；二月丁酉、癸丑，分见第 532、533 页；卷 41，崇德三年三月甲戌，第 537、538 页。

③ 《兵部奏为密奏夷情事》，崇祯十一年三月十一日，载《明朝档案总汇》第 29 册，广西师范大学出版社 2001 年版，第 2192 件，第 322—326 页；《宣府巡抚刘永祚谨题为恭报市口暂闭并请善后机宜事》，载《明朝档案总汇》第 31 册，广西师范大学出版社 2001 年版，第 2373 件，第 443、444 页；《清太宗实录》卷 44，崇德三年十月己亥，中华书局 1985 年版，第 580 页；《清太宗实录》卷 46，崇德四年五月庚辰，中华书局 1985 年版，第 616 页。

④ 《清太宗实录》卷 41，崇德三年三月庚午，中华书局 1985 年版，第 537 页。

⑤ 《清太宗实录》卷 42，崇德三年七月丁卯，中华书局 1985 年版，第 552 页。

⑥ ［明］卢象升：《再陈卜哈情形疏》，崇祯十年闰四月初七日，载《卢肃公文集》卷 7《宣云奏议》，清光绪刻本。

朝人亦得知左翼喀尔喀靠近清朝，与清朝和好，而右翼距清朝远，而抗拒清朝。

崇德二年，附属于喀尔喀车臣汗的乌朱穆秦部落济农归附清朝，清朝予以接纳。崇德三年（1638 年）二月，清军出征阻止喀尔喀扎萨克图汗与明朝贸易。三月，扎萨克图汗遣使来信，皇太极通过其使者责扎萨克图汗不来归顺，反而来侵归化城，如不前来认罪，必定出征。① 九月，扎萨克图汗又遣使致信反驳，皇太极针对喀尔喀扎萨克图汗自称六万户之一，不顺从清朝，斥责其不自量力，劝其归顺。② 崇德四年（1639 年）十月，苏尼忒部墨尔根台吉腾机思、腾机特、叟塞济农，阿霸垓部额齐格诺颜、达尔汉诺颜等又率部从喀尔喀来归附清朝。③ 崇德五年（1640 年）正月，皇太极书谕扎萨克图汗曰：

ǰasaγ-tu qaγan-du bičig ilegebe：bide čaqar-yin qaγan-i siregen-i eǰen yosotu qaγan buyu geǰi sanaǰi bile：edüge medebesü siregen-i eǰen yosotu yeke qaγan či aǰi bainam：γaγča kömün-i endeǰu törö sasin-iyan ebdeged：yeke ulus-iyan tarqaγutun-i či endel ügei medekü kömün törö sasin-i ni bariǰu：yeke ulus-i ni yaγun-du ese ǰongkilaba：erten-eče inaγsi ulaγan ǰalaγatan bide dayisun ügei mani ünen：siregen-i čini eǰen-i：tngri namai qayiralaǰu minü γar-tur öggügsen-dür：tarqaγsan yeke ulus-i ni ǰongkilaǰu ǰirγaγuluγsan-i mini či uqaγan ügei-yin tula ülü medenem bayinam：269/270 tngri-yin qayir-a-du nada：solongγ-a. ula. qada. yekeke. quyiba. solon. uraγ-a. mongγol ǰirγuγan yeke ulus ede bügüde. minü γar-tu bayinam：či ǰirγuγan tümen-i nigen-i bide bile geǰi bayinam：γurban abaγ-a：tabun otoγ qalq-a：sönid ede bügüde nada bayinam：edüge čimadu tümen bolqu kömün ken bui：yerü qamuγ-i eǰeleküle qaγan：qaγas-i eǰeleküle tüsimel gegsen ügei

① 《清太宗实录》卷 42，崇德三年七月丁卯，中华书局 1985 年版，第 552 页。

② 齐木德道尔吉、吴元丰：《清内秘书院蒙古文档案汇编》第 1 辑，内蒙古人民出版社 2004 年版，第 255—257 页。

③ 《清太宗实录》卷 39，崇德二年十一月丁丑，中华书局 1985 年版，第 516 页；卷 49，崇德四年十月庚寅，第 651 页。

buyu: čimadu qaγas-ača γaγča otoγ burin ügei bayital-a: či yekergeǰu ner-e-ben deger-e talbiγad ǰarliγ geǰi ilegegči ǰöb buyu: bi čimadu ǰarliγ geǰü ilegekü bai y-a: čim-a-ača door-a kömün čimadu ǰarliγ ilegebe: 270/271 geküleči tegüni ǰöbsiyekü biyü: či törö yoso-yi bariǰu ülü čidaqu-yin tula. γaγča otoγ qalq-a-du γurban qaγan bolǰiyem bisiü: erten-i ösiyetu qota abuγsan kitad. qoni abuγsan oyirad geǰi bayinam. erten-ü ösiy-e-eče tus ečige-yi čini alaǰu. aq-a degü gičini dobtoloγad em-e keüked-i olǰa bolγaγsan ösiy-e-du kömün-lüge törö nigedbe gegsen čini: alus-yin ner-e törö-yi ülü medeküčini ene bisiü: sayin köbkün törököle ečige-yin ösiy-e abqu bai y-a: ečige-yin ösiy-e ösileǰi ese čidaqula köbkün törögsen tus ügei bisiü: bi erten-ü ösiy-e-dü 271/272 kitad-i dayilaγad: dörben ǰüg-ün yeke ulus-i ey-e-dür-iyen oroγulǰu: amuγulang ǰirγalang-tu kürgegsen: qamuγ-un eǰen nada ǰarliγ geǰi ilegekü-eče: ǰegün baraγun deki. aq-a degü degen ǰarliγ geǰi ilegeküle čini üge-ber yabuqu kömün biyü: aq-a degü-degen ügeben ülü daγaγdan elči-ben ǰančiγdan bögetele: alus nada yekergegči činü čimadu ülü ǰokiqu üyile bisiü: bi urida tabun otoγ qalq-a-du törö nigedüy-e getele: nada-ača dutaγaγsan-du uγtuǰi bayiǰi ǰarim-i ni čaqar idele: ǰarim-i ni bi abuba: či törö ey-e-ben nigedǰi: mini γarγaγsan sirkü-yin qaγalγ-a-bar: erdeni ede torγ-a abči ǰirγaltai bai y-a: či törö 272/273 ey-e-dü ülü duralaqu bolosa: čimai uγtuǰi baiǰi oyirad künesü kikü bisiü: erten-i qad γurba dörben ǰil doloγan naiman ǰil-dü ayilaγsan ügei buyu: ünen-dü ni či nige ayan-i mini künesü boloγdaqu ügei bisiü: γaǰar-tu qola ügei bai y-a: či bide qoyar-yin tengtai teng ügei qoyar-i elči čini čimadu kelenem y-e: erten-ü sayin qad-un yabudal toli metü gegsen bile: tere sayin yabudal-i daγuriyaǰu: öber-ün maγui (maγu) yabudal-i gegekü-yin tulada toli gegsen bile: či niγur üǰekü toli metü sanaǰi: soqor kömün-dür toli kereg ügei geǰi bayinam: či γar-dü ki yüngsiyebü-ben nutuγdu ni γarγaǰi qungγur keüken-dü neyilegülsü geǰi 273/274 bayinam: yüngsiyebü-yin dutaγul arban ayil-ača čini bey-e-yi qungγur keüken nekenem y-e: či yamar ba üyile-yi čidaqu ülü čidaqu-yi deger-e γurban erdeni ǰayaγan medekü bai y-a: kömün yaγakiǰu ilaγaqu geǰi bayinam: ǰayaγan medekü gegči ünen. ene üge čini nadala ǰolγalčiy-a gegsen bayinam: či ene üge-degen kürkü bolosa bolǰiγ-a（bolǰoγ-a）-ban keleǰi ilege: či namai ger deger-e-ben ir-e geküle dutaγal ügei saγu: bi čimadu ečisü: dumda γaǰar bolǰaji ǰolγay-a geküle tere bolǰiγ-a-ban kleǰi ilege: 274/275či mini ger deger-e irey-e geküle tere bolǰiγaban keleǰi ilege: bi dutaγal ügei bayiǰi čimayi külčesü: ene γurban bolǰiyan-i alin-i keleǰi ilegeküi-ben či mede:: degetü erdem-tü-yin tabuduγar on: qabur-un segül sara-yin sin-e-yin naiman-a:①

汉译如下：

致扎萨克图汗书：吾原以为察哈尔汗为正统大汗，今知尔为正统大汗，因一人之惑而毁政教，使众人散亡之事，尔知之甚明，既掌政教，尔何不居有其多数人？自古至今吾红缨之人无敌于天下，蒙天眷佑，尔正统大汗已在吾手中矣，吾据有此散亡之大多数人，使其享乐安生，尔因愚钝而不知此事。269/270 蒙天眷顾，朝鲜、乌拉、哈达、叶赫、辉发、索伦、瓦尔喀、蒙古六大兀鲁思（万户）皆在吾掌控之中。尔谓六万户之一为尔［喀尔喀］，今三阿巴噶、五鄂托克喀尔喀、苏尼特等皆在吾处，今尔可称作万户者有何人？有言“据有全部人众者为汗，据有半数人众者为臣”，尔仅有一半之中不足一鄂托克人众，竟妄自尊大，［在信中］将尔名字抬格称谕，当否？吾本应向尔称谕，若有位下者向尔称谕，270/271 尔肯允否？因尔之不善掌政教，一鄂托克喀尔喀内竟有三汗。尔夙仇有夺城之乞塔特（明国），夺羊之卫拉特。尔却声称已与因旧仇杀死尔父，侵袭尔兄弟，掳去尔

① 齐木德道尔吉、吴元丰：《清内秘书院蒙古文档案汇编》第1辑，内蒙古人民出版社 2004 年版，第 269—275 页。

妻子之仇人和好，此乃不知大政之声名。生贤子可以为父报仇，若不能为父报仇，生子何用。吾出征旧仇人271/272乞塔特（明国），将四方大国纳入管辖之下，以至于太平幸福。尔自以为"众人之主"，竟向吾称谕，尔称谕于左、右翼的兄弟有人肯听从于尔乎？尔兄弟不肯听从，殴打尔使臣，尔却向遥远之吾妄自尊大，于尔妥邪？吾曾劝五鄂托克喀尔喀归顺，而其避而逃走，被察哈尔迎取之，一些人被其吞并，另一些人被吾收取。尔若归顺，则得以在吾开启之杀胡口获得珍宝、财物、缎匹享福。272/273若不归顺，将会被卫拉特迎取之，成为其虏获。古代圣汗岂非三四年或七八年则出征？尔或为吾某次征伐之虏获。吾与尔相距不甚遥远，孰强孰弱，尔使者将会告知。古圣汗之事犹如明镜，效其贤者，弃己错谬，称之谓镜鉴。而尔视其为照面之镜，以为盲人有镜亦无用。尔若将属下之永谢布遣还其家乡，归于孔果尔孩儿，273/274孔果尔孩儿会从永谢布缺少的十户人中索要尔本人。尔称凡所行事成否，三宝天命知之，人何以知之，命定是实。此话是尔欲与我会面（即作战），尔若信守此言，请遣使约见（战），尔若要吾赴尔家（处），请待吾，莫逃避，吾将前往尔家（处）。若欲在适中之地，亦请遣使来约定。尔若欲来吾家（处），亦请遣使约定，吾必候尔不避。此三种约定由尔选择，请遣使报知。崇德五年三月初八日。①

皇太极在信中讽刺扎萨克图汗以正统蒙古大汗自诩，妄自尊大，指责其与杀父仇人卫拉特和好，劝其归附。告诫其若归顺可以来明朝大同杀胡口互市，否则将被征伐，败逃后会被其近邻卫拉特乘机攻掠而成为其虏获。若欲交战，请约定地点，一决雌雄。

由于双方关系急剧恶化，崇德五年（1640年），喀尔喀部取消了此前欲派人随清朝使者共赴西藏邀请达赖喇嘛的计划。清廷也撤回了已行至归化城等候喀尔喀使者的赴西藏使团。②

① 齐木德道尔吉、吴元丰：《清内秘书院蒙古文档案汇编》第1辑，内蒙古人民出版社2004年版，第269—275页。

② 《清太宗实录》卷53，崇德五年十月癸丑，中华书局1985年版，第705页；达力扎布：《清太宗邀请五世达赖喇嘛史实考略》，《中国藏学》2008年第3期，第75—80页。

自崇德三年（1638年）皇太极发出远征威胁之后，扎萨克图汗亦感觉若受清军征伐，宿敌卫拉特也会乘机劫掠，既然不臣服清朝，有必要与周邻部落和解，得到他们的支持，共同应对清朝威胁。而周邻各部落同样感受到了清朝的威胁，1639年，和托辉特部俄木布额尔德尼台吉再次给沙皇写信，请求在其受攻击时，沙皇能调动俄国托木斯克驻军予以支援。并答应护送俄国使者去中原和唐古特（西藏），这是其之前一直敷衍俄国人不肯协助之事。[①] 喀尔喀左翼车臣汗和土谢图汗两部上书语言恭顺，没有与清朝公开抗争，但清廷屡次警告其停止与明朝贸易，莫蹈察哈尔林丹汗后尘，并接纳车臣汗属下叛走的乌朱穆秦、苏尼忒、阿霸垓等部落，两部以拒绝与清朝共同遣使邀请达赖喇嘛表达了不满。准噶尔部和西域和硕特部是喀尔喀扎萨克图汗部的近邻，清军若出征扎萨克图汗部，两部必被殃及，青海和硕特部和土尔扈特部虽与清朝相距遥远，但亦有唇亡齿寒之忧。因此，在扎萨克图汗的联络下，崇德四年（1639年年），各部首领基本达成联合抵御清朝的共识。因此皇太极于崇德五年（1640）给扎萨克图汗的回信中指责其与仇人卫拉特和好，显然扎萨克图汗来信中提及他已经与卫拉特和好。[②] 1640年秋，喀尔喀和卫拉特两部首领不远万里聚集于喀尔喀右翼扎萨克图汗部，在大敌当前的形势下，决定停止内讧，一致对外。共同商议解决双方之间属民归属纠纷，结为军事同盟。同盟条约是由双方最高首领共同制定的，为有别于两部其他法规，称之为“yeke čāǰi”（大法典）。

据《大法典》序言记载，两部参与会盟者除三位大喇嘛之外，还有27位首领，其中有喀尔喀扎萨克图汗部扎萨克图汗素巴第、俄木布额尔德尼洪台吉[③]、岱青洪

---

① ［苏联］И. Я. 兹拉特金主编，М. И. 戈利曼、Г. И. 斯列萨尔丘克：《俄蒙关系历史档案文献集》下册，马曼丽、胡尚哲译，兰州大学出版社2014年版，第123页。

② 齐木德道尔吉、吴元丰：《清内秘书院蒙古文档案汇编》第1辑，内蒙古人民出版社2004年版，第271页。

③ 俄木布额尔德尼洪台吉，即扎萨克图汗下和托辉特部俄木布额尔德尼珲台吉，俄文史籍中的第二代阿拉坦汗，见《蒙古回部王公表传》卷61《喀尔喀扎萨克图汗部总传》，内蒙古人民出版社1998年版，第424页；卷63《扎萨克多罗贝勒根敦列传》，第436页。迪雷科夫认为是车臣汗硕垒第六子，С. Д. Дылыкова，*Их Цааз*，Моckba，1981，第13页注24。

台吉（杭图岱）[①]、车臣诺颜[②]、泰朋洪台吉[③]、腾额哩陀音台吉[④]、阿尤喜哈坦巴图尔台吉[⑤]；土谢图汗部土谢图汗衮布，乌巴什达赖诺颜（喇瑚哩）[⑥]，墨

① 岱青洪台吉，和托辉特部硕垒乌巴什珲台吉有三子：长子俄木布额尔德尼珲台吉、次子杭图岱，三子衮布依勒登。抗图岱号珲台吉，其父有岱青称号，岱青洪台吉即杭图岱，其子根敦亦号鄂尔克岱青。见《蒙古回部王公表传》卷61《喀尔喀扎萨克图汗部总传》，内蒙古人民出版社1998年版，第424页；卷63《扎萨克多罗贝勒根敦列传》，第436页。俄国使臣提到阿拉坦汗俄木布额尔德尼有两个弟弟，岱青和依勒登，见［苏］Н. П. 沙斯季娜：《十七世纪俄蒙通使关系》，北京师范大学外语系七三级工农兵学员、教师译，商务印书馆1977年版，第30页。亦见于［英］约·弗·巴德利：《俄国·蒙古·中国》下卷，第1册，吴持哲、吴有刚译，胡钟达校，商务印书馆1981年版，第1101、1112页。迪雷科夫认为是土尔扈特和鄂尔勒克之子，С. Д. Дылыкова，*Их Цааз*，Москва，1981，第13页注21。

② 扎萨克图汗部格埒森扎第七子鄂特欢诺颜子青达玛尼默济克，号车臣诺颜。《蒙古回部王公表传》卷61《喀尔喀扎萨克图汗部总传》，内蒙古大学出版社1998年版，第424页。有二子。《蒙古回部王公表传》卷65《扎萨克辅国公通谟克列传》，第451页。

③ 泰朋洪台吉，喀尔喀右翼赉瑚尔汗次子乌班岱，号达尔玛什喇，其长子卓特巴，次子诺木齐，见《蒙古回部王公表传》卷61《喀尔喀扎萨克图汗部总传》，内蒙古大学出版社1998年版，第424页；卷64《扎萨克多罗贝勒卓特巴列传》，第444页，诺木齐即诺木齐泰朋洪台吉，见 *Byamba-yin Asaraγči Neretü*（-*yin*）*Teüke*（Эхбичгйн судлагаа），Тэргүүн дэвтэр，49. a 02；70дахь тал，272дахь тал，Улаанбаатар.，2002。答里麻著，乔吉校注：《金轮千辐》，内蒙古人民出版社1987年版，第228页。迪雷科夫认为是卫拉特王公，С. Д. Дылыкова，*Их Цааз*，Москва，1981，第13页注25。

④ 腾额哩陀音，扎萨克图汗部人。格埒森扎次子诺颜泰哈坦巴图尔，生子土伯特哈坦巴图尔，子二：长崆奎，号车臣济农；次赛音巴特玛，号哈坦巴图尔，见《蒙古回部王公表传》卷61《喀尔喀扎萨克图汗部总传》，内蒙古大学出版社1998年版，第424页。据《扎萨克固山贝子博贝列传》，崆奎次子赛音巴特玛，生子巴喇斯腾额哩陀音，号察罕巴尔。迪雷科夫认为是杜尔伯特达赖泰什的第三子，С. Д. Дылыкова，*Их Цааз*，Москва. 1981，第13页注26。

⑤ 阿尤喜哈坦巴图尔，即前述扎萨克图汗部土伯特哈坦巴图尔次子，赛因巴德玛，号哈坦巴图尔，其子车凌衮布嗣其号，见《蒙古回部王公表传》卷64《扎萨克辅国公衮占列传》，内蒙古大学出版社1998年版，第448页。《恒河之流》记为阿尤喜哈坦巴图尔，见衮布扎布著，乔吉校释：《恒河之流》，内蒙古人民出版社1980年版，第136页。迪雷科夫认为准噶尔台吉之一，也许是《咱雅班第达传》中的阿尤喜诺颜，见 С. Д. Дылыкова，*Их Цааз*，Москва，1981，第13页注27。

⑥ 乌巴什达赖诺颜，似为土谢图汗部人。诺诺和卫征次子阿布瑚，阿布瑚次子喇瑚里，号达赖诺颜。见《蒙古回部王公表传》卷45《喀尔喀土谢图汗部总传》，内蒙古大学出版社1998年版，第334页。迪雷科夫认为是杜尔伯特部达赖泰什，见 С. Д. Дылыкова，*Их Цааз*，Москва，1981，第13页注17。而据［德］P. S. 帕拉斯《内陆亚洲厄鲁特历史资料》记载，达赖泰什死于1637年，云南人民出版社2002年版，第49页。道润梯步认为是和托辉特部首领硕垒乌巴什，见道润梯步校注：《卫拉特法典》，内蒙古大学出版社1985年版，第12页。但硕垒乌巴什死于1623年，见［日］若松宽：《清代蒙古的历史与宗教》，黑龙江教育出版社1994年版，第174页。因此不是这两人。另外，在和硕特部有两个“达赖乌巴什”，一为拜巴噶斯兄哈纳克土谢图子秉图达赖乌巴什，见《蒙古回部王公表传》卷90《公中扎萨克一等台吉车凌纳木扎勒传》，内蒙古大学出版社1998年版，第604页。一为拜巴噶斯弟昆都伦乌巴什子玛迈达赖乌巴什，见《蒙古回部王公表传》卷106《和硕特部总传》，内蒙古大学出版社1998年版，第677页。从排名顺序来看此人应为喀尔喀人。

尔根诺颜[①]；车臣汗部达赖珲台吉[②]，伊勒登诺颜[③]；准噶尔部巴图尔珲台吉、墨尔根岱青[④]、楚琥尔乌巴什；[⑤] 杜尔伯特部鄂木布岱青和硕齐[⑥]；土尔扈特部和鄂尔勒克、书库尔岱青[⑦]、伊勒登[⑧]；和硕特部顾实汗、昆都仑乌巴什[⑨]、鄂齐尔图台吉[⑩]。喀尔喀汗、台吉是成吉思汗后裔，故排名在卫拉特首领之前。[⑪]

---

① 墨尔根诺颜，昂噶海或其子索诺木。诺诺和卫征子阿布瑚，号墨尔根诺颜，其子昂噶海，袭其号。昂噶海子三，长子巴特玛什，号墨尔根楚琥尔，次子索诺木，号岱青珲台吉，第三子阿尔占，号墨尔根岱青。索诺木子固噜什喜，袭号墨尔根诺颜。相继以墨尔根为号掌喀尔喀左翼一旗，为喀尔喀八扎萨克之一。见《蒙古回部王公表传》卷45《喀尔喀土谢图汗部总传》，内蒙古大学出版社1998年版，第334页；卷47《扎萨克多罗郡王固噜什喜列传》，第343页。迪雷科夫认为是昂噶海小儿子，即阿尔占墨尔根岱青，见 С. Д. Дылыкова，*Их Цааз*，Москва，1981，第13页注23。

② 达赖［洪］洪诺颜，应当是达赖洪诺颜之误，即车臣汗硕垒第八子巴达玛达什，号达赖珲台吉。见《蒙古回部王公表传》卷53《喀尔喀车臣汗部总传》，内蒙古大学出版社1998年版，第382页。巴特玛达什为第八子，见卷56《扎萨克多罗贝勒车布登列传》，第396页。迪雷科夫认为这是两个人，С. Д. Дылыкова，*Их Цааз*，Москва，1981，第13页注18、注19。

③ 车臣汗硕垒长子嘛察里伊勒登土谢图之子达哩，号伊勒登。见卷57《扎萨克固山贝子达哩传》第400页。

④ 墨尔根岱青，哈喇忽剌次子，准噶尔巴图尔珲台吉弟，见《蒙古回部王公表传》卷77《厄鲁特扎萨克多罗郡王阿喇布坦列传》，内蒙古大学出版社1998年版，第529页。С. Д. Дылыкова，*Их Цааз*，Москва，1981，第13页注36。

⑤ 楚琥尔，即楚琥尔乌巴什，哈喇忽剌第三子，准噶尔巴图尔珲台吉弟，见《蒙古回部王公表传》卷77《厄鲁特扎萨克多罗郡王阿喇布坦列传》，内蒙古大学出版社1998年版，第529页。С. Д. Дылыкова，*Их Цааз*，Москва，1981，第13页注37。

⑥ 岱青和硕齐，即鄂木布岱青和硕齐，杜尔伯特部达赖泰什第四子，见《蒙古回部王公表传》卷95《杜尔伯特部总传》，内蒙古大学出版社1998年版，第633页。С. Д. Дылыкова，*Их Цааз*，Москва，1981，第13页注34。

⑦ 书库尔岱青，土尔扈特部首领和鄂尔勒克长子，见《蒙古回部王公表传》卷101《土尔扈特部总传》，内蒙古大学出版社1998年版，第658页。

⑧ 伊勒登，土尔扈特部首领和鄂尔勒克次子，见《蒙古回部王公表传》卷101《土尔扈特部总传》，内蒙古大学出版社1998年版，第658页。

⑨ 昆都仑乌巴什，和硕特部顾实汗兄，号都尔格齐诺颜。见《蒙古回部王公表传》卷81《青海厄鲁特部总传》，内蒙古大学出版社1998年版，第552页，见［德］P. S. 帕拉斯：《内陆亚洲厄鲁特历史资料》，云南人民出版社2002年版，第28页。С. Д. Дылыкова，*Их Цааз*，Москва，1981，第13页注29。

⑩ 和硕特部拜巴噶斯长子鄂齐尔图台吉，见《蒙古回部王公表传》卷81《青海厄鲁特部总传》，内蒙古大学出版社1998年版，第552页；见［德］P. S. 帕拉斯：《内陆亚洲厄鲁特历史资料》，邵建东、刘迎胜译，云南人民出版社2002年版，第26页。

⑪ 有关座次安排习惯，见五世达赖喇嘛阿旺洛桑嘉措：《五世达赖喇嘛传》（上），陈庆英、马连龙、马林译，中国藏学出版社2006年版，第85、136页。

序言名单中前 12 位是喀尔喀部首领，后 15 位是卫拉特部首领。[①] 排在末尾的车臣台吉、墨德格齐太师、博伊勒登、墨尔根诺颜、达玛林等五人难以确定。名单显示车臣汗没有参加会议，序言中强调“以额尔德尼扎萨克图汗为首”，他是会议的召集人和东道主，扎萨克图汗部参加会议的人数较多。

会盟的地点据《咱雅班第达传》记载：

tende doloγan qosiγun mongγol-un ǰasaγtu qan olabuu sanǰn gemeküi elči ilegeǰü ǰalabai: tende luu ǰil（1640）γaran. moγai ǰil（1641）-un čaγan sar-a daγusuγad: moγai ǰil-ün qabur temürčorγu-ača ögede bolbai: ǰasaγtu qan-ača tüsiyetü qan ǰalabai: tüsiyetü qan-a č a maqasamadičečen qan ǰalabai: qubitan nuγud-i nom-iyar qangγan. toloγan qosiγun γurban yeke qan-u blam-a bolbai: tendečü doloγan qosiγu dürben oyirad čiγulγan čiγuluγsan bui: mongγol-un ǰasaγtu qan. oyirad-un qoyar tayiǰi terigüten bui:[②]

在那里，七旗蒙古（即喀尔喀——译者注）的扎萨克图汗派遣称作乌拉布三津的使者前来邀请［咱雅班第达］。度过了龙年（1640 年），蛇年（1641 年）正月之后，于蛇年春天［咱雅班第达］从土木尔乔尔古前往［喀尔喀扎萨克图汗部］，从札萨克图汗处，受到土谢图汗邀请，从土谢图汗处，又受到嘛哈撒马谛车臣汗邀请，以经教满足了有因缘者，成为七旗三大汗的喇嘛。在那里，七旗、四卫拉特举行了盟会，蒙古扎萨克图汗、卫拉特两台吉为首参加了集会。

显然这次会盟是在喀尔喀举行的，不是在卫拉特境内，咱雅班第达 1641 年前往喀尔喀，没有参加之前举行的两部会盟。符拉基米尔佐夫指出：

---

① 前引宫脇淳子：《ガルダン以前のオイラット——若松說再批判——》，《東洋學報》第 65 卷，第 1、2 號，1984 年，第 98 页。笔者赞成宫胁淳子对人员名单顺序的看法，她认为是前十三位，本人认为达赖洪诺颜是一个人，故称前十二位。

② 西·诺尔布校释：《札雅班第达传》（蒙古文），内蒙古人民出版社 1999 年版，第 32—42 页。

大家知道，所谓《蒙古卫拉特法典》是在 1640 年的一次这样的会议上被批准的，通常认为此次集会是在准噶尔举行，巴图尔洪台吉在其中起了主要的作用，但卫拉特编年史《咱雅·班第达传》却明确的说，批准此法典的蒙古与卫拉特王公的集会，是在喀尔喀札萨克图汗处举行的，（第 4 页），这一说恰好在《卫拉特法典》原文中有其确证。原文申述该法典的编著者是：Zasaqtu xān ekilen……Döcin dörbön xoyoriyin noyad……（以札萨克图汗为首的四十［即蒙古］王公和四个［即卫拉特］王公），见原文第 2 页；参阅戈尔斯通斯基：《卫拉特法典》第 122 页。[①]

符拉基米尔佐夫没有进一步展开论证。[②] 日本学者宫胁淳子在与若松宽商榷准噶尔汗国建立时间的问题时，对此观点作了较为详细的阐述。她认为同盟的倡议者是受到清朝威胁的喀尔喀扎萨克图汗，并以《法典》序言和《咱雅班第达传》的记载为依据，认为会议是由喀尔喀扎萨克图汗召集，在喀尔喀举行的。她指出俄国使者明索伊·列密佐夫于 1640 年出使准噶尔，于该年俄历 9 月 24 日（公历 10 月 4 日）抵达巴图尔珲台吉正妻所在的伊休特（Исют）地区，被告知巴图尔珲台吉不在家，已远征（远行）蒙古，等到俄历 10 月 10 日（公历 10 月 20 日），巴图尔珲台吉才返回。可证巴图尔珲台吉参加了 1640 年 9 月（农历八月）在喀尔喀召开的会议，十月才返回。[③] 她认为咱雅班第达参加了会议。不过，从有关记载和时间上来看，咱雅班第达确实没有参加此次会议。[④]《咱雅班第达传》有关蒙古卫拉特会盟之事的记载是由其徒弟拉德那博哈得拉追述的，讲到咱雅班第达去喀尔喀三

① ［苏联］Б·Я·符拉基米尔佐夫著：《蒙古社会制度史》，刘荣焌译，中国社会科学出版社 1980 年版，第 275 页注⑤。

② 马大正、成崇德主编的《卫拉特史纲》指出，符拉基米尔佐夫这一观点的依据之一是《咱雅班第达传》，而查该传，并没有这一内容；依据之二是制定法典者以“扎萨克图汗为首”，但法典制定者以扎萨克图汗为首与会议在扎萨克图汗处召开，并无必然联系。新疆人民出版社 2006 年版，见第 72 页注①。

③ 宫脇淳子：《ガルダン以前のオイラット——若松說再批判——》，《東洋學報》第 65 卷，第 1、2 號，1984 年，第 90—120 頁。陈世良汉译文见《蒙古学资料与情报》，1985 年第 3—4 期，第 40—48 页。汉译文将 9 月 24 日（10 月 4 日）的 9 月 24 日误为 9 月 14 日。

④ 达力扎布：《1640 年喀尔喀—卫拉特会盟的召集人及地点》，《民族研究》2008 年第 4 期，第 73—81 页。

部传教受到尊崇，特别是受到扎萨克图汗盛赞和礼遇，顺便提及龙年（1640年）扎萨克图汗和卫拉特的“和约尔台吉”等两部首领在那里举行过会议。此次会议在召集者扎萨克图汗的辖境举行也合情合理。有关此次会议由准噶尔部巴图尔珲台吉倡议召开，地点在和硕特部境内的塔尔巴哈台乌兰布尔（ulaγan buraγ-a）之地的观点，没有可靠的史料依据，只是依据了《大法典》手抄本上的一个俄文批语。据苏联学者 Л. С. 普契柯夫斯基指出，戈尔斯通斯基收藏本 E83 的第1页正面及第9页背面，都有相同的无名氏俄文批语：“1640年，塔尔巴哈台山边乌兰布尔之地”，可能是指示第一篇古文献的编写地点。[①] 显然这只是某人的推测，并无真凭实据。主张此观点的 V. A. 梁赞诺夫斯基、И. Я. 兹拉特金其实更多的是从法典内容来推测的。他们认为《蒙古—卫拉特法典》的内容更像是卫拉特人制定的法典，而且此法典一直在卫拉特部施行，几种文本都保存于土尔扈特部。喀尔喀则有自己的法规，史籍中也没有喀尔喀实行此法规的任何记载。V. A. 梁赞诺夫斯基指出：

> 据《咱雅班第达传》记载喀尔喀扎萨克图汗部是会议的召开地点。但是，从其（蒙古—卫拉特法典—引者注）内容来看，法规与西蒙古诸部族的生活有关系，事实上，法典长时间在西蒙古人（卫拉特及卡尔梅克人）中间有效，而对喀尔喀人则没有效力。从这点可以得出结论，法规的立法者是卫拉特人，会议极有可能是在准噶尔召开的。[②]

苏联学者 И. Я. 兹拉特金也指出：

> 喀尔喀、库库淖尔（指青海和硕特——引者注）、准噶尔以及伏尔加河流域的汗和王公们举行的大会是巴图尔浑台吉执政时期的重大事件之一。它是1640年9月初在准噶尔汗国领土上的塔尔巴哈台召开

① ［苏联］Л. С. 普契柯夫斯基：《苏联科学院东方学研究所所藏托忒文〈卫拉特法典〉抄本三种》，余大钧译，《蒙古史研究参考资料》新编第24辑，1982年9月，第42页。

② V. A. Riasanovsky, Fundamental principles of Mongol Law, Indiana University, 1965, p. 48.

的……我们所知道的蒙古（其中包括卫拉特的）和俄国的史料中，对于准噶尔大会的准备情况和工作情况记载得很少……17到19世纪的蒙古编年史和中国史料，以及两部卫拉特《故事》，甚至都没有提到这次大会。咱雅班第达传记中只有一次很简括地提到，在龙年（1640）曾召开七旗（即喀尔喀）和四卫拉特的大会，出席的有札萨克图汗、“合约尔台吉”（指卫拉特鄂齐尔图车臣汗和巴图尔浑台吉）等等。这就是我们从上述史料中所能汲取的全部资料。虽然我们不了解大会的细节，但是却知道这次会议制定了一系列法规，文献中称作《1640年蒙古—卫拉特法规（察津·必扯克)》。大会参加者隆重宣誓严守制定的法规。蒙古—卫拉特法规的原文本落到了伏尔加河卡尔梅克汗国，18世纪发现后，已译成俄文发表。

……史料未提及谁是召开准噶尔大会的倡议者，谁起草了“察津·必扯克”的条文以及讨论的情况如何等等问题。因此，有些史籍曾断言这一文件的作者是巴图尔浑台吉，这不能认为已得到了完全的证实。但同时也不能否认这样的可能：巴图尔浑台吉为了联合全国的力量来反击外部敌人，曾企图克服国内的封建割据和分散性，并在这方面的尝试中起过主要的作用。为解决这一任务，不是象也先和达延汗时期那样强制地方执政者服从中央汗权，而是选择了谈判和商议的方法。巴图尔浑台吉对待满洲扩张的态度如何，就其细节来说，我们不太了解。但是，史料可以确定，他有生之日从未同那些征服者有过接触，不管他们成绩多大，不管准噶尔大会之前，喀尔喀封建主已经和满洲皇帝保持了定期联系，而在大会后不久库库淖尔的执政者以及达赖喇嘛本人也走上了同样的道路。甚至跟中国进行贸易交流这种有关切身利益的事，也没有迫使他与清朝政府发生过一次交往。准噶尔大会活动的和平与统一的方向，是与巴图尔浑台吉寻求可靠途径来巩固蒙古封建制度保证它的政治独立这一内、外政策的性质基本一致的，这在我们看来是毫无疑义的。因此，我们认为，关于巴图尔浑台吉在蒙古—卫拉特法规的条文起草方面，以及在召开批准这部法规的大会方面起主导作用的揣想，是有根据的。大会不是在喀尔喀，不是在库库淖尔，也不是在伏尔加河召开，而是在准噶尔汗国的中心，在巴图尔浑台吉及其朋友与同盟者和硕特鄂齐尔图车臣汗的牧区上召开的，这一事实是肯定上述揣想的补充佐证。①

他认为巴图尔珲台吉执行了敌视清朝的路线，② 从未与清朝发生过交往，③ 此说法不准确。他这样强调是为支持其观点，即巴图尔珲台吉在蒙古卫拉特会盟中起了主导作用，巴图尔珲台吉本人或准噶尔方面起草了法典。对于此次会盟的地点史籍缺乏明确记载，不过据《咱雅班第达传》记载，以及前述清朝与喀尔喀扎萨克图汗关系的档案等旁证资料可以确定是在扎萨克图汗部境内举行的，而不是在和硕特部境内的塔尔巴哈台。扎萨克图汗部与西域准噶尔部、和硕特部等都是近邻，扎萨克图汗作为召集人在其境内举行此会盟合情合理，反而巴图尔珲台吉于和硕特部鄂齐尔图台吉境内塔尔巴哈台召集会盟不符合常理。

第二节 《1640年蒙古—卫拉特大法典》的内容

在本书汉译文中将《1640年蒙古—卫拉特大法典》（“yeke čāǰi”）划分为四条，将 С. Д. Дылыкова *Их Цааз* 本中有关逃人的第3条、第4条并为一条。内容如下：

1. 凡人杀掠大爱马克兀鲁思蒙古与卫拉特共同惩治

凡人违犯此法规，杀掠大爱马克人众者，蒙古和卫拉特双方共同［出兵惩治］，只释放其本人，将其属民［财产］全部籍没，一半给予惩治者，余下的一半［由蒙古和卫拉特］之间平分。

① ［苏联］伊·亚兹拉特金：《准噶尔汗国史》（修订版），马曼丽译，商务印书馆1980年版，第175—180页。

② 这是他误解了《咱雅班第达传》的有关记载，认为咱雅班第达采取了抗清路线，不准确。见诺尔布、冯锡时：《〈咱雅班第达传〉的若干问题》，载《清代蒙古高僧传译辑》，全国图书馆文献缩微复制中心1990年版，第303—305页。

③ 这是不准确的，巴图尔珲台吉从1646年开始多次遣使清朝，参见马汝珩、马大正：《厄鲁特蒙古史论集》，青海人民出版社1984年版，第67、68页；马大正、成崇德主编：《卫拉特史纲》，新疆人民出版社2006年版，第85、86页。

2. 在边境抢掠少量爱马克人众的处罚

在边境抢掠少量爱马克人众者，罚甲百副、骆驼百峰、马千匹，将其所抢掠的一切归还［原主］，令其赔偿损失的人、畜和财物。若［杀死］有官职之人赔偿［命价］五个［伯尔克］、无官职之人赔偿一个伯尔克。

3. 蒙古与卫拉特互相遣还逃人

自火蛇年（1617 年）至土龙年（1628 年）间，巴尔虎、巴图特、辉特人在蒙古者归蒙古，在卫拉特者归卫拉特。除此之外，［此后凡双方所属］人口［有逃走或被掳掠者］，可以不受限制地［相互］索取。何人不肯还给，每口人罚马二十匹、骆驼二峰，并将此人索出返还。［喀尔喀］绰克图台吉［属下］被兼并入卫拉特之人，若有逃［回喀尔喀］者，应返还给卫拉特。

4. 若有敌人侵袭蒙古与卫拉特互通警报共同御敌

若有敌人来侵袭蒙古或卫拉特［互相］报警。闻警之后，邻近［部落的］大诺颜若不［率兵］来［御敌］，罚甲百副、骆驼百峰、马千匹；若小诺颜不［率兵］来［御敌］，罚甲十副、骆驼十峰、马百匹。

其中第 1 条、第 2 条是禁止蒙古（喀尔喀）与卫拉特各部落之间互相杀掠，有违法者，双方共同惩治，以维护两部间的团结和社会秩序，根据袭掠的规模分为两个层次。第 1 条指对大爱马克（相当于鄂托克）之间的袭掠，由两部共同处罚杀掠者，没收杀掠者的全部属民和财产，一半给出兵惩治者，其余一半由两部平分。第 2 条是针对在双方边界上少数人抢掠对方爱马克人畜，对参与抢掠的诺颜处罚，罚其诺颜甲百副、骆驼百峰、马千匹，收回其所掠夺的一切。赔偿所杀掠的人、畜及财物，若杀死有官职之人赔偿五个伯尔克、杀死无官职之人赔偿一个伯尔克。yamutu kümün，符拉基米尔佐夫解释为高官，[①] 策·巴图认为此处的 yamutu kümün 是指“具有不缴纳赋

① ［苏联］Б. Я. 符拉基米尔佐夫：《蒙古社会制度史》，刘荣焌译，中国社会科学出版社 1980 年版，第 262 页。道润梯步指出是 alban tusiyaltu kümün，有官差、官职之人，见道润梯步校注：《卫拉特法典》（蒙古文），内蒙古人民出版社 1985 年版，第 19 页注④。

役、不因罪受处罚之特权的人”。[①] 以上解释都不够准确。道润梯步指其是有官差、官职之人（alban tusiyaltu kümün），[②] 从《准噶尔法典》第3、16、17、25、36条等条及《敦啰布喇什法典》第17条内容来看，道润梯步的解释准确。

第3条是解决两部间历史遗留问题和制定有关互相索取和交还逃人的规定。对自火蛇年（1617年）至土龙年（1628年）间，喀尔喀与卫拉特处于敌对状态期间互相杀掠、相互收留的逃人等属民争议协商解决，双方商定：凡巴尔虎、巴图特、辉特人在蒙古者归于蒙古，在卫拉特者归于卫拉特，互相不再索取。除此之外，对新出现的各自所属人口逃走或被掳掠的可以不受限制地互相索取，必须相互返还。不予返还者严厉处罚，每口人罚马二十匹、骆驼二峰，并将此人索出返还对方。1637年被卫拉特联军在青海兼并的喀尔喀绰克图台吉属下之人归卫拉特，喀尔喀不再索取，若有人逃回喀尔喀，必须返还给卫拉特，[③] 从而彻底解决了两部之间的属民争议，为建立军事同盟奠定了基础。

第4条规定，若有敌警邻境各部首领必须派兵支援，共同御敌，不支援者将受到严厉处罚。

以上各款的宗旨是消除两部间隔阂，结为军事联盟，在有外敌入侵时共同对敌，对内制止两部间的相互杀掠行为，以保障两部的安全。

---

① 策·巴图：《〈蒙古—卫拉特法典〉中的“雅木图人”研究》，《西北民族大学学报》2010年第2期，第9页。

② 道润梯步校注：《卫拉特法典》（蒙古文），内蒙古人民出版社1985年版，第19页注④。yamutu kümün有可能源自汉语“衙门”，即在衙门行差之人、官员。如同宰桑（zayisang）源自“宰相”、台什源自“太师”（tayiši，如bula tayiši）一样。yamutu等于erketen，《准噶尔法典》第4条有erketen kānar，即有官职的、执政的恰等。yamutu noyon，即执政的诺颜、有官职的诺颜。

③ 五世达赖喇嘛阿旺洛桑嘉措《五世达赖喇嘛传》记载：和硕特部顾实汗为首由准噶尔部巴图尔珲台吉协助作战的卫拉特联军“于牛年（1637）正月到达青海湖畔，一举歼灭了却图汗的近三万军队”。《五世达赖喇嘛传》（上），陈庆英、马连龙、马林译，中国藏学出版社2006年版，第108页。喀尔喀绰克图台吉的部众被俘掠。俄国人约于1636年底探听到巴图尔珲台吉等出征在青海的喀尔喀绰克图台吉的消息，“他们击溃了蒙古绰克图·洪台吉的4万兀鲁思人，还杀死了绰克图这个蒙古人。那些蒙古人打败逃了，但许多人为了保护妻儿就投奔了珲台吉。他们菲利普等人在珲台吉兀鲁思亲眼看到珲台吉不断陆续押送许多蒙古俘虏到自己兀鲁思，而有些蒙古人则是带上妻儿来的”。见［苏联］И. Я. 兹拉特金主编：《俄蒙关系历史档案文献集》下册（1636—1653），马曼丽、胡尚哲译，兰州大学出版社2014年版，第144页。俄文档案与藏文史料的时间有异，俄文档案是1639年上报，时间上可能有混淆，此依藏文史料记载。

第三节 《1640 年蒙古—卫拉特大法典》的语言

策·巴图研究了《蒙古—卫拉特法典》（包括《准噶尔法典》）语言后指出，“《蒙古—卫拉特法典》的语言不是基于卫拉特或喀尔喀方言撰写的，而是基于 17 世纪中期从中世纪蒙古语言向现代蒙古语转变时期的蒙古语；它是在被转写为托忒文的过程中某些方面受到托忒方言影响的蒙古文重要文献”。[①] “这也从语言学角度有力地证明了《蒙古—卫拉特法典》不只是卫拉特蒙古的法典，而是针对整个蒙古族制定的全蒙古性的法律。”[②] 策·巴图强调《大法典》撰写者考虑到法典将在全蒙古实施，因而在语言使用方面采用了 17 世纪的蒙古书面语。从目前发现的 17 世纪卫拉特人写的回鹘式蒙古文或托忒文信件来看，当时使用的都是蒙古语书面语，其中方言词语很少。例如见于清代《清内秘书院档案》和《清内阁蒙古堂档》中顺治年间（1644—1661 年）西域卫拉特各部写给清朝的信件，康熙年间和硕特部巴图尔额尔克济农和啰理给清朝的信件，噶尔丹博硕克图汗与清朝和俄国的往来信件等都是如此。如前所述，噶尔丹与清朝的往来信件使用托忒文约始于康熙十八年（1679 年）。不过上面提到的都是官方文书，出现方言的几率较低。应当注意到 1640 年制定《大法典》时准噶尔人还在使用回鹘式蒙古文，而且是与喀尔喀共同制定的法规，理应使用当时的蒙古书面语。策·巴图认为《大法典》中的卫拉特方言词语也许是后来转写为托忒文时掺入的。

《大法典》（即本书汉译的前四条）及序中都没有出现卫拉特方言词语，这部分内容是卫拉特与喀尔喀两部共同制定的法规，原文是回鹘式蒙古文书面语，无卫拉特方言词语。这部分内容中不涉及社会生活和风俗习惯，即使后来转写为托忒文，掺入方言的可能性也很低。《准噶尔法典》出现了很多卫拉特方言词语，是否暗示着这部分原为准噶尔制定的法典，还是因为这部法典涉及更广泛的社会生活，因而在转写为托忒文时掺入了卫拉特方言词语呢？在没有发现回鹘式蒙古文原本的情况下无法得到确证。不过，正如第二

① 策·巴图：《〈蒙古—卫拉特法典〉语言研究》（蒙古文），民族出版社 2012 年版，第 397 页。

② 策·巴图：《〈蒙古—卫拉特法典〉语言研究》（蒙古文），民族出版社 2012 年版，序第 2 页。

章中所述，《准噶尔法典》反映了准噶尔的社会组织、社会风俗、方言词语，它与喀尔喀法典有明显的区别，应为准噶尔部的法规，而不是与喀尔喀部共同制定的法规。

第四节 《1640年蒙古—卫拉特大法典》的作用

对于制定《1640年蒙古—卫拉特大法典》的原因，学术界的认识比较一致，都认为是喀尔喀和卫拉特两部为了调整双方之间关系，一致抵御外敌而制定的。[①] 这从法典相关条款内容亦可以得到证实。但是该法典是如何施行的？起了何作用？在相关论著中虽然提及两部之间的军事同盟关系，而从未进行过专门的讨论。《1640年蒙古—卫拉特大法典》的制定，标志着漠北喀尔喀与漠西卫拉特两部间军事同盟的建立。崇德五年（1640年）初，扎萨克图汗在给皇太极的回信中称自己与卫拉特已经和好结盟，使皇太极大失所望，回信指责其竟与杀父仇人和解。清朝当时处于辽东一隅，扎萨克图汗部距其十分遥远，派兵出征亦难保证必胜，而且清廷的战略重点在辽西，清朝趁明朝山海关外各城未及修毕，持续攻打明朝，年年出兵破坏其新建边城和袭扰内地，通过积极进攻来防止明朝站稳脚跟，出兵辽东。因此清廷虽扬言出征喀尔喀，其实采取招抚政策，保持与喀尔喀和卫拉特各部间的通使往来，对于两部通过清朝控制的漠南蒙古地区与明朝贸易不予阻止，防止两部侵犯鄂尔多斯、土默特等部。[②] 而喀尔喀和卫拉特部也为与明朝互市贸易，希望与清朝保持和睦关系，避免直接对抗，按明朝旧例通过漠南蒙古部与明朝联络和贸易，不侵犯漠南蒙古各部。扎萨克图汗则不派遣使者赴清朝朝贡，藐视清廷，直接与明朝联系贸易，因此清廷出兵阻止其与明朝贸易，迫使其不得不遣使与清朝联系。

崇德五年（1640年），喀尔喀与卫拉特之间的军事同盟建立之后，喀尔

---

① ウエ・ア・リヤザノフスキイ：《蒙古慣習法の研究》，東亞經濟調査局刊，1935年版，第46—47頁；［苏联］伊·亚·兹拉特金：《准噶尔汗国史》（修订版），马曼丽译，兰州大学出版社2013年版，第126页及注③、第124页；罗致平、白翠琴：《试论卫拉特法典》，《民族研究》1981年第2期，第10页。

② 达力扎布：《清太宗和清世祖对漠北喀尔喀部的招抚》，《历史研究》2011年第2期，第50—62页。

喀各部继续与清朝遣使往来。同年九月，“喀尔喀土谢图汗、查萨克图汗（扎萨克图汗）及诸贝勒等遣使赍奏请安。兼贡马及土产活雕”[①]。十月，皇太极遗书责扎萨克汗“书不称名，以佛事为言”，同时称“遣往图白忒部落喇嘛等已至归化城，因尔言不果，是以不遣”[②]。崇德六年（1641 年）七月，汉军固山额真石廷柱条奏称：“臣又闻喀尔喀查萨克图汗心怀不轨，欲图归化城，第恐彼明取归化城，暗取鄂尔多斯”，建议将鄂尔多斯部移过黄河与归化城邻近，派贝勒带兵驻防归化城，以便应援，同时可以对明朝宣大地方形成威胁。[③] 皇太极没有采纳其建议。此时清军已开始围困明朝的锦州，随后全力投入松锦之役，无暇顾及喀尔喀。喀尔喀则继续与清朝保持联系，十月，土谢图汗遣使来朝贡马。[④] 十一月，车臣汗遣使来朝贡马。[⑤] 崇德七年（1642 年）三月，扎萨克图汗也遣使贡马驼。[⑥]

卫拉特各部与清朝保持朝贡关系。崇德七年十月，伊拉古克三胡图克图（即顾实车臣绰尔济）带着西藏藏巴汗和五世达赖喇嘛等人的信件来到沈阳。[⑦] 皇太极欲通过邀请达赖喇嘛促使喀尔喀臣服的计划得到进展。清廷赏赐使者名单中有厄鲁特部落古木伊尔登（土尔扈特部和鄂尔勒克第二子）、达赖巴图鲁（顾实汗子多尔济）、塔赖都喇尔和硕齐（巴图尔珲台吉从兄弟）、桑噶尔寨伊尔登（顾实汗子）、窦尔格齐诺颜（即顾实汗兄昆都伦乌巴什）等人所派遣的使者。[⑧]喀尔喀和卫拉特各部与清朝通使，同时至明朝大同、宣府镇市口与明朝贸易。喀尔喀和卫拉特在经济上需要中原的手工业和农业产品，特别是信奉藏传佛教之后，进藏熬茶需要大量的布施物品，如金、银等贵金属、绸缎、布帛、茶叶等。

---

① 《清太宗实录》卷 52，崇德五年九月壬辰，中华书局 1985 年版，第 702 页。

② 《清太宗实录》卷 53，崇德五年十月癸丑，中华书局 1985 年版，第 705 页。

③ 《清太宗实录》卷 56，崇德六年七月丁酉，中华书局 1985 年版，第 759、760 页。

④ 《清太宗实录》卷 58，崇德六年十月戊辰，中华书局 1985 年版，第 787 页。

⑤ 《清太宗实录》卷 58，崇德六年十一月癸未，中华书局 1985 年版，第 790 页。

⑥ 《清太宗实录》卷 59，崇德七年三月丁亥，中华书局 1985 年版，第 807 页；参见达力扎布：《清朝初期与厄鲁特诸部的关系》，载《中国边疆民族研究》第三辑，中央民族大学出版社 2010 年版，第 146 页。

⑦ 《清太宗实录》卷 63，崇德七年十月己亥，中华书局 1985 年版，第 858、859 页；壬戌，第 867 页；卷 64，崇德八年五月丁酉，第 887—889 页。

⑧ 《清太宗实录》卷 63，崇德七年十月壬戌，中华书局 1985 年版，第 867 页。

顺治元年（1644年），清朝定鼎北京，直接掌握了中原的财富资源。同年十二月和第二年正月，清世祖以天下共主身份致信车臣汗、土谢图汗劝其归顺，两汗没有回应。[①] 清世祖继续抚绥喀尔喀和卫拉特，允许其通贡贸易，重点争取邻近的喀尔喀。不过腾机思事件的爆发使清朝的招抚策略出现波折。

顺治三年（1646年）春，漠南蒙古苏尼特左翼多罗郡王腾机思因对摄政王多尔衮不满，率部叛逃喀尔喀车臣汗部。五月，清廷派遣和硕德豫亲王多铎率军追剿，兵至喀尔喀境内漠北土喇河，斩首千余级，俘获八百余人及十几万头（只）牲畜，其中包括喀尔喀人畜。八月，清军继续西进，土谢图汗、丹津喇嘛和车臣汗遣兵阻截，清军击败喀尔喀兵，班师。清朝派兵出征腾机思，惩罚叛逃者主要是以儆效尤，防止在漠南蒙古出现多米诺骨牌效应。

清军追击腾机思进入喀尔喀左翼境内，杀掠腾机思属下人畜累及喀尔喀。同年，土谢图汗部丹津喇嘛属下额尔克楚虎尔与另一楚虎尔台吉报复清朝的征伐，率兵南来抢掠了漠南蒙古巴林旗人畜，[②] 以补偿损失。顺治三年九月，清世祖传谕土谢图汗等，擒送腾机思则遣使来朝，否则使来定行羁留。[③] 顺治四年四月，车臣汗、丹津喇嘛分别遣使上书以求和好。[④] 清军进入喀尔喀左翼追剿腾机思后，喀尔喀右翼声援左翼。顺治四年四月，喀尔喀右翼扎萨克图汗给清世祖来信称：

苏尼特向从此处逃去，今又复来归，尔等追逐至此，与伊思丹津拖音、达赖济农合战，我等欲前来分理曲直，未至之先，尔又班师。向来红缨人与我原无仇隙，止因额尔克楚虎尔私掠巴林，欲遣使前来分理曲

① 顺治二年正月十五日《顺治帝为敦促政体归一颁给玛喀萨玛迪车臣汗之敕谕》、顺治元年十二月初五日《顺治帝为敦促政体归一颁给土谢图汗之敕谕》，载《清内秘书院蒙古文档案汇编》第2辑，内蒙古人民出版社2003年版，第56、61页。

② 《清世祖实录》卷46，顺治六年十月壬辰，中华书局1985年版，第369页；齐木德道尔吉：《1640年以后的清朝与喀尔喀的关系》，《内蒙古大学学报》1998年第4期，第14页。

③ 《清世祖实录》卷28，顺治三年九月己未，中华书局1985年版，第236页。

④ 《清世祖实录》卷31，顺治四年四月丙子，中华书局1985年版，第258页。丹津喇嘛（亦译为伊思丹津托音或伊思丹津喇嘛，号诺门汗），喀尔喀左翼土谢图汗部人，图蒙肯次子，清初所封喀尔喀八扎萨克之一。

直，适冰图、阿穆喇古喇库两人至。伊等所言，我已悉知，如以我言为然，可遣使前来，计议妥便，如以为不然，亦惟尔知之而已。[1]

伊思丹津拖音即丹津喇嘛、达赖济农即左翼车臣汗。清军追剿腾机思时至这两部境内，与这两部阻截之兵交战。右翼和托辉特部俄木布额尔德尼台吉进贡方物，并上书言：

丙戌年之事（腾机思叛逃之事），闻诸王前来，我等右翼欢忭前往，商议事成，原欲将逃人公议执送，因我左翼两经战败，不能议和。今遣使通好，此地一切事宜，我固可尽力承任也。[2]

右翼扎萨克图汗和俄木布额尔德尼台吉都遣使与清朝交涉清军侵掠左翼之事，向清朝表示右翼曾欲遣兵支援左翼，返还腾机思之事可以商讨，展示了喀尔喀左、右翼间的军事同盟关系。五月，清世祖回信斥责扎萨克图汗干预清朝与喀尔喀左翼的冲突，并责其："尔来书不名，又尔我相称，意欲与我敌体乎……诚欲通好，尔当遵守礼法，悉改前愆，及此未雨雪之前遣使前来，如不遵旨，可毋遣使。"[3] 又敕谕左翼丹津喇嘛（即后来的赛音诺颜部首领）：

前苏尼特腾机思举国来归，尚格格，封王爵，恩养甚优。乃负恩叛去，因命德豫亲王以偏师追逐之。尔出师逆敌，致天降谴。我朝与尔素无嫌隙，而二楚虎尔掠我巴林，今尔如欲安生乐业，可将二楚虎尔所掠巴林人畜等物散失者，照数赔补，见存者，尽行送还，以驼百头，马千匹前来谢罪。倘能遵旨，及此未雪之前，即遣使全送，如不遵旨，可毋遣使。[4]

① 《清世祖实录》卷31，顺治四年四月丙子，中华书局1985年版，第258页。

② 《清世祖实录》卷31，顺治四年四月丙子，中华书局1985年版，第258页。达赖济农即车臣汗硕雷。

③ 《清世祖实录》卷32，顺治四年五月乙巳，中华书局1985年版，第262页。

④ 《清世祖实录》卷32，顺治四年五月乙巳，中华书局1985年版，第262页。

清朝虽受到喀尔喀左翼两个楚虎尔台吉袭掠报复，没有出征，亦未扣押喀尔喀来使，仅警告喀尔喀左翼丹津喇嘛若不遵旨送还苏尼特和巴林人畜，则不必遣使来，意即断绝其通使贸易关系。十一月，扎萨克图汗给清世祖回信称：

> 尔命左翼送还苏尼特、巴林之人，并赔补。我们即使在此集会，亦无异议者，并非惧怕尔言而如此，只为大政而欲返还。尔来文称巴林、苏尼特事似与我无干，若我果能议，今即与我定议，若非是实，徒哆口骄言何益。此种污辱之语在家谁不言，言此何益？人不能活百年，声名传万代，若合礼法为一，结姻亲，共邀圣达赖喇嘛，共尊宗教，此乃吾侪生于此世之功德。诸事待日后办理，故多置之未理。吾未思此书之名，依礼而致送。①

扎萨克图汗回复清世祖称，喀尔喀对返还苏尼特和巴林人畜无异议，强调这不是因为害怕清朝威胁，是为大局考虑，并驳斥了清世祖的讥讽之言。指出"若合礼法为一，结姻亲，共邀圣达赖喇嘛，共尊宗教"才是双方应办之事。十二月，喀尔喀土谢图汗、车臣汗及诺门额真（丹津喇嘛）致信清世祖，称喀尔喀使臣将向清世祖面陈清军追剿腾机思使喀尔喀遭受的损失和喀尔喀抢夺巴林之事。② 意为双方互相都有掳掠，都有损失，不欲赔偿巴林人畜。

从当时形势来看，喀尔喀希望与清朝和平相处，保持贸易关系，主动唆使腾机思叛逃挑衅的可能性极小，腾机思叛逃是与多尔衮不和而发生的偶发事件。从扎萨克图汗来信可知，喀尔喀左、右翼对送还腾机思无异议。清朝和喀尔喀双方都从各自长远利益考虑很快在腾机思问题上达成了默契，清朝遣使者赴腾机思处劝其返回。顺治五年八月，腾机思率部返回漠南，喀尔喀

---

① 顺治四年十一月二十一日《扎萨克图汗为政体一致延请达赖喇嘛事致顺治帝文》，载《清内秘书院蒙古文档案汇编》第2辑，内蒙古人民出版社2003年版，第366、367页。

② 顺治四年十二月初十日《喀尔喀汗等为苏尼特巴林之事致顺治帝书》，载《清内秘书院蒙古文档案汇编》第2辑，内蒙古人民出版社2003年版，第368、369页。信中把清朝皇帝抬格，称奏。

不予以阻拦。[①] 腾机思在途中去世，其弟腾机特率部返回清朝，而喀尔喀台吉掠夺巴林人畜之事仍未了结，清廷继续向喀尔喀索要巴林人畜，而喀尔喀认为冲突中双方损失相当，不愿返还，双方陷入僵局。顺治五年末，喀尔喀右翼巴尔布冰图台吉再次侵袭归化城土默特，劫掠了马群。[②] 顺治五年和六年，清朝两次闻喀尔喀左翼二楚虎尔率兵临边，摄政王调兵防范，准备出征未果。[③] 喀尔喀三部面对清朝的军事征伐和威胁，互相声援，团结一致，体现了《大法典》一致对外的精神。或因距离遥远，或因清朝军事行动范围有限，在这场冲突中卫拉特部没有作出回应。

在喀尔喀与清朝为腾机思事件及衍生出的巴林人畜问题频繁交涉之际，卫拉特部与清朝之间仍往来密切，清朝接纳其使臣，允许其贸易。顺治四年（1647 年），卫拉特（厄鲁特）贵族和大喇嘛同时遣使至清朝。十月到十一月，厄鲁特绰罗斯部巴图尔珲台吉、和硕特部鄂齐尔图台吉、阿巴赉台吉等人的使者朝贡。同时来朝的还有罗布藏胡土克图下巴汉格隆等，喇木占霸胡土克图（咱雅班第达）下单储特霸达尔汉绰尔济，阿巴赉台吉下讷门汗。[④] 顺治四年九月，绰罗斯部喀木布胡土克图（即堪布诺门汗，巴图尔台吉弟墨尔根岱青子）来朝，顺治七年（1650 年）又与其兄阿海台吉同来朝贡。[⑤]

绰罗斯部，巴图尔珲台吉于顺治四年、七年、九年连续遣使清朝贡马。[⑥] 巴图尔珲台吉于顺治六年给清世祖和摄政王分别来信。顺治七年十一月，巴图尔珲台吉及其诸子车臣台吉、卓特巴巴图尔、僧格台吉、噶尔丹一

---

① 达力扎布：《清太宗和清世祖对漠北喀尔喀部的招抚》，《历史研究》2011 年第 2 期，第 50—62 页。

② 约在顺治五年末至六年初之间侵袭，齐木德道尔吉：《1640 年以后的清朝与喀尔喀的关系》，《内蒙古大学学报》1998 年第 4 期，第 19 页注 23。

③ 《清世祖实录》卷 41，顺治五年十一月癸未、十二月辛卯，中华书局 1985 年版，第 331 页；卷 46，顺治六年十月辛丑、十一月癸酉，中华书局 1985 年版，第 371、373 页。

④ 《清世祖实录》卷 34，顺治四年十月戊子，第 282 页；卷 35，十一月己亥、庚戌、丁巳，第 284、285 页。M. 额尔德木图：《卫拉特喇木占霸咱雅班第达讷木海扎木苏给清朝顺治皇帝的一篇奏文》，《内蒙古大学学报》（蒙古文版）2008 年第 2 期，第 16—27 页。

⑤ 中国第一历史档案馆编：《清初内国史院满文档案译编》中册，光明日报出版社 1989 年版，顺治四年九月初三日，第 354 页；下册，顺治七年十月初四日，第 114 页；《清世祖实录》卷 50，顺治七年九月丁丑，中华书局 1985 年版，第 399 页。

⑥ 达力扎布：《清初清朝与厄鲁特诸部的关系》，载《清代蒙古史论稿》，民族出版社 2015 年版，第 334—336、352 页附表二。

同遣使来朝贡马。[①] 顺治八年（1651年）十月，清世祖书谕巴图尔珲台吉不要收留喀尔喀扎萨克图汗。[②]

和硕特部，顺治四年，鄂齐尔图台吉及其子额尔德尼台吉、其弟阿巴赉台吉遣使来贡。鄂齐尔图台吉于顺治四年和七年给清世祖来信，顺治七年清世祖去信劝谕鄂齐尔图台吉与喀尔喀扎萨克图汗绝交。顺治七年，鄂齐尔图台吉遣使来卖马一万匹，为咱雅班第达赴藏熬茶准备布施物品。[③] 鄂齐尔图台吉于顺治四年、七年、八年、十二年、十五年、十六年多次遣使来朝。信中尊称清世祖为大皇帝、众人之主等，称清朝皇帝来书为敕（ǰarliγ bičig），顺治八年来信中称赞清世祖延请达赖喇嘛。

鄂齐尔图台吉之弟阿巴赉台吉于顺治四年、五年、顺治六年遣使贡马。[④] 与阿巴赉关系密切的顾实汗之兄昆都伦乌巴什于崇德七年遣使来贡，于顺治八年、九年以及以后多次遣使贡马。

土尔扈特部，崇德七年，和鄂尔勒克第二子古木伊勒登诺颜遣使清朝贡马。顺治七年十一月，和鄂尔勒克长子舒虎儿戴青（即书库尔岱青）遣使贡马。八年四月，博地苏克来贡马。顺治十二年，书库尔戴青遣锡喇布鄂木布贡马。十三年，伊勒登诺颜遣锡喇尼和硕齐来贡，什虎尔戴青（即书库尔岱青）亦遣使贡马。十四年，书库尔岱青弟罗卜藏诺颜及子多尔济遣使贡马。书库尔岱青孙阿玉奇汗即位后继续与清朝往来。

杜尔伯特部，顺治十四年，杜尔伯特台吉陀音遣使霍什哈等自鄂齐尔图台吉处来贡马，见前引《皇朝藩部要略》之文。

清朝采取远交近攻战略，有意拉拢卫拉特，孤立喀尔喀。而在清军未对喀尔喀两部形成实质性威胁的情况下，卫拉特部未介入双方的冲突，继续与清朝通使贸易，满足其经济需求。现存卫拉特首领与清朝往来的信件中没有提及喀尔喀与清朝冲突之事。

---

① 顺治七年十月十日记：宴“厄鲁特巴图鲁诺颜下大诺颜噶勒唐胡土克图下卓礼克图达尔汉囊”等人，见中国第一历史档案馆编：《清初内国史院满文档案译编》下册，光明日报出版社1989年版，第120页。噶勒唐胡土克图应为噶尔丹胡土克图的异译。

② 《清世祖实录》卷61，顺治八年十月辛酉，中华书局1985年版，第479页。

③ 西·诺尔布校注：《札雅班第达传》（蒙古文），内蒙古人民出版社1999年版，第76、80页。

④ 《清世祖实录》卷35，顺治四年十一月己亥，中华书局1985年版，第284页；卷40，顺治五年十月庚申，第325页；卷42，顺治六年正月己卯，第338页。

清朝入主中原，替代明朝之后，掌握了贸易主动权，喀尔喀若欲与清朝通贡互市，唯有和解之一途。顺治六年四、五月，左翼土谢图汗和车臣汗遣使来朝。[①] 七月，喀尔喀丹津喇嘛给清世祖和摄政王来信，称哲布尊丹巴呼图克图令其主持议和之事，喀尔喀左、右两翼已商定议和。[②] 来信中将摄政王和清世祖抬格书写，语则称奏。喀尔喀既欲与清朝通使贸易，又欲保持政治上的独立性，不得已在文书词语和朝贡方面做出了让步。顺治七年三月，清世祖见左翼求和之意已决，提出了议和条件：即喀尔喀来文必须称奏，称清朝皇帝文书和命令为敕谕，归还所掠巴林及土默特人畜，为首汗、台吉盟誓等四点要求。[③] 顺治七年十月，喀尔喀诺门汗等来信表示喀尔喀左翼遣四位台吉及大臣来朝盟誓，于文书中遵旨称奏。[④] 顺治八年八月，喀尔喀左翼土谢图、车臣汗遣使来纳岁贡及罚畜。[⑤] 由于喀尔喀仍没有归还巴林人畜和派遣台吉入觐，清廷继续要求其归还巴林人畜及台吉亲来朝觐。[⑥]

顺治六年至八年间，清世祖先后颁谕卫拉特诸部首领，请他们助兵攻打喀尔喀扎萨克图汗，或与扎萨克图汗断绝关系。顺治六年（1649 年）十月清世祖首先给顾实汗信：

> 谕厄鲁特部落奉事佛法诺门汗曰，本朝于旧好之国，初不愿加兵，若当交好时而乐事干戈，诚不能默然处此。今喀尔喀方以信使通好，乃遣人诱我苏尼特部落腾机思反叛，挟之而去。及我师追腾机思时，土谢图汗、丹津喇嘛、硕雷汗无故出兵两次拒敌，惟天降罚，使之败衄。二楚虎尔又无故侵我巴林，杀人掠畜。俄木布额尔德尼又无故加兵于我，及闻我出师，始还。巴尔布冰图又来侵我土默特部落，杀其人民，劫马二千匹。此辈每起兵端，朕能默然处之耶。朕前此遣使，尔诺门汗云，

① 《清世祖实录》卷 43，顺治六年四月丙辰，中华书局 1985 年版，第 349 页；卷 44，五月乙酉，第 354 页。

② 顺治六年八月初八日《七旗喀尔喀诺颜为论政体一致事致皇叔父王文》《七旗喀尔喀诺颜为论政体一致事致顺治帝书》，载《清内秘书院蒙古文档案汇编》第 3 辑，内蒙古人民出版社 2003 年版，第 64—67 页。

③ 《清世祖实录》卷 48，顺治七年三月甲子，中华书局 1985 年版，第 382、383 页。

④ 《清世祖实录》卷 50，顺治七年十月乙巳，中华书局 1985 年版，第 401 页。

⑤ 《清世祖实录》卷 59，顺治八年八月壬子，中华书局 1985 年版，第 464 页。

⑥ 《清世祖实录》卷 60，顺治八年九月己丑，中华书局 1985 年版，第 476 页。

我虽老，我诸子兵卒尚未老也，凡征讨，我当以兵助之。朕非因兵力单弱，求援于尔，因尔有前言，故使尔闻之。今尔若践前言，出兵相助，誓不误期，可以定议报我，如不欲出兵，亦定议来报。[①]

同月，给顾实汗诸子墨尔根济农、鄂木布车臣戴青、和罗木席额尔得尼戴青等去信，其内容相近。其中曰：

朕前此遣使，诺门汗云，我虽老，我诸子兵卒尚未老也，凡征讨，我当以兵助之。尔等欲如何?[②]

顺治七年（1650年）四月，清朝又遣使敕谕鄂齐尔图台吉。《清世祖实录》记载：

遣侍卫舒尔虎纳克等往谕厄鲁特部落鄂齐尔图曰：览奏，虽僻处遐荒，力能则相幾相助，不能则遣使通好，如此甚善。（叙述与喀尔喀冲突之原由）……尔等既已效顺，倘朕再征喀尔喀，尔不得与之通好，尔其思之。[③]

顺治八年（1651年）十月，又谕厄鲁特巴图鲁台吉（巴图尔珲台吉）：

尔部落原与本朝和好，及喀尔喀扎萨克图汗、俄木布额尔德尼败好，获罪逃入尔地，尔等遂擅自收留。朕异日兴师问扎萨克图汗之罪，

---

① 《清世祖实录》卷46，顺治六年十月壬辰，中华书局1985年版，第369页。顺治六年十月初七日《顺治帝联合顾实汗讨伐喀尔喀之敕谕》，载《清内秘书院蒙古文档案汇编》第3辑，内蒙古人民出版社2003年版，第87—89页。

② 即顾实汗子鄂木布，瑚噜木什，孙墨尔根诺颜，见《蒙古回部王公表传》卷81《青海厄鲁特部总传》，内蒙古大学出版社1998年版，第552页。此谕蒙古文见顺治六年十月初七日《顺治帝令鄂木布卓里克图巴图鲁济农等出征喀尔喀之敕谕》，见《清内秘书院蒙古文档案汇编》第3辑，内蒙古人民出版社2003年版，第90—92页。

③ 《清世祖实录》卷48，顺治七年四月乙未，中华书局1985年版，第387页。亦见《清内秘书院蒙古文档案汇编》第3辑，内蒙古人民出版社2003年版，第120—125页。汉译文与蒙古文略有出入，《清世祖实录》加了清朝使臣的名字。另将若不来誓，则请停遣使臣等文意未译出。最后一句直译为："尔效顺于我，而喀尔喀已成为我们的敌人，尔若与其相和好则不妥。"

何分喀尔喀、厄鲁特，大兵一临，彼此必构大衅。尔或将扎萨克图汗击破来奏，或将扎萨克图汗逐回原地，则彼此不失旧好，倘代人受过，殊非所宜，尔其审计之。[①]

在谕巴图尔珲台吉时特别提到喀尔喀扎萨克图汗，此时扎萨克图汗素巴第已去世，清朝还未得知。扎萨克图汗部居地遥远，在清军没有出征的情况下，不可能迁入卫拉特人游牧地。清世祖旨在警告巴图尔珲台吉，一旦清军出征，不要庇护西逃的扎萨克图汗。

清廷一面颁谕向喀尔喀索取巴林人畜，敦促其派遣台吉来盟誓，一面向卫拉特各部请求助兵攻打喀尔喀，或促使其与喀尔喀断绝交往。这是对两部关系的一次试探，同时制造舆论给喀尔喀施加压力，促其臣服清朝。卫拉特诸部没有回应，显然仍坚守1640年军事同盟条约，这也影响到清朝对喀尔喀的政策。

顺治十年（1653年），清朝与喀尔喀商议后派遣理藩院侍郎毕哩克图赴喀尔喀查看巴林被掠人畜，土谢图汗衮布等"匿不尽给"，[②] 未能全部收回。喀尔喀虽然不顺从，清世祖并没有派兵征伐，而是采取断绝通使贸易的措施。七月，任命多罗安郡王岳乐为宣威大将军，统兵戍防归化城。下令在喀尔喀归还巴林人口和派遣为首台吉来朝之前严禁其使者来朝贸易，来者尽行驱逐。[③] 自顺治十年七月至十一年十二月，清朝几次拒绝喀尔喀左、右两翼来使和商人入境。[④] 顺治十一年三月，清世祖谕丹津喇嘛，送还全部巴林人口，派为首台吉来朝可以宽免巴林牲畜，否则不准再派使者来。[⑤] 清朝免除巴林牲畜的让步，使喀尔喀各部决定派遣台吉朝觐和盟誓。顺治七年

① 《清世祖实录》卷61，顺治八年十月辛酉，中华书局1985年版，第479页。又见顺治八年十月十七日《顺治帝劝巴图鲁台吉与喀尔喀扎萨克图汗绝交之敕谕》，载《清内秘书院蒙古文档案汇编》第3辑，内蒙古人民出版社2003年版，第299、300页。内容相同。

② 《蒙古回部王公表传》卷45，《喀尔喀土谢图汗部总传》第1辑，内蒙古大学出版社1998年版，第335页。

③ 《清世祖实录》卷77，顺治十年七月辛酉，中华书局1985年版，第610页；卷78，顺治十年九月癸卯，第616页。

④ 《清世祖实录》卷82，顺治十一年三月庚戌，中华书局1985年版，第646、647页；卷91，顺治十二年五月戊子，第717页；卷107，顺治十四年二月辛卯，第841页。

⑤ 《清世祖实录》卷82，顺治十一年三月庚戌，中华书局1985年版，第646、647页。

（1650年）扎萨克图汗素巴第、车臣汗硕垒等先后去世，新汗即位，为喀尔喀与清朝关系好转也提供了转机。

顺治十二年（1655年）初，喀尔喀右翼毕席勒尔图汗、俄木布额尔德尼等遣使“以从事抢掠巴林部上表引罪，并求和好，进献马驼”[①]。喀尔喀左翼亦派遣额尔德尼诺穆齐等四个台吉“以侵掠巴林，遵旨服罪来朝，并进岁贡马驼”[②]。清廷宽免了未归还的巴林人畜，派出使臣，要求其首领与清朝使臣盟誓。[③] 十二月，喀尔喀左翼土谢图汗、丹津喇嘛、车臣汗巴布、岱青台吉等率先与清朝使臣盟誓，并遣台吉至京师，清朝指派多罗安郡王岳乐代表清朝皇室与喀尔喀台吉在宗人府举行盟誓。[④] 喀尔喀左翼与清朝和解，并且在来文称奏和朝贡方面表示顺从清朝。

顺治十二年（1655年）五月，喀尔喀右翼还没有派台吉来，清世祖敕谕右翼毕席勒尔图汗、俄木布额尔德尼等送还巴尔布冰图所掠人畜，遣为首台吉来朝认罪。[⑤] 顺治十四年（1657年）正月，喀尔喀右翼毕席勒尔图汗等亦遣四位台吉来朝。[⑥] 顺治十六年（1659年）四月，喀尔喀右翼首领与清朝所遣使臣盟誓毕，遣使进岁贡。[⑦]

清对喀尔喀最初采取了军事威胁手段，反而使喀尔喀与卫拉特建立了军事同盟以自卫，后来改用招抚策略，在喀尔喀袭掠漠南蒙古巴林旗、归化城时，也没有采取针对性的军事报复或拒其使臣往来。摄政王多尔衮虽两次调兵欲出征，均为防范喀尔喀袭击，很快撤兵。清廷允许喀尔喀贡使不绝，从长计议，最终使其与清朝确立了政治附属关系。

---

① 《清世祖实录》卷88，顺治十二年正月甲寅，中华书局1985年版，第700页。扎萨克图汗素巴第于顺治七年去世，子诺尔布嗣，号毕席勒尔图汗。

② 《清世祖实录》卷91，顺治十二年四月辛酉，中华书局1985年版，第714页。

③ 《清世祖实录》卷91，顺治十二年五月戊子，中华书局1985年版，第717页。

④ 《清世祖实录》卷96，顺治十二年十二月丙子，中华书局1985年版，第754页；《多罗信郡王多尼等题请信郡王安郡王内选派一人与喀尔喀土谢图汗等盟誓本》，顺治十二年十二月二十五日，载中国第一历史档案馆、中国人民大学国学院西域历史语言研究所编：《清朝前期理藩院满蒙文题本》卷1，内蒙古人民出版社2009年版，第164—166页。

⑤ 《清世祖实录》卷91，顺治十二年五月壬寅，中华书局1985年版，第718页。

⑥ 《清世祖实录》卷106，顺治十四年正月庚午，中华书局1985年版，第833页；卷107，顺治十四年二月辛卯、庚子，第841、842页。

⑦ 《清世祖实录》卷125，顺治十六年四月甲寅，中华书局1985年版，第972页。

上述史实证明《1640 年喀尔喀—卫拉特大法典》是喀尔喀和卫拉特两部为抵御外来入侵而制定的军事盟约，限于自卫。《1640 年蒙古—卫拉特大法典》的作用主要表现在两个方面：首先，喀尔喀与卫拉特军事同盟的存在，使清朝在采用军事征伐手段方面比较慎重，主要采取了招抚策略，在一定程度上抑制了清朝通过战争兼并喀尔喀和卫拉特两部。其次，《1640 年蒙古—卫拉特大法典》制止了喀尔喀和卫拉特两部之间的相互杀掠，自 1640 年制定到 1688 年同盟破裂，在近半个世纪里喀尔喀和卫拉特两部之间没有发生冲突，长期和平相处。《1640 年蒙古—卫拉特大法典》主要是调整两部之间的关系，没有涉及各部的内部事务。因此 1640 年之后，两部内各首领和台吉之间互相攻伐和掠夺从未停止。

卫拉特方面，1646 年，和硕特部顾实汗兄昆都伦乌巴什与杜尔伯特部达赖台什子孙合兵征伐“合约尔台吉”（鄂齐尔图台吉和巴图尔珲台吉）被击败。在昆都伦乌巴什和杜尔伯特军队即将溃败之时，支持他们的阿巴赉台吉（鄂齐尔图台吉之弟）率兵赶到，迫使双方讲和。1653 年，巴图尔珲台吉去世，僧格即位，与其兄弟因分配属民财产发生内讧。1657 年，准噶尔部分裂为以车臣、卓特巴巴图尔为首的左翼和以僧格为首的右翼两派。和硕特部阿巴赉台吉支持左翼，其兄鄂齐尔图台吉则支持右翼。1659 年，准噶尔部的僧格与其叔父楚琥尔乌巴什击败了其异母兄弟车臣、巴图尔为首的左翼。[①] 1670 年底，僧格被车臣、卓特巴巴图尔袭杀，其同母弟噶尔丹呼图克图杀死车臣台吉及其同伙巴噶班第（叔父楚琥尔乌巴什子），卓特巴巴图尔台吉逃居青海。

1660 年，以鄂齐尔图台吉为首的和硕特部与准噶尔集会。1661 年，鄂齐尔图台吉与弟弟阿巴赉内讧，两军对峙，各率兵三万。而后准噶尔部僧格台吉、辉特部苏勒坦台什出兵支持鄂齐尔图台吉，而杜尔伯特部、和硕特部昆都伦乌巴什的儿子们出兵支持阿巴赉。阿巴赉被击败退却，以鄂齐尔图台吉为首的诸台吉追击，抢劫了阿巴赉的牧地，使其遭受严重损失，最终在大喇嘛们的调节下双方讲和。阿巴赉西迁到乌拉尔河一带游牧。1666 年，鄂

① 西·诺尔布校注：《札雅班第达传》（蒙古文），内蒙古人民出版社 1999 年版，第 127 页。

齐尔图台吉从达赖喇嘛处获得车臣汗号。[①] 1671年，阿巴赉台吉与杜尔伯特部、和硕特部昆都伦乌巴什合伙洗劫了土尔扈特部的多尔济岱青，随后因分配战利品内部不和。鄂齐尔图车臣汗闻讯带兵降服了多尔济岱青，将其兀鲁思给了昆都伦乌巴什孙丹津珲台吉。1672年正月，土尔扈特部阿玉奇汗率兵击败阿巴赉台吉，并俘获阿巴赉台吉。[②]

之后，准噶尔部噶尔丹台吉又与和硕特部鄂齐尔图车臣汗内讧，从巴图尔珲台吉时形成的准噶尔与和硕特两部的“合约尔台吉”联盟破裂。1671年，杜尔伯特达赖台什之孙阿勒达尔台什投附噶尔丹。1673年，和硕特部昆都伦乌巴什之孙丹津珲台吉归附噶尔丹。1675年，鄂齐尔图车臣汗出兵攻伐噶尔丹，派遣楚琥尔乌巴什、辉特部阿勒达尔和硕齐出征此前投附噶尔丹的几个大台吉。至乌陇古、布拉干和青格勒一带，收服杜尔伯特阿勒达尔台什、岱青，土尔扈特衮布台吉等。1676年，噶尔丹台吉自斋尔的特莫火柱向鄂齐尔图车臣汗发起攻击，鄂齐尔图车臣汗逃走。1676年，噶尔丹在沙拉伯勒地方降服了鄂齐尔图车臣汗。噶尔丹兼并各部，建立准噶尔汗国。

喀尔喀方面，17世纪50年代后期，喀尔喀扎萨克图汗浩特拉与和托辉特部台吉罗卜藏台吉（第三代阿勒坦汗）共同击灭格埒森扎第二子后裔统治的额勒吉根鄂托克，其中一部分逃入左翼。后因浩特拉汗与罗卜藏台吉之间分配额勒吉根属民不均产生矛盾，康熙元年（1662年），罗卜藏台吉杀死扎萨克图汗浩特拉，夺取了其斡勒忽那特鄂托克。[③] 康熙元年八月，土谢图汗察珲多尔济、赛音诺颜部长丹津喇嘛，与右翼阿海岱青一起出兵击败罗卜藏台吉，迫使其率部众退至其原居地北面的叶尼塞河上游克姆契克河一带游牧。[④] 1664年，土谢图汗等立旺楚克为扎萨克图汗。1666年，旺楚克卒。罗卜藏台吉为争夺对乞儿吉斯部的管辖权与准噶尔部发生冲突，准噶尔部僧格

---

① 五世达赖喇嘛阿旺洛桑嘉措：《五世达赖喇嘛传》（上），陈庆英、马连龙、马林译，中国藏学出版社2006年版，第437页。

② 成崇德译注：《咱雅班第达传》，载《清代蒙古高僧传译辑》，全国图书馆文献缩微复制中心1990年版，第46、47页。

③ 宝音德力根：《十七世纪中后期喀尔喀内乱》，载宝音德力根等主编：《明清档案与蒙古史研究》第1辑，内蒙古人民出版社2000年版，第51—54页。

④ ［苏联］H. П. 沙斯季娜：《十七世纪俄蒙通使关系》，北京师范大学外语系七三级工农兵学员、教师译，商务印书馆1977年版，第84—85、88页。

台吉出兵击败罗卜藏台吉，收取其部众，将其俘获软禁。僧格扶立旺楚克弟成衮（扎萨克图汗诺尔布第二子）为扎萨克图汗。成衮即位后向左翼土谢图汗等索要之前逃入左翼的额勒吉根部人，土谢图汗等拒不返还。右翼的内乱使其大量属民被左翼及准噶尔所分取，同时形成左、右翼间的矛盾。扎萨克图汗成衮遣使请求达赖喇嘛和清朝调节和返还属民，达赖喇嘛使臣劝说无效，清朝则忙于平定三藩之乱，无暇顾及。1676 年，罗卜藏台吉趁噶尔丹珲台吉出征鄂齐尔图车臣汗之际，率属下人逃回喀尔喀部，扎萨克图汗接受了他，但是，他又密谋杀害扎萨克图汗，被扎萨克图汗俘获，部众被籍没，逃往西藏投奔达赖喇嘛。①

准噶尔部噶尔丹即位后支持其兄僧格扶立的扎萨克图汗成衮。土谢图汗察珲多尔济与准噶尔的噶尔丹博硕克图汗关系不睦，因为土谢图汗在噶尔丹与鄂齐尔图车臣汗相争时曾欲帮助鄂齐尔图汗，1677 年其属下人又抢劫了噶尔丹派往清朝的使团。1686 年，清朝和达赖喇嘛遣使调节，在库伦伯勒齐尔地方召集喀尔喀扎萨克图汗和土谢图汗等诸首领会盟，双方首领发誓将侵占人畜各归本主，永远和好。此时扎萨克图汗成衮已死，其子沙喇出席会议。会后，土谢图汗察珲多尔济没有全部返还右翼人畜，还准备发兵出征投靠准噶尔的扎萨克图汗沙喇。沙喇与噶尔丹被迫设防。土谢图汗发动突袭，杀死沙喇，同时杀死了率兵保护扎萨克图汗的噶尔丹之弟。第二年，噶尔丹博硕克图汗出兵击败土谢图汗部兵，土谢图汗和哲布尊丹巴呼图克图及其部众逃入附属清朝的漠南蒙古境内，得到清朝的庇护。噶尔丹为索取土谢图汗和哲布尊丹巴呼图克图与清朝发生冲突，最终被清军打败。之后喀尔喀归附清朝，清朝驻军喀尔喀，防止准噶尔侵袭。

喀尔喀与卫拉特的军事同盟是喀尔喀右翼扎萨克图汗素巴第倡导，近邻准噶尔部的巴图尔珲台吉等响应而形成的。喀尔喀扎萨克图汗部和准噶尔两部显然在建立喀尔喀与卫拉特联盟时发挥了核心作用，也是主要受益方。在《大法典》序言中这两部首领的名字也列于喀尔喀和卫拉特两方之首位。自结盟之后，两部关系一直很好，在扎萨克图部内乱时，僧格出兵活捉罗卜藏台吉，扶立新汗，起到了重要作用。而喀尔喀左翼的土谢图汗强盛之后，不

① 《蒙古族通史》编写组编：《蒙古族通史》中册，民族出版社 2001 年版，第 230、231 页。

仅支配左翼车臣汗事务，对右翼扎萨克图汗部事务亦欲干预，对于准噶尔台吉僧格扶立的成衮汗不予承认，对其索取部众之事更置之不理。1688年，土谢图汗杀死扎萨克图汗沙喇，表现出其强势和反对准噶尔干预喀尔喀事务的态度，准噶尔部噶尔丹袒护扎萨克图汗部，率兵攻击土谢图汗，标志着喀尔喀与卫拉特两部之间的军事联盟彻底破裂。

总之，1640年建立军事同盟后，两部的外部威胁得到缓解，而内讧纷起，喀尔喀部的内讧又导致准噶尔介入，准噶尔的介入使喀尔喀与卫拉特的长期军事联盟关系破裂，最终两败俱伤，喀尔喀三部投附清朝，准噶尔汗国亦在内讧和清朝的持续打击下覆灭。

第三章

《准噶尔法典》研究

第一节 《准噶尔法典》的制定时间

《准噶尔法典》，即现存1640年《大法典》迪雷科夫本第6—197条的内容。其制定时间缺载，而有些条目反映出了巴图尔珲台吉时期（1635—1653年）的一些特征。

首先，《准噶尔法典》第3—4条提到的墨尔根岱青、楚琥尔乌巴什两人，他们是巴图尔珲台吉的两个弟弟，在巴图尔珲台吉之下属于第二等级的诺颜。据《皇朝藩部要略》记载，和硕特部顾实汗遣使清朝朝贡之后，他部首领相继来朝。“准噶尔族曰巴图尔珲台吉，曰墨尔根岱青，曰杜喇勒和硕齐，曰楚琥尔乌巴什，曰罗卜藏呼图克图，并附名以达。”① 墨尔根岱青与清朝的接触早于顾实汗，崇德三年（1638）十月，墨尔根岱青来贡马，谒见皇太极于明朝宣府边外的行营中。② 崇德六年（1641年）四月，“以厄

① （清）祁韵士：《皇朝藩部要略》卷9，《厄鲁特要略一》，载《西藏学汉文文献汇刻》第三辑，全国图书馆文献缩微复制中心1993年版，第114—116页。

② 《清太宗实录》卷44，崇德三年十月庚戌，中华书局1985年版，第581页。《蒙古回部王公表传》卷81《青海厄鲁特部总传》，内蒙古人民出版社1998年版，第552页。亦见于马汝珩、成崇德：《略论准噶尔民族政权的奠基人——巴图尔珲台吉》，《西北史地》1983年第4期；见马汝珩、马大正：《厄鲁特蒙古史论集》，青海人民出版社1984年版，第67页。

鲁特部落墨尔根戴青使臣诺垒送拜山至，赐诺垒及其从役银两有差”[1]。显然崇德三年墨尔根岱青朝清后，清朝曾派遣名为拜山的使者出使过墨尔根岱青处，崇德六年（1641年）墨尔根岱青派人将拜山送回清朝。墨尔根岱青朝清和至明朝边境贸易是准备赴西藏熬茶。据《五世达赖喇嘛传》记载，崇德六年六月，喀尔喀、厄鲁特的大批香客陆续涌进拉萨。厄鲁特左翼首领墨尔根岱青在途中病故，其夫人请达赖喇嘛到鲁浦林卡去主持超荐亡灵的法事，并将金银、布匹、骡马、蒙古包等近万件财物呈献给了达赖喇嘛。[2] 在《准噶尔法典》的几个条款中都提到墨尔根岱青，该法典应制定于墨尔根岱青在世的时候，最晚也不会晚于墨尔根岱青去世的1641年。制定时间似应在巴图尔珲台吉执政时期，而有些条款应为准噶尔部原有的旧法规，在巴图尔珲台吉即位之前就已有之。

其次，该法典中有免除布拉台什时期债务的规定，在《噶尔丹珲台吉》（第一道敕令）中也有取消巴图尔珲台吉时期债务的敕令。有关废除布拉台什时期债务的敕令应为哈喇忽剌台吉或巴图尔珲台吉时颁布的。后任部落首领废除前任首领时期年代久远的债务似乎是准噶尔部的惯例，废除难以偿还、拖欠已久的债务，可以减轻属民的经济负担，减少社会矛盾。

第三，1653年，巴图尔珲台吉去世后僧格即位。僧格在位时准噶尔内部动荡不安，僧格的异母兄弟车臣和卓特巴巴图尔与其争夺属民财产内讧，准噶尔分裂为左、右两翼。在分裂局面下，僧格难以组织制定统一的准噶尔法典，法典中亦未显示与僧格有关的内容。

第四，1676年，噶尔丹珲台吉击败其叔父楚琥尔乌巴什，杀楚琥尔乌巴什子巴噶班第，巴噶班第子憨都率部远逃黄河河套迤西；1677年击败和硕特部鄂齐尔图汗，统一了卫拉特各部。噶尔丹珲台吉于1676年和1678年颁布的两道敕令并未收入该法典，而是附在其后面，说明此时该法典早已存在。

基于上述考查，可以推定《准噶尔法典》的制定时间应当在巴图尔珲台吉在位时期，其中一些条款是其祖父布拉台吉、父亲哈喇忽剌时期就已有

---

① 《清太宗实录》卷55，崇德六年四月甲子，中华书局1985年版，第745页。墨尔根戴青即墨尔根岱青。

② 五世达赖喇嘛阿旺洛桑嘉措：《五世达赖喇嘛传》（上），陈庆英、马连龙、马林译，中国藏学出版社2006年版，第131页。

的法规，甚至包括更早期的习惯法，这是准噶尔部不同时期制定的多篇法规的汇抄本。法典中有“有关宗教”“有关偷窃”“有关踪迹”等分类，而有些相同内容的条款却分别出现于几处，说明这些条款制定于不同时期，是后来汇抄在一起的。

第二节 《准噶尔法典》的内容

在现存《大法典》抄本中，《准噶尔法典》位于1640年军事联盟条约之后，其内容是按照逃人、战阵、闻警、乌拉首思……的顺序排列，前面几项涉及逃人和军事的条款与军事同盟条约内容相近，甚至有些重复。《准噶尔法典》内容没有明确分类，不过绝大多数条目是按类别集中在一起的，其中也有一些同类内容的条目分散于几处，例如有关偷窃内容分四处，养子女回归亲生父母类的条款分在两处，内容还有些重复，但不完全相同，反映出它们是在不同时期制定的条款，后来汇抄时没有将其归类编辑。

《准噶尔法典》的内容若依现代法律部门划分，包含了诉讼法、刑法、民法、行政法、军事法等诸多门类。本书保留其古代法律的原貌和特点，没有按现代部门法勉强划分，因为古代法律的一些内容很难严格按照现代部门法划分。而该法典在内容和形式上与清朝蒙古律近似，因此参照清朝蒙古律的分类，将其按内容划分为军事、宗教、逃人与流民、乌拉首思、人命、骂詈与殴斗、婚姻家庭、奸罪、偷盗、债务、走失牲畜、杀死牲畜、救助人畜、狩猎、杂犯、诉讼等十六个类别。

一、军事法规

该法典有关军事的法律规范有12条，条目相对集中，分在两处。即第4—9条和第59—63条，另有第46条。以下各条的序号是新编的军事类法规的序号，将本书译释编中的条目序号括注于各条之后。军事法规内容如下：

1. 战阵败逃者严惩

大诺颜亲自出征后于阵前败逃，罚甲百副、骆驼百峰、属人五十户、马千匹；岱青、楚琥尔等辈的诺颜出征于阵前败逃，罚甲五十副、骆驼五十峰、属民二十五户、马五百匹；若小诺颜［败逃］，罚甲十副、骆驼十峰、属民十户、马百匹；若塔布囊及执政的四图什墨尔［败逃］，罚甲五副、骆驼五峰、属民五户、马五十匹；若各鄂托克之图什墨尔［败逃］罚三个伯尔克、属民三户、马三十匹；若旗手和号手［败逃］，依塔布囊、图什墨尔之例处罚。若立誓出征的和硕齐［败逃］，依爱马克之图什墨尔之例处罚，没收其全副铠甲，令其穿妇人无袖外衣。若为有官职之人和恰等［败逃］，罚一户属民，罚全副铠甲为首的一九；若为全副铠甲之士［败逃］，罚全副铠甲为首四匹乘用马；若为戴头盔甲士［败逃］，罚铠甲和［乘用］马三匹；若为着胸甲之士［败逃］，罚甲、［乘用］马两匹；若平民［败逃］，罚其箭筒（内有弓箭)、［乘用］马一匹。凡人［于战阵］败逃者，令其穿妇人无袖外衣。(第4条)

2. 战阵中救援他人之赏罚

何人［在战阵中］救出诺颜，在和硕内封为达尔罕，丢弃诺颜而走者，处死和籍没［家产]。何人将塔布囊、图什墨尔等为首以下诸人救出，依上述规定赏赐。是战前潜逃还是阵前败逃，依据证人［的证词加以分辨]。(第5条)

3. 闻见大敌侵袭而不报警

闻知和眼见大敌前来［侵袭］而不报告者，追究其本人直至其子孙，皆处死，籍没其家产。(第6条)

4. 见强盗来不报警

见强盗不报告者，罚没其牲畜之半。(第7条)

5. 闻警率兵集合于诺颜处

闻有动乱［率兵］集合于诺颜之处。闻知发生动乱而不来集合，依前面的规定处罚，以其驻牧地距离远近酌情予以处罚。(第8条)

6. 追击夺回被抢掠的马匹财物

敌人来抢掠阿寅勒和赶走马匹时，凡人［将其抢走的马匹和财物］夺下，获得此牲畜和财物之半。若有人［与盗贼搏斗而］死，［被抢劫之人］依法赔偿［其命价]，未能拦截下［马匹和财物］而死人，从［被抢劫之人的］兄弟取一伯尔克偿其命。若有人闻见劫匪而不追，上

等人罚取其财产牲畜之半，中等人罚一九牲畜，下等人罚五头牲畜。（第9条）

7. 掳获物分配

凡人不顾生死冲锋陷阵，杀死敌人可以取其妻子，杀死甲士者取其甲，随后冲入之人可择取臂甲或头盔之一，再后之人，依次分取掳获物。杀死无铠甲之人依前法［取掳获物］。（第59条）

8. 战阵中救人获得酬赏

不顾生死在阵前救出败退之人，得其甲及［乘］马两匹。救出冲入敌阵被困之人，从大量掳获物中得伯尔克为首一九牲畜。（第60条）

9. 作为阔端赤参战死亡

经诺颜允许作为阔端赤参战而死者，此战若有掳获，则以伯尔克为首一九牲畜抵偿［其命］，{无掳获则以一伯尔克抵偿。未经允许而作为阔端赤参战死于战场者，以一九牲畜抵偿。}（第61条）

10. 收集上缴掳获物有赏

征战中获得掳获，［若有人来争抢］，射为首之人乘马，［掳获者］将所获牲畜清点上交，获得一九牲畜［奖赏］。若在三天内［掳获的牲畜］有被窃者，得五头牲畜［奖赏］。［三天］之后［有失］则坐罪。（第62条）

11. 在战场上误杀自己人

在战场上误杀自己人，若有人证明［是误杀］，罚一九牲畜，若证明非误杀，则罚三九牲畜。（第63条）

12. 四十户每年制造臂甲两副

四十户每年制造臂甲两副，否则依法罚取骆驼一峰、马一匹。（第46条）

有关军事的法规是蒙古法律的重要内容。以上绝大多数是有关战阵的法规条款，只有制造铠甲一条涉及平时战备。该法典有关战阵的规定相对全面，这反映了在巴图尔珲台吉时期准噶尔部面临的内外形势。准噶尔部与喀尔喀和俄国之间都有矛盾和冲突，随时可能发生战争，卫拉特各部之间亦不团结，巴图尔珲台吉与和硕特部鄂齐尔图台吉结为“合约尔台吉”的同盟，与杜尔伯特部达赖台什子孙、和硕特部的昆都伦乌巴什、阿巴赉等不和睦。在这种形势下，军事事务处于重要位置，通过立法约束本部诺颜和属民服从指挥，严守军纪，在战场上同仇敌忾，才能战胜敌人，保障本部安全。法典有关军事的条款亦体现了这一指导思想。该法典规定：

耳闻或眼见大敌前来而不报警者，将其本人及其子孙处死，籍没家产。显然对于闻见敌警而不报闻者处罚较重，这是因为敌人来袭时毫无察觉必然会造成重大损失。在本法中仅有的三例死刑处罚都在有关军事条款中，即在战阵中丢弃诺颜（第5条）、闻见大敌来袭不报警（第6条）和闻警不率兵来诺颜处集合（第8条）。这些行为对诺颜和整个部落的安全造成严重威胁，因此予以严厉处罚。

在战场上，阵前退却和逃走都会受到严惩，依其身份等级分别处罚，高贵者重罚。贵族分为大诺颜，岱青、楚琥尔等辈的诺颜（即执政诺颜），小诺颜等三个等级，其下为塔布囊及执政之四图什墨尔（即四大臣），各鄂托克之图什墨尔，旗手和号手，立誓之和硕齐，有官职者、恰等，战士中分普通甲士，有头盔之甲士，有胸甲之人，无甲的哈剌库门等。从立誓之和硕齐以下罚马及铠甲。对于战前躲避与阵前逃走事，依证人之言加以分辨。凡战阵败逃者令其穿妇女无袖外衣示众，予以羞辱，这是准噶尔人的习俗。据俄国档案记载，准噶尔部小策凌敦多布率军在喀尔喀额尔德尼召（光显寺）被清军击败后，随其逃回的官员们受到穿妇女无袖外衣的处罚。①

何人在战场上救出诺颜，封为达尔罕，救出塔布囊、图什墨尔等官员，则赏赐。弃之不顾者受罚。这是蒙古法律常有的内容。据明萧大亨《夷俗记》记载：战斗中“倘有一人折马，众必以余马载之，不然酋首必重其罚也。有被创者危在呼吸间，众必捐躯以援之。援一台吉，台吉则敬如父母，归则以所爱衣甲良马与之矣。援一散夷，散夷亦敬如父母，归则尽分以资财，且世世德其人而不忍忘矣。然此援人者惟欲称雄虏中为名高，不为厚利也”②。在战场上救出逃出之人获赏，救出被困之人从掳获物中得报酬。经

① ［苏联］伊·亚·兹拉特金：《准噶尔汗国史》（修订版），马曼丽译，兰州大学出版社2013年版，第281页。

② （明）萧大亨：《夷俗记》，载《北京图书馆古籍珍本丛刊》第11册《史部·杂史类》，书目文献出版社1987年版，第637页。

诺颜同意而参战的阔端赤死于战场，若此战有掳获，得以伯尔克为首的一九牲畜赔偿，未经诺颜同意参战死于战场的阔端赤，赔偿一九牲畜。此命价显然是由诺颜酌情给予其家属，作为阵亡家属的抚恤。

战利品的分配，何人在战斗中顽强作战杀敌，可得所杀敌人之妻子。杀死甲士得其胸甲，随其后至之人可择取其臂甲或头盔之一，再其后之人，依次分取掳获物。这种依次获取掳获物的情形亦见于宋代的记载。《黑鞑事略》记载蒙古人："陷城则纵其掳掠子女玉帛，掳掠之前视其功之等差，前者插箭于门则后者不敢入。"[①] 杀死无铠甲之人依前法［取掳获物］。战阵中若掳获大量牲畜，首先获得之人保护掳获物并全数上缴，则获得一九牲畜［奖赏］。若在三天内［掳获］有被窃者，此人获得五头牲畜［奖赏］。［三天］之后［有失］则坐罪。"凡人不顾生死冲锋陷阵，杀死敌人可以取其妻子"一条显然是指部落间的战争，不是针对外敌（如清军、俄军）制定的，他们不可能带妻子来作战。

何人夺回敌人抢走之马群和财物，获得此牲畜和财产之半。若因此死人，被抢劫之人依法赔偿［其命价］。若未能拦截下来而死人，从被抢劫之人的兄弟取一个伯尔克偿其命。若有人闻见劫匪而不追，上等人罚取其财畜之半，中等人罚九畜，下等人罚五头牲畜。此条中规定敌人或者劫匪抢掠本部落人马匹、财产时必须追击。若因此死人，从受益人收取牲畜给予赔偿和抚恤，意在鼓励人们见义勇为，以维护本部人生命财产安全。

四十户每年制造臂甲两副，这是平时的备战规定，基层组织有备铠甲的义务。

二、宗教

法典有关喇嘛的条款分散在宗教、逃人、辱骂斗殴、乌拉等类条款内容中，共9条，这些条款都是为保护喇嘛人身财产和维护其特权而制定的，而没有相关喇嘛犯罪和处罚的规定。

---

① （宋）彭大雅撰，徐霆疏：《黑鞑事略》，见《王国维遗书》第十三册《黑鞑事略笺证》第十六叶，上海古籍书店1983年版。

1. 杀掠喇嘛爱马克及产业

有关宗教［法规］，凡杀掠喇嘛的爱马克及产业者，罚甲百副、骆驼百峰、马千匹。若杀掠个别或少数人，依也可合博处罚。(第 1 条)

2. 从喇嘛处收赎逃人

［逃至］喇嘛处之人，［主人收回时须赎取］，其上等者以五头牲畜赎取，下等者以两头牲畜赎取，或者以一个伯尔克赎取。从十个［逃］人中留给［喇嘛］一人。任何人不得违犯此法规。违犯此法者，若为大诺颜，罚骆驼十峰，马百匹；若为墨尔根岱青、楚琥尔等辈的诺颜，罚骆驼五峰，马五十匹；若为小诺颜罚以骆驼为首的三九牲畜；若为塔布囊、有官职的四个图什墨尔，罚以骆驼为首二九牲畜；若为各鄂托克的赛特、图什墨尔，罚含骆驼一峰之一九牲畜。(第 3 条)

3. 辱骂和殴打僧侣

辱骂绰尔济罚九九牲畜，辱骂诺颜的喇嘛老师，罚五九牲畜。辱骂格隆罚三九牲畜，若殴打则罚五九牲畜。辱骂班第、察巴干查罚五头牲畜，若殴打则罚一九牲畜。辱骂乌巴什、乌巴伞察，罚马一匹，若殴打，视其程度而定。(第 11 条)

4. 僧侣随意破戒

托音随意破戒，罚没其财产牲畜之半。(第 12 条)

5. 辱骂殴打娶家室之班第

辱骂娶有家室之班第者，罚马一匹，殴打者加倍罚取。(第 13 条)

6. 从僧侣的牲畜征用乌拉

从喇嘛、班第的牲畜征用乌拉，罚牛一头。(第 14 条)

7. 请伊都干和博作法罚马

凡人邀请伊都干或博［作法］，罚其坐骑，亦罚前来之依都干［和博］之坐骑，何人见到而不罚取其马，则罚此人之马。何人见翁衮即夺之，主人若不给而争抢，罚其坐骑。(第 130 条)

8. 禁止殉葬

给上等人殉葬，罚五头牲畜，给下等人殉葬，罚马两匹。(第 131 条)

9. 禁止杀死黄鸭等禽兽

［杀死］黄鸭、阿兰雀、狗者罚马，［杀死］阿拉克山蛇以外的蛇

者，罚二支箭，无箭者罚取其刀。（第132条）

在藏传佛教传入蒙古地区的时代，保护喇嘛的人身、财产安全及各种特权成为立法的重点，也成为《准噶尔法典》的重要内容。该法典规定：凡杀掠喇嘛的产业和爱马克者，罚甲百副、骆驼百峰、马千匹。若个别或少数人杀掠喇嘛爱马克及产业，依也可合博处罚，即重罚。若有逃人受喇嘛庇护，主人欲收回必须赎取，而且十人中留一人给喇嘛，作为属民（沙毕）。亦有译为“十人中必有一人献身于佛”，即出家为僧，[①] 显然是错误的。严禁殴打和辱骂喇嘛以及受戒者，违者重罚。甚至不得辱骂和殴打违戒娶妻的班第。该法典规定不得从喇嘛的畜群乘用乌拉。同时规定喇嘛必须遵守戒律，随意破戒者罚没其财产之半。允许喇嘛有家室，反映出此条款是在佛教传入初期制定的旧法规。

藏传佛教于16世纪末到17世纪初期传入卫拉特，1616年，在和硕特部首领拜巴噶斯担任卫拉特联盟盟主时期，倡导卫拉特诸部首领共同议定皈依藏传佛教，每个首领都选派一个子弟出家为僧。[②] 在信奉藏传佛教的同时，禁止信奉蒙古原始宗教，禁止博、伊都干作法事，本法典中仍有禁止蒙古原始宗教和殉葬习俗的规定，或为早期法规的遗留，或反映在巴图尔珲台吉时期藏传佛教在准噶尔的传播还不够深入，仍有一些人信奉蒙古原始宗教。出于某种禁忌，不得杀死黄鸭、阿兰雀和狗，不得杀死阿拉克山以外的蛇。在喀尔喀法律中亦有相似的规定。

三、逃人和流民

逃人是蒙古领主制社会存在的普遍现象，属民为反抗领主的压迫常常逃走，以摆脱领主的控制。而属民是领主的重要财产，领主为保护其财产和社会秩序，对逃人立法，奖励追捕逃人和送还主人，对逃人出逃后所犯罪行予以规范。另外，由于战乱或自然灾害等各种原因出现流徙他处谋生的流民，

① ［俄］К. Ф. 戈尔斯通斯基：《〈1640年蒙古—卫拉特法典〉译文》，罗致平译，载国家清史编纂委员会编译组、中国社会科学院原民族研究所《准噶尔史略》编写组合编：《卫拉特蒙古历史译文汇集》第1册，2005年，第196页。

② 王力：《关于内齐托音一世的几个问题》，《世界宗教研究》2011年第1期，第52页。

他们为避灾求生存，得到主人默许，流徙他处谋生，与逃人的性质不同。法典有关逃人的规定有 5 条、有关流民的有 1 条：

1. 捉获逃人返还原主

逃人至何人之处，可以收取［逃人所携牲畜财产］之半，将逃人［及其牲畜财产的另一半］送还原主。若杀［逃人］依也可合博处罚，罚畜的雅拉为八九牲畜，给证人一九牲畜。诺颜若将众多［逃人隐匿］，抵赖不返还，罚甲百副，骆驼百峰，马千匹，将其应得的一半和应归还原主的一半这两半都收回。（第 2 条）

2. 从喇嘛处收赎逃人

［逃至］喇嘛处之人，［主人收回时须赎取］，其上等者以五头牲畜赎取，下等者以两头牲畜赎取，或者以一个伯尔克赎取。从十个［逃］人中留给［喇嘛］一人。任何人不得违犯此法规。违犯此法者，若为大诺颜，罚骆驼十峰，马百匹；若为墨尔根岱青、楚琥尔等辈的诺颜，罚骆驼五峰，马五十匹；若为小诺颜罚以骆驼为首的三九牲畜；若为塔布囊、有官职的四个图什墨尔，罚以骆驼为首二九牲畜；若为各鄂托克的赛特、图什墨尔，罚含骆驼一峰之一九牲畜。（第 3 条）

3. 杀害从外面来的逃人

杀死从外面来寻［投靠者］的逃人，罚五九牲畜。送至［其投靠之人处］者，逃人中有多少带箭筒（携带弓箭）之人，将其乘马均给予［送至者作为报酬］。（第 117 条）

4. 捉到外逃之人获其所携牲畜之半

何人捉到外逃之人，可以获得逃人以外其所携财产牲畜之半。（第 118 条）

5. 资助歹恶之人叛逃

与心怀歹意之人结好，给其提供马匹和饮食者罚七九牲畜。此歹人出逃前将财物牲畜留存于人家，而此家人隐匿不报，则罚三九牲畜。（第 91 条）

6. 流民返乡时的财产分割

从其他领主来投的属民，返回故地时携带其来时［的人畜和财产］

离开。其所依附的诺颜若曾给予资助，离开时将其本人在此期间繁殖之牲畜的一半留给诺颜。（第53条）

法典规定：不得杀死来投之逃人，送至其主人或来依附之人者依逃人箭筒（携带弓箭）之人之数赏马，捉获外逃之人者，获其所携牲畜财产之半，将逃人归还其主。奖励捉获逃人送还其主人者，以保障主人的所有权，维持封建领主制度。凡人不得收留、资助和隐匿逃人，为逃人提供马匹、饮食者罚七九，替逃人收藏牲畜财物隐匿不报者，罚三九，出首的证人获得一九牲畜的奖赏。喇嘛不同于俗人可以庇护和收留逃人，逃至喇嘛处的人，其主人必须以牲畜赎取，若人数众多的，还要将十分之一的人留给喇嘛。这个规定体现了喇嘛的特权。法典对隐匿和资助逃人者的惩罚都非常重，这是蒙古律的特点，也是封建领主制的性质所决定的。

流民与逃人性质不同，是因为战乱、灾害或其他各种原因离开主人游牧，有些是经主人默许，因而是合法的。流民自愿投靠某诺颜生活之后，离开时可以带走其来时携带的人和牲畜。若在此期间曾经获得该诺颜赠给的牲畜成家立业者，离开时应将其本人至此处后繁殖的牲畜的一半留给该诺颜。这项规定使流民离开时不致产生纠纷，对资助流民者则是一种鼓励。

四、乌拉首思

蒙古草原地域辽阔，游牧生活居住分散，官员主要通过驿递传达政令、军情、前往各地办理政事、审理案件等，因此驿递是蒙古游牧政权施政的基本保证。有关驿递（乌拉首思）的法规历来是蒙古各篇法律的重要内容。蒙古语 ulaγ-a 清代汉译为“乌拉”，有站役、驿用牲畜之意，主要指驿马，亦包括骆驼、牛等驿畜，广义上指交通工具（由驿站、站户，或有义务提供乌拉的人所提供的马、驼、牛、车辆等）。sigüsü，词意为肉汤，食物、饮食之意，元代汉译为“首思”，清代译为“禀给”，其狭义指驿站提供的食用羊，广义指提供食宿。ulaγ-a sigüsü，即“乌拉首思”，是一个合成词，指提供交通工具和食宿。驿站、驿户或有义务服驿站徭役的人应为蒙古贵族及其使者提供乌拉首思。乌拉齐（ulāči），即驿丁。《准噶尔法典》对乌拉首思也作出了规范。有以下13条规定。

1. 必须给因三类事务出使的使者提供乌拉

［必须］给因三类事务出使的执政或非执政官员提供乌拉，为政教之事出使的使者，甄别其是否为政教之事后［提供乌拉］；为大诺颜及阿噶（贵妇）生病和为大敌来袭［之事出使的］使者提供［乌拉］，以上［三类］使者，何人不提供乌拉，罚九九牲畜。(第 10 条)

2. 从僧侣的牲畜骑用乌拉

从喇嘛、班第的牲畜骑用乌拉，罚牛一头。(第 14 条)

3. 乘骑献给神的马匹

［凡人］乘用献给神的马匹，罚马。若乌拉齐把献给神的马给人乘用，从乌拉齐罚马。使者乘用则罚使者，不知情而乘用则立誓。(第 15 条)

4. 使者非因公务不得越境乘用乌拉

使者非因公务从［自己］爱马克乘用乌拉马匹，越境［从其他爱马克］乘用乌拉马匹，罚三岁母牛一头。(第 19 条)

5. 乌拉齐捉牲畜提供乌拉不告知主人

乌拉齐［为使者］提供乌拉而不告知牲畜主人，当日罚绵羊一只，若过夜则罚三岁母牛一头。(第 20 条)

6. 殴打使者和不提供乌拉

［凡人］殴打使者罚一九牲畜，将使者拉下马弃之者罚五头牲畜。拒不提供乌拉，使者强取时殴打使者之人，罚马一匹。(第 21 条)

7. 诈称使者使用乌拉和首思

诈称使者享用乌拉和首思者，罚一九牲畜，或［鞭］打五下、罚五头牲畜。有犯诈乘乌拉或诈食首思之一事者，罚五头牲畜。(第 22 条)

8. 远途使者的乌拉首思和住宿

远途使者午间和晚间住宿时食［首思］，非时索要多食者罚取其马匹。［使者］所乘马匹疲乏时，何人不提供替换马匹，罚三岁母牛一头。何人不给［使者］提供住宿（借宿），罚三岁母牛一头。无子女的寡妇若不准［使者］借宿其家，罚取其无袖妇人外衣。若找借口拒绝［使者借宿］，令其立誓。(第 23 条)

9. 拒给诺颜塔布囊首思

拒给大诺颜首思者罚九九牲畜。拒给有官职的诺颜、塔布囊等首思

者罚一九牲畜。拒给小诺颜、小塔布囊首思者罚马一匹。(第25条)

10. 诺颜塔布囊滥用首思

[诺颜、塔布囊] 不按规定 [时间和待遇] 食用首思者罚马一匹。在中午和晚餐以玩笑不按规定 [待遇] 食用首思者罚马一匹。(第26条)

11. 不履行出使义务

已允诺出使之人不履行诺言，罚 {有伯尔克之} 一九牲畜。(第114条)

12. 不给使者提供马匹

令给使者提供乘用马匹时，不提供者，加倍罚畜。(第115条)

13. 使者履职期间不得饮酒

使者出使往来 [履职] 期间禁止饮酒，饮酒者罚五头牲畜，若诺颜赏酒可以饮用。(第116条)

法典规定：凡因“三类事务”出使的使者，无论僧俗贵贱所有人都必须提供乌拉首思。三类事务包括政教之事、大诺颜和阿噶（贵夫人）生病、大敌来袭。为政教之事出使的使者，对其是否为政教之事出行予以甄别后提供乌拉，此处的所谓政教之事应指紧急事务，非一般公务。因为非紧急事务贵族和僧侣是免除乌拉首思徭役的。《卫拉特法典》的三类事务中有一件与《喀尔喀法规》不同，即“政教之事”，在《喀尔喀法规》中是指调解关系破裂中的两个诺颜的使者，属于紧急事务。[①]《卫拉特法典》的这条规定内容较为宽泛，而《喀尔喀法规》是专指一件事，比较具体。除诺颜外，执政与非执政官员为政教之事出行也可以乘用乌拉。无政事之使者乘用自己爱马克的马匹，不得越境乘用其他爱马克的马匹。远途使者午间和住宿时食羊，多食用者罚取其马匹。使者所乘马匹疲乏时，沿途之人必须提供替换的马匹和住宿。无子女的寡妇拒绝使者借宿其家，罚取其无袖外衣（čegedeg）。若是找借口拒绝住宿，令其立誓。这是为保证使者在人烟稀少的草原旅行时不至于露宿野外出现意外而制定的规定。尤其是冬季严寒时在野

① 达力扎布：《〈喀尔喀法规〉汉译及研究》，中央民族大学出版社2015年版，第166页《1709年三旗大法规》第15条。

外露宿会被冻死。出行用驿是贵族的特权，他们按等级使用乌拉和享受首思。拒给大诺颜首思者罚九九牲畜。拒给有官职的诺颜、塔布囊等首思罚一九牲畜。拒给小诺颜、小塔布囊首思者罚一匹马。以上诸人不按规定时间和待遇食用首思者罚马一匹。中午和晚餐以玩笑为名不按规定待遇食用首思者罚马一匹。

奉诺颜命令出差办事是庶民（阿勒巴图）的义务，有人已允诺充任使者而不去者，罚有伯尔克之一九牲畜。为保证使者能正常履行职责，有不提供乘骑者，加倍罚畜。殴打使者罚一九牲畜，拒绝提供马匹，把使者拉下马者罚五头牲畜。

法规对使者用驿亦有一定约束，使者因乌拉齐不给提供乌拉，抢夺乌拉马和殴打乌拉齐者，罚马一匹。使者出使期间不得饮酒，饮酒者罚五头（牲畜），若诺颜赏酒则可以饮用。使者必须保护喇嘛特权，三类大事外从喇嘛、班第处乘用乌拉，罚一头牛。乘用献给神的马匹则罚马。若乌拉齐将献给神的马（亦称达尔罕马，不服劳役、不得宰杀）给使者乘用，罚乌拉齐。使者乘用则罚使者，使者不知而乘用，则令其立誓。

诈称使者享用乌拉和首思者罚一九牲畜，或鞭打五下、罚五头牲畜。若仅为诈乘乌拉，或诈食首思之一事，则罚五头牲畜。

五、人命与伤害

法典中有关人命和伤害的条款共有16条。

1. 儿子杀死父母

儿子杀死父母，见之者捉送其诺颜处，获得以伯尔克为首一九牲畜，将此子本身外的一切人口、财产和牲畜籍没。（第30条）

2. 父亲杀死儿子

父亲杀死儿子，籍没其家庭人口之外的一切财产牲畜。（第31条）

3. 杀死奴隶

杀死男奴隶，罚五九牲畜，杀死女奴隶，罚三九牲畜。（第32条）

4. 丈夫杀死已休弃之妻

丈夫杀死已休弃之妻，罚五九牲畜。（第33条）

5. 妻子杀死他人之妇

妻子杀死他人之妇，依杀人罪论处，[罚五九牲畜]，或割掉此杀人之妇耳朵后将其送给别人，[被杀妻之人]可在此妇与[五九]罚畜之间择取其一。(第34条)

6. 疯人杀人

疯人杀人，雅拉减半，视其情形而定。{被人杀死，若无它情，罚五九牲畜，依疯人情形而定。}疯人伤害人被杀，杀者不坐罪。(第56条)

7. 挟仇放火

挟仇放火依也可合博处罚。烧死上等人，攻掠之；烧死中等人，罚三十伯尔克及三百头牲畜。烧死下等人，罚以伯尔克为首的十五九牲畜。(第67条)

8. 在战场上误杀自己人

在战场上误杀自己人，若有人证明[是误杀]，罚一九牲畜，若证明非误杀，则罚三九牲畜。(第63条)

9. 狩猎中因误伤害人

狩猎时误射中人致死，其雅拉减半，依此前规定数额收取罚畜。误伤至别人六种器官残废，罚有伯尔克的五九牲畜。丧失拇指、食指者罚取二九牲畜加五头。丧失中指者罚取一九牲畜，丧失无名指罚取五头牲畜，丧失小拇指者罚取三头牲畜。若[被箭镞]划伤，罚取有伯尔克之一九牲畜，少量出血罚取五头牲畜，损毁衣服罚马一匹。(第64条)

10. 偏袒一方介入殴斗

两方殴斗时偏袒一方[介入]殴斗，致人死者，罚偏袒[介入]者伯尔克为首一九牲畜。(第80条)

11. 因戏致人死亡

开玩笑致人死亡者，[若为未成年人]无论几人各罚取其坐骑，若为成年人罚伯尔克。两人一起玩至其中一人死亡，罚[另一人]一九牲畜。隐瞒致人死亡之事者，罚三九牲畜。(第89条)

12. 因戏伤及目齿手足

因玩笑伤及眼睛、牙齿、手、足者，治愈者不处罚，残废者，罚五头牲畜。(第90条)

13. 损害眼睛和牙齿

损坏原不健康的眼睛、松动的牙和乳牙，罚五头牲畜。击打健康的眼和牙，虽痊愈［未残疾］，罚雅拉的一半。(第 88 条)

14. 伏弩致人死伤

有人误触已告示的［明］弩死亡，［弩主］赔偿一个伯尔克，痊愈则免于追责，［不予赔偿］。有人误触已告示的隐密伏弩而死，［弩主］赔偿三九牲畜，经痛苦折磨后痊愈，给予马一匹及养伤期间的食物。有人误触未告示的伏弩而死，［弩主］赔偿五九牲畜，若痊愈赔五头牲畜。(第 93 条)

15. 疯狗咬死人

疯狗咬死人，［向狗主人罚取牲畜］，［死者］若为上等人罚取一九牲畜，中等人罚取七头牲畜，下等人罚取五头牲畜。(第 55 条)

16. 牲畜伤害致人死

有人放牧的［牲畜］在山上踩落石头致人死者，死者若为上等人赔伯尔克为首一九牲畜，中等人赔五头牲畜。下等人赔一个伯尔克。散处、无人牧放、无人驱赶的［牲畜在山上踩落石头］致人死，从以上牲畜中取一头牲畜［给死者家属］。种公驼、种公牛和种公马伤害人｛致死｝不赔偿。无人看管的牲畜害死人，依无人看管的［牲畜在山上踩落石头］致人死处罚。［何人］所乘之马害死人，依照有人牧放牲畜在山上踏落石头的法规处罚。(第 57 条)

法典规定，父子相杀处以籍没处罚。杀死男奴、杀死所休妻子、妻子杀死他人之妇皆罚五九牲畜。而对无上述关系之人故意杀害他人如何处罚没有规定。在战场上误杀自己人罚一九牲畜，故杀罚三九牲畜。对战场上误杀或故杀自己人的处罚轻于杀死男奴，以上诸条法规有可能不是同时制定的，都是针对一些个案的规定，后来汇抄在一起。

挟仇放火者依也可合博论罪，烧死上等人攻掠之，处罚重于籍没家产，攻掠不仅是掳掠牲畜财产还应包括人；烧死中等人，罚三十伯尔克及三百头牲畜；烧死下等人，罚伯尔克为首的十五九牲畜。对挟仇放火的处罚远重于父子相杀等罪，因为在草原上放火会殃及他人，危及众人的生命和牲畜财产的安全，严重损害公共利益。

因误致死，在战场上误杀己方之人罚一九牲畜，相当于一个人的命价。狩猎时误伤致死，雅拉减半。介入殴斗致人死，罚伯尔克为首一九牲畜。因玩笑致人死，未成年人罚坐骑，成年人罚一个伯尔克。两人一起玩时致一方死亡，罚一九，若隐瞒死情罚三九。有人误触明弩死亡，弩主赔偿一个伯尔克，痊愈则免于追责，有人误触已告示的隐弩而死，弩主赔偿三九牲畜，经痛苦折磨后痊愈，给予马一匹及养伤期间的食物。有人误触未告示的伏弩而死，赔偿五九牲畜，若痊愈赔五头牲畜。

该法典杀人和人命条款中由于致死原因不同，处罚的轻重不同，所罚牲畜数量不等。处罚包括惩罚性罚畜和赔偿两种情形。在惩罚和赔偿时不同身份之人的身价不同。从赔偿来看，一般人的身价为一九牲畜（见第57、66、67、93、137条等），与其他蒙古法律的规定基本吻合。有些情况下上等人赔以伯尔克为首一九牲畜；中等人七至五头牲畜；下等人最高五头牲畜，最低者赔偿一个伯尔克（见第57、61、66、119条）。

牲畜伤害人，有人牧放的牲畜在山上踩落石头致人死，死者若为上等人赔伯尔克为首一九牲畜，中等人赔五头牲畜，下等人赔一个伯尔克。无人牧放的牲畜致人死，从牲畜中取一头牲畜给死者家属。种公驼、种公牛和种公马失控伤害人不赔偿，因为种畜桀骜不驯，攻击性强，会对接近其种群的人、畜发动攻击，主人无法控制。无人牧放的牲畜害死人，依无人看管的［牲畜在山上踩落石头］致人死处罚。何人所乘之马害死人，依有人牧放的牲畜在山上踏落石头致人死的法规处罚。

从上述条款来看，法典有关人命的规定并不完全，仅涉及父子相杀、杀死男奴、杀死弃妇、杀死他人之妻、战场上故杀自己人、挟仇放火等，对其他原因引起的杀人罪没有规定。对普通人用凶器杀人没有规定，而以对凶器伤人严重者罚五九牲畜。有关误杀和牲畜害人方面的规定比其他蒙古法典详细。对杀人的最高处罚是籍没，杀男奴和所休之妻是五九牲畜，在战场上故意杀死自己人罚三九。而挟仇放火致人死的处罚最重。财产刑的处罚轻重差别很大。在挟仇放火和牲畜伤害人两种罪中以受害人的身份不同，罚畜和赔偿的数量有差异。

对未致死亡的伤害罪也有比较详细的规定。狩猎时误伤损坏别人六种器官，罚有伯尔克的五九牲畜。对六种器官学者们有不同理解（详见汉译文第64条注释③），应为人身的重要器官，受伤后致人残疾，失去劳动能力或自理能力。似指手指之外的两眼、牙、上肢、下肢和腰身。丧失拇指、食指者罚取二九牲畜加五头。丧失中指者罚取一九牲畜，丧失无名指罚取五头牲畜，丧失小拇指者罚取三头牲畜。手指缺损影响人从事生产和生活的质量，因此伤及手指的处罚很重。若［被箭镞］划伤，罚取有伯尔克之一九牲畜，少量出血罚取五头牲畜。因玩笑伤及眼睛、牙齿、手、足者，治愈者不处罚，残废者，罚五头牲畜。因为非主观故意的伤害，处罚稍轻。

有人中伏弩而受伤，根据弩主和受害人所应承担的责任，在痊愈后的赔偿不尽相同。若被已告示的明弩射中者，痊愈后不赔偿。若被已告示的隐弩射中，痊愈后给马一匹及养伤期间的食物，因为隐弩设置隐秘，不易被人发现，会误触而受害。若被未告示的伏弩射中，痊愈后弩主赔偿五头牲畜。

六、骂詈和殴斗

该法典有关污辱、殴斗的法律规范有16条，比较分散，其规定如下：

1. 辱骂和殴打僧侣

辱骂绰尔济罚九九牲畜，辱骂诺颜的喇嘛老师，罚五九牲畜。辱骂格隆罚三九牲畜，若殴打则罚五九牲畜。辱骂班第、察巴干查罚五头牲畜，若殴打则罚一九牲畜。辱骂乌巴什、乌巴伞察，罚马一匹，若殴打，视其程度而定。（第11条）

2. 辱骂殴打娶家室之班第

辱骂娶有家室之班第者，罚马一匹，殴打者加倍罚取。（第13条）

3. 辱骂殴打诺颜和官员

辱骂大诺颜者籍没［其家产］，辱骂有官职的诺颜、塔布囊者罚一九牲畜，殴打者罚五九牲畜。辱骂小诺颜、塔布囊者罚五头牲畜，严重殴打者罚三九牲畜，殴打轻微者，罚二九牲畜。辱骂恰、收楞额者罚马、羊各一头，严重殴打者罚一九牲畜，轻微者罚五头牲畜。（第16条）

4. 官员殴打人

有官职的诺颜、塔布囊、赛特、小诺颜、（小）塔布囊、德木齐、收楞额等为执行其主人之令旨和法规殴打人不坐罪，被殴者其后［因伤而］死，亦不坐罪。以上臣僚若为炫耀其权威殴打人，严重者罚一九牲畜，中等者罚五畜，轻微者罚马［一匹］。（第17条）

5. 殴打使者和不提供乌拉

［凡人］殴打使者罚一九牲畜，将使者拉下马弃之者罚五头牲畜。拒不提供乌拉，使者强取时殴打使者之人，罚马一匹。（第21条）

6. 殴打自己的老师、父母

凡人殴打教导自己的老师、父母，［严重者］罚三九牲畜，中等程度者罚二九牲畜，轻者罚一九牲畜。（第27条）

7. 儿媳妇殴打公婆

儿媳妇殴打公公、婆婆，［严重者］罚三九牲畜，中等程度者罚二九牲畜，轻度者罚一九牲畜。对严重殴打者责打三十下，中等程度殴打者责打二十下。轻度殴打者责打十下。（第28条）

8. 父母打儿子儿媳

父亲为教训儿子、婆婆为教训儿媳而责打，不坐罪。错打者［若严重］罚一九牲畜，中等程度罚五头牲畜、轻者罚马一匹。公公［错］打儿媳妇，［严重者］罚二九牲畜，中等程度者罚一九牲畜，轻者罚五头牲畜。（第29条）

9. 动用尖刃利器击人

动用尖刃利器射、刺、砍人者，根据伤害情形，严重者罚五九牲畜，中等程度者罚三九牲畜，轻者罚一九牲畜。刺［而未中］者罚马一匹。亮出凶器者罚没其凶器，由别人制止者，罚马一匹，给制止者。（第81条）

10. 用木石打人

用木棍、石头击打人，情形严重者罚以伯尔克为首一九牲畜，中等程度者罚马、绵羊各一，轻者罚相当三岁母牛价值的牲畜或财物。（第82条）

11. 用拳头、鞭子打人

用拳头、鞭子打人，情形严重者罚五头牲畜，中等程度罚马、绵羊各一，轻者罚三岁公牛一头。（第83条）

12. 殴斗中轻微侵害

［殴斗时］损坏衣物罚二岁马一匹。揪坏帽缨、辫发各罚五头牲畜，揪断胡须罚马和绵羊各一头。往人脸上吐痰、撒土、鞭打马头、扯袍襟、［侵犯］赛特［所乘］马，合犯以上诸事罚马一匹、绵羊两只，若犯其中两项，罚马、绵羊各一头，最轻者罚带羔绵羊一只。（第 84 条）

13. 揪断妇女辫发帽缨

揪断妇女辫发帽缨者，罚一九牲畜。（第 85 条）

14. 殴打孕妇坠胎

［殴打孕妇］致坠胎，按怀孕月数每月罚一九牲畜。（第 86 条）

15. 损害眼睛和牙齿

损坏原不健康的眼睛、松动的牙和乳牙，罚五头牲畜。若击打健康的眼和牙，虽痊愈［未残疾］，同样罚雅拉一半。（第 88 条）

16. 偏袒一方介入殴斗

凡偏袒［介入］斗殴者，无论几人各罚取其坐骑。（第 80 条）

在殴斗、侮辱和辱骂一类犯罪中，依据受害人身份地位的高低予以不同的处罚。首先，对殴打和辱骂喇嘛、诺颜、塔布囊的处罚最重，辱骂绰尔济喇嘛罚九九牲畜，殴打大诺颜籍没家产。这是为保护当时蒙古社会的尊贵者。其次，对殴打父母和老师的处罚，重者罚三九牲畜；儿媳殴打公婆，罚三九牲畜，并处以身体刑，鞭打十至三十下。反映了蒙古人尊敬师长、父母的伦理道德和习俗。第三，官员因执行公务殴打和辱骂人无咎，若为炫耀自己，滥用权力殴打人则有错，受处罚，最高罚一九牲畜。第四，父亲为教训儿子、婆婆为教训儿媳而责打，不坐罪，错打则处罚，最高也是罚一九牲畜。显然，官员执行公务或长辈教训孩子而打骂是被允许的，若滥用此权力则受处罚。

殴斗中伤人者，依其伤害情形和伤害程度予以不同的处罚。殴斗中若使用凶器或木棍、石头等物则加重处罚，还要参考伤情是否严重。对造成人身损害的予以赔偿和罚畜惩罚，法典规定：

斗殴动用尖刃利器射、刺、砍人者，根据伤害情形，严重者罚五九牲畜，中等者罚三九牲畜，轻者罚一九牲畜。所谓尖刃利器，泛指刀枪箭等有尖或有刃的凶器。刺而未中者罚马一匹。亮出凶器者罚没其凶器，由别人制止者，罚马一匹，给予制止者。

用木棍、石头击打人，情形严重者罚以伯尔克为首一九牲畜，中等程度者罚马、羊各一，轻者罚相当三岁母牛价值的牲畜或财物。

以拳头、鞭子打人，情形严重者罚五头牲畜，中等程度罚马、羊各一，轻者罚三岁公牛一头。

殴斗中损坏衣物罚二岁马一匹。揪坏辫发、帽缨各罚五头牲畜，揪断胡须罚马和绵羊各一头。往人脸上吐痰、撒土、鞭打马头、扯袍襟、侵犯赛特所乘马匹，合犯以上诸事罚马一匹、绵羊两只，若犯其中两项，罚马、绵羊各一头，最轻者罚带羔绵羊一只。

殴打孕妇致其坠胎，按怀孕月数每月罚一九牲畜。揪断妇女辫发帽缨者，罚一九牲畜。同样揪断男人辫发、帽缨者，罚五头牲畜。一九牲畜相当于命价，对妇女暴力侵犯者受到重罚，体现了对妇女的保护。

殴斗时损坏不健康的眼睛、松动的牙或乳牙，罚五头牲畜。若击打健康的眼和牙，虽痊愈，仍罚打坏健康的眼和牙的雅拉的一半，即五头牲畜。可见打坏健康的眼和牙，不能痊愈则罚一九牲畜。因玩笑伤及眼睛、牙齿、手、足致残者，罚五头牲畜。

有两方殴斗时偏袒一方介入殴斗，致人死者，罚伯尔克为首一九牲畜。凡偏袒介入斗殴者，无论几人各罚取其坐骑，即罚马一匹。

有关殴斗的处罚规定比较详细，从持凶器到徒手殴斗，根据其对人伤害的程度不同，处罚的轻重不同。奖励制止殴斗者，惩罚介入殴斗者。

七、偷盗

偷窃犯罪对人民经济生活和社会的稳定有很大的影响，因此该法典对偷盗犯罪及其处罚作了详细的规定。这也是蒙古传统法律的重要内容之一。该法典共有 10 条规定。

1. 偷窃牲畜

偷窃骆驼罚十五个九牲畜，骟马、种公马罚十个九牲畜，骒马罚八

九牲畜，牛、二岁马、羊三种牲畜罚六九牲畜。九畜中皆含有骆驼。(第 68 条)

2. 偷窃怀胎母畜

怀胎母畜，正月以后［被盗］，其仔畜亦罚马一匹。(第 70 条)

3. 盗杀牲畜弃其刍物和骨殖于他人牧地

窃贼［盗杀牲畜后］，将牲畜［胃瘤内的］刍物和骨殖移弃于何人牧地，牧地主人可向窃贼罚取一九牲畜。(第 110 条)

4. 单身汉偷窃牲畜

单身汉偷窃牲畜，［其］有无牲畜，令其收楞额立誓，［若无牲畜］捉送其人。(第 102 条)

5. 诬陷别人偷窃其牲畜而后澄清

诬陷别人偷窃其牲畜，而夺去他人牲畜者，后来澄清，罚以其诬陷他人罚取的雅拉（罚畜），并将其诬陷他人而获得的牲畜全数还给［受害人］。(第 109 条)

6. 偷窃铠甲武器

偷窃全副铠甲罚十九牲畜；偷窃臂甲罚三九牲畜；偷窃胸甲罚三九牲畜；偷窃头盔罚一九牲畜；偷窃火铳罚一九牲畜；偷窃马刀、剑，其优等者罚一九牲畜，劣等者罚五头牲畜；偷窃矛，优等者罚牲畜三头，劣者罚马一匹；偷窃优等弓箭在箭筒内带有十支箭者罚三九牲畜，中等弓箭罚一九牲畜，劣等弓箭罚带羔山羊一只。(第 49 条)

7. 偷窃衣物皮张马具打铁用具等

偷窃绸缎衣物、貂皮外套，虎皮、豹皮、水獭皮、栽绒、绸面布里、白鼬皮等外套，罚五九牲畜；狼、狐狸、沙狐、狼獾、水獭等皮外套及粗布毯子等，罚三九牲畜；上等蒙古袍、虎皮、豹皮、上等氆氇、染色水獭皮、长绸袍等，罚一九牲畜；狼、猞猁、狼獾、水獭、棉布长袍、中等蒙古袍，罚七头牲畜；貂、狐狸、灰鼠、沙狐、野猫、豹猫、白鼬等小兽皮分别大小，大者罚三岁母牛一头，小者罚绵羊一只。偷窃落入捕兽夹子的野兽依前法。［偷窃］上等白银镶嵌的马鞍、马衔、后鞧依偷窃貂皮外套规定［罚五九牲畜］；中等白银镶嵌的马鞍、马衔、后鞧依偷窃狼皮、猞猁皮外套规定［罚七头牲畜］；偷窃铁锤、砧子、

钳子罚一九牲畜。［以上］物品的好坏［质量和新旧程度］经审理确定。(第92条)

8. 偷窃火镰等什物割指或罚畜

偷窃火镰、刀、箭、锉刀、拴马绳、三腿马绊、马衔、便携小锤子、脖套、良质帽子、靴子、裤子、剪刀、刮皮薄刀、铁镫、木鞍、毛织斗逢、喇嘛披的斗篷、毡韂、坠饰绸布条、布长衫、布腰带、盔甲套、锛子、斧子、上等后鞧、缺肩骨部和脊骨部的羊肉、袋装整羊肉、劣等或旧的皮袍、妇人无袖外衣、锯、有装饰刀鞘、镊子、优质的戒指、捕渔网、捕禽网、大捞网、捕兽夹子和此类之物，割其手指。如不愿被割指，罚取五头牲畜，即大牲畜两头和羊三只。(第126条)

9. 偷窃皮缰绳等小物件罚羊

［偷窃］皮缰绳、套马杆等用的皮绳、骆驼缰绳、针、锥子、梳子、顶针、线、筋线、钮扣、碗、勺、大方木盘、木桶、皮囊(用以盛奶或酒)、劣等的帽子、皮靴、袜子、马鞍胸带和马鞍吊带、皮条、马后鞧、荷包、佛灯碗、鱼胶、剜刀、钻子、马鞭、驮箱、箱子、(给体弱牲畜的)苫盖物、熟制羊皮、去毛鞣革、绵羊羔皮、鸣镝、弓弦、压榨器、佩带之饰物等零碎物品均在此条例，优等者罚取带羔绵羊一只，劣等者罚取带羔山羊一只。(第127条)

10. 偷窃铁锅、锅撑子

偷窃铁锅、［锅］撑子者，若上等［铁锅和撑子］，罚一九，中等罚五头牲畜，下等罚三岁母牛一头。(第142条)

偷窃牲畜是蒙古地区较为普遍的犯罪形式，牲畜是牧民的生产和生活资料，偷窃牲畜犯罪对人民生活和社会稳定影响极大，因此蒙古法律中处罚较重。该法典规定了偷窃各种牲畜的处罚数额，偷窃骆驼罚十五个九牲畜，骟马、种公马罚十个九牲畜，骒马罚八九牲畜，牛、二岁马、羊三种牲畜罚六九牲畜。在所罚九头牲畜中含有骆驼，以加重其处罚。正月以后怀胎母畜计胎罚马一匹。不过以上法条中仅提到偷窃牲畜的种类，而没有提及偷窃牲畜的数量。若偷窃一峰骆驼罚十五个九牲畜，即一百三十五头牲畜，远高于杀人的处罚，如杀死男奴、弃妇仅罚五九牲畜，即四十五头牲畜，偷骆驼的处罚仅低于父子相杀（籍没）和挟仇放火烧死人（罚有三十伯尔克的三百头牲畜）的处罚。罚畜数量巨大是对窃贼的震慑，不过，偷窃牲畜之人多为无牲畜的穷困之人，若无牲畜又以何物折纳？法典中没有具体规定。不过从单身汉偷窃牲畜，若无财产将其本人送给事主为奴的规定来看，不排除将窃贼本人或家属送给失主为奴作为抵偿。《喀尔喀法规》中就有将窃贼妻子、孩子折算为牲畜，送给失主的规定。[①]

偷窃财物者，依所窃财物的价值罚取不同数量的牲畜。将偷窃的财物按其价值分为若干类，其中偷窃铠甲、武器的罚畜额最高，可以达到十九牲畜，即九十头牲畜；窃什物者，依所窃什物价值依次递减，最多者罚五九牲畜，如偷窃绸缎、貂皮衣物及银饰马鞍等；最少者，偷窃一只劣等箭筒罚羊一只。法典中罗列的财物种类几乎囊括了游牧民所有的家什器物。诬陷别人偷窃牲畜，而夺去他人牲畜者，澄清之后罚取诬陷他人时的雅拉（即所罚牲畜），并将所夺牲畜还给受害人。窃贼盗杀牲畜后嫁祸于人者，澄清后事主可以向窃贼罚收牲畜。最后一条是有关偷窃铁锅、锅撑子的处罚，处罚较重。首先铁锅和铁锅撑子当时是难得之物，另外，偷走锅灶对被窃家庭的生活影响甚大。这一条似乎是单独制定的，在法典中与其他有关偷窃的条款不在一处。

八、走失牲畜

在牧区牲畜走失是很普遍的事情，其原因包括看护不周、恶劣气候、牲畜寻觅优良草场、野兽袭击、牲畜疾病等。该法典中有 5 条相关规定。

1. 走失牲畜

有关走失牲畜，捉获离群走失牲畜收留三天，通告之后乘用。不收留三天亦不通告即乘用者，罚三岁母牛一头。给走失牲畜擅做［自家］标记者罚一九牲畜，剪其鬃、尾者罚五头牲畜。通告后使用者无罪。捉获走失牲畜交给收楞额，收楞额交给失畜查索使。捉获者交给收楞额和

① 达力扎布：《〈喀尔喀法规〉汉译及研究》，中央民族大学出版社 2015 年版，第 160 页《1676 年法规》，第 7 条、第 169 页《1709 年三旗大法规之二》第 14、17 页。

失畜查索使，若不交则加倍罚取。失主找寻时仍隐藏者罚一九牲畜，若将［捉获的］走失牲畜送给远方之人［隐匿］，依［偷窃］律处置。送给近处之人［隐匿］，罚三九牲畜。（第 76 条）

2. 畜主认出自己走失牲畜

畜主［从购牲畜者处］认出［自己］走失的牲畜，有可靠证人，可得牲畜身体前半部分，购者得其后半部分。（第 140 条）

3. 收留走失牲畜的报酬

无论收留何种走失牲畜，［在主人来领取时］，如至一年，收留者分取在此期间繁殖的仔畜之半［作为报酬］。［一年］后［走失牲畜］与收留者的种公马、种公牛、种公驼交配所生仔畜，全部归收留者所有。［收留者还可以从原收留的牲畜中抽取牲畜作为收养的报酬］，一、二头牲畜不抽取，十头以上抽取二头牲畜，三头至九头抽取一头牲畜。（第 141 条）

4. 诈取走失的牲畜为己畜

将走失的牲畜称为己畜而收取，罚五头牲畜。（第 108 条）

5. 将任何牲畜强称为己畜赶走或宰杀

将任何牲畜强称为己畜而赶走或宰杀，若属实，罚以相应雅拉，将此以偷窃法立誓确定。（第 121 条）

该法典规定：发现走失牲畜应返还给失主，若有人故意隐瞒，或攫为己有，则依偷窃罪处罚。收留走失牲畜者应通告各处，不得擅改牲畜标记，或剪其鬃、尾。在捉获后三天内不得乘用，应送交收楞额或失畜查索使，若不送交则加倍处罚。失主寻来时仍隐藏不给者罚一九牲畜，若将走失牲畜送给远方之人，依偷窃律处置；隐匿送给近处之人，罚三九牲畜。这里说的是送给他人，没有说卖，不过送到别处隐匿，就有占有此牲畜的动机。失主若从买主处认出自己的牲畜，可以索回其牲畜的一半。这是其牲畜丢失后被人贩卖，在买主处发现的情形，买主与偷窃者无关，因此为保障不知情买者的利益，没有作为赃物没收，只收取一半牲畜或价值。

如果收留走失牲畜至一年，收留者与主人分取在此期间繁殖的仔畜之半；若超过一年之后，收留者可以获得全部孳生的仔畜。收留者还可以从收留的牲畜中抽取一些牲畜作为收养的报酬。若走失牲畜只有一二头则不抽取，十头以上抽取二头牲畜，三头至九头抽取一头牲畜。这个规定照顾到了收留走失牲畜之人的劳动付出，亦是对这种做法的肯定。

有人诈称走失牲畜为己畜取走，罚五头牲畜。强称走失牲畜为己畜而将其赶走或宰杀，罚以相应雅拉，将此以偷窃法立誓确定。这是对不当得利之人的惩罚。

九、婚姻家庭

法典中有关婚姻、财产的规范按现代法律部门分类应属于民法内容。古代蒙古人注重婚姻家庭事务，因为血缘和姻亲关系在游牧社会政治生活中起着重要的作用。蒙古国家作为“家产制国家”，蒙古贵族的家事即国事，其家产包括属民和草场。与何人联姻、家产如何分配都是国家大事。对于父权制家庭而言，婚姻、家庭和财产分配亦为头等大事。在现存蒙古古代法律文书中婚姻家庭方面的规定都占有重要地位，对违法者的处罚亦普遍较重，与命、盗案相比有过之而无不及。该法典中相关条目比较集中，共有 21 条。

1. 有官职的诺颜塔布囊结亲聘礼数额

有官职的诺颜、塔布囊女儿出嫁时收取的聘礼牲畜数额为三十个伯尔克、马一百五十四、羊四百只。(第 36 条)

2. 小诺颜塔布囊结亲聘礼数额

小诺颜、小塔布囊女儿结婚收取的聘礼牲畜数为十［五］个伯尔克、马［五十］匹、羊一百只。女方陪嫁牲畜的数量应视男方聘礼牲畜数酌情而定。若欲减少聘礼数额，由亲家双方自己商定。(第 37 条)

3. 四十户德木齐之女聘礼数额

四十户德木齐之女儿的［聘礼］牲畜数骆驼五峰、大牲畜二十五头、绵羊四十只。嫁奁成衣十件，衣料二十件，鞍辔、袍服、妇人无袖外衣、陪嫁｛骆驼两峰｝、马两匹。若有陪嫁婢女，［男方］回赠骆驼，并视嫁奁回赠相应的礼物。(第 38 条)

4. 二十户收楞额之女聘礼数额

二十户收楞额之女儿的聘礼牲畜为骆驼四峰、大牲畜二十头、绵羊三十只。嫁奁为成衣五件、衣料十五块、骆驼一峰、马一匹。［男方］

视嫁奁回赠相应礼物。(第39条)

5. 恰之女的聘礼数额

恰之女儿的［聘礼数额］与此［收楞额女的聘礼］牲畜数相同。(第40条)

6. 中等人之女聘礼数额

中等人之女儿的聘礼牲畜为骆驼三峰、大牲畜十五头、绵羊二十只。嫁奁为骆驼一峰、马一匹，衣服四件、衣料十件，［男方］视嫁奁回赠相应礼物。(第41条)

7. 下等人之女聘礼数额

下等人之女儿的聘礼牲畜为骆驼两峰、大牲畜十头、绵羊十五只。嫁奁为骆驼一峰、马一匹，袍服、妇人无袖外衣和鞍辔。(第42条)

8. 姑娘十四岁以上准许结婚

姑娘十四岁以上可以定婚［收聘礼］。若有十四岁以下者欲定婚［收聘礼］，其德木齐、收楞额［暂行］阻止。何人违犯此法，将其女儿无聘礼出嫁。(第43条)

9. 四十户德木齐及以下人婚宴宰杀牲畜数

四十户德木齐［婚宴宰杀］牲畜数为大牲畜四头、绵羊五只。二十户收楞额大牲畜三头、绵羊四只。中等人大牲畜二头、绵羊三只。下等人大牲畜一头、绵羊两只。(第44条)

10. 四十户内每年给四个男孩娶妻

每年四十户内给四个男孩娶妻子。十个男孩共助一个男孩娶妻，资助大牲畜者从新娘嫁奁中得成衣一件，资助羊者从嫁奁中得衣料一件。不要从新娘自用的衣服中收取。若不给娶妻，依法罚四十户骆驼两峰、马五匹、绵羊十只。(第45条)

11. 已聘之女至二十岁完婚否则另嫁

已聘之女至二十岁仍未完婚，应向未婚夫家催促三次，仍不娶，上报诺颜另嫁他人。若未报知未婚夫家和诺颜，将女儿另嫁他人，［未婚夫家］从女方父亲索回聘礼牲畜，依照法规处罚。(第47条)

12. 违背婚约另嫁他人

已举行订婚宴有婚约的亲家受法律约束，［违约者依法处罚］，未举办订婚宴的亲家不受法律约束，[违约者不受处罚]。已行聘礼之女，其父母与他人撮合而改嫁者，上等人罚以骆驼为首五九牲畜，中等人罚以骆驼为首三九牲畜，下等人罚骆驼为首一九牲畜。未婚夫取回聘礼牲畜和未婚妻。若无父母之命自己[改嫁]，依以上三个法条规定分别处罚，其父母有无干系，立誓澄清。此罚畜从女婿（第二个未婚夫）收取，给予嫁女之父。(第 50 条)

13. 允诺陪嫁的女儿随他人逃走

父母允诺[给主人的女儿陪嫁]的女儿[随他人]{逃走}，[若为父母令其逃走]没收其父亲家产，若与其父母无干系，则按前定法规处罚。(第 136 条)

14. 已婚与未婚之女死亡

已婚之女死亡，[夫家]将其嫁奁返还给女家。已聘未婚之女死亡，未婚夫家可以取回聘礼牲畜的一半。聘礼若为头盔、臂甲，头盔给牲畜五头，臂甲给以骆驼为首一九牲畜，聘礼若为火铳，给牲畜五头。(第 48 条)

15. 拐走他人妻子

拐走上等人妻者，罚以骆驼为首九九牲畜案主，拐走中等人妻者罚以骆驼为首五九牲畜，拐走下等人妻者，罚以骆驼为首三九牲畜。若携此妇逃得无影无踪，[失妇之人]收取其遗留之妇和牲畜。拐人者妻子的兄弟，以[此妇初嫁时]所获聘礼牲畜相等的牲畜[从失妇之人]将其赎走。若其兄弟无牲畜，由其亲族兄弟交一九牲畜赎走。若无亲族兄弟，由[双方]的诺颜作主。(第 137 条)

16. 拐诱未聘的姑娘私奔

拐诱未聘的姑娘私奔，若为上等人之女，罚七头牲畜；中等人之女，罚五头牲畜；下等人之女，罚骆驼一峰。(第 52 条)

17. 赎取别人弃妇

[以牲畜]赎取别人弃妇者，[上等人之弃妇]给有伯尔克之一九牲畜，中等[人之弃妇]给五头牲畜，末等[人之弃妇]给马及骆驼各一头。(第 119 条)

18. 养子女回归其生父处（一）

养子如愿回归其亲生父亲处，[若携其]儿子前往不需赎身，净身出户［不得携畜产］。若欲携其妻子和女儿同往，则须赎取妻女。养女［的婚事］由养父母做主，［在女儿出嫁时］养父母［与亲生父母］平分聘礼牲畜，平摊嫁奁。（第51条）

19. 养子女回归其生父处（二）

养子若欲返回其生父之处，只身带儿子回其生父处，其女儿应留在母亲处。若养女的亲生父母欲取回其女，九岁以上者送给养父母一九牲畜取回，若抚养较差者送给一九牲畜的一半取回。若十五岁以上者应留在养父母处，两位父亲［在姑娘出嫁时］各得一半聘礼牲畜，各出一半嫁奁。（第138条）

20. 儿子应得家产

父亲须按习俗分给儿子应得家产，父亲若穷困，［儿子］可得父亲家产的五分之一。（第35条）

21. 甥舅间财产关系

舅舅［借用外甥之物］无须偿还，外甥偷窃舅舅家财物无雅拉，赔偿所窃财物。（第139条）

按蒙古古代习俗娶妻要送聘礼（彩礼），女方也要给予陪嫁的牲畜财物，上层人物还要陪嫁侍女。聘礼和陪嫁的牲畜财物数额都较大，为使婚姻正常进行和保持社会稳定，蒙古各部首领对婚姻聘礼的数额予以一定限制，在清朝制定的蒙古律中亦有聘礼和陪嫁侍女数额的限制规定。[①] 该法典根据准噶尔人的社会地位、经济状况规定了不同社会阶层的婚姻聘礼、陪嫁牲畜财物的最高限额，数量可以减少，不得超额。上等人中，有官职的诺颜、塔布囊结为亲家的聘礼牲畜数额为三十个伯尔克、马一百五十匹、羊四百只。小诺颜、小塔布囊的聘礼牲畜数为十五个伯尔克、马五十匹、羊一百只。女方陪嫁牲畜的数量视男方聘礼牲畜数酌情而定。下等人之女的聘礼牲畜为骆

① 《康熙六年增订蒙古律书》第11条："平人两姓结亲，给马五匹、牛五头、羊五十只。若违例多给者，额外牲畜入官，减者无罪。"康熙三十五年《理藩院律书》第11条相同，见达力扎布：《康熙三十五年〈蒙古律例〉研究》，载中央民族大学历史系主办《民族史研究》第5辑，民族出版社2004年版，第121页。乾隆三十一年修订《蒙古律例》《蒙古结亲行聘给畜》条记载："两姓结亲，俱系平人，其聘礼牲畜给马二匹，牛二只，羊二十只，若违例多给，将额外牲畜照例存公，减者无罪。"数量有所减少。见故宫博物院编：《故宫珍本丛刊》第334册《蒙古律例》，海南出版社2000年版，第137页。

驼两峰、大牲畜十头、羊十五只。其陪嫁为骆驼一峰、马一匹，袍服、无袖妇人外衣和鞍辔。聘礼和陪嫁的牲畜财物的数额可以减少，由亲家双方商定。

对婚宴宰杀牲畜数也作了限定：四十户德木齐为大牲畜四头、绵羊五只。二十户收楞额大牲畜三头，绵羊四只。中等人大牲畜二头、绵羊三只。下等人大牲畜一头，绵羊两只。

这里规定的都是最高限额，为聘礼、陪嫁物和婚宴宰杀牲畜设限是为了防止婚姻成本过高，穷人无法成婚，保证婚姻正常进行。亦防止互相攀比，奢侈浪费。

每年四十户内给四个男孩娶妻子，十个男孩共助一个男孩娶妻，四十户若不给四个男孩娶妻，依法罚取骆驼两峰、马五匹、绵羊十只。这条规定反映出在当时大多数牧民贫穷，成年后因为没有足够的牲畜送聘礼，无法成家。因此诺颜强令四十户长每年给四个青年男子娶妻，并组织其属下十个青年男子共同资助一人，通过互相接济成家立业，以维持属民人口和户数的增长，维护社会稳定。

结婚年龄，姑娘十四岁以上，即十五岁。参照第 19 条养女“若十五岁以上应留在养父母处”的规定，婚龄应为十四岁以上不含十四岁。在当时认为十五岁是女孩身体发育成熟可以结婚的年龄。规定婚龄也是防止家长为急于获得聘礼而出嫁幼女，而对男方没有婚龄的下限规定。据史籍记载成吉思汗十岁纳聘定婚，达延汗八岁成亲，这可能是因为时代不同，达延汗是大汗的原故。法典还规定女子定婚后至二十岁，男方仍不迎娶，女方可以另嫁。女方二十岁，男方必须履行婚约。

已举行订婚宴有婚约的女方违约改嫁他人，上等人罚以骆驼为首五九牲畜，中等人罚以骆驼为首三九牲畜，下等人罚以骆驼为首一九牲畜。未婚夫取回聘礼牲畜和未婚妻。若无父母之命改嫁，依以上三个法条规定分别处罚，从女婿（非原聘）收取。

对诱拐他人妻女，破坏别人家庭者予以严厉处罚。拐走上等人妻者，罚以骆驼为首九九牲畜案主，拐走中等人妻者罚以骆驼为首五九牲畜，拐走下等人妻者，罚以骆驼为首三九牲畜。若携此妇逃得无影无踪，失妇之人收此男人遗留之妇和牲畜，诱拐者之妇的兄弟，若想赎回此妇，则按此妇初嫁时聘礼牲畜数从失妇之人处赎走。若其兄弟无牲畜，由其亲族兄弟交一九牲畜赎走。若无亲族兄弟，由双方诺颜做主。

拐诱未聘的姑娘私奔，若为上等人之女，罚七头牲畜；中等人之女，罚五头牲畜；下等人之女，罚骆驼一峰。对于拐走未聘之女者的处罚明显轻于拐走他人妻子。

蒙古妇女被休弃后，未经丈夫同意，不得改嫁。若欲娶被休之妇，须经其丈夫同意给予一定财产赎取。该法典规定以牲畜赎取别人弃妇，上等人之弃妇给有伯尔克之一九牲畜，中等人之弃妇给五头牲畜，末等人之弃妇给马一头及骆驼一峰。依其丈夫身份地位的高低弃妇的身价也有较大差别。这除了反映身份等级外，因为结婚时身份越高聘礼越重，所付给的聘礼牲畜就越多，弃妇的丈夫身份不同其身价自然不相同。

养子若欲返回其生父之处，只身带儿子净身出户，回到其生父处，其女儿应留在母亲处。若养女的亲生父母欲取回其女，九岁以上者送给养父母一九牲畜取回，若抚养较差者送给一九牲畜的一半取回。若十五岁以上者应留在养父母处，十五岁已到出聘年龄，已没有必要回亲生父母家。出嫁时两位父亲各得一半聘礼牲畜，各出一半陪嫁财物。亲生父母亦不需给养父母抚养费用。养子娶妻时养父出过聘礼，女孩子成年出嫁可以获得聘礼，因此养子的妻、女都要留在养父母家，不准其父亲带走，若要带走必须赎取。

父亲须按习俗分给儿子应得的家产，父亲若穷困，儿子可得父亲家产的五分之一。父亲穷困后的家产分配是该法典独有的规定。

舅舅借用外甥之物无须偿还，外甥偷窃舅舅家财物无雅拉（无罪，即不罚牲畜），赔偿所窃财物。这是蒙古人的习俗，各部相同，《喀尔喀法规》亦有相同的规定。

十、奸罪

该法典有关奸罪的规定有 3 条，内容比其他蒙古法典详细。

1. 奸罪

有夫之妇与别人奸，若双方情愿，罚女方四头牲畜，罚男方五头牲畜，若女方不情愿，指男方强奸，则罚男方一九牲畜。强奸女奴罚马一

匹，若女奴愿意则无罪。强奸未婚女子，罚二九牲畜，若合意通奸罚一九牲畜。（第 78 条）

2. 猥亵妇女

［对女人］有触摸乳房、亲吻、触摸阴部等事之一者，罚一个媵者。十岁以上女孩在此例，十岁以下不在此例。（第 87 条）

3. 奸牲畜

若［有人］奸牲畜，捉获者获得被奸之牲畜，若奸别人的牲畜，牲畜主人从奸牲畜者罚取五头牲畜。（第 79 条）

对男女通奸、强奸、强奸女奴、强奸未婚女子或通奸等情形都作了详细规定。强奸已婚女子罚一九牲畜，强奸未婚女子罚二九牲畜，相差一倍。通奸罪中对男方的处罚重于女方。对猥亵妇女罪亦有处罚，罚一个媵者，媵者是指陪嫁的人或物，规定中没有明确是人还是物。猥亵妇女罪，十岁以上女孩在此例，十岁以下不在此例。比较独特的是还有禁止奸畜的规定，严禁与牲畜发生性关系，以维护伦理道德。

十一、债务

该法典有关债务的条款有 3 条。

1. 催索债务

有债务可带证人［向债务人］索取三次，并告知其收楞额，若收楞额不协助索取，取其乘马。若未告知［收楞额］，［白天］自己去收取债务，取消其债务，夜间未告知［收楞额］去收取，［取消其债务并］罚一九牲畜。（第 73 条）

2. 布拉台什时期的债务取消

取消布拉台什［时期的］债务。（第 74 条）

3. 妇女携羊酒去借的债务取消

妇女携羊、酒去借的债务取消，数额多者减免一半。（第 75 条）

收取债务时，债权人可带证人三次索取，并告知其收楞额。债务人的收楞额官员应协助债权人收取债务，否则受罚。债权人收取债务时不得径自去向债务人收取。这里所谓的债务是指经审断后应得的牲畜和财产，包括因负债所欠牲畜、罚畜、应赔偿的牲畜等多种“债务”。债权人必须带证人，告知其收楞额官员，由收楞额官方派人共同去收取。擅自去收取者，若白天去，取消其债务；若夜间去，罚一九牲畜。这是防止债权人擅自收取，强取豪夺，以保护债务人权利，亦为避免任意索取引发冲突。布拉台什（巴图尔珲台吉祖父）时期的债务取消。这是因为欠债时间长远，难以偿还，或因债务关系不清、证据不足，故予以废除，以减少社会矛盾和纠纷。妇女携羊、酒去借的债务取消，数额多者减免一半。这是顾及妇女情面，对弱者予以照顾，这也是准噶尔法典特有的规定。从总体来看，准噶尔法律中对妇女比较尊重和予以特别照顾。

十二、杀死牲畜

该法典对杀死他人牲畜的规定有 3 条。

1. 狩猎中因误伤害人畜

误杀马匹，赔偿相应的马匹，若不食死马之肉，可获赔比死马更好的马。(第 64 条)

2. 伏弩射死牲畜

未告示的｛伏弩｝射死何牲畜，［弩主］赔偿相应的牲畜，若已告示则免于追责，［不予赔偿］。(第 94 条)

3. 因戏弄死牲畜

玩笑弄死牲畜，赔偿相等的牲畜，并罚马一匹，是否开玩笑，经审理确定。(第 107 条)

牲畜是牧民的重要财产，杀死他人牲畜要赔偿。因误致死马匹，赔偿价值相等的马匹，若主人不食死马之尸肉，可以获得更好的一匹马，所谓更好是指在年龄、身体、膘情和乘用等方面优于死马的好马。若已通告的伏弩射死牲畜，免予追责和赔偿。因为玩笑弄死牲畜赔偿相等的牲畜，并罚马一匹。体现了对私有财产权的保护和对侵害他人财产权利者的惩罚。

十三、救助人畜

在草原上人烟稀少，人畜因病、因灾遇险之后，得到及时救助，才能挽救生命，避免或减轻财产损失。该法典中对救助人、畜的义举予以支持和鼓励。相关条款有8条。

1. 从水、火灾害中救出人畜和财物

从水、火中救出将死之人者，[从被救人] 收取五头牲畜，若救人者在水、火中丧生，[救人者家人] 向 [被救人] 收取有伯尔克的一九牲畜 [偿命]。若救人者 [为救人] 所乘马匹死亡，[被救者] 赔偿 [马匹] 外加一个伯尔克牲畜。若救出奴隶、臂甲和胸甲三者，各得一匹马 [的报酬]。若抢救出全副铠甲，得马和羊各一只。若抢救出帐篷、家什、财物，得马、牛 [为报酬]，由救出者分取。从火灾中救出几群牲畜，数量多者取其中二头，数量少者取其中一头 [作为报酬]，依 [所到] 时间和 [效力] 多少裁定。(第66条)

2. 救助自缢之人及产妇

救助自缢之人、产妇 {者，获一匹马的报酬}。(第98条)

3. 救助骑马遇险情的孩子

小孩乘马失控有生命危险时救助者，得绵羊一只。(第134条)

4. 医治疾病给予报酬

病人被医治好，应依其先前的许诺给予医者报酬，若无许诺，则给马一匹。(第99条)

5. 帮助失去乘骑之人回家

凡人将 [在外] 出行、出征和出猎时失去乘骑之人送回其家，从其得一匹马之报酬。(第100条)

6. 扑灭遗留于营地内的火

扑灭已迁走的游牧营地内 [遗留] 的火者，得一只绵羊的奖赏 [从遗火之人罚取]。(第65条)

7. 救出被狼袭击之羊群

何人救出被狼袭击之羊群，获得活羊和 [被狼咬死的] 死羊 [各

一只］为酬谢。十只羊以下酬谢五支箭。若［有人］捡食［被狼咬死的］死羊（尸肉），罚三岁母牛一头。（第96条）

8. 从泥淖里救出牲畜

从泥淖里救出骆驼者，［从其主人］获得一头三岁母牛［的报酬］，救出一匹马得一只绵羊，救出牛得五支箭，救出绵羊得两支箭。（第97条）

对于救助遇险人、畜者给予奖励，为救助人畜而丧失生命者，亦给其家属命价赔偿，由受益者赔偿或支付报酬。对见义勇为者在物质方面给予鼓励，有死伤时其家属在经济上得到一定补偿。帮助失去乘骑之人回家，扑灭无人营地内遗火都获得报酬和奖励。这些规定对培育良好社会风气、建立人与人之间互助互爱关系都有重要作用。准噶尔法律既有惩罚亦有奖励，通过奖惩达到规范人们的行为和社会生活的目的。

十四、狩猎

狩猎活动在蒙古人的经济生活中有着重要的地位，通过狩猎获取珍稀野兽的皮毛和禽兽之肉，作为生活资源。狩猎活动也是一项军事训练活动。该法典中有5条相关规定。

1. 破坏诺颜圈禁的营地和围场

凡人破坏诺颜已经圈禁的营地和围场，罚骆驼为首之一九牲畜，不知者不坐罪。（第24条）

2. 破坏围猎规矩

何人破坏围猎规矩，在围猎行列中［离开规定位置凑］在一起，在行进时［离开规定位置凑］在一起走，罚马五匹，离［围底］三射程之地即开始出发射猎，罚其乘骑，离二射程之地开始出发射猎，罚羊，离一射程之地出发射猎，罚五支箭。（第122条）

3. 隐匿别人猎杀的野兽和射失的箭

隐匿已通告的［被别人射中的］负箭野兽，罚五头牲畜。隐匿［别人射中］而箭已脱落的野兽，罚其坐骑。从地上拾取别人［未射中］的箭，直至其主人询问之前仍不还给者，罚马。（第123条）

4. 杀死有主的猎鹰

杀死脚上有拴绳［标记］的鹰隼（即已驯服之猎鹰）者，罚马。（第 124 条）

5. 伏弩射死的野兽归弩主

伏弩射死之野兽归于置弩之人。何人将已告示的伏弩射杀的野兽拿去，应赔偿［弩主］的野兽，依其价值给予一头牲畜。若拿未告示之伏弩所射杀之野兽，则赔偿弩主五头牲畜。（第 95 条）

法典规定不得在诺颜圈禁的围场内打猎，或惊走其猎物，保护贵族的特权。对集体狩猎时的围猎活动作出详细规定，在围猎进行中不得擅离指定的行列，以免猎物在间隙中突围逃走。围猎者行围至围底前不得中途擅自射猎，以免破坏围猎队形和包围计划，使猎物逃脱。只有围猎完成后，才能共同猎杀圈入围底内的猎物。因此，任何中途射猎者都会受到处罚。违规中途射猎者，离围底越远者处罚越重。还规定不得隐匿和占有别人射中的猎物，不得拾取别人的箭支攫为己有。古代在战场或围猎时每人的箭必须要写名字或作记号，以分辨其归属，便于检验战功和分辨猎物归属。如有射杀自己人或误射他人亦可立即查明。该法典有关集体围猎秩序的规范是其他蒙古法典所无，从此规定中可以窥见蒙古人有秩序的大规模围猎的场景。不得杀死别人有记号的猎鹰，误杀者赔偿。伏弩射中的猎物归弩主所有，其他人不得侵占。

十五、杂犯

清代蒙古律中将一些微小的犯罪称作杂犯。该法典中属于各种微小的犯罪有 9 条。

1. 食用野外死畜尸肉

［将野外］死畜尸肉，不通告而食用者，罚七头牲畜。（第 77 条）

2. 捡拾灾死不及十天的牲畜尸肉

捡拾死于灾害不及十天的牲畜尸肉者，罚三岁母牛一头。（第 133 条）

3. 直称别人父母名字开玩笑

何人招惹无辜之人，直称别人父母名字开玩笑，罚马一匹。（第 18 条）

4. 损坏毡帐

损坏毡帐，罚马［一匹］。（第105条）

5. 在人家灶火中插木棍

在｛别人家｝灶火中插木棍者，若为诺颜家的灶火罚六九牲畜，若为阿拉巴图家的灶火罚一九牲畜。（第106条）

6. 在人家吃喝失态被杀无咎

在人家吃喝时噎着、呛着、酒醉后［在人家中］解手，被人杀死，［若无他故］无罪，［赔偿］五九牲畜。（第58条）

7. 随意挤用他人畜奶

除挤用离开驼羔的母驼、与小驹分离的母马以及刚产子之母畜之奶外，随意挤用别人母畜之奶者，罚三岁母牛一头。（第135条）

8. 给行人提供酸马奶

不给［来客提供］酸马奶者，罚绵羊。（第103条）

9. 强行夺取马奶酒

［行人至人家］强行夺［马奶］酒饮用，罚其带鞍马。（第104条）

禁止捡食因灾或不明原因死亡的牲畜尸肉，是为保护主人的物权，同时防止以捡拾为名盗杀别人的牲畜。其余各条都与卫拉特习惯法相关。无故直称别人父母名字开玩笑，寻衅滋事则受罚。损坏别人毡帐者罚，在人家灶火中插木棍受重罚，灶火象征着蒙古人祖传家业的根基，在人家灶火中插木棍等同于欲使该户破败断子绝孙的敌意行为。[①] 在人家吃喝时噎着、呛着、酒醉后［在人家中］解手，被人杀死，若无他故杀者无罪，赔偿五九牲畜命价。而 С. Д. Дылыкова *Их Цааз*，记为：kümüni gerte xaxaqsan čačaqsan soqtoü kümün mori üjeqsen γai ügei bolbo，即在人家吃喝时噎着、呛着、酒醉后在人家中解手无咎。有学者认为，戈尔斯通斯基本此句补写在《敦啰布喇什法典》之后，因此不可靠。但是成吉思汗《大扎撒》，规定在人家吃喝时噎着、呛着，则处死。[②]

① 道润梯步校注：《卫拉特法典》（蒙古文），内蒙古人民出版社1985年版，第153页注②。

② 此条日译文见ウエ・ア・リヤザノフスキイ：《蒙古慣習法の研究》，東京，東亞經濟調查局，1935年版，第12頁，第32条；汉译文见吴海航：《成吉思汗〈大札撒〉探析》，《法学研究》1999年第5期，第149页，见第31条：“食而噎者，应立即拖入帐篷内杀死。”

戈尔斯通斯基本的记载与《大扎撒》更接近。无论如何，《准噶尔法典》此条法规保留了蒙古族古老的法律和习惯，С. Д. Дылыкова *Их Цааз.* 仅记载这种行为无咎，没有规定若杀死此人是否有罪和如何处罚。除个别对母子失散的母畜有益处的情形之外，不得随意挤用别人母畜之奶，否则罚牲畜一头。必须给饥渴的行人提供饮用的酸马奶，不提供者罚羊，行人至人家强行夺取马奶酒饮用者，罚其所乘带鞍马，反映了准噶尔风俗。

十六、审断

该法典有关诉讼审理的规范有 11 条。

1. 两个诉讼之人须同时到庭

两个诉讼之人不同时出庭，不受理其诉讼，［原告］带有效证人前去［被告处］三次通知其赴庭，仍不赴庭则与［官方所遣］使者一同前去罚取其所乘马。(第 128 条)

2. 反诉无证人不受理

两人争讼，被告反诉则不受理，反诉者若有证人则审理。(第 101 条)

3. 踪迹之案审断的三种情形

发现踪迹进入之案的审断有三种情形，发现踪迹进入之案，追踪时若有可靠证人随行，穷其踪迹者，依法决断。若无可靠证人作证，则经审理断案。仅发现踪迹进入［而无证人］，令户长立誓，或者在赔偿［失物］时，将窃贼之家甄别后依法处罚。户长应在鄂托克赛特前［立誓］，鄂托克赛特在诺颜前［立誓］，户长即使其本人得以澄清与偷窃无涉，因管束不严，仍罚伯尔克为首一九牲畜。(第 72 条)

4. 破坏盗贼踪迹

当跟踪盗贼踪迹［至某地］时，［该处人］破坏踪迹，令其收楞额立誓，不入誓，则罚为首［破坏踪迹］者五头牲畜，无论［破坏踪迹者］多少人，各罚其所乘坐骑。(第 111 条)

5. 拒绝被搜查

坚决拒绝被搜查者，依法处罚，其是否拒绝搜查则依据证人之言，无证人则由爱马克长立誓［证明］。(第 129 条)

6. 失主如数报取被窃牲畜

窃贼偷窃多少牲畜，［事主］如数报取被窃牲畜，虚报多取牲畜者，一半雅拉由事主赔偿，［事主］只得雅拉和赔偿的各一半。（第69条）

7. 旁人率兵夺走盗贼赃物

何人率兵夺取盗贼赃物［归己有］，罚有伯尔克之一九牲畜。（第113条）

8. 事主不得擅自抄收罚畜

［事主］未至诺颜处［获得诺颜允许，擅自］去抄没［应罚取的］牲畜，则［向其］加倍收取诺颜审理费用及派遣使者的报酬。（第71条）

9. 出首人从罚畜中获得一九牲畜

无论出首何事，从罚畜中获得一九牲畜，若所涉为什物，视什物的［价值］给予奖赏。（第125条）

10. 窃贼首告者免除其雅拉

无论多少人同去偷窃，其中一人先首告，免除首告者的雅拉，其雅拉从其余人罚取。别人已知之后再承认，无效，［不免除其雅拉］。（第112条）

11. 女奴作证无效

女奴作证无效，若拿出［牲畜］骨、肉两个［实物证据］则有效。（第120条）

从诉讼法基本内容衡量，以上规定不够系统全面，只是对与诉讼审理相关的几个主要方面作出了规定。法典规定：有诉讼，原告和被告必须同时到庭，否则不受理，原告自己带有效证人前去被告处三次通知其赴庭，仍不赴庭则请官方遣使者一同前去，再不赴庭则罚取被告的坐骑（马一匹）。两人争讼时，被告反诉原告则不受理，反诉者若有证人则审理。

审断方面对发现踪迹的案件作了较为明确的规定，比其他蒙古法律更加具体。对发现踪迹的案件分为三种情形审断。首先，追踪时有可靠证人随行，穷其踪迹者，可以依法决断。若无可靠证人，则经过审理断案。仅发现踪迹进入而无证人，令户长立誓，或者在赔偿失物时，将窃贼予以甄别依法处罚。户长至鄂托克赛特前立誓，鄂托克赛特至诺颜前立誓，即使户长本人得以澄清与偷窃无涉，因其管束不严，仍罚户长伯尔克为首一九牲畜。有人破坏贼踪迹，令当地收楞额立誓，不入誓，则罚为首破坏踪迹者五头牲畜，无论多少人，各罚其所乘坐骑。因有嫌疑需要搜查时，拒绝被搜查者，依法处罚。

对收取罚畜和赃物方面的规定，事主牲畜被窃应如数报取被窃牲畜，虚报多取牲畜者，一半雅拉（即所罚牲畜）由事主抵偿，事主只能得到雅拉和赔偿的各一半。失主不经诺颜允许擅自去贼家抄没罚畜，则向其加倍收取诺颜审理费用及派遣使者的报酬。旁人不得率兵夺取盗贼赃物，违者罚有伯尔克之一九牲畜。

法典鼓励自首和检举揭发，无论出首何事，从罚畜中获得一九牲畜，若所涉为什物，视什物价值给予奖赏。无论多少人同去偷窃，其中一人自首，先告发同伙，免除首告者的雅拉（罚畜），其雅拉从其余人罚取。别人已知之后再承认，无效，不免除其雅拉。

在证人方面，若有资格的可靠证人作证，可以依法立即定案。而女奴作证无效，若拿出骨、肉等实物证据则有效。

在《准噶尔法典》中，有关裁判和诉讼的条文不多，特别是缺少有关审理机构的记载。在稍后制定的《噶尔丹珲台吉敕令》中则出现兼理刑狱的机构“官府”和审判官职务名称。

第三节 《准噶尔法典》的刑罚体系

一、《准噶尔法典》的刑罚

对《卫拉特法典》（包括《准噶尔法典》）的刑罚，V. A. 梁赞诺夫斯基作过简要的论述。[①] 以下在 V. A. 梁赞诺夫斯基论述的基础上略加补充。《准噶尔法典》中有如下刑罚：

---

① ウエ・ア・リヤザノフスキイ：《蒙古慣習法の研究》，東京，東亞經濟調查局 1935 年版，第 71—80 頁。近年国内学者发表了从现代法律角度研究的论文，宝永：《〈蒙古—卫拉特法典〉中的刑法研究》（内蒙古大学硕士学位论文，2009 年）一文依现代刑事法律理论对其罪名、刑罚种类、量刑制度等作了研究。赛音乌其拉图：《卫拉特法典的文化阐释》（内蒙古大学硕士学位论文，2012 年）对罚畜刑数字、社会阶层、习惯法方面的法律术语作了阐释。另有闫美林《〈蒙古—卫拉特法典〉中的盗窃罪及处罚研究》（内蒙古大学硕士学位论文，2013 年）、王海锋《〈蒙古—卫拉特法典〉中的民事法律制度研究》（《中国蒙古学》（蒙古文）2014 年第 5 期）、王海锋《〈蒙古—卫拉特法典〉中的财产侵权法律制度研究》（《中国蒙古学》（蒙古文）2014 年第 5 期）等论文亦涉及刑罚体系。

（一）死刑

该法典的极刑为死刑，与《喀尔喀法规》没有死刑不同。其死刑只适用于军事方面，闻见大敌来袭不报警（第6条）和闻警不率兵来诺颜处集合（第8条），皆处以死刑，并籍没全部牲畜财产，其子孙皆处死。在战阵中丢弃诺颜（第5条）处死，籍没家产。《喀尔喀法规》主要是给哲布尊丹巴呼图克图库伦的沙毕纳尔制定的，因此没有军事方面内容，再者，作为哲布尊丹巴呼图克图库伦沙毕纳尔的法规，秉持不杀生的原则，也与世俗法规不同。

（二）籍没

籍没分为三种：一是籍没罪犯的全部牲畜财产。如父子相杀（第30—31条）处以籍没，辱骂大诺颜处以籍没的处罚（第16条）。二是籍没一半牲畜财产。如托音随意破戒，罚没其牲畜财产之半（第12条）。三是籍没罪犯本人为奴。如单身汉偷窃牲畜，本人无牲畜捉送其人给事主（第102条）。

（三）身体刑

1. 割耳

妇女杀死他人妻子，割其耳，送给他人或被杀女子之夫。（第34条）

2. 割手指

偷窃火镰、刀、箭、锉等什物，割其手指或罚取五头牲畜。（第126条）

3. 鞭打

鞭打刑罚，其数额有三十、二十、十、五下，分四等。如，诈称使者使用乌拉和首思者，罚一九牲畜，或者打五下、罚五头牲畜。（第22条）儿媳妇殴打公公、婆婆，若严重殴打者责打三十下，中等者打二十下，轻者打十下。（第28条）

（四）羞辱刑

凡人战阵败逃，令其穿妇人无袖外衣。（第4条）

（五）财产刑

1. 罚属人、牲畜、财产

对战阵败逃，杀掠喇嘛爱马克及产业者严厉处罚，所罚不仅是牲畜，还要加罚铠甲、骆驼、属人、马匹、箭筒等。如大诺颜战阵败走，罚甲百副、罚骆驼百峰、属人五十户、马千匹……若平民败逃，罚其箭筒、乘用马一匹。（第 4 条）

在这种特别处罚中对大诺颜和上等人的处罚重于中等人和下等人，因为上层人物应负的责任更重。

2. 罚九数牲畜

《准噶尔法典》的罚畜刑以九数罚取，通常一九至九九，最高八十一头牲畜。不过有时也有十九（九十）及以上的重罚。每九数牲畜中有时还会附加牲畜年龄、不同种类牲畜的组合等条件，以加重处罚程度，常要求九数牲畜内有骆驼或有伯尔克。伯尔克，指山羊、绵羊、马、骆驼等四种牲畜各一头，有伯尔克九数，指九数内含有以上四种牲畜。

（1）一九至九九

辱骂绰尔济罚九九牲畜，辱骂诺颜的喇嘛老师，罚五九牲畜。辱骂格隆罚三九牲畜，若殴打则罚五九牲畜。辱骂班第、察巴干查罚五头牲畜，若殴打则罚一九牲畜。辱骂乌巴什、乌巴伞察，罚马一匹，若殴打，视其程度而定。（第 11 条）

必须给因三类事务出使的执政或非执政官员提供乌拉，拒绝者罚九九牲畜。（第 10 条）

拐走上等人妻者，罚以骆驼为首九九牲畜案主，拐走中等人妻者罚以骆驼为首五九牲畜，拐走下等人妻者，罚以骆驼为首三九牲畜。（第 137 条）

（2）九九以上

偷窃全副铠甲者罚十九（即十个九，九十头）牲畜。（第 49 条）

偷窃骆驼罚十五九（即十五个九，一百三十五头）牲畜，骟马、种公马罚十九牲畜，骒马罚八九牲畜，牛、二岁马、羊三种牲畜罚六九牲畜。九畜中含有骆驼。（第 68 条）

（3）罚有伯尔克的一九牲畜

已允诺出使之人不履行诺言，罚有伯尔克之一九牲畜。（第 114 条）

3. 罚九数以下牲畜

九数以下按奇数罚牲畜，有七头牲畜、五头牲畜、马一匹、牛一头，马、羊各一头，罚绵羊一只等。

（1）将野外死畜尸肉，不通告而食用者，罚七头牲畜。（第77条）

（2）将走失无主的牲畜称为己畜而收取，罚五头牲畜。（第108条）

（3）偷窃火镰等什物割其手指或罚取五头牲畜即大牲畜两头和羊三只。（第126条）

（4）辱骂恰、收楞额者罚马、绵羊。（第16条）

（5）行人至人家强行夺马奶酒饮用，罚其带鞍马。（第104条）

（6）损坏毡帐，罚马一匹。（第105条）

（7）破坏盗贼踪迹，无论几人各罚其所乘坐骑。（第111条）

（8）从喇嘛、班第的牲畜征用乌拉，罚牛一头。（第14条）

（9）越境从其他爱马克乘乌拉，罚三岁母牛一头。（第19条）

（10）住户不给行人提供酸马奶者，罚羊。（第103条）

（11）乌拉齐为使者提供乌拉而不告知牲畜主人，当日罚羊一只（第20条）

无论是罚九数牲畜还是在九数以下罚取牲畜都采用奇数是蒙古法律的特点之一。九数内九九、七九、五九、三九、一九，九数以下为七、五、三、一。

4. 伯尔克

berke，音译为伯尔克，是古代蒙古罚畜的一个组合。K. Ф. 戈尔斯通斯基、Ц. Ж. 扎姆茨拉诺、V. A. 梁赞诺夫斯基、C. 扎兰·阿扎布等认为是珍贵或稀少之物，而田山茂、贡古尔、道润梯步、二木博史等认为是山羊、绵羊、马、骆驼等四种牲畜各一头。[①] 奇格认为指牛、马、绵羊、山羊、骆驼等五畜。[②] 目前缺乏有关伯尔克具体内容的确切记载，不过从《卫拉特法典》判罚来看似为山羊、绵羊、马、骆驼等四种牲畜，其中应有两头大牲畜。如据《准噶尔法典》记载：

---

① ［日］二木博史：《蒙古的历史与文化——蒙古学论集》，呼斯勒译，内蒙古人民出版社2003年版，第22页；V. A. Riasanovsky, *Fundamental principles of Mongol Law*, Indeana University, 1965, p. 122；道润梯步：《喀尔喀律令》，内蒙古教育出版社1989年版，第131页注①。

② berke，伯尔克，指牛、马、羊、骆驼，指“五畜”（牛、马、绵羊、山羊、骆驼）。见奇格：《〈卫拉特法典〉中“别尔克”一词考释》，《前沿》1996年第3期。

第 3 条，[逃至] 喇嘛处之人，[主人收回时须卖取]，其上等者以五头牲畜赎取，下等者以两头牲畜赎取，或者以一个伯尔克赎取。

第 57 条，有人放牧的 [牲畜] 在山上踩落石头致人死者，死者若为上等人赔伯尔克为首一九牲畜，中等人赔五头牲畜，下等人赔一个伯尔克。

第 119 条，[以牲畜] 赎取别人弃妇者，[上等人之弃妇] 给有伯尔克之一九牲畜，中等 [人之弃妇] 给五头牲畜，末等 [人之弃妇] 给马及骆驼各一头。

从以上记载来看，第 3 条，下等者以两头牲畜或以一个伯尔克赎取，其价值相近。第 119 条，马及骆驼各一头，第 57 条，下等人命价一个伯尔克。有关赔偿命价为一个伯尔克亦见于第 9、61、66 条。伯尔克价值低于五头牲畜，而与两头大牲畜相近，若认为牛、马、绵羊、山羊、骆驼等五畜亦在此价值区间，不过会远高于两头大牲畜。田山茂等人主张的伯尔克指山羊、绵羊、马、骆驼等四种牲畜各一头，似乎更接近两头大牲畜的价值，故采纳此观点。

罚一个伯尔克，即罚山羊、绵羊、马、骆驼四种牲畜各一头。在罚取九数时常要求其中有伯尔克，指九数内含这四种牲畜。

（1）开玩笑致人死亡者……若为成年人罚伯尔克。（第 89 条）

（2）有人误触已告示的明弩死亡，弩主赔偿一个伯尔克。（第 93 条）

（3）何人率兵夺取盗贼赃物归已有，罚有伯尔克之一九牲畜。（第 113 条）

5. 伯克思

指一头牲畜的后半部分，即一半。一般用于作为财产的牲畜的分割。

畜主从购牲畜者处认出自己走失的牲畜，有可靠证人，可得牲畜身体前半部分，购者得其伯克思（后半部分）。（第 140 条）

6. 罚财物

（1）罚媵者

媵者通常指陪嫁的人或财物，猥亵妇女，对女人亲吻、触摸乳房、阴部等一事者罚一个媵者。（第 87 条）

(2) 罚妇人无袖外衣

无子女寡妇若不准［使者］借宿，罚取其妇人无袖外衣。(第23条)

(3) 罚铠甲

大诺颜亲自出征后于阵前败逃，罚甲百副、骆驼百峰、属人五十户、马千匹；岱青、楚琥尔等辈的诺颜出征于阵前败逃，罚甲五十副、骆驼五十峰、属民二十五户、马五百匹；若小诺颜败逃，罚甲十副、骆驼十峰、属民十户、马百匹。若塔布囊及执政的四图什墨尔败逃，罚甲五副、骆驼五峰、属民五户、马五十匹；若各鄂托克之图什墨尔败逃罚三个伯尔克、属民三户、马三十匹；若旗手和号手败逃，依塔布囊、图什墨尔之例处罚；若立誓出征的和硕齐败逃依爱马克之图什墨尔之例处罚，没收其全副铠甲，令其穿妇人无袖外衣，若为有官职之人和恰等败逃，罚一户属民，罚全副铠甲为首的一九；若为全副铠甲之士败逃，罚全副铠甲为首四匹乘用马；若有头盔之甲士败逃，罚铠甲和乘用马三匹；若为着胸甲之士败逃，罚甲、乘用马两匹；若平民败逃，罚其箭筒（内有弓箭）、乘用马一匹，凡人于战阵败逃者，令其穿妇人无袖外衣。(第4条)

罚取铠甲是因为其价值较高，此外罚没男人的铠甲、箭筒，令其穿女人衣服，也是一种羞辱的惩罚。

(4) 罚箭

何人破坏围猎规矩，离一射程之地出发射猎，罚五支箭。(第122条)

(5) 罚刀

［杀死］阿拉克山蛇以外的蛇者，罚二支箭，无箭者罚取其刀。(第132条)

二、法律术语

在该法中，古代蒙古法律术语的使用较少，在主要四种刑罚名称中只有案主和雅拉。另外有也可合博。

(一) 案主

anju / anǰu，蒙元时期汉语音译为“案主”或“按主”，汉语无对应词。在明清时期的蒙古法典中，“案主”刑罚主要适用于杀人、伤人、奸罪、娶他人所聘女等罪。“案主”有赔偿性质，所罚牲畜除审理费用外，余下的给予事主（受害人）。[1]《卫拉特法典》只在“拐走他人妻子”一条中使用了“案主”一词。第 137 条，“拐走上等人妻者，罚以骆驼为首九九牲畜案主”。

（二）雅拉

yala / yal-a，本书音译为雅拉，古代蒙古刑罚名称。雅拉有罚畜、罚物、官司、诉讼、罪、刑等含义，其动词意为治罪、罚、处罚。清代蒙古律中都汉译为“罚”，未能表达其全部意涵。现代蒙古语指罪名、罪行、刑等。雅拉名称不见于蒙元时期史籍，出现于明清时期蒙古法典。雅拉刑主要适用于偷窃、抢劫等侵害财产的犯罪，雅拉刑以罚畜为主，有时并处以身体刑。所罚牲畜除去审理费用，奖励捉盗者、夺回牲畜者和出首者外，给予事主（受害人）。[2] 在《卫拉特法典》中，“雅拉”一词的使用较多，“案主”仅出现一次。

1. 偷窃骆驼罚十五九牲畜，骟马、种公马罚十九牲畜。（第 68 条）

2. 窃贼偷窃多少牲畜，事主如数报取被窃牲畜，虚报多取牲畜者，一半雅拉由事主抵偿，事主只得到雅拉和赔偿的各一半。（第 69 条）

3. 无论多少人同去偷窃，其中一人先首告，免除首告者的雅拉，其雅拉从其余人罚取。别人已知之后再承认，无效，不免除其雅拉。（第 112 条）

（三）也可合博

yeke keb，音译也克合博。本法典中有：

1. 若杀掠喇嘛所属的个别或少数人，依也可合博处罚。（第 1 条）

2. 若杀逃人依也可合博处罚，罚畜的雅拉为八九牲畜，给证人一九牲畜。（第 2 条）

3. 挟仇放火依也可合博论罪。烧死上等人，攻掠之；烧死中等人，罚有三十伯尔克的三百头牲畜；烧死下等人，罚以伯尔克为首的十五九牲畜。（第 67 条）

---

① 达力扎布：《〈喀尔喀法规〉汉译及研究》，中央民族大学出版社 2015 年版，第 72—77、99 页。

② 达力扎布：《〈喀尔喀法规〉汉译及研究》，中央民族大学出版社 2015 年版，第 77—84、99 页。

戈尔斯通斯基将“yeke keb”译为“重罚”,[①] 道润梯步亦认为可能是指重罚。[②] 喀尔喀法律中也有“yeke keb”,[③] 结合两部法律中使用该术语的情况,“也可合博”的处罚应为“重罚”,或“从重处罚”。

三、准噶尔法律的特点

（一）死刑少

《准噶尔法典》刑罚中死刑少，身体刑不多，以财产刑为主。有羞辱刑。死刑集中于军事条款，如战阵中弃诺颜而逃、大敌来袭不报警和大敌来袭不集合于诺颜处御敌等三条。以上行为与诺颜和部落的安危相关联，立法者认为是严重的犯罪。而且这都是对本部内官员和庶人的立法，故处以极刑，殃及子孙。而《1640 年蒙古—卫拉特大法典》中对同样大敌来袭不报警、不率兵援助御敌和互相杀掠等罪都没有死刑处罚，只是籍没属民和罚取大量铠甲、牲畜。因为其针对的是参加制定法规的各部首领——大诺颜，故不可能有死刑处罚。《准噶尔法典》中对杀人、放火等其他较严重的犯罪都没有死刑处罚。《准噶尔法典》死刑少与准噶尔信奉藏传佛教和蒙古法律历来以财产刑为主有关。

（二）以财产刑为主

法典中广泛采用财产刑，财产刑以罚畜为主。罚畜刑又以罚九数牲畜为主，在罚九数牲畜之外，为加重处罚还有限定在九数内必须有骆驼或伯尔克，有时对牲畜的种类、年龄和性别加以限定。

---

① ［俄］К. Ф. 戈尔斯通斯基：《〈1640 年蒙古—卫拉特法典〉译文》，罗致平译，载国家清史编纂委员会编译组、中国社会科学院原民族研究所《准噶尔史略》编写组合编：《卫拉特蒙古历史译文汇集》第 1 册，2005 年，第 195 页。

② 道润梯步校注：《卫拉特法典》（蒙古文），内蒙古人民出版社 1985 年版，第 24 页注②。

③ 《白桦法典》中的《六和硕法典》第 1. 32 条塔布囊殴打平人按也可合博处罚；第 1. 33 条除聚集之乌拉外，其余与也可合博所定乌拉同。《火龙年小法规（1616 年）》第 13. 2 条在巴噶乌特尔集合，耽搁几时，罚几匹马，不来者按也可合博处罚。见 Хөдөгийн Пэрлээ ：Халхын Шинэ Олдсон Цаазэрхэмжийн Дрсгалт Бичиг. Монгол Ба Төв Азийн Орнуудын Сёлын Туухэнд Холбогдох Хоёр Ховор Сурвалж Бичиг. Улаанбаатар хот. 1974. 17дахь тал，46дахь тал。《喀尔喀法规》中记：使者窃取其所征集之牲畜，即依也可合博处罚（1：11、12），以玩笑用何物殴打人者，依也可合博处罚，罚以哈剌出殴打哈剌出的案主。（14：1）见达力扎布：《〈喀尔喀法规〉汉译及研究》，中央民族大学出版社 2015 年版，第 166 页。

（三）惩罚和奖励结合

《准噶尔法典》是通过惩罚和奖励两方面进行规范，以达到其立法目的。[①] 法典的大多数条款是惩罚性的条款。惩罚方面，如对闻敌情不报警等行为处以极刑，对挟仇放火、诱拐别人妻女、侵害喇嘛、诺颜及普通人人身财产罪处以财产刑。通过惩罚性规定保护部落和人民的人身财产安全，维护正常的社会秩序。除惩罚性规定外，还有奖励性规定，如：英勇杀敌者、战阵救人、在水火中救出人畜和财物、送还逃人、从盗贼手中救出牲畜、救助遇狼袭击或走散的牲畜、救助骑马失控的儿童、孕妇、轻生之人、收留走失牲畜还给失主、扑灭无人营地内遗火、帮助失去坐骑之人、奖励首告和作证之人等。

（四）尊崇喇嘛

《准噶尔法典》有关宗教的条款有 9 条，其中与喇嘛直接相关的有 6 条。这些条款中规定禁止蒙古原始博教的活动，保护喇嘛的人身、财产安全，维护其免役特权等。从喇嘛收回逃人需赎取，人数多则将十分之一留给喇嘛作为属民，辱骂和殴打僧侣重罚，体现了对藏传佛教和喇嘛的尊崇与保护。有一条对喇嘛随意破戒的处罚规定，而没有关于喇嘛犯罪处罚的规定。

（五）全面反映了准噶尔的社会组织和社会阶层

《准噶尔法典》反映出准噶尔的社会组织，汗或珲台吉管辖的兀鲁思。其下有直属于珲台吉的鄂托克和属于有官职诺颜（执政诺颜）的昂吉，鄂托克与昂吉都是诺颜（台吉）的封地、封民。其内有四十户、二十户、十户等行政组织。

准噶尔的社会主要有诺颜和属民，诺颜是统治者，贵族。诺颜又分为大诺颜、有官职的诺颜（执政诺颜）和塔布囊、小诺颜和小塔布囊。汗或大诺颜地位最高，其次为有官职的诺颜，即墨尔根岱青、楚琥尔等辈台吉，有自已的昂吉，封地封民，再其次为附属于大诺颜和有官职诺颜的小诺颜和小塔布囊。塔布囊作为诺颜的姻亲虽然有一定地位，仍为诺颜的附庸。在汗或珲台吉的官府，有四个有官职的图什墨尔、扎尔扈齐等官，在各鄂托克、昂吉

---

① 蒙古国学者阿勒坦格尔勒指出该法有鼓励、惩罚两方面内容，见 Т. Алтангэрэл：*Монгол Ойрадын Их Цааз*，*Тууний Судалгаа*，Улаанбаатар 1998. 37дахь тал。

内有赛特、四十户德木齐、二十户收楞额、十户长等基层官员。恰有执政与不执政之分，其地位和待遇与收楞额相同。（见第40条）还设有“失畜查索使”，凡人捉获走失牲畜交给收楞额，收楞额交给失畜查索使。（第76条）“和硕”一词仅见于第5条，“何人［在战阵中］救出诺颜，在和硕内封为达尔罕”。是否作为一级社会组织存在？与哪个级别的诺颜的封地封民相对应？都不清楚。

法典中又把准噶尔社会划分为三个阶层，sayin kümün（直译为好人、善人，此指有才干之人，富裕之人即上等人），上等人中包括汗及大诺颜、有官职的诺颜、小塔布囊，小诺颜、小塔布囊，四十户德木齐，二十户收楞额，恰等有官职爵号者，亦包括达尔罕等免除赋役者。符拉基米尔佐夫指出：“汗及王公的驸马即塔布囊、各等级赛特、官吏，总之，所有叫作雅木布图（yambu-tu——高官）的人，都出身于这个阶层。在达延汗以后，诸王取得胜利，许多非成吉思汗系的东蒙古以前的封建主，都（包括）在这一集团内。”[①] 中等人，法典中没有具体描述，符拉基米尔佐夫指出：“并非官吏（yambu-ugei）但拥有一定财产的哈剌抽（黑民）属于中间集团（dumda-dunda kümün）；他们在战时均有很好的装备。鲁卜齐图（lübcitü——铠甲兵、骠骑兵），都乌勒噶图（du’ulgatu——戴盔兵），德格赉呼雅克图（degelei xuyagtu——甲胄兵），都由这种阿拉特（平民）来担任。除极少例外，他们中间似乎没有属下人，他们中间有时可能（包括）一些小吏及使者；关于这点，我们尚无确切的资料。下等人应为贫民、绝对的平民属于最低级的集团。他们被人轻蔑地称为哈剌库蒙（xara kümün——黑民）、恩滚库蒙（engün kümün——普通人）、吗固（穆）［magu（mü）——坏人］、阿达克［adaq（卫拉特方言）——下等人］。在战争时，他们也被武装起来，但主要只是携带弓矢和刀剑。”[②] 符拉基米尔佐夫的划分大体正确，不过对中、下等人在法典中缺乏具体的记载。

① ［苏联］Б. Я. 符拉基米尔佐夫：《蒙古社会制度史》，刘荣焌译，中国社会科学出版社1980年版，第261、262页。

② ［苏联］Б. Я. 符拉基米尔佐夫：《蒙古社会制度史》，刘荣焌译，中国社会科学出版社1980年版，第262页。

（六）诺颜和官员享有特权

诺颜和官员享受用驿权，拒绝给诺颜和官吏提供乌拉首思者，依据拒绝的诺颜和官员的等级分别轻重处罚。辱骂或殴打诺颜和官员其处罚重于辱骂和殴打中等人和下等人。诺颜和官员因公务殴打人无罪，滥用权力则受罚。诺颜和官员的子女结婚，聘礼数、婚宴宰杀牲畜数额都高于中等人和下等人。伤害诺颜和官员其处罚重于伤害普通人。拐走上等人妻女的处罚重于拐走普通人妻女，赎取上等人弃妇价值高于一般弃妇。属民之女有义务为领主之女作陪嫁。有踪迹之疑案若有上等人作证，可以直接审案。在人家灶火中插木棍，若是诺颜家处罚高于一般人家。牲畜伤害人，给上等人的赔偿高于中、下等人。挟仇放火烧死上等人的处罚重于中、下等人。

（七）对违犯命令法规的诺颜和官员的处罚重于普通人

诺颜和官员地位越高、责任越大，违犯命令或法规的处罚就越重。如上等人不遵守喇嘛赎取逃人的规定，地位越高处罚越重，战阵败逃罚上等人重于中、下等人，地位越高处罚越重。见劫匪不追，罚上等人重于中、下等人。违背婚约罚上等人重于中、下等人。殉葬罚上等人重于中、下等人。

（八）反映了准噶尔的风俗

《准噶尔法典》有些条款或处罚方式体现了准噶尔风俗习惯，也是其独有的内容。例如：

羞辱刑规定，战阵败逃夺其铠甲，令穿女人无袖外衣予以羞辱。（第4条）

无子女的寡妇若不准使者借宿其家，罚取其无袖外衣。（第23条）

妇女携羊、酒去借的债务取消，数额多者减免一半。（第75条）

不给饥渴的行人提供酸马奶者，罚羊。行人至人家强行夺取马奶酒饮用，罚其带鞍马。（第103—104条）

在别人家灶火中插木棍者，若为诺颜家灶火罚六九牲畜，若为阿拉巴图家灶火罚一九牲畜。（第106条）

何人招惹无辜之人，直称别人父母名字开玩笑，罚马一匹。（第18条）

救助自缢之人、产妇者，获一匹马的报酬。（第98条）

结婚年龄为十五岁（第43条）。结亲聘礼和陪嫁物都有骆驼（第38—

42条)，说明其地理环境不同于东部，在卫拉特人生产生活中骆驼起着重要作用，且数量较多。

每年四十户内给四个男孩娶妻子。(第45条)

父亲须按习俗分给儿子应得家产，父亲若穷困，[儿子]可得父亲家产的五分之一。(第35条)

对女人有亲吻、触摸乳房、触摸阴部等事之一者罚一个媵者。(第87条)

何人奸牲畜，见之者获得被奸之牲畜，若奸别人牲畜，牲畜主人从奸兽者罚取五头牲畜。(第79条)

杀死黄鸭、阿兰雀、狗者罚马，杀死阿拉克山蛇以外的蛇者，罚二支箭，无箭者罚取其刀。给上等人殉葬，罚五头牲畜，给下等人殉葬，罚马两匹。(第132条)

第四节 《准噶尔法典》的法源

V. A. 梁赞诺夫斯基对1640年法典（主要部分是《准噶尔法典》）作了详细论述。

他认为：

> 1640年法典与成吉思汗大扎撒有很大的差别，在宗教范围内，大扎撒采取了宽容的原则，指导人们尊重各个宗教教派，禁止偏爱某一教派。而法典宣称喇嘛教为唯一正确和至高无上的宗教，还迫害萨满教。在道德方面，大扎撒对通奸处以死刑，法典则对违规通奸的男人和已婚妇女只征收很少的罚金，而且不惩罚未婚女子。在镇压违法罪犯的刑罚方面，法典比大扎撒更温和，在大扎撒的规定中实行死刑处罚过滥，经常实施于不甚严重的犯罪，而在法典中除个别例外，整个刑罚体系都基于财产刑。但是，在大扎撒和法典之间虽然存在以上差别，亦有许多共同点。刑罚主要是罚取实物，在法典中主要采用罚取家畜的体系，大扎撒亦如此（28、29）。大扎撒规定任何人被食物噎住，将其从帐房下方的洞中拽出室外杀死（31）。法典亦同样强调，杀死在别人家被食物所

噎的人无罪，虽然要处罚杀人者五九牲畜（49）。大扎撒规定处死任何在火上撒尿的人（4），不得跨过正在烧饭的火堆（12）。法典则处罚任何往烧饭的火堆投入大木棒（使火熄灭）的人（90）。[①] 大扎撒和法典都规定不得庇护和帮助争吵或打架中的一方（Fr. 3，Art. 71）。在待客礼方面的规定大扎撒和法典是相同的（Fr. 12，13 和 Art. 24，87，及各自的其他条例）。在内容方面，通过对照两者对待通奸、妇女和给子女分配家产等方面的规定，我们有充分信心认为法典更近似于旧《察津毕齐格》，这是可以理解的，因为这两个法典制定的时代相近，而且它们是卫拉特联盟的主要法典。1640 年法典的主要来源是蒙古部落的习惯法，在某种程度上是由旧《察津毕齐格》和喇嘛教教规，加上其他一些法规条款组成的。[②]

V. A. 梁赞诺夫斯基通过对两个法典的比勘，认为 1640 年法典的法源不是《大扎撒》，这是正确的。不过认为 1640 年法典的法源是"旧《察津毕齐格》和喇嘛教教规，加上其他一些法规条款组成"，值得商榷。帕拉斯认为旧《察津毕齐格》不是某一个部落的法规，而是整个西部蒙古的法律。V. A. 梁赞诺夫斯基指出，列昂托维奇认为旧《察津毕齐格》是卫拉特早期联盟的法典。旧《察津毕齐格》记载："喇嘛通奸可以不受惩罚，然而，我们知道从 16 世纪下半期开始喇嘛教渗透入蒙古之后，要求僧侣严格遵守戒律，违背戒律的喇嘛则受到处罚，由此可知旧《察津毕齐格》一定是在佛教传入蒙古和准噶尔之前就已存在，不会晚于 16 世纪前半期，列昂托维奇教授认为是在 15 世纪。"[③]

V. A. 梁赞诺夫斯基还论述道：帕拉斯在其书中摘引了该法典的八个

① 在火上撒尿、跨过火堆两事与向灶火中插木棒似乎不是同类事情，前者是对火的尊崇，而后者灶火象征祖传家业。虽然三条都与火有关，表达了对火的崇敬，性质不同。后者原文是："在［人家］灶火中插木棍者，若为诺颜家灶火罚六九牲畜，若为阿拉巴图家灶火罚一九牲畜。"（第 108 条）

② V. A. 梁赞诺夫斯基：《卫拉特和喀尔喀蒙古法律概述》，达力扎布译，载达力扎布主编：《中国边疆民族研究》第 7 辑，中央民族大学出版社 2013 年版，第 343 页。上引文括号内的阿拉伯数字是条目序号 Fr. 即 Fragments（指大扎撒的片段、碎片、不完整的条目），Art，即 Article（指大扎撒的条目）。这是原书的省略用法。

③ V. A. 梁赞诺夫斯基：《卫拉特和喀尔喀蒙古法律概述》，达力扎布译，载达力扎布主编：《中国边疆民族研究》第 7 辑，中央民族大学出版社 2013 年版，第 340 页。

片段：

> 八个片段是有关通奸（1—4）、给儿子分家产（5）、侮辱（6）、妇女地位（7、8）等内容。[①] 这个旧法典与《大扎撒》有很大的不同，如果将其前四条即处罚宽松的通奸条例，与《大扎撒》相关条例（规定处以死刑）相比较，就会看出旧《察津毕齐格》明显不是《大扎撒》的一部分，也不是在其基础上制定的，而是代表了另外的（习惯法）汇编。总之，旧《察津毕齐格》的刑罚条例比《大扎撒》（cf. Frs 1—4）宽松得多，我们现在见到的该法典的这部分内容说明，整个法典中渗透了更为人道的原则。旧《察津毕齐格》对待妇女很有特点，妇女得到体谅和尊重，作为家庭的女主人，妇女不可侵犯，侮辱她们将受到严厉的惩罚（7、8）。旧《察津毕齐格》中的另外一些条例则毫无价值，如一个能够自食其力的成人儿子有权力要求分享其父亲的财产建立独立的家庭（5）。习惯法或许是旧《察津毕齐格》的基本来源。[②]

其实 P. S. 帕拉斯提到他没有找到这部所谓最古老法典《察津毕齐格》,[③] 那么，他介绍的这些片段又从何而来？帕拉斯没有交代。帕拉斯来中亚考察的时代，1640 年法典制定已有 136 年了，他所谓的古老法典则应更早，若无原件，仅凭口碑资料难以使人凭信。V. A. 梁赞诺夫斯基以旧《察津毕齐格》中喇嘛与相好通奸不坐罪为由，认为这是藏传佛教传入蒙古早期的特征，故判断所谓旧《察津毕齐格》早于 1640 年法典，其实很勉强。藏传佛教传入后在现存蒙古法律中并未见到喇嘛通奸坐罪的规定，在

---

① V. A. 梁赞诺夫斯基作注称："在这里我们还要提到，Б. Я. 符拉基米尔佐夫院士认为 P. S. 帕拉斯提供的有关旧《察津毕齐格》的信息可能是出于误解，因为帕拉斯既不懂蒙古语也不懂卫拉特语，也没有提供这些资料的来源（《蒙古社会制度史》，第 177 页）。然而，没有证据证明 P. S. 帕拉斯曾犯过如此重大的错误，而且我发现在《1640 年大法典》中提到'旧法典'（第 142 节），帕拉斯在 18 世纪发现该法典残片也是有可能的，残片内容没有否定帕拉斯的主张。"见 V. A. Riasanovsky，Fundamental principles of Mongol Law，Indeana University，1965，p. 46，note：52。

② V. A. 梁赞诺夫斯基：《卫拉特和喀尔喀蒙古法律概述》，达力扎布译，载达力扎布主编：《中国边疆民族研究》第 7 辑，中央民族大学出版社 2013 年版，第 340—341 页。

③ ［德］P. S. 帕拉斯：《内陆亚洲厄鲁特历史资料》，邵建东、刘迎胜译，云南人民出版社 2002 年版，第 190 页。

1640年法典中有打骂有家室的喇嘛予以处罚的条款，说明在1640年时喇嘛可以有家室，不得被歧视和侮辱。很晚的《敦啰布喇什法典》规定喇嘛必须与同居的女人分离才能参加宗教活动，否则剥夺其僧籍。这是为强化对喇嘛的管理而规定的，不过仍以戒律处罚，不是刑事处罚。帕拉斯所谓的旧《察津毕齐格》对普通通奸的处罚条款与《准噶尔法典》相关条款的处罚基本相同，罚马数量少一匹而已。父亲给儿子分配财产是卫拉特人或蒙古人的习惯，分配家产是古代蒙古人普遍的习俗，在漠西蒙古，无论在《准噶尔法典》还是托忒文《四卫拉特史》等史籍中都有具体记载。《准噶尔法典》规定在父亲穷困时将家产五分之一给儿子。若以法规中提到与早期佛教传播相关的规定为依据的话，在《准噶尔法典》中有关于禁止祭祀翁衮、邀请博、伊都干和禁止殉葬的规定，这是早期藏传佛教传入蒙古时就有的规定，与土默特部俺答汗与三世达赖喇嘛索南嘉措青海见面宣布接受藏传佛教之后颁布的法规内容相同。[①]《准噶尔法典》的相关规定说明在卫拉特各部内藏传佛教传播程度不平衡，或者是保留了早期的法规。法律对妇女的宽容虽是卫拉特的习俗，但也不能成为分辨新旧法典的依据。其实从所谓旧《察津毕齐格》片段的内容无法分辨出其早于1640年的法典。所谓旧《察津毕齐格》的片段多为有关卫拉特人习俗和有关违戒喇嘛生活的传闻，不能以此认定其为卫拉特旧法律的一部分，或《准噶尔法典》的法源，这种推测是不可靠的。

黄华均、刘玉屏指出："《卫拉特法典》的原始渊源最直接地来自于《俺答汗法典》，如果不熟悉《俺答汗法典》，人们就有可能会认为《卫拉特法典》是独立发明的法制作品。"《白桦法典》是18个法典的汇编本，"它们无疑成了后世《卫拉特法典》的沿袭对象"。其论文最后结论是1640年《卫拉特法典》："溯源于卫拉特、喀尔喀的法制传统，其具体的种类有习惯法、地方性法规、部族法规，最典型的例子就是成吉思汗的《大札撒》、漠南蒙古的《俺答汗汗典》和旧《察津·必扯克》，它们不仅成为《卫拉特法典》的源流，也是《卫拉特法典》编纂时参照的典范。由于在此之前的蒙

① 五世达赖喇嘛阿旺洛桑嘉措：《一世—四世达赖喇嘛传》，陈庆英、马连龙译，中国藏学出版社2006年版，第235页。

古族法典因与之具有同文同源性，亦成为《卫拉特法典》的法源。”① 这等于说在1640年之前存在的所有蒙古法律都是《1640年蒙古—卫拉特大法典》的法源。这个结论貌似具体，其实过于宽泛，亦无直接的依据。

蒙古人自成吉思汗制定《大扎撒》之后，在长期的历史发展过程中已经形成了一套适应游牧民族社会生活的法律体系，具有自己鲜明的特色。从大蒙古国时期至1640年不同时期制定了大量的法律法规，目前我们见到的只是其中保留下来的很少一部分法规。自明代蒙古分裂为东、西两个部分之后，在政治上不统一，再加上实行分封制，诸王各自为政，很难制定蒙古统一的法典，甚至很难制定某一部的统一法规。因此，现存古代蒙古各部落法典继承了古代蒙古法律传统，但是，这些法典都是根据各自的实际需要有针对性地为本部、本鄂托克或数部、数鄂托克制定的法规，未必是以《大扎撒》或现存某个部的法典为蓝本增订编纂的。即使是同一部落前后制定的法规，亦非对前面法规所作的修改增定。例如收入《喀尔喀法规》与《白桦法典》的法规，都是由数个鄂托克首领或某部落中各鄂托克首领共同制定的，一些条款在内容和处罚方式上相近，甚至保留了个别旧条款，它们之间虽有一定渊源关系，但是，后者并不是以前者为蓝本编写的，而是针对面临的现实问题重新制定的一部法规。《白桦法典》中的十八篇法规之间的关系、《喀尔喀法规》内十八篇法规间的关系，都可以证实这种判断。有些条款内容雷同，是因为具有共同的法律文化传统，有些条款在现实中仍有效力或成为判例所致。《卫拉特法典》是在继承古代蒙古法律传统的基础上根据卫拉特人的现实社会需要，在不同时期制定的具有自己特点的法规，与成吉思汗时期的法律文献《大扎撒》没有直接的承袭关系，与现存的蒙古其他部落的法律亦无直接的文本承袭关系。作为蒙古法律文化的共同传承者，生活在相同的游牧社会中，卫拉特的法律和蒙古其他部落的法律在内容、处罚方式和法律术语上都有共性，同时有其个性。《准噶尔法典》的法源应为古代蒙古传统法律和卫拉特部原有的法规、习俗，而不是现存的某一部或数部具体的法律。

---

① 黄华均、刘玉屏：《〈卫拉特法典〉的法源探微——以法律人类学为研究的视角》，《卫拉特研究》2005年第3期，第21页。

第 四 章

《噶尔丹珲台吉敕令》研究

现存《卫拉特法典》各抄本都附有《噶尔丹珲台吉敕令》，其中别克列米舍夫斯基本缺少第二道敕令。《噶尔丹珲台吉敕令》的文本何时被携至土尔扈特，并附抄于《1640 年大法典》和《准噶尔法典》之后，目前还不清楚。作为卫拉特的法令，无论对于研究卫拉特的历史还是法律都有重要价值。以下对噶尔丹珲台吉的两道敕令略作分析。

第一节 《噶尔丹珲台吉敕令》（一）

一、噶尔丹珲台吉第一道敕令颁布时间

现存准噶尔部噶尔丹珲台吉的第一道敕令未署颁布时间，因此学术界对其颁布时间看法不一，V. A. 梁赞诺夫认为在 1677—1678 年间；[1] 伊·亚·兹拉特金认为在 1678 年；[2]《蒙古族通史》认为是在 1676 年 10 月之后；[3] 奇格

① ウエ・ア・リヤザノフスキイ：《蒙古慣習法の研究》，東亞經濟調查局，1935 年版，第 54 頁。

② ［苏联］伊・亚・兹拉特金：《准噶尔汗国史》（修订版），马曼丽译，兰州大学出版社 2013 年版，第 188 页。

③ 《蒙古族道史》编写组编：《蒙古族通史》中册，民族出版社 1991 年版，第 652 页。

也认为是在 1676 年 10 月之后;① 白翠琴认为在 1677 年左右。② 以上学者的看法虽然有些差别，但均认为是在噶尔丹称汗之前颁布的。③

1670 年，准噶尔部珲台吉僧格被其异母兄车臣、卓特巴巴图尔及其同伙楚琥尔乌巴什台吉的儿子巴噶班第等杀害。僧格同母弟噶尔丹起兵击杀车臣、巴嘎班第，同年即珲台吉位。④ 1676 年冬，噶尔丹又击败曾经支持过自己的和硕特部鄂齐尔图车臣汗，迫使其投降，俘获其叔父楚琥尔乌巴什，统一了厄鲁特（即卫拉特）诸部。鄂齐尔图车臣汗的夫人多尔济阿勒布坦逃往伏尔加河的娘家避难，其孙罗卜藏衮布则逃往西藏，投靠达赖喇嘛。鄂齐尔图车臣汗兄巴延阿布该阿玉什子巴图尔额尔克济农和罗哩及巴噶班第子憨都率部逃至黄河西套。⑤ 未能远逃的各台吉及其属民或投降，或逃散，失去牲畜，生计艰难。噶尔丹获胜之后，收集逃散部众，恢复社会秩序刻不容缓，因此颁布了第一道敕令，此敕令应颁布于 1676 年冬打败鄂齐尔图车臣汗之后不久。

二、噶尔丹珲台吉第一道敕令的内容

1. 各鄂托克首领传令四十户德木齐收集散失和穷困之人予以救济

各鄂托克首领传令各四十户的德木齐｛收集散失和穷困者，予以救济｝，德木齐［得令后］收集［穷困之人］，若有不收集者罚一九牲畜，｛革职｝。鄂托克首领若未传达命令则罪鄂托克首领，若已传达命令而仍不收集，罪在德木齐。令德木齐救济穷困之人，如无力救济，上报鄂托克首领，鄂托克首领则不分彼此一体救济抚养。若无力救济再上

① 奇格:《古代蒙古法制史》，辽宁民族出版社 1999 年版，第 138 页。

② 白翠琴:《卫拉特法典与噶尔丹洪台吉敕令之比较研究》，《卫拉特研究》2004 年第 1 期，第 18 页。

③ 噶尔丹从五世达赖喇嘛处获得“博硕克图汗”号于藏历土马年（1678 年）五月十二日，见五世达赖喇嘛阿旺洛桑嘉措:《五世达赖喇嘛传》（下），陈庆英、马连龙、马林译，中国藏学出版社 2006 年版，第 291 页。

④ ［苏联］伊·亚·兹拉特金《准噶尔汗国史》（修订版），马曼丽译，兰州大学出版社 2013 年版，第 171 页。

⑤ 《蒙古族道史》编写组编:《蒙古族通史》中册，民族出版社 1991 年版，第 649—652 页。巴延阿布该阿玉什，号达赖乌巴什，顾实汗子，其兄拜巴噶斯收养为子。《蒙古回部王公表传》卷 79《阿拉善厄鲁特部总传》，第 1 辑，内蒙古大学出版社 1998 年版，第 539 页。

报。有能力救济而不救济者有罪。若［因不救济致］死人则有罪，以杀人罪处罚，对［致］人死有无过错，经审理确定。

2. 设十户长严防偷盗

为防偷窃，十户设一长，十户长管理十户，若有人偷窃则首告，若不首出，铐十户长手，用铁箍其余人之手。凡人偷窃三次则籍没其家财。

3. 收集流散者编为鄂托克和爱马克

将移至其他和硕之人，此间杂居于其他和硕之人收集起来，无鄂托克者设立鄂托克，无爱马克者组成爱马克。

4. 众首领提出自己的想法

认为这样做不正确者，请说出认为不正确的想法。认为是正确的，也请说出认为正确的想法。现在不说，若以后再说本该如何如何云云，我将视你们为不满于正确的大政方针而大怒。愿永久安乐太平！

5. 凡诉讼被告必须到庭

凡诉讼，原告带证人三次通知被告到庭，［被告］不到庭者，无论其诉讼胜败都予以处罚。

6. 取消巴图尔珲台吉马年之前债务

取消巴图尔洪台吉［去世的］马年之前的债务，此后之债务有证人者收回，无证人者取消。

7. 扎尔扈齐须在官府衙署内审理案件

扎尔扈齐不得在官府衙署之外审理案件，若［扎尔扈齐审断案件后］不缴纳给官府的费用，则加倍罚取。

8. 扎尔扈齐判错三次案件停止其审理案件

扎尔扈齐判错三次案件，停止其审理案件。

9. 夺回被盗窃牲畜获得报酬

若与窃贼交战安全地拦截下［被窃的马匹］，［从畜主获得报酬］，五匹马给一匹马，三到四匹马给三岁马一匹，两匹给二岁马一匹，一匹给一只绵羊。若未经交战拦截下［被窃马匹］，十匹马得一匹马，五匹得二岁马一匹，五匹以下得绵羊一只。

10. 捉获逃人送还其主的报酬

将此间的逃人捉住后送还其主人，［其报酬为］送十个逃人，得其中的中等之人，送五个逃人得其中最差之人，送三个逃人得三岁（马）一匹，送两个人得二岁马一匹，送一人得绵羊一只。

11. 各鄂托克之人不得随意更换鄂托克

各鄂托克之人不得随意更换鄂托克，若［整］爱马克投奔其他鄂托克，罚其爱马克长一九牲畜。若有人不遵从爱马克长之言，离开爱马克投奔其他［鄂托克］者，罚此人一九牲畜。若有人脱离其鄂托克、爱马克，［何人将其］送还给其爱马克长，则从为首脱离者罚取马一匹，从其余［从逃者］，每户罚取一只绵羊。

从第一道敕令内容来看，显然是为结束战后混乱局面、恢复社会秩序而颁布的法令。首先，下令收集、救济和安置流散民众。这些流散之人应当包括自噶尔丹起兵击败车臣台吉、卓特巴巴图尔台吉到打败和硕特鄂齐尔图车臣汗、准噶尔部楚琥尔乌巴什期间因战乱离散的人，多为以上被击败的台吉们的属民，他们流离各处，失去了帐幕、牲畜，生计艰难。噶尔丹下令各鄂托克首领，传令属下德木齐等官员收集流民，予以救济，而且就地组建新的鄂托克和爱马克予以安置。没有要求返还给其主人，显然其主人或已不在世，或已无权收回这些属民。其次，设立十户长，稽查防盗，对追击盗贼和捉获逃人者予以奖励。第三，针对战乱中强征暴敛，抢夺、偷盗频发和诉讼繁兴，[①] 要求官员们公正地审断案件，屡次错判案件的官员则予以免职处罚，以稳定人心。第四，取消巴图尔珲台吉时期的债务，以减轻属民经济负担和债务纠纷，缓和社会矛盾。第五，不准已编入鄂托克、爱马克之人再随意离开，各鄂托克、爱马克和个人都不得越界另行游牧，以防止其脱逃至他处。噶尔丹珲台吉在敕令中还征询其他台吉的意见，要求对其敕令明确表态，不得事后埋怨。

---

① 成崇德译注：《咱雅班第达传》，载《清代蒙古高僧传译辑》，全国图书馆文献缩微复制中心1990年版，第50、51页。

第二节 《噶尔丹珲台吉敕令》（二）

一、噶尔丹珲台吉第二道敕令颁布时间

第二道敕令于1678年颁布施行，是在1680年噶尔丹控制今新疆南疆地区之前。[①] 该敕令是为回商（bederge，伯德尔格）——在准噶尔境内专门从事商业活动的来自中亚和今新疆南疆地区的穆斯林商人立法。[②] 其中包括刚兼并的各部所属回商。

清代厄鲁特各部首领下都有以回商为其从事贸易活动，他们伴随各台吉派往清朝和俄国的使者从事商业贸易活动。[③] 噶尔丹珲台吉多次派遣使者到清朝，都有回商随行，甚至冒充使者。1677年，清廷“命檄行噶尔丹台吉，此后入贡遣使，务令有材识厄鲁特为首，不得仍遣回子，如系厄鲁特，方许放入边口”[④]。乾隆二十年（1755年），清朝灭准噶尔部之后，“命授管理伯得尔格鄂拓克回人伯克阿底斯为三品总管”。[⑤] “伯得尔格”为伯德尔格的异译，在准噶尔后期已有专门为回商设立的伯德尔格鄂托克。原在伊犁的回商和回人随霍集占回到南疆地区。乾隆二十四年（1759年）八月，霍集占和波罗泥都在叶什库勒诺尔被清军击败，逃往拔达克山。“随逆贼之伯德尔格

---

① 噶尔丹珲台吉兼并南疆的时间，成崇德译注：《咱雅班第达传》，载《清代蒙古高僧传译辑》，全国图书馆文献缩微复制中心1990年版，第52页记为1680年；五世达赖喇嘛阿旺洛桑嘉措：《五世达赖喇嘛传》（下），陈庆英、马连龙、马林译，中国藏学出版社2006年版，第1234页记为1681年（铁鸡年正月），噶尔丹遣使来宣布将缠头人之地奉献给达赖喇嘛，蒙藏史料记载基本一致。《卫拉特蒙古史纲》认为第二道敕令“是准噶尔已经统治天山南路，为处理维吾尔地区所面临的问题而发布的”，显误。马大正、成崇德主编：《卫拉特蒙古史纲》，新疆人民出版社2006年版，第292页。

② 佐口透指出此词的蒙古语和突厥语原文都是指商人。［日］佐口透：《新疆民族史研究》，章莹译，新疆人民出版社1993年版，第227页。《清内阁蒙古堂档》康熙十七年喀尔喀盆楚克台吉来文中有此词，拼作bederge。见中国第一历史档案馆、内蒙古大学蒙古学学院编：《清内阁蒙古堂档》第1卷，内蒙古人民出版社2003年版，第542、543页。

③ ［苏联］伊·亚·兹拉特金：《准噶尔汗国史》（修订版），马曼丽译，兰州大学出版社2013年版，第139、166、167页；蔡家艺：《清代新疆社会经济史纲》，人民出版社2006年版，第74页。

④ 《清圣祖实录》卷48，康熙十六年十月甲寅，中华书局1985年版，第262页。

⑤ 《清高宗实录》卷498，乾隆二十年十月甲辰，中华书局1985年版，第262页。

等俱系安集延、布哈尔之人。"① 清高宗"谕军机大臣等，富德等奏称叶什勒库勒诺尔所收回众万余……此等回人内如乌沙克、伯德尔格等众俱久住伊犁，为霍集占所亲信，兆惠等当留心防范，稍有可疑即相机办理"②。此后"送到降回二千六百余户，八千三百余口，大半系伯德尔格、塔哩雅沁之人"③。清高宗谕军机大臣等："兆惠奏称齐凌扎布解到回人内系逆贼迫胁之各城回众，俱安插吐鲁番。其伊犁塔哩雅沁、伯德尔格、乌沙克等众送往肃州，照厄鲁特之例办理等语。兆惠具奏时似尚未闻逆贼伏诛之信，盖霍集占一日未获，则此等回人仍怀叵测，今大功告成，自可从宽免死。前已屡降谕旨，仍著送至肃州分赏官兵。""又谕曰……但伊等素染恶习，今虽从宽免死，仍须严加防范。著传谕杨应琚、吴达善分赏此等回人时，必离其党羽，每一处以十人为率，不可过多。"④ 清廷不信任这些回到南疆的回商和回人，几乎照厄鲁特之例办理（处死），因得知霍集占死讯乃免，分赏清军官兵为奴。

二、噶尔丹珲台吉第二道敕令的内容

1. 为回商立法

回商原无统一法规，因而无所适从，违犯诉讼法规者甚多，故颁行此法规。自土马年（1678 年）始施行此法。

2. 回商的管理

凡回商，自行散处［各地］行商者，由其隶属的主人管领。隶属不明确和被俘掠来的回商，若有严重不当行为，籍没其财物，只免其本人，逐之出境。

3. 厄鲁特和回人之间诉讼经审理判决

对厄鲁特人和回人之间的是非曲直，应经审理判决。

4. 厄鲁特和回人之间婚姻诉讼

凡回人与厄鲁特结亲之人，若情愿离异者听之；仍像在其回城时一样自由［生活］。若找借口将过错委之于厄鲁特［而欲离婚者］有罪，

① 《清高宗实录》卷 594，乾隆二十四年八月己卯，中华书局 1985 年版，第 613 页。
② 《清高宗实录》卷 595，乾隆二十四年八月丁未，中华书局 1985 年版，第 632、633 页。
③ 《清高宗实录》卷 598，乾隆二十四年十月丁亥，中华书局 1985 年版，第 682 页。
④ 《清高宗实录》卷 599，乾隆二十四年十月丙午，中华书局 1985 年版，第 713、714 页。

不得依从其所愿，仍如前保持婚姻，不准其离异。此［两族］间的［案件］，由大扎尔扈齐审定。

5. 回商不得贩卖人口

回商不得买人口，若买人口，见证之人将获得［回商所买人口］和回商的财物。若有人偷偷去卖［人口］于回商，则以其价值加倍罚之。

6. 诉讼审理权限

回人之间的诉讼，由回人扎尔扈齐审断。重大的诉讼则由本处的大扎尔扈齐审断。

于土马年（1678 年）吉日制订。愿幸福吉祥！

敕令规定，回商（伯德尔格）欲散处经商，由其主人做主，隶属不明确和被俘掠来的回商若有严重不当行为，籍没其财物，释放其本人。回商不得贩卖人口，厄鲁特人也不得偷卖人口于回商。厄鲁特人与回人（和通人）之间的诉讼经审理判决。在准噶尔境内的穆斯林，包括中亚各族人，被统称为 qoton 或 qotong 人，汉语音译“和通”，即回部人或回人，亦包括回商。回人与厄鲁特人之间可以自由结婚和离婚，但是，回人若试图诿过于厄鲁特人提出离婚则不准。回人案件由回人扎尔扈齐审理，无论涉及两个民族间诉讼的案件，还是厄鲁特人、回人的重大案件都由珲台吉之下的大扎尔扈齐审理。该敕令对回人的管理、回人与厄鲁特人相涉诉讼的审理、两族间的婚姻、法律审判权限等都作了具体规定。

总之，噶尔丹珲台吉的两道敕令是其统一留于原地的厄鲁特（卫拉特）各部之后，为恢复社会安定，巩固统治，向辖下的厄鲁特人和回人分别颁布的法令。

第三节　准噶尔的司法机构和司法官员

V. A. 梁赞诺夫斯基对《卫拉特法典》的裁判制度和诉讼制度作过详细的讨论。[1] 此前已述，在《准噶尔法典》中没有记载准噶尔的审理机构和官

① ウエ・ア・リヤザノフスキイ：《蒙古慣習法の研究》，東亞經濟調查局，1935 年版，第 80—88 頁。

员。V. A. 梁赞诺夫斯基是利用了《噶尔丹珲台吉敕令》的相关记载，他指出在准噶尔存在中央和地方两级法庭，相对于成吉思汗时期和也先时期，准噶尔有了国家常设的法庭机构，是一个进步。这是一个判决和执行的国家强制手段，还存在实体的手续规范，给领主交纳的手续费。[①] 那仁朝格图亦讨论了17—18世纪卫拉特（准噶尔和土尔扈特）司法机构和扎尔扈齐的问题，他参考了《噶尔丹珲台吉敕令》《西域图志·厄鲁特旧俗》以及《敦啰布喇什法典》的相关记载，指出丘尔干具有临时审判机构的功能，而乌日格（即 örgö）和扎尔扈机构具有常设的民刑案件审判机构的特点。大乌日格是指汗诺颜的大帐或殿帐。经常充当最高法庭，执行一些大案要案。另外，还有扎尔扈的司法机关，有尼伦扎尔扈（中央法庭）、也客扎尔扈（大法庭）、扎尔扈之分。扎尔扈齐按级别的不同和所裁案件的轻重分尼伦扎尔扈齐（主法官）、也客扎尔扈齐（大断事官）和一般扎尔扈齐。并且境内各民族皆有自己民族的扎尔扈齐。土尔扈特汗国扎尔扈司法机构各项制度更完备。扎尔扈是汗国的最高权力机关，是土尔扈特汗管理国家的机构，它既是汗的议事会，又是汗国的最高司法机关。[②] 青格勒图认为“扎尔扈”一词不是审理机构，而是指诉讼、案件等。噶尔丹汗敕令中将诉讼分为尼伦扎尔扈、大扎尔扈、回人扎尔扈三类，分别由大扎尔扈齐、回人扎尔扈齐审理。[③]

成吉思汗统一蒙古各部之前，在其部内设有札鲁忽赤（ǰarγuči）之职，是行政长官兼理刑狱。最初由其异母弟别勒古台担任，《元史》中称别勒古台“尝立为国相，又长札鲁火赤”。建立大蒙古国之后又任命其养弟失吉忽都忽为也可札鲁忽赤（即大断事官）。据《元朝秘史》记载，失吉忽都忽的职责是分配领民、审理刑狱、记录法令。[④] 《元史》记载：“国初未有官制，

① ウエ・ア・リヤザノフスキイ：《蒙古慣習法の研究》，東亞經濟調査局，1935年版，第82—83頁。

② 那仁朝格图：《简论17—18世纪卫拉特司法机构和札尔忽赤》，《卫拉特研究》2006年第1期，第38页。托忒文 zarγu，清代汉译为扎尔扈，zarγuči，汉译为扎尔扈齐。学术界亦有人译为扎尔固、扎尔忽、札尔忽，扎尔固齐、扎尔忽齐、札尔忽齐。本书统一采用《西域图志》卷29《官制一·附准噶尔部旧官制》等清代史籍中的译法，译为“扎尔扈”和“扎尔扈齐”。

③ 青格勒图：《论〈蒙古—卫拉特法典〉中的“扎尔忽”和“扎尔忽齐”》，《内蒙古大学学报》（蒙古文版）2007年第2期，第105页。

④ 乌兰校勘：《元朝秘史》，中华书局2012年版，第259、260页。

首置断事官曰札鲁忽赤，会决庶务。”[①] 即札鲁忽赤是蒙古游牧国家的行政官员，汗庭设有也可札鲁忽赤（即大断事官），诸王位下有札鲁忽赤（断事官）。有分地的诸王、功臣投下都设有断事官，以治理其分地人民。《元史》卷85《百官志》记载：“元太祖起自朔土，统有其众，部落野处，非有城郭之制，国俗淳厚，非有庶事之繁，惟以万户统军旅，以断事官治政刑，任用者不过一二亲贵重臣耳。”[②] 蒙古游牧政权没有统一的经济，没有建立中央集权制度，实行分封制，汗下没有官僚机构和过多的官员。忽必烈建立元朝，采用汉制，建立中央集权制度，改札鲁忽赤官府为大宗正府。《元史》卷87《百官志》大宗正府条称：“以诸王为府长，余悉御位下及诸王之有国封者。又有怯薛人员奉旨署事，别无颁受宣命。”“国初未有官制，首置断事官，曰札鲁忽赤，会决庶务。凡诸王驸马投下蒙古、色目人等，应犯一切公事，及汉人奸盗诈伪、蛊毒厌魅、诱掠逃驱、轻重罪囚，及边远出征官吏、每岁从驾分司上都存留住冬诸事，悉掌之。至元二年置十员，三年置八员，九年，降从一品银印，止理蒙古公事……致和元年，以上都、大都所属蒙古人并怯薛、军站、色目与汉人相犯者，归宗正府处断，其余路府州县汉人、蒙古、色目词讼，悉归有司刑部掌管。”[③] 国家其他事务由中书省等机构管理，札鲁忽赤仅治理诸王、驸马分地内的事务，[④] 审理蒙古人词诉是札鲁忽赤的主要职能之一。[⑤]

17世纪卫拉特的扎尔扈齐（即元代札鲁忽赤，清代译音用字不同）也是行政官员。蒙古国时期札鲁忽赤是否有衙署不见于记载，准噶尔设有行政衙署（örgō̈），所以V. A. 梁赞诺夫斯基认为这是一种进步，有了常设的法庭机构。（örgō̈）之称最早见于1676年《噶尔丹珲台吉敕令》，其存在时间应当更早。在准噶尔行政衙署中设有图什墨尔、扎尔扈齐等官员。扎尔扈齐之职位于图什墨尔官之下。准噶尔汗国的官员有定额，四个执政图什墨尔、

① 《元史》卷87《百官志》第七册，中华书局校勘本，第2187页。

② 《元史》卷85《百官志》第七册，中华书局校勘本，第2119页。

③ 《元史》卷87《百官志》第七册，中华书局校勘本，第2187页。

④ 李涵：《蒙古前期的断事官、必阇赤、中书省和燕京行省》，载南京大学历史系元史研究室编：《元史论集》，人民出版社1984年版，第129—1137页。

⑤ 刘晓：《元代大宗正府考述》，《内蒙古大学学报》1996年第2期，第6—14页。

六个扎尔扈齐。扎尔扈齐负责审理案件。因此，有些学者称（örgō̈）为法庭。其实此衙署既是行政机构又负责审理刑狱，与中国古代行政官员知府、知县负责审理审件相同，司法机构并没有从行政机构中独立出来。蒙古的行政官员ǰarγuči 或 zarγuči（汉译断事官）原有审理刑狱的职责，不能认为准噶尔汗国的（örgō̈）仅是法庭，它既是行政衙署又审理刑狱，不是王府，故本书中译为“官府”。[①] 这个官府相当于清代蒙古扎萨克王公所属各旗的印务处，扎萨克王公属下旗内官员具体办理一切庶务。

在准噶尔汗国除有最高行政和审判机构外，还设有回人的扎尔扈齐，审理回人、回商间的案件。1678 年，噶尔丹还未兼并南疆地区，因此，敕令中所谓的回人主要指在准噶尔境内的回人和回商（即包括中亚布哈拉和今南疆地区的穆斯林）。回人与蒙古相涉案件或其他重要案件则由汗国的大扎尔扈齐审理。尼伦扎尔扈即也客扎尔扈，指重大案件。准噶尔部或汗国之下的封地——鄂托克或昂吉等封地内各有扎尔扈齐，管理领民事务。相对于鄂托克、昂吉的扎尔扈齐，汗国的扎尔扈齐被称作也可扎尔扈齐。

---

① örgō̈，是托忒文，回鹘式蒙古文为 örgöge，本书译为“官府”。

第 五 章

《敦啰布喇什法典》研究

《敦啰布喇什法典》是在土尔扈特（亦称卡尔梅克）部首领敦啰布喇什时期，大约在1749—1758年制定的一部法典，[①] 学术界亦称其为《1640年蒙古—卫拉特大法典》的补充法律，直到1771年俄国取消土尔扈特汗国之前都有法律效力。

第一节 《敦啰布喇什法典》制定的时间及历史背景

对《敦啰布喇什法典》制定和颁布的时间，戈尔斯通斯基认为是在1741—1753年之间。H. 帕里莫夫认为是在1758年2月20日被俄国政府赐予汗号之前制定的，因为在该法典中没有提到敦啰布喇什（亦译敦杜克达什）称汗。A. 列别金斯基指出，在1749年12月17日敦啰布喇什给布雷金省长的信中言及对窃贼处罚时称用老办法处罚，没有提到新法典，因此，在

① 土尔扈特部或土尔扈特汗国，亦称之为卡尔梅克，其中包含了被统治的土尔扈特、杜尔伯特、和硕特等部落。敦啰布喇什的汉译名，（清）祁韵士：《皇朝藩部要略》记作“敦啰布喇什”，见西藏社会科学院西藏汉文文献编辑室编：《西藏学汉文文献汇刻》第3辑，全国图书馆文献缩微复制中心1993年版，第201页；亦见《蒙古回部王公表传》卷101《土尔扈特部总传》第一辑，内蒙古大学出版社1998年版，第660页，此译名与戈尔斯通斯基书所附托忒文 don-grob-bkra ši 相同。《清高宗实录》卷520，乾隆二十一年九月丁丑，中华书局1985年版，第566页记作：“敦多布达什”，与佚名《卡尔梅克诸汗史》所记 dunduq daši 相近。这是对敦啰布喇什藏文名字的两种蒙古文译法的汉译。另外，目前还使用“敦罗布喇什”“敦多克达什”“顿杜克·达什”“敦杜克达什”等多种译名，本书采用了“敦啰布喇什”这个译名。

此之前还没有新法典，法典应当是在敦啰布喇什由汗国总督正式被命名为汗以后颁布的。[①] 三种观点各不相同，综合考虑上述观点，其制定时间大约在1749—1758年。

对于制定《敦啰布喇什法典》的原因，在佚名作者所著《卡尔梅克诸汗简史》中记载：

> 原先由四十部与四部共同制定的《大法典》很适合于卫拉特蒙古的社会生活。但卡尔梅克远离卫拉特已年长日久，风俗习惯大有变化，且染上了从未有过的种种恶习，需要有新的法规。不仅如此，与异族交往，也需要新的法规。因此，敦杜克达什制定新的内容充实旧法典。新的内容有：僧侣不守戒律，要严加惩处；俗人受戒后，如在每月的三次斋戒时不诵经，也要受处罚；尊重有学问的僧侣；天资聪颖的孩子在十五岁前一定要学会蒙古文，若不学习，处罚其父，并将该童强行送至老师处学习蒙古文。敦杜克达什试图以此来扫除文盲，普及知识、希望臣民幸福。此外还有，[做驱魔禳灾法事时] 不准用活人做替身；诺颜不得无缘无故地惩罚属民；不许飞扬跋扈；不得作不适身份的事情；倘若，诺颜突遇搜查、争打（和一般平民打）、互抢乌拉（指诺颜和出差的公职人员争夺乌拉）等事而遭打，法律不管。除此之外，还有有关处罚盗窃和其他犯罪行为的法律条文，对旧法典的规定进行了充实，使之更加详尽了。[②]

作者指出土尔扈特西迁伏尔加河流域一百多年之后，土尔扈特社会内部和外部环境都发生了变化，原有的法律已经不能满足社会需求，因此需要制定新法规。那么，土尔扈特社会内部和外部环境究竟发生了哪些变化呢？

17世纪30年代土尔扈特移居伏尔加河流域之后，俄国政府试图臣服土

① 《卡尔梅克苏维埃社会主义自治共和国史纲》（摘译），《第五章十八世纪时的卡尔梅克诸汗国七十年代的危机及其影响》，武国璋译，载国家清史编纂委员会编译组、中国社会科学院原民族研究所《准噶尔史略》编写组合编：《卫拉特蒙古历史译文汇集》第2册，2005年，第306、307页。

② 佚名：《卡尔梅克诸汗简史》，西·诺尔布汉译，载丹碧、格·李杰编著：《蒙汉对照托忒文字卫拉特蒙古历史文献译编》，新疆人民出版社2009年版，汉译见第255页，托忒文见第176页，蒙古文见第165页。方括号内字为引者根据内容所加。

尔扈特部，土尔扈特部与俄国发生过几次军事冲突，1644年，土尔扈特首领和鄂尔勒克在俄国城市阿斯特拉罕附近发生的军事冲突中阵亡。1655年，其子书库尔岱青与俄国议和。在书库尔岱青、朋楚克、阿玉奇汗执政时期土尔扈特与俄国多次谈判，并签订誓约，其内容是保证土尔扈特永远归附俄国，不袭掠俄国居民区，不与土耳其苏丹和克里木汗往来，应俄国政府要求出兵打仗等。[①] 其实土尔扈特首领与俄国订立誓约表示臣服，只是一种斡旋策略，依然保持着其独立性。1690年，阿玉奇从西藏达赖喇嘛处获得了汗号和印玺（五世达赖喇嘛此时已圆寂，实为第巴桑结嘉措以达赖喇嘛的名义颁给的），从此土尔扈特首领称汗。[②] 在阿玉奇汗时（1671—1724年）统一了伏尔加河流域卫拉特各部，使土尔扈特汗国达到了鼎盛时期。[③]

1724年阿玉奇汗逝世，其子孙争夺汗位。1725年，俄国政府任命阿玉奇汗子策凌敦多克为汗国督办（或译为总督），俄国政府开始直接介入土尔扈特内政。[④]俄国政府任命策凌敦多克为汗国督办，引起阿玉奇孙敦多克奥木巴（阿玉奇次子衮扎布之子）不满，率兵击败策凌敦多克，并获得土尔扈特许多领主的支持。俄政府欲发动军事讨伐时，敦多克奥木巴率部迁至库班，接受了土耳其苏丹的保护。1731年，俄国政府任命策凌敦多克为汗，但他软弱无能，嗜酒成性，其属下宰桑大多投靠了敦多克奥木巴。1734年，俄国政府派人劝告敦多克奥木巴返回，允诺只要返回，不计前咎。敦多克奥木巴提出："承认跟随我来这里的人全属我管辖；承认我为全卡尔梅克人的首领；将受洗礼的卡尔梅克人送还各自诺颜。若不同意上述条件则不回去。

---

① ［俄］M. 诺伏列托夫：《卡尔梅克人》，李佩娟译，载国家清史编纂委员会编译组、中国社会科学院原民族研究所《准噶尔史略》编写组合编：《卫拉特蒙古历史译文汇集》第2册，2005年，第96—99页。

② ［俄］M. 诺伏列托夫：《卡尔梅克人》，李佩娟译，载国家清史编纂委员会编译组、中国社会科学院原民族研究所《准噶尔史略》编写组合编：《卫拉特蒙古历史译文汇集》第2册，2005年，第103页。见 Rash Bormanshinov，"Kalmyk Pilgrims to Tibet and Mongolia"，*Central Aciatic Journal*，42（1998）1，p. 3。

③ 马大正、成崇德主编：《卫拉特蒙古史纲》，新疆人民出版社2006年版，第217—222页。

④ ［俄］M. 诺伏列托夫：《卡尔梅克人》，李佩娟译，载国家清史编纂委员会编译组、中国社会科学院原民族研究所《准噶尔史略》编写组合编：《卫拉特蒙古历史译文汇集》第2册，2005年，第109页。

沙皇同意了他的要求。”[1] 1735 年宣布由敦多克奥木巴执政，撤销了策凌敦多克的汗号，令其去彼得堡定居。1737 年，俄国女皇承认敦多克奥木巴为汗。[2]

1741 年，敦多克奥木巴去世，俄国政府任命敦啰布喇什为汗国督办。为进一步控制土尔扈特，要求敦啰布喇什送质子，并迫使其订立誓约：忠诚效劳俄国沙皇，不同外国及异族交往，不接纳受洗礼的土尔扈特人，并将亲生子交付人质以作保证。俄国政府直接干预汗国的属民分配，1642 年规定，敦啰布喇什管辖他自己的部属，并将其已去世的叔父策凌敦多克和噶尔丹丹津的兀鲁思交给他管辖，但不准其管领其堂兄弟敦多克奥木巴的部属，以防止其势力过大。俄国政府的控制措施引起敦啰布喇什的不满。1743 年，敦啰布喇什给女皇写信，提出此前无送质子先例，要求放回其子阿沙莱，但未获批准，1744 年其子在做人质期间去世。[3]在敦啰布喇什汗时期，俄国政府已掌握了对土尔扈特汗的任命权和兀鲁思的分配权，约束大汗的外交权，甚至要求汗送质子，使土尔扈特汗的自主权受到限制。

在宗教方面，俄国政府鼓励土尔扈特人改奉东正教，起到了分化和削弱土尔扈特汗国的作用。自 17 世纪初东正教会在土尔扈特人中传教，在阿玉奇汗时已有一些土尔扈特人改信东正教。根据俄国政府的政策，土尔扈特人一旦信奉东正教，就会得到俄国政府的庇护，可以离开所在的土尔扈特各兀鲁思，留居于俄国境内，由俄国政府给予其主人三十卢布作为报偿，其主人不得收回其属民。因此，有些土尔扈特人或因不满于其主人欺压，或以其他种种原因，通过皈依东正教的方式脱离其兀鲁思，有时整户或整爱马克逃入俄国境内接受庇护，俄国政府为他们建立居民点予以安置。17 世纪在伏尔

---

① 佚名：《卡尔梅克诸汗简史》，西·诺尔布汉译，载丹碧、格·李杰编著：《蒙汉对照托忒文字卫拉特蒙古历史文献译编》，新疆人民出版社 2009 年版，汉译见第 255 页，托忒文见第 253—254 页，蒙古文见第 66 页。

② 佚名：《卡尔梅克诸汗简史》，西·诺尔布汉译，汉译见丹碧、格·李杰编著：《蒙汉对照托忒文字卫拉特蒙古历史文献译编》，新疆人民出版社 2009 年版，汉译见第 255 页，托忒文见第 253—254 页，蒙古文见第 66 页。

③ ［俄］M. 诺伏列托夫：《卡尔梅克人》，李佩娟译，载国家清史编纂委员会编译组、中国社会科学院原民族研究所《准噶尔史略》编写组合编：《卫拉特蒙古历史译文汇集》第 2 册，2005 年，第 119—121 页。

加河左岸，捷列克河和乌拉尔河出现了受洗礼的土尔扈特人新居民点。

> 顿河的卡尔梅克居民点数量最多。从17世纪居民点出现以后，到18世纪上半叶，由于逃离自己兀鲁思的卡尔梅克人的涌入而得到了增长。在1734—1735年残酷的封建内讧时期，这种涌入尤为可观。为答复敦杜克奥木巴和台吉们对逃往顿河的卡尔梅克人数量增多的不满，俄国政府于1736年2月颁布命令，禁止接受没有诺颜的书面准许而逃到顿河的卡尔梅克人，并要求把1736以后来到顿河的卡尔梅克人交还给兀鲁思。命令准许将1636年以前到达的卡尔梅克人留在顿河军队中，但是这项命令也无济于事。卡尔梅克人继续向顿河逃跑，台吉们的抱怨也没有停止。俄国政府力图缓和冲突的尖锐化，于1753年命令将1736年以后出现的卡尔梅克人从顿河送还兀鲁思，顿河当局往伏尔加送还了336户。[①]

土尔扈特诸汗和台吉们一直要求俄国返还逃走的属民，而俄国政府坚持不遣返已受洗礼的土尔扈特人。阿玉奇提交的宣誓状规定："卡尔梅克人有权改信基督教，离开自己的统治者移居俄国的城市和乡村。至于那些从诺颜那里逃跑的、未加入耶稣教的卡尔梅克人，他们应当回到自己的兀鲁思去，不许他们在俄国境内逗留。"[②] 俄国政府对信奉东正教者的鼓励和庇护政策，实际上为土尔扈特人脱离兀鲁思提供了合法方式，从而使逃亡人数大增。阿玉奇汗时曾上奏彼得一世，要求收回其属民。1717年，彼得一世为利用土尔扈特军队应付外敌，作出让步，颁布了一道折中的命令，禁止收留逃人，而在已经信奉东正教的土尔扈特人中并未推行。[③] 此后阿玉奇汗"在追捕逃

---

① 《卡尔梅克苏维埃社会主义自治共和国史纲》，《第五章十八世纪时的卡尔梅克汗国七十年代的危机及其影响》，武国璋译，载国家清史编纂委员会编译组、中国社会科学院原民族研究所《准噶尔史略》编写组合编：《卫拉特蒙古历史译文汇集》第2册，2005年，第336—337、334—335页。

② 《卡尔梅克苏维埃社会主义自治共和国史纲》，《第五章十八世纪时的卡尔梅克汗国七十年代的危机及其影响》，武国璋译，载国家清史编纂委员会编译组、中国社会科学院原民族研究所《准噶尔史略》编写组合编：《卫拉特蒙古历史译文汇集》第2册，2005年，第330页。

③ 《卡尔梅克苏维埃社会主义自治共和国史纲》，《第五章十八世纪时的卡尔梅克汗国七十年代的危机及其影响》，武国璋译，载国家清史编纂委员会编译组、中国社会科学院原民族研究所《准噶尔史略》编写组合编：《卫拉特蒙古历史译文汇集》第2册，2005年，第331页。

亡者的同时，没有停止对加入东正教的卡尔梅克居民点的武装袭击，放火烧它们，把人领到自己的兀鲁思去”①。

阿玉奇汗去世后，其孙巴克沙岱多尔济（阿玉奇长子沙克都尔扎布的长子）接受洗礼，改信了东正教，1724年改名彼得·彼得洛维奇·台胜公爵，其教父是彼得一世。18世纪30年代中期，仅来到阿斯特拉罕一个省的城市并受洗礼的卡尔梅克家庭就有1446个，计5282人。土尔扈特人后来继续改奉东正教。敦多克奥木巴汗坚决要求把新入教的人交还给兀鲁思，或者至少把他们转交给他的异母兄弟东正教徒П. П. 台胜公爵去管理。此议未及实施П. П. 台胜公爵去世，沙俄政府将受洗礼的土尔扈特人转交给了其遗孀安娜·台胜娜夫人管理，为她在伏尔加河左岸萨马拉上游建立了要塞，此要塞于1739年被命名为斯塔夫罗波尔。在这里送交了大约七百多个受洗家庭，共计男女2104人，到1754年这个数字增加到8695人。后来移居彼得堡的敦多克奥木巴的遗孀贾恩也接受了东正教，1744年她的两个儿子和两个女儿与她一道受了洗，贾恩及其后裔被授予了敦多科夫公爵的姓。②

敦啰布喇什即位后为维护汗国的稳定，对俄国政府鼓励土尔扈特人改奉东正教的政策予以坚决抵制。

> 当和硕特部领主翁其克想带自己的两个儿子以及七名宰桑去受洗礼时，敦多克达什却将翁其克的妻儿及财产扣在兀鲁思。这种做法违背了从阿玉奇汗时代起就已立下的规矩，即按照基督教教规，对愿受洗礼者不得干涉，因此，一切愿受洗礼的人不受汗的势力的约束。对塔季谢夫（阿斯特拉罕省省长В. Н. 塔季谢夫——引者注）的要求，敦多克达什答复如下：“对已受洗礼者，我们不予干涉，而对那些即使只想去受洗礼的人，我们得知后，可加以阻拦，或将其打死，我们不曾因此受到惩

① 《卡尔梅克苏维埃社会主义自治共和国史纲》，《第四章十七世纪后半叶十八世纪初的卡尔梅克》，蔡曼华译，载国家清史编纂委员会编译组、中国社会科学院原民族研究所《准噶尔史略》编写组合编：《卫拉特蒙古历史译文汇集》第2册，2005年，第267页。

② 《卡尔梅克苏维埃社会主义自治共和国史纲》，《第五章十八世纪时的卡尔梅克汗国七十年代的危机及其影响》，武国璋译，载国家清史编纂委员会编译组、中国社会科学院原民族研究所《准噶尔史略》编写组合编：《卫拉特蒙古历史译文汇集》第2册，2005年，第331—333页。

处，理由是他们还在我们管辖之下。”①

1720 年，一部分土尔扈特人逃到雅伊克地方，被编入哥萨克军队。

到 1745 年，在雅伊克的哥萨克军队中受过洗礼和未受过洗礼的卡尔梅克人计有 684 人……汗国总督敦杜克达什获悉后，派代表到雅伊克要求所有编入雅伊克哥萨克军队的卡尔梅克人立即返回自己的兀鲁思。当地的军队长官向这位代表声明，他只能带走未受过洗礼的卡尔梅克人。卡尔梅克人刚一得知这一消息，便有 24 户计 84 人受了洗，112 个不愿意受洗的人被送回兀鲁思归他们原先的统治者管辖。②

敦多克达什、敦杜克达什都是“敦啰布喇什”的异译。敦啰布喇什一面通过合法方式收回未改信东正教的属民，一面派兵摧毁萨马拉省许多受过洗礼的土尔扈特人村镇。③ 原在伏尔加河下游有大约六千帐的穷苦土尔扈特人在俄国人开办的渔场工作，1752 年，敦啰布喇什汗命令这些土尔扈特人全部返回兀鲁思，使俄国渔场主受到重大损失。④

土尔扈特部一些贵族和属民改奉东正教成为俄国的城乡之人或军人，使土尔扈特贵族的属民人数减少，军事、经济力量受到严重削弱。⑤ 土尔扈特改信东正教的人与信奉藏传佛教的人分道扬镳，逐渐丧失民族意识，融入俄

① ［俄］M. 诺伏列托夫：《卡尔梅克人》，李佩娟译，载国家清史编纂委员会编译组、中国社会科学院原民族研究所《准噶尔史略》编写组合编：《卫拉特蒙古历史译文汇集》第 2 册，2005 年，第 121—122 页。

② 《卡尔梅克苏维埃社会主义自治共和国史纲》，《第五章十八世纪时的卡尔梅克汗国七十年代的危机及其影响》，武国璋译，载国家清史编纂委员会编译组、中国社会科学院原民族研究所《准噶尔史略》编写组合编：《卫拉特蒙古历史译文汇集》第 2 册，2005 年，第 334—335 页。

③ ［俄］M. 诺伏列托夫：《卡尔梅克人》，李佩娟译，载国家清史编纂委员会编译组、中国社会科学院原民族研究所《准噶尔史略》编写组合编：《卫拉特蒙古历史译文汇集》第 2 册，2005 年，第 123 页。

④ ［苏联］H. 帕里莫夫：《卡尔梅克在俄国境内时期的历史概况》，许淑明译，徐滨校，新疆人民出版社 1986 年版，第 54 页。

⑤ 《卡尔梅克苏维埃社会主义自治共和国史纲》，《第五章十八世纪时的卡尔梅克汗国七十年代的危机及其影响》，武国璋译，载国家清史编纂委员会编译组、中国社会科学院原民族研究所《准噶尔史略》编写组合编：《卫拉特蒙古历史译文汇集》第 2 册，2005 年，第 333—334 页。

罗斯，对其他人亦产生影响，东正教侵蚀的危害相对于俄国政府在政治上的控制，无异于釜底抽薪。

在土尔扈特内部，诺颜及其臣僚骄奢淫逸，腐化堕落，为所欲为，引起下层人民的不满。喇嘛不守戒律，在信徒中造成不良影响，以致僧、俗之人对佛教信仰产生动摇，许多人改奉东正教，脱离其主人和兀鲁思。在内外因素的作用下，土尔扈特汗国已处在分解的边缘。正是在这种情况下，敦啰布喇什制定了新法典。戈尔斯通斯基指出土尔扈特人的生活状况和条件的变化，俄国政府扩张其势力于土尔扈特内政，并使其服从于俄国政权，导致土尔扈特人“起草新法律和补充1640年法规”[①]。其实东正教对土尔扈特人的影响、土尔扈特下层人民对上层诺颜和官吏的不满，也是重要的原因。在敦啰布喇什汗时期，除了与俄国人相涉案件以双方共同商定的规则审断之外，土尔扈特内部的案件仍按土尔扈特传统法律进行审理，[②] 土尔扈特汗国仍有独立的司法权力，因此敦啰布喇什汗能够制定此法典。

第二节 《敦啰布喇什法典》的内容

目前学术界都认为《敦啰布喇什法典》是对《1640年蒙古—卫拉特大法典》的补充规定。那么，两个法典间有什么联系呢？《敦啰布喇什法典》与《1640年蒙古—卫拉特大法典》（绝大多数为《准噶尔法典》）相比较，其53个条款中与其内容近似的条款有11条，这11条内容和处罚完全相同的没有1条，内容相同而处罚稍异的有5条，其余6个条款差别较大。《敦啰布喇什法典》与《噶尔丹珲台吉敕令》内容相同的有2条，相近的1条，共3条，其余都是新法规。《敦啰布喇什法典》在率军出征的小诺颜的规定之后记：“凡本法规中未规定之事，依照旧法典和公认的口头判例审理。”（第45条）。对这些所谓“旧例”“旧法典”在前面第二章中与现存《准噶

① ［苏联］H. 帕里莫夫：《卡尔梅克在俄国境内时期的历史概况》，许淑明译，徐滨校，新疆人民出版社1986年版，第55页。

② ［俄］M. 诺伏列托夫：《卡尔梅克人》，李佩娟译，载国家清史编纂委员会编译组、中国社会科学院原民族研究所《准噶尔史略》编写组合编：《卫拉特蒙古历史译文汇集》第2册，2005年，第153—156页。

尔法典》做过比勘，二者几乎无法对应，《敦啰布喇什法典》和《准噶尔法典》之间仅有个别条款近似，绝大多数条款无继承关系。不过在土尔扈特人中曾实行《1640 年蒙古—卫拉特大法典》和《准噶尔法典》是无疑的。土尔扈特人为适应新形势，制定了新法典。《敦啰布喇什法典》有关宗教、军事、乌拉首思、偷盗、走失牲畜、诉讼等各方面的规定，与《准噶尔法典》的规定并不雷同，是重新规定的法规。宗教、留宿、抢劫、杂项、诉讼等方面的规定，绝大多数是全新的规定，法典内容自成体系。《敦啰布喇什法典》继承了《准噶尔法典》的法律传统，是为应对新形势制定的新法典，而在其规定条款以外的范围，仍沿用或参照"旧法典"和判例。不过，如前所述，法典中出现的有些"旧法典"和"旧例"已不是《准噶尔法典》的原条款，是后来的条款和判例。

《敦啰布喇什法典》分为序和正文两部分，序由四段赞礼诗和记载法典制定者的一段话组成。赞礼诗的前三段赞美了佛的三身，即佛身（密宗）、法身和化身（应身）。第四段赞美了咱雅班第达。咱雅班第达圆寂后，其库伦的徒众和沙毕纳尔在噶尔丹败亡时逃到了土尔扈特部生活。咱雅班第达生前曾两次赴土尔扈特传播佛教，特别是在第二次赴土尔扈特时为一些台吉用托忒文转写回鹘式蒙古文经典，在土尔扈特的影响很大。咱雅班第达创制的托忒文字被土尔扈特人采纳和使用。故法典序中有一段专门赞美他的诗文。在赞美诗后记，敦啰布喇什"与然占巴罗卜藏、然占巴僧吉扎布苏、巴勒登噶布楚、阿布格隆、隆利克绰尔济、囊邦三济等人商议，敦多布喇什为首沙毕和俗人全体议定，简要写出（制定）了教法的原则"。[①] 即敦啰布喇什与大喇嘛们商议，由僧俗众人共同制定了这部法典。法典共有 53 个条款，大体包括宗教、军事、乌拉首思、诺颜与官员、偷盗、走失牲畜、外人留宿、抢劫、杂项、诉讼审断等十项内容。

一、有关宗教法规

《敦啰布喇什法典》有关宗教规定共有 8 条，1—3 条是僧人法规，4—7 条是对俗人的规定。第 51 条与僧侣饮酒相关。

---

① К. Ф. Голстунскаго, Монголо-Ойратскіе Законы 1640 года, Ulaanbaatar 2004, стр. 61.

1. 僧人与信徒须严守戒律违者惩处

［有关］僧人法规，以守戒律为要事，［所有佛教信徒］都要按规矩遵守各自的戒律。格隆等违犯四戒是大恶之根，若有犯者将革除其格隆号，罚四岁骆驼，给予经会之仓。若饮酒者，见者罚取三岁马。格楚勒若如前违犯四戒，罚四岁马。若饮酒，罚三岁羊。班第若如前违犯四戒，罚三岁羊，若饮酒，罚五十戈比。［以上］无论何人犯淫恶，令［与其女人］分离，否则，不得参加经会和［为施主］做佛事，贬为阿勒巴图。何人侮辱、骂詈和殴打遵守戒律的僧侣，以四十与四的大扎萨处罚。凡各经会［主持者］，将以上所定法规作为其会规，将［犯戒］者依规处罚。(第1条)

2. 认真研习经教者获得赏赐和尊重

托音、僧人认真研习经教学问者，依其等次给予赏赐和尊崇。(第2条)

3. 喇嘛平日着袈裟

喇嘛平日应身着袈裟，不穿袈裟者，视其在经会的地位分别予以处罚。(第3条)

4. 俗人持行八戒

俗人持行八戒，每月有三日斋戒。不行斋戒者，上等人罚三岁羊一只。众人所知晓之人罚三十个戈比，打脸颊三下。下等人罚十个戈比，打脸颊五下。(第4条)

5. 凡人经常念诵经咒

凡人经常念诵已经学会的以玛呢咒语为首的经文。(第5条)

6. 斋戒日不得杀生

任何人不得在斋戒日杀生，杀生者，何人见到，没收其所杀之物，虽将其殴打，未伤残其肢体者，无罪。(第6条)

7. 父亲必须令其儿子学会蒙古文

赛特之子不懂蒙古文，罚其父三岁马，送其子至老师处学习。众人所知晓之人［之子］，罚［其父］三岁羊。下等人［之子］，罚［其父］十五个戈比，其子照前例送至老师处学习，若其子至十五岁仍不能学会［蒙古文］，治罪。(第7条)

8. 管事的噶伦喇嘛经允许可以饮酒

阿里古罕达尔扎格隆楚勒图木业喜为首的噶伦等参与行政事务的托音管事之人，经大喇嘛或诺颜及众人许可饮酒，不罚。除此之外饮酒，依前面的法规处罚。(第 51 条)

僧人法规第 1 条规定：僧人必须严守戒律，违者处以革除名号、罚牲畜、罚款等惩罚。犯淫戒与女人同居者不准参与做佛事，开除其僧籍，成为阿勒巴图，即世俗应差之人。同时规定对守戒律的僧侣予以保护，不得侮辱、辱骂和殴打。若有人侮辱、骂詈或殴打遵守戒律的僧侣，以“四十与四的大法典（yeke bičig）”处罚。此指 yeke čāji，即《1640 年蒙古—卫拉特大法典》（此含《准噶尔法典》）。该法典规定：“辱骂绰尔济罚九九牲畜，辱骂成为诺颜之师的喇嘛，罚五九牲畜。辱骂格隆罚三九牲畜，若殴打则罚五九牲畜。辱骂班第、察巴干查罚五头牲畜，若殴打则罚一九牲畜。辱骂乌巴什、乌巴伞察，罚马一匹，若殴打，视其程度而定。”[①]《敦啰布喇什法典》没有列出所谓“四十与四的大法典”的具体条款和内容，似指此条。不过《敦啰布喇什法典》此条是有前提即殴打“遵守戒律的僧侣”，也就是说违犯戒律的僧侣不在保护之列。《敦啰布喇什法典》第 5 条规定对违戒杀生者，人人可以殴打，未致伤残其肢体者无罪，与此有相同的用意。而《大法典》第 26 条规定：“辱骂有家室之班第者，罚马一匹，殴打者加倍罚取。”[②] 即对违戒有家室的僧侣亦不得辱骂和殴打。《敦啰布喇什法典》要求僧侣遵守戒律的意愿更加强烈。

第 2 条规定奖励认真研习经典的僧侣，以与俗人相区别。第 3 条规定喇嘛必须着袈裟。

第 4 条是有关俗人持戒。要求土尔扈特俗人必须持行八戒，每月有三日斋戒。不行斋戒者，处以罚牲畜或打脸（抽嘴巴）的处罚。“八戒”指佛教为在家男女教徒制定的八条戒条。（1）不杀生；（2）不偷盗；（3）不淫欲；（4）不妄语；（5）不饮酒；（6）不眠坐高广华丽之床；（7）不装饰、打扮

① С. Д. Дылыков, *Их цааз.*, Москва, 1981, стр. 128.

② С. Д. Дылыков, *Их цааз.*, Москва, 1981, стр. 128.

及观听歌舞；（8）不食非时食（正午过后不食）。前七为戒，后一为斋。非终身受持，是在指定时间内奉行，受戒期间过近似僧人的生活。通常每月初八、初十五、三十日等日斋戒。

第 5 条人人要念诵经咒。

第 6 条在斋戒日不得杀生，没收其所杀之物，见者可以责打。

第 7 条规定所有学龄儿童必须学习蒙古文，否则依其家庭的社会等级，对其父亲予以不同的经济处罚。

第 8 条是对一些有行政职务的喇嘛饮酒的规定。在土尔扈特官府的八个宰桑中，通常有几个是由喇嘛担任。有行政职务的喇嘛经大喇嘛或诺颜的允准，在特别场合可以饮酒，除此之外，若饮酒则依例处罚。

《准噶尔法典》有关宗教及喇嘛方面的规定有 7 条，内容包括抢掠喇嘛爱马克及产业、从喇嘛处收回逃人，从喇嘛牲畜中取用乌拉、役使祭神的牲畜，侮辱和殴打喇嘛、辱骂和殴打娶家室的喇嘛、喇嘛随意破戒等，内容主要是保护喇嘛人身、财产和特权。而《敦啰布喇什法典》则侧重于使僧侣和信徒严守戒律、学习民族语文，以维持宗教信仰，这些是《准噶尔法典》中所没有的内容。学习蒙古文（托忒文）是学习佛教经典的基础，咱雅班第达创制托忒文之后，此时大部分的佛教经典已经转写为托忒文。掌握蒙古文对学习佛教经咒和坚定属民佛教信仰非常重要。

二、有关军事法规

《敦啰布喇什法典》军事方面的规定有 4 条，即第 8—10 和第 45 条。

1. 闻警上报官府并出征迎敌

何人听闻紧急敌情，上报官府，并挺身向敌人来处出发御敌。若不及时出征，诺颜罚二九牲畜，赛特罚铠甲、马和四岁骆驼各一，众所知晓之人罚四岁骆驼一峰，下等人罚四岁马一匹。（第 8 条）

2. 出征班师依军律

[紧急情况之外的] 其他军律，凡应出征之军队获得命令（消息）后必须立即出发，逾期不至者，依法罚巴。诺颜罚一九，赛特罚四岁骆驼一峰，众所知晓之人罚四岁马一匹，下等人罚三岁牛一头。撤军之前

先行返回家者，依前例处罚。拒不来者，依法加倍罚巴。(第9条)

3. 不听从号令擅自抢掠者罚

凡［在战场上不听从指挥］整个和硕去抢掠［敌方牲畜财物］，将掳获物一起没收，罚该和硕马三十匹。和硕内［若有部分人］去抢掠者，没收其全部财物，只余其裸体。得到掳获物者，没收其掳获物，每人罚马一匹。依据［每人］在战斗中的表现好坏，根据旧法典分别奖赏和处罚。(第10条)

4. 小诺颜率军出征时的职责与权利

受派遣率军出征的小诺颜，任职期间享受首先获得战利品、［所需］饮食、乘马为首的乘用和驮载之役畜、送给外国人的适当礼品等。除此之外，不得随意［征用和］享用其他物品。自己私属的阿勒巴图的战利品（掳获）可以自己作主。(第45条)

《敦啰布喇什法典》规定：有敌警上报官府，并立即出征迎敌。未按约定出征者，无论诺颜还是平民皆予以罚畜处罚。未按约定时间出征，或撤军之前返回者皆处罚。无论整个和硕或个人不听从指挥，不遵守战场纪律，任意抢掠，罚没其掳获物，并罚马。根据每个人在战斗中的表现，依旧法典给予奖赏或处罚。

受派遣率军出征的小诺颜，在任职期间可以享有首先获得战利品、所需饮食、马匹为首的乘用和驮载之役畜、送给外国人的适当礼品等。除此之外，不得随意征用和享用其他物品。其私属的阿勒巴图的战利品（掳获）可以自己做主。凡本法未规定之事，依照旧法典和公认的口头判例审理。

《敦啰布喇什法典》中闻知敌人来袭向官府报警、率兵按时出征等条内容亦见于《准噶尔法典》，比起《准噶尔法典》的死刑，其处罚较轻。而其不得在撤军前返回，战场上不得擅自掳掠、小诺颜率军出征时享有的权限等都是《准噶尔法典》所没有的内容。

三、乌拉首思

《敦啰布喇什法典》有3条乌拉首思方面的规定。

1. 有关普通使者的规定

［有关］普通使者的规定，除官方三类事务的使者外，其他使者依例替换其乘用［的马匹］。若违犯此规定，为节省酬金而不换乘乌拉马匹者，每匹马罚三十戈比，马匹若倒毙则赔偿。使者不得饮酒。遵行此规定的使者，何人殴打使者或做错事，依诉讼规定处置。使者未按此规定，饮酒和做错事被殴打，未伤残肢体则无咎。（第 28 条）

2. 三类事务不提供乌拉则籍没

法定三类事务不提供乌拉者，依旧法典籍没。（第 37 条）

3. 权贵为他人避乌拉

无提供乌拉义务的权贵，替换别人马匹［使其逃避乌拉］，罚三岁马一匹。（第 38 条）

第 1 条关于使者的规定，除官方三类事务外，其他使者依例替换乘用的马匹，禁止为节省酬金，不换乘乌拉，不换乘乌拉马匹者，每匹马罚三十戈比，马匹倒毙则赔偿。使者不得饮酒。遵行此规定的使者，何人殴打使者或做错事，依诉讼规定处置。使者若未按此规定，因饮酒和做错事被人殴打，只要肢体未伤残，殴打者无咎。可知此时的驿站管理方式有变化，使者换乘马匹需要交酬金，为节省酬金不换乘马匹，远途乘骑容易使驿马疲乏和倒毙，因此要求使者除了紧急的三类事务外，出使时在途中按规定更换所乘驿马。

第 2 条三类事务不提供乌拉者，依旧法规籍没。此处未提三类事务和旧法典的具体内容，三类事务应为《准噶尔法典》所记的政教之事、大敌来袭、大诺颜和阿噶生病三事。但是，《准噶尔法典》中对三类事务拒绝提供乌拉者罚九九牲畜，不是籍没。因此，《敦啰布喇什法典》所说的旧法与《准噶尔法典》有差异，不知何时予以更改的。

第 3 条无承担乌拉义务的权贵替别人隐匿应提供乌拉的马匹，罚三岁马一匹。

四、有关诺颜与官员

《敦啰布喇什法典》除对审案官员的规定外，有关诺颜和官员的规定还有4条。

1. 诺颜参与不适合其身份之事被殴

凡诺颜在搜查、突发的殴斗中、或在争夺乌拉时被打，殴打者无罪。因为此事与诺颜身份不符，是其自失体统［所致］。（第11条）

2. 近侍官员堕落

自服侍官以下，侍卫和掌索永布文字事务的恰等、阔端赤等，在侍膳礼法规定之外嗜酒、贪玩、懒惰、不热心于职事、挑拨是非，自甘堕落者，不要说我的身份被降低了，而应自省其所作所为。（第36条）

3. 凡人应听从宰桑命令

凡人听从宰桑之命令。若宰桑不听从诺颜和众人正确的话，错误行事，则可以不听从此宰桑之言，并向诺颜和众人告知，否则依法处罚［不听从此宰桑命令者］。（第43条）

4. 越界游牧

凡人在左、右边界内随其昂吉［游牧］。从昂吉以四十户往其他地方离去者，罚其四十户长四岁骆驼一峰，令回归昂吉。不足四十户单独分离去的人，罚各和屯四岁马一匹，令其返回四十户。若如此偏离而损失［人畜］于外敌者，令其所管宰桑［不得继续管领］，离开众人。若从爱马克、四十户在无专管宰桑之下出走的人众，在战争中失去牲畜财物者，将为首之人至俄国时即刻处置。（第41条）

诺颜应保持自己的自尊，珍惜贵族身份，若参与到与其身份不符的事务或冲突中被殴打则不追究殴打者的责任。无论是诺颜还是喇嘛，若做出与其身份不符之事、违规违戒之事，被人殴打或辱骂都得不到法律保护。法规中指出自服侍官以下，侍卫和掌索永布文字事务的恰等、阔端赤等在侍膳礼法规定之外嗜酒、贪玩，懒惰、不热心于职事、挑拨是非，自甘堕落者，不应认为是自身地位被降低了。即被汗处罚和失宠后应反省自己的所作所为。

《敦啰布喇什法典》规定凡人听从宰桑之令，若宰桑不听从诺颜及众人正确的话，则可以不听从此宰桑之言，并向诺颜和众人告知原由，否则对不听从宰桑命令者依法处罚。凡人应在左、右翼边界内随其昂吉游牧，以四十户为单位离开昂吉迁往其他地方者，罚其四十户长四岁骆驼一峰，令回归其昂吉。不到四十户单独分离去的人，罚各和屯四岁马一匹，令其返回昂吉。若离开后损失人畜于外敌，不准其宰桑再管理其属人。若从爱马克和四十户无专管宰桑时单独出走之人众，在战争中失去牲畜财物，将其为首之人至俄国时再处置。

前两条是针对诺颜和官员的，诺颜若做出不符合其身份的事情，法律不予保护，近侍官员若自甘堕落，将受到处分，咎由自取。对诺颜及其近侍官员的专横跋扈和骄奢淫逸行为予以警告和惩治。后两条规定，属民在规定的界限内游牧，对于离开自己昂吉擅自游牧的四十户长、和屯长等下级官员依法处罚，对于失责之宰桑予以革职，对离散的个人亦予以处罚。同时对部众服从宰桑命令留有余地，若宰桑背叛诺颜，则可以不听从宰桑之令。这些都反映出敦啰布喇什汗和台吉们有强化对属民控制、防范下属官员率部叛离的意图。

五、偷盗罪

《敦啰布喇什法典》有关偷盗的法规有 14 条。

1. 盗贼劫走人

［盗贼］偷窃人，依杀人法规籍没。（第 32 条）

2. 偷窃外国使者牲畜财物

凡人偷窃外国使者，如克里米亚、库班、吉尔吉斯、哈萨克、俄国使者的牲畜，依法规罚畜并施以刑罚，将［所窃］牲畜给还主人，其他雅拉归于官府，用于官府开支。首告之人赏给四岁骆驼一峰，罚户长骆驼。审断之后宰桑庇护盗贼，此类事仍依前法处罚，不必等待窃贼的宰桑，有何管事之人则［向贼］罚取雅拉，其雅拉包括人、牲畜和财物。［盗贼将所窃牲畜财物］若献给了喇嘛和权贵，不能给失主返还所窃牲畜财物，无咎。（第 20 条）

3. 禁止到库班等处偷盗和抢劫

若有人从库班、吉尔吉斯、克里米亚、哈萨克等地任意偷盗和抢劫，没收其全部盗窃之［牲畜财］物和所乘马匹，宰桑若知晓则罚四

岁骆驼一峰，若称不知此事，找可靠之人立誓，何人首告获得三岁骆驼一峰，由偷盗之人支付。（第 49 条）

4. 对窃贼的处罚

将此窃贼［鞭］打五十下，戴一月木枷，在双颊上烙以印记；再犯，同样处之；三犯，将窃贼卖给喀里木和库班等地。（第 15 条）

5. 买卖因罪罚没之人须经雅尔噶齐核验

因罚雅拉而收取的人，经雅尔噶齐核验后卖掉无咎。若未经雅尔噶齐核验卖掉，依法处罚，将其所卖身价银没收，用于官府之事。（第 16 条）

6. 偷窃财物

偷窃财物，价值一百戈比以上，［在罚其］户长［骆驼］、给官府缴纳费用及窃贼的处罚等方面［与之前的规定］相同，雅拉亦相同。其雅拉额数如下：加倍赔偿失主、另给失主祭火的羊、给告发者供佛的三岁马一匹；给官府费用［四岁］骆驼［一峰］、给扎尔扈齐四岁牛［一头］、给证人四岁马一匹、给雅尔噶齐四岁马一匹、给［派来处理案件的］使者三岁马一匹、给扎萨扈齐（执行官）三岁［大牲畜一头］、给户长骆驼［一峰］。扎尔扈齐何人审断，从盗贼贼首开始依次向每个窃贼各收取一头牛。（第 23 条）

7. 捉获盗贼送至官府

凡人捉获盗贼送至官府，除依法获得的报酬之外，加赏四岁骆驼一峰。告知［失主］盗贼的雅拉和刑罚，是依雅拉法，还是依通告的法规处置，依据失主之意定夺。（第 18 条）

8. 将盗贼庇护于喇嘛和权贵之处

若将盗贼庇护于喇嘛和权贵之处，罚宰桑四岁骆驼，归官府。若［宰桑］称不知情，派可靠证人立誓。宰桑本人不在家，对其妻、子、兄弟在［家］者依此法处置。这些人亦不在，将其有官职的德木齐依此法处置。向贼的户长罚取供佛的四岁骆驼一峰，即使是回子亦不例外。若［盗贼家］为单独的住户，向盗贼本人罚取应罚户长之骆驼。户长若称不知情，令宰桑立誓。户长之妻、子若称不知，亦立誓，无区别。（第 17 条）

9. 将盗贼庇护于大喇嘛权贵之处

若有人将盗贼庇护于大喇嘛、权贵之处，罚四岁骆驼一峰，收归官府。若此人抵赖，令其依法立誓。（第 54 条）

10. 匿藏盗贼

凡人明知盗贼而匿藏，打十五下，罚四岁骆驼归官府。从此骆驼[折价的牲畜] 中给首告人四岁牛一头。（第 19 条）

11. 偷窃案件不得私议完结

偷窃之事不得替贼撮合[与事主] 私议完结，若有人从中撮合私议，打十下，罚三岁马，用于官府之事。（第 13 条）

12. 失主与贼私议和解

[有窃案]，失主若与证据确凿的窃贼私议和解，悄悄收回自己的牲畜，则将贼[的人口、牲畜和财产] 依法没收，归于官府，用于官府之事；将失主当众打二十五下，剥夺其收回所丢失牲畜的权利。（第 21 条）

13. 宰桑允许失主与盗贼和解

双方宰桑若害怕为[无确凿证据的盗案] 立誓，而同意失主与盗贼和解，必须给官府缴纳费用后和解。若不缴纳给官府的费用，则仍依法立誓，[立誓之后] 被[宰桑] 立誓证明之人仅赔偿[失物]，无咎。首告与盗贼私议和解之人获得四岁骆驼一头。若双方宰桑[允许失主] 与有确凿证据的盗贼和解，罚双方宰桑各四岁骆驼一头，给官府。从此两峰四岁骆驼中，支给首告人各四岁牛一头。（第 22 条）

14. 宰桑可以令其管下人因疑案和解

宰桑令事主人与有盗窃嫌疑人和解，若两人同属于其管辖之人，无咎。而有确凿证据的盗贼，则仍依前例处置。（第 44 条）

偷窃人依杀人法规籍没。这里间接反映出杀人则处以籍没处罚。相关“偷窃人”的规定为其他法典所无。土尔扈特部周邻既有友好的也有敌对的国家和部落，法典规定不准偷窃周邻各国或部落的牲畜，对偷窃者刑、罚并施，将所窃牲畜还给畜主，所罚雅拉归官府。首告之人赏给骆驼一峰。罚户长骆驼，以其管束不严之故。宰桑包庇窃贼，依前例处罚。由窃贼的宰桑或者管事之人向窃贼罚取雅拉，雅拉包括人、牲畜和财物。贼若把所窃牲畜财物献给了喇嘛和权贵，不能还给失主则无咎。

窃贼偷窃，第一次打五十下，戴一月木枷，脸颊烙以印记。第三次犯，可以卖给喀里木和库班等地。因雅拉被罚没的人，经雅尔噶齐核验后可以卖掉，否则随意卖人则没收其所得身价，上缴官府。

偷窃财物价值超过一百铜钱，其处罚与偷窃牲畜相同，即罚户长的骆驼、向官府缴纳的费用、对偷窃者的处罚都相同，雅拉亦相同。其雅拉额数如下：加倍赔偿失主、另给失主祭火的羊、给告发者供佛的三岁马一匹；给官府费用四岁骆驼一峰、给扎尔扈齐四岁牛一头、给证人四岁马一匹、给雅尔噶齐四岁马一匹、给派来处理案件的使者三岁马一匹、给扎萨扈齐（执行官）三岁大牲畜一头、给户长骆驼一峰。审断此案的扎尔扈齐从盗贼贼首开始各收取牛一头。何人捉获盗贼送交官府，依法获得报酬外，加赏四岁骆驼一峰。对盗贼是依雅拉法，还是依据通告的法规处置，根据失主之意定夺。

若将盗贼庇护于喇嘛和权贵之处，罚其宰桑四岁骆驼一峰，归官府。若宰桑称不知，派可靠证人立誓。宰桑不在家，向其妻、子、兄弟依此法处罚。他们亦不在家，依此例罚其有官职的德木齐。向贼的户长罚取供佛的四岁骆驼一峰，回子也不例外。盗贼家若为独户，向盗贼本人罚取应罚户长的骆驼。户长若称不知情，令宰桑立誓，户长妻子、儿子若称不知，亦立誓，无区别。有人明知是盗贼而藏匿，罚四岁骆驼一峰，从此骆驼价值中出一头四岁牛给首告者。特点：宰桑、户长有监督和连带责任，而大喇嘛和权贵对庇护贼赃不负责任。

偷窃案不得私议和解，若与盗贼私议取回牲畜，不报官府，则将盗贼所偷人、牲畜和财物依法没收，当众殴打失主二十五下，剥夺其收回失物的权利。对无确凿证据的盗贼，双方宰桑怕立誓，同意失主与贼和解，则必须先向官府缴纳审理案件的费用后和解。不缴纳官府费用者，必须立誓。应立誓之人若赔偿失物亦无咎。首告与盗贼私议和解者获得四岁骆驼一头。双方宰桑若同意失主与有确凿证据的盗贼和解，罚双方宰桑各四岁骆驼一头，缴纳官府。从此骆驼价值付给首告者牛一头。同一宰桑所属之人，宰桑令失主与盗窃嫌疑人和解无咎。若令人与有确凿证据的盗贼和解则依前例处罚。

有关偷窃的刑罚规定与《准噶尔法典》相差较大，具有土尔扈特的特点。如禁止偷窃邻近国家和部落的牲畜财产；偷盗案件证据不足可以向官府缴纳费用后和解结案，宰桑若允许证据确凿的贼与失主私议完结则处罚宰桑；贼将所窃牲畜财物献给喇嘛和权贵，不还给失主无咎；向贼户长罚取供佛的四岁骆驼等都是土尔扈特的规定。

六、走失牲畜

《敦啰布喇什法典》走失牲畜方面规定有2条。

1. 获走失牲畜送交官府

［见到］走失的［牲畜］向雅尔噶齐报告，送至官府。否则罚三岁马一匹，用于官府事务。有人隐匿走失牲畜，首告之人依例获得报酬，此报酬由隐匿者付给。（第47条）

2. 获得走失牲畜通告三天后送至官府

获得走失的牲畜向当地之人通告三天，三天内送至［官府］。根据其居地远近确定［送至日期］。按规定捉获和通告之人，按规定获得报酬。（第48条）

见到失散的牲畜向雅尔噶齐报告，送到官府，否则罚三岁马一匹，充官府公用。首告之人依例获得报酬，由隐匿者支出。获得失散牲畜向当地通告三天后交官府，根据地方远近确定送至时间。按规定捉获和通告者，得到相应的报酬。

《敦啰布喇什法典》有关走失牲畜的规定与《准噶尔法典》基本相同，《准噶尔法典》强调三天内不得乘用，不得改记号。《敦啰布喇什法典》为见到走失牲畜报告官府。《准噶尔法典》规定收取走失牲畜交给收楞额及专管走失牲畜的官员，而土尔扈特由雅尔噶齐负责处理走失牲畜事务。

七、外人住宿

住宿法规定有2条，这是针对土尔扈特面临的特殊环境制定的，其他蒙古法典无相关规定。

1. 留杜尔伯特等外地人住宿离开时须验看

［有关］住宿规定。杜尔伯特部人和在俄国附近有家室之人离开时，［留宿者］应将留宿的熟人、姻亲和亲属请主管登记的赛特验看之后让［他们］离开。否则，当夜［于留宿之家附近］丢失多少牲畜，由［留宿者］赔偿，上缴官府四岁马一匹。即使牲畜没有被赶走［丢失］，［若未如此办理］仍依法罚三岁马。若此夜赶走牲畜的话，从留宿者如数籍没这些牲畜。这些牲畜由留宿者自己向赶走牲畜者追讨。(第 24 条)

2. 官府官员或尊贵之人验看留宿之人离开

［有关］验看留宿之人［离开］的规定，在附近若有上等人，或找其中最受人尊重的人来验看留宿之人，然后令其离开。此指居地远离官府之人，居地离官府较近之人，应请官府赛特之一前往验看后令其离开。否则依前面的规定处置。(第 25 条)

住宿法主要针对杜尔伯特部人和居住在俄国境内的土尔扈特人来土尔扈特部探亲访友等事制定的。杜尔伯特部人，指达赖台什孙孟库特木尔率领，附属于土尔扈特，在顿河流域游牧的一支杜尔伯特人。他们虽然承认土尔扈特汗的宗主权，独自游牧，往来伏尔加河和顿河流域，[①] 但双方之间互存戒备。还有些土尔扈特人改奉东正教，居住于俄国政府为他们建立的居民点，有些土尔扈特人逃入俄国境内居住或服兵役。他们与土尔扈特有着千丝万缕的联系，对他们来探亲访友留宿土尔扈特部有所戒备，留宿者或其亲属都必须及时上报官府，经赛特验看后登记，以防其离去时携走牲畜。若有此事发生，留宿者则须承担责任和赔偿牲畜。

八、抢劫

《敦啰布喇什法典》有关抢劫的法规有 4 条。

---

① ［德］P. S. 帕拉斯：《内陆亚洲厄鲁特历史资料》，邵建东、刘迎胜译，云南人民出版社 2002 年版，第 49—55 页。

1. 盗贼劫走人

［盗贼］偷窃人，依杀人法规籍没。盗贼来交战，用枪或箭［等武器］伤［事主和追捕之］人，则赔偿人［命价］。若伤马匹，伤马一匹罚四岁骆驼一峰。若［射人］未中，依其所射箭数每箭罚四岁马一匹。在畜主不在场时捉获窃贼送来的证人，赏四岁骆驼一峰，畜主带来的证人依旧例给付报酬。（第 32 条）

2. 有关抢劫的法规

［有关］抢劫的法规。［抢劫］除按规定的雅拉和刑罚惩办外，有多少人被抢走，则令［盗贼］赔偿多少命［价］。有可靠证人陪同去搜查时，［嫌疑人］拒绝搜查，则依法没收。无可靠证人，［嫌疑人拒绝搜查］而不能没收时，令［嫌疑人］赔偿［被盗］牲畜，不罚雅拉，令立誓。（第 34 条）

3. 不追赶强盗和逃人者处罚

有强盗来边界之人中抢劫马群，或有人外逃时，在近处之人追赶则有赏，不追赶者依法处罚。（第 39 条）

4. 禁止到库班等处偷盗和抢劫

若有人从库班、吉尔吉斯、克里米亚、哈萨克等地任意偷盗和抢劫，没收其全部盗窃之物和所乘马匹，宰桑若知晓则罚四岁骆驼一峰，若称不知此事，找可靠之人立誓，何人首告获得三岁骆驼一峰，由偷盗之人支付。（第 49 条）

对内部，盗贼偷窃人，依法籍没。盗贼袭击伤害事主或追捕之人，令其赔偿受伤害之人，伤马一匹则赔偿四岁骆驼一峰。贼射出而未中的箭，每箭罚四岁马一匹。证人捉送从贼，赏四岁骆驼一峰。畜主所带证人的报酬依旧例。除规定的刑罚和罚物外，被抢多少人，则赔偿多少命价。没有指出对抢劫犯“规定的刑罚和罚物”，《准噶尔法典》无偷盗人的规定。边界之人见有强盗抢劫马群，或有人外逃时，在近处者必须追赶，追赶者赏，不追者依法处罚。

对外部，若有人从库班、吉尔吉斯、克里米亚、哈萨克等地偷盗和抢劫牲畜财物，则没收其全部盗窃之物，没收前去偷盗之人所乘的马匹。何人首告，得三岁骆驼一峰，由前去偷盗之人支付。宰桑若知晓其事则罚四岁骆驼一峰，若称不知此事，找可靠之人立誓作证。

九、杂犯

杂犯，在清代蒙古律中指轻微犯罪，在此对性质不同、不易归类的轻微犯罪借用清代蒙古律之称，称之为杂犯。《敦啰布喇什法典》有关规定有4条。

1. 破坏诺颜圈禁的营地和围场

破坏诺颜［圈禁的］营地和惊散围猎中的野兽，此两种事，罚以骆驼为首的一九牲畜，以轮值处审理的旧例为准。若不知是［诺颜圈禁的］营地和［正在］围猎的围场而破坏，无咎。通过审理判明其知情与否。（第50条）

2. 冒犯苏勒坦山处以人命的雅拉

［冒犯］苏勒坦山罚以人命的雅拉，可以用两峰三岁骆驼代替。其他［族］人与卡尔梅克人无区别，其刑罚和对户长的处罚亦无区别。（第52条）

3. 辫发服饰规定

凡人应在帽子上缀缨，男人编起头发，女人不得穿对襟衣服，寡妇穿则无咎。（第42条）

4. 救助被灾牲畜依照旧法规奖赏

救助被狼袭击、遇火灾和掉冰窟的牲畜者赏，奖赏数额照旧法规。（第40条）

前三条是禁令，后一条是奖励救助受灾牲畜。首先禁止破坏诺颜圈禁的营地和围场，破坏者处罚，不知者无咎。其次禁止冒犯苏勒坦山，违者罚以人命的雅拉，可以用两峰三岁骆驼代替，对其他民族之人的处罚与卡尔梅克人相同，其刑罚和对其户长的处罚亦无区别。苏勒坦山不知其所在，显然是土尔扈特人有禁忌的山，不得冒犯。这里没有说明如何属于冒犯，是打猎、砍伐树木还是其他形式。在喀尔喀部将哲布尊丹巴呼图克图库伦周围山林作为禁区，不得砍伐树木和打猎，苏勒坦山成为封禁之地，或许也是宗教原因。冒犯苏勒坦山罚以人命的雅拉，处罚甚重。《准噶尔法典》有不得杀死阿拉克山蛇以外的蛇的规定，亦属此类禁忌。

卫拉特人有帽子缀缨及辫发的习俗，据帕拉斯调查记载：

> 有钱人喜欢戴大的宽边帽，帽顶上系有用红丝捻成的线条制作的缨子。卡尔梅克姑娘都掌握制作缨子的技巧，做得既灵巧又利索干净。她们一般总是把自己最好的针线活儿绣在帽子上，无法在帽子上系缨子的，至少在帽顶中央缝上一小块非斯红的布或其他质地的红色布料。帽子上的这个红色标记（或者那个红缨子）以及帽子所用的黄颜色，构成了东方喇嘛教徒的标志。就是处在中国统治下的布哈拉人也佩戴这些标记，为的是不受蒙古人伤害，顺利地通过他们控制的区域。男人的头发一般都是剃光的，仅在头顶部位发路稍后处留一处圆形的地方，上面长满头发，通常扎成辫子，一般人扎一条辫，上等人尤其是年轻人喜欢扎成两条或三条辫子。①

在服饰方面规定，土尔扈特人帽子必须带红缨，男人要辫发，女人禁止仿效俄国人穿对襟衣服，以保持民族传统。而奖赏救助遇灾牲畜的人则是蒙古法典常有的规定，具体内容各不相同。

十、诉讼与审断

《敦啰布喇什法典》有关法官审理诉讼的规定有10条。

> 1. 诉讼必须双方出庭
>
> 凡诉讼之人，向所要起诉之人在有证人的情况下提请其出庭。若不出庭，从雅尔噶齐请派使者［前去传唤］，付给使者报酬，使者传唤后仍不出庭，罚三岁马一匹。再次［派使者传唤仍不出庭］，再如前［罚

① ［德］P. S. 帕拉斯：《内陆亚洲厄鲁特历史资料》，邵建东、刘迎胜译，云南人民出版社2002年版，第108、110页。

三岁马一匹]，如第三次［传唤］仍不出庭，则宣判原告胜诉。凡人为起诉向雅尔噶齐请求派遣使者，［经审理］被告无须立誓已清白无事，则由滥请派遣使者的原告付给使者的报酬。(第30条)

2. ［派去审理案件的］使者若有报酬，应骑自己的马去审结案件。［派去的使者］久不结案，且收取［使者］报酬，则当众戮其太阳穴六下，收回［使者］报酬，另派其他人为使者。(第27条)

3. 扎尔扈齐断案须公正

扎尔扈齐断案不要偏袒，［应公正无私］，若有偏袒者，当众嘲笑和羞辱之。若第二次再犯，如前［当众嘲笑和羞辱之］。第三次，革其扎尔扈齐之职。(第12条)

4. 雅尔噶齐审案的规定

［有关］雅尔噶齐的规定，雅尔噶齐不得徇私情，必须遵守诉讼规章公正审断，若徇私偏袒，依扎尔扈齐的法规处罚。若有诸诉讼案，［应按顺序］先提交者先审理。若遇重大须紧急审理的案件，向扎尔扈齐请示说明后再提前审理。雅尔噶齐使用［审案消费］物品时若被告涉诉讼则使用，若不涉诉讼，则告知将［审案消费］物品还给其人。(第26条)

5. 宰桑不得在法外袒护窃贼

宰桑不得在审理规定之外袒护窃贼，若袒护者，当众嘲笑和羞辱之；再犯，如前处罚；三犯，令宰桑仅穿一条裤子，袒露上身围绕官府衙署转圈。(第14条)

6. 有关立誓规定

［有关］立誓规定。依约定时间来立誓，不能按时来，则取消此诉讼。扎尔扈齐计时指定立誓之日。若入誓者和要求立誓者双方在约定的日期有难以分身之事，不能前来，则事先派人将难以履约之事告知雅尔噶齐，若不派人告知，则取消诉讼。对主持立誓之人和入誓之人的规定相同。(第29条)

7. 作伪证

证人若为获得报酬而作伪证，当众人脱其衣服，鞭十五下，罚取［与其作伪证］应得报酬相等的［牲畜或财物］归于官府，用于官府之

事。（第 33 条）

8. 涉及宰桑的重案须持斧立誓

偷盗案件立誓，若需宰桑审理的重案，须持斧立誓，无需宰桑审理的小案，依法由相应之人立誓。（第 52 条）

9. 收取债务的规定

凡人有何债务，告知证人后向债务人索取。若不还债，报知雅尔噶齐派使者去索取。债务人支付使者的报酬。若不依此规定，夜间去索债（捉牲畜），则取消其债务，罚四岁骆驼一峰，给官府，用于官府事务，使者报酬从此骆驼［价值］中支出。白天索取（捉取牲畜），取消债权人的债务，并由其支付使者的报酬。（第 31 条）

10. 有关踪迹的法规

［有关］踪迹的法规。［失踪牲畜的］足迹在草地、雪地和泥泞地上模糊不清这三者，若有可靠证人，而［嫌疑人］不交还牲畜，则依例没收。若证人无法确证，不能以没收处罚时，令［嫌疑人］赔偿［丢失的］牲畜，依法为雅拉立誓。除此情况之外的踪迹，仍依旧例审断。不愿公开身份的证人向扎尔扈齐和雅尔噶齐之一报告，应根据此人情况酌情采纳。赛特既无法向其取证，则不必令其露面。视其言谈和态度判断和审决。（第 35 条）

凡有诉讼，原告和被告双方必须都到庭。原告带证人向被告提出诉讼，请其出庭。若不肯到庭，由雅尔噶齐派遣使者传唤其出庭，第一、二次传唤，不至庭则每次罚三岁马一匹，第三次仍不出庭，缺席判被告败诉。原告若无证据，被传唤者不必立誓，若清白，则由原告付给雅尔噶齐所派使者的报酬。雅尔噶齐使用被告应付给之物时要告知被告，若无诉讼应通知使者还给被告。派去办案的使者若有使者报酬，应骑自己的马匹去办结案件。若不骑自己的马匹，向原告或被告索骑马匹，又领取报酬，则予以羞辱的处罚，收回其使者的报酬，另派使者。

官府的扎尔扈齐和雅尔噶齐必须公正地审理案件，不得徇私偏袒，徇私偏袒者，给予当众羞辱的处罚，若不改正，第三次有不公正审判之事则革职。其他人不得为贼辩护。宰桑在审理案件时不得袒护窃贼，否则当众羞辱之。

疑案立誓由扎尔扈齐根据情况规定时间，双方按约定时间来立誓，不按时来则取消诉讼。若不能按时来，在约定之日前派人告知雅尔噶齐，不派人告知则取消诉讼。偷盗案件，若为宰桑审理的大案，持斧立誓。若为不经宰桑审理的小案，依法规令相应之人立誓。

凡人有债务，债权人告知证人后向债务人索取。若不还，请雅尔噶齐派人向其索取，由债务人负担使者报酬。若擅自夜间去索取债务，则取消其债务，罚四岁骆驼给官府，用于官府事务，使者报酬由此四岁骆驼价值中支出。白天索债，取消债务，债权人负担使者报酬。

踪迹模糊而有证人，嫌疑人若不交还牲畜，则没收其牲畜。若证人无法确证，则令嫌疑人赔偿牲畜，以一九雅拉立誓。除此情况之外的踪迹之案仍依旧例审断。不愿公开身份的证人，可以不露面，根据其人的言谈和态度判断予以审理。

《敦啰布喇什法典》与《准噶尔法典》在要求诉讼双方出庭方面相同，而其规定更为详细。对审判官员扎尔扈齐和雅尔噶齐的规定都是《准噶尔法典》所无的。有关立誓有详细规定。不得私自收取债务的规定两法相同，与其他蒙古法律也基本相同。而有关作伪证、踪迹模糊等规定都是该法规特有的。

对扎尔扈齐、雅尔噶齐、宰桑都要求公正审理案件，不得徇私偏袒。不公正执法者处以羞辱刑，这是本法中整肃官员法纪的一个独特惩罚方式。

第三节 《敦啰布喇什法典》的立法目的

《敦啰布喇什法典》是针对所谓“种种恶习”和为适应外部环境制定的新法典，其内容反映出了土尔扈特部当时面临的问题，以及立法者为应对这些问题采取的措施和意图。以下对其立法目的从几方面略加分析。

一、坚定维护本民族的宗教文化

前节已述俄国政府鼓励土尔扈特人接受东正教，对于信奉者予以庇护，使一些土尔扈特人为各种利益和原因，以信教的形式脱离土尔扈特部，获得俄国庇护。这对信奉藏传佛教，阿玉奇开始从达赖喇嘛获得汗号，并以此维系部众的土尔扈特部首领提出了严重挑战。以敦啰布喇什为首的土尔扈特贵族和大喇嘛对于东正教的侵蚀具有很强的危机感。敦啰布喇什严禁属民改奉东正教，对欲改信者严厉处罚，甚至不顾俄国政府的命令，摧毁一些已信奉东正教的土尔扈特居民点，将属民夺回兀鲁思。藏传佛教是土尔扈特汗国保持民族凝聚力、维护汗国统一的基石。因此，立法者首先治理的是宗教方面的"恶习"。通过制定此法典，要求僧俗属民坚持藏传佛教信仰，抵制东正教侵袭。对僧俗之人提出加强戒律，学习和传承民族文化，特别要求儿童学习和掌握托忒蒙古文，以便学习藏传佛教经典。

《敦啰布喇什法典》前七条是有关僧俗之人遵守佛教戒律和少年男子必须学习蒙古文的规定。其中前三条是针对僧人的，要求各级僧侣严格遵守四戒，特别强调不准饮酒和奸淫。赏赐和尊崇认真研习佛教学问的僧人，以此提高僧人在大众中的形象，巩固信徒的宗教信仰。显然当时有些僧侣不遵守戒律，在社会上造成了恶劣影响，以至于汗和宗教上层以世俗法律约束违犯宗教戒律者。后四条法规是针对俗人。要求俗人持行八戒，每月有三日斋戒，凡人必须念诵已学会的以玛呢咒语为首的经文。要求赛特以至下等人的孩子在十五岁之前必须学会蒙古文。

《卡尔梅克诸汗简史》的作者认为，要求少年男子学习蒙古文是敦啰布喇什"试图以此来扫除文盲，普及知识、希望臣民幸福"，表达了近现代人的观念。因此有些学者认为这是改革教育，令喇嘛与俗人子弟"学习科学文化"。[①] 众所周知，咱雅班第达一生致力于在卫拉特传播藏传佛教，其本人与徒弟们翻译了大量佛教经典，他还创制了托忒文，用本民族语言文字传播佛教，得到卫拉特人民的欢迎和爱戴。18 世纪的托忒蒙古文书籍仍以佛教经典为主，其中只有少量历算、历史、宗教文学、医学等方面的著作，并没有反映现代科学知识的书籍。提高人民识字水平确实是一个文化教育方面的新举措，不过我们必须注意到此举更重要目的是使人民能够阅读佛教经典，促进佛教传播和深入，巩固大众的宗教信仰，以及培养僧侣。例如

① 张体先：《土尔扈特部落史》，当代中国出版社 1999 年版，第 115 页；黄华均：《蒙古族草原法的文化阐释——〈卫拉特法典〉及卫拉特法的研究》，中央民族大学出版社 2006 年版，第 611 页。

1822年制定的《津齐林法规》中提到少年学习到十五岁之后，“何人送子至老师处食曼扎者（当小喇嘛）听其自愿为之，读书到17岁。此后若接受格楚勒、格隆戒，则听其父亲或最近的亲属愿望，将其意愿向宰桑呈报，听其众兄弟之意见。若众人认为他有必要回家，不予同意，令其返回鄂托克，成为俗人。若［其兄弟们］同意，报知宰桑批准，呈请诺颜允准。诺颜允准之后，呈报经会”。[①] 教授托忒文的老师是喇嘛，少年本人若愿意可以跟随老师当小喇嘛，继续学习到十七岁，此后是否受格楚勒、格隆戒，出家为僧，则要经父母家人、宰桑和诺颜的同意。令所有少年跟随喇嘛学习托忒文和佛教知识，自然有助于佛教在土尔扈特部的传播和巩固民众的宗教信仰，同时可以培养喇嘛。对《敦啰布喇什法典》试图保护本民族宗教文化的这个特点，马汝珩、马大正指出：“土尔扈特蒙古自迁牧于伏尔加河下游百余年过程中，在俄国逐步加强政治控制与东正教不断施加精神影响之下，汗国某些王公贵族与牧民对本民族传统宗教与语言文字日益淡薄。有些人改信东正教，有的加入俄国国籍，改换俄人姓名。《法规》的上述规定，正是立法者为维护本民族特点而对俄国政治控制与宗教奴役的有力抵制，也是对土尔扈特人数典忘祖行为的制裁。”[②] 虽然“人民的识字水平在法律颁布以后并未得到提高”[③]，但是反映了立法者试图提高全民的蒙古文化水平，增进佛教信仰，抵制东正教侵蚀，避免亡国灭种的意图。法典规定人人要诵读经典或咒语，严守佛教戒律，以保持宗教信仰，特别是要学习托忒蒙古文，这是保持宗教信仰的基本条件。对于认真学习经教者予以奖励，对于违戒和不认真学习者予以处罚。通过法律推行藏传佛教，这既是宗教的需要，也是出于政治需要。

《敦啰布喇什法典》第42条规定：“凡人应在帽子上缀缨，男人编起头发，女人不得穿对襟衣服，寡妇穿则无咎。”这是从另一个方面保护卫拉特

---

① John. R. Krueger, “New Materials on Oirad Law and History”, Part One: The jinjil Decrees, *Central Asiatic Journal*, Volume XVI, No. 3, Wiesbaden, 1972, pp. 89、201.

② 马汝珩、马大正：《漂落异域的民族——17至18世纪的土尔扈特蒙古》，中国社会科学出版社1991年版，第151页。

③ 《卡尔梅克苏维埃社会主义自治共和国史纲》，《第五章十八世纪时的卡尔梅克汗国七十年代的危机及其影响》，武国璋译，载国家清史编纂委员会编译组、中国社会科学院原民族研究所《准噶尔史略》编写组合编：《卫拉特蒙古历史译文汇集》第2册，2005年，第308页。

蒙古传统习俗的措施。

二、整顿吏治和惩戒不法之徒以争取民心

土尔扈特人大量逃亡，摆脱其兀鲁思和主人，改信东正教，与蒙古贵族和喇嘛上层的腐败、欺压属民、专横跋扈有着密切的关系。《敦啰布喇什法典》的一些规定体现了立法者整顿吏治、惩治不法官员、改变社会风气的意图。

1. 惩戒徇私舞弊和腐败堕落的官员

> 1）扎尔扈齐断案不要偏袒，[应公正无私]，若有偏袒者，当众嘲笑和羞辱之。若第二次再犯，如前 [当众嘲笑和羞辱之]。第三次，革其扎尔扈齐之职。(第 12 条)
>
> 2）[有关] 雅尔噶齐的规定，雅尔噶齐不得徇私情，必须遵守诉讼规章公正审断，若徇私偏袒，依扎尔扈齐的法规处罚。(第 26 条)
>
> 3）宰桑不得在审理规定之外袒护窃贼，若袒护者，当众嘲笑和羞辱之；再犯，如前处罚；三犯，令宰桑仅穿裤子，袒露上身围绕官府衙署转圈。(第 14 条)
>
> 4）[派去审理案件的] 使者若有报酬，应骑自己的马去审结案件。[派去的使者] 久不结案，且收取 [使者] 报酬，则当众戳其太阳穴六下，收回其 [使者] 报酬，另派其他人为使者。(第 27 条)
>
> 5）自服侍官以下，侍卫和掌索永布文字事务的恰等、阔端赤等，在侍膳礼法规定之外嗜酒、贪玩，懒惰、不热心于职事、挑拨是非，自甘堕落者，不要说我的身份被降低了，而应当自省其所作所为。(第 36 条)

汗、台吉的兀鲁思属下扎尔扈齐、雅尔噶齐、宰桑、使者都是处理政务、审断案件的官员，其是否秉公行政和公正执法对于土尔扈特政治的清明、人心的向背都有重要关系，因此，对这些官员应予以约束和惩治。对于办事不公的官员处以当众嘲笑、以手指戳其太阳穴、袒露上身绕官署跑圈、革职等处罚。通过羞辱予以警告，同时获取民心。对于汗、台吉近侍人员中

不热心于职事、贪图安乐、渎职和腐败堕落者亦给予严厉警告。

2. 对违法犯戒者和骄横的诺颜不予法律保护

法典规定如下：

1）何人侮辱、骂詈和殴打遵守戒律的僧侣，以四十与四的大扎萨处罚。（强调保护“遵守戒律者”，不遵守戒律的僧侣则不在保护之列。）（第1条）

2）任何人不得在斋戒日杀生，杀生者，何人见到，没收其所杀之物，虽将其殴打，未伤残其肢体者，无罪。（第6条）

3）使者不得饮酒。遵行此规定的使者，何人殴打使者或做错事，依诉讼规定处置。使者未按此规定，饮酒和做错事被殴打，未伤残肢体则无咎。（第28条）

4）凡诺颜在搜查、突发的殴斗中、或在争夺乌拉时被打，殴打者无罪。因为此事与诺颜身份不符，是其自失体统［所致］。（第11条）

无论诺颜还是僧俗之人若不遵守戒律和法令，或专横跋扈，遭到他人辱骂和殴打时，法律不予保护。反映出统治者急欲纠正“恶习”，不惜矫枉过正。帕里莫夫指出对诺颜和宰桑的相关法令是在于刹住他们的傲慢气焰和限制他们对其属部的为所欲为。①

三、维护与周邻国家和民族的和睦关系

前引《卡尔梅克诸汗简史》记载土尔扈特“与异族交往，也需要新的法规”。《敦啰布喇什法典》规定：

1. 凡人偷窃外国使者，如克里米亚、库班、吉尔吉斯、哈萨克、俄国使者的牲畜，依法规罚畜并施以刑罚，将［所窃］牲畜给还主人，其他雅拉（罚畜）归于官府，用于官府开支。（第20条）

---

①［苏联］H. 帕里莫夫：《卡尔梅克在俄国境内时期的历史概况》，许淑明译，徐滨校，新疆人民出版社1986年版，第57页。

2. 若有人从库班、吉尔吉斯、克里米亚、哈萨克等地任意偷盗和抢劫，没收其全部盗窃之物和所乘马匹，宰桑若知晓则罚四岁骆驼一峰，若称不知此事，找可靠之人立誓。何人首告获得三岁骆驼一峰，由偷盗之人支付。（第 49 条）

土尔扈特汗国与克里米亚、库班、吉尔吉斯、哈萨克、俄国等国家和部落都有使节往来，凡偷窃以上国家和部落使节的马匹者，予以严厉处罚，所窃牲畜还给畜主，所罚牲畜归官府。严禁属民到周邻库班、吉尔吉斯、克里米亚、哈萨克等地偷盗和抢劫，违犯者没收其全部盗窃之物和所乘马匹，其宰桑若知晓此事，以管束不严罚其四岁骆驼一峰。立法者的目的是禁止侵害邻邦之人的牲畜财产安全，以免挑起不必要的争端，与周邻民族和睦相处，以保证汗国的安全。

四、防范属人外逃以巩固统治

1. 凡人在左、右边界内随其昂吉［游牧］。从昂吉以四十户往其他地方离去者，罚其四十户长四岁骆驼一峰，令回归昂吉。不足四十户单独分离去的人，罚各和屯四岁马一匹，令其返回四十户。若如此偏离而损失［人畜］于外敌者，令其所管宰桑［不得继续管领］，离开众人。若从爱马克、四十户在无专管宰桑之下出走的人众，在战争中失去牲畜财物者，将为首之人至俄国时即刻处置。（第 41 条）

2. 凡人听从宰桑之命令。若宰桑不听从诺颜和众人正确的话，错误行事，则可以不听从此宰桑之言，并向诺颜和众人告知，否则依法处罚［不听从宰桑命令者］。（第 43 条）

以上两条是强化汗、台吉对属民的控制。首先，规定属民必须随昂吉游牧，对于离开自己昂吉擅自游牧的四十户长、和屯长等下级官员依法处罚，对于失责之宰桑革职，对离散的为首之人亦予以处罚。其次，要求属民听从宰桑命令，同时附加了条件，宰桑若不听从诺颜和众人正确的话则可以拒绝听从。附加条件针对的应当是宰桑率属人逃入俄境之事，属民可以拒不听从其命令。这是针对当时的新情况制定的法规。

五、防范杜尔伯特部人和在俄国境内居住的卫拉特人

《敦啰布喇什法典》的“住宿法”也是新法规，其内容如下：

> 1. ［有关］住宿规定。杜尔伯特部人和在俄国附近有家室之人离开时，［留宿者］应将留宿的熟人、姻亲和亲属请主管登记的赛特验看之后让［他们］离开。否则，当夜［于留宿之家附近］丢失多少牲畜，由［留宿者］赔偿，上缴官府四岁马一匹。即使牲畜没有被赶走［丢失］，［若未如此办理］仍依法罚三岁马。若此夜赶走牲畜的话，从留宿者如数籍没这些牲畜。这些牲畜由留宿者自己向赶走牲畜者追讨。（第 24 条）
>
> 2. ［有关］验看留宿之人［离开］的规定，在附近若有上等人，或找其中最受人尊重的人来验看留宿之人，然后令其离开，此指居地远离官府之人，居地离官府较近之人，应请官府赛特之一前往验看后令其离开。否则依前面的规定处置。（第 25 条）

“住宿法”主要防范杜尔伯特人和居住于俄国境内的卫拉特各部人，防止他们来土尔扈特汗国探亲访友后携走人畜，引起纠纷。这里所说的杜尔伯特人，不是指所有附属于土尔扈特汗的杜尔伯特人，而是指其中的一支，即杜尔伯特部达赖台什幼子索诺木策凌及其子孙统领的一支杜尔伯特人。1701 年，土尔扈特阿玉奇汗与其长子沙克都尔札布内讧时，杜尔伯特首领孟库特木尔（索诺木策凌之子）率部移住顿河游牧，以躲避是非。敦啰布喇什即位之后，要求这部分杜尔伯特人重新团结在他的统治之下，于 1743 年双方和解宣誓，1744 年杜尔伯特人迁回了伏尔加河，但是与土尔扈特没有完全联合，仍有所戒备。1745 年，其大部分人再次回到顿河流域。1755 年时敦啰布喇什将女儿嫁给杜尔伯特首领噶尔丹策凌，双方关系得到缓和，1756 年杜尔伯特部返回了伏尔加河一带。1761 年敦啰布喇什去世后，噶尔丹策凌又率领杜尔伯特人返回了顿河流域。[①] 法典显示土尔扈特汗国与这支杜尔

---

① ［德］P. S. 帕拉斯：《内陆亚洲厄鲁特历史资料》，邵建东、刘迎胜译，云南人民出版社 2002 年版，第 51—57 页。

伯特人之间互存戒备。另外，有些改奉东正教的卫拉特人居住于俄国边境的居民点，还有一些卫拉特人逃入俄国境内居住或在哥萨克部队中服兵役。因此，《敦啰布喇什法典》规定来自顿河的杜尔伯特部人或居住于俄国边境的卫拉特部人来土尔扈特各兀鲁思留宿时，无论是借宿者或留住的亲戚必须上报官府，经赛特验看人数后注册登记，以防范其离去时携走土尔扈特的人口和牲畜。若发生携走牲畜之事，留宿者应承担赔偿牲畜的责任。若有借宿者离开，居地在官府近处，应请官府的赛特之一前往验看，离官府较远者，须请邻近的上等人验看，然后令其人离开。

综上所述，敦啰布喇什汗是在面临俄国政治上的控制，东正教精神上的渗透，土尔扈特内部诺颜、官吏腐化，引起人民不满的政治形势下主持制定新法典的。敦啰布喇什汗为首的土尔扈特上层统治者，试图通过立法严肃宗教戒律，强迫青少年学习蒙古文；整顿吏治，抑制上层诺颜、喇嘛和官吏的骄奢腐败；强化对属民控制，稳定与周邻国家或部落关系，以达到巩固汗国统治，保护本民族宗教文化的目的。这也是《敦啰布喇什法典》有别于《准噶尔法典》和其他蒙古法典的显著特点。

第四节　土尔扈特部的司法体系

一、司法审理机构和审判官

土尔扈特汗下的衙署（örgō̈官府）又被称为“jarɣu”（扎尔扈），[①] jarɣu，指诉讼，jarɣuči 指审理诉讼之人。青格勒图根据该词的原意指出是“诉讼、案件”之意，而不是指法庭和机构。[②] 不过据俄文史籍和托忒文

---

① 佚名：《卡尔梅克诸汗简史》，载丹碧、格·李杰编著：《蒙汉对照托忒文字卫拉特蒙古历史文献译编》，新疆人民出版社 2009 年版，第 71、181 页。

② 那仁朝格图：《简论 17—18 世纪卫拉特司法机构和札尔忽赤》，《卫拉特研究》2006 年第 1 期，第 38 页。青格勒图认为，那仁朝格图称“jarɣu”为法律审理机构或“法庭”有误，见青格勒图：《论〈蒙古—卫拉特法典〉中的“扎尔忽”和“扎尔忽赤”》，《内蒙古大学学报》（蒙古文版）2007 年第 2 期，第 102、103 页。青格勒图对“jarɣu”一词的解释正确，但是没有注意相关史籍记载，在俄国人记载中都把 örgöge 称之为 jarɣu，帕拉斯转写为 Sarga。örgöge 是八扎尔扈齐办公的衙署，因此亦称其为“jarɣu”汉译为：扎尔固、扎尔扈、扎尔戈等，本书统一译为“扎尔扈”。

《卡尔梅克诸汗简史》《津齐林法规》的记载，在当时确实将土尔扈特汗下的衙署亦称作“jarγu”（扎尔扈）。也许因为是审理诉讼的场所，故简称之为“扎尔扈”。苏联学者认为，土尔扈特的扎尔扈大约是在17世纪末至18世纪前半叶，即在书库尔岱青执政时期形成的。[①]

扎尔扈由八个宰桑组成，即八个扎尔扈齐。兹拉特金指出：

> 准噶尔汗借助我们前面已经提到过的扎尔戈（即扎尔扈——引者注）来管理国家。巴库宁曾写道：用他们的话说叫扎尔戈，而用我们的话说是法庭。它通常设在汗的住所附近，在一个单独的帐篷里，由汗最信赖的重要宰桑参加，其中往往有一两名汗能信得过的教士（即喇嘛——引者注）。照他们古老的习惯，其人数不超过8人，准噶尔各汗和主要领主——他们称之为“叶赫诺颜”，即大王公的扎尔戈中，也往往保持这个人数……全卡尔梅克族的管理事宜，都要由这个扎尔戈来决定。并在这个机构中起草汗给卡尔梅克领主们的有关……公开事务的指令。初稿提交汗核准，然后誊清并盖上汗的大印，它保存在汗最信任的一个首席宰桑那里。巴库宁论述扎尔戈的作用和活动的资料也为帕拉斯的观察所证实。他写道：“这个扎尔戈被认为是政府的议事会和全汗国的主要上诉法院。”相同职能的类似机构存在于每个兀鲁思中，“以便在自己的臣民间行使司法权”它也称作扎尔戈。[②]

兹拉特金依据巴库宁和帕拉斯的记载比较准确地描述了扎尔扈的人员构成和职责。土尔扈特汗任命其直接管辖的土尔扈特本部人担任扎尔扈齐，土尔扈特部中独立的昂吉或兀鲁思，以及杜尔伯特、和硕特等附属部落之人不在汗的官府内担任此职，这些大诺颜各有自己的官府，设有相同的官府和官员。汗直属的扎尔扈的帐篷或衙署，蒙古语为örgöge，托忒文为ȫrö，与噶尔

① 《卡尔梅克苏维埃社会主义自治共和国史纲》，《第四章十七世纪后半叶十八世纪初的卡尔梅克》，蔡曼华译，载国家清史编纂委员会编译组中国社会科学院原民族研究所《准噶尔史略》编写组合编：《卫拉特蒙古历史译文汇集》第1册，2005年，第249页

② ［苏联］伊·亚·兹拉特金《准噶尔汗国史》（修订版），马曼丽译，兰州大学出版社2013年版，第321页。

丹珲台吉的官府同名。本书汉译为官府。帕拉斯称“扎尔扈”为“议事会”是不准确的，它是土尔扈特的政府或政府机构。

据帕拉斯记载：

> 议事会不但行使着管理汗属臣民的行政工作，还向下属的王公们发布必要的敕令；它接受这些王公的臣民提出的申诉，根据汗位权力等级的不同分别予以实施。议事会做出的决议和发布的命令必须经汗批准，汗若表示同意就在文纸上签名或盖上红色或黑色的印玺（塔布花，Tamga）。印玺一般由汗最忠实的宰桑掌管。[①]

扎尔扈首先是一个行政机构，亦审理刑狱。兹拉特金指出扎尔扈还负责给各领主分配季节性游牧地。[②] 对扎尔扈的组成人员，帕拉斯称：

> 准噶尔部的台吉和土尔扈特部的汗，直至最后逃离的渥巴锡，都有一个议事会（扎尔固，Sarga），他们随其所好挑选他们的僚属和上等人（宰桑，Saissan）充任议事会的成员。上等喇嘛或僧侣也是议事会的自然成员，享有发言权，但数量较宰桑为少。这些宰桑是汗的走狗，他们能否进入议事会全凭汗的决定。议事的头儿由汗亲自担任，成员的数量根据古老的习俗为 8 名，准噶尔部和土尔扈特部都曾照此设立议事会。议事会的会场设在一个特别为此目的而营建的帐篷中，法典也保存于斯。[③]

在昂吉（非汗直属的大台吉的封地）和附属部落如杜尔伯特、和硕特等部的首领，即大诺颜之下也有类似“扎尔扈”的机构，管理这些大诺颜的属民。土尔扈特实行分封制，有封民分地，且独立游牧的大台吉（或称执政

① ［德］P. S. 帕拉斯：《内陆亚洲厄鲁特历史资料》，邵建东、刘迎胜译，云南人民出版社 2002 年版，第 185、186 页。

② ［苏联］伊·亚·兹拉特金：《准噶尔汗国史》（修订版），马曼丽译，兰州大学出版社 2013 年版，第 302 页。

③ ［德］P. S. 帕拉斯：《内陆亚洲厄鲁特历史资料》，邵建东、刘迎胜译，云南人民出版社 2002 年版，第 185 页。

台吉）都有管理其属民的行政机构，与汗庭管理机构和官员设置大致相同。帕拉斯记载：

> 在伏尔加河卡尔梅克部，有些汗对于各部（嫩秃黑，Nutuk）独立的台吉或王公没有操持一切的权力，只有在有关整个民族的制度和安全或俄罗斯当局敦促必须做到的事务方面，台吉们才必须服从汗的命令……每一个下级王公仍是他自己所拥有的臣民的主人，就是在成吉思汗统治蒙古的时候，小王公也保留了对其所属臣民的审判权。
>
> 与最高层的议事会相同，每一位王公（台吉）也设有他的议事会，来处理他的臣民之间的各种法律纠纷，维护法律稳定。这种议事会也由开明的宰桑组成，王家的亲属也可以由王公选任为成员。本兀鲁思的最高僧侣享有充任高级法官（扎鲁花赤，Sargatschi）的当然权力，这种权利任何人不得剥夺。高级法官以下设普通法官（Jergatschi），其任务主要是遣送有关人员，调解人民间的小纠纷，押送被告出庭以及监督执行判决等。此外，还有同普通法官数量相等的差役，称为达鲁花（Darga），其职责是为王公征收赋贡。①

Sargatschi 即扎尔扈齐，Jergatschi 即雅尔噶齐。在敦啰布喇什汗时期，扎尔扈成员由大汗任命。土尔扈特汗与昂吉和附属部落大诺颜之间有封建宗主关系，但大汗不能直接干预其行政和法律审判，他们在经济上自主。土尔扈特部有大汗下的扎尔扈、昂吉和附属部落下的扎尔扈两个相对平行的行政及审判机构，这两个机构管辖有众多爱马克和兀鲁思，大诺颜把部分领地授予其子弟形成众多兀鲁思和爱马克，爱马克的小王公，确切点说是附属于汗及大诺颜的执政诺颜或塔布囊（或有官职的诺颜塔布囊）再将其属人分给宰桑管理，宰桑多由王公的亲族担任，个别是受大诺颜宠信的有功绩的普通人。还有众多小台吉或诺颜是附属于某爱马克，自己没有独立的爱马克。爱马克的宰桑可以审理轻微案件。兹拉特金指出：

---

① ［德］P. S. 帕拉斯：《内陆亚洲厄鲁特历史资料》，邵建东、刘迎胜译，云南人民出版社 2002 年版，第 186 页。

准噶尔汗国统治阶级的结构类似于卡尔梅克，证明那里也存在以汗为首的不大的一批大王公，他们下面有一大批依附于大诺颜的小王公，再下面则是依附于小王公的大批宰桑。[①]

这里所谓的小王公是相对于大王公而言，应当就是《准噶尔法典》中出现的有官职的诺颜或执政的诺颜。

帕拉斯书中记载：

卡尔梅克人以游牧为业，人民居住的地方不集中。为了维护正常秩序，每个兀鲁思或王公领地分成若干块和小块，由宰桑以及宰桑手下的看守（阿合，Achcha）统治。宰桑管辖的地方叫做爱马克（Aimak），通常由150户到300户（Orkȯ）以上的人家组成。一个爱马克通常以40户为单位，分由若干个阿合或达木齐（Dǻmůtschi）管辖。各个达木齐辖下的家庭总是牧居在相距不远的附近地区。

许多宰桑出身于王公家族，他们继承的爱马克面积很大，汗部有的爱马克就有上千户。宰桑们死后，就将其爱马克分配给他们的儿子。此外，王公可以把功绩卓越的普通人封赐为宰桑，也可以剥夺宰桑的地位……宰桑的职责除了收取税赋、管理居民外，还要掌握着他管辖的爱马克范围内的司法审判权。他负责执行王公的令旨，辖区内如发生了重要的事情要向牙帐报告，他要调解居民间发生的纠纷，维护正常的生活秩序，将所辖家庭团结在自己的周围。他还必须注意臣民的言行举动，对怀疑出自他所辖爱马克的或已有迹象表明确系肇始于该爱马克的抢劫或偷窃事件负责。为了维护自己的尊严，宰桑有权利判处轻微的体刑和财产刑，必要时有权要求其臣民俯首贴耳，惟命是从。[②]

在爱马克之下是四十户、和屯，分别有德木齐及和屯的阿合管领，他们

① ［苏联］伊·亚·兹拉特金：《准噶尔汗国史》（修订版），马曼丽译，兰州大学出版社2013年版，第312页。

② ［德］P. S. 帕拉斯：《内陆亚洲厄鲁特历史资料》，邵建东、刘迎胜译，云南人民出版社2002年版，第187页。

没有司法审判权。

这些宰桑是附属于和鄂尔勒克家族内的旁系王公，“和鄂尔勒克将这些王公变为他的宰桑，但赐予他们一些特权。所以，土尔扈特部中形成了一个也可鄂尔克腾鄂托克。所有宰桑以及许多具有王族血统的普通人都出身于这个鄂托克。这个鄂托克的宰桑们有其世袭高贵的尊严，有权把他们的爱马克分配给他们的子女，跟王公们一样统辖着臣民”[①]。

汗官府的八个扎尔扈齐是行政长官，也是最高法官。雅尔噶齐是其副手，从事具体的行政和审判工作，“其任务主要是遣送有关人员，调解人民间的小纠纷，押送被告出庭以及监督执行判决等”[②]。据《敦啰布喇什法典》，雅尔噶齐的具体工作有：买卖奴仆要经其核验，负责具体案件诉讼费用的支出，协助扎尔扈齐落实立誓，负责遣使传唤原告和被告到庭，负责遣使与债主一同索债，证人不愿露面时可以向其密告，负责无主牲畜的收管和处置实际承担着审理和执行的具体事务。史籍中没有提供雅尔噶齐官员的具体员额数。

在渥巴锡任代理汗时期，“扎尔扈”仍有行政职能，游牧政权实行分封制，汗庭行政事务历来简约，而司法方面审理案件的事务相对较多，故外界误认为是法庭。土尔扈特东归之后，俄国政府取消土尔扈特汗国，令各部互不统属，各自为政，而保留了扎尔扈的形式，组成由三部代表组成的法庭，允许其依照本民族习惯法审理内部案件。在各部各自为政的情况下更加突显了扎尔扈的司法职能，称其为法庭亦名副其实，这更加深了人们将“扎尔扈”视为法庭的印象。

俄国政府对土尔扈特汗的“官府”有意进行了改造。1761 年，敦啰布喇什汗死后，其子渥巴锡成为汗位继承人，沙皇为削弱汗的权力，改组了扎尔扈。

本来撒尔哈（即扎尔扈——引者注）由 8 名成员组成，都是汗的

① ［德］P. S. 帕拉斯：《内陆亚洲厄鲁特历史资料》，邵建东、刘迎胜译，云南人民出版社 2002 年版，第 59、188 页。

② ［德］P. S. 帕拉斯：《内陆亚洲厄鲁特历史资料》，邵建东、刘迎胜译，云南人民出版社 2002 年版，第 186 页。

宰桑，现增设成员席位，隶属于汗的直系王公亦有权每人从其兀鲁思派一名宰桑列席。这些王公们选派的成员一旦赴任后，王公们便不能擅自将他们撤换，而且只有通过帝国外交委员会才可能与他们接触。并按成员享有100卢布薪金。这样撒尔哈就成了一个由俄国政府准许设立并提供资助的机构。改组后的撒尔哈如果就各项事宜无法达成一致意见，那么就把它交给帝国外交委员会处理。经过此番改组，新汗失却了以前在撒尔哈中的那种无限制的权力，其地位就像撒尔哈的主席。伏尔加河卡尔梅克部的这一机构设置，一直延续到1770年。①

帕拉斯在另一处又说：

1762年，在任命渥巴锡为代理汗的时候，汗议事会的结构也做了些新的调整，每一个执政的王公都有权任命一名宰桑担任汗议事会成员，以维护其王公自身的利益。结果，成员的数额有所增加，但王公任命的成员不得更换。成员们享受着俄罗斯政府提供的薪金，根据多数票原则通过决议。汗没有表决权，只［有在双方票数相同的情况下才］可投关键一票……如果仍然无法取得一致意见，那么就应提请俄罗斯帝国外事委员会决定。②

帕拉斯在两处都提到扎尔扈改组之后人数有所增加，而没有提供具体人数。《卡尔梅克诸汗简史》记载：

渥巴锡执政前，可汗的扎尔固宰桑全从可汗属下的土尔扈特部挑选。渥巴锡继承汗位后，叶卡特琳娜女皇下诏，可汗的扎尔固成员须由可汗属下的土尔扈特部选三名宰桑，一名喇嘛，敦杜克旺布（即敦多克奥木巴）属下的土尔扈特部选一名宰桑，杜尔伯特部选一名宰桑，

① ［德］P. S. 帕拉斯：《内陆亚洲厄鲁特历史资料》，邵建东、刘迎胜译，云南人民出版社2002年版，第88、89页。

② ［德］P. S. 帕拉斯：《内陆亚洲厄鲁特历史资料》，邵建东、刘迎胜译，云南人民出版社2002年版，第186页。

和硕特部选一名宰桑。由这些人组成扎尔固齐，各部的诺颜做主挑选。不经过扎尔固齐，可汗不能做出任何决议。以往扎尔固齐不可能与可汗平权，仅为协助，是给汗办事和执行谕令的臣属。现在他们和可汗平权处理司法和政务。可汗要听从属民，臣民有可能与可汗争权。汗权被削弱，高贵的权威受到藐视。①

依此记载扎尔扈成员人数似乎没有增加，只是把原八个名额中的一半，即四个宰桑换成了与汗同族的昂吉及附属部落大诺颜选派的宰桑，俄国通过表决制、发薪金、控制成员的任命权等措施，限制了大汗独断专行的权力。

据《敦啰布喇什法典》反映，汗的官府直接掌控着属下爱马克的行政与司法权力，凡涉及诉讼事务都要上报官府，缴纳审理费用，罚没的牲畜财物“归官”，作为官府运行之资。官府财政与汗的个人府库之间有了区别，已经有了公共财务。

二、诉讼和审理的特点

从有关诉讼和审理的法规来看，审案重视证据，鼓励首告，疑案则立誓完结或向官府缴纳费用后达成和解。

1. 重证据

重证据，特别是证人，例如有踪迹之案，有证人则可以定案，无证人则立誓结案。

2. 鼓励首告

（1）凡人偷窃外国使者牲畜，首告之人赏给四岁骆驼一峰。（第 20 条）

（2）若有人从库班等地偷盗和抢劫，何人首告获得三岁骆驼一峰，由偷盗者支付。（第 49 条）

（3）首告与盗贼私议和解之人获得四岁骆驼一头。（第 22 条）

（4）若双方宰桑［允许失主］与有确凿证据的盗贼和解，给首告者各

① 佚名：《卡尔梅克诸汗简史》，载丹碧、格·李杰编著：《蒙汉对照托忒文字卫拉特蒙古历史文献译编》，新疆人民出版社 2009 年版，第 257 页。

四岁牛一头。（第 22 条）

（5）偷窃财物，价值一百戈比以上，给告发者供佛的三岁马一匹。（第 23 条）

（6）凡人明知盗贼而匿藏，给首告人四岁牛一头。（第 19 条）

（7）隐匿走失的［无主］牲畜，首告之人依例获得报酬，此报酬由隐匿者支出。（第 47 条）

奖励首告者的牲畜是从有罪方或有过错方支出，例如，偷窃牲畜案，由窃贼支出，偷窃外国使者牲畜案，从罚没窃贼的牲畜中支出。藏匿盗贼案，从罚藏匿者的牲畜中支出。偷窃后私议和解案从罚没的牲畜中支出，若宰桑有过失从罚宰桑的牲畜中支出。罚贼户长的牲畜给首告者。隐匿走失牲畜案，由隐匿者支出。

3. 疑案立誓

必须按时赴约立誓。重大案件须持斧立誓。偷窃案不得私议完结，证据不足，由宰桑立誓后和解。

4. 大喇嘛和权贵有特权

贼将窃来的牲畜给大喇嘛或权贵，不能还给失主则无咎。有人将盗贼及赃物藏匿于大喇嘛和权贵处则受到处罚，而大喇嘛和权贵不被问责。

三、刑罚特点

以财产刑为主，并处以身体刑。财产刑以罚牲畜为主，亦罚货币，罚金是新出现的。所罚牲畜有骆驼、马、牛、羊等四种牲畜。罚畜按蒙古传统罚以九数罚畜，该法典中所见最高额为罚二九，如有紧急敌情诺颜不出征罚二九牲畜。罚畜中所罚骆驼、马、羊区分大小，有年龄要求，如四岁骆驼、三岁马、三岁羊等。行政处罚则罚巴。轻微罪罚货币，罚金从五十戈比至十戈比。

1. 籍没

盗贼偷窃人，依杀人法规籍没。（第 32 条）

2. 卖为奴婢

将盗窃累犯卖给喀里木和库班等地。（第 15 条）

3. 财产刑

（1）抢劫人，赔偿命价。

（2）罚畜刑。罚畜刑主要有雅拉和巴两种。

雅拉，偷窃财物，价值一百戈比以上，在罚其户长骆驼、给官府缴纳费用及对窃贼的处罚方面与之前的规定相同，雅拉亦相同。其雅拉额数如下：加倍赔偿失主、还要给失主祭火的羊、给告发者供佛的三岁马一匹；给官府费用四岁骆驼一峰、给扎尔扈齐四岁牛一头、给证人四岁马一匹、给雅尔噶齐四岁马一匹、给派来处理案件的使者三岁羊一只、给扎萨扈齐（执行官）三岁大牲畜一头、给户长骆驼一峰。扎尔扈齐何人审断，从盗贼贼首开始依次从每个窃贼各收取牛一头。（第 23 条）

此雅拉数额：除加倍赔偿畜主，按贼数给扎尔扈齐各一头牛，这两项根据具体案情确定外，总计罚四岁骆驼一峰，骆驼一峰、四岁马两匹、三岁马一匹、四岁牛一头、三岁牲畜（马或牛）一头匹，三岁羊一只、羊一只。包括给失主加倍赔偿及祭火的羊、办案费用（给官府缴纳的费用、给证人的报酬、给办案官员、户长的报酬）。雅拉中除赔偿部分外，其余为办案费用，办案费用高昂，都由窃贼负担。另外，身体刑是鞭打窃贼五十下、戴一月木枷、脸颊烙印记，第三次偷窃则将其卖给喀里木和库班等地为奴。

公罪罚巴，“巴”源自汉语“罚”，[①] 罚物归公，不归个人。如诺颜、官员和众人有紧急敌警时不及时出征、不按时会集、撤军之前提前返回或不来会兵，都罚巴（第 8 条、第 9 条）。“巴”这个法律术语不见于《准噶尔法典》，而出现于《敦啰布喇什法典》，说明“巴”或“巴噶”这个蒙古法律术语在土尔扈特仍得到保留和使用。

（3）罚金，轻微罪罚取货币，从五十戈比到十戈比不等。

4. 身体刑

主要有打脸（打嘴巴）、鞭打、戴枷、烙印等。

（1）打脸：三下、五下。

（2）鞭打：十下、十五下、二十五下、五十下。

（3）戴一月木枷。

（4）脸颊烙印记。

---

① 宝音乌力吉、包格校注：《蒙古—卫拉特法典》（蒙古文），内蒙古人民出版社 2000 年版，第 253 页注⑩；赛音乌其拉图：《〈卫拉特法典〉文化阐释》，内蒙古大学硕士学位论文，2012 年，第 63—66 页。

（5）偷窃罪并用刑，鞭打窃贼五十下、戴一月木枷、脸颊烙印记。

5. 羞辱刑

羞辱刑主要有当众嘲笑、戳腮、袒露上身跑圈等，亦是一种体罚，不过体罚程度较轻，主要是羞辱有过错的官员。以上羞辱刑都是《准噶尔法典》所没有的刑罚。

（1）当众嘲笑和羞辱。（第12条）

（2）戳腮，当众戳腮六下。（第27条）

（3）袒露上身围绕官府衙署转圈。（第14条）

6. 行政处罚

对有过错之人罚巴，革职。

（1）罚巴

（2）革职

《敦啰布喇什法典》中蒙古传统罚畜刑名只有雅拉和巴，没有“案主”和“按答奚”。在罚畜数量上没有出现伯尔克、坐骑、腿等量词。与《准噶尔法典》相比身体刑增多。

有些学者认为，《敦啰布喇什法典》出现身体刑和罚款处罚是受俄国法律影响的结果。H. 帕里莫夫指出在《蒙古—卫拉特法典》中没有身体刑，在《敦啰布喇什法典》中初次载入身体刑，这无疑是受到俄国法律的影响。① 其实不够准确，在《准噶尔法典》中已有身体刑，例如有割耳（第34条），割手指（第126条），鞭打三十、二十、十、五下等。（分见第28条、第22条）。②《敦啰布喇什法典》的身体刑有所增加，增加了打脸（打嘴巴）三下、五下（第4条），鞭打数量有所增加，有十、十五、二十五、五十下，还有戴枷一个月、脸颊烙印记等（分见第13条、第15条、第19条、第21条）。耻辱刑在《蒙古—卫拉特法典》中只有战败逃遁者令其穿妇女无袖外衣一种，而在《敦啰布喇什法典》中有数种针对官员的耻辱刑，例如当众嘲笑、戳太阳穴、袒露上身跑圈等。这些刑罚显然是在卫拉特人原

① ［苏联］H. 帕里莫夫：《卡尔梅克在俄国境内时期的历史概况》，许淑明译，徐滨校，新疆人民出版社1986年版，第56页。

② ウエ・ア・リヤザノフスキイ：《蒙古慣習法の研究》，東亞經濟調查局，1935年版，第365、366頁。

有习惯法基础上发展起来的，并不是受俄国刑罚的影响。

《敦啰布喇什法典》出现罚款的处罚，使用的是俄国货币，俄国学者认为这是受俄国法律影响，反映了在土尔扈特商品货币关系的发展。① 不过法典中处罚还是以牲畜为主，罚款处罚的额度不高，最高额为五十戈比。H. 帕里莫夫书中记载，在 19 世纪 20 年代一只绵羊的价格超过五卢布。② 羊是四种牲畜中价值最低者，羊价以下的处罚只能罚取货币。当时社会商品货币关系的发展为采用罚款处罚提供了必要条件，这点无疑是受俄国社会和土尔扈特社会经济发展的影响，未必是直接采纳了俄国法律的相关规定。

① 《卡尔梅克苏维埃社会主义自治共和国史纲》,《第五章十八世纪时的卡尔梅克汗国七十年代的危机及其影响》，武国璋译，载国家清史编纂委员会编译组、中国社会科学院原民族研究所《准噶尔史略》编写组合编:《卫拉特蒙古历史译文汇集》第 2 册，2005 年，第 308 页。

② ［苏联］H. 帕里莫夫:《卡尔梅克在俄国境内时期的历史概况》，许淑明译，徐滨校，新疆人民出版社 1986 年版，第 113 页。

第　六　章
《津齐林法规》研究

1822年3月19日至4月3日，俄国政府派驻卡尔梅克的警察总长卡哈诺夫奉命召集卡尔梅克诸部诺颜、宰桑和大喇嘛于阿斯特拉罕南面约100俄里的津齐林村召开会议，讨论修改和补充卡尔梅克旧法律，并通过了一个法规草案即《津齐林法规》草案。[①] 1825年，俄国政府设立卡尔梅克事务委员会对该法案进行审核修改，1827年完成审核并提交俄国政府，[②] 不过没有获得批准和颁布施行。《津齐林法规》虽然是一部没有颁布施行的法规，但对于了解当时留居俄国卡尔梅克人的处境、社会、法律和习俗，以及研究卫拉特法律仍有一定史料价值。

第一节　《津齐林法规》制定的历史背景

《津齐林法规》是土尔扈特部东归后，留居俄国境内的卡尔梅克人为向俄国政府争取司法审判权而斗争的产物。在1771年之前，即卡尔梅克汗国时期，[③]

---

① ［苏联］Н. 帕里莫夫：《卡尔梅克在俄国境内时期的历史概况》，许淑明译，徐滨校，新疆人民出版社1986年版，第111、124页。

② ［苏联］М·И·戈利曼：《1640年蒙古卫拉特法典的俄文译本和抄本》，载国家清史编纂委员会编译组、中国社会科学院原民族研究所《准噶尔史略》编写组合编：《卫拉特蒙古历史译文汇集》第1册，2005年，第307、308页，第308页注①。

③ 卡尔梅克汗国即土尔扈特汗国，辖有土尔扈特、杜尔伯特、和硕特等卫拉特部落之人，为在叙述中区别广义的土尔扈特汗国与狭义的土尔扈特部，本书使用卡尔梅克之称。此称是周邻国家地区之人对生活于伏尔加河、顿河流域的卫拉特人的泛称。

俄国政府掌握了对卡尔梅克汗的任命权，取消其外交权和对属下兀鲁思的分配权，并把汗国的行政和司法机构“扎尔扈”（亦译为“扎尔固”）予以改造，削弱汗权，从而加强俄国政府对卡尔梅克的控制。但是，卡尔梅克汗国仍保留着相对独立的行政和司法权，司法方面除卡尔梅克人与俄国人交涉案件须依据卡尔梅克汗国与俄国政府商议的规定审断外，其余案件都由汗庭下设的扎尔扈独立审判。①

1771 年，渥巴锡率部东归中国故土之后，俄国废除了卡尔梅克汗国，留在俄国境内的卡尔梅克人失去了统一政权。叶卡捷琳娜二世在 1771 年 10 月 19 日的诏书中规定，卡尔梅克领主之间互不统属。领主们的权力只限于管理各自部属的纯经济事务和处理兀鲁思的内部事务，而审判事项由土尔扈特、杜尔伯特、和硕特三部各派一个代表组成扎尔扈审理，以该族最古老的法律和惯例作为审理案件的依据，法庭裁决须经阿斯特拉罕省长批准。② 这样，在行政方面使卡尔梅克各部互不统属，各自为政，无统一政权。将卡尔梅克汗国原行政和兼有司法职能的扎尔扈的行政权利剥离，转变为纯司法机构，而阿斯特拉罕省长有最终的司法裁决权。

1786 年，阿斯特拉罕省总督波焦金下令关闭卡尔梅克人法庭扎尔扈，将卡尔梅克人的诉讼案件转交县级法院审理。在阿斯特拉罕设立了一个办理卡尔梅克事务的机构。③ 扎尔扈法庭的关闭使卡尔梅克人失去了司法审判权。

1801 年，俄国政府任命小杜尔伯特首领丘切伊·通杜托夫为卡尔梅克人和与该族同宗的其他帐的总督，④ 隶属于阿斯特拉罕省督军。同时任命卡

① ［俄］M. 诺伏列托夫：《卡尔梅克人》，载国家清史编纂委员会编译组、中国社会科学院原民族研究所《准噶尔史略》编写组合编：《卫拉特蒙古历史译文汇集》第 2 册，2005 年，第 120、153—155 页。

② ［苏联］H. 帕里莫夫：《卡尔梅克在俄国境内时期的历史概况》，许淑明译，徐滨校，新疆人民出版社 1986 年版，第 91 页。

③ ［俄］M. 诺伏列托夫：《卡尔梅克人》，载国家清史编纂委员会编译组、中国社会科学院原民族研究所《准噶尔史略》编写组合编：《卫拉特蒙古历史译文汇集》第 2 册，2005 年，第 157 页；［苏联］H. 帕里莫夫：《卡尔梅克在俄国境内时期的历史概况》，许淑明译，徐滨校，新疆人民出版社 1986 年版，第 93 页。

④ 丘切伊·通杜托夫是杜尔伯特部达赖台什幼子索诺木策凌之后人，曾游牧于顿河一带，后来返回伏尔加河流域。

尔梅克警察总长为卡尔梅克人事务的领导者，设在各兀鲁思的警察区长听其指挥。卡尔梅克总督有行政权力，监督所有卡尔梅克人不得离开指定的牧区，负责向各兀鲁思摊派军役。同时取消了卡尔梅克公署，恢复由八名宰桑组成的扎尔扈法院。丘切伊·通杜托夫任总督后，在一定程度上取得了管理全体卡尔梅克人的权力，但是，在俄国官员严密监督下，其权力已经无法与以往的汗相比拟。不幸的是，丘切伊·通杜托夫在任不久，于1803年去世，使卡尔梅克人恢复自治权利的机会转瞬即逝。

丘切伊·通杜托夫去世后，时任驻卡尔梅克警察总长的斯特拉霍夫对于是否再设总督一职多次向阿斯特拉罕省提出否定的建议，他认为设立总督无益，使其具有自主权力，保持本民族习俗和信仰，而且这个职务兼有在其牙帐下设立卡尔梅克族法庭扎尔扈之权利。扎尔扈随游牧迁移，常常不能及时审理案件，警察总长本人也不得不随之东奔西跑，因此建议不要再设总督。斯特拉霍夫还于1803年12月给阿斯特拉罕省齐齐安诺夫公爵呈上《对称之为扎尔扈的卡尔梅克法庭的情况的意见》，认为扎尔扈法官是卡尔梅克领主们推荐的，审理案件时受领主意志影响，不能公正审理。扎尔扈的工作毫无章法，存在诸多弊病。法官应由三部各推选一名领主担任，法庭必须设在阿斯特拉罕。对卡尔梅克的旧法律也应当修改或重写，某些方面可以借鉴俄国法律等。斯特拉霍夫的建议起到了一定作用，俄国政府没有允许丘切伊·通杜托夫之子额尔德尼台吉袭职。在丘切伊·通杜托夫任总督时大、小杜尔伯特部落已逐渐走向统一。1805年，俄国政府令杜尔伯特人自愿选择是归附额尔德尼台吉还是卡布·萨兰，并划分为大、小两个杜尔伯特部。小杜尔伯特有3302帐，归额尔德尼台吉统治，而大杜尔伯特的卡布·萨兰则分得609帐。给两部划分的领地于1809年获得俄国政府批准。扎尔扈则留在了小杜尔伯特部草原上。①

总督丘切伊·通杜托夫去世之后，扎尔扈的审判权力受到限制，奉卡尔梅克警察总长斯莫林的命令，从1818年起，扎尔扈法庭只受理民事案件，而且是不超过二十五卢布的诉讼。1821年，奉阿斯特拉罕边区司令 A. П.

① ［苏联］H. 帕里莫夫：《卡尔梅克在俄国境内时期的历史概况》，许淑明译，徐滨校，新疆人民出版社1986年版，第96—106页。

叶尔莫洛夫之命和奉阿斯特拉罕省长波波夫根据此令下达的指示，扎尔扈的权限是审理不超过五卢布的诉讼案。所有刑事案件和重大民事案件均由俄国县级和省级法庭根据俄国法律裁决。当时一只绵羊的价格超过五卢布，卡尔梅克人几乎丧失了司法审判权。俄国地方政府法官不了解卡尔梅克人社会情况和习俗，因此使卡尔梅克人的案件往往得不到公正的审理。① 卡尔梅克领主们不满于地方政府的这种约束，纷纷往彼得堡投递诉书和呈文。1821 年 3 月，和硕特部的车尔贝藏·丘缅涅夫、小杜尔伯特的额尔德尼台吉、通杜托夫赴彼得堡，呈请恢复扎尔扈法庭的权力，摆脱俄国地方长官的司法管辖。1821 年，俄国政府任命卡哈诺夫为卡尔梅克警察总长，并负责组织审核卡尔梅克旧法典是否准确。② 审核的目的有两个：一是校订法典，因为俄政府对其完整性与正确性尚无把握，所以不可能把它作为无可辩驳的卡尔梅克法律；二是使法典适应于该族的现代风习。③

第二节 《津齐林法规》的制定过程

1822 年，卡哈诺夫召集卡尔梅克领主、宰桑和喇嘛在津齐林开会，讨论修改旧法典。他命令土尔扈特、杜尔伯特与和硕特三部代表各自起草新法规草案，提交大会讨论。由和硕特部车尔贝藏、杜尔伯特部额尔德尼台吉等人提交了有 46 个条款的法规草案，得到多数代表的支持，获得通过。而土尔扈特领主策凌·乌巴什、大杜尔伯特领主斡齐尔等人提交的条款被否决。此二人不同意多数人通过的草案，中途离会。④

在制定《津齐林法规》的过程中，卡尔梅克人试图维护其自治权力和独立的司法权，以抵制省、县地方政府的控制，而不满于恢复卡尔梅克司法

① ［苏联］H. 帕里莫夫：《卡尔梅克在俄国境内时期的历史概况》，许淑明译，徐滨校，新疆人民出版社 1986 年版，第 106、107 页。

② ［苏联］H. 帕里莫夫：《卡尔梅克在俄国境内时期的历史概况》，许淑明译，徐滨校，新疆人民出版社 1986 年版，第 109 页。

③ ［俄］M. 诺伏列托夫：《卡尔梅克人》，载国家清史编纂委员会编译组、中国社会科学院原民族研究所《准噶尔史略》编写组合编：《卫拉特蒙古历史译文汇集》第 2 册，2005 年，第 157—159 页。

④ ［苏联］H. 帕里莫夫：《卡尔梅克在俄国境内时期的历史概况》，许淑明译，徐滨校，新疆人民出版社 1986 年版，第 124、130 页。

权力的阿斯特拉罕省长波波夫等地方官员，则利用卡尔梅克王公内部矛盾，使会议未能达成一致意见。会议虽然通过了法规草案46条，同时上报了以另两位领主为代表的被否决的有一百多个条款的草案。省长“波波夫所想的任务只是修改旧的卡尔梅克法规，由于时代条件变化，重新评价法规的每一条。而卡哈诺夫和参加津齐林会议的成员们却认为自己的工作实际上就是撰写一部新法规。其主导思想是，保证卡尔梅克人享有一定的自治权并使领主们比俄国官吏保留有更多的权力”[①]。省长波波夫支持土尔扈特领主策凌·乌巴什、大杜尔伯特领主斡齐尔等人提交的草案，因为这个草案只是对旧法典进行少许修改，主张仍建立由三部代表组成的扎尔扈，并设在阿斯特拉罕。而获得多数人支持的草案是设立由八人组成的扎尔扈，设在草原上，不受省府的控制，以争取更多权益。最终省长波波夫等人获胜，而支持卡尔梅克人的卡尔梅克警察总长卡哈诺夫被撤职。

1825年，俄国政府颁布了治理规则，并第三次从法律上规定扎尔扈由八名成员组成，由本族推举。同时规定卡尔梅克人犯刑事罪，由一般政府机关按国家基本法令审判，其他各类案件由扎尔扈法院负责审判。同年设立卡尔梅克事务委员会，其使命是：“审议与修改卡尔梅克人的古代法规。通过领主及僧侣界优秀人物的预备会议，在最大限度上使上述法规合乎一般规例，以俄国的和其他的法规补充其不足之处或不当之处。”[②] 该委员会“编写了1640年古法规条令汇编，附有1822年津齐林会议的决议，同时，从编写的法规中删除已经失效的旧条令，特别是删除有关军法和刑法案件条文，这类案件，卡尔梅克人已开始受俄国法律的约束。根据这些原则编写的新的卡尔梅克法规草案，卡尔梅克事务委员会于1827年连同委员会对津齐林决议的个别条文的意见一起呈报给上级机构。但是，1827年卡尔梅克事务委员会的工作没有取得实际效果。1834年和1847年的关于卡尔梅克族管理‘条例’也没有提到卡尔梅克总法规，因此，卡尔梅克人就有可能或按俄国普通法，或按他们的地方习俗和规章进行诉讼。实际上，乌芦斯（兀鲁

---

① ［苏联］H. 帕里莫夫：《卡尔梅克在俄国境内时期的历史概况》，许淑明译，徐滨校，新疆人民出版社1986年版，第125页。

② ［俄］M. 诺伏列托夫：《卡尔梅克人》，载国家清史编纂委员会编译组、中国社会科学院原民族研究所《准噶尔史略》编写组合编：《卫拉特蒙古历史译文汇集》第2册，2005年，第158页。

思——引者注）的法庭扎尔固在审理卡尔梅克诉讼案时，就不能采用卡尔梅克法令，结果几乎没有人知道有这些法令。”[①] 虽然经过卡尔梅克事务委员会审核修改的《津齐林法规》的权限仅限于民事和卡尔梅克的一些习惯法的范围内，但没有被俄国政府采纳和公布成为正式法令。卡尔梅克人试图维护其自主权，摆脱地方政府在行政和司法方面控制的抗争失败。

1834 年，俄国政府颁布条例改组扎尔扈法院，由俄罗斯人担任主席和顾问。扎尔扈成为二级审理法院，各兀鲁思按照 1825 年规例设有兀鲁思法院。1837 年 7 月 16 日，俄国枢密院规定：案件诉讼程序由兀鲁思法院提交扎尔扈法院，再由扎尔扈法院提交枢密院。1847 年，颁布了管理卡尔梅克民族的新条例。1849 年，关闭扎尔扈法院，案件转交给阿斯特拉罕刑事民事高等法院；兀鲁思法院则按条例规定改称为兀鲁思扎尔扈。[②] 这样统一审理卡尔梅克人案件的扎尔扈被取消，仅剩下各兀鲁思扎尔扈。兀鲁思扎尔扈只能根据俄国普通法，或者按卡尔梅克的习俗和规章来审理一些微小的案件。

第三节 《津齐林法规》的文本

1843 年，暂时派往阿斯特拉罕省监察委员会工作的比尤列尔男爵，复制了保存在阿斯特拉罕省法院扎尔扈档案馆的两件手稿：《1640 年法典》译本，题为《古代卡尔梅克决议集》；《1827 年卡尔梅克法典草案》，系卡尔梅克事务委员会在 1822 年《津齐林决议集》基础上拟订的。1875 年，比列尤尔将这两件副本赠送给莫斯科法律协会图书馆，该图书馆于 1880 年送交列昂托维奇教授。同年，列昂托维奇将《古代卡尔梅克决议集》及《1827 年卡尔梅克法典草案》的副本出版。其中《1827 年卡尔梅克法典草案》每页分为四栏，第一栏是蒙古卫拉特法典俄译文，第二栏是津齐林会议文稿，第三栏是土尔扈特两个诺颜所发表的特殊见解，第四栏是卡尔梅克事务委员

① ［苏联］H. 帕里莫夫：《卡尔梅克在俄国境内时期的历史概况》，许淑明译，徐滨校，新疆人民出版社 1986 年版，第 128、129 页。

② ［俄］M. 诺伏列托夫：《卡尔梅克人》，载国家清史编纂委员会编译组、中国社会科学院原民族研究所《准噶尔史略》编写组合编：《卫拉特蒙古历史译文汇集》第 2 册，2005 年，第 159 页。

会1827年的最后一件文稿。[1] 该法典草案有224个条款，去掉重复的有162条，内容上删去了旧法规的军事法令和有关重大刑事案件的一些法令，社会习俗方面的内容得以保留，略有修改。旧法规的修改多半是文字上的修改，很少触及条令的实质，其中原封不动保留的旧法规条文有61条。[2]

1972年，美国学者克鲁格（John. R. Krueger）英译了A. M. 波兹德涅耶夫于1892年出版的《卡尔梅克文献选集》（*Kalmyk chrestomathy*）中收录的托忒文《津齐林法规》。据克鲁格介绍波兹德涅耶夫书第四部分（第89—92页）标题是简单的"Zinzilinskiya postanovleniya"即（jinjil Decrees），篇幅很短，各条没有序号。[3] 克鲁格称他和鲍培教授在彼得堡看到的《津齐林法规》篇幅很大，而波氏所收篇幅很小，因此推测法规的其他内容或许隐藏在1640年法典等其他篇目之中。[4] 波氏出版的《津齐林法规》与《1640年蒙古—卫拉特大法典》和《敦啰布喇什法典》相比较，其绝大多数条款不见于这两部法典，少量内容相同的条款亦作过修改。从该法规中有八扎尔扈的表述和没有军事、刑事等方面内容来看，应为1827年审改后的法规。有可能仅收录了已修改和新增的内容，没有包括继续保留的旧法规。有关设立八扎尔扈的提法是津齐林会议通过的由和硕特部车尔贝藏、杜尔伯特部额尔德尼台吉等人提交的有46个条款的法规草案的内容。有待以后同列昂托维奇出版的《1827年卡尔梅克法典草案》核对，以确知其是否为卡尔梅克事务委员会于1827年拟定的最后草案。

第四节　《津齐林法规》的内容简析

波兹德涅耶夫出版的《津齐林法规》中没有从《1640年蒙古—卫拉特

---

① ［苏联］M. И. 戈利曼：《1640年蒙古卫拉特法典的俄文译本和抄本》，载国家清史编纂委员会编译组、中国社会科学院原民族研究所《准噶尔史略》编写组合编：《卫拉特蒙古历史译文汇集》第1册，2005年，第307、308页。

② ［苏联］H. 帕里莫夫：《卡尔梅克在俄国境内时期的历史概况》，许淑明译，徐滨校，新疆人民出版社1986年版，第130页。V. A梁赞诺夫斯基对《津齐林法规》有论述，不过没有超出H. 帕里莫夫，见V. A. Riasanovsky, *Fundamental principles of Mongol Law*, Indeana University, pp. 79-82。

③ 本书译为《津齐林法规》。

④ John. R. Krueger, "New Materials on Oirad Law and history", Part One: The jinjil Decrees, *Central Asiatic Journal*, Volume XVI, No. 3, Wiesbaden, 1972, pp. 195-196.

大法典》直接修改或沿袭的条款，而与《敦啰布喇什法典》内容相近的条款有第1、2、12、13、14、15、18等七条，每条都对原条款有所修改或增补，其余十几条是新增的条目。全部18条内容都不涉及军事，以及杀人、伤人、偷盗等刑事案件，只有文化教育、出家当喇嘛、诺颜之间团结和睦、不得侵犯诺颜人身和特权、诺颜和官员因公务殴打人、宰桑腐败堕落、帽顶戴红缨等内容。这是因为军事、刑事和重大民事案件都已归俄国地方法庭，依俄国法律审理，卡尔梅克方面自己所能审理的案件极其有限。

一、学习蒙古文

第一条是有关学习蒙古文（托忒文）方面的规定。

> 凡世间之人皆阅读和学习蒙古文经书。赛特、宰桑们的儿子如不能读、写蒙古文，罚其父亲巴三岁骆驼一头。令其送儿子至老师处学习。哈剌出尽其所能令其儿子学习蒙古文。宰桑令其儿子学习，自己承担学习费用。所罚巴用于救济穷人。
>
> 众人知晓之人罚巴三岁马一匹。将其子送至老师处学习。众多平凡粗鲁人［之子］不能识蒙古文者，罚其父巴十五个戈比，令其儿子读书。
>
> 不随老师学习蒙古文，不能识文断字者，罚巴，年限为十五岁。因懒惰自己不学习者，令众人鄙视他。（第1条）

学习蒙古文，这是为了让所有人都能够识字，阅读佛经，即托忒文的经典，以巩固民众的佛教信仰，保护本民族的文化。该法令强制规定，凡男孩在十五岁之前必须学习蒙古文，能够识文断字。赛特、宰桑到普通人的儿子，若不能识文断字，则予以不同程度的处罚。宰桑自己负担送儿子学习的费用，向其罚的巴用于救济穷人。《敦啰布喇什法典》（大约在1749—1758年之间）规定："赛特之子不懂蒙古文，罚其父三岁马，送其子至老师处学习。众人所知晓之人［之子］，罚［其父］三岁羊。下等人［之子］，罚［其父］十五个戈比。其子照前例送至老师处学习。若其子至十五岁仍不能学会［蒙古文］，治罪。"（第7条）对比两个法规，该法令对赛特、宰桑和众人知晓之人的处罚明显高于《敦啰布喇什法典》，罚三岁的马、羊，改为罚三岁的骆驼和马。这是行政法令，故罚巴，所罚巴要归公，因此向这些人罚的巴，用以救济穷人。没有规定穷人若不能给儿子提供学费读书，将如何办理。该条款沿袭了《敦啰布喇什法典》的规定，其用意也相同。1771 年土尔扈特东归后，留居俄国的卡尔梅克人是否继续施行这个法规不得而知，此时重修法律，处罚加重，试图通过加重对违规者的处罚来更好地推行这个政策，说明原法规执行的效果不佳。

二、出家当喇嘛的规定

有关出家当喇嘛的规定有 3 条，即第 3—5 条。

1. 出家手续

何人送儿子至老师处［当小喇嘛］食曼扎者听其自愿为之，读经书到 17 岁。此后是否接受格楚勒戒和格隆戒，则听其父亲或最亲近的亲属意愿，向宰桑呈报，听其众兄弟之意愿。若众兄弟认为其有必要回家，不予同意，令其回鄂托克，成为世间之人（俗人）。若［众兄弟］同意，报宰桑批准，呈请诺颜知道，诺颜批准之后呈报经会（xurul）。（第 3 条）

2. 僧侣员额

有经会和僧侣的诺颜，根据自己阿拉巴图的人数，限定经会喇嘛的名额，在定额之内若缺少格隆，从有学问的优良格楚勒递进为格隆，格楚勒之缺由小喇嘛中有才能者递补。（第 4 条）

3. 不选独子出家

为依世间习俗不至人绝嗣，不要选取人家独子当格隆、格楚勒。（第 5 条）

这三条是有关喇嘛出家的规定，《敦啰布喇什法典》所无。这些孩子学习蒙古文之后，从这些识文断字的人中选拔有意愿出家之人当喇嘛，以提高喇嘛的文化素质。这是立法者的愿望。各诺颜根据自己属民人数设立经会，确定喇嘛名额，从学问优良的青年喇嘛中补充其缺额。不选取独生子出家当喇嘛。

三、诺颜之间和官员之间和睦相处

大诺颜、台吉和有官职诺颜、塔布囊为首，相互不争，互相友爱，执兄弟礼节，互相尊宠，绝不互相诽谤中伤，这是对待亲人之道和规矩。依此，赛特、宰桑、恰、阔端赤、德木齐、收楞额，鄂托克、兀鲁思、努图克、昂吉和红缨卫拉特卡尔梅克无论是一部分还是全体，互相以兄弟之礼尊宠，信守承诺相处。若违背此原则行不法之事，依其错误之轻重依法处置。有关后面一句话内容，若［有人违犯而］不上报尊长，自相庇护，则由八个扎尔扈依法审理，分别轻重予以处罚。(第6条)

此条以立法形式强调了卡尔梅克内部的团结，反映了当时分散游牧的不同部落从各自的利益出发，又受到俄国政府等外界干扰，互不团结。当时有必要制定相应法规，以促进内部团结。但是，在制定此法令的过程中，土尔扈特领主策凌·乌巴什、大杜尔伯特领主斡齐尔等人以自己提出的草案未获通过而中途退出会议，分道扬镳。而这种没有达成共识的法规草案即使俄国政府批准颁行，也难以在全体卡尔梅克人真正中施行。

四、不得侵犯诺颜的人身和特权

1. 用言语攻击大诺颜、台吉及有官职的诺颜、塔布囊

下属之人对大诺颜、台吉及有官职的诺颜、塔布囊，应诚心作为自己亲人礼敬，予以合乎礼仪的尊崇。若对他们全体还是个人进行不妥地、放纵地攻击，无论公开或隐蔽地，经查属实，由扎尔扈齐审理。若此放纵之言原无严重性质，比较轻，令攻击之人在公众面前忏悔认错，

否则依其错误程度和造成的后果予以处罚和籍没。

对大诺颜、有官职的诺颜、台吉何人使用污秽的言语辱骂，或对无辜的人当面以不符合其家世品行的言语信口雌黄地进行攻击，则籍没和予以处罚，罚三九牲畜，［鞭］打五十下。将此巴给予穷困之人。（第7条）

2. 诽谤小诺颜

若诽谤小诺颜，罚四岁马一匹，动手则罚五匹马。若殴打，罚九头牲畜，［鞭］打二十五下。被殴者从此巴中获两匹四岁马、两头三岁牛，一只羊。（第9条）

3. 殴打或威胁到大诺颜、有官职的诺颜和台吉人身

若用凶器击打诺颜、有官职的诺颜和台吉，或无凶器殴打，或抵赖，或怀有恶意，将其审出，不分有无凶器殴打。旧四十与四的法典中有籍没和处死之处罚，那时的权限与现在的权限不相合，因此，只能行使与我们权限相符的处罚，将此有过失之人的严重案件由俄国人审明，给予判决，除非被殴打的诺颜原谅他而从轻发落，［由我们予以］处罚。动手者依俄国法律拟罪，送俄国法庭审理。（第8条）

4. 诺颜参与不符合其身份之事被殴打

诺颜参与非法搜查、突发的殴斗、或抢夺乌拉被人殴打，［对殴打者］不予追究，因为参与此类事情不符合诺颜身份，是自取其辱。（第12条）

5. 拒给诺颜提供首思

拒给大诺颜应享用［之物］和首思，罚九头牲畜，不给小诺颜应享用［之物］罚马。所罚牲畜大诺颜所得用于救济［穷人］，小诺颜所得归其本人。（第17条）

6. 破坏诺颜围场

若破坏诺颜圈定的营盘，罚骆驼为首九头牲畜。有关野兽、猎鹰，何人将［诺颜］私人围场的猎物、猎鹰惊走，有抓获此人者，可以获得此人马匹、猎物和武器。因不知而破坏营盘或惊走猎物者无罪，由扎尔扈审明。所罚巴，给予穷困之人。（第18条）

以上六条都是有关保护诺颜、有官职的诺颜、塔布囊、小诺颜和台吉的人身和特权的规定。规定不得辱骂、诽谤、殴打诺颜，维护其尊贵的地位。但是，若有严重伤害案件，卡尔梅克扎尔扈无权审理和处罚，只能诉诸俄国法院审理，依俄国法律判决。法令规定诺颜若参与到不符合其身份的事情中被殴打则不予追究。有不给诺颜提供其应享受的乌拉首思等，破坏诺颜圈定的营盘、惊走猎物，则予以处罚。都是罚牲畜，最高额度为三九牲畜。所罚牲畜用于救济穷人。《敦啰布喇什法典》有关破坏营盘、惊走猎物的条款为：

破坏诺颜［圈禁的］营地和惊散围猎中的野兽，此两种事，罚以骆驼为首的一九牲畜，以轮值处审理的旧例为准。若不知是［诺颜圈禁的］营地和［正在］围猎的围场而破坏，无咎。通过审理判明其知情与否。（第50条）

该法规保留了这个条款，在其上增加了奖励抓获者和“所罚巴，给予穷困之人”的内容。而《敦啰布喇什法典》该条款又是沿袭之《准噶尔法典》第24条规定：“破坏诺颜已经圈禁的营地和围场，罚以骆驼为首一九牲畜，不知者不坐罪。”

五、诺颜和赛特殴打人

1. 诺颜和赛特因为执行公务殴打人

大诺颜、有官职的诺颜、台吉、塔布囊、小诺颜、小塔布囊、赛特、宰桑、恰、德木齐、收楞额等全体若为执行其主子的政令殴打人则无罪。那时的权限不同与现在。[现在] 若有此等 [殴打人之] 事依其罪之轻重监禁。监禁几日由扎尔扈决定。监禁之后，由八扎尔扈审理。

对以上炫耀自己而侮辱和殴打人者，诺颜贵族应体现其尊贵的品质予以忍耐。不要因为被殴打、污辱而报以污辱和殴打。扎尔扈不会原谅其罪过，由扎尔扈还你公正和对其予以追究。

为炫耀而打人之罪，严重殴打者罚五头牲畜，中等罚四岁和三岁牲畜，轻的罚四岁羊。明知违犯上述规矩不对而仍然违犯者，告知众人而羞辱之，以警示他人。(第 10 条)

2. 赛特殴打人

若宰桑、赛特、恰、德木齐、收楞额及办事之人自负和盛气凌人，污辱、辱骂和殴打人，分为重、中、轻三类，由扎尔扈审理，给予相应处罚。初犯如此处罚，再犯则如前处罚外，在众人前羞辱之，三犯解除其职务，因其未能使自己向好宰桑那样履行职责，对众人无所助益反而有害。宰桑即使如此违法被革职处罚，仍将其爱马克交给其子管理，若无子或有子年幼，其长大成年前，由其近亲暂管事务。(第 11 条)

此法规指出过去诺颜和官员们因执行公务殴打人无罪，而此时为执行公务殴打人则有罪。诺颜被执行公务者污辱和殴打，不要以牙还牙地立即报复，由扎尔扈给予公正的审理。将打人者予以监禁，由扎尔扈审理。严重殴打者罚五头牲畜，中等罚四岁和三岁牲畜，轻者罚四岁羊。明知故犯者，告知众人羞辱之。若宰桑、赛特、恰、德木齐、收楞额及办事之人自负和盛气凌人，污辱、辱骂和殴打人，分为重、中、轻三类，由扎尔扈审理，给予相应处罚。三犯则解除其职务。不过仍由其子继承其职务管理爱马克。

六、宰桑

1. 属人服从宰桑命令

凡属下之人应尊重和听从宰桑及为首赛特的命令行事。若他们不遵从诺颜和众人的正确之言，做不妥当的、违规的事而命令人、指示人、教训人，亦可以不听从、不做。来告知诺颜，或者报告其他赛特，使众人得知，则不罚此人雅拉和身体刑。若不如此，依其轻重依法处罚，罚巴，优等人罚五头牲畜，劣等人罚两头三岁牛，此巴给穷人。(第 14 条)

2. 赛特腐化堕落

凡执政赛特为首，宰桑、近侍、苏依宾、执事人、恰、阔端赤违规不适宜地饮酒、贪玩、懒惰，不热心于职事，变得贪婪、谗佞、挑拨事端，越来越自甘堕落后，说我原来是如何如何之人，出身如何如何好，现在我的身份和地位都降低了一半，那时就晚了，应在做错事前预见其后果。其巴，非宰桑之人［鞭］打十下，罚四岁马一匹，若为宰桑令其离开所管爱马克，撤销其职务，此项巴用于公事开支。(第 13 条)

3. 欺诈财物

以诺颜的首思、应享之待遇或其他借口，谋取私利，何人（宰桑）［向阿勒巴图］索取何物品，若被揭发，罚马，再以其所取物之多少予以处罚。若为欺诈财物重罪，令宰桑赔偿所取之物，革其宰桑职务，并通告被索取财物之众人。若为普通人，令其赔偿索取之物，［鞭］打二十五下，向众人谢罪。(第 16 条)

4. 以诺颜名义骗取首思

以诺颜名义骗取食宿，或在食宿时违规诓骗，或拒食［正常提供的食物］随其所欲擅自索求食物者，将此欺诈者罚马。载于车上游行示众，［鞭］打五十下，向众人谢罪。(第 15 条)

《敦啰布喇什法典》规定："凡人听从宰桑之命令。若宰桑不听从诺颜和众人正确的话，错误行事，则可以不听从此宰桑之言，并向诺颜和众人告知，否则依法处罚［不听从此宰桑命令者］。”（第43条）《津齐林法规》对此条作了增修，规定了不听从宰桑言予以处罚内容，“优等人罚五头牲畜，劣等人罚两头三岁牛，此巴给穷人”。

《敦啰布喇什法典》规定：“自服侍官以下，侍卫和掌索永布文字事务的恰等、阔端赤等，在侍膳礼法规定之外嗜酒、贪玩、懒惰、不热心于职事、挑拨是非，自甘堕落者，不要说我的身份被降低了，而应自省其所作所为。”（第36条）《津齐林法规》对此条作了增修，对此种腐败不作为者，处以巴，包括身体刑，非宰桑之人鞭打十下，罚四岁马一匹，若为宰桑撤销其职务。所罚巴用于公事开支。

宰桑等官员以诺颜的名义向众人索取财物和享用诺颜应享受的待遇，则予以处罚，若为宰桑革职，赔偿索取之物，普通人赔偿索取之物，并鞭二十五下。告知众人，并向他们谢罪。有以诺颜名义骗取食宿或违规欺诈者亦罚马，载车上游行，鞭五十，向众人谢罪。以诺颜名义骗取食宿者应为诺颜的近侍或使者。

七、帽顶戴红缨

> 每个人都在“红缨帽者”之名下出生，成为红缨帽者之后，又以卫拉特习性闻名于世，［我们］应当遵守原来的风俗，在帽子上戴红缨。帽子不戴红缨者夺其帽子，帽无缨者夺其帽。（第2条）

《敦啰布喇什法典》第42条规定：“凡人应在帽子上缀缨，男人编起头发，女人不得穿对襟衣服，寡妇穿则无咎。”《津齐林法规》对此条进行修改，删除了男人编起头发和禁止穿对襟衣服的内容，仅保留帽子上缀缨的内容。也许此时发型和穿俄国对襟服装已经较为普遍，无法全面禁止，故仅强调帽子上戴红缨，作为本民族服饰的标志。

八、《津齐林法规》的刑罚

《津齐林法规》的刑罚，以罚畜刑为主，并有身体刑，其中籍没为最重的处罚。总的趋势是所罚牲畜的数量减少了，罚九有三九、一九，九数罚畜的最高额度为三九牲畜。一九以下有五头牲畜、两匹马、两头牛、一匹马、一只羊等，并限定牲畜的种类和年龄。罚货币方面有罚十五个戈比的处罚。货币主要适用于罚一只羊价以下的处罚，与《敦啰布喇什法典》相同。

身体刑：出现鞭五十、十五下等，仍沿袭《敦啰布喇什法典》的身体刑。还有羞辱刑：有载于车上游行示众、告知众人羞辱、向众人谢罪、在公众面前忏悔认错等方式。这些刑罚都保留了卫拉特法律的特点。

H. 帕里莫夫指出《津齐林法规》的惩罚制度中用牲畜作为财物处罚已大为减少。Ф. И. 列昂托维奇教授认为，对惩罚习惯的修改，是津齐林决议的主要特征，法律条文中的其他一些修订，多半是文字上的修改，很少触及到条令的实质。总之，津齐林会议打算增补卡尔梅克人法规中的那些“新”法律，本质上并不是什么新东西，只是复制了实际上早已作为民众生活习惯而存在的事物而已。[①] 这正反映了当时卡尔梅克人社会的现实情况。

① ［苏联］H. 帕里莫夫：《卡尔梅克在俄国境内时期的历史概况》，许淑明译，徐滨校，新疆人民出版社 1986 年版，第 136、137 页。

结　　语

现存卫拉特法典托忒文抄本是几种法典的汇抄本。所谓的《1640年蒙古—卫拉特大法典》其实是《1640年蒙古—卫拉特大法典》《准噶尔法典》和《噶尔丹珲台吉敕令》等三部法规的汇编。戈尔斯通斯基和帕拉斯在翻译出版《1640年蒙古—卫拉特大法典》时将《敦啰布喇什法典》亦附于其后。现存法典托忒文抄本中除有一部卫拉特与喀尔喀的军事同盟条约之外，其余都是准噶尔部和土尔扈特部的法规，因此是一部名副其实的《卫拉特法典》。

《1640年蒙古—卫拉特大法典》是由喀尔喀与卫拉特两部为抵御清朝兼并而共同制定的一部军事同盟法规或盟约。《大法典》规定喀尔喀和卫拉特两部互不侵犯，停止内讧，一致对外，商议解决了以往双方战争中互相掳掠而形成的属民归属纠纷，规定双方之间若再发生逃人必须遣还原部。若有外敌入侵互相支援，共同抵御。《大法典》制定之后，双方之间的和平友好关系一直保持到1688年喀尔喀和卫拉特之间爆发战争。在此之前，清廷试图瓦解两部之间的军事联盟没有成功。该法典在一定程度上起到了阻止清朝武力兼并两部的作用，迫使清廷放弃武力兼并，代之以招抚政策。

《准噶尔法典》是在巴图尔珲台吉时期制定的准噶尔部的法典，在准噶尔汗国时期仍有效力。其内容涉及军事、宗教、逃人与流民、乌拉首思、人命、骂詈与殴斗、婚姻家庭、奸罪、偷盗、债务、走失牲畜、杀死牲畜、救助人畜、狩猎、杂犯、诉讼等十六类，全面反映了当时准噶尔的社会政治制度、法律制度和风俗习惯等，是一部具有卫拉特特点的古代蒙古法律，亦是研究卫拉特历史的珍贵资料。该法典大约在土尔扈特部首领和鄂尔勒克或书库尔岱青时期，与《1640 年蒙古—卫拉特大法典》的托忒文本一起传入土尔扈特，由于合抄本篇首有 1640 年序言，后人将两部法典误认为是一部法典，在土尔扈特部称之为“四十与四的法典”或“四卫拉特法典”，并在土尔扈特部施行。该法典在法源上与成吉思汗制定的《大扎撒》没有直接的渊源关系，而是继承了古代蒙古法律传统，具有 17、18 世纪蒙古法律的特点。该法典具有保护贵族和官吏利益、喇嘛特权的性质，在内容和判罚方面与 17、18 世纪其他蒙古部落的法律相近，这是因为蒙古各部在社会制度和草原生活方式方面的高度一致所决定的。同时，该法典具有鲜明的准噶尔部的特点，除法典反映的官制、社会组织等与喀尔喀等部的法典有差异外，还有一些独特的内容，例如，该部新首领继任后颁布法令废除前任时期的债务，有关父子相杀，奸兽、令战阵败逃者穿妇人无袖外衣等其他蒙古部落法规中所没有的内容。在古代蒙古法律术语的使用方面不如喀尔喀法律完备。刑罚中，死刑和身体刑少，处罚以财产刑为主，有独特的羞辱刑。

《噶尔丹珲台吉敕令》两道，颁布于 1676—1678 年间，即噶尔丹珲台吉击败和硕特部鄂齐尔图汗和准噶尔部楚琥尔乌巴什台吉，统一西域卫拉特各部之后。主要内容是在经历社会动乱之后重新整顿社会秩序，重新整编和安置在兼并战争中失散的部众，强化对属民（包括附属准噶尔部的回商、回人）的管理，规定了不同民族法官的司法审理权限。《噶尔丹珲台吉敕令》大约于阿玉奇汗统治时期传入土尔扈特，其抄本似由土尔扈特人或去伏尔加河避难的准噶尔人携至土尔扈特部的。《噶尔丹珲台吉敕令》提供了有关准噶尔汗国建立初期的政治、法律制度的资料，对于研究准噶尔史和卫拉特法律都有重要的学术价值。

《敦啰布喇什法典》是在敦啰布喇什汗时期为适应土尔扈特人迁至伏尔加河畔一个多世纪之后的新情况制定的。当时俄国政府加强对土尔扈特政治上的控制，东正教不断向土尔扈特渗透，接受洗礼的土尔扈特人离开本部进入俄国城乡生活，由于台吉和宰桑的跋扈和腐朽，残酷剥削和压迫属民，属民大量逃入俄境，土尔扈特汗国面临着属民流失、民众佛教信仰动摇、语言文化受到冲击的严峻形势。因此，法典强调学习蒙古文、巩固佛教信仰，惩治腐败、整顿吏治，加强与周边民族的关系，对于从顿河流域迁居伏尔加河流域的杜尔伯特部和在俄境内居住的土尔扈特人予以一定防范。以法律形式规范臣民学习本民族的语言文字和穿戴本民族的服饰。法典内容包括宗教、军事、乌拉首思、诺颜与官员、偷盗、走失牲畜、外人留宿、抢劫、杂犯、诉讼审断等十项内容。该法典继承了卫拉特的法律传统，对面临的诸多新问题制定了新法规，内容比较全面，是一部独立的法典。《敦啰布喇什法典》中身体刑、羞辱刑增多，出现了罚款处罚。法典中仍保留有“雅拉”“巴”等古代蒙古法律术语，较好地保留了卫拉特法律传统，几乎没有受到俄国法律的影响。

《津齐林法规》是应卡尔梅克人的请求在俄国政府主导下制定的一部法规草案，仅适用于卡尔梅克人内部的轻微案件，凡重案和涉及与俄罗斯或其他民族的案件则由俄国司法部门依据俄国法律审理。土尔扈特汗国东迁后，留居俄国的卡尔梅克人失去相对独立的汗国政体，其独立司法权力亦名存实亡。

《卫拉特法典》虽然是由卫拉特不同部落的法规构成的，但是，各篇法规都继承了古代蒙古法律传统，特别是反映了卫拉特法律的特点，是我们研究卫拉特历史、法律和语言文化的重要资料，反映了卫拉特建立的政权所具有的较为完整的司法和法律体系。

《准噶尔法典》曾施行于土尔扈特部，在敦啰布喇什汗时制定了新法规，以适应新形势。土尔扈特代理汗渥巴锡率部东迁返回故土之后，留在俄境的卡尔梅克人受到俄国的严密控制，被剥夺了其司法独立的权力，《津齐林法规》草案未能获得批准和颁布，宣告了卡尔梅克人试图保持司法独立的最后努力失败，俄国政府取消卡尔梅克统一的扎尔扈法庭之后，该法规亦逐渐被人遗忘。《津齐林法规》成为卫拉特法律的绝响和留给后人研究游牧民族和卫拉特法律的珍贵资料。

第二部分

译　释　编

汉译说明

《卫拉特法典》的托忒文本目前已印刷出版的有两种：一是戈尔斯通斯基书后所附的排版印刷本，即 К·И·科斯坚科夫抄本；一是迪雷科夫书后所附影印本，即别克列米舍夫斯基抄本。戈尔斯通斯基本包括《1640 年喀尔喀—卫拉特大法典》《准噶尔法典》《噶尔丹珲台吉敕令》（一）、《噶尔丹珲台吉敕令》（二）和《敦啰布喇什法典》等五篇法律文献，而迪雷科夫本只有《1640 年喀尔喀—卫拉特大法典》《准噶尔法典》和《噶尔丹珲台吉第一道敕令》三篇法律文献。两本重叠的这三篇法律文献内容基本相同，各自都有些脱字、漏句之处，迪本比戈本少一些。[①] 这是辗转抄写造成的，影响内容的脱漏不多。内容上，迪本比戈本少两部法规，不够完整，影印件是手抄本，其字相较于排印本不够清晰易识，而戈本较为完整，又是排印版，既清晰又易于辨识，因此，本书将戈尔斯通斯基本作为底本，以迪本校勘，戈本脱漏或错讹的字句以迪本予以补充和更正，置于花括弧内。以此校勘本为底本译为汉文。汉译时亦参考了迪雷科夫五种托忒文抄本的校勘本。在词语解释方面吸收了道润梯步等众多学者对法典词语研究的成果，作了简要的注释。

《卫拉特法典》托忒原文不分条目，戈尔斯通斯基俄译本将《1640 年大

① 两本之间字句的差异请参见巴图巴雅尔书中《〈大法典〉原文比较研究》一节。Б. Батбаяр, *ИХЦААЗ-ын эх бичгийн судалгаа*, Улаанбаатар хот, 2008. 97–120 тал。

法典》（含《准噶尔法典》）分为 121 条，《噶尔丹珲台吉敕令》（第一道）分为 13 条，《敦啰布喇什法典》分为 71 条。迪雷科夫俄译本将《1640 年大法典》（含《准噶尔法典》）分为 197 条，《噶尔丹珲台吉敕令》共分为 24 条。道润梯步将《1640 年大法典》（含《准噶尔法典》）分为 120 条，《噶尔丹珲台吉敕令》共分为 15 条，《敦啰布喇什法典》分为 53 条。除以上三位学者外，其他学者亦采用了不同的条目划分方式。本译文没有直接采纳上述条目划分，而是根据原文内容作了必要的调整，使条目内容相对单一，以便于拟定标题和检索。全书条目：《1640 年大法典》4 条，《准噶尔法典》142 条，《噶尔丹珲台吉敕令》（一）11 条、（二）6 条，《敦啰布喇什法典》54 条，共 217 条。每个条款都拟写了标题和序号。另外，将《津齐林法规》草案列入本编，供读者参考。《津齐林法规》共 18 条，附克鲁格的拉丁字母转写，汉文译自克鲁格的拉丁字母转写。

在拉丁字母转写方面，迪雷科夫、Х. 罗布藏巴勒登、Б. 巴图巴雅尔、策・巴图等都对托忒原文作过全部或部分的转写，本书中没有进行重复转写，采用了 Б. 巴图巴雅尔的拉丁字母转写，并与托忒文原文反复核校，对其个别脱误之处作了更改。

本书在拉丁字母转写中附托忒原文页码和每行的序号，将本人划分的条目序号置于圆括号内，标示于拉丁字母转写中的相应位置。读者可以通过汉译文的条目序号查核托忒文原文和拉丁字母转写的相关条目及内容。

以下是《卫拉特法典》的汉译和注释，内容分为《1640 年喀尔喀—卫拉特大法典》《准噶尔法典》《噶尔丹珲台吉敕令》（一）、《噶尔丹珲台吉敕令》（二）、《敦啰布喇什法典》、《津齐林法规》等六篇法律文献。

篇目索引

一、《卫拉特法典》汉译文

第一篇 《1640年喀尔喀—卫拉特大法典》

序

愿太平吉祥！

向在二积之海中[①]、以空性法身诸形焕然装饰的、三身一体的[②]瓦齐尔达喇喇嘛跪拜！祈请众生导师释迦牟尼以您炽热温暖的光辉解脱我们最初翻覆的业惑；向把完备的佛法转播于此｛方｝的圣托音的继承者、教主圣宗喀巴脚下叩首；向济度众生的阿弥陀佛之化身班禅额尔德尼，圣洁雪域之冕、拯救者达赖喇嘛两位圣人脚下叩拜。以呼图克图尹咱仁布齐之称闻名天下的圣人，愿您以无差别的仁慈菩提心将诸佛之法与空性无遗地赐予众生！

在释迦之托音父亲尹咱仁布齐和阿姑文殊师利、不空成就文殊师利三位呼图克图之前，于称作巴图尔铁龙之年秋仲月（八月）初五吉日，[③] 以额尔德尼扎萨克图汗为首，土谢图汗、乌巴什达赖诺颜、达赖［洪］洪诺颜、

① 应指六波罗蜜多，亦译为六度、六度无极、六到彼岸。佛教名词，谓六种从生死此岸到达涅槃彼岸的方法或途径。为大乘佛教修习的主要内容。包括：（1）布施；（2）持戒；（3）忍辱；（4）精进；（5）禅定；（6）智慧（般若）。此指前五为积福、第六为积智慧，二积。见策・巴图：《〈卫拉特法典〉词语简释》，《蒙古语言文学》2002年第4期，第72页。

② 三身，亦称“三佛”，佛教用语。指三种佛身，法身、报身、应身。亦称为法身、受用身、化身等。

③ 巴图尔是指藏历绕回的名字，见策・巴图：《〈卫拉特法典〉一些词语研究》，《内蒙古大学学报》，（蒙古文版）2005年第5期，第66、67页。铁龙年为1640年。

车臣诺颜、岱青洪台吉、伊勒登诺颜、墨尔根诺颜、俄木布额尔德尼珲台吉、泰朋洪台吉、腾额哩陀音、阿尤希哈坦巴图尔、额尔德尼巴图尔珲台吉、昆都伦乌巴什、顾实诺门汗、和鄂尔勒克、书库尔岱青、伊勒登、岱青和硕齐、鄂齐尔图台吉、墨尔根岱青、楚琥尔、车臣台吉、墨德格齐太师、博伊勒登、墨尔根诺颜、达玛林等四十（万）与四（万）两方诺颜等开始写大法典。

1. 凡人杀掠大爱马克兀鲁思蒙古与卫拉特共同惩治

凡人违犯此法规，[①] 杀掠大爱马克人众，蒙古和卫拉特双方共同［出兵惩治］，只释放其本人，将其属民［财产］全部籍没，一半给予｛惩治者｝，[②] 余下的一半［由蒙古和卫拉特］之间平分。

2. 在边境抢掠少量爱马克人众的处罚

在边境抢掠少量爱马克人众者，罚甲百副、[③] 骆驼百峰、马千匹。将其所抢掠的一切归还［原主］，令其赔偿损失的人、畜和财物。若［杀死］有官职之人赔偿［命价］五个［伯尔克］，无官职之人赔偿一个伯尔克。[④]

3. 蒙古与卫拉特互相遣还逃人

自火蛇年（1617 年）至土龙年（1628 年）间，[⑤] 巴尔虎、巴图特、辉特人在蒙古者归蒙古，在卫拉特者归卫拉特。[⑥] 除此之外，［此后凡双方所属］人口［有逃走或被掳掠者］，可以不受限制地［相互］索取。[⑦] 何人不

---

① törö，政事、政权、政体、国家。此指双方制定的法规、军事同盟盟约、行政秩序（törö yoso）。aliba kümün ene töröyigi ebdebel，何人违犯此法规、破坏此盟约。

② talbiqčidu，С. Д. Дылыков，*Их цааз.* 为 talaqčidu，正确，见 С. Д. Дылыков，*Их цааз*，*Москва*，1981，第 43 页第 1 条。*talaqu* 此指收取掳获物，分给有关之人，*talaqči*，应指直接率兵或派兵惩治抢掠者的封建贵族。见策・巴图：《〈蒙古—卫拉特法典〉词语研究》，民族出版社 2006 年版，第 60—63 页。

③ 所谓的 xuyaq，甲，应指lübči xuyaq，即öbči xuyaq，全副盔甲。

④ yamutu kümün，即 alban tusiyaltu kümün，有官差、官职之人。道润梯步校注：《卫拉特法典》（蒙古文），内蒙古人民出版社 1985 年版，第 19 页注④。

⑤ 即丁巳至戊辰年，1617—1628 年。

⑥ 这些部落之人原分属于喀尔喀和卫拉特两部，在 1617—1628 年间两部的战争中互有俘掠或有人逃入对方，两部从此不再相互索取这些人。

⑦ xaluün ami，ami 即 ama，人口、人；xalauün，策・巴图认为是指同氏族、同部落之人。策・巴图：《论〈卫拉特法典〉中某些词语误注的商榷》（蒙古文），《卫拉特研究》1997 年第 2 期，第 47、48 页。此处 xaluün ami 是指人口、人。“xaluün ami” 一词没有同氏族、同部落人之意，此词有人口、人身外，亦指犯人家属，即犯人的妻孥，见达力扎布：《〈喀尔喀法规〉汉译及研究》，中央民族大学出版社 2015 年版，第 160 页注 11。

肯还给，每口人罚马二十匹、骆驼二峰，并将此人索出返还。［喀尔喀］绰克图台吉［属下］被兼并入卫拉特之人，若有逃［回喀尔喀］者，应返还给卫拉特。①

4. 若有敌人侵袭蒙古与卫拉特互通警报共同御敌

若有敌人来侵袭蒙古与卫拉特［互相］报警。闻警之后，邻近［部落的］大诺颜若不［率兵］来［御敌］，罚甲百副、骆驼百峰、马千匹；若小诺颜不［率兵］来［御敌］，罚甲十副、骆驼十峰、马百匹。

第二篇 《准噶尔法典》

1. 杀掠喇嘛的爱马克及产业

有关宗教［的法规］，凡杀掠喇嘛的爱马克和产业者，罚甲百副、骆驼百峰、马千匹。若杀掠个别或少数人，依也可合博处罚。②

2. 捉获逃人返还原主

逃人至何人之处，可以收取［逃人所携牲畜财产］之半，将逃人［及

---

① 1637年，卫拉特部顾实汗和巴图尔珲台吉等率领卫拉特联军在青海击败喀尔喀绰克图台吉所部，绰克台吉的属民被卫拉特各部参战者作为掳获，分散于卫拉特各部之中，这些人已隶属于卫拉特，若逃回喀尔喀本部，必须遣返给卫拉特。本译本中根据其内容将迪雷科夫本中的第3、4条合并为一条，即第3条。

② С. Д. Дылыков. *Их цааз* 为｛yeke keb-yēr｝abxu bolbo，原文见 С. Д. Дылыков，*Их цааз*，*Москва*，1981，第126页，第13行，转写见第44页第6条。*yeke keb*，本书音译为“也可合博”。戈尔斯通斯基本中译为“重罚”，见汉译戈尔斯通斯基：《〈1640年蒙古—卫拉特法典〉译文》，罗致平译，载国家清史编纂委员会编译组、中国社会科学院原民族研究所《准噶尔史略》编写组合编：《卫拉特蒙古历史译文汇集》第1册，第195页。道润梯步亦认为可能是指重罚，见道润梯步校注：《卫拉特法典》（蒙古文），内蒙古人民出版社1985年版，第24页注②。《大法典》第67条，挟仇放火以也可合博论罪。烧死上等人，攻掠之；烧死中等人，罚三十伯尔克及三百头牲畜。烧死下等人，罚以伯尔克为首的十五九牲畜。喀尔喀法律中也有“*yeke keb*”，《白桦法典》的《六和硕法典》第1.32条塔布囊殴打平人依也可和博（*yeke keb*）处罚；第1.33条除聚集之乌拉外，其余与也可合博所定乌拉相同。《火龙年小法规（1616年）》第13.2条在巴噶乌特尔集合，耽搁几时，罚几匹马，不来者按也可合博处罚。见*Хөдөгийн Пэрлээ*：*Халхын Шинэ Олдсон Цааз-эрхэмжийн Дрсгалт Бичиг. Монгол Ба Төв Азийн Орнуудын Сёлын Туухэнд Холбогдох Хоёр Ховор Сурвалж Бичиг. Улаанбаатар хот.* 1974. 17*дахь тал*，46*дахь тал*。《喀尔喀法规》记：使者窃取其所征集之牲畜，即依也可合博处罚（1：11、12），以玩笑用何物殴打人，依也可合博处罚，罚以哈剌出殴打哈剌出的案主。（14：1）《喀尔喀法规》以上条文见达力扎布：《〈喀尔喀法规〉汉译及研究》，中央民族大学出版社2015年版，第166、180页。

其牲畜财产的另一半］送还原主。[①] 若杀［逃人］依也可合博处罚,[②] 罚畜的雅拉为八九牲畜，给证人一九牲畜。诺颜若将众多［逃人隐匿］，抵赖不返还，罚甲百副，骆驼百峰，马千匹，将其应得的一半和应归还原主的一半这两半都收回。[③]

3. 从喇嘛处收赎逃人

［逃至］喇嘛处之人，［主人收回时须赎取］，其上等者以五头牲畜赎取,[④] 下等者以两头牲畜赎取,[⑤] 或者以一个伯尔克赎取。从十个［逃］人中留给［喇嘛］一人。[⑥] 任何人不得违犯此法规。违犯此法者，若为大诺颜，罚骆驼十峰，马百匹；若为墨尔根岱青、楚琥尔等辈的诺颜,[⑦] 罚骆驼五峰，马五十匹；若为小诺颜罚以骆驼为首的三九牲畜；若为塔布囊、有官职的四个图什墨尔，罚以骆驼为首二九牲畜；若为各鄂托克的赛特、图什墨尔，罚含骆驼一峰之一九牲畜。

4. 战阵败逃者严惩

大诺颜亲自出征后于阵前败逃，罚甲百副、[⑧] 骆驼百峰、属人五十户、马千匹；岱青、楚琥尔等辈的诺颜出征于阵前败逃，罚甲五十副、骆驼五十峰、属民二十五户、马五百匹；若小诺颜［败逃］，罚甲十副、骆驼十峰、属民十户、马百匹；若塔布囊及执政的四图什墨尔［败逃］，罚甲五副、骆

---

① 此条没有明确是收取“逃人”的一半，还是逃人“所携牲畜财产”的一半。据本法典第118条：“何人捉到外逃的逃人，可以获得逃人以外所携财产牲畜之半。”可证是收取逃人所携牲畜财产之半。

② yeke keb，是对杀人者的处罚。迪雷科夫本依据E本即巴图尔乌巴什图缅抄本改此条为：“若杀人，依也可合博罚一千只羊。”见 С. Д. Дылыков，*Их цааз*，Москва，1981，第44页拉丁转写第8条，第75页回鹘式蒙古文第5行。

③ xoyor xaγas abxu bolbo，即将其原依法应得的逃人牲畜财产之半，连同应还给主人的另一半都收回，收回“两个一半”，即逃人的全部牲畜财产，使其无所得，以加重惩罚。

④ doliq，意为换取、赎取、交易等意，主要指以物易物。此处指以牲畜赎取逃人。有关“doliq”一词的解释见策·巴图：《论〈卫拉特法典〉中某些词语误注的商榷》（蒙古文），《卫拉特研究》1995年第1期，第58页。

⑤ 原文 sayin amin，muü amin，即 sayin kümün，adaq kümün；上等人，下等人。

⑥ 逃人若有十人，逃人原主人在收回逃人时将其中一人给喇嘛。见策·巴图：《论〈卫拉特法典〉中某些词语误注的商榷》（蒙古文），《卫拉特研究》1997年第2期，第48页。

⑦ 墨尔根岱青、楚琥尔是哈喇忽剌台吉的次子和第三子，巴图尔珲台吉的弟弟。见达力扎布：《清代蒙古史论稿》，民族出版社2015年版，第299页。

⑧ dutāxulā，逃走，此指战阵败北，败走、逃跑。xuyaq，此处泛称铠甲，未明确是何种铠甲。

驼五峰、属民五户、马五十匹；若各鄂托克之图什墨尔［败逃］罚三个伯尔克、属民三户、马三十匹；若旗手和号手［败逃］，依塔布囊、图什墨尔之例处罚；若｛立誓｝出征的和硕齐[①]［败逃］，依爱马克之图什墨尔之例处罚，没收其全副铠甲，[②] 令其穿妇人无袖外衣；[③] 若为有官职之人和恰等［败逃］，罚一户属民，[④] 罚全副铠甲为首的一九；若为全副铠甲之士［败逃］，罚全副铠甲为首四匹乘用马；若为戴头盔甲士［败逃］，罚铠甲[⑤]和［乘用］马三匹；若为着胸甲之士［败逃］，罚甲、［乘用］马两匹；[⑥] 若平民［败逃］，罚其箭筒（内有弓箭）、［乘用］马一匹。[⑦] 凡人［于战阵］败逃者，令其穿妇人无袖外衣。[⑧]

5. 战阵中救援他人之赏罚

何人［在战阵中］救出诺颜，在和硕内封为达尔罕，[⑨] 丢弃诺颜而走者，处死和籍没［家产］。何人将塔布囊、图什墨尔等为首以下诸人救出，依上述规定赏赐。[⑩]是战前潜逃还是阵前败逃，依据证人［的证词加以分辨］。

---

① alaqsan xosuüči，误，迪雷科夫本为 amalaqsan xosuüči，原文见 С. Д. Дылыков, *Их цааз*, Москва, 1981，第 127 页，第 19 行，转写见第 44 页第 14.6 条。amalaqsan 即立誓、承诺的，此指曾经承诺或者立誓的和硕齐。

② lübči xuyaq，迪雷科夫本回鹘式蒙古文转写为 öbči quyaγ，见 *Их цааз*, Москва, 1981，第 90 页；öbči，全的、整的、全副的、全套的。lübči xuyaq 即全副盔甲、一套盔甲，包括盔、臂甲和胸甲。

③ čegedeq，男性和姑娘不穿此服，是已婚妇女穿的衣服，对襟，无袖、无扣的短外衣，穿于袍子外面。见道·巴图扎布：《论〈卫拉特法典〉中有些词语翻译》（蒙古文），《语文与翻译》1990 年第 3 期，第 39 页。萨仁格日勒指出，道·巴图扎布的解释正确，但是，čegedeq 是比袍子稍短的长衣，称其为短外衣，容易使人误解为坎肩。萨仁格日勒：《〈卫拉特法典〉中涉及“策格德格”的条文及新娘磕头礼仪》（蒙古文），《中国蒙古学》2008 年第 5 期，第 112 页。因此本书中译为妇人无袖外衣。

④ erketen，有官职者、公职人员、相当于 yamutan。在衙门任职者。kā，回鹘式蒙古文为 kiy-a，恰，侍卫。

⑤ 《西域图志》记：“呼雅克，即锁子甲。间有用绵为甲者，其名曰鄂勒博克。”钟兴麒、王豪、韩慧校注：《西域图志校注》，新疆人民出版社 2002 年版，第 536 页。

⑥ degelei xuyaqtu，穿胸甲之人。degel xuyaq，上身穿的铠甲、胸甲。

⑦ xara kümün，世俗的哈剌出，平民，庶人，此指无盔甲随征的普通人，因为无盔甲，不是作战主力军成员，处罚最轻。

⑧ kümün，道润梯步认为是指奴隶，见道润梯步校注：《卫拉特法典》（蒙古文），内蒙古人民出版社 1985 年版，第 33 页注⑦。应指所有人，凡临阵逃跑者，令其穿妇女无袖外衣，以羞辱之。

⑨ 在“和硕”内封达尔汉，即在和硕内免除赋役。

⑩ 同前在和硕内封达尔汉。

6. 闻见大敌侵袭而不报警

闻知和眼见大敌前来［侵袭］而不报告者，追究其本人直至其子孙，皆处死，籍没其家产。[①]

7. 见强盗来不报警

见强盗而不报告者，罚没其牲畜之半。

8. 闻警率兵集合于诺颜处

闻有动乱[②]［率兵］集合于诺颜之处。闻知发生动乱而不来集合，依前面的规定处罚，[③] 以其驻牧地距离远近酌情予以处罚。

9. 追击夺回被抢掠的马匹财物

敌人来抢掠阿寅勒和赶走马匹时，凡人［将其抢走的马匹和财物］夺下，获得此牲畜和财物之半。[④] 若有人［与盗贼搏斗而］死，［被抢劫之人］依法赔偿［其命价］，未能拦截下［马匹和财物］而死人，从［被抢劫之人的］兄弟取一伯尔克偿其命。若有人闻见劫匪而不追，上等人罚取其财产牲畜之半，中等人罚一九牲畜，下等人罚五头牲畜。

10. 必须给因三类事务出使的使者提供乌拉

［必须］给因三类事务出使的执政或非执政官员提供乌拉，为政教之事出使的使者，甄别其是否为政教之事后［提供乌拉］；为大诺颜及阿噶（贵妇）生病[⑤]和为大敌来袭［之事出使的］使者提供［乌拉］，以上［三类］使者，何人不提供乌拉，罚九九牲畜。

11. 辱骂和殴打僧侣

辱骂绰尔济罚九九牲畜，辱骂诺颜的喇嘛老师，罚五九牲畜。辱骂格隆罚三九牲畜，若殴打则罚五九牲畜。辱骂班第、察巴干查罚五头牲畜，[⑥]

---

① kōji，指追究，此句意为将其本人及子、孙杀死，使其绝嗣，籍没家产。见策·巴图：《论〈卫拉特法典〉中某些词语误注的商榷》（蒙古文），《蒙古语文》1999 年第 2 期，第 19 页。

② ürgēn bolxolū，ürgēn，惊跳、惊跑，此处指有敌情或有动乱。

③ 指依前面第 6 条有敌情不报的规定杀死其本人及子孙，籍没家产。

④ ayil，户、帐、人户、人家之意，音译为阿寅勒。此处的 mal，指马匹，盗贼首选偷盗马匹，便于逃跑。尼·巴德玛：《〈卫拉特法典〉有些词语解释的商榷》（蒙古文），《卫拉特研究》1992 年第 1 期，第 76 页。

⑤ aɣa，对妇女的尊称，此指贵妇。见策·巴图：《论〈卫拉特法典〉中某些词语误注的商榷》（蒙古文），《蒙古语文》1999 年第 2 期，第 20、21 页。čilerkekülē，不适、抱病、染恙、疲劳。

⑥ čibaɣanča，察巴干查，尼姑、削发妇女。

若殴打则罚一九牲畜。[①] 辱骂乌巴什、乌巴伞察，[②] 罚马一匹，若殴打，视其程度而定。

12. 僧侣随意破戒

托音随意破戒，罚没其财产牲畜之半。[③]

13. 辱骂殴打娶家室之班第

辱骂娶有家室之班第者，罚马一匹，殴打者加倍罚取。

14. 从僧侣的牲畜征用乌拉

从喇嘛、班第的牲畜征用乌拉，罚牛一头。

15. 乘用献给神的马匹

［凡人］乘用献给神的马匹，罚马。[④] 若乌拉齐将献给神的马匹给人乘用，从乌拉齐罚马。使者乘用则罚使者，不知情而乘用则立誓。

16. 辱骂殴打诺颜和官员

辱骂大诺颜者籍没［其家产］，辱骂有官职的诺颜、塔布囊者罚一九牲畜，殴打者罚五九牲畜。辱骂小诺颜、塔布囊者罚五头牲畜，严重殴打者罚三九牲畜，殴打轻微者，罚二九牲畜。辱骂恰、收楞额者罚马、羊各一头，严重殴打者罚一九牲畜，轻微者罚五头牲畜。

17. 官员殴打人

有官职的诺颜、塔布囊、赛特、小诺颜、（小）塔布囊、德木齐、收楞额等为执行其主人之令旨和法规殴打人不坐罪，被殴者其后［因伤而］死，亦不坐罪。以上臣僚若为炫耀其权威殴打人，[⑤] 严重者罚一九牲畜，中等者罚五畜，轻微者罚马［一匹］。

---

① nalixulā，回鹘式蒙古文 nančiqul-a，殴打。见道润梯步校注：《卫拉特法典》（蒙古文），内蒙古人民出版社 1985 年版，第 43 页注④。

② ubaši，乌巴什，即梵文 upāsaka，汉译为优婆塞，亲近皈依三宝，受五戒的在家男居士。ubasanča，乌巴伞察，即梵文 Upāsika，汉译为优婆夷，女居士，接受五戒的在家女居士。

③ toyin，对僧人的尊称，即喇嘛。亦用于称当喇嘛的贵族之人。

④ seter，系在献给神享用的牲畜脖子上的丝绸带，有此标记的牲畜不得杀死、买卖或乘用。见道润梯步校注：《卫拉特法典》（蒙古文），内蒙古人民出版社 1985 年版，第 45 页注②。亦见何·才布希格：《〈蒙古—卫拉特法典〉某些注释的修正、补充和商议》，《内蒙古大学学报》2004 年第 4 期，第 102 页。setertü mori 即献给神的马。

⑤ sayirxaji，sairxaxu，意为自夸、吹嘘、夸耀、自负。指官员为炫耀其威权，滥用职权殴打人。

18. 直称别人父母名字开玩笑

何人招惹无辜之人，直称别人父母名字开玩笑，[①] 罚马一匹。

19. 使者非因公务不得越境乘用乌拉

使者非因公务从［自己］爱马克乘用乌拉马匹，越境［从其他爱马克］乘用乌拉，罚三岁母牛一头。[②]

20. 乌拉齐捉牲畜提供乌拉不告知主人

乌拉齐［为使者］提供乌拉而不告知牲畜主人，于当日罚绵羊一只，若过夜则罚三岁母牛一头。

21. 殴打使者和不提供乌拉

［凡人］殴打使者罚一九牲畜，将使者拉下马弃之者罚五头牲畜。拒不提供乌拉，使者强取时殴打使者之人，罚马一匹。

22. 诈称使者使用乌拉和首思

诈称使者享用乌拉和首思者，罚一九牲畜，或［鞭］打五下、罚五头牲畜。有犯诈乘乌拉或诈食首思之一事者，罚五头牲畜。

23. 远途使者的乌拉首思和住宿

远途使者午间和晚间住宿时食［首思］，非时索要多食者罚取其马匹。[③]［使者］所乘马匹疲乏时，何人不提供替换马匹，罚三岁母牛一头。何人不给［使者］提供住宿（借宿），罚三岁母牛一头。无子女的寡妇若不准［使者］借宿其家，[④] 罚取其无袖妇人外衣。若找借口拒绝［使者借宿］，令其立誓。

24. 破坏诺颜圈禁的营地和围场

凡人破坏诺颜已经圈禁的营地和围场，[⑤] 罚骆驼为首之一九牲畜，不知

---

① 指称别人父母名，称谁的某人等。见策·巴图：《〈蒙古—卫拉特法典〉词语研究》（蒙古文），民族出版社 2006 年版，第 85—89 页。

② alaslaji，alaslaxu，隔、越，指隔越爱马克之境，使用其他爱马克的乌拉。γunji，三岁母牛，三岁母畜。

③ 确定中午和晚上进食羊肉，此外不得随意进食和索取饮食。

④ 指无子女或身边无子女单身居住的妇女。

⑤ buüdal，此处指王公下营地，görōsöni，指猎物。见布仁巴图：《〈卫拉特法典〉有关“财产法”一些条目的修订与解释》，《内蒙古社会科学》（蒙古文版）1999 年第 2 期，第 68—70 页。ebdekülē，破坏，即指先侵占和占用王公圈标的草场，进入王公圈禁的围场狩猎，或者惊散其猎物。

者不坐罪。

25. 拒给诺颜塔布囊首思

拒给大诺颜首思者罚九九牲畜。拒给有官职的诺颜、塔布囊等首思者罚一九牲畜。拒给小诺颜、小塔布囊首思者罚马一匹。

26. 诺颜塔布囊滥用首思

［诺颜、塔布囊］不按规定［时间和待遇］食用首思者罚马一匹。在中午和晚餐以玩笑不按规定［待遇］食用首思者罚马一匹。①

27. 殴打自己的老师及父母

凡人殴打教导自己的老师及父母，［严重者］罚三九牲畜，② 中等程度者罚二九牲畜，轻者罚一九牲畜。

28. 儿媳妇殴打公婆

儿媳妇殴打公公、婆婆，［严重者］罚三九牲畜，中等程度者罚二九牲畜，轻度者罚一九牲畜。对严重殴打者责打三十下，中等程度殴打者责打二十下。轻度殴打者责打十下。③

29. 父母打儿子儿媳

父亲为教训儿子、婆婆为教训儿媳而责打，不坐罪。④ 错打者［若严重］罚一九牲畜，⑤ 中等程度罚五头牲畜、轻者罚马一匹。公公［错］打儿媳妇，［严重者］罚二九牲畜，中等程度者罚一九牲畜，轻者罚五头牲畜。

30. 儿子杀死父母

儿子杀死父母，见之者捉送其诺颜处，获得以伯尔克为首一九牲畜，将

---

① buruü idekülē，指不按规定［时间和待遇］食用首思。šoqloji，戏弄，戏谑、玩笑，С. Д. Дылыков. *Их цааз* 为 buruü šoqloji，指无故勒索食用不符合规定待遇的饮食。原文见 С. Д. Дылыков. *Их цааз*，Москва，1981，第 30 页第 27 行，转写见第 46 页第 39.4 条。

② buruü-γār nalixulā，指无理殴打、无辜殴打。罚三九牲畜，此指严重殴打者。道润梯步校注：《卫拉特法典》（蒙古文），内蒙古人民出版社 1985 年版，第 60 页注①。

③ 与公婆同产者鞭打，不同产者罚畜。见布仁巴图：《〈卫拉特法典〉一些条款的新解释》，《内蒙古大学学报》（蒙古文版）2003 年第 4 期，第 7、8 页。

④ eši，婆婆。见道润梯步校注：《卫拉特法典》，内蒙古人民出版社 1985 年版，第 62 页注①。

⑤ 此指严重殴打者，罚一九牲畜。

此子本身外的一切人口、财产和牲畜籍没。[①]

31. 父亲杀死儿子

父亲杀死儿子，籍没其家庭人口之外的一切财产牲畜。[②]

32. 杀死奴隶

杀死男奴隶，罚五九牲畜，杀死女奴隶，罚三九牲畜。[③]

33. 丈夫杀死已休弃之妻

丈夫杀死已休弃之妻，罚五九牲畜。

34. 妻子杀死他人之妇

妻子杀死他人之妇，依杀人罪论处，[罚五九牲畜]，或割掉此杀人之妇耳朵后将其送给别人，[被杀妻之人]可在此妇与[五九]罚畜之间择取其一。[④]

35. 儿子应得家产

父亲须按习俗分给儿子应得家产，父亲若穷困，[儿子]可得父亲家产的五分之一。[⑤]

36. 有官职的诺颜塔布囊结亲聘礼数额

有官职的诺颜、塔布囊女儿出嫁时收取的聘礼牲畜数额为三十个伯尔克、马一百五十匹、绵羊四百只。

37. 小诺颜塔布囊结亲聘礼数额

小诺颜、小塔布囊女儿结婚收取的聘礼牲畜数为十五个伯尔克、马五

---

① tarūxu，解散、遣散，指没收其人口、牲畜和财产，分给他人，没有指出如何遣散处置这些财产，道润梯步校注：《卫拉特法典》（蒙古文），内蒙古人民出版社 1985 年版，第 63 页注①。赏给执送罪犯者的以伯尔克为首一九牲畜应从罪犯的财产中支付。

② xaluün ami，指人、人口，其父亲家的人口，即籍没除人以外的其他财产牲畜，比前者处罚要轻，没有籍没人口。见道润梯步校注：《卫拉特法典》（蒙古文），内蒙古人民出版社 1985 年版，第 63 页注①②。

③ kümün bōlōn，道润梯步认为是指男奴，道润梯步校注：《卫拉特法典》，内蒙古人民出版社 1985 年版，第 64 页注①。

④ 被害人的丈夫有权选择五九罚畜还是被割耳之妇。此条解释见道润梯步校注：《卫拉特法典》（蒙古文），内蒙古人民出版社 1985 年版，第 66 页注②③。

⑤ “父亲贫困时，可从家畜五头中取一头。”见［俄］К. Ф. 戈尔斯通斯基：《〈1640 年蒙古—卫拉特法典〉译文》，罗致平译，载国家清史编纂委员会编译组、中国社会科学院原民族研究所《准噶尔史略》编写组合编：《卫拉特蒙古历史译文汇集》第 1 册，2005 年，第 199 页。蒙古人习俗，父亲在世时给儿子们分配家产，分家另过，幼子则随父母继承父母的家产。

十匹、羊一百只。女方陪嫁牲畜的数量应视男方聘礼牲畜数酌情而定。[①]若欲减少聘礼数额，由亲家双方自己商定。

38. 四十户德木齐之女聘礼数额

四十户德木齐之女儿的［聘礼］牲畜数骆驼五峰、大牲畜二十五头、绵羊四十只。嫁奁成衣十件，衣料二十件，[②] 鞍辔、袍服、妇人无袖外衣、陪嫁｛骆驼两峰｝、[③] 马两匹。若有陪嫁婢女，［男方］则回赠骆驼，[④]［男方］视嫁奁回赠相应的礼物。

39. 二十户收楞额之女聘礼数额

二十户收楞额之女儿的聘礼牲畜为骆驼四峰、大牲畜二十头、绵羊三十只。嫁奁为成衣五件、衣料十五件、骆驼一峰、马一匹。［男方］视嫁奁回赠相应礼物。

40. 恰之女的聘礼数额

恰之女儿的［聘礼数额］与此［收楞额女的聘礼］牲畜数相同。

41. 中等人之女聘礼数额

中等人之女儿的聘礼牲畜为骆驼三峰、大牲畜十五头、绵羊二十只。嫁奁为骆驼一峰、马一匹，成衣四件、衣料十件，［男方］视嫁奁回赠相应礼物。

42. 下等人之女聘礼数额

下等人之女儿的聘礼牲畜为骆驼两峰、大牲畜十头、绵羊十五只。嫁奁为骆驼一峰、马一匹，袍服、妇人无袖外衣和鞍辔。

---

① ed inja，回鹘式蒙古文 ede inǰi，指陪嫁的牲畜财物，inǰi，媵，分为 ede inǰi（陪嫁牲畜财物）和 kümün inǰi（陪嫁奴仆和使女），见道润梯步校注：《卫拉特法典》（蒙古文），内蒙古人民出版社 1985 年版，第 69 页注③。

② zadaɣai，戈本译为“衣料”，见［俄］К. Ф. 戈尔斯通斯基：《〈1640 年蒙古—卫拉特法典〉译文》，罗致平译，载国家清史编纂委员会编译组、中国社会科学院原民族研究所《准噶尔史略》编写组合编：《卫拉特蒙古历史译文汇集》第 1 册，2005 年，第 199 页。zaxatai，是成衣，zadaɣai，指制衣的衣料。道·巴图扎布：《论〈卫拉特法典〉中有些词语翻译》（蒙古文），《语文与翻译》1990 年第 3 期，第 39、40 页。

③ 据 С. Д. Дылыков. *Их цааз* 本补｛xoyor temē｝，原文见 С. Д. Дылыков，*Их цааз.*，Mockba，1981，第 132 页第 7 行，转写见第 46 页第 52 条。

④ xaramju，指给别人回馈（回报、报答）的行为，策·巴图：《〈蒙古—卫拉特大法典〉文献学研究》（蒙古文），民族出版社 2014 年版，第 364 页第 141 条。

43. 姑娘十四岁以上准许结婚

姑娘十四岁以上可以定婚［收聘礼］。若有十四岁以下者欲定婚［收聘礼］，其德木齐、收楞额［暂行］劝阻。[①] 何人违犯此法，将其女儿无聘礼出嫁。[②]

44. 四十户德木齐及以下人婚宴宰杀牲畜数

四十户德木齐［婚宴宰杀］牲畜数为大牲畜四头、绵羊五只。二十户收楞额大牲畜三头、绵羊四只。中等人大牲畜二头、绵羊三只。下等人大牲畜一头、绵羊两只。

45. 四十户内每年给四个男孩娶妻

每年四十户内给四个男孩娶妻子。[③] 十个男孩共助一个男孩娶妻，资助大牲畜者从新娘嫁奁中得成衣一件，资助羊者从嫁奁中得衣料一件。不要从新娘自用的衣服中收取。若不给娶妻，依法罚四十户骆驼两峰、马五匹、绵羊十只。[④]

46. 四十户每年制造臂甲两副

四十户每年制造臂甲两副，[⑤] 否则依法罚取骆驼一峰、马一匹。

47. 已聘之女至二十岁完婚否则另嫁

已聘之女至二十岁仍未完婚，应向未婚夫家催促三次，仍不娶，上报诺颜另嫁他人。若未报知未婚夫家和诺颜，将女儿另嫁他人，[⑥] ［未婚夫家］从女方父亲索回聘礼牲畜，依照法规处罚。[⑦]

---

① bayituγai，即 bolituγai，停止，算了，罢了，拉倒，或 uquriγultuγai，退，退后。keleged bayituγai，即劝阻、阻止或暂缓进行。见策·巴图：《论〈卫拉特法典〉中某些词语误注的商榷》（蒙古文），《卫拉特研究》1995 年第 1 期，第 56 页。

② 即惩罚其父母，不准收取聘礼。

③ 此处的 ger，指媳妇，ger abqu，指娶媳妇、成家，道润梯步校注：《卫拉特法典》，内蒙古人民出版社 1985 年版，第 79 页注①。

④ 道润梯步认为此事是以四十户为单位，因此，牲畜是向四十户罚取。见道润梯步校注：《卫拉特法典》（蒙古文），内蒙古人民出版社 1985 年版，第 78 页注③。

⑤ xarabči，指臂甲，道润梯步校注：《卫拉特法典》（蒙古文），内蒙古人民出版社 1985 年版，第 81 页注①。

⑥ 道润梯步校注：《卫拉特法典》（蒙古文），内蒙古人民出版社 1985 年版，第 82 页注②，报知双方诺颜之后另嫁他人。

⑦ 有关处罚规定见下面第 50 条。

48. 已婚与未婚之女死亡

已婚之女死亡，［夫家］将其嫁妆还给女家。[①] 已聘未婚之女死亡，未婚夫家可以取回聘礼牲畜的一半。聘礼若为头盔、臂甲，头盔给牲畜五头，臂甲给以骆驼为首一九牲畜，聘礼若为火铳，给牲畜五头。[②]

49. 偷窃铠甲武器

偷窃全副铠甲罚十九牲畜；[③] 偷窃臂甲罚三九牲畜；偷窃胸甲罚三九牲畜；[④] 偷窃头盔罚一九牲畜；偷窃火铳罚一九牲畜；偷窃马刀、剑，其优等者罚一九牲畜，劣等者罚五头牲畜；偷窃矛，优等者罚牲畜三头，劣者罚马一匹；偷窃优等弓箭在箭筒内带有十支箭者罚三九牲畜，中等弓箭罚一九牲畜，劣等弓箭罚带羔山羊一只。[⑤]

50. 违背婚约另嫁他人

已举行订婚宴有婚约的亲家受法律约束，［违约者依法处罚］，未举办订婚宴的亲家不受法律约束，［违约者不受处罚］。[⑥] 已行聘礼之女，其父母与他人撮合而改嫁者，上等人罚以骆驼为首五九牲畜，中等人罚以骆驼为首三九牲畜，下等人罚骆驼为首一九牲畜。原未婚夫取回聘礼牲畜和未婚妻。

---

① 道润梯步校注：《卫拉特法典》（蒙古文），内蒙古人民出版社 1985 年版，第 84 页注释认为已婚新娘去世，女方将应陪嫁的财物照常给予夫家，似误，女方出嫁时已经将陪嫁物携至夫家，新婚不久去世，应为夫家将其陪嫁牲畜财产还给女方家。未提及聘礼是否还给男方。但从下一句可知若女子已婚，新娘死后，男方不能收回聘礼。若女方未及结婚而亡，男方可以取回一半聘礼。

② 收回聘礼的一半时，盔甲、头盔和火铳无法分解为半个，故按其价值折为牲畜还给。见道润梯步校注：《卫拉特法典》（蒙古文），内蒙古人民出版社 1985 年版，第 84 页注②。

③ lübči xuyaq，全副盔甲、一套盔甲，包括盔、臂甲、胸甲，见前第 4 条“没收其全副铠甲”的注②。十九即十个九，90 头牲畜。

④ 无长襟的短甲，见道润梯步校注：《卫拉特法典》（蒙古文），内蒙古人民出版社 1985 年版，第 85 页注②。

⑤ ünügütü yamā，ünügü，汉译戈尔斯通斯基本为山羊羔，见［俄］К. Ф. 戈尔斯通斯基：《〈1640 年蒙古—卫拉特法典〉译文》，罗致平译，载国家清史编纂委员会编译组、中国社会科学院原民族研究所《准噶尔史略》编写组合编：《卫拉特蒙古历史译文汇集》第 1 册，2005 年，第 201 页。ünügü 即 isige，山羊羔，详见宝音乌力吉、包格校注：《蒙古—卫拉特法典》（蒙古文），内蒙古人民出版社 2000 年版，第 106 页注⑧。

⑥ šaγayitu 指婚约，šaγayitutai xuda，已举办定婚宴的亲家，见道润梯步校注：《卫拉特法典》，内蒙古人民出版社 1985 年版，第 88 页注①。

若无父母之命自己［改嫁］，依以上三个法条规定分别处罚，[①] 其父母有无干系，立誓澄清。此罚畜从女婿（第二个未婚夫）收取，给予嫁女之父。[②]

51. 养子女回归其生父处（一）

养子如愿回归其亲生父亲处，［若携其］儿子前往不需赎身，净身出户［不得携畜产］。[③] 若欲携其妻子和女儿同往，则须赎取妻女。养女［的婚事］由养父母做主，［在女儿出嫁时］养父母［与亲生父母］平分聘礼牲畜，平摊嫁奁。

52. 诱拐未聘的姑娘私奔

诱拐未聘的姑娘私奔，若为上等人之女，罚七头牲畜；中等人之女，罚五头牲畜；下等人之女，罚骆驼一峰。[④]

53. 流民返乡时的财产分割

从其他领主来投的属民，返回故地时携带其来时［的人畜和财产］离开。其所依附的诺颜若曾给予资助，离开时将其本人在此期间繁殖之牲畜的一半留给诺颜。

54. 疯狗咬死牲畜

疯狗咬死［牲畜］，［狗主人］赔偿［损失牲畜的］五分之一。[⑤]

55. 疯狗咬死人

疯狗咬死人，［向狗主人罚取牲畜］，［死者］若为上等人罚取一九牲畜，中等人罚取七头牲畜，下等人罚取五头牲畜。[⑥]

---

① 策・巴图：《〈蒙古—卫拉特大法典〉文献学研究》（蒙古文），民族出版社 2014 年版，第 363 页第 46 条。即依据违犯者的社会等级按照法规条款中的三个等级分别予以处罚。在其书第 386—387 页第 158 条注释中称以三个法条规定数的三倍罚畜，与其汉译文不同，似误。

② 道润梯步校注：《卫拉特法典》（蒙古文），内蒙古人民出版社 1985 年版，第 89 页注③④。

③ doliq，赎，解释见前第 3 条注⑤。无需赎身，即付给养父母抚养费用。包括其儿子不必赎身，见下半句，若欲带其妻子和女儿，则要赎身。养子可携带其儿子回生父处，不必赎身，详见本法第 138 条。

④ söi ügei okini，未聘之姑娘，无婚约的姑娘。所谓上、中、下三等，道润梯步认为，似指被拐之女的家庭地位，见道润梯步校注：《卫拉特法典》（蒙古文），内蒙古人民出版社 1985 年版，第 92 页注②。

⑤ 五分之一，不是指狗主人牲畜的五分之一，而是指被咬死的牲畜的五分之一。见尼・巴德玛：《论〈卫拉特法典〉中某些词语注释的商榷》（蒙古文），《卫拉特研究》1992 年第 1 期，第 77、78 页。

⑥ 此处的三等人，指被咬死者的社会等级。见策・巴图：《〈蒙古—卫拉特法典〉词语研究》（蒙古文），民族出版社 2006 年版，第 129—131 页。

56. 疯人杀人

疯人杀人，雅拉减半，视其情形而定。[①] {被人杀死，若无它情，罚五九牲畜，依疯人情形而定。} 疯人伤害人被杀，杀者不坐罪。[②]

57. 牲畜伤害致人死

有人放牧的［牲畜］在山上踩落石头致人死者，[③] 死者若为上等人赔伯尔克为首一九牲畜，中等人赔五头牲畜，下等人赔一个伯尔克。散处、无人牧放、无人驱赶的［牲畜在山上踩落石头］致人死，从以上牲畜中取一头牲畜［给死者家属］。[④] 种公驼、种公牛和种公马伤害人 {致死} 不赔偿。[⑤] 无人看管的牲畜害死人，依无人看管的［牲畜在山上踩落石头］致人死处罚。［何人］所乘之马害死人，依照有人牧放牲畜在山上踏落石头的法规处罚。

58. 在人家吃喝失态被杀无咎

在人家吃喝时噎着、呛着、酒醉后［在人家中］解手，被人杀死，［若无他故］无罪，［赔偿］五九牲畜。[⑥]

---

① 指疯人杀人比常人罪减一半，罚畜亦减半。策・巴图：《论〈卫拉特法典〉中某些词语误注的商榷》(蒙古文)，《蒙古语文》1999 年第 2 期，第 22、23 页。

② 据迪雷科夫本补 {kümündü alaγaxüla gem ügei bögō̄sü tabun yesü-tü，γalzuü kümüni kiriyini mede}，原文见 С. Д. Дылыков，*Их цааз*，Москва，1981，第 134 页第 23—26 行，转写见第 47 页第 72、73 条。

③ zubaqtu，指从山上滚落的石头，此指在山地牧场牲畜行走时碰落石头砸伤山下人、畜。见何・才布希格：《〈蒙古—卫拉特法典〉某些注释的修正、补充和商议》，《内蒙古大学学报》(蒙古文版) 2004 年第 4 期，第 103 页。

④ xōmoi，回鹘式蒙古文 qaγumaγai，无意的、散放的。见道润梯步校注：《卫拉特法典》(蒙古文)，内蒙古人民出版社 1985 年版，第 97 页注②。

⑤ 据迪雷科夫本补 {alaqdaxüla} 一词，原文见 С. Д. Дылыков，*Их цааз*，Москва，1981，第 135 页第 4 行，转写见第 47 页第 76 条。

⑥ С. Д. Дылыков，*Их цааз* 该条是在此位置，而戈尔斯通斯基本此条在《敦啰布喇什法典》之后，似为后补的。内容与 С. Д. Дылыков 本不同，С. Д. Дылыков，*Их цааз* 为：kümüni gerte xaxaqsan ča čaqsan soqtoü kümün mori üjeqsen γai ügei bolbo。即在人家吃喝时噎着、呛着、酒醉后［在人家中］解手无咎。成吉思汗《大扎撒》记载："食而噎者，应立即拖入帐篷内杀死。"分见ウエ・ア・リヤザノフスキイ：《蒙古慣習法の研究》，東亞經濟調查局，1935 年版，第 12 頁第 32 条；吴海航：《成吉思汗〈大札撒〉探析》，《法学研究》1999 年第 5 期，第 149 页。戈尔斯通斯基本该条内容更接近大扎撒。mori üjeqsen，是蒙古语解手、上厕所的隐讳说法。见道・巴图扎布：《论〈卫拉特法典〉中有些词语翻译》(蒙古文)，《语文与翻译》1990 年第 3 期，第 40 页。布仁巴图：《卫拉特法典中有关习惯法的一条规定》(蒙古文)，《语文与翻译》1990 年第 4 期，第 16—20 页。

59. 掳获物分配

凡人不顾生死冲锋陷阵，杀死敌人可以取其妻子，① 杀死甲士者取其甲，随后冲入之人可择取臂甲或头盔之一，再后之人，依次分取掳获物。杀死无铠甲之人依前法［取掳获物］。

60. 战阵中救人获得酬赏

不顾生死在阵前救出败退之人，得其甲及［乘］马两匹。② 救出冲入敌阵被困之人，从大量掳获物中得伯尔克为首一九牲畜。

61. 作为阔端赤参战死亡

经诺颜允许作为阔端赤参战而死者，此战若有掳获，则以伯尔克为首一九牲畜抵偿［其命］，｛无掳获则以一伯尔克抵偿。未经允许而作为阔端赤参战死于战场者，以一九牲畜抵偿。｝③

62. 收集上缴掳获物有赏

征战中获得掳获，［若有人来争抢］，射为首之人所乘马，［掳获者］将其所获牲畜清点上交，④ 获得一九牲畜［奖赏］。若在三天内［掳获的牲畜］有被窃者，获得五头牲畜［奖赏］。［三天］之后［有失］则坐罪。

63. 在战场上误杀自己人

在战场上误杀自己人，若有人证明［是误杀］，罚一九牲畜，若证明非误杀，则罚三九牲畜。

---

① ami böqlöji yabutala，不惜牺牲生命［英勇］作战。道润梯步认为此是指敌方之人，见道润梯步校注：《卫拉特法典》（蒙古文），内蒙古人民出版社 1985 年版，第 100 页注①，但从后半句收取掳获物情况来看，应指己方在前冲锋陷阵之人。

② 据 С. Д. Дылыков，*Их цааз* 补“kül”一词，原文见 С. Д，Дылыков，*Их цааз*，Москва，1981，第 135 页第 17 行，转写见第 47 页第 83 条。

③ 据 С. Д. Дылыков，*Их цааз* 补｛olzo ügei bolxüla berkēr bosxo，sanaɣār kötöčilöqsön kümün ükükülē yesēr bosxo｝。原文见 С. Д，Дылыков. *Их цааз*，Москва，1981，第 135 页第 21—23 行，转写见第 48 页第 85 条。

④ 据 С. Д. Дылыков，*Их цааз* 补“kümün”一词，原文见 С. Д. Дылыков，*Их цааз*，Москва，1981，第 135 页第 25 行，转写见第 48 页第 86 条。tögöskeji öqtögei，即 böridögüljü quriyaju abɣad toɣ-a yosoɣar öggükü。意为将掳获的牲畜清点、备齐上缴。见宝音乌力吉、包格：《蒙古—卫拉特法典》（蒙古文），内蒙古人民出版社 2000 年版，第 128 页注⑥。

64. 狩猎中因误伤害人畜

狩猎时误射中人致死,[①] 其雅拉减半，依此前规定数额收取罚畜。[②] 误伤至别人六种器官残废，罚有伯尔克的五九牲畜。[③] 丧失拇指、食指者罚取二九牲畜加五头。丧失中指者罚取一九牲畜，丧失无名指罚取五头牲畜，丧失小拇指者罚取三头牲畜。若［被箭镞］划伤,[④] 罚取有伯尔克之一九牲畜，少量出血罚取五头牲畜，损毁衣服罚马一匹。误杀马匹，赔偿相当的马匹，若不食死马之肉，可获赔比死马更好的马。[⑤]

65. 扑灭遗留于营地内的火

扑灭已迁走的游牧营地内［遗留］的火者，得一只绵羊的奖赏［从遗火之人罚取］。

66. 从水、火灾害中救出人畜和财物

从水、火中救出将死之人者，［从被救人］收取五头牲畜，若救人者在水、火中丧生，［救人者家人］向［被救人］收取有伯尔克的一九牲畜［偿命］。若救人者［为救人］所乘马匹死亡，［被救者］赔偿［马匹］外加一个伯尔克牲畜。若救出奴隶、臂甲和胸甲三者，各得一匹马［的报酬］。若抢救出全副铠甲，得马和羊各一个。若抢救出帐篷、家什、财物，得马、牛

---

① tašūrlaji，回鹘式蒙古文 tasiyaraɣu。此句为：在围猎射野兽时误中人致死。见策·巴图：《〈卫拉特法典〉一些词语研究》，《内蒙古大学学报》（蒙古文版）2005 年第 5 期，第 71 页。

② uridu kümüni kirēr ab，即依此前人的身价规定罚取。道润梯步认为是指前条战阵误杀规定中的罚一九和三九。见道润梯步校注：《卫拉特法典》（蒙古文），内蒙古人民出版社 1985 年版，第 107—108 页注①。不过与下面的误伤手指赔偿数额相比太过悬殊，似不准确，所谓此前的法规中可能有我们没有见到的规定。

③ uüraxulā，指丧失、损伤、残废。六种器官，学者们有几种猜测，如认为是六个手指，见前引汉译戈尔斯通斯基本，第 203 页）。认为指四肢、上半身、下半身等六个器官（布仁巴图：《对〈卫拉特法典〉“财产法”条目修订解释》，《内蒙古社会科学》（蒙古文版）1999 年第 2 期；认为指两对、牙、手、脚、手指，见宝音乌力吉、包格校注：《蒙古—卫拉特法典》，内蒙古人民出版社 2000 年版，第 133—135 页注⑤；策·巴图认为是眼、耳、鼻、舌、皮和心，见策·巴图：《〈卫拉特法典〉词语解释方面错误的辨析》（蒙古文），《启明星》2002 年第 4 期，第 73、74 页。此六种器官应为残疾后对人生活能力影响较大的器官，罚有伯尔克的五九，相当于赔偿命价。似不包括手指，有可能指两眼、牙、上肢、下肢和腰身。

④ edegekülē，应为 eskekül-e，不是痊愈，而是割破、划破之意。见布仁巴图：《对〈卫拉特法典〉“财产法”条目修订解释》，《内蒙古社会科学》（蒙古文版）1999 年第 2 期，第 72 页。

⑤ bödüün möri，更大或更肥的马。道润梯步解释为 neng sayin mori，更好的马，见道润梯步校注：《卫拉特法典》（蒙古文），内蒙古人民出版社 1985 年版，第 109 页注②。

［为报酬］，由救出者分取。从火灾中救出几群牲畜，数量多者取其中二头，数量少者取其一头［作为报酬］，依其［所到］时间和［效力］多少裁定。

67. 挟仇放火

挟仇放火依也可合博处罚。烧死上等人，攻掠之；① 烧死中等人，罚三十伯尔克及三百头牲畜；烧死下等人，罚以伯尔克为首的十五九牲畜。②

68. 偷窃牲畜

以下是［有关］偷窃的法规。偷窃骆驼罚十五个九牲畜，骟马、种公马罚十个九牲畜，骒马罚八九牲畜，牛、二岁马、羊三种牲畜罚六九牲畜。九畜中皆含有骆驼。

69. 失主如数报取被窃牲畜

窃贼偷窃多少牲畜，［事主］如数报取被窃牲畜，③ 虚报多取牲畜者，一半雅拉由事主抵偿，［事主］只得到雅拉和赔偿的各一半。④

70. 偷窃怀胎母畜

怀胎母畜，正月以后［被盗］，其仔畜亦罚马一匹。⑤

71. 事主不得擅自抄收罚畜

［事主］未至［窃贼］诺颜处［获得允许，擅自］去抄没［应罚取的］

---

① dobtoltoγai，攻击、袭击、侵袭。此意为待如敌人，杀掳其人畜，见道润梯步校注：《卫拉特法典》，内蒙古人民出版社 1985 年版，第 112 页注①。

② 十五九即十五个九，一百三十五头牲畜；本法典中还有偷窃铠甲（第 53 条）、偷窃牲畜（第 72 条）的罚畜额超过九九。

③ zang，即ǰang dangsa. 宝音乌力吉、包格校注：《蒙古—卫拉特法典》（蒙古文），内蒙古人民出版社 2000 年版，第 144 页注②。

④ “加倍收取”之句难解。若依道润梯步解释，事主（失主）无所得，还要被罚失去自己丢失的牲畜。在此如向事主加倍收取，则事主无所获，若因事主多报失畜，向贼加倍收取亦不合理。汉译戈尔斯通斯基本：“要求赔偿应得额以上者，则只应取得罚款的半分。而牲畜所有主则只应得赔偿的一半”，［俄］К. Ф. 戈尔斯通斯基：《〈1640 年蒙古—卫拉特法典〉译文》，罗致平译，载国家清史编纂委员会编译组、中国社会科学院原民族研究所《准噶尔史略》编写组合编：《卫拉特蒙古历史译文汇集》第 1 册，2005 年，第 203 页。此解正确，即事主得到两个一半，罚畜和赔偿的各一半。等于事主因为多报失畜其应得的赔偿和罚畜（从窃贼罚取的牲畜）都被减去一半。

⑤ 据 С. Д. Дылыков，*Их цааз* 补“maliyin”一词，原文见 С. Д. Дылыков，*Их цааз*，Москва，1981，第 140 页第 24 行，转写见第 50 页第 140 条。道润梯步指出，凡偷窃各种孕畜，正月之后一个幼畜罚取一匹马。年前所生仔畜已记入偷窃数，按正常法规处罚，年后所生仔畜罚取马一匹。汉译戈尔斯通斯基本记：“正月后被盗的牲畜，其仔畜一头则赔偿马一匹”，见［俄］К. Ф. 戈尔斯通斯基：《〈1640 年蒙古—卫拉特法典〉译文》，罗致平译，载国家清史编纂委员会编译组、中国社会科学院原民族研究所《准噶尔史略》编写组合编：《卫拉特蒙古历史译文汇集》第 1 册，2005 年，第 203 页。

牲畜，则［向其］加倍收取诺颜审理费用及派遣使者的报酬。

72. 踪迹之案审断的三种情形

发现踪迹进入之案的审断有三种情形，发现踪迹进入之案，追踪时若有可靠证人随行，穷其踪迹者，依法决断。① 若无可靠证人作证，则经审理断案。仅发现踪迹进入［而无证人］，令户长立誓，② 或者在赔偿［失物］时，将窃贼之家甄别后依法处罚。户长应在鄂托克赛特前［立誓］，鄂托克赛特在诺颜前［立誓］，户长即使其本人得以澄清与偷窃无涉，因管束不严，仍罚伯尔克为首一九牲畜。③

73. 催索债务

有债务可带证人［向债务人］索取三次，并告知其收楞额，若收楞额不协助索取，取其乘马。若未告知［收楞额］，［白天］自己去收取债务，取消其债务，夜间未告知［收楞额］去收取，［取消其债务并］罚一九牲畜。

74. 布拉台什时期的债务取消

取消布拉台什［时期的］债务。④

75. 妇女携羊酒去借的债务取消

妇女携羊、酒去借的债务取消，数额多者减免一半。

76. 走失牲畜

有关走失牲畜，捉获离群走失牲畜收留三天，通告之后乘用。不收留三天亦不通告即乘用者，罚三岁母牛一头。给走失牲畜擅做［自家］标记者罚一九牲畜，剪其鬃、尾者罚五头牲畜。通告后使用者无罪。捉获走失牲畜

---

① sayin gereči，指由 sayin kümün，上等人充当证人。道润梯步认为 sayin kümün 是指德木齐、收楞额以上官员，道润梯步校注：《卫拉特法典》（蒙古文），内蒙古人民出版社 1985 年版，第 119 页注②。

② ayiliyin axa，阿寅勒长，即户长、家长。阿寅勒是由几个一起游牧的毡帐组成，通常是一个大家庭，或同家族人构成。

③ 入踪迹案的审断有三种情形：有踪迹和好证人（其身份符合可靠证人条件），有踪迹而无好证人，有踪迹而无证人。

④ 布拉台什（即布拉太师），哈喇忽剌的父亲，巴图尔珲台吉的祖父。见道润梯步校注：《卫拉特法典》（蒙古文），内蒙古人民出版社 1985 年版，第 122 页注①。取消的不仅是欠布拉台什本人的债务，而是准噶尔部人在布拉台什时期欠下的所有债务。

交给收楞额，收楞额交给失畜查索使。[①] 捉获者交给收楞额和失畜查索使，若不交则加倍罚取。失主找寻时仍隐藏者罚一九牲畜，若将［捉获的］走失牲畜送给远处之人［隐匿］，依［偷窃］律处置。[②] 送给近处之人［隐匿］，罚三九牲畜。

77. 食用野外死畜尸肉

［将野外］死畜尸肉，不通告而食用者，罚七头牲畜。

78. 奸罪

有夫之妇与别人奸，若双方情愿，罚女方四头牲畜，罚男方五头牲畜，若女方不情愿，指男方强奸，则罚男方一九牲畜。强奸女奴罚马一匹，若女奴愿意则无罪。强奸未婚女子，罚二九牲畜，若合意通奸罚一九牲畜。

79. 奸牲畜

若［有人］奸牲畜，捉获者获得被奸之牲畜，若奸别人的牲畜，牲畜主人从奸牲畜者罚取五头牲畜。

80. 偏袒一方介入殴斗

两方殴斗时偏袒一方［介入］殴斗，致人死者，罚偏袒［介入］者伯尔克为首一九牲畜。凡偏袒［介入］斗殴者，无论几人各罚取其坐骑。[③]

81. 动用尖刃利器击人

动用尖刃利器射、刺、砍人者，根据伤害情形，严重者罚五九牲畜，中等程度者罚三九牲畜，轻者罚一九牲畜。[④] 刺［而未中］者罚马一匹。亮出

---

① kiyiri，С. Д. Дылыков，*Их цааз* 回鹘式蒙古为 keiretü，keire，见 С. Д. Дылыков，*Их цааз*，Москва，1981，第 49 页第 105. 4 条。帕拉斯本德译的汉译本注：kieri，即牲畜找寻者，指以王公的名义为走失许多牲畜的人补充牲畜的役使，见［德］P. S. 帕拉斯：《内陆亚洲厄鲁特历史资料》，邵建东、刘迎胜译，云南人民出版社 2002 年版，第 200 页脚注。

② 依［偷窃］律处置，见道润梯步校注：《卫拉特法典》（蒙古文），内蒙古人民出版社 1985 年版，第 126 页注③。

③ 指介入者，无论是偏袒哪一方的人，非斗殴双方。见布仁巴图：《〈卫拉特法典〉有关“殴斗”“戏犯”等词语解释的商榷》，《内蒙古大学学报》（蒙古文版）2000 年第 3 期，第 2、3 页。坐骑，即当时所乘之马。

④ irtü mese，泛指弓箭、剑、矛、刀等武器及有尖、刃之其他凶器。xaqsan，指用箭射，即回鹘式蒙古文 qarbuγsan。见布仁巴图：《〈卫拉特法典〉有关“殴斗”“戏犯”等词语解释的商榷》，《内蒙古大学学报》（蒙古文版）2000 年第 3 期，第 3—5 页。“xaqsan”一词的补充解释亦见布仁巴图：《〈卫拉特法典〉一些条款的新解释》，《内蒙古大学学报》（蒙古文版）2003 年第 4 期，第 13—15 页。

凶器者罚没其凶器，由别人制止者，罚马一匹，给制止者。①

82. 用木石打人

用木棍、石头击打人，② 情形严重者罚以伯尔克为首一九牲畜，中等程度者罚马、绵羊各一，轻者罚相当三岁母牛价值的牲畜或财物。③

83. 用拳头、鞭子打人

用拳头、鞭子打人，情形严重者罚五头牲畜，中等程度罚马、绵羊各一，轻者罚三岁公牛一头。

84. 殴斗中轻微侵害

［殴斗时］损坏衣物罚二岁马一匹。揪坏帽缨、辫发各罚五头牲畜，揪断胡须罚马和绵羊各一头。往人脸上吐痰、撒土、鞭打马头、扯袍襟、［侵犯］赛特［所乘］马，合犯以上诸事者罚马一匹、绵羊两只，若犯其中两项，罚马、绵羊各一头，最轻者罚带羔绵羊一只。

85. 揪断妇女辫发帽缨

揪断妇女辫发、帽缨者，罚一九牲畜。

86. 殴打孕妇坠胎

［殴打孕妇］致坠胎，按怀孕月数每月罚一九牲畜。

87. 猥亵妇女

［对女人］有触摸乳房、亲吻、触摸阴部等事之一者，罚一个媵者。④十岁以上女孩在此例，十岁以下不在此例。

88. 损害眼睛和牙齿

损坏原不健康的眼睛、松动的牙和乳牙，罚五头牲畜。击打健康的眼和

---

① 道润梯步校注：《卫拉特法典》（蒙古文），内蒙古人民出版社 1985 年版，第 131 页注②。

② modončiluüγār，是泛指木质、石质之物，比棍棒、石头广泛，包括各种物质，不限于凶器。见布仁巴图：《〈卫拉特法典〉有关“殴斗”“戏犯”等词语解释的商榷》，《内蒙古大学学报》（蒙古文版）2000 年第 3 期，第 5、6 页。本书为简便使用了木棍、石头，而未用木质、石质物品。

③ γunji yuümayini ab，γunji 三岁母牲畜。γunji yaγum-a，指罚相当三岁母畜价值之物，见策·巴图：《论〈卫拉特法典〉中某些词语误注的商榷》（蒙古文），《语言与翻译》1997 年第 4 期，第 32 页。

④ inči，媵者，陪嫁，未明确是陪嫁物还是陪嫁女，见道润梯步校注：《卫拉特法典》（蒙古文），内蒙古人民出版社 1985 年版，第 136、137 页注②。除贵族和富裕人家外，很难陪嫁人，因此，此条应指陪嫁的财物，即罚以相当于此女陪嫁物价值的财物。

牙，虽痊愈［未残疾］，罚雅拉的一半。[①]

89. 因戏致人死亡

开玩笑致人死亡者，［若为未成年人］无论几人各罚取其坐骑，若为成年人罚伯尔克。两人一起玩至其中一人死亡，罚［另一人］一九牲畜。隐瞒致人死亡之事者，罚三九牲畜。

90. 因戏伤及目齿手足

因玩笑伤及眼睛、牙齿、手、足者，治愈者不处罚，残废者，[②] 罚五头牲畜。

91. 资助歹恶之人叛逃

与心怀歹意之人结好，给其提供马匹和饮食者罚七九牲畜。[③] 此歹人出逃前将财物牲畜留存于人家，而此家人隐匿不报，则罚三九牲畜。

92. 偷窃衣物皮张马具打铁用具等

偷窃绸缎衣物、貂皮外套，虎皮、豹皮、水獭皮、[④] 栽绒、绸面布里、[⑤] 白鼬皮等外套，[⑥] 罚五九牲畜；狼、狐狸、沙狐、狼獾、[⑦] 水獭等皮外套及

---

① 汉译戈尔斯通斯基本，指病眼、已松动的牙齿和乳牙，见［俄］К. Ф. 戈尔斯通斯基：《〈1640年蒙古—卫拉特法典〉译文》，罗致平译，载国家清史编纂委员会编译组、中国社会科学院原民族研究所《准噶尔史略》编写组合编：《卫拉特蒙古历史译文汇集》第1册，2005年，第206页。bülki nidün，指不健康的眼睛，是相对于健康的眼睛而言，在《喀尔喀法规》中称作已瞎的眼睛。已动的齿、乳牙罚五头牲畜，若击打健康的眼、牙，虽未伤损，亦罚一半（即九的一半，五头牲畜）。见布仁巴图：《〈卫拉特法典〉有关“殴斗”“戏犯”等词语解释的商榷》，《内蒙古大学学报》（蒙古文版）2000年第3期，第6—8页。

② uüraxulā，即 oγsoqul-a，bayiqul-a 之意，指不能治愈，残疾了，不能使用了。见尼·巴德玛：《对〈卫拉特法典〉中某些词语注释的商榷》（蒙古文），《卫拉特研究》1992年第1期，第78页。布仁巴图认为此词应为 quγuraqul-a，非仅指折断，而是泛指受伤后不能恢复使用，残废了。见布仁巴图：《〈卫拉特法典〉有关“殴斗”“戏犯”等词语解释的商榷》，《内蒙古大学学报》（蒙古文版）2000年第3期，第8、9页。

③ buruü sedkiltü kümündü，心怀歹意之人，此指欲叛逃的人，见道润梯步校注：《卫拉特法典》（蒙古文），内蒙古人民出版社1985年版，第142页注释①。似指对领主不满，欲叛逃之人。

④ sub，即 qaliγu，水獭。道润梯步校注：《卫拉特法典》（蒙古文），内蒙古人民出版社1985年版，第144页注①。

⑤ kibis，棉，olbu，绸面、棉布里子夹衣。策·巴图：《〈蒙古—卫拉特大法典〉文献学研究》（蒙古文），民族出版社2014年版，第449页第220、221条。

⑥ üyēn 指银鼠，即白鼬，亦称骚鼠，此指 üyēn daxu，白鼬皮外套，穿在袍子外面。见策·巴图：《〈蒙古—卫拉特法典〉词语研究》（蒙古文），民族出版社2006年版，第162—165页。

⑦ zēken，狼獾，亦称貂熊。

粗布毯子[①]等，罚三九牲畜；上等蒙古袍、虎皮、豹皮、上等氆氇、[②] 染色水獭皮、长绸袍等，罚一九牲畜；狼、猞猁、狼獾、水獭、棉布长袍、中等蒙古袍等，罚七头牲畜；［偷窃］貂、狐狸、灰鼠、沙狐、野猫、[③] 豹猫、白鼬等小兽皮，分别大小，大者罚三岁母牛一头，小者罚绵羊一只。偷窃落入捕兽夹子的野兽依前法。[④]［偷窃］上等白银镶嵌的马鞍、马衔、后鞧依偷窃貂皮外套规定［罚五九牲畜］；中等白银镶嵌的马鞍、马衔、后鞧依偷窃狼皮、猞猁皮外套规定［罚七头牲畜］；偷窃铁锤、砧子、钳子罚一九牲畜。［以上］物品的好坏［质量和新旧程度］经审理确定。

93. 伏弩致人死伤

有人误触已告示的［明］弩死亡，［弩主］赔偿一个伯尔克，痊愈则免于追责，［不予赔偿］。有人误触已告示的隐密伏弩而死，［弩主］赔偿三九牲畜，经痛苦折磨后痊愈，给予马一匹及养伤期间的食物。有人误触未告示的伏弩而死，［弩主］赔偿五九牲畜，若痊愈赔五头牲畜。

94. 伏弩射死牲畜

未告示的｛伏弩｝射死何牲畜，[⑤]［弩主］赔偿相应的牲畜，若已告示则免于追责，［不予赔偿］。

95. 伏弩射死的野兽归弩主

伏弩射死之野兽归于置弩之人。何人将已告示的伏弩射杀的野兽拿去，应赔偿［弩主］的野兽，依其价值给予一头牲畜。[⑥] 若拿未告示之伏弩所射杀之野兽，则赔偿弩主五头牲畜。

---

① mirāljin，一种编织物品，可以用作苫盖被垛、铺地或当被子盖的织物。见策·巴图：《〈蒙古—卫拉特法典〉词语研究》（蒙古文），民族出版社 2006 年版，第 166 页。

② čengmen，指粗呢、氆氇、呢绒，此指氆氇，见策·巴图：《论〈卫拉特法典〉中某些词语误注的商榷》（蒙古文），《卫拉特研究》1995 年第 1 期，第 59、60 页。

③ manul，野猫，策·巴图：《〈蒙古—卫拉特法典〉词语研究》（蒙古文），民族出版社 2006 年版，第 169、170 页。

④ 兽夹所捕者是以上有珍贵皮毛的野兽，故等同于皮张。

⑤ 据 С. Д. Дылыков，*Их цааз* 补“sālidu”一词，原文见 С. Д. Дылыков，*Их цааз*，Москва，1981，第 140 页第 24 行，转写见第 50 页第 140 条。

⑥ γaqčayigi，指一头牲畜，根据情况给予一头大畜或小畜抵偿猎物。见道润梯步校注：《卫拉特法典》（蒙古文），内蒙古人民出版社 1985 年版，第 149 页注②。

96. 救出被狼袭击之羊群

何人救出被狼袭击之羊群，[①] 获得活羊和［被狼咬死的］死羊［各一只］为酬谢。十只羊以下酬谢五支箭。若［有人］捡食［被狼咬死的］死羊（尸肉），罚三岁母牛一头。

97. 从泥淖里救出牲畜

从泥淖里救出骆驼者，［从其主人］获得一头三岁母牛［的报酬］，救出一匹马得一只绵羊，救出牛得五支箭，救出绵羊得两支箭。

98. 救助自缢之人及产妇

救助自缢之人、产妇｛者，获一匹马的报酬｝。[②]

99. 医治疾病给予报酬

病人被医治好，应依其先前的许诺给予医者报酬，若无许诺，则给马一匹。

100. 帮助失去乘骑之人回家

凡人将［在外］出行、出征和出猎时失去乘骑之人送回其家，从其得一匹马之报酬。

101. 反诉无证人不受理

两人争讼，[③] 被告反诉则不受理，反诉者若有证人则审理。

102. 单身汉偷窃牲畜

单身汉偷窃牲畜，［其］有无牲畜，[④] 令其收楞额立誓，［若无牲畜］捉送其人。

103. 给行人提供酸马奶

不给［来客提供］酸马奶者，罚绵羊。[⑤]

---

① kiduji，kiduxu，屠杀、杀戮。此指狼袭击羊群，咬杀群羊。见策·巴图：《论〈卫拉特法典〉中某些词语误注的商榷》（蒙古文），《蒙古语文》1999 年第 2 期，第 23、24 页。此 xoi 是泛指羊，不仅指绵羊。

② 据 С. Д. Дылыков，*Их цааз* 补 "xoyori ken kümün tusalaxüla mori ab" 一句，原文见 С. Д. Дылыков，*Их цааз*，Москва，1981，第 141 页第 6—8 行，转写见第 50 页第 146 条。

③ xoyor yalatu kümün，即 xoyar zarγutu kümün。见道润梯步校注：《卫拉特法典》（蒙古文），内蒙古人民出版社 1985 年版，第 154 页注①。

④ mal ügei bolxona。无牲畜，是指单身汉犯罪被罚畜时，称无牲畜，由其收楞额立誓证明。

⑤ čigē，酸马奶，通称马奶酒，亦称 ösög。见道润梯步校注：《卫拉特法典》（蒙古文），内蒙古人民出版社 1985 年版，第 156、157 页注①②。

104. 强行夺取马奶酒

［行人至人家］强行夺［马奶］酒饮用，罚其带鞍马。

105. 损坏毡帐

损坏毡帐，罚马［一匹］。

106. 在人家灶火中插木棍

在｛别人家｝灶火中插木棍者，①若为诺颜家的灶火罚六九牲畜，若为阿拉巴图家的灶火罚一九牲畜。

107. 因戏弄死牲畜

玩笑弄死牲畜，赔偿相等的牲畜，②并罚马一匹，是否开玩笑，经审理确定。

108. 诈取走失的牲畜为己畜

将走失的牲畜称为己畜而收取，罚五头牲畜。

109. 诬陷别人偷窃其牲畜而后澄清

诬陷别人偷窃其牲畜，而夺去他人牲畜者，③后来澄清，罚以其诬陷他人罚取的雅拉（罚畜），并将其诬陷他人而获得的牲畜全数还给［受害人］。④

110. 盗杀牲畜弃其刍物和骨殖于他人牧地

窃贼［盗杀牲畜后］，将牲畜［胃瘤内的］刍物和骨殖移弃于何人牧地，牧地主人可向窃贼罚取一九牲畜。

111. 破坏盗贼踪迹

当跟踪盗贼踪迹［至某地］时，［该处人］破坏踪迹，令其收楞额立誓，不入誓，则罚为首［破坏踪迹］者五头牲畜，无论［破坏踪迹者］多少人，各罚其所乘坐骑。⑤

---

① 据С. Д. Дылыков, *Их цааз* 补“kümüni”一词，原文见С. Д. Дылыков，Их цааз，Москва，1981，第141页第19行，转写见第50页第154条。

② 指赔偿同类、价值相当的牲畜。

③ kebe，似为kibe，见道润梯步校注：《卫拉特法典》（蒙古文），内蒙古人民出版社1985年版，第159页正文。taluxulā，没收、抄没、抢劫。

④ tögöskeji ab，即经清点，原数收回此人诬陷他人所获的全部牲畜。见宝音乌力吉、包格校注：《蒙古—卫拉特法典》（蒙古文），内蒙古人民出版社2000年版，第198页注⑨。“tögöskekü”一词的解释亦见该书第66条注⑥。

⑤ 与上条的关系及含义见布仁巴图：《〈卫拉特法典〉一些条款的新解释》，《内蒙古大学学报》（蒙古文版）2003年第4期，第10—12页。

112. 窃贼首告者免除其雅拉

无论多少人同去偷窃，其中一人先首告，免除首告者的雅拉，其雅拉从其余人罚取。别人已知之后再承认，无效，[不免除其雅拉]。

113. 旁人率兵夺走盗贼赃物

何人率兵夺取盗贼赃物［归己有］，罚有伯尔克之一九牲畜。①

114. 不履行出使义务

已允诺出使之人不履行诺言，罚｛有伯尔克之｝一九牲畜。②

115. 不给使者提供马匹

令给使者提供乘用马匹时，不提供者，加倍罚畜。③

116. 使者履职期间不得饮酒

使者出使往来［履职］期间禁止饮酒，饮酒者罚五头牲畜，④ 若诺颜赏酒可以饮用。

117. 杀害从外面来的逃人

杀死从外面来寻［投靠者］的逃人，罚五九牲畜。送至［其投靠之人处］者，逃人中有多少带箭筒（即携弓箭）之人，将其乘马均给予［送至者作为报酬］。⑤

---

① 旁人不得率兵抢夺贼所窃牲畜为己有，应当交还给失主，否则处罚。见策·巴图：《对〈卫拉特法典〉词语解释中某些错误的勘误》（蒙古文），《卫拉特研究》1998 年第 3—4 期，第 53、54 页。

② 据 С. Д. Дылыков，*Их цааз* 补“berketei”一词，原文见 С. Д. Дылыков，*Их цааз*，Москва，1981，第 142 页第 12 行，转写见第 51 页第 162 条。

③ xolbōtoi ab，意为罚一倍。原文见 С. Д. Дылыков，*Их цааз*. Москва，1981，第 142 页第 15 行，转写见第 51 页第 162 条。

④ tabulaya，策·巴图认为 tabulay-a 是 tabalay-a 之误，意为罚使者禁闭，几日内减其饮食或不提供饮食，见策·巴图：《论〈卫拉特法典〉中某些词语误注的商榷》（蒙古文），《卫拉特研究》1995 年第 1 期，第 57 页。这种惩罚似乎意义不大，而且会影响使者继续履行职责，罚饮酒使者的目的，是为使其顺利完成使命，而不是耽搁其行程，因此不准确。《白桦法典》中有 nigen mori tabulaju ab（第 58 条，第 20 页）；即罚一匹马的五倍，五匹马。tabulaya，应为罚五头牲畜。tabulaya 即 tabutu，见本书《准噶尔法典》第 93、111 条的相关处罚。

⑤ sādaq，箭筒，此指有弓箭之人。汉译戈本指出：“受（收）到箭筒多少个即给马多少匹的褒赏。”汉译戈尔斯通斯基本，［俄］К. Ф. 戈尔斯通斯基：《〈1640 年蒙古—卫拉特法典〉译文》，罗致平译，载国家清史编纂委员会编译组、中国社会科学院原民族研究所《准噶尔史略》编写组合编：《卫拉特蒙古历史译文汇集》第 1 册，2005 年，第 209 页。道润梯步认为送去的人中有多少人有箭筒，则赏给多少匹马。见道润梯步校注：《卫拉特法典》（蒙古文），内蒙古人民出版社 1985 年版，第 167 页注②。

118. 捉到外逃之人获其所携牲畜之半

何人捉到外逃之人，可以获得逃人以外其所携财产牲畜之半。

119. 赎取别人弃妇

［以牲畜］赎取别人弃妇者，［上等人之弃妇］给有伯尔克之一九牲畜，中等［人之弃妇］给五头牲畜，末等［人之弃妇］给马及骆驼各一头。[①]

120. 女奴作证无效

女奴作证无效，若拿出［牲畜］骨、肉两个［实物证据］则有效。[②]

121. 将任何牲畜强称为己畜赶走或宰杀

将任何牲畜强称为己畜而赶走或宰杀，若属实，罚以相应雅拉，将此以偷窃法立誓确定。

122. 破坏围猎规矩

何人破坏围猎规矩，在围猎行列中［离开规定位置凑］在一起，在行进时［离开规定位置凑］在一起走，罚马五匹，[③] 离［围底］三射程之地即开始出发射猎，罚其乘骑，离二射程之地开始出发射猎，罚羊，离一射程之地出发射猎，罚五支箭。[④]

---

① doliq，意为换取、赎取、交易等意，主要指以物易物。此处指赎取或换取弃妇。见策・巴图：《论〈卫拉特法典〉中某些词语误注的商榷》（蒙古文），《卫拉特研究》1995 年第 1 期，第 58 页。这是指从其前夫赎取弃妇，因为无前夫之允准弃妇不得改嫁。将弃妇以其丈夫的社会地位区分为上、中、下等人之妇，见道润梯步校注：《卫拉特法典》（蒙古文），内蒙古人民出版社 1985 年版，第 168—169 页注②。

② 奴妇作人证无效，有物证有效。见道润梯步校注：《卫拉特法典》（蒙古文），内蒙古人民出版社 1985 年版，第 169 页注②。

③ 戈尔斯通斯基本汉译文为“同别人并立或并行者”，见［俄］К. Ф. 戈尔斯通斯基：《〈1640 年蒙古—卫拉特法典〉译文》，罗致平译，载国家清史编纂委员会编译组、中国社会科学院原民族研究所《准噶尔史略》编写组合编：《卫拉特蒙古历史译文汇集》第 1 册，2005 年，第 209 页。道润梯步校注：《卫拉特法典》（蒙古文），内蒙古人民出版社 1985 年版，第 172 页注①认为，众人违犯猎规聚在一起或行走。zergēr，一起、一块、一同；zergēr bayixulā zergēr yabuxulā，指两人或多人离开规定的位置聚在一起，即不依围猎规定拉开一定距离并排站位或行走围猎，使合围行列中出现间隙，野兽易于从中脱逃。布仁巴图指出 zergēr，指围猎时的“班列”“次序”，即队形，不得离位、错位、迟到，必须整队前进。见布仁巴图：《〈卫拉特法典〉“财产法”条目修订解释》，《内蒙古社会科学》（蒙古文版）1999 年第 2 期，第 66—68 页。

④ 围猎中将野兽全部合围之后才开始射猎，个别或部分猎人在合围未完成，未进入有效射程之前，抢先冲入围底射猎会破坏整个围猎秩序，被困的野兽可能会趁乱逃脱。包围圈越小，射程越近，猎人越集中，野兽逃脱的可能性越低，因此，对抢先冲入围底射猎者予以处罚，冲入的距离远者重罚，近者轻罚。

123. 隐匿别人猎杀的野兽和射失的箭

隐匿已通告的［被别人射中的］负箭野兽，罚五头牲畜。隐匿［别人射中］而箭已脱落的野兽，罚其坐骑。从地上拾取别人［未射中］的箭，直至其主人询问之前仍不还给者，罚马。①

124. 杀死有主的猎鹰

杀死脚上有拴绳［标记］的鹰隼（即已驯服之猎鹰）者，罚马。

125. 出首人从罚畜中获得一九牲畜

无论出首何事，从罚畜中获得一九牲畜，若所涉为什物，视什物的［价值］给予奖赏。②

126. 偷窃火镰等什物割指或罚畜

偷窃火镰、刀、箭、锉刀、拴马绳、③三腿马绊、马衔、便携小锤子、脖套、良质帽子、靴子、裤子、剪刀、刮皮薄刀、④铁镫、木鞍、毛织斗篷、喇嘛披的斗篷、⑤毡鞯、坠饰绸布条、布长衫、布腰带、⑥盔甲套、锛子、斧子、上等后鞧、缺肩骨部和脊骨部的羊肉、⑦袋装整羊肉、劣等或旧的皮袍、妇人无袖外衣、锯、有装饰的刀鞘、耳坠、优质的戒指、⑧捕渔

---

① suratala，即寻问时，解释见策·巴图：《对〈卫拉特法典〉词语解释中某些错误的勘误》（蒙古文），《卫拉特研究》1998年第3—4期，第55页。古人箭上一般都写有其名字或有记号，因此，无论负箭野兽和落地的箭，都是可以辨认的，应当立即送还。因此，对隐匿负箭之兽的处罚重于脱箭的野兽。拾箭者在主人寻问后才还给则罚马。

② kirēr，kiri，程度、限度、范围、能力等，此处是指依据什物的数量和价值。

③ arɣamji，绊绳，拴牲畜的长绳子，绳子一头系在牲畜脖圈上（如牛犊）或系在马绊子上，另一头钉木橛或铁橛固定在地上，限制牲畜走远，使其在一定范围内吃草和活动。

④ 熟皮用具，用以刮去皮张表面残留的肉或油脂的薄刀。策·巴图：《论〈卫拉特法典〉中某些词语误注的商榷》（蒙古文），《语言与翻译》1997年第4期，第34、35页。

⑤ 即kejim，策·巴图推测是可披盖的衣服。《〈卫拉特法典〉之偷盗条目中个别词语的浅析》（蒙古文），《卫拉特研究》2004年第1期，第54页。

⑥ bös kiyiliq bös büse，bös büse，布腰带，见策·巴图：《〈卫拉特法典〉之偷盗条目中个别词语的浅析》（蒙古文），《卫拉特研究》2004年第1期，第54、55页。

⑦ ami ügei idē，缺肩骨部和脊骨部的羊肉，策·巴图：《〈蒙古—卫拉特大法典〉文献学研究》（蒙古文），民族出版社2014年版，第507页第263条。

⑧ čimküür，男子于左耳所戴坠子。策·巴图：《〈蒙古—卫拉特大法典〉文献学研究》（蒙古文），第508页第267条；biliseq，即戒指，见何·才布希格：《〈蒙古—卫拉特法典〉某些注释的修正、补充和商议》，《内蒙古大学学报》（蒙古文版）2004年第4期，第104页。

网、捕禽网、大捞网、[①] 捕兽夹子和此类之物，割其手指。[②] 如不愿被割指，罚取五头牲畜，即大牲畜两头和羊三只。

127. 偷窃皮缰绳等小物件罚羊

［偷窃］皮缰绳、套马杆等用的皮绳、骆驼缰绳、[③] 针、锥子、梳子、顶针、线、筋线、钮扣、碗、勺、大方木盘、木桶、皮囊（用以盛奶或酒）、劣等的帽子、皮靴、袜子、马鞍胸带和马鞍吊带、[④] 皮条、马后鞧、荷包、佛灯碗、鱼胶、[⑤] 剜刀、钻子、马鞭、驮箱、箱子、（给体弱牲畜的）苫盖物、熟制羊皮、去毛鞣革、绵羊羔皮、鸣镝、弓弦、[⑥]压榨器、佩带之饰物等零碎物品均在此条例，优等者罚取带羔绵羊一只，劣等者罚取带羔山羊一只。

128. 两个诉讼之人须同时到庭

两个诉讼之人不同时出庭，不受理其诉讼，［原告］带有效证人前去［被告处］三次通知其赴庭，仍不赴庭则与［官方所遣］使者一同前去罚取其所乘马。[⑦]

129. 拒绝被搜查

坚决拒绝被搜查者，依法处罚，[⑧] 其是否拒绝搜查则依据证人之言，无证人则由爱马克长立誓［证明］。

---

① ōši，指可以用来捕鱼的网；tor，指捕禽鸟的网；külmi，捞渔的大网。见道润梯步校注：《卫拉特法典》（蒙古文），内蒙古人民出版社 1985 年版，第 179 页注⑤。

② 割手指的刑罚是蒙古人信奉黄教之后，受西藏法律影响出现的新刑罚，新刑罚的出现见于萧大亨《夷俗记》的记载，有关挖眼、割指的刑罚亦见于《阿勒坦汗法典》，详见策・巴图：《〈蒙古—卫拉特法典〉词语研究》（蒙古文），民族出版社 2006 年版，第 199、200 页。

③ 道润梯步校注：《卫拉特法典》（蒙古文），内蒙古人民出版社 1985 年版，第 181 页注①。

④ jirim，指鞍左侧前面挂鞍鞴的短皮条，通常称 olong jirim。

⑤ zusun，鱼胶。见［俄］К. Ф. 戈尔斯通斯基：《〈1640 年蒙古—卫拉特法典〉译文》，罗致平译，载国家清史编纂委员会编译组、中国社会科学院原民族研究所《准噶尔史略》编写组合编：《卫拉特蒙古历史译文汇集》第 1 册，2005 年，第 210 页，解释见策・巴图：《纠正〈卫拉特法典〉词语解释中一些错误》，《内蒙古大学学报》（蒙古文版）2002 年第 3 期，第 16、17 页。

⑥ 以上参见道润梯步校注：《卫拉特法典》（蒙古文），内蒙古人民出版社 1985 年版，第 181、182 页注①②③④⑤。

⑦ 道润梯步校注：《卫拉特法典》（蒙古文），内蒙古人民出版社 1985 年版，第 183 页注释。

⑧ 道润梯步认为嫌疑人若拒绝被搜查，则依法赶走。未说明赶走的是人还是牲畜，见道润梯步校注：《卫拉特法典》（蒙古文），内蒙古人民出版社 1985 年版，第 184 页注①。此解于理不合。keb-tü tōbo，С. Д. Дылыков，*Их цааз* 相同，见 С. Д. Дылыков，*Их цааз*，Москва，1981，第 144 页第 4 行，其回鹘式蒙古文为 keb-tü toγabai，第 60、111 页。toγabai，即toγačaqu，算作、列入。指此事在相关法规制裁范围内，即依法处罚。

130. 请伊都干和博作法罚马

凡人邀请伊都干或博［作法］，罚其坐骑，亦罚前来之依都干［和博］之坐骑，何人见到而不罚取其马，则罚此人之马。何人见翁衮即夺之，主人若不给而争抢，罚其坐骑。①

131. 禁止殉葬

给上等人殉葬，罚五头牲畜，给下等人殉葬，罚马两匹。②

132. 禁止杀死黄鸭等禽兽

［杀死］黄鸭、③ 阿兰雀、狗者罚马，［杀死］阿拉克山蛇以外的蛇者，罚二支箭，无箭者罚取其刀。④

133. 捡拾灾死不及十天的牲畜尸肉

捡拾死于灾害不及十天的牲畜尸肉者，罚三岁母牛一头。

134. 救助骑马遇险情的孩子

小孩子乘马失控有生命危险时救助者，⑤ 得绵羊一只。

135. 随意挤用他人畜奶

除挤用离开驼羔的母驼、与小驹分离的母马以及刚产子之母畜之奶外，随意挤用别人母畜之奶者，罚三岁母牛一头。

136. 允诺陪嫁的女儿随他人逃走

父母允诺［给主人的女儿陪嫁］的女儿［随他人］｛逃走｝，⑥［若为父

---

① uduγa 亦称 iduγan，女巫；bȫ，男巫；ongγo 即 ongγun，翁衮，萨满教的偶像。见道润梯步校注：《卫拉特法典》（蒙古文），内蒙古人民出版社 1985 年版，第 185、186 页注①②③。

② xoyiluγa 即 qoyilγ-a，指随葬品。xoyiluγa sayin，指殉葬。见布仁巴图：《〈卫拉特法典〉一些条款的新解释》，《内蒙古大学学报》（蒙古文版）2003 年第 4 期，第 12、13 页。

③ anggir，指黄鸭，见尼·巴德玛：《对〈卫拉特法典〉中某些词语注释的商榷》（蒙古文），《卫拉特研究》1992 年第 1 期，第 79 页。

④ 此段话中没有动词，其动词应为［杀死］。《喀尔喀法规》记载："不得杀死健康的马、黄鹄、蛇、蛙、黄鸭、黄羊羔、雀及狗等。若有杀死者，见证者可向其罚取马一匹。"见达力扎布：《〈喀尔喀法规〉汉译及研究》，中央民族大学出版社 2015 年版，第 180 页。此段话也是对杀死这些有宗教禁忌的禽兽和家畜的规定。

⑤ küüken，中古蒙古语指小孩，包括男、女孩；alan aldaji，指小孩在马上身体失去控制，有生命危险，濒临死亡危险。分见策·巴图：《〈蒙古—卫拉特法典〉词语研究》（蒙古文），民族出版社 2006 年版，第 207、209、210 页。

⑥ 据迪雷科夫本原文有"geqsen"一词，见 С. Д. Дылыков, *Их цааз*, Москва, 1981, 第 144 页第 23 行。迪雷科夫还依据文意补 kümünē orγodaq，本书依从，见 С. Д. Дылыков, *Их цааз*, Москва, 1981, 第 52 页第 189 条、第 113 页第 4 行。

母令其逃走］没收其父亲家产，若与其父母无干系，则按前定法规处罚。[①]

137. 拐走他人妻子

拐走上等人妻者，罚以骆驼为首九九牲畜案主，拐走中等人妻者罚以骆驼为首五九牲畜，拐走下等人妻者，罚以骆驼为首三九牲畜。若携此妇逃得无影无踪，［失妇之人］收其遗留之妇和牲畜。拐人者妻子的兄弟，以［此妇初嫁时］所获聘礼牲畜相等的牲畜［从失妇之人］将其赎走。若其兄弟无牲畜，由其亲族兄弟交一九牲畜赎走。若无亲族兄弟，由［双方］的诺颜作主。[②]

138. 养子女回归其生父处（二）

养子若欲返回其生父之处，只身带儿子回其生父处，[③] 其女儿应留在母亲处。若养女的亲生父母欲取回其女，九岁以上者送给养父母一九牲畜取回，若抚养较差者送给一九牲畜的一半取回。若十五岁以上者应留在养父母处，[④] 两位父亲［在姑娘出嫁时］各得一半聘礼牲畜，各出一半嫁奁。

139. 甥舅间财产关系

舅舅［借用外甥之物］无须偿还，外甥偷窃舅舅家财物无雅拉，赔偿所窃财物。[⑤]

140. 畜主认出自己走失牲畜

畜主［从购牲畜者处］认出［自己］走失的牲畜，[⑥] 有可靠证人，可得

---

① 答应给诺颜的女儿陪嫁（即做媵）的女孩随人逃走，若为父母令其逃走，籍没其父母财产。若无干系依前例处罚（即第 50 条逃婚的规定）。见道润梯步校注：《卫拉特法典》（蒙古文），内蒙古人民出版社 1985 年版，第 192 页注①②。

② 解释参见道润梯步校注：《卫拉特法典》（蒙古文），内蒙古人民出版社 1985 年版，第 194、195 页注①②③。

③ 只身携带其儿子，不携带任何牲畜财产回其生父处。道润梯步校注：《卫拉特法典》（蒙古文），内蒙古人民出版社 1985 年版，第 197 页注释①。欲带走其妻子、女儿须赎取。

④ С. Д. Дылыков，*Их цааз* 为养女十岁以上，应当留在养父母身旁，见 С. Д. Дылыков，*Их цааз*. Москва，1981，第 52 页第 193 条；汉译戈尔斯通斯基本为：“十五岁者应留在自己的养父家里。”见［俄］К. Ф. 戈尔斯通斯基：《〈1640 年蒙古—卫拉特法典〉译文》，罗致平译，载国家清史编纂委员会编译组、中国社会科学院原民族研究所《准噶尔史略》编写组合编：《卫拉特蒙古历史译文汇集》第 1 册，2005 年，第 211 页。本法典第 43 条记十四岁以上可以定婚出嫁，是否含十四岁？从此条的九岁以上回亲生父母身边须赎取的规定可知，养女十五岁出嫁年龄应留在养父母身边，比十岁之说更合理一些。

⑤ 道润梯步校注：《卫拉特法典》（蒙古文），内蒙古人民出版社 1985 年版，第 198 页注释。无雅拉，即赔偿外，不另外罚牲畜。

⑥ jiliyiqsen mal，指因为不适应草场等各种原因离开牧地，主人找不见的牲畜。详见何·才布希格：《〈蒙古—卫拉特法典〉某些注释的修正、补充和商议》，《内蒙古大学学报》（蒙古文版）2004 年第 4 期，第 104 页。

牲畜身体前半部分，购者得其后半部分。[①]

141. 收留走失牲畜的报酬

无论收留何种走失牲畜，［在主人来领取时］，如至一年，收留者分取在此期间繁殖的仔畜之半［作为报酬］。［一年］后［走失牲畜］与收留者的种公马、种公牛、种公驼交配所生仔畜，全部归收留者所有。［收留者还可以从原收留的牲畜中抽取牲畜作为收养的报酬］，一、二头牲畜不抽取，十头以上抽取二头牲畜，三头至九头抽取一头牲畜。[②]

142. 偷窃铁锅、锅撑子

偷窃铁锅、［锅］撑子者，[③] 若上等［铁锅和撑子］，罚一九，中等罚五头牲畜，下等罚三岁母牛一头。

第三篇 《噶尔丹珲台吉敕令》（一）

1. 各鄂托克首领传令四十户德木齐收集散失和穷困之人予以救济

各鄂托克首领传令各四十户的德木齐｛收集散失和穷困者，予以救济｝，[④]

---

① toloγo（toloγai），böqsö（bögse）头和臀，是指牲畜身体的前半部分和后半部分，购者获臀，即后半部分。汉译戈尔斯通斯基本为“牲畜头部（优等部分）……臀部（劣等部分）”，［俄］К. Ф. 戈尔斯通斯基：《〈1640 年蒙古—卫拉特法典〉译文》，罗致平译，载国家清史编纂委员会编译组、中国社会科学院原民族研究所《准噶尔史略》编写组合编：《卫拉特蒙古历史译文汇集》第 1 册，2005 年，第 211 页。道润梯步认为是多头牲畜，故认为主人得优等者，购者得劣等者，见道润梯步校注：《卫拉特法典》（蒙古文），内蒙古人民出版社 1985 年版，第 199 页注①。此条中未言走失牲畜的头数，因此，在一头或多头牲畜的情况下，两种解释都可以适用。

② 解释见道润梯步校注：《卫拉特法典》（蒙古文），内蒙古人民出版社 1985 年版，第 200、201 页注①②③。

③ xayisu，卫拉特语为锅，即铁锅。tulγa（tulγ-a），锅撑子，铁条制的炉架子，以置铁锅。《西域图志》卷 41 记：“海苏，即釜也。旁有四耳，小者两耳。以红铜及铁为之。初称脱欢，后避脱欢太师名，改今称。图拉噶，即行灶也，以铁条为圈，下施三足，高低不等。置之于地，上加锅使不欹。”钟兴麒、王豪、韩慧校注：《西域图志校注》，新疆人民出版社 2002 年版，第 534 页。铁锅和锅撑子合在一起是一家必备的厨具，被偷走将严重影响生活，故处罚较重。见策·巴图：《论〈卫拉特法典〉中某些词语误注的商榷》（蒙古文），《语言与翻译》1997 年第 4 期，第 35 页。

④ “salaqsan salbaraqsan ügē yadouγačoqloulji asarji ökü geji.”是 С. Д. Дылыков 据 E 本即巴图尔乌巴什图缅本增补的内容，见 С. Д. Дылыков, *Их цааз*, Москва, 1981, 转写第 52 页第 1 条，回鹘式蒙古文第 116 页第 3 行。

德木齐［得令后］收集［穷困之人］，若有不收集者罚一九牲畜，｛革职｝。[①] 鄂托克首领若未传达命令则罪鄂托克首领，若已传达命令而仍不收集，罪在德木齐。令德木齐救济穷困之人，如无力救济，上报鄂托克首领，鄂托克首领则不分彼此一体救济抚养。若无力救济再上报。有能力救济而不救济者有罪。若［因不救济致］死人则有罪，以杀人罪处罚，对［致］人死有无过错，经审理确定。

2. 设十户长严防偷盗

为防偷窃，十户设一长，十户长管理十户，若有人偷窃则首告，若不首出，铐十户长手，用铁箍其余人之手。[②] 凡人偷窃三次则籍没其家财。

3. 收集流散者编为鄂托克和爱马克

将移至其他和硕之人，此间杂居于其他和硕之人收集起来，无鄂托克者设立鄂托克，无爱马克者组成爱马克。

4. 众首领提出自己的想法

认为这样做不正确者，请说出认为不正确的想法。认为是正确的，也请说出自己认为正确的想法。现在不说，若以后再说本该如何云云，我将视你们为不满于正确的大政方针而大怒。[③] 愿永久安乐太平！

5. 凡诉讼被告必须到庭

凡诉讼，原告带证人三次通知被告到庭，［被告］不到庭者，无论其诉讼胜败都予以处罚。[④]

---

① bālaya，С. Д. Дылыков，*Их цааз* 为 bayilγaya，bayilγaya 即停、撤、革之意，此指革职，见策·巴图：《纠正〈卫拉特法典〉词语解释中一些错误》《内蒙古大学学报》（蒙古文版）2002 年第 3 期，第 17 页。从其语句来看不是罚一九牲畜之后再罚巴，应为罚一九牲畜并革职之意。

② qadaqubolbo，指上铐，或铆死手铐；bolγoxu，С. Д. Дылыков，*Их цааз* 为 buγoülaxü，原文见 С. Д. Дылыков，*Их цааз*. Москва，1981，第 146 页第 18 行，转写见第 52 页第 5 条；回鹘式蒙文转写为 boγolaqu，见第 61 页第 3 行。buγoülaxü 即铐、捆、缚。buγoü 或 buγau 指枷或手铐，木制或铁制。参见［美］亨利·塞瑞斯：《传统的蒙古地区的监狱和囚犯》，载内蒙古大学蒙古史研究所编印：《蒙古史研究参考资料》，新编第 38 辑（总第 63 辑），1985 年 8 月。

③ niruγu，大政方针，政策、方针。见道润梯步校注：《卫拉特法典》（蒙古文），内蒙古人民出版社 1985 年版，第 212 页注②。

④ 有关旧诉讼规定见《准噶尔法典》第 128 条，三次传唤不来，收其乘马。

6. 取消巴图尔珲台吉马年之前债务

取消巴图尔珲台吉［去世的］马年之前的债务,① 此后之债务有证人者收回，无证人者取消。

7. 扎尔扈齐须在官府衙署内审理案件

扎尔扈齐不得在官府衙署之外审理案件，若［扎尔扈齐审断案件后］不缴纳给官府的费用,② 则加倍罚取。

8. 扎尔扈齐判错三次案件停止其审理案件

扎尔扈齐判错三次案件，停止其审理案件。

9. 夺回被盗窃牲畜获得报酬

若与窃贼交战安全地拦截下［被窃的马匹］,［从畜主获得报酬］，五匹马给一匹马，三到四匹马给三岁马一匹，两匹给二岁马一匹，一匹给一只绵羊。若未经交战拦截下［被窃马匹］，十匹马得一匹马，五匹得二岁马一匹，五匹以下得绵羊一只。③

10. 捉获逃人送还其主的报酬

将此间的逃人捉住后送还其主人，［其报酬为］送十个逃人，得其中的中等之人，送五个逃人得其中最差之人，送三个逃人得三岁（马）一匹，送两个人得二岁马一匹，送一人得绵羊一只。④

---

① 巴图尔珲台吉之马年，即其去世之 1654 年，债务失效、取消。见道润梯步校注：《卫拉特法典》（蒙古文），内蒙古人民出版社 1985 年版，第 214 页注②。

② örgȫ，örgöge，古代指房子，是对住所的尊称。道氏在第 214 页注①指出：指衙门，公务机关，应在王府旁。狭义，此指审理机构、法庭、审案的地方。见特木尔博罗特：《略论〈卫拉特法典〉中的诉讼制度》，《内蒙古大学学报》（蒙古文版）1994 年第 2 期，第 103、104 页。官员在官府衙署内审案，给官府上缴审理费用örgȫgiyin dēji，法典中没有指出此费用的名目，一律收归官府使用，包括用于奖励首告之人和证人等，我们暂且称之为审理费。örgȫ并不是专指法庭，当时政法不分，是指官员衙署，官员在此办公和审理案件，本书将örgȫ译为官府。

③ kiildüji，kikildüji，qaquulidaju，即交战、格斗、战斗。道润梯步校注：《卫拉特法典》（蒙古文），内蒙古人民出版社 1985 年版，第 217 页注①②。

④ bosqaɣul，bosquul，逃人、逃亡者。道润梯步校注《卫拉特法典》认为，是指逃人带走的牲畜，道润梯步校注：《卫拉特法典》（蒙古文），内蒙古人民出版社 1985 年版，第 218、219 页。宝音乌力吉、包格校注《蒙古—卫拉特法典》相同，见宝音乌力吉、包格校注：《蒙古—卫拉特法典》（蒙古文），内蒙古人民出版社 2000 年版，第 269 页。此处的 bosqaɣul 指逃人，不是逃人所携牲畜。不提逃人而单讲逃人携走的牲畜（通常是马匹）不合常理。

11. 各鄂托克之人不得随意更换鄂托克

各鄂托克之人不得随意更换鄂托克，若［整］爱马克投奔其他鄂托克，罚其爱马克长一九牲畜。若有人不遵从爱马克长之言，离开爱马克投奔其他［鄂托克］者，罚此人一九牲畜。若有人脱离其鄂托克、爱马克，[①]［何人将其］送还给其爱马克长，则从为首脱离者罚取马一匹，从其余［从逃者］，每户罚取一只绵羊。

{前世所修之福海，缘此来安乐太平之善果，母仪普见之功德，如愿降福于顶!}[②]

第四篇 《噶尔丹珲台吉敕令》（二）

1. 为回商立法

回商原无统一法规，因而无所适从，违犯诉讼法规者甚多，故颁行此法规。自土马年（1678 年）始施行此法。[③]

2. 回商的管理

凡回商，自行散处［各地］行商者，由其隶属的主人管领。隶属不明确和被俘掠来的回商，若有严重不当行为，籍没其财物，只免其本人，逐之出境。[④]

---

① buruγulaju bultaju，逃走、躲藏，见策·巴图：《对〈卫拉特法典〉词语解释中某些错误的勘误》（蒙古文），《卫拉特研究》1998 年第 3—4 期，第 56、57 页。此处没有用 bosqaqu，bosqaγul，而用 buruγulaju bultaju，他们似与逃人有所区别，是因为各种原因脱离本鄂托克去投其他鄂托克。

② 此句据 С. Д. Дылыков，*Их цааз* 补入，原文见第 С. Д. Дылыков，*Их цааз*，Москва，1981，第 148 页第 4—8 行，转写见第 53 页第一道敕令末尾。

③ 此段话的解释见布仁巴图：《〈1678 年噶尔丹台吉敕令〉法规研究》，《内蒙古大学学报》（蒙古文版）2004 年第 4 期，第 80 页。bederge，在《华夷译语》中有“别积尔格惕、斡儿脱兀的延”，旁译为商贾。bederge 应源自蒙古语 bezirga，突厥语 bezirge，指商人，包括了噶什噶尔、叶尔羌、安集延等地穆斯林商人。见余太山、陈高华、谢方主编：《新疆各族历史文化词典》，中华书局 1996 年版，第 188 页。布仁巴图认为原意指流民，即流动的外来人、商人，布仁巴图上引文第 80—82 页。李保文认为是指“中亚、北亚的伊斯兰教徒中的商人阶层”。李保文：《“伯德尔格”考释》，《西域研究》2009 年第 4 期，第 113 页。明末清初在蒙古行商的西域商人都是穆斯林，而清代统称西域穆斯林为回回、回子、回部，故本书将 bederge 译为回回商人，简称“回商”。

④ Tarqaju，分散，解释参见布仁巴图：《〈1678 年噶尔丹台吉敕令〉法规研究》（蒙古文版），《内蒙古大学学报》2004 年第 4 期，第 82—86 页。

3. 厄鲁特和回人之间诉讼经审理判决

对厄鲁特人和回人之间的是非曲直，应经审理判决。[①]

4. 厄鲁特和回人之间婚姻诉讼

凡回人与厄鲁特结亲之人，若情愿离异者听之；仍像在其在回城时一样自由［生活］。若找借口将过错委之于厄鲁特［而欲离婚者］有罪，不得依从其所愿，仍如前保持婚姻，不准其离异。此［两族］间的［案件］，由大扎尔扈齐审定。[②]

5. 回商不得贩卖人口

回商不得买人口，若买人口，见证之人将获得［回商所买人口］和回商的财物。若有人偷偷去卖［人口］于回商，则以其价值加倍罚之。[③]

6. 诉讼审理权限

回人之间的诉讼，由回人扎尔扈齐审断。重大的诉讼则由本处的大扎尔扈齐审断。[④] 于土马年（1678 年）吉日制订。愿幸福吉祥！

---

① qoton，qotong，道·巴图扎布指出清代汉文文献中称作回回、回部、回子，指今新疆维吾尔族，见道·巴图扎布：《论〈卫拉特法典〉中有些词语翻译》，《语文与翻译》1990 年第 3 期，第 40 页。《西域图志》记："准噶尔人称回人为和通。" qoton 或 qotong 指南疆的维吾尔人，亦泛指西域穆斯林，回部语言有三种。见钟兴麒、王豪、韩慧校注：《西域图志校注》卷 47《杂录一·准噶尔》，新疆人民出版社 2002 年版，第 608、609 页。本书将 qoton 或 qotong 译为回人。

② 此段解释参见道润梯步校注：《卫拉特法典》（蒙古文），内蒙古人民出版社 1985 年版，第 226、227 页注①②③。

③ 布仁巴图：《〈1678 年噶尔丹台吉敕令〉法规研究》，《内蒙古大学学报》（蒙古文版）2004 年第 4 期，第 87、88 页。

④ Niruγu jarγu，道润梯布认为是政治方面的重要诉讼。特木尔博罗特认为 Niruγu jarγu 和 yeke jarγu 是与民族政策和民族关系相关的诉讼，见特木尔博罗特：《略论〈卫拉特法典〉中的诉讼制度》，《内蒙古大学学报》（蒙古文版）1994 年第 2 期，第 106 页。布仁巴图认为是指噶尔丹管辖下的蒙古各部落即主体民族间的诉讼。布仁巴图：《〈1678 年噶尔丹台吉敕令〉法规研究》，《内蒙古大学学报》（蒙古文版）2004 年第 4 期，第 89 页。以上看法不够准确。此法是为回商、回人立法，规定回人间的一般诉讼由回人扎尔扈齐审理，回人与厄鲁特人之间的婚姻诉讼由大扎尔扈齐审断。Niruγu jarγu 应指准噶尔境内回人、回商的重大诉讼或案件。

第五篇　《敦啰布喇什法典》

序

顶礼尊师曼殊师利！①
向无色界之殿内，
以寂灭的五决定永存的，②
以七方法而快乐的，③
生灵信仰之佛身瓦齐尔达喇跪拜！
向似天之永恒
瞬间悟释诸事
成就八不缘起之意的，④
全然寂灭的法身跪拜！⑤
像天上的彩虹一样显现⑥
优姿百态
随人意念无处不在的
各种化身跪拜！⑦

---

① namo kürü manju gyo qa ya！应译为“顶礼尊师曼殊师利”或“顶礼尊师文殊师利”，见西·诺尔布校注：《札雅班第达传》（蒙古文），内蒙古人民出版社 1999 年版，第 4 页注①②。

② tabun maɣad，见西·诺尔布校注：《札雅班第达传》（蒙古文），内蒙古人民出版社 1999 年版，第 5 页注④，策·巴图认为汉文为五决定。见策·巴图《〈蒙古—卫拉特法典〉词语研究》（蒙古文），民族出版社 2006 年版，第 240、241 页。

③ arɣa dēdü dolōn，解释见西·诺尔布校注：《札雅班第达传》（蒙古文），内蒙古人民出版社 1999 年版，第 6 页注⑤。

④ odxu irekü ügei 指“八不缘起”或“八不中道”。见西·诺尔布校注：《札雅班第达传》（蒙古文），内蒙古人民出版社 1999 年版，第 6 页注⑦。

⑤ nomiyin beye，法身，解释见西·诺尔布校注：《札雅班第达传》（蒙古文），内蒙古人民出版社 1999 年版，第 9 页注⑨。

⑥ erketü，指天，上天。erketüyin numun，指彩虹。见策·巴图：《〈蒙古—卫拉特法典〉词语研究》（蒙古文），民族出版社 2006 年版，第 248—250 页。

⑦ xubilɣani beye，化身，解释见西·诺尔布校注：《札雅班第达传》（蒙古文），内蒙古人民出版社 1999 年版，第 11 页注⑫。

向似学问聚集之云朵[①]
雷鸣般震响于各处
降下佛法之雨露于人间万物生灵的
肇启学问智慧之果的咱雅班第达跪拜！

因如此尊崇佛祖，与然占巴罗卜藏、然占巴桑吉扎木苏、巴勒登噶布楚、阿布格隆、隆利克绰尔济、囊邦桑吉等人商议，敦啰布喇什为首僧俗人员决定拟定出简要的政教法则。

1. 僧人与信徒须严守戒律违者惩处

［有关］僧人法规，以守戒律为要事，［所有佛教信徒］都要按规矩遵守各自的戒律。格隆等违犯四戒是大恶之根，若有犯者将革除其格隆号，罚四岁骆驼，给予经会之仓。若饮酒者，见者罚取三岁马。[②] 格楚勒若如前违犯四戒，罚四岁马。若饮酒，罚三岁羊。班第若如前违犯四戒，罚三岁羊，若饮酒，罚五十戈比。［以上］无论何人犯淫恶，令［与其女人］分离，[③] 否则，不得参加经会和［为施主］做佛事，贬为阿勒巴图。[④] 何人侮辱、骂詈和殴打遵守戒律的僧侣，以四十与四的大扎萨处罚。凡各经会［主持者］，将以上所定法规作为其会规，将［犯戒］者依规处罚。[⑤]

2. 认真研习经教者获得赏赐和尊重

托音、僧人认真研习经教学问者，依其等次给予赏赐和尊崇。

---

① baxaraqsan，聚集。见策・巴图：《〈蒙古—卫拉特法典〉词语研究》（蒙古文），民族出版社 2006 年版，第 250、251 页。

② šaqšabad 戒度，六度（六波罗蜜）之一。buüral，恶，违犯五戒为五恶；五戒为不杀生、不偷盗、不邪淫、不妄语、不饮酒。见道润梯步校注：《卫拉特法典》（蒙古文），内蒙古人民出版社 1999 年版，第 238—239 页注①②。五戒中的前四戒亦称四根本戒，在此法中对违犯四戒的处罚重于饮酒。

③ šandasba bolxolā，指结婚或与妇女非法同居。见道润梯步校注：《卫拉特法典》（蒙古文），内蒙古人民出版社 1999 年版，第 239 页注⑤。

④ 贬为阿勒巴图，即令其成为纳贡赋之民，取消其免贡赋特权。不准参加经会、不准作佛事，取消僧侣特权，相当于开除了僧籍。

⑤ xural，指喇嘛诵经仪轨，寺庙僧侣日常以经会来组织佛事活动，此指僧侣的组织，这里没有使用“爱马克”等名称。

3. 喇嘛平日着袈裟

喇嘛平日应身着袈裟,① 不穿袈裟者，视其在经会的地位分别予以处罚。②

4. 俗人持行八戒

俗人持行八戒，每月有三日斋戒。③ 不行斋戒者，上等人罚三岁羊一只。众所知晓之人罚三十个戈比，打脸颊三下。④ 下等众人罚十个戈比,⑤ 打脸颊五下。

5. 凡人经常念诵经咒

凡人经常念诵已经学会的以玛呢咒语为首的经文。

6. 斋戒日不得杀生

任何人不得在斋戒日杀生,⑥ 杀生者，何人见到，没收其所杀之物，虽将其殴打，未伤残其肢体者,⑦ 无罪。

7. 父亲必须令其子学会蒙古文

赛特之子不懂蒙古文，罚其父三岁马，送其子至老师处学习，众人所知

---

① orkimji，袈裟。

② 道润梯步校注：《卫拉特法典》（蒙古文），内蒙古人民出版社 1985 年版，第 241、242 页注释①②。

③ 有关本条内八戒和斋戒日，见［俄］K. Ф. 戈尔斯通斯基：《〈1640 年蒙古—卫拉特法典〉译文》，罗致平译，载国家清史编纂委员会编译组、中国社会科学院原民族研究所《准噶尔史略》编写组合编：《卫拉特蒙古历史译文汇集》第 1 册，2005 年，第 70 页第 8 条。亦见策·巴图：《〈蒙古—卫拉特法典〉词语研究》（蒙古文），民族出版社 2006 年版，第 252—256 页。据《宗教词典》，“八戒”条，全称“八关斋戒”，指佛教为在家男女教徒制定的八条戒条：（1）不杀生；（2）不偷盗；（3）不淫欲；（4）不妄语；（5）不饮酒；（6）不眠坐高广华丽之床；（7）不装饰、打扮及观听歌舞；（8）不食非时食（正午过后不食）。前七为戒，后一为斋。非终身受持，是在指定时间内奉行，受戒期间过近似僧人的生活。斋戒日是每月初八、初十五、三十日。见任继愈主编：《宗教词典》，上海辞书出版社 1981 年版，第 37 页。

④ olon-du taniqdaxu kümün，直译为“众人认识的人”或“众人知晓之人”，即在众人中有一定威望或影响的人，此指中等人。xalxā，脸，道润梯步校注：《卫拉特法典》（蒙古文），内蒙古人民出版社 1985 年版，第 243 页注②。宝音乌力吉、包格校注：《蒙古—卫拉特法典》（蒙古文），内蒙古人民出版社 2000 年版，第 298 页注⑨。

⑤ olonki，多数的、大多数的、众人；muüγai，丑的，肮脏的、不体面的、坏的；olonki muüγai，结合全文直译应为：多数的下等人，占人口多数的下等人。在此译为：下等众人。

⑥ bačaq ödür，即 mačaγ edür，斋戒日。道润梯步校注：《卫拉特法典》（蒙古文），内蒙古人民出版社 1985 年版，第 244 页注释。

⑦ gübdekü，殴打、痛打、笞打、鞭打。gübdebečü，即使殴打了。

晓之人［之子］，罚［其父］三岁羊。下等人［之子］，罚［其父］十五个戈比，其子照前例送至老师处学习，若其子至十五岁仍不能学会［蒙古文］，治罪。

8. 闻警上报官府并出征迎敌

何人听闻紧急敌情，[①] 上报官府，[②] 并挺身向敌人来处出发御敌。若不及时出征，诺颜罚二九牲畜，赛特罚铠甲、马和四岁骆驼各一，众所知晓之人罚四岁骆驼一峰，下等人罚四岁马一匹。

9. 出征班师依军律

［紧急情况之外的］其他军律，[③] 凡应出征之军队获得命令（消息）后必须立即出发，逾期不至者，依法罚巴。[④] 诺颜罚一九，赛特罚四岁骆驼一峰，众所知晓之人罚四岁马一匹，下等人罚三岁牛一头。撤军之前先行返回家者，依前例处罚。拒不来者，依法加倍罚巴。

10. 不听从号令擅自抢掠者罚

凡［在战场上不听从指挥］整个和硕去抢掠［敌方牲畜财物］，[⑤] 将掳获物一起没收，罚该和硕马三十匹。和硕内［若有部分人］去抢掠者，没收其全部财物，只余其裸体。得到掳获物者，没收其掳获物，每人罚马一匹。依据［每人］在战斗中的表现好坏，根据旧法典分别奖赏和处罚。

11. 诺颜参与不适合其身份之事被殴

凡诺颜在搜查、突发的殴斗中、或在争夺乌拉时被打，[⑥] 殴打者无罪。因为此事与诺颜身份不符，是其自失体统［所致］。

---

① bačim dayini zanggi，紧急敌情。见道润梯步校注：《卫拉特法典》（蒙古文），内蒙古人民出版社1985年版，第246、247页注①。

② örgȫ，örgöge 指房子、房间。此指行政机关，此词在该法规中亦指官府、行政机关的衙署。

③ biši čerigiyin yoson，［紧急情况之外的］其他军律，见宝音乌力吉、包格校注：《蒙古—卫拉特法典》（蒙古文），内蒙古人民出版社2000年版，第303、304页注⑫。

④ bū，巴；būg，巴噶，道润梯步认为巴即雅拉，见道润梯步校注：《卫拉特法典》（蒙古文），内蒙古人民出版社1985年版，第248页注①；此解不准确。巴，不仅相当于“雅拉”中的“罚”和所罚物之意，也是蒙古传统法律中用于对违犯行政命令的行为进行处罚的刑名。见达力扎布：《〈喀尔喀法规〉汉译及研究》，中央民族大学出版社2015年版，第91—94、99页。

⑤ uülγa，即 uulγ-a，指（派兵进行的）掳掠，抢劫。aldaxuna，即 aldaqulaγul-a，使丢失、脱离，亦指掳掠、抢掠［敌方人畜］。

⑥ ulā，即 ulaγ-a，乌拉，驿畜、驿马。

12. 扎尔扈齐断案须公正

扎尔扈齐断案不要偏袒，［应公正无私］，[①] 若有偏袒者，当众嘲笑和羞辱之。若第二次再犯，如前［当众嘲笑和羞辱之］。第三次，革其扎尔扈齐之职。

13. 偷窃案件不得私议完结

偷窃之事别人不得替贼撮合［与事主］私议完结，若有人从中撮合私议，打十下，罚三岁马，用于官府之事。

14. 宰桑不得在法外袒护窃贼

宰桑不得在审理规定之外袒护窃贼，[②] 若袒护者，当众嘲笑和羞辱之；再犯，如前处罚；三犯，令宰桑仅穿一条裤子，袒露上身围绕官府衙署转圈。[③]

15. 对窃贼的处罚

将此窃贼［鞭］打五十下，戴一月木枷，[④] 在双颊上烙以印记；再犯，同样处罚；三犯，将窃贼卖给喀里木和库班等地。

16. 买卖因罪罚没之人须经雅尔噶齐核验

因罚雅拉而收取的人，经雅尔噶齐核验后卖掉无咎。[⑤] 若未经雅尔噶齐核验卖掉，依法处罚，将其所卖身价银没收，用于官府之事。

17. 将盗贼庇护于喇嘛和权贵之处

若将盗贼庇护于喇嘛和权贵之处，罚宰桑四岁骆驼，归官府。若［宰桑］称不知情，派可靠证人立誓。[⑥] 宰桑本人不在家，对其妻、子、兄弟在

---

① tata，即 ömögleküi，偏袒。bü tata 不要偏袒，即应公正无私。见道润梯步校注：《卫拉特法典》（蒙古文），内蒙古人民出版社 1985 年版，第 252 页注①。

② xarusxu，此处意为袒护、庇护、支持。见宝音乌力吉、包格校注：《蒙古—卫拉特法典》（蒙古文），内蒙古人民出版社 2000 年版，第 313 页注⑩。

③ 尼·巴德玛：《对〈卫拉特法典〉中某些词语注释的商榷》（蒙古文），《卫拉特研究》1992 年第 1 期，第 79 页。

④ xongγor ajirγa，是古代的一种刑具，将罪犯的脖子与一手、一脚拴在一个柱状的木桩上，此木桩有七十余斤，称作 xongγor ajirγa unuül，直译为令其骑淡黄色种马。戴此木枷使犯人起、坐、躺都不方便，有重罪施以此刑罚，有时长达两个月。见道·巴图扎布：《论〈卫拉特法典〉中有些词语翻译》（蒙古文），《语文与翻译》1990 年第 3 期，第 41 页。《西域图志》亦记载："其刑法，轻罪以皮鞭鞭其腰，长枷荷颈梏手，逾时而释之。"此"轻罪"是相对于死刑而言。见钟兴麒、王豪、韩慧校注：《西域图志校注》卷 39《准噶尔部·政刑》，新疆人民出版社 2002 年版，第 512 页。

⑤ 因罪罚"雅拉"而收取的人，包括本人因罪被罚没，或因缴纳雅拉牲畜不足数，收取的罪犯家人、奴仆等。

⑥ γadasu adali kümün，可信之人、可靠证人。见道润梯步校注：《卫拉特法典》（蒙古文），内蒙古人民出版社 1985 年版，第 258 页注①。

［家］者依此法处置。这些人亦不在，将其有官职的德木齐依此法处置。向贼的户长罚取供佛的四岁骆驼一峰，即使是回子亦不例外。若［盗贼家］为单独的住户，向盗贼本人罚取应罚户长之骆驼。户长若称不知情，令宰桑立誓。户长之妻、子若称不知，亦立誓，无区别。

18. 捉获盗贼送至官府

凡人捉获盗贼送至官府，除依法获得的报酬之外，加赏四岁骆驼一峰。告知［失主］盗贼的雅拉和刑罚，是依雅拉法，还是依通告的法规处置，[①]依据失主之意定夺。[②]

19. 匿藏盗贼

凡人明知盗贼而匿藏，打十五下，罚四岁骆驼归官府。从此骆驼［折价的牲畜］中给首告人四岁牛一头。[③]

20. 偷窃外国使者牲畜财物

凡人偷窃外国使者，如克里米亚、库班、吉尔吉斯、哈萨克、俄国使者的牲畜，依法规罚畜并施以刑罚，将［所窃］牲畜给还主人，其他雅拉归于官府，用于官府开支。首告之人赏给四岁骆驼一峰，罚户长骆驼。审断之后宰桑庇护盗贼，此类事仍依前法处罚。不必等待窃贼的宰桑，有何管事之人则［向贼］罚取雅拉，其雅拉包括人、牲畜和财物。［盗贼将所窃牲畜财物］若献给了喇嘛和权贵，不能给失主返还所窃牲畜财物，无咎。

21. 失主与贼私议和解

［有窃案］，失主若与证据确凿的窃贼私议和解，悄悄收回自己的牲畜，则将贼［的人口、牲畜和财产］依法没收，归于官府，用于官府之事；将失主当众打二十五下，剥夺其收回所丢失牲畜的权利。[④]

22. 宰桑允许失主与盗贼和解

双方宰桑若害怕为［无确凿证据的盗案］立誓，而同意失主与盗贼和

---

① 雅拉法即处置盗贼的法典，zariyin yosōr，直译为通告的规定，应为新近通告的法规或规定。

② Buu 即 uu，疑问词。见策・巴图：《论〈卫拉特法典〉中某些词语误注的商榷》（蒙古文），《卫拉特研究》1995 年第 1 期，第 60 页。

③ 从四岁骆驼中给四岁牛一头，骆驼是指收归官府的骆驼的价值，可以折算成其他若干牲畜。奖赏首告者的四岁牛一头即从此骆驼之价值折算出的。从两个宰桑被罚的两峰骆驼中各获得一头牛。见道润梯步校注：《卫拉特法典》（蒙古文），内蒙古人民出版社 1985 年版，第 261 页注②。

④ 道润梯步校注：《卫拉特法典》（蒙古文），内蒙古人民出版社 1985 年版，第 264 页注①②。

解，必须给官府缴纳费用后和解。若不缴纳给官府的费用，则仍依法立誓，［立誓之后］被［宰桑］立誓证明之人仅赔偿［失物］，无咎。[①] 首告与盗贼私议和解之人获得四岁骆驼一峰。若双方宰桑［允许失主］与有确凿证据的盗贼和解，罚双方宰桑各四岁骆驼一峰，给官府。从此两峰四岁骆驼中，支给首告者各四岁牛一峰。[②]

23. 偷窃财物

偷窃财物，价值一百戈比以上，［在罚其］户长［骆驼］、给官府缴纳费用及对窃贼的处罚方面［与之前的规定］相同，雅拉亦相同。其雅拉额数如下：加倍赔偿失主、另给失主祭火的羊、给告发者供佛的三岁马一匹；给官府费用［四岁］骆驼［一峰］、给扎尔扈齐四岁牛［一头］、给证人四岁马一匹、给雅尔噶齐四岁马一匹、给［派来处理案件的］使者三岁马一匹、给扎萨扈齐（执行官）三岁［大牲畜一头］、给户长骆驼［一峰］。扎尔扈齐何人审断，从盗贼贼首开始依次向每个窃贼各收取一头牛。[③]

24. 留杜尔伯特等外地人住宿离开时须验看

［有关］住宿规定。杜尔伯特部人和在俄国附近有家室之人离开时，[④]［留宿者］应将留宿的熟人、姻亲和亲属请主管登记的赛特验看之后让［他们］离开。否则，当夜［于留宿之家附近］丢失多少牲畜，由［留宿者］

① züq bosxoji öküne，仅赔偿。此指没有确凿证据的窃案，宰桑为嫌疑人立誓之后，可以仅赔偿失物而结案。

② 从两峰四岁骆驼中支给首告人各四岁牛一头，即两头牛。从骆驼中不可以分出牛，一峰骆驼的价值应相当于数头牛，此处是按牲畜价值换算后的说法。

③ 道润梯步校注：《卫拉特法典》（蒙古文），内蒙古人民出版社 1985 年版，第 268—269 页注①②③。

④ 指迁居顿河的杜尔伯特人。由于土尔扈特部汗位争夺内讧，原附属土尔扈特部的杜尔伯特人迁往顿河躲避。1701 年，杜尔伯特部人在其首领孟克特穆尔率领下离开伏尔加河流域迁到顿河。返回后，孟克特穆尔子色特尔时再次逃到顿河。1723 年阿玉奇死后，杜尔伯特人又一次离开伏尔加河逃至顿河一带。1725 年时在顿河西岸有 1.4 万人左右，而伏尔加河流域有 3 万人左右。1731 年，土尔扈特内为争汗位又内讧，色特尔子喇旺敦多克率部分杜尔伯特人从顿河西岸向切尔卡斯克地区迁徙，后来俄国将军博拉金斯柯依下令杜尔伯特居于察里津一线内。1741 年敦啰布喇什汗即位后，居顿河的杜尔伯特人与土尔扈特部签署和解协议，再次返回伏尔加河流域。土尔扈特东迁时，杜尔伯特人居于伏尔加河西岸和顿河之间，他们留在了那里。（参见［德］P. S. 帕拉斯：《内陆亚洲厄鲁特历史资料》，邵建东、刘迎胜译，云南人民出版社 2002 年版，第 51—56 页。）在敦啰布喇什时，土尔扈特汗与杜尔伯特首领关系改善，互有往来，但杜尔伯特人时来时往，关系不稳定，为防其人因探亲或因事前来之后，走时盗窃牲畜而去，以至难以追索和处罚，对其人往来住宿严加管理。

赔偿，上缴官府三岁马一匹。即使牲畜没有被赶走［丢失］,[①]［若未如此办理］仍依法罚三岁马。若此夜赶走牲畜的话，从留宿者如数籍没这些牲畜。这些牲畜由留宿者自己向赶走牲畜者追讨。(第 24 条)

25. 官府官员或尊贵之人验看留宿之人离开

［有关］验看留宿之人［离开］的规定，在附近若有上等人，或找其中最受人尊重的人来验看留宿之人，然后令其离开。此指居地远离官府之人，居地离官府较近之人，应请官府赛特之一前往验看后令其离开。否则依前面的规定处置。[②]

26. 雅尔噶齐审案的规定

［有关］雅尔噶齐的规定，雅尔噶齐不得徇私情，必须遵守诉讼规章公正审断，若徇私偏袒，依扎尔扈齐的法规处罚。若有诸多诉讼案，［应按顺序］先提交者先审理。若遇重大须紧急审理的案件，向扎尔扈齐请示说明后再提前审理。雅尔噶齐使用［审案消费］物品时若被告涉诉讼则使用，若不涉诉讼，则告知将［审案消费］物品还给其人。

27. 派出审案的使者享受待遇而不履行职责

［派去审理案件的］使者若有报酬，应骑自己的马去审结案件。［派去的使者］久不结案，且收取［使者］报酬，则当众戳其太阳穴六下,[③] 收回其［使者］报酬，另派其他人为使者。

28. 有关普通使者的规定

［有关］普通使者的规定，除官方三类事务的使者外，其他使者依例替换其乘用［的马匹］。若违犯此规定，为节省酬金而不换乘乌拉马匹者,[④]

---

① ese jiliyibeči，未被赶走［丢失］。

② 道润梯步校注：《卫拉特法典》(蒙古文)，内蒙古人民出版社 1985 年版，第 273、274 页注释①②③。

③ duüsal ügei，指使者食首思后，不骑自己的马完成使命，一直违规使用乌拉首思。策・巴图认为šanū，是指眼睛两旁洼下的部分，即太阳穴（颞骨部位），蒙古文čimarqai。见策・巴图：《论〈卫拉特法典〉中某些词语误注的商榷》(蒙古文)，《卫拉特研究》1995 年第 1 期，第 61 页。道润梯步认为是腮根，见道润梯步校注：《卫拉特法典》(蒙古文)，内蒙古人民出版社 1985 年版，第 278 页注②。

④ 使者换乘乌拉可能要付酬金，故为节省酬金而不换乘。见道润梯步校注：《卫拉特法典》(蒙古文)，内蒙古人民出版社 1985 年版，第 280 页注①。远道乘用会危害马匹，导致马匹疲瘦或倒毙，不能继续正常服役。

每匹马罚三十戈比，[①] 马匹若倒毙则赔偿。［使者］不得饮酒。遵行此规定的使者，何人殴打使者或做错事，依诉讼规定处置。使者未按此规定，饮酒和做错事被殴打，未伤残其肢体则无咎。

29. 有关立誓的规定

［有关］立誓规定。依约定时间来立誓，不能按时来，则取消此诉讼。扎尔扈齐计时指定立誓之日。若入誓者和要求立誓者双方在约定的日期有难以分身之事，[②] 不能前来，则事先派人将难以履约之事告知雅尔噶齐，若不派人告知，则取消诉讼。对主持立誓之人和入誓之人的规定相同。[③]

30. 诉讼必须双方出庭

凡诉讼之人，向所要起诉之人在有证人的情况下提请其出庭。若不出庭，从雅尔噶齐请派使者［前去传唤］，付给使者报酬，使者传唤后仍不出庭，罚三岁马一匹。再次［派使者传唤仍不出庭］，再如前［罚三岁马一匹］，如第三次［传唤］仍不出庭，则宣判原告胜诉。[④] 凡人为起诉向雅尔噶齐请求派遣使者，［经审理］被告未经立誓已清白，则由滥请派遣使者的原告付给使者的报酬。

31. 收取债务的规定

凡人有何债务，告知证人后向债务人索取。若不还债，报知雅尔噶齐派使者去索取，债务人支付使者的报酬。若不依此规定，夜间去索债（捉牲畜），则取消其债务，罚四岁骆驼一峰，给官府，用于官府事务，使者报酬从此骆驼［价值］中支出。白天索取（捉取牲畜），取消债权人的债务，并由其支付使者的报酬。

---

① 蒙古文原文为：γučin mönggö，罗致平译为：三十铜钱，应为三十戈比。

② orōči，入誓者、立誓者，立誓者多为嫌疑人方面的户长、官员，为疑案立誓证明和担保，有时亦令嫌疑人立誓。oruülāči（oroγuluγči），主持立誓者。［俄］K. Φ. 戈尔斯通斯基：《卡尔梅克顿杜克·达什统治时期编订的补充法律》，罗致平译，载国家清史编纂委员会编译组、中国社会科学院原民族研究所《准噶尔史略》编写组合编：《卫拉特蒙古历史译文汇集》第2册，2005年，第74页第32条认为这两词是指被告（oroγči）和原告（oroγuluγči）。而道润梯步校注《卫拉特法典》（蒙古文），内蒙古人民出版社1985年版，第282页注②中的解释相反，被告（oroγuluγči）和原告（oroγči）。道润梯步的解释误。

③ šaxāči是主持立誓的审案官员，道润梯步校注：《卫拉特法典》（蒙古文），内蒙古人民出版社1985年版，第282页注③。

④ 道润梯步校注：《卫拉特法典》（蒙古文），内蒙古人民出版社1985年版，第283页注①②。

32. 盗贼劫走人

［盗贼］偷窃人，依杀人法规籍没。盗贼来交战，用枪或箭［等武器］伤［事主和追捕之］人，[①] 则赔偿人［命价］。若伤马匹，伤马一匹罚四岁骆驼一峰。若［射人］未中，依其所射箭数每箭罚四岁马一匹。在畜主不在场时捉获窃贼送来的证人，赏四岁骆驼一峰，畜主带来的证人依旧例给付报酬。

33. 作伪证

证人若为获得报酬而作伪证，当众人脱其衣服，鞭十五下，罚取［与其作伪证］应得报酬相等的［牲畜或财物］归于官府，用于官府之事。

34. 有关抢劫的法规

［有关］抢劫的法规。［抢劫］除按规定的雅拉和刑罚惩办外，有多少人被抢走，则令［盗贼］赔偿多少命［价］。有可靠证人陪同去搜查时，［嫌疑人］拒绝搜查，则依法没收。无可靠证人，［嫌疑人拒绝搜查］而不能没收时，令［嫌疑人］赔偿［被盗］牲畜，不罚雅拉，令立誓。[②]

35. 有关踪迹的法规

［有关］踪迹的法规。[③]［失踪牲畜的］足迹在草地、雪地和泥泞地上模糊不清这三者，[④] 若有可靠证人，而［嫌疑人］不交还牲畜，则依例没收。若证人无法确证，不能以没收处罚时，令［嫌疑人］赔偿［丢失的］牲畜，依法为雅拉立誓。除此情况之外的踪迹，仍依旧例审断。不愿公开身份的证人向扎尔扈齐和雅尔噶齐之一报告，应根据此人情况酌情采纳。赛特既无法向其取证，则不必令其露面。[⑤] 视其言谈和态度判断和审决。

---

① dayilaji 在此意为 bayilduǰu，即打仗、作战、交战、战斗，道润梯步校注：《卫拉特法典》（蒙古文），内蒙古人民出版社 1985 年版，第 288 页注②。

② 见［俄］К. Ф. 戈尔斯通斯基：《卡尔梅克顿杜克·达什统治时期编订的补充法律》，罗致平译，载国家清史编纂委员会编译组、中国社会科学院原民族研究所《准噶尔史略》编写组合编：《卫拉特蒙古历史译文汇集》第 2 册，2005 年，第 75 页第 37 条。

③ 道润梯步把 möriyin yoson，误为 morin-u yoson，即把“有关踪迹法规”误为“有关马的法规”。见道润梯步校注：《卫拉特法典》（蒙古文），内蒙古人民出版社 1985 年版，第 293 页注①。

④ 有关三种踪迹，见道润梯步校注：《卫拉特法典》（蒙古文），内蒙古人民出版社 1985 年版，第 293 页注①。

⑤ keröülji，作证。keröülji ese čidaxuna，不能作证。xarūn，视力、视觉、视线、视野，xarūn bü oki，不必被视见，不必见面。

36. 近侍官员堕落

自服侍官以下，侍卫和掌索永布文字事务的恰等、阔端赤等，在侍膳礼法规定之外嗜酒、贪玩，懒惰、不热心于职事、挑拨是非，自甘堕落者，不要说我的身份被降低了，而应自省其所作所为。

37. 三类事务不提供乌拉者籍没

法定三类事务不提供乌拉者，依旧法典籍没。[①]

38. 权贵为他人避乌拉

无提供乌拉义务的权贵，替换别人马匹［使其逃避乌拉］，罚三岁马一匹。[②]

39. 不追赶强盗和逃人者处罚

有强盗来边界之人中抢劫马群，或有人外逃时，在近处之人追赶则有赏，不追赶者依法处罚。

40. 救助被灾牲畜依照旧法规奖赏

救助被狼袭击、遇火灾和掉冰窟的牲畜者赏，其奖赏数额照旧法规。

41. 越界游牧

凡人在左、右边界内随其昂吉［游牧］。从昂吉以四十户往其他地方离去者，罚其四十户长四岁骆驼一峰，令回归昂吉。不足四十户单独分离去的人，罚各和屯四岁马一匹，令其返回四十户。若如此偏离而损失［人畜］于外敌者，令其所管宰桑［不得继续管领］，离开众人。若从爱马克、四十户在无专管宰桑之下出走的人众，在战争中失去牲畜财物者，将其为首之人至俄国时处置。

42. 辫发服饰规定

凡人应在帽子上缀缨，男人编起头发，女人不得穿对襟衣服，寡妇穿则无咎。

---

① 此处规定与《蒙古—卫拉特法规》第 13 条（即《准噶尔法典》第 10 条——引者注）罚九九的规定不同，可见所谓的“旧法典”也已经修改了。见道润梯步校注：《卫拉特法典》（蒙古文），内蒙古人民出版社 1985 年版，第 296 页注①。

② xāxulā，呼和浩特本为 qalaqu la，即换、替代，道润梯步认为此句意为“直接捉人马匹”。见道润梯步校注：《卫拉特法典》（蒙古文），内蒙古人民出版社 1985 年版，第 296 页校勘和第 297 页注释②。误，应为替有驿站服役义务之人隐匿马匹。

43. 凡人应听从宰桑命令

凡人听从宰桑之命令。若宰桑不听从诺颜和众人正确的话，错误行事，则可以不听从此宰桑之言，并向诺颜和众人告知，否则依法处罚［不听从宰桑命令者］。

44. 宰桑可以令其管下人因疑案和解

宰桑令事主与盗窃嫌疑人和解，若两人同属于其管辖之人，[①] 无咎。[②] 而有确凿证据的盗贼，则仍依前例处置。

45. 小诺颜率军出征时的职责与权利

受派遣率军出征的小诺颜，任职期间享受首先获得战利品、[③] ［所需］饮食、乘马为首的乘用和驮载之役畜、送给外国人的适当礼品等。除此之外，不得随意［征用和］享用其他物品。自己私属的阿勒巴图的战利品（掳获）可以自己作主。

46. 此法典未规定之事依旧例

凡本法规中未规定之事，依照旧法典和公认的口头判例审理。[④]

47. 获走失牲畜送交官府

［见到］走失的［牲畜］向雅尔噶齐报告，送至官府。否则罚三岁马一匹，用于官府事务。有人隐匿走失牲畜，首告之人依例获得报酬，此报酬由隐匿者付给。

48. 获得走失牲畜通告三天后送至官府

获得走失的牲畜向当地之人通告三天，三天内送至［官府］。根据其居地远近确定［送至日期］。按规定捉获和通告之人，获得报酬。

49. 禁止到库班等处偷盗和抢劫

若有人从库班、吉尔吉斯、[⑤] 克里米亚、哈萨克等地任意偷盗和抢劫，

---

① nige zayisangtai küüni，指同属一个宰桑管辖之人。见策·巴图：《论〈卫拉特法典〉中某些词语误注的商榷》（蒙古文），《卫拉特研究》1995 年第 1 期，第 61—62 页。

② zeme ügei 即 gem ügei，见策·巴图：《对〈卫拉特法典〉词语解释中某些错误的勘误》（蒙古文），《卫拉特研究》1998 年第 3—4 期，第 57、58 页。

③ jisā，值班、值日、值勤。此指小诺颜在统率军队之职任期间。dēji，指在职时抽取的费用，如首先分享战利品等。olzō，战争中的掳获物，包括人、畜和财物，即战利品。

④ zangšiqsan，成为习惯的，习以为常的。amani zarɣu，口头判例。指没有文字法规依据，而约定俗成的，公认的判例。

⑤ serkeš，第 17 条此词记作 kirgis，应为 kirgis 之误。

没收其全部盗窃之物和所乘马匹，宰桑若知晓则罚四岁骆驼一峰，若称不知此事，找可靠之人立誓，何人首告获得三岁骆驼一峰，由偷盗之人支付。

50. 破坏诺颜圈禁的营地和围场

破坏诺颜［圈禁的］驻营地和惊散围猎中的野兽，此两种事，罚以骆驼为首的一九牲畜，以轮值处审理的旧例为准。若不知是［诺颜圈禁的］驻营地和［正在］围猎的围场而破坏，无咎。通过审理判明其知情与否。[①]

51. 管事的噶伦喇嘛经允许可以饮酒

阿里古罕达尔扎格隆楚勒图木业喜为首的噶伦等参与行政事务的托音管事之人，经大喇嘛或诺颜及众人许可饮酒，不罚。除此之外饮酒，依前面的法规处罚。[②]

52. 涉及宰桑的重案须持斧立誓

偷盗案件立誓，若需宰桑审理的重案，须持斧立誓，[③] 无需宰桑审理的小案，依法由相应之人立誓。

53. 冒犯苏勒坦山处以人命的雅拉

［冒犯］苏勒坦山罚以人命的雅拉，可以用两峰三岁骆驼代替。其他［族］人与卡尔梅克人无区别，其刑罚和对户长的处罚亦无区别。[④]

54. 将盗贼庇护于大喇嘛权贵之处

若有人将盗贼庇护于大喇嘛、权贵之处，罚四岁骆驼一峰，收归官府。若此人抵赖，令其依法立誓。

---

① xoriül buüri，指禁猎地和往来驻营之地，见何・才布希格：《〈蒙古—卫拉特法典〉某些注释的修正、补充和商议》，《内蒙古大学学报》（蒙古文版）2004 年第 4 期，第 105 页。zeme ügei，即 gem ügei，见策・巴图：《对〈卫拉特法典〉词语解释中某些错误的勘误》（蒙古文），《卫拉特研究》1998 年第 3—4 期，第 57、58 页。

② 道润梯步校注：《卫拉特法典》（蒙古文），内蒙古人民出版社 1985 年版，第 313 页注①。

③ 何・才布希格认为是从热油锅中捞斧头，以烫伤轻松者胜诉。见何・才布希格：《〈蒙古—卫拉特法典〉某些注释的修正、补充和商议》，《内蒙古大学学报》（蒙古文版）2004 年第 4 期，第 105 页。立誓只是一种担保，误保者将来承担责任，持斧立誓是一种重誓，未必一定在当时分出胜负，因此何・才布希格的说法不准确。道润梯步指出不知其具体施行方式，推测可能是舔或咬斧刃立誓，见道润梯步校注：《卫拉特法典》（蒙古文），内蒙古人民出版社 1985 年版，第 314 页注①。

④ solton uüla，部落祭祀的神山，砍伐其树木等违犯相关规定者即冒犯了神灵。道润梯步校注：《卫拉特法典》（蒙古文），内蒙古人民出版社 1985 年版，第 315 页注①。

第六篇 《津齐林法规》

克鲁格的英译《津齐林法规》较为准确，为本书提供了参考和便利。克鲁格英译文及所附托忒文转写都没有条目序号，以下根据内容将汉译文分为 18 条，并加了序号。

1. 学习蒙古文

［p. 89］① 凡世间之人皆阅读和学习蒙古文经书。赛特、宰桑们的儿子如不能读、写蒙古文，罚其父亲巴三岁骆驼一头。② 令其送儿子至老师处学习。哈剌出尽其所能令其儿子学习蒙古文。宰桑令其儿子学习，自己承担学习费用。所罚巴用于救济穷人。

众人知晓之人罚巴三岁马一匹。将其子送至老师处学习。众多平凡粗鲁人［之子］不能识蒙古文者，罚其父巴十五个戈比，令其儿子读书。

不随老师学习蒙古文，不能识文断字者，罚巴，年限为十五岁。因懒惰自己不学习者，令众人鄙视他。

2. 帽顶戴红缨

每个人都在“红缨帽者”之名下出生，成为红缨帽者之后，又以卫拉特习性闻名于世，［我们］应当遵守原来的风俗，在帽子上戴红缨。帽子不戴红缨者夺其帽子，帽无缨者夺其帽。

3. 出家手续

何人送儿子至老师处［当小喇嘛］食曼扎者听其自愿为之，读经书到 17 岁。此后是否接受格楚勒戒和格隆戒，则听其父亲或最亲近的亲属意愿，向宰桑呈报，听其众兄弟之意愿。若众兄弟认为其有必要回家，不予同意，令其回鄂托克，成为世间之人（俗人）。若［众兄弟］同意，报宰桑批准，呈请诺颜知道，诺颜批准之后呈报经会（xurul）。

① 这是克鲁格文中提供的波兹德涅耶夫书的原页码。拉丁字母转写见 John. R. Krueger，“New Materials on Oirad Law and history”，Part One：The jinjil Decrees，*Central Asiatic Journal*，Volume XVI，No. 3，pp. 196-200。

② Bā，bāg，汉语音译为巴或巴噶，蒙古法律术语，巴与按答奚适用的犯罪相同，都是对违反命令和规定，失职，过失和不当行为的处罚。巴刑罚所罚牲畜多归“官”或公用，如赏给首告者，此处是用于救济穷人。

4. 僧侣员额

有经会和僧侣的诺颜，根据自己阿拉巴图的人数，限定经会喇嘛的名额，在定额之内若缺少格隆，从有学问的优良格楚勒递进为格隆，格楚勒之缺由小喇嘛中有才能者递补。

5. 不选独子出家

为依世间习俗不至人绝嗣，不要选取人家独子当格隆、格楚勒。

6. 诺颜之间和官员之间和睦相处

大诺颜、台吉和有官职诺颜、塔布囊为首，相互不争，互相友爱，执兄弟礼节，互相尊宠，绝不互相诽谤中伤，这是对待亲人之道和规矩。依此，赛特、宰桑、恰、阔端赤、德木齐、收楞额，鄂托克、兀鲁思、努图克、昂吉和红缨卫拉特卡尔梅克无论是一部分还是全体，互相以兄弟之礼尊宠，信守承诺相处。若违背此原则行不法之事，依其错误之轻重依法处置。有关后面一句话内容，[①] 若［有人违犯而］不上报尊长，自相庇护，则由八个扎尔扈依法审理，分别轻重予以处罚。[②]

7. 用言语攻击大诺颜、台吉及有官职的诺颜、塔布囊

下属之人对大诺颜、台吉及有官职的诺颜、塔布囊，应诚心作为自己亲人礼敬，予以合乎礼仪的尊崇。若对他们全体还是个人进行不妥地、放纵地攻击，无论公开或隐蔽地，经查属实，由扎尔扈齐审理。若此放纵之言原无严重性质，比较轻，令攻击之人在公众面前忏悔认错，否则依其错误程度和造成的后果予以处罚和籍没。

对大诺颜、有官职的诺颜、台吉何人使用污秽的言语辱骂，或对无辜的人当面以不符合其家世品行的言语信口雌黄地进行攻击，则籍没和予以处罚，罚三九牲畜，［鞭］打五十下。将此巴给予穷困之人。

8. 殴打或威胁到大诺颜、有官职的诺颜和台吉人身

若用凶器击打诺颜、有官职的诺颜和台吉，或无凶器殴打，或抵赖，或怀有恶意，将其审出，不分有无凶器殴打。旧四十与四的法典中有籍没和处

---

① 应指后面一句“依此，赛特、宰桑……”等人违犯和睦相处的规矩。

② 1771 年渥巴锡率部东归中国故土之后，俄国废除了卡尔梅克汗国，新设立的“zarγu”成为纯粹的司法审理机构，已无行政职能，与准噶尔汗国和土尔扈特敦啰布喇什汗时期的 örgō̄，（亦称“zarγu”）的性质已不相同，为示区别在《津齐林法规》中译为“扎尔扈”，没有译为“官府”。

死之处罚，那时的权限与现在的权限不相合，因此，只能行使与我们权限相符的处罚，将此有过失之人的严重案件由俄国人审明，给予判决，除非被殴打的诺颜原谅他而从轻发落，［由我们予以］处罚。动手者依俄国法律拟罪，送俄国法庭审理。

9. 诽谤小诺颜

若诽谤小诺颜，罚四岁马一匹，[①] 动手则罚五匹马。若殴打，罚九头牲畜，［鞭］打二十五下。被殴者从此巴中获两匹四岁马、两头三岁牛，一只羊。

10. 诺颜和赛特因为执行公务殴打人

大诺颜、有官职的诺颜、台吉、塔布囊、小诺颜、小塔布囊、赛特、宰桑、恰、德木齐、收楞额等全体若为执行其主子的政令殴打人则无罪。那时的权限不同与现在。［现在］若有此等［殴打人之］事依其罪之轻重监禁。监禁几日由扎尔扈决定。监禁之后，由八扎尔扈审理。

对以上炫耀自己而侮辱和殴打人者，诺颜贵族应体现其尊贵的品质予以忍耐。不要因为被殴打、污辱而报以污辱和殴打。扎尔扈不会原谅其罪过，由扎尔扈还你公正和对其予以追究。

为炫耀而打人之罪，严重殴打者罚五头牲畜，中等罚四岁和三岁牲畜，轻的罚四岁羊。[②] 明知违犯上述规矩不对而仍然违犯者，告知众人而羞辱之，以警示他人。

11. 赛特殴打人

若宰桑、赛特、恰、德木齐、收楞额及办事之人自负和盛气凌人，污辱、辱骂和殴打人，分为重、中、轻三类，由扎尔扈审理，给予相应处罚。初犯如此处罚，再犯则如前处罚外，在众人前羞辱之，三犯解除其职务，因其未能使自己向好宰桑那样履行职责，对众人无所助益反而有害。宰桑即使如此违法被革职处罚，仍将其爱马克交给其子管理，若无子或有子年幼，其长大成年前，由其近亲暂管事务。

12. 诺颜参与不符合其身份之事被殴打

诺颜参与非法搜查、突发的殴斗、或抢夺乌拉被人殴打，［对殴打者］

---

① 克鲁格英译为 four horses。误，应为四岁马一匹。

② 克鲁格把 yeke、dundā、baγā 理解为上、中、下等人。误。所谓大、中、小指殴打的程度。

不予追究，因为参与此类事情不符合诺颜身份，是自取其辱。

13. 赛特腐化堕落

凡执政赛特为首，宰桑、近侍、苏依宾、执事人、恰、阔端赤违规不适宜地饮酒、贪玩、懒惰，不热心于职事，变得贪婪、谗佞、挑拨事端，越来越自甘堕落后，说我原来是如何如何之人，出身如何如何好，现在我的身份和地位都降低了一半，那时就晚了，应在做错事前预见其后果。其巴，非宰桑之人［鞭］打十下，罚四岁马一匹，若为宰桑令其离开所管爱马克，撤销其职务，此项巴用于公事开支。

14. 属人服从宰桑命令

凡属下之人应尊重和听从宰桑及为首赛特的命令行事。若他们不遵从诺颜和众人的正确之言，做不妥当的、违规的事而命令人、指示人、教训人，亦可以不听从、不做。来告知诺颜，或者报告其他赛特，使众人得知，则不罚此人雅拉和身体刑。[①] 若不如此，依其轻重依法处罚，罚巴，优等人罚五头牲畜，劣等人罚两头三岁牛，此巴给穷人。

15. 以诺颜名义骗取首思

以诺颜名义骗取食宿，或在食宿时违规诓骗，或拒食［正常提供的食物］随其所欲擅自索求食物者，将此欺诈者罚马。载于车上游行示众，［鞭］打五十下，向众人谢罪。

16. 欺诈财物

以诺颜的首思、应享之待遇或其他借口，谋取私利，何人（宰桑）［向阿勒巴图］索取何物品，若被揭发，罚马，再以其所取物之多少予以处罚。若为欺诈财物重罪，令宰桑赔偿所取之物，革其宰桑职务，并通告被索取财物之众人。若为普通人，令其赔偿索取之物，［鞭］打二十五下，向众人谢罪。

17. 拒给诺颜提供首思

拒给大诺颜应享用［之物］和首思，[②] 罚九头牲畜，不给小诺颜应享用

---

① yala，汉语音译为雅拉。雅拉一词在不同语境下有罚畜、官司、诉讼、案件、罪、罚等含义。此处指罚畜。

② edleber，此词指应享有的待遇，不仅指物品，此处应包括乌拉、住宿、首思以及其他方面。此译为“应享用之物”。

［之物］罚马。所罚牲畜大诺颜所得用于救济［穷人］，小诺颜所得归其本人。

18. 破坏诺颜围场

若破坏诺颜圈定的营盘，罚骆驼为首九头牲畜。有关野兽、猎鹰，何人将［诺颜］私人围场的猎物、猎鹰惊走，有抓获此人者，可以获得此人马匹、猎物和武器。因不知而破坏营盘或惊走猎物者无罪，由扎尔扈审明。所罚巴，给予穷困之人。

二、《卫拉特法典》托忒文拉丁字母转写

第一篇《1640年喀尔喀—卫拉特大法典》

1. 01 ᠀ siyin {sayin} amuγulang boltoγai. xoyor čuülγani dalayin dunda xōsun činariyin

1. 02 nomiyin beye-ēče xotolo aqsan belge üliger-yēr čoqtoyo čimeqsen γurban beye

1. 03 xamtuduqsan očiro dara blama-du mörgömüi. xamugi uduriduqči šakyamuni, angqan

1. 04 kömörildüqsen sejigi mini, xaluün dulān gerel-yēr xayiralaji nēn soyirxo. tere-kü

1. 05 boqdo. toyini jalγamji šajini ezen, tögüs nomiyin kürdüni ene čaqtu {züqtü} orčiuluqsan

1. 06 dēdü boqdo bzungkapayin küldü terigüü-ber mörgömüi. büküi-bēr amitani tula

1. 07 abida burxani al šarayin düri-bēr bariqsan pavčin erdeni ariun časutani

1. 08 oroyin čimeq boloqson aburaqči dalai blama tere xoyor boqdoyin köldü zalbarimui.

1. 09 xočorli ügei xamuq ilaγuqsadiyin mön činar xōsun nigülesküi ilγal ügei bohdi

1. 10 sedkil inu, xutuqtu inzan rinbüče kemēn aldaršiqsan tere boqdo xotolo

xamugiyin

1. 11 tusayigi bütēn soyirxo. šakyayin toyin ečige inzan rinbüče kigēd angkxobie manzuširi

1. 12 amuka sihdi manzuširi γurban xutuqtuyin gegēni ömönö, bātur tömör kalu kemēkü

2. 01 jiliyin namuriyin dundadu sarayin tabun sinidü sayin ödör-tü, erdeni zasaqtu xān ekilen tüšētü xān, ubaši dalai

2. 02 noyon, dalai xung, xung noyon, čečen noyon, dayičing xung tayiji, yeldeng noyon, mergen noyon, erdeni xung tayiji,

2. 03 dayibung xung tayiji, tenggeri toyin, ayoüsi xatun bātur, erdeni bātur xung tayiji, köndölöng ubuši, güüši nomiyin

2. 04 xān, örlöq, šükür dayičing, yeldeng, dayičing xošuüči, očirtu tayiji, mergen dayičing, čöüker, čečen tayiji, medēči

2. 05 tayiši, bō yeldeng, mergen noyon, damarin, döčin dörbön, xoyoriyin noyod yeke čāji ekilen bičibe.

2. 06 (1) aliba kümün ene töröyigi ebden, yeke ayimaq ulusi alaji talaji abubāsu mongγol oyirod xoyor nigedēd

2. 07 töüni γaqča beyeyini talbīd, biši büküni čöm abči talbiqčidu {talaqčidu} xaγasiyigi ögōd, üleqseni xoyor xaγas abxu bolbo.

2. 08 (2) zaxayin čōn küün ayimaq ulusiyigi talaji abubāsu zuün xuyaq zuün temēn mingγan aduü abād, ali abuqsanayini čöm

2. 09 xariulād, kümün mal ediyini oro ökü bolbo. yamutu kümün tabun, orotu yamu ügei kümün γaqča berke. orotu

2. 10 (3) γal moγoi jil-ēče inaqši šoroi klu jil kürtele barγu bātud xoyid mongγoldukini mongγoldu singgebe, oyirodtukini

2. 11 oyirodtu singgebe. teden-ēče busu xaluün amiyigi čöm sād ügei abulčaqu bolbo. ken kümün ese ögbōsü ami büri

2. 12 xorin aduü, xoyor temē abād, beyeyini abči ökü bolbo. (4) čoqtuyin oyirodtu oroqson kümün bosbāsu oyirodtu

3. 01 xariülji öq. (5) mongγol oyirodtu dayisun irebēsu kele öq. tere kele so-

nosči bayiji zaxayin yeke noyod ese irebēsü

3. 02 zuün xuyaq zuün temē mingγan aduü abxu, baγa noyod ese irebēsü arban xuyaq arban temē zuün aduü abxu

3. 03 bolbo.

第二篇 《准噶尔法典》

3. 04 (1) šajini tus blamanariyin üyile ayimagi alaji talaji abubāsu zuün xuyaq, zuün temē mingγan aduü abxu, γaqča

3. 05 zarimi yeke keb {-yēr} abxu bolbo. (2) ken ken-dü bosquül irebēsü xaγaslaji abād, xariulji öq. kümü alabāsu yeke keb.

3. 06 maliyin yala nayiman yesü gerečidü nige yesü öq. olon ami noyod görlöji ese ögbösü zuün xuyaq zuün temē

3. 07 mingγan aduü abād, xoyor xaγas abxu bolbo. (3) blamanariyin γartugi xaluün sayin amin tabun doliqtai, muü amin xoyor

3. 08 doliqtai, ese bögösü nige berke, arban kümün-ēče nigeyini idekü büi. ene čāji-ēče ken kümün dabaxu ügei büi, dabaxulā

3. 09 yeke noyoduüd ebdekülē arban temē zuün aduü ab, mergen dayičing čöüker edeni üyeyin noyoduüd ebdekülē tabun

3. 10 temē tabin aduü ab, baγa noyod ebdekülē temēn teriütei γurban yesü ab, tabanaγuud yamutu dörbön tüšimed

3. 11 ebdekülē temē teriütei xoyor yesü ab, otoq otogiyin sayid tüšimed ebdekülē nige temētei yesü ab. dayisun-ēče

3. 12 (4) yeke noyod beye-bēr uduji dutāxulā zuün xuyaq zuün temē tabin öröke kümü mingγan aduü abxu bolbo. dayičing

3. 13 čöüker edeni üyeyin noyod uduji dutāxulā tabin xuyaq tabin temē xorin tabun öröke kümü tabun zuün aduü

4. 01 ab. baγa noyod-ēče arban xuyaq arban temē arban öröke kümü zuün aduü ab. tabanaγuüd zasaq bariqsan dörbön

4. 02 tüšimed-ēče tabun xuyaq tabun temē tabun öröke kümü tabin aduü ab.

otoq otoqgiyin tüšimed-ēče γurban berke

4.03 γurban öröke kümü γučin aduü ab. tuqčin bürēčin-ēče tabanang tüšimediyin yosōr alaqsan {amalaqsan} xosuüčini čāji

4.04 ayimagiyin tüšimediyin yosōr lübči xuyagi abād čegedeq ümüskekü bolbo. erketen kānar-ēče nige öröke kümü lübči

4.05 teriülen yesü ab, enggiyin lübčiten-ēče lübči terigüülen dörbön köl mori ab, duülγatu-ēče xuyaq γurban möriyini

4.06 ab. degelei xuyaqtu-ēče xuyaq xoyor möri ab. xara kümün-ēče sādaq nige mori ab. kümün dutāxulā čegedeq

4.07ümüskekü bolbo. (5) noyodi ken kümün γaraγaji irekülē xošuün dēre darxalaya, orkixulā alaya talaya, tabanaγuüd tüšimed

4.08 ekilen bügüdeyigi ken kümün γarγaji irekülē urida čājiyin yosōr šangnaya. orγoqsan dutāqsan xoyoriyin ilγali inu

4.09 gerečise medeye, (6) yeke dayisuni üzeji sonosči bayiji ese kelekülē üreyin üre koji alaya talaya. (7) dērme kümüni üzeji

4.10 bayiji ese kelekülē maliyini xaγaslaya. (8) ürgēn bolxolā noyod dēre čuqlaxu bolbo. kerbe sonosči bayiji ese irekülē uridu

4.11č ājiyin yosōr boltoγai, nutugiyin oyiro xoloyin kiriyini medeye. (9) dayisun ayil talaji aduü koji yabuqsayini ken kümün

4.12 alduülxulā ed mali xaγaslaya. kümün ükükülē yosōr bosxoxu bolbo. ese alduüluqsan kümün ükükülē axa döü-ēče nige

5.01 berkēr bosxo, üzeji sonosči bayiji ese nekekülē sayināsa ed mali inu xaγaslaya, dundāsa yesü, muuγāsa tabun

5.02 abtuγai.

5.03 (10) erke erke ügei γurban yamutu ulā öq, törö šajini tustu yabuxu elčiyin yabudali ilγaji medeye, yeke noyon

5.04 aγa čilerkekülē yeke dayisun dobtoloxulā edeni tustu yabuxu elčidü öq. ken kümün ese ökülē yesün yesün čāji

5.05 abtuγai. (11) č orjinori dārixulā yesün yesü ab, noyodiyin baqši boloqsan blamanari dārixulā tabun yesü abxu bolbo

5. 06 gelünggüüdi dārixulā γurban yesü abxu bolbo, γar kürkülē tabun yesü abxu bolbo, bandinari dārixulā šabaγančanari

5. 07 dārixulā tabu abxu bolbo, nalixulā yesü abxu bolbo. ubaši ubašančagi dārixulā mori ab, nalixulān kiriyini medeye

5. 08 (12) toyin kümün sanāγār sakilān ebdekülē ed maliyini xaγaslaya. (13) ger abuqsan bandinari dārixulā nige mori abxu bolbo

5. 09 nalixulā xolbō abxu bolbo. (14) blamanar bandinarāsa ulā unuxulā nige üker ab. (15) setertü mori unuxulā mori abxu bolbo

5. 10 ulāči bariji ökülē ulāčisa abxu bolbo. elči unuxulā elčise ab, ese medeji unuxulā šaxan. (16) yeke noyodi

5. 11 dārixulā talaxu bolbo. yamutu noyod tabanaγuüdi amār dārixulā nige yesü ab, γar kürkülē tabun yesü abxu bolbo.

5. 12 baγa noyod tabanaγuüdi dārixulā tabu ab, γar kürči yeke nalixulā γurban yesü ab. baγa nalixulā xoyor yesü

6. 01 ab. kānar šüülünggiyigi amār dārixulā möri xoi ab. yeke nalixulā yesü ab. baγa nalixulā tabu ab. (17) yamutu

6. 02 noyod tabanaγuüd sayid baγa noyod tabanaγuüd demči šüülünggi ede bügüde ejediyin zasaq zarliq čājiyin tulada nalixulā

6. 03 γai ügei, naliqsan xoyino ükükülē γai ügei boltoγai. ede bügüde sayid sayirxaji nalixulā, yeke nalixulā yesü ab

6. 04 dunda nalixulā tabu ab, baγa nalixulā mori ab. (18) ken ken kümüni zöbör yabutala ečige ekeyin toloγoi duüdaji

6. 05 öünei töünei geji kemēn šoqloji kelekülē nige möri ab. (19) kereq ügei elči ayimaqγāsān unuxu bolbo, alaslaji unuxulā

6. 06 γunji ab. (20) ulāči kümün ezen-düni ese kelekülē mön ödör bolxolā xoi ab. xonoxulā γunji ab. (21) elči kümüni

6. 07 nalixulā yesü ab. tataji orkiqulā tabu ab. ese ökülē bülāji abxulā ulāčiyigi nalixulā nige mori ab. (22) elči

6. 08 geji xudalār ulā unuji šüüsü idekülē yesü ab. ese gekülē tabu čoki, tabu ab, nigeyini bolxolā tabu ab.

6. 09 (23) xolo yabuxu elči üde xonoqtōn edetügeic (idetügei), ilöü idekülē moriyini ab.

ken kümün mori ečēji yabutala möri ese

6. 10 ökülē γunji ab. ken kümün xonoq ese ökülē γunji ab. üre ügei eme xonoq ese ökülē čegedegiyini ab, šiltaq

6. 11 kelekülē saxa (šaxa)

6. 12 (24) noyodiyin xoriqson buüdal görösöni kümün ebdekülē temēn teriütei yesü ab. ese medekülē γai ügei. (25) yeke

7. 01 noyodiyin šüüsü tasulxulā yesün yesü ab. yamutu noyod tabanaγuüdiyin šüüsü tasulxulā yesü ab. baγa noyod

7. 02 tabanaγuüdiyin šüüsü tasulxulā möri ab. (26) buruü idekülē möri ab. üde xonoq-ēče {buruü} šoqloji yidekülē möri ab

7. 03 (27) aliba kümün surγaqsan baqši-bēn ečige ekēn nalixulā γurban yesü ab, dunda nalixulā xoyor yesü ab, baγa

7. 04 nalixulā yesü abxu bolbo. (28) bere xadam eke ečigēn nalixulā γurban yesü ab, dunda nalixulā xoyor yesü ab

7. 05 baγāsa nige yesü abxu bolbo. yeke nalixlā γuči čoki, dunda nalixulā xori čoki, baγa nalixulā arba čogexu bolbo.

7. 06 (29) ečige küböügēn eši berēn surγan nalixulā γai ügei, buruüγār nalixulā yesü ab, dunda-ēče tabu ab, baγa-ēče nige

7. 07 möri ab. xadumni berēn nalixulā xoyor yesü ab, dunda-ēče yesü, baγa-ēče tabu abxu bolbo. (30) küböün ečige

7. 08 ekēn alaxulā ken üzeqsen kümün bariji noyonduni kürge, berke terigüüteni yesü ide, beyēse bišiyini tarāxu bolbo

7. 09 (31) ečigeni küböügēn alaxulā xaluün amināsa bišiyini abxu bolbo. (32) kümün bōlōn alaxulā tabun yesü ab, eme bōl alaxulā

7. 10 γurban yesü abxu bolbo. (33) gēqsen emēn alaxulā tabun yesü ab. (34) küni künin alaxulā kümüni keb-yēr bolbo, ese

7. 11 gekülē čikiyini utulji öbörö kümün-dü ökü bolbo, eme mal xoyorōn nigeyini ere songγoji ab.

7.12 (35) ečige küböündēn önči keb-yēr öq, ečige ügeyireküne tabunāsa nige ab. (36) yamutu noyod tabanaγuüdiyin xuda

8.01 bolxu maliyin tō γučin berke zuün tabin aduü dörbön zuün xoi abxu bol-bo. (37) baγa noyod tabanaγuüdiyin mal abxuyin tō

8.02 arban tabun berke tabin aduü zuün xoi abxu, ed injaiyin ököqsen maliyin kiri medeji ökü bolbo. öünēse baγadxaxān

8.03 xoyor urugiyin duran medetügei. (38) döčini demčiyin küükeni maliyin tō tabun temē xorin tabun bodo döčin xoi abxu

8.04 ökü ed arban zaxatai xorin zadaγai emēl xazār debel čegedeq {xoyor temē} xoyor möri inja öq, kümün injatai bolxulā temē

8.05 xaramnaji öq. ögöqsen ediyin kiri medeji xaramnaji öqtögei. (39) xorini šüülünggiyin ökü abxu mal dörbön temē xorin

8.06 bodo γučin xoi bii, edni tabun zaxatai arban tabun zadaγai möri temē xoyor öq, ediyin kiri medeji xaramji

8.07 öq. (40) kānariyin keb ene mal boltoγai. (41) dunda kümüni mal γurban temē, arban tabun bodo xorin xoi bii. inja temē möri

8.08 xoyor dörbön zaxatai arban zadaγai, ediyin kiri medeji xaramji öq, (42) adaq kümüni mal xoyor temē arban bodo

8.09 arban tabun xoi bii, möri temē debel čegedeq emēl xazār öqtögei. (43) arban dörbön nasutai küükenēse dēqši abxu

8.10 bolbo, doroqšiyigi demči šüülenggiyin kelēd bayituγai, ene čāji-ēče ken kümün dabaxula küükeyini mal ügei abči ökü bolbo.

8.11 (44) döčini demčiyin aluši dörbön bodo tabun xoyin büi, xorini šüülenggiyin γurban bodo dörbön xoyin, dunda kümünē xoyor bodo

8.12 γurban xoyin, adaq kümünei nige bodo xoyor xoyin. (45) jil büri döčini dörbön ger küböün-dü abči öqtögei, arban

9.01 küböün demneji nige ger abči öqtögei, ed-ēče inu bodo ökülē zaxatayigi ab, xoi ökülē zadaγayigi ab, küükeni

9.02 xubčasunāsa bü abtuγai, ger abči ese ökülē čājini xoyor temē tabun möri arban xoi abxu. (46) jil büri döčini

9.03 xoyor xarabči kelge, ese kelgekülē čāji möri temē abxu bolbo. (47) xori kürüqsen küükeni xadumduni γurban kele, ese

9.04 bolxolā noyon-du keleji öq, kelel ügei ökülē ögöqsen maliyini okini ečigēse ab, čājiyin kele-bēr {kebe-bēr} boltoγai.

9.05 (48) xorimnaqsan okin ükükülē ed injayini öq, ese xorimnaqsan bolxolā maliyin xaγaslaji ab. duülγayin xarabči xuyaq

9.06 ökülē duülγāsa tabu, xarabči xuyaγāsa temēn teriütei yesü ab, buü ökülē tabu ab. (49) lübči xuyaq xulaqči abxulā

9.07 arban yesü ab, xarabči abxulā γurban yesü ab, degelei xuyaq abxulā γurban yesü ab, duülγa xulaqči abxulā

9.08 nige yesü ab, buü abxulā nige yesü abxu bolbo, sayin ildü selme xulaxulā sayināsa yesü muüγāsa tabu, jida xulaxulā

9.09 sayināsa γurba, muüγāsa mori ab. sayin sādaq numun arban sumutai bolxulā γurban yesü ab, dunda sādaq numun bolxolā

9.10 yesü ab muü sādaq numunāsa ünügütü yamā ab. (50) šaγayitutai xuda čājitai, šaγayitu ügei xuda čāji ügei,

9.11 γuyiqsan söyitü geri ečige eke kümünē zokičon γarγaji ökülē sayin kümüni tabun yesün temēn terigüütei dunduyin γurban

9.12 yesün temēn teriütei, adaγai temēn teriütei yesü, ögöqsen maltai emēn abxu bolbo. ečige eke ügei bolxulā γurban

10.01 čājiyin kebbēr bolbo, ečige ekeyin ariuni šaxaji medeye. ene čājiyigi kürgen-ēče abxu bolbo, ögöqsen okini ečige

10.02 idetügei. (51) asaraqsan küböün ečigedēn duratai bolji odxolā küböün doliq ügei bii, γaqča beyēn odtoγai, eme

10.03 okin küükenēn doliji abtuγai, asaraqsan okini asaraqsan kümün medetügei, maliyini adali idēd ediyini adali öqtögei.

10.04 (52) söi ügei okini orγoülxulā sayināsa dolō dundāsa tabu muüγāsa nige temē ab.

10.05 (53) öbörö kümünēse ireqsen kümün γazartān ireqsen kebbēr γartuγai, tüšiqsen noyoni uruqni yuüma ökülē tus

10. 06 beyērēn oloqsan maliyini xaγaslaya. (54) γalzuü noxoi zuüji ükükülē tabuni nigeyini ab. (55) kümün üküküle sayināsa yesü

10. 07 dundāsa dolō muüγāsa tabu ab. (56) γalzuü kümün kümü alaxulā xaγasla, kiriyini mede. {kümündü alaγaxüla gem ügei bögösü tabun yesü-tü, γalzuü kümüni} kiriyini mede. kümün-dü xor geji yabun yabuqsār

10. 08 alaqdaxulā gem ügei boltoγai. (57) ezetei uülayin zubaqtu kümün ükükülē sayināsa berke terigüütei yesü ab, dundāsa tabu

10. 09 muüγāsa nige berke ab. xōmoi ezen ügei ese tuüqsan bolxolā tere malāsa nigeyini ab, buüra buxa ajirγa

10. 10 alduülxulā {alaqdaxüla} tölösü ügei, sula mal kümü alaxulā zubagiyin yosōr boltoγai, unuqsan mörin kümü alaxulā ezetei zubagiyin

10. 11 yosōr boltoγai.

(58) {kümüni gerte xaxaqsan čačaqsan soqtoü kümün mori üjeqsen γai ügei bolbo.} 【71. 12 kümüni gerte xaxaqsan čačiqsan soqtuü kümün mori üzeqsen küündü alaqdaxulā gem ügei bögösü tabun 71. 13 yesotü.】

10. 12 (59) ken kümün ami böqlöji yabutala ereyin alaxulā emeyin ab. xuyaqtu kümü alaxulā xuyagiyin ab

10. 13 öüni xoyitu kümün xarabči duülγayin nigeyin songγoji ab, töüni xoyitu kümün urid xojid kürüqsēr abtuγai.

11. 01 nüčükün kümü alaxulā uridu kebēr bolbo. (60) zutāqsan kümüni böqlöji γarγaxulā xuyaqtai xoyor {kül} möriyin ab. šurγuqsan

11. 02 kümün γarγaxulā yeke olzōso berketei yesü ab. (61) noyonōsoni asaqči kötöčileqsen kümün ükükülē olzotoi bolxolā berketei

11. 03 yesēr bosxo, {olzo ügei bolxüla berkēr bosxo, sanaγār kötöčilöqsön kümün ükükülē yesēr bosxo} (62) ayandu olzo bolxolā teriün kümüni möriyin xatuγai, tere maliyin kümün tere {kümün} tögöskeji öqtögei, yesü

11. 04 ab. γurban xonotolo xulaqaxulā tabu ab. töünēse xoyituki yala bolbo. (63) dayisundu el kümü endöüreji alaxulā gereči

11. 05 zöb gekülē nige yesü, buruü gekülē γurban yesü ab.

11. 06 (64) görösöndü kümü tašārlaji ükükülē xaγas yala ab, uridu kümüni

kirēr ab. zurγan erketen uüraxulā berketei

11. 07 tabun yesü, erkei xomoxoi uüraxulā xoyor yesü nige tabu ab, dundadu xurγun uüraxulā yesü ab, nere ügei

11. 08 xurγun uüraxulā tabu ab. šigičise γurban ab, edegekülē berketei yesü ab, baγačusun γarxulā tabu ab.

11. 09 xubčasundu kürkülē nige möri ab. tašārlaji möri ükükülē mörinōn kirēr möri ab, maxan ide ese idekülē bödüün

11. 10 möri ab. (65) nöüqsen nutuqāsa kümün γal untarāxulā xoi ab. (66) tüimer usun xoyortu ükükü kümüni abxulā tabu

11. 11 ab. tüimer usun xoyortu tusalan geji kümün ükükülē berketei yesü ab, unuqsani ükükülē berketei bosxoji ab.

11. 12 bōl kümün xarabči xuyaq ede γurban-ēče nijēd möri ab. lübči xuyaq γarγaxulā möri xoi xoyor ab. ger barān

12. 01 ed tabur γarγaxulā mori üker abči xubāji ide. tüimer-ēče kedün sürüq mal γarγaxulā olon-ēče xoyor ab.

12. 02 čōn-ēče nige ab. čaq kiriyini medeji xaγaltuγai. (67) öšiji tüimer talbixulā yeke berkēr boltoγai. sayin kümüni

12. 03 alaxulā dobtoltoγai, dunda kümüni alaxulā γučin berke γurban zuün mal abtuγai, adaq kümüni alaxulā arban tabun

12. 04 yesün berke teriütei abxu bolbo.

12. 05 (68) xulaγayin čāji ekilebe. temēni yala arban tabun yesün, aqta ajirγayin arban yesün, güünei nayiman yesün, üker

12. 06 dāγan xoyin γurbuülayin zurγan yesü abxu bolbo. temēn yesün-dēn oroxu bolbo. (69) xulaγai kedüi idekülē tödüi zang

12. 07 bari. ilöü barixulā yalayini xaγasni ezeni bosxomji xolbōγōn abxu bolbo. (70) aliba kēlitü {maliyin} üre čaγan sarāsa xōru nige

12. 08 mori ab. (71) noyondoni kürgel ügei talaxulā noyodiyin γarγuü elčiyin ideši, xolbō bosxomji ab.

12. 09 (72) mör oruülxu γurban šüülgetei bolbo. mor orōd sayin gerečitei yabuji moxoruülxulā keb-yēr bolbo. sayin gereči

12. 10 ügei bolxolā šüüji medeye. züq mor oruülxulā ayiliyin axayini šaxa. ese bögösü tölösöndēn. xulaγai kiqsen kümüni

12. 11 ayiliyini ilγaji čājilaxu bolbo. ayiliyin axa otogiyin sayidiyin oyiro orotoγai otogiyin sayid noyonōn ömönö

12. 12 oroji öqtögei. ayiliyin axa ariun čigi bolbo zakirγa ügeyin tula berketei yesü ab.

13. 01 (73) örini tustu γurban üye gerečitei keleji ab. keleküdēn šüülengdüni kele. šüülengge ese bolxolā moriyini ab.

13. 02 kelel ügei ödör abxulā ürebe. söi kelel ügei abxulā yesütü. (74) bula tayišiyin tušiyin öri ürēbe. (75) eme arakitai

13. 03 xoyitoi odči abuqsani ürebe. olon bolxolā xaγastai bolbo.

13. 04 (76) zobxoroqson maliyin tus γurba xonuülji zarlaji unutuγai. xonoq zar ügei unuxulā γunji ab. imneqsen-ēče

13. 05 yesü ab. kirγaqsanāsa tabu ab. zartai ireqlekülē γai ügei. zolbi barid šüülengdēn öq. šüülengge kiyiredü öq.

13. 06 bariqči kümün šüülengge kiyiri xoyortu öq. ese ökülē xolbō ab. suratala nuüxulā yesü ab. zolbi xolo kümün

13. 07 -dü ökülē kebbēr bolbo. oyiro kümün-dü öküle γurban yesü ab. (77) ongγai zar ügei idekülē dolō ad.

13. 08 (78) eme kümün kümünē sedkil neyilekülē xoyuüla duratai bolxolā emēse dörbö erēse tabu, eme duran ügei bolxolā küčir

13. 09 kekülē erēse yesü ab, bōl emēse nige möri ab. duratai bolxolā γai ügei. okini dura bolōso untaγulā xoyor

13. 10 yesü ab. duratai bolγolā nige yesü ab. (79) aduüsu kümün untaxulā ken üzeqsen kümün aduüsuni ab. maliyin ezen

13. 11 čādu kümünēse tabu ab.

13. 12 (80) xoyor keruüliyin xōr dunda kümün ömöqlöji kümün ükükülē berketei yesü ab. kedüi kümün ömöqlökülē tödüi

14. 01 köl möriyini ab. (81) irtü mese xaqsan büliqsen čabčiqsan ede yeke

bolxolā tabun yesü, dunda γurban yesü, baγa bolxolā

14.02 nige yesü. züq bülikülē nige mori ab, γarγaxulā γarγaqsan yuümayini ab. kümün bariji toqtōxulā nige mori ab.

14.03 (82) modon čiluüγār yeke nalixulā berketei yesü ab, dundāsa mori xoi ab. baγāsa γunji yuümayini ab. (83) nudurγār

14.04 milāγar yeke nalixulā tabu ab, dundāsa mori xoi ab. (84) baγāsa γuna ab.

debel xuγulxulā daγā ab. zalā gejige

14.05 xoyor tabutu, saxalai xoi mori ab, niurtu nilmuqsan šoroi xayiqsan morini toloγoi čokiqsan xormoi tataqsan

14.06 sayidani mori, ene bügüdēr neyilekülē nige mori xoyor xoi ab. xoyorni bolxolā mori xoi ab, muüγai xurγutu

14.07 xoi ab. (85) eme kümünē üsü zalā tasulxulā yesü. (86) küüke unaγaxulā kedüi saratai bolxolā tödüi yesü ab. (87) kökün

14.08 adxaxulā ünüskülē nuüča oronōso nige inči ab. arban nasutayiγāsa dēqši küüken čājitai, doroqšičāji ügei.

14.09 (88) bülki nidün ködölöqsen šüdün šüdülekü šüdün edenēse tabu ab.

sayin nidün šüdün gem ügei bolxolā adali

14.10 xaγaslaya. (89) nāduqsanāsa ulam kümün ükükülē kedüi bolxulā tödüi köl mori ab. bodüün kümün-ēče berke ab.

14.11 xoyuüla nāči yabuqsār ükükülē yesü ab. daruji nuüji ükükülе γurban yesü ab. (90) nāduqsanāsa ulam nidü šüdü

14.12 γar köl ebderekülē emne edegekülē γai ügei. uüraxulā tabu ab.

15.01 (91) buruü sedkiltü kümündü zokičoji unulγa künesü ökülē dolōn yesü abtuγai. tere bosxoyin urida kümüni gerte

15.02 ed malān talbixulā töüni nuüji ese öküle γurban yesü ab.

15.03 (92) torγon debel bulγan daxu bars irbis sub kibis torγon olbu üyēn daxu ede tabun yesütü bolbo. čino ünegen

15.04 kirsa zēken xaliu eden daxu mirāljin γurban yesütü bolbo. sayin debel bars irbis sayin čengmen bulγari sub torγon

15.05 labšiq ede yesütü bolbo. čino šülüüsün zēken xaliu bös labšiq dunda debel ede dolōdo (dolōto) bolbo. bulγan ünegen kermen

15.06 kirsa manul čōγondoi üyen edenēse baγa arātani axalan yekēseni γunji, baγāsuni xoi ab. xabxadu unaqsan arātu

15.07 edeni kebēr bolbo. sayin mönggön emēl xazār xudurγa bulγan daxu kebēr bolbo. dunda mönggön emēl xazār xudurγa

15.08 čino šülüüsüni kebēr bolbo. aluxa döši örölbi yesütü bolbo. sayin muügiyini šüüji medeye.

15.09 (93) zartu sālidu kümün ükükülē nige berkēr bosxo. edegekülē γai ügei.

xuluγai zartu sālidu kümün ükükülē γurban

15.10 yesütü. zoboji edegekülē möritei šülü öq. zar ügei sālidu kümün ükükülē tabun yesütü bui. edegekülē tabutu. (94) zar

15.11 ügei {sālidu} yamar bese mal ükükülē maliyin kirēr bosxo. zartai bolxolā γai ügei. (95) sālidu üküqsen körösöni ezeni idetügei.

15.12 zartai görösü kümün idekülē görosöni bosxo. kirēr γaqčayigi abči öqtögei. zar ügei bögosü tabu ab. (96) čino

16.01 kiduji yabuxu xoyigi ken kümün alduülxulā amidu üküqsen xoi ab. arbanāsa uruü tabun sumü ab. alaqsan ongγayigi

16.02 idekülē γunji ab. (97) šabarāsa temē γarγaxulā γunji ab. mörinösō xoi ab. ükerēse tabun sumu {ab}. xoyinōsa xoyor

16.03 sumu ab. (98) bōji üküqsen kümün töröqsön kümün {xoyori ken kümün tusalaxüla mori ab.} (99) ebečin kümüni emneji edegekülē yuü amalaqsan bolxolā töüni öq. ese

16.04 amalaqsan bolxona möri öq. (100) juülčin ayan abadu unulγa aldaji yabutala ken kümün tusalaji gerteni kürgeji möri ab.

16.05 (101) xoyor yalatu kümün zarγu zālduxu dēre xariu yala duradxulā ürēye. xariu yala duradxu gerečitei bolxolā

16.06 šüüji medeye. (102) xara beye kümün mal ügei bolxona maliyin tustu šüülenggiyini šaxa. beyeyini bariji öq. (103) čigē ese

16. 07 ökülē xoi ab. (104) araki bulāji abxulā emēltei moriyini ab. (105) ger ebdekülē mori ab. (106) {kümüni} γulumtadu modo xadxuxulā

16. 08 noyodoi bögösü zurγān yesü ab. albatu kümünē bolxolā yesü ab. (107) šoqloji alaqsan mali kirērni bosxoji öq.

16. 09 möriyini ab. šoqloqson ügei xoyoriyini šüüji medeye. (108) zobxoroqson mali mini geji abxulā tabu ab. (109) güjirji kümün

16. 10 xulaγai kümün kebe geji taluxulā xoyino medekülē güjirēr yala abxulā töügēr yalatai boltoγai. güjirēr ideqsen malān

16. 11 tögöskeji ab. (110) xulaγayiči kümün sebesü yasu abči ireji nutuqtu orkixulā nutugiyin ezen yesü ab. (111) mör möškiji

16. 12 iretele möri ebdekülē šüülenggiyini šaxa ese oroxulā türüün kümüni tabutu. kedüi kümün bolxolā tödüi köl moriyini

17. 01 abxu bolbo. (112) olon čōn kümün odči γulaγai keji xoyino nigeni ireji kelekülē keleqčidü yala ügei, bišēseni küčēji

17. 02 ab. kümün medeqsen xoyino kelekülē tō ügei. (113) γulaγayiči kümüni ken kümün čeriq xurāji bulāji abxulā berketei yesü ab.

17. 03 (114) amalaqsan elči ese odxulā {berketei} yesü ab. (115) elčiteyidü ökü unulγa öq getele ese ökülē xolbōtoi ab. (116) elči nāru

17. 04 čāru kürtele arki bü uü. uüxulā tabulaya, noyon ökülē uütuγai. (117) γazāγāsa suruji ireqsen büsxuüli alaxulā tabun

17. 05 yesü ab. kürgeji irekülē kedün sādaq {bögösü tödüi} köl möriyini ab. (118) γadaqši γarxu bosxuüli barixulā amināsa bišiyin xaγaslaya.

17. 06 (119) kümüni gēqsen emeyigi doliji abxu kümün berketei yesü öqči ab. dundāsa tabu, adaq emēse möri temē ab. (120) bōl

17. 07 eme gerečidü tō ügei, yasun maxan xoyori ačaraxulā tōyo. (121) yamar bese mali küjirliji tuüxulā alaxulā ünen bolxolā

17. 08 maliyin kirēr yala boltoγai. xuluγayin kebiyin šaxāγār šaxan medeye.

17. 09 (122) ken kümün aba ebdekülē zergēr bayixulā zergēr yabuxulā tabun möri ab. γurban ondosxo γazartu dobtoloxulā

17. 10 möriyini ab, xoyor ondosxo bolxolā xoi ab, nige ondosxo bolxolā tabun

sumu ab. (123) sumutu gör̄ösön zartai bolōd

17. 11 daraxulā tabu ab. sumu ügei gör̄ösöni nuüxulā köl möriyini ab. γazarāsa abuqsan sumu suratala ese ökülē möri ab.

17. 12 (124) ōsortu subuü alaxulā möri ab. (125) yamar bese yuüma gerečilekülē maliyin yalāsa yesü idetügei. ölögiyin kirēr šangnaya.

18. 01 (126) ketü xutuγa sumun xuürai arγamji kēriyin čidür sur xazār zöüqsen aluxa küzüübči sayin maxalai γodosu

18. 02 ümüdü xayiči kiyira tömör dör̄ö modon emēl kemneq janči kejim učiγa suqsarγa bös kiyiliq bös büse xuyaq duülγayin

18. 03 ger ōli süke sayin xudurγa ami ügei idē uütutai büküli xoyinoi maxan bolxolā muü debel čegedeq kir̈ö čimeqtei

18. 04 xoi čimküür sayin biliseq ȫši tor külmi xabxa edeni abxulā xurγuyini utulxu bolbo. xurγan xayiralaxulā tabu

18. 05 xoyor bodo γurban xoi ab. (127) čulbuür xuyiba buruntuq zöü šöbökö sam xuruübči utasun šürbüsün tobči ayiγa

18. 06 šanaγa tebši könöq küküür muü maxalai γodosun oyimosun olong jirim sur xudurγa xabtaγa čököčö zusun uxubi

18. 07 öröm milā üküq abdara nemnē nekei eligen xurisxa γodoli numuni kübči nisalbur yamar bese zöüqsen iker čikir

18. 08 yuüma ene čājidu baqtaba. sayināsa xurγutu xoi, muüγāsa išigetü yamā ab.

18. 09 (128) xoyor zarγutu kümüni zerge ügei bolxolā zarγu bü öq. zarγatu kümün γurbanta keleji sayin gerečitei odči kele.

18. 10 ese bolxolā möriyini abči ire elčitei. (129) neqjiül oqto ese ökülē keb-tü tōbo. ünen xudal xoyoriyini gereči̅se

18. 11 medeye. gereči ügei bolxolā ayimagiyin axayini saxaya (šaxaya)

18. 12 (130) uduγa bög̅i ken kümün abči yabuxulā uriqči kümüni möriyini ab, ireqči udaγani moriyini ab. üzeji bayiji

19. 01 kümün ese abxulā töüni moriyini ab. ongγo ken kümün üjekülē abxu bolbo. ezeni bulālduji ese ökülē möriyini ab.

19. 02 (131) xoyiluγa sayin kümün-dü orkixulā tabu ab. muü kümün-dü orkixulā xoyor möri ab. (132) anggir boqšorγo noxoi

19. 03 edenēse möri ab. alaq uülayin moγoiγōso biši moγoi-ēče xoyor sumu ab. sumu ügeyigēse xutaγa ab. (133) zudtu

19. 04 üküqsen maliyin zobolγo arban xonoγōso nāru abxulā γunji ab. (134) bāxan küükeni mörin tuyilji alan aldaji yabutala

19. 05 tusalaqsan kümün xoi ab. (135) xayiduül temē xolbō alduüluqsan güü sine töröqsön mal edenēse bišiyini sāxulā

19. 06 γunji ab.

19. 07 (136) küüke daxuülaya {geqsen} küükeni ečige ekēse ügetei {kümünē orγodaq} bolxolā ečigeyini talaya. üge ügei bolxolā uridu čājiyin kebēr bolbo.

19. 08 (137) sayin kümüni emeyigi kümün orγuülxulā temēn teriütei yesün yesü anzu ab. dunda kümüni emeyigi orγuülxulā temēn

19. 09 teriütei tabun yesü ab, adaq kümüni emēse temēn teriütei γurban yesü ab. emeyigi üsüd ügei abči odxulā

19. 10 orkiqson emetei maliyini ab. axa döüni ögöqsen maliyin kirēr mal öqči abxu bolbo. mal ügei bökösü ayimaq axa

19. 11 döüni yesü öqči abxu bolbo. ayimaγ axa döü ügei kümüni noyod medekü bolbo.

19. 12 (138) asaraqsan küböün ečigedēn duratai bolxulā xara beyēn küböügēn abči odxu bolbo. okin küüken ekedēn bayixu

20. 01 bolbo. asaraqsan okin küükeni ečige ekeni abxudān yesün nasunāsa dēqši yesün ökü bolbo. muütur asaraqsan bolxolā

20. 02 xaγasiyini öq. arban tabunāsa dēqši asaraqsan ečige ekedēn bayixu bolbo. xoyor ečigeni maliyini xaγas idekü, ediyini

20. 03 adali öq. (139) küböün zētü kümün-dü öri ügei. zē kümün naγačunarāsa xulaxulā yala ügei, tölösötei bolbo. (140) jiliyiqsen

20. 04 mali kümünēse lab gerečitei abxulā maliyin toloγoyigiyini ab. xudalduji abuqsan kümün böqsöyini ab. (141) zolbin ali bese

20.05 mali bariqsan kümün jil tōrixulā tölöyini xaγaslaji abxu. xoyino öböriyin ajirγa buxa buüra-ēče töröqsön

20.06 töliyini čöm ab. xoyor nigenēse ideši ügei, arbanāsa dēqši xoyor yesünēse γurban kürtele nige idekü. (142) xayisu

20.07 tulγa xulaxulā sayināsa yesü ab, dundāsa tabu ab, adaqāsa γunji ab.

第三篇 《噶尔丹珲台吉敕令》(一)

20.08 dkā-ldan xung tayijiyin zakā zarliq ene. (1) otoq otogiyin axalaqčini dočin dočinōn demčidüni {salaqsan salbaraqsan ügē yadouγa čoqloulji asarji ökü geji} keletügei. demčini

20.09 čuqluülji abtuγai. ese čuqluülxulā yesü abād demčiyini bālaya {bayilγaya}. otogiyin axalaqčini ese zakiba gem otogiyin axalaqčidu

20.10 boltoγai. keleji bayitala ese abxulā demčidü boltoγai. demči muüγan asara ge. asaraji ese bolxolā otogiyinōn

20.11 axadu kele ge. otogiyin axalaqči öbörögiyin ilγal. ügei neyide asara ge. asaraxu arγa ügei bolxolā dēre medöül ge.

20.12 asaraltai bayitala ese asaraba gem, kümün ükübe gem kümüni čājīr boltoγai. zöbtöi buruütai üküqseni šüüji medeye.

21.01 (2) yerü xuluγayin tustu arban ger nige axalaxutai axalaqčini arban gerēn zakituγai. xuluγai keqseyini keleji

21.02 yabutuγai. ese kelekülē axalaqčiyin γariyin xadaxu bolbo. bišiyni tömörōr bolγoxu {buγoülaxü} bolbo. nige kümün γurba xulaγai

21.03 kekülē tarxāxu bolbo. (3) yerü ōrö xošuün-du yabuqsan kümün ene xōr dunda soliqson kümün čuqluülji abtuγai. otoq

21.04 ügei bolboči otoq bolji, ayimaq ügei bolboči ayimaq bolji yabutuγai. (4) öüni buruü keqsen kümün buruü geqtün, sanāγān

21.05 keleqtün. zöb geqtün geqsen kümün ene dēre keleqtün. öündü ese kelēd xoyino eyimi teyimi bilei geji kelekülē nurγuni

21.06 zöb bolxoyidu dura ügei geji uürlaxu bi. nasun ürgülji amuγulang boltoγai.

21. 07 (5) yambar bese zarγutu gerečitei γurban udān keletele ese bolxolā zöbtöi buruütai bolboči torγoxu bolbo.

21. 08 (6) bātur xung tayijiyin tušiyin mörin jilēse čāruki örin ürebe. töünese nāraki örin gerečitei bolxolā abxu

21. 09 bolbo. gereči ügei bolxolā ürebe. (7) yerü zarγučin zarγu γazā xaγalaxu ügei. örgōgiyin dēji ese ökülē xolbotoi

21. 10 abxu. (8) zarγuči kümün zarγu γurba buruü xaγalxulā zarγu xaγalxān uürtuγai. (9) xuluγayičīsa kiyildüji sayitur alduülxulā

21. 11 tabunāsa nige möri, dörbönōsö γurbanāsa γunji, xoyorōso daγā, nigenēse xoi ab. kiyildüji züq alduüluqsanāsa

21. 12 arbanāsa nige möri, tabunāsa daγā, adaγāsa xoi ab.

22. 01 (10) ene zuürayin bosxuül bariji ezendüni kürgeji ökülē arbanāsa dundakiyini, tabunāsa adagiyini, [γurban kürtele γunaji] xoyorōso daγā,

22. 02 nigenēse xoi idekü bolbo. (11) xubārilaqsan nutuq nutuqtān ken kümün solixulā ayimaγār kümünēse axalaqčīsani yesü abxu

22. 03 bolbo. axalaqčiyin ügēse γarči ayimaγāsa xaγačaji soliqson mön tere kümünēse yesü abxu. otoq ayimaγāsa ken buruülji

22. 04 bultaji yabuqsan kümün ayimaqtuni ačaraji ögōd axalaqčīsani möri bišēseni kedüi örkō bolxolā tödüi xoi abxu bolbo.

{erten-ēče xurāqsan sayin buyani dalai-ēče öüden tusa amuγüülanggiyin zoün amtatu üre, eke amitan-du tügēqči üzeqsēr tustu galba sprikqa, eril küsel ögün ilaqtuγai oroi dēre.}

第四篇 《噶尔丹珲台吉敕令》(二)

22. 05 dkā ldan xung tayijiyin zakā zarliq. (1) yerü bederge nige jisātai čāji ügei-dü enduüreji zarγu zasaq-ēče

22. 06 buruü yabuqči oloni tula, ekilen ene čājiyigi yabuülba. šoroi mörin

jildü öün-ēče xōru ene čājīr yabuqtun.

22. 07（2） yerü bederge ken kümün öböröyinōn tarāči bederge keküne töüni ezeni öbörōn medekü. mongxaniül bederge olzoloqsan

22. 08 bederge bolxolā yeke ese zokixulā yuümayini abād γaqča beyeyini abād γaqča beyeyini γarγaxu.（3）ōlöd xotoni zöb

22. 09 buruügiyini šüüji medeye.（4） yerü uruq boloqsan xoton uruγān uüraxu duratai bolxolā ögōd tarāči xotondōn adali

22. 10 āšilaxulā ōlödöi buruü ülü bolxōr siltaba gem xotoni zoriγōr bü talbi. uridu yosōr uruγār yabuül. ene

22. 11 zabsari yeke zarγadu šüüji medeye.（5） yerü bederge kümün xudalduji abxu ügei. kerbe kümün abxuna ken üzeqsen kümün

22. 12 kümütei yuümayigi ab. nuüji odči xudalduxuna xolbōtoi ab.（6） yerü xoton öbörö zuürayin zarγuyigi xotodiyin

23. 01 zarγučin šüüji medetügei. nurγuni zarγuyigi ende yeke zarγučin medekü kemēn šoroi mörin jiliyin čaγan sariyin šiniyin

23. 02 sayin ödör bičibe. sayin jirγalang bolxu ölzöi orošibo.

第五篇　《敦啰布喇什法典》

23. 03 namo kürü manju gyo qa ya. ariun dēdü akanistayin ordu xaršidu ariluqsan tabun maγad-yēr nasuda orošiji

23. 04 arγa dēdü dolōn-yēr maši čenggeqči, amitani itegel očiro dhara-du sögödömüi. oqtaraγoi luγa sača činartu

23. 05 orošiji, olon züyili nige aqšindu sayitur ayiladun, odxu irekü ügei udxa maši tögösöqsen, oγōto teyin

23. 06 ariluqsan nomiyin beyedü sögödömüi. erketüyin numun metü maši γōroqči, eldeb belge üligerēr maši čimeqsen, ödöge

23. 07 xamiγā sanaxui tende urγuqči eldeb xubilγani beyedü sögödömüi. erdemiyin usu bariqči baxaraqsan dotoro-ēče

23. 08 enerikūi yeke duün bükü züqtü duürisun, eši uxāni nomiyin xurayigi

amitan dalai debeltüdü oruüluqči, erdem biligiyin

23.09 üre uüskeqči za ya pandida-du sögödömüi. ene metü dēdüstü šütüji, rab ‘byams pa blo bzang rab ‘byampa

23.10 sangs rgyas rgyamčo dbal ldan bka-bju, ābu dge-slong, long-riq čos-rje, ngqs-dbang sangs-rgya ede lügē zöbšōldön

23.11 don-grob-bkra-shis terigüülen šabi xara bügüdēr šiyidun, šajin töröyin zarčimi tobčiyin tödüi bičibe.

24.01 (1) toyin xuvaragiyin yoson inü, šaqšabad terigüüteni tula yerüngkei bügüdēr öbör öböriyin zarčimi yosočilan

24.02 tedkü. dgeslonggüüdtü dörbön buüral yeke gemiyin ündüsün möni tula, kerbe maγad gemtei bolxolā töüni uüruülun,

24.03 dönön temē abči xuraliyin šangdu talbi. araki uüqsayini ken üzeqsen kümün γunan möri ab. dgečülmüüdtü tere

24.04 metü buüral bolxolā dönön möri ab. araki uüqsayini γunan xoi ab. bandinar tere metü buruü yabuxulā γunan

24.05 xoi ab. araki uüxuna tabin mönggö ab. kendü-čü šandasba bolxolā xaγačatuγai. ese orkibāsu xuraldu bü oruül.

24.06. kümüni gürümdü bü yabuül, alban-du oruül. yosočilan bütēqči toyini ken kümün buzardan dayiran nalibāsu döčin

24.07 dörböni yeke bičigēr bolγo. ali ken xuraltan noγoüd öbör öböriyin xuraliyin yosogi inu dēre bičiqsen yosōr

24.08 bolγon üyiled. (2) toyin xuvaraγuüd erdemdü kičēn surbāsu kiri kirērni šangnan kündüle. (3) toyin bügüde orkimji ügei bü

24.09 yabu. ügei bolxolaa xuraliyin bödöüd kirileji čājilaya. (4) xaračiud nayiman üyetüyin zasaq abun sarayin γurban-du saki

24.10 tasulbāsu sayin kümüni γunan xoin, olon-du taniqdaxu kümüni γučin mönggö abād xalxārni γurba taši, olonki

24.11 muüγai arban mönggö abād xalxārni tabu taši. (5) ken kümün māni terigüülen ali čidaxu-bēn ürgülji ungši. (6) ken kümün bačaq

24.12 ödür ami bu tasul, tasulxulā ken üzeqsen kümün tere amitayini abād möčidü gem ügei gübdebeči čāji ügei.

25. 01 (7) sayiduüdiyin küböüd mongγoldu ese sekēreküne ečigēseni γunan möri abād küböügiyini baqšidu öqči surγa. olondu

25. 02 taniqdaxu kümünei γunan xoin, olonki muüγai arban tabun mönggön küböügiyini baqšidu öqči surγaxuni uridu metü.

25. 03 küböüni nasun arban tabun kürtele ese sekēreküne čājitai.

25. 04 (8) bačim dayini zanggi-du ken sonosoqsan dēre örgȫdü zanggi öq tere beyērēn tere dayini züqtü mordo. čaqtān

25. 05 ese mordoxuna noyonoi xoyor yesün, sayidai xuyagiyin mörin dönön temēn xoyor, olondu taniqdaxu küünei dönön

25. 06 temēn, olonki muüγai dönön morin. (9) biši čerigiyin yoson ali mordoxu čeriq zar kürüqsēr mordoxu kereqtei.

25. 07 bolzōndōn ese ireküne yosōr bāla. noyon kümünei yesün, sayidai dönön temēn. olondu taniqdaxu kümünei dönön

25. 08 mori, olonki muüγai γunan üker, čerigēse urād xariqsani ilγal ügei. tung uüraqsayigi yosotu bāgiyini xolbo.

25. 09 (10) xošuüγar uülγa aldaxuna olzoyini čuq abād xošuünāsani γučin aqtai abuya. xošuünāsa alduülji odoqsan küügi

25. 10 nüčügün beyeyini γarγa. olzo üljēleqseni olzoyini abād küüni nijēd moriyini ab. dayindu sayidaqsan muüdaqsan

25. 11 xoyori xuüčin bičiqtü üzeji kirērni šangnaji kemne. (11) ali ken noyon kümün neqjiül buyu geneteyin keröül ulā

25. 12 bülāldun čokiqdaxuna čāji ügei. tere yabudal noyondu zokis ügeyin tula öbörȫn buüraqsan mön, (12) zarγučin zarγuyigi

26. 01 bü tata. tataqsani todo bolxona oloni dunda bügüdēr eleqleji ičēkü bolbo.xoyortuni tegetügei, γurbanduni zarγāsa

26. 02 γarγa. (13) xulaγayičiyin tölȫ öbörö kümü bü kelelčöül. kerbe kelelčeqsen bolxona tere kümüni arba čokīd γunan möriyini

26. 03 abči örgȫgiyin kereqtü öq. (14) yerü xulaγayiči küügēn zayisangni zarγu bišir yamāru bese xarusxu bolxona oloni dunda

26. 04 duüdan eleqlen icē. xoyortuni tege, γurbanduni züq šalburtai örgö ergüül. (15) mön xulaγayiči kümüyigi tabi čokid

26. 05 nige sara xongγor ajirγa unuül. xalxaduni tamaγa daru, xoyortuni tege, γurbanduni beyeyini xaram xobun-du

26. 06 xudaldu. (16) yerü yaladu abuqsan küügi yarγačidu üzöülēd xudalduxu gem ügei, yarγačidu üzöülel ügei xudalduxuna

26. 07 yosōr čājilād, tere üniyini abči örgögiyin kereqtü öq. (17) xulaγayičin blamanar erkestü xalxaluülxuna zayisanggiyiniyini

26. 08 dönön temēn örgödü ab. medeqsen ügei geküne γatus adali kümün oruülji γartuγai. zayisanggiyin beyeni ügei bolbočigi

26. 09 eme küböün döü ali ken bayiqsayini ene yosōr čājila. ede ügei bolxona yamatu demčiyigi ene yosōr čājila.

26. 10 xuluγayičiyin ayiliyin axāsa burxanayidu dönön temē ab. kedüi xoton bolbo ilγal ügei. γaqča ger bolbočigi

26. 11 xuluγayičiyin beyēse ayiliyin axayin temē ab. ayiliyin axa medeqsen ügei geküne zayisanggiyini šaxa. ayiliyin axayin eme

26. 12 küböün medeqsen ügei geküni šaxān ilγal ügei. (18) ken kümün xuluγayiči barid örgödü ačaraji öküne yosotu ideši

27. 01 dēreni dönön temē öq. tere xuluγayičiyin yala zasagi kelēji kümün yalayin yosōr bu. zariyin yosōr bu. ali keleqsērni

27. 02 boltoγai. (19) ken kümün medeji bayiji xuluγai nuüxula arban tabu čokīd dönön temē örgödü ab. töüni keleqsen

27. 03 kümündü dönön üker tere temēnēse öq. (20) xaram xobun serkeš xasaq oros ken xari ulusiyin elčīse ken kümün xulaγai

27. 04 kekülē yosotu yala zasaγār ke. ezendüni maliyin ögöd biši yalayini örgögiyin kereqtü ab. ken keleqsen kümündü dönön

27. 05 temē öq. ayiliyin axayin temē zasagiyin xoyino zayisanggiyin xarasulγa, edeni yoson uridu yosōr, mön xulaγayičiyigi

27. 06 zayisanggiyini bü külē. ken medēteyini talaji öq. mön xulaγayin

yalayin küü mal ölöq bolbo. blamanar erkes eriküne yalayin

27.07 ezen ese öqbö geji gem ügei. （21） todo xuluγayičilā maliyin ezen ebčeji, dalda abalγān abxulā xuluγayičiyigi yosōr

27.08 talaji örgōgiyin kereqtü öq. maliyin ezeyigi oloni dunda xorin tabu čokīd abulγayini ürē. （22） šaxanāsa ayinayibi geji

27.09 xoyor zayisangni ebčöülküne örgōgiyin züyiltü abulγayini öqči ebče.ese teyiküne yosōr šaxa šaxani küün züq bosxoji

27.10 öküne gem ügei. xuluγayičilā ebčeqsēni keleqsen kümün dönön temē ide. todo xuluγayičiyigi xoyor zayisangni

27.11 ebčeqseni nijēd dönön temēgiyini örgōdü ab. töüni keleqsen kümündü tere temēnēse nijēd dönön üker öq.

27.12 （23） ölöq xuluqxuna zuün mönggöni ünēse ōdökidü, zasaq ayiliyin axa örgōgiyin dēji maliyin xuluγayilā ilγal ügei. nādu

28.01 yalayini adalīr öqtögei. yalayin tō ezenduni bosxomji xolbō, γal tayixu xoyin, zanggiyin küün burxani γunan morin,

28.02 örgōgiyin dēji temēn, zarγučiyin dönön üker, gereči dönön mörin yarγačidu dönön mörin, elčidü γunan mörin

28.03 zasaqčiyin γunan, ayiliyin axayin temēn, zarγučin ken xaγaluqsan yalāsa axāsa daruji ükerēn idetügei.

28.04 （24） xonogiyin züi. dörböd bolōd ali bese orosiyin oyiroki gertei küügi xariulxu čaqtān, ken bayiqsan tanil

28.05 uruq eligeni tōtu bičiqtü sayidtu üzöülji xariul. ese teyikülē ireqči söidüni tere kümüni aldāsa kedüi mal

28.06 ügei bolxona tere xonoγōsoni bosxoji öq. örgōdü γunan möri öq. mal ese jiliyibeči čājiyin γunan bayiγā.

28.07 kerbe tere xonoq tere maliyigi abči odoqsan bolxolā xonogiyini tala. tere malān čādu xonočōson eberēn nikeji

28.08 abtuγai. （25） xonogi üzöülkü yoson. tere erkindüni ken sayin kümün bayinai, töüni olondu ali tōmjitoi küündüni

28.09 üzöülji xariül. xolo γazaratai kümünei ene, örgōdü šidarai küün endeki sayiduüdiyin nigendü üzöülji xariül.

28.10 ese teyikülē uridu bičiqsan yosōr bolxu.

28.11 (26) yarγačiyin yoson. inaq amaraq kel ügei zarγuyin yosōr kelge. inaq amaraqγān tataxulā zarγučiyinčājiyin yosōr

28.12 bolxu. olon zarγutai küüni ken uridakiyini urid xaγalγa. yeke kereqtei ötör kekü zöbtöi zarγu bolxona

29.01 zarγučidu učiriyini kelēd urid xaγalγa. yarγačin yerü yuümandu zaruxudān, čādu kümündü zarγutai bolxona ireji

29.02 ololča. zarγu ügei bolxona yuümayini öq geji zaru. (27) elči idešitei bolxona eberiyin mörōr yabuji üyileyini duüsxa.

29.03 tegel ügei odoqsan beyēren möri unād duüsal ügei ideqsēn idēd yabudaq elčiyigi oloni dunda šanāgiyini zurγā

29.04 čičid tere idešiyini xariülji öbörö küügēr elči ke. (28) yerünki elčiyin yoson. yamutu γurbanāsa biši elči yosōr

29.05 damjiji unu. tegel ügei ideši mönggö xarmaji ulā bü γatasla. γataslaxuna mörini γučin mönggö ab. üküülkülē bosxo.

29.06 araki bü uü. ene yosōr yabuqsan elčiyigi ken kümün gübdekü bolon yamar bese buruü kekülē yosotu zarγār bolγoxu.

29.07 öünēse bišir araki bolon buruüγār yabuqsan elčiyigi möčidü gem ügei gübdebečigi gem ügei.

29.08 (29) šaxāni yoson. bolzōndān orotuγai, toroxuna zarγuyini ürē. zarγučin xonogiyini čaqlaji bolzoji öq. kerbe

29.09 orōči oruülāči xoyortu bolzōndān ireši ügei küčir kereqni bolxolā bolzōndān kümü ilegeji yarγačidu kele. ese

29.10 teyikülē zarγān ürētügei. šaxāčiyin yoson orōčilā ilγal ügei. (30) yerü ken zarγutai küügēn zarγudu yabu geji küündü

29.11 gerečileji eberēn kele. ese bolxona yarγačīsa elči abād ideši idöül. elčidü ese bolxona γunan möri ab.

29. 12 xoyortu basa, γurbanduni zarγuyini nādu kümündü öq. ken kümün kümünē zarγutai bi geji elči abād čādu kümüni

30. 01 šaxān ügei γarxu demei učir ügei bolxona učir ügei elči abāči kümünēse elči idešin idetügei. (31) yerü kümün

30. 02 yamar bese örin abulγān ača geji kümündü gerečileji kele. ese ökülē yarγačidu keleji elčīr ab. elči idešēn

30. 03 čādu kümünēse ide. tegei ügei söi bariji abxuna abalγayini ürēgēd dönön temē abči örgȫgiyin kereqtü öq.

30. 04 elči temenēse ide. ödör bariji abxulā abalγayini ürēgēd elčiyin ideši tere kümünēse ide. (32) küü xulaqxulā alaqsani

30. 05 yosōr tala. xuluγayiči küün dayilaji zer zebēr küün šarxatai bolxona küü ab. möri šarxatai bolγoxuna mörini dönön

30. 06 temēn ab. xaji aldaxuna sumu tōlon dönön möri ab. eze ügei xuluγayiči barīd ačaraji ögöqsen gerečidü dönön

30. 07 temē öq. maliyin ezeni daγuülji keqsen gereči xuüčin yosōr ide. (33) gereči kümün idešiyin tölȫ xudal keleküne oloni

30. 08 dunda nüčügüleji arban tabu milāčīd tere yuümanāsa yuün ideši idekü bilei, tere gerečise töüni abād örgȫgiyin

30. 09 kereqtü öq.

30. 10 (34) kümü tonoqsoni yoson. yosotu yala zasaq dēreni tonoqdōči kümün kedüi bolbo tödüi amiyini ab. sayin

30. 11 gerečitei neqjiül ese ögöqsöni yosōr tala. amārni taluülši ügei gereči bolxona maliyini bosxōd yalayin tölö

30. 12 šaxān öq.

31. 01 (35) möriyin yoson. čarā ügei časun čarā ügei tongčo bȫröq čarā ügei ürgülji šine balčiq ene γurbani sayin

31. 02 gerečitei ese γarγaji ökülē yosōr tala. amārni taluülši ügei gerečitei bolxona maliyini bosxōd yaladuni yosōr

31. 03 šaxān öq. öünēse biši möriyigi xuüčin zarγuyin yosōr xaγalji öq. dalda

gerečiyigi zarγuči yarγačiyin nigendüni

31. 04 kelüülküne kümüyini kirileji medetügei. sayidtu keröülji esečidaxuna xarān bü oki. üge bayidalārni šinjileji xaγalji

31. 05 öq. (36) yerü üyileči sayid ekilen šidar soyibon üyileyin züyildü orolčoqči kānar kötöčīnör idē bariqčin yosonāsa

31. 06 γazā araki bolon nādundu deged zalxuü xalamji ügei xobdoq xadxāči bolxolā yabun yabuqsār öbörōn muüraxuni

31. 07 tere. tere kümün bi xobi kirēsen dorodobo gekü kereq ügei. mön beyēsen üzetügei. (37) yosotu γurbandu ulā ese

31. 08 ögöqsen ken kümüni xuüčin bičigēr tala. (38) ulā ülü ögödeq erkečiüd biši kümüni möri xāxulā γunan mori ab.

31. 09 (39) zaxayin ulusāsa dērme ireji aduü abxuyidu dotorōso bosxuül γarxuyidu ken šidar kümün nekelčeqseni šang, ese

31. 10 nekelčeqseni čāji. (40) čino tarāqsan mal γal mösöni šang gemni xuüčin bičigēr boltoγai.

31. 11 (41) yerü zöün baruün zabsar anggidān yabu. anggīsān döčīrön öbörö yabuqsani döčini axāsa dönön temē abād

31. 12 neyilöül. döči ügei tusār yabuqsan kümünēse xotoni nige dönön möri abād döčidüni niyilöül. kerbe tegeji xajigir

32. 01 yabād xari dayisundu yuüman aldaxulā zayisanggi ulusāsa xaγačuül.ay-imaq döčinōsön tusār zayisang ügei yabād dayindu

32. 02 yuüma aldaqsan küügi ken axalaqčiyini orostu talbīd čaqtuni medeye. (42) yerü kümün zalā zöü, küböün kümün gejigēn

32. 03 güri. eme kümün xoyor öbörtöi debel bü ümüs. belbesün eme ümüsküdü gem ügei.

32. 04 (43) yerü kümün zayisanggiyin ügēr yabu. kerbe zayisanggini noyon oloni zöbōsö xajigir yabuxulā tere zayisangγār bü yabü.

32. 05 noyon olondōn ireji kele. ese teyikülē yosōr čājila. (44) nige zayisangtai küüni zarγutai xuluγayigi zayisangni ebzöülküdü

32. 06 zeme ügei. ile bolxolā uridu yosōr bolxu. (45) čeriq noyoluülji ilgeqsen baγa noyod jisātu dēji jisātu künesün

32. 07 külgün türikülē külisün ačilγa unulγa xaridu ökü zöbtöi öqlikü öünese biši dura medeji edlekü ügei. öböriyin

32. 08 xobitu albatuyin olzōso eberēn medetügei. (46) yerü čigi öündü ügei üyileyigi xuüčin bičiq zangšīqsan amani zarγu

32. 09 xoyortu üzeji medeye.

32. 10 (47) zolbini züyili yarγačidu keleji örgȫdü ačaraji öq. ese teyikülē γunan möri abči örgȫgiyin kereqtü öq.

32. 11 zolbi nuüqsayini keleqsen kümündü tere maliyin yosotu idešiyini nuüγāčīsa öq. (48) zolbi barīd γurba xonotolo tendēn zarlād

32. 12 önjiülül ügei ačaraji öq. γazariyin xolo oyironi kiriyini medekü, yosōr barīd yosōr zarlaji öqgöqsön kümün yosotu

33. 01 idešēn idetügei. (49) xobun serkeš xaram xasaq edeni nutuγāsa sanāγār dura medeji xuluγai dērme keqseni

33. 02 ačaraqsan yuümayini küčüs abād köl möriyini küčüs ab. zayisangni medeqsen bolxuna dönön temē ab. medeqsen

33. 03 ügei geküne γatus adali küü šaxa. töüni ken keleqsen kümündü tere odōči kümünēse γunan temē öq.

33. 04 (50) xoriül buüri ebdeqsen görȫsü ürgēqsen ene xoyor temēn türüütü yesün, jisātu šüüsün xuüčin yosōr

33. 05 bolxu. buüri görosü medel ügei ebdekülē zeme ügei. töüni zarγār ol.

33. 06 (51) ariüxan darkygi dge-slong sol dbon yešes terigüülen tere metü kānarmuüd töröyin üyiledü orolduqči toyin

33. 07 metüs xara undāni kereqtü edleküi bolxolā blama buyu. noyon olondu zöbtöi geqdekēr edlebeči čāji ügei.

33. 08 töünēse bišīr uüxulān dēre bičiqsen yosōr čājila. (52) xuluqayin šaxāni zayisangdu kürkü kiritei xatuü zarγu bolxona

33. 09 sükēr olxu bolbo. zayisangdu ülü kürkü könggön bolxuna yosotu

kümüyini šaxa. (53) solton uülayin yalani küüni orondu

33. 10 xoyor γunan temēn, bišini xalimaγā ilγal ügei. zasaq ayiliyin axayin čāji basa ilγal ügei. (54) xuluγayičiyigi

33. 11 tusār kümün blamanar erkestü xalxaluülxuna dönön temē örgȫdü ab. gördöküne yosōr kümüyini šaxa.

33. 12 kümüni gerte xaxaqsan čāciqsan soqtuü kümün möri üzeqsen küündü alaqdaxulā gem ügei bögȫsü tabun

33. 13 yesotü

第六篇 《津齐林法规》

P. 89.①

(1) ken cü yertemciyin xara kümün mongγol nom üzü, suru. sayid zayisangγuudiyin küböüd mongγol nom umšixu biciküyidü / ülü segērkene, bāni ecigēsüni γunun temēn. küböügiyini baqšidu öqci surγu.:. xarca kümün mongγol bičiq caq cidalār / küböügēn surγa. zügēr zayisangγuud küböügēn γaruuγān beyedēn dāγād surγa. ene bāgiyini ügei yaduuγān abci asara :: /

olon-du taniqdaxu medētei kümünēgēsü bāni γunun mörin. küböügiyini baqšidu öqci surγuul. olongki xara sādaγai / kümünei mongγol biciq ülü γarγaji cidaxuna bāni arban taban mönggö ecigēsüni ab. küböüdiyini nom üzüül.:.

baqši / -du mongγol nom üzüülküi biciqtü ülü segēreqsēni bālaxudu, nasuni kemjilni arban taban nasun kürtülkü bui.:. /

zalxuugiyin ürēr surγuuli ese suruqsāni olon-du tomsor ügei keye.:.

(2) yerü ken cü ulān zalātu kemēkü nerēn / dundu baqtalcaji töröqsön mön boloqson xoyino-ēce oyirodyin zangdu aldaršiqsan möni tula, uul yoso oršōji, / malaγayidān ulān zalā züü. ese züüküne maxalāgiyini ab.:. zalā ügei küünei malaγayigiyini ab.:.

① 这是克鲁格文中提供的波兹德涅耶夫书的原页码。拉丁字母转写见 John. R. Krueger, "New Materials on Oirad Law and history", Part One: The jinjil Decrees, *Central Asiatic Journal*, Volume XVI, No. 3, pp. 196-200。克鲁格转写中的斜线为每行起始的标志，行间的分隔线。

(3) ken kümün küböügēn / baqšidu öqci manji kekü bolxuna durān beyeni medeqgi. arban dolōn nasun kürtülkiyini ödüü kürtülü nom üzüqgi. / öünēsü carū gecül gelenggiyin sakildu oruulxu bolxuna ecigenibo ali šidarlaqci törölni tere durān zayisangdān küüneji / olon axa döügiyin duruuni suru. kerbe olon dundu kereqtei bolji axa döüni zöbšȭl ülü ökönö otoqtuni / oruulji yertemciyin kümü ke. kerbe zöbšȭl ökönö zayisangdān küüneji zöbšöl töüni noyondōn angxarγagi. noyoni / zöb geküne xuruldu ayiladxuultuγai. :.

(4) ken xurultai xuburuqtai noyod xurliyinān labanar xuburγuudi j / aqla. albatuyinan / olon cȭni kiri dünggēr, j / aqgiyin tōtu gelenggöüd tōγōsu dutuxulai oromduni gecülmüüdēsü erdemdēn sayinēsuni / ekelji bolγo. edeni oromdu manjinariyin biliqtēgēsüni gecül blγuul. :.

(5) ecigēsü γaqca küböün gecül geleng bü bolγo, / yertüncüyin axa zangdu γulumtu ülü tasulxuyin tuldu. :.

(6) yeke noyod tayijinar kiyigēd yamtu noyod tabanangγuud tergüüten /

[p. 90] ken keni xōr dundān balaraši ügēgēr nige nigēn inaqlan amaraqlan axa döügiyin yosōr kündülül erkelel oγōto öüskülceji / bayixu. öbörcileng zang axa yoson mön. ene metēr sayid zayisangγuud k'ānar kötöciner demciner šüülünggüüs otoq ulus nutuq / anggi kiyigēd ulān zalātu oyirod xalimaq bügüdü xaγas ügei nige nigendēn axa döügiyin yosōr kündülül erkimji kelcen ügü / ügüdēn baqtalcan yoboxu mön. kerbe ene zarcimāsu buruu dabuud üyile üyiledbēsü, gemiyin kiri bēr cājilaqdaxu bolbo. :.

süüliyin ügüdü ken yekestü kürgül ügei xōrondān medeji, nayiman zarγu kündü könggönērni šüüji cājila. :.

(7) ken cü erkešilni / döü kümün yeke noyod taxijinartu kiyigēd yamtu noyod tabanangγuudtu uul sedkiliyin cinar bēr öbörcileng yoscilan zokimjitayā / kündülül örgöji tai. kerbe bügüdēge buruu nikēni buyu zokis ügei calγai üger ili buyu dalda buyu dayiraqsani medeqdeji / ünündēn γarxuna zarγadu šüüyü. kerbe tere calγai ügüni izuur kiyigēd tedeni kündü cinartuni küruüd ügei könggön bolxuna, / dayraqsan kümün oloni nüürtü gemšin buruuγān ereqgi. ese geji buruuguyin kiri düng bēr cajilay talay. :.

yeke noyodi / yamtu noyodi tayijiudi ken kümün burtuq buzuq ügēr buyu ülü gem xuruqgiyin nüürtü tedeni izuuriyin cinartu zokia ügei / ügēr dabiren dayirxulai tala zasaqlā xarγuul.:. γurban yesü ab. tabi coki. ene bāgi ügei yaduudu öq.:.

(8) yeke / noyodi yamtu noyodi tayijiudtu γarān mesēlen zabdabāsu, mese ügei kürgübēsü, ese geji daldāsu zanan xortu sanān züükünü, / tereni ili cayiqdaji γarxuna, kerbe tere metēr mese γar bēr ülü kür güji naliba cu ilγal ügei. xuucin döcin dörböni / cāziyin biciqtü alaya talaya geji šiyideqsen mön bolba cu tere caqgiyin erke ene caqgiyin erkelē niyilcei ügei möni tölö, bidani kiriyin cājisu yabuur möni tulu, tiyimi buruu keqsen kümēgi orosiyin küün kündü zarγadu uciriyini todorxoi / šüügēd ökü bolba. zügēr tere buruutu kümēgi dayruuluqsan noyoni buruugiyini könggödköji öršöbōsü zasaqlaya.:. γar / kürkülei orosiyin zasaqlai xarγuul. orosoi zarγa-du ökü.:.

(9) baγ noyodi dayirxulai dönön möri ab. γar kürkülei taba / [p. 91] ab. nalixulai nige yesü ab. xorin taba coki.:. xoyur dönön mörin, xoyur γunun üker, nige xoyin, γar küruqsēr / bāgiyini beyeni abtuγai.:.

(10) yeke noyod yamtu noyod tayiziud tabanaγuud baγa noyod tabanaγuudi sayid zayisangγuudi k'ānar demci / šüülünggi ede bügüdēgi ezediyin zasaq zarliq tuldu nalixulai γai ügei. tere caqgiyin erke ene caγāsu xaγastai bolba. / kerbe tiyimi üyile keqsēni kemiyini könggön kündēr ginden-dü tabiya. gedüi xonoq suuxuyigi zarγa medetügei.:. ginden / gedegiyini uuruulād, nayiman zarγa šüüji medetügei.:.

ede bügüde kerbe keni cü sayirxaji dajirji nalixu bolbocu noyod izuuriyin / kündü cinartu kündülül xadaγalaxu möni tölōdü külcükü zöbtöi. ken cü ene metēr naliqdaba bi dajiraqdaba bi geji xariu / bü dayiri nali. zügēr zarγa ülü ürüdeqgiyin tula zarγār zöbōn neke ucirān küünü.:.

sayirxaji naliqsani yalani, yeke / naliqsanāsu taba. dundāsu, dönön γunun, baγāsu dönön xoyin. ene dēre yosonōsu dabaqsan buruugi medekü zöbtöi / bayitulā dabaqsani tuldu olon-du medeqdekēr icēkü bolbo, busudtu surγumji bolxu möni tölöi.:.

（11）ene metēr zayisang / sayid k'ānar demci šüülünggi bolōd üyile dālγaqcis sayirxaji dērelkeji ken kümü dajiraxuna, dayirxuna, nalixuna, yeke dundu / baγa kiriyini zarγadu šüüji zokimjitayiγār cājilaya. nigendüni iyigeye. xoyurduxuna tere metēr bolji oloni nüürtü icēye. / γurbaduxuna buuruulaya. dēqsen üyilēseni xaγacuulaya. ucir ni öböriyin tuski sayin zayisang üyile dālγaqcini mörōr / yoboji ülü cidaqsan xoyino olon-du tusulxuyin orcidu xorloxu mön. kerbe zayisang kümün iyigeji buurxu cājilā xarγaji / buurbu cigi ayimaqgiyini küböünibü. küböün ügei ese geji bayiba cigi baγa bolxuna östölöni üyilēni šidar töröldüni dālγaxu / bolba bida.:.

（12）noyon kümün zarγa busār negejiül buyu genetüün keröül buyu, ulā bulāldan buyu orolcoji cokiqdaxuna cāji / ügei. tere yobodol noyon kümün-dü zokis ügēn（ügēi）tulu öbörōn beyērēn buuraqsan mön.:.

（13）yere ken üyilenci sayid ekelen / zayisangγuud šidarlaqci söyibing üyilēn züüdü orolcoqci k'ānar kötöciner. zokis ügei yosonōsu γazāγuur arki uuji. nādan /［p. 92］-du degēd durun. zalxu üyiledēn xalamji ügei bolji, xobodoq xobci xadxāci bolxulai, yobon yobotolo teyimi üyilēn ürēr / öbörōn yosōr buuran atala, bi tiyimi küün bilē bi. uq izuur mini tiyimi sayin bilei. odoi bi xubi kirēsēn / xaγas doro bolba bi geji keleji kereq ügei. mön beyēnēn yobodolōsu zem urid üzükü kereqtei.:. bāni zayisang biši / küügi arba cok' ōd dönön möri ab. zayisanggi ayimaγāsa xaγacuulxu. dēqsen üyilēsüni γarγaxu. ene bāgi oloni γaruuda / ökü.:.

（14）yere kümün zayisanggiyin nān axalaqci sayidiyin ügērni kündülji sonci bolji yobo. zügēr tere noyon oloni zöbōsü xajiγar / zokis ügei yosonōso dabuud üyile yuuma ke geji kelekünü zak' axuna surγuxuna ürküi bolba cu bo sonos bo üyiled. noyondōn / irji angxarγa. ese bögōsü busu sayidtu küünü. olondōn sonosxu. yala cāji ügei bolba. ese tiyikülei kiri yosōr cājilaxu / zasxu bolba.:. bāni sayinai taban. muuγai xoyur γunun üker, ene bāgi ügei yaduudu ökü.:.

（15）noyodiyin nere xuurci / üdü xonoq üdü xonoq-ēce buruu šoqloji, ese geji zöricö eberē dura xarji idekülei tere xuurmaq mekecīsü möri ab. / zasaqlai xarγuul. tabi cok' ōd olon-du azad kekü bolba.:.

(16) noyodiyin šüüsen-dü geji edleberdü geji busu cigi talār šiltāγār / eberē oroši xarji ken kümün yuu cigi ababāsu tere ili cayiji γarxulai cājini möri ab örgȫdü.beyeyini abaqsan yuumani kirēr / zasaqla.:. kerbe xuurmaqlaqsan yumani kündü üyile bolxuna zayisang kümünēsü abaqsan yumāni bosxoji abād zayisangγāsuni γarγa. üyile dāqsan / olondu medeqdeküi. zergetü kümün bolxuna tere yumāni bosxoji abād xorin taba zok' o. olon-du azad ke.:.

(17) yeke noyodiyin / edleber γaruu tasulxulai yesü ab. baγa noyodiyin edleberi tasulxulai möri ab..:. yeke noyodiyigi ügēgi asarxuda / ökü. baγa noyod eberēn abtuγai.:.

(18) noyodiyin xoriqsan büüri ebdekülei temēn türüütei yesēr torγo. körȫsü šobuu ken / xubi tuski γazarai ang šobuu ürgēkülei tere ürgēsen küünēsü barisan küüni mörin ang xāsan zer zebiyini ab. ülü medeqseni erkēr büüri ebdekünü görȫsü ürgēkünü cāji ügei. tööni zarγār ol.:. talibaqsan bāgi ügei yaduudān ökü.:.

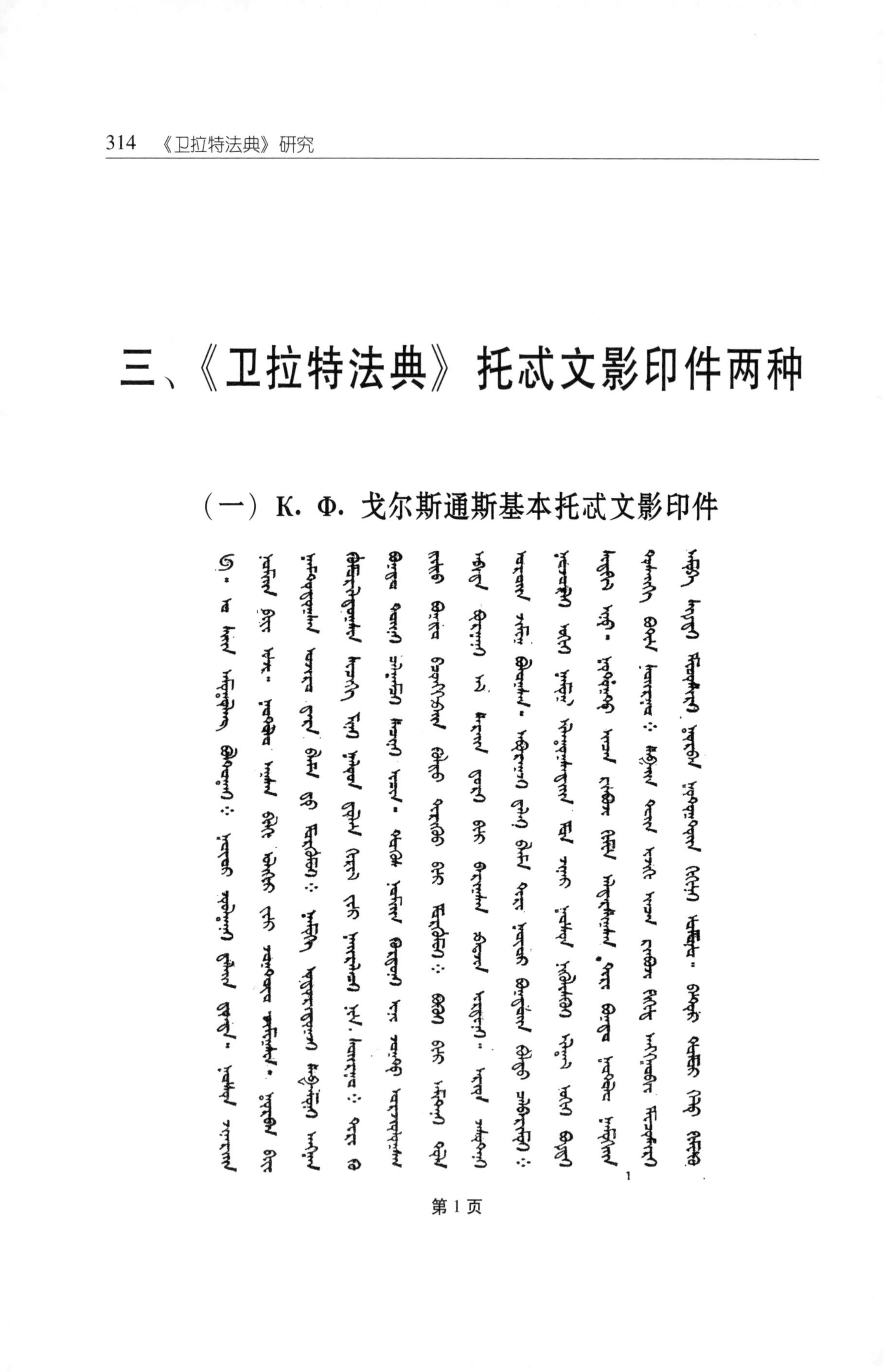

三、《卫拉特法典》托忒文影印件两种

（一）K. Φ. 戈尔斯通斯基本托忒文影印件

1

第1页

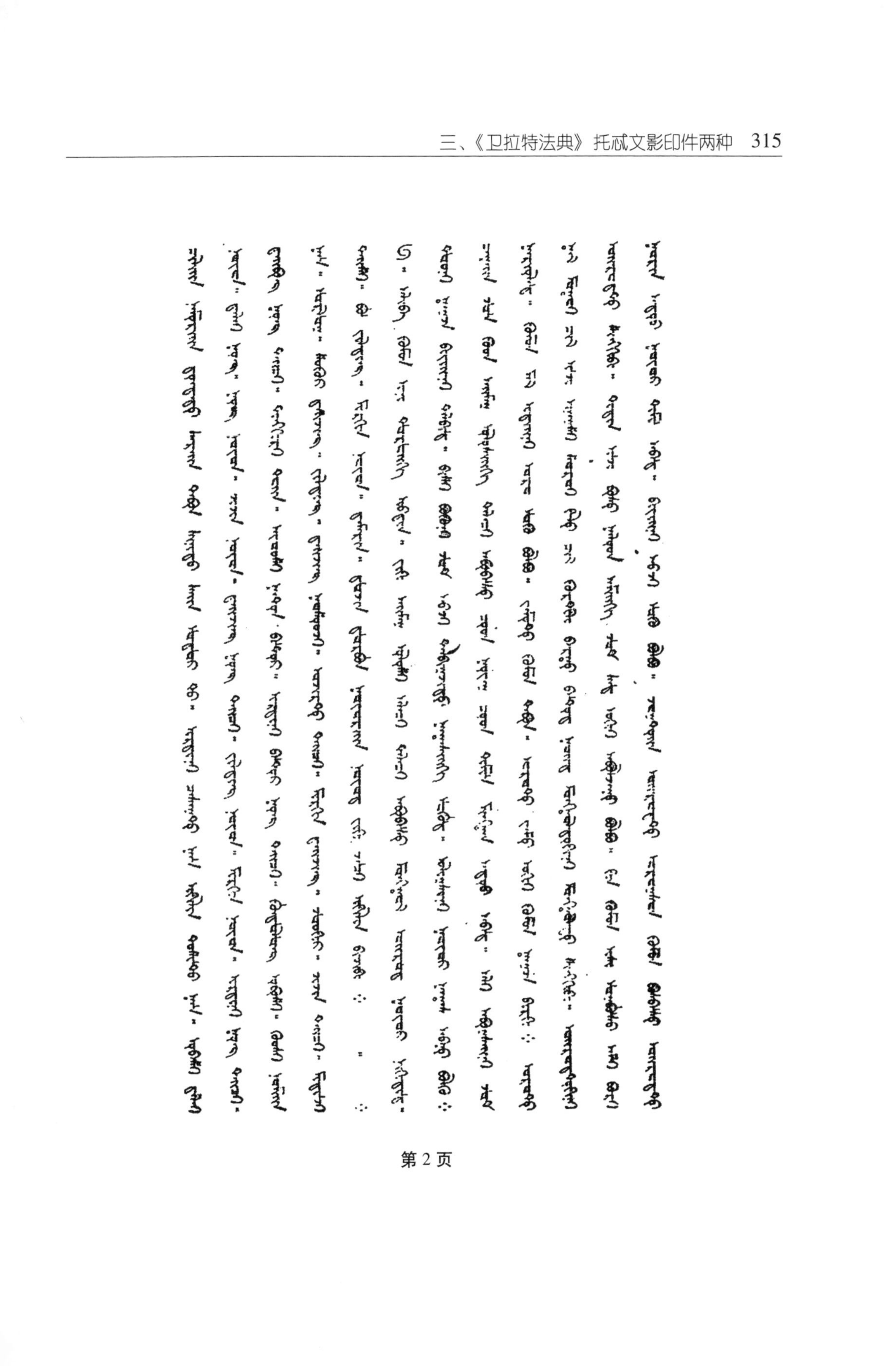

第 2 页

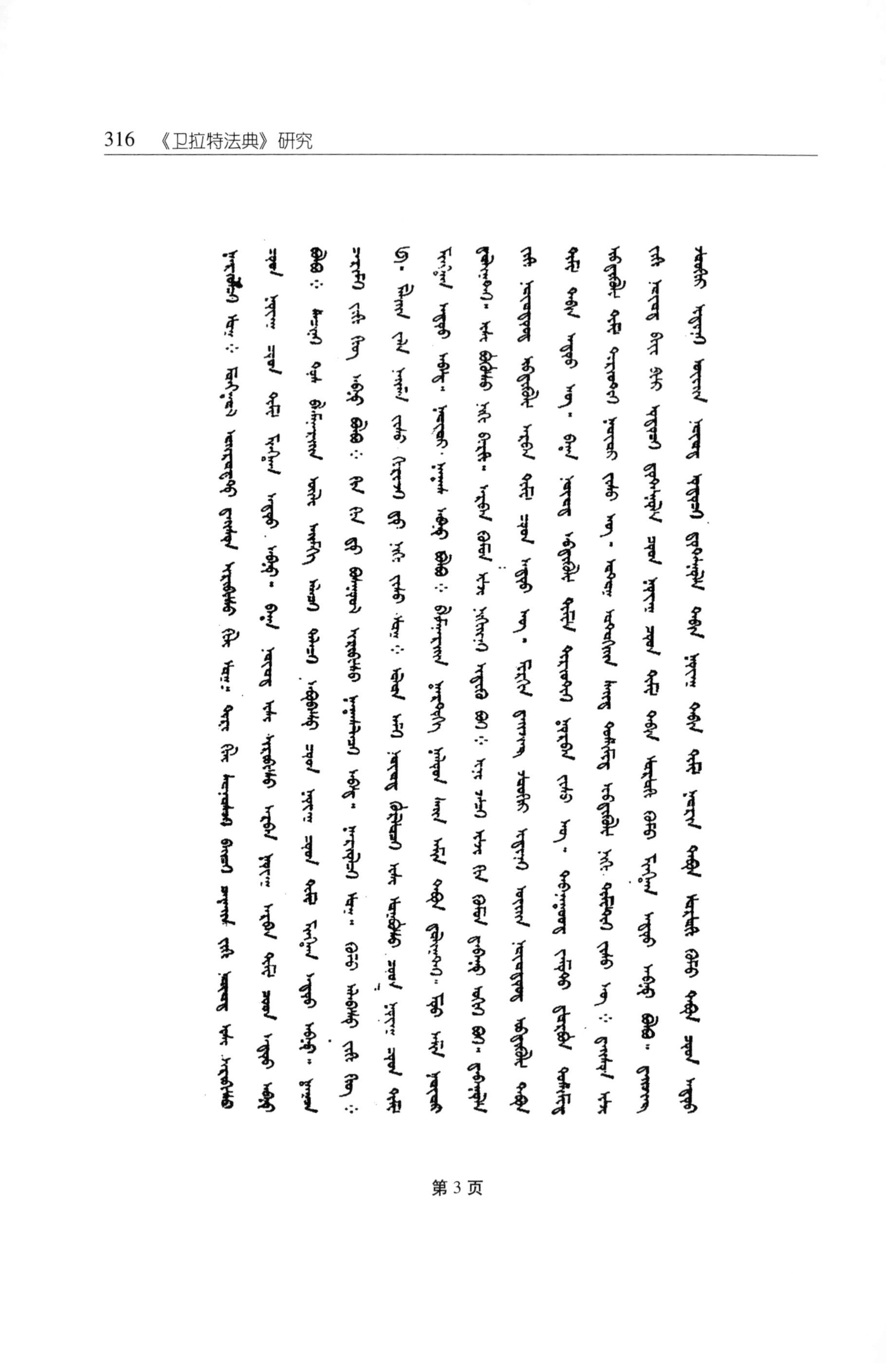

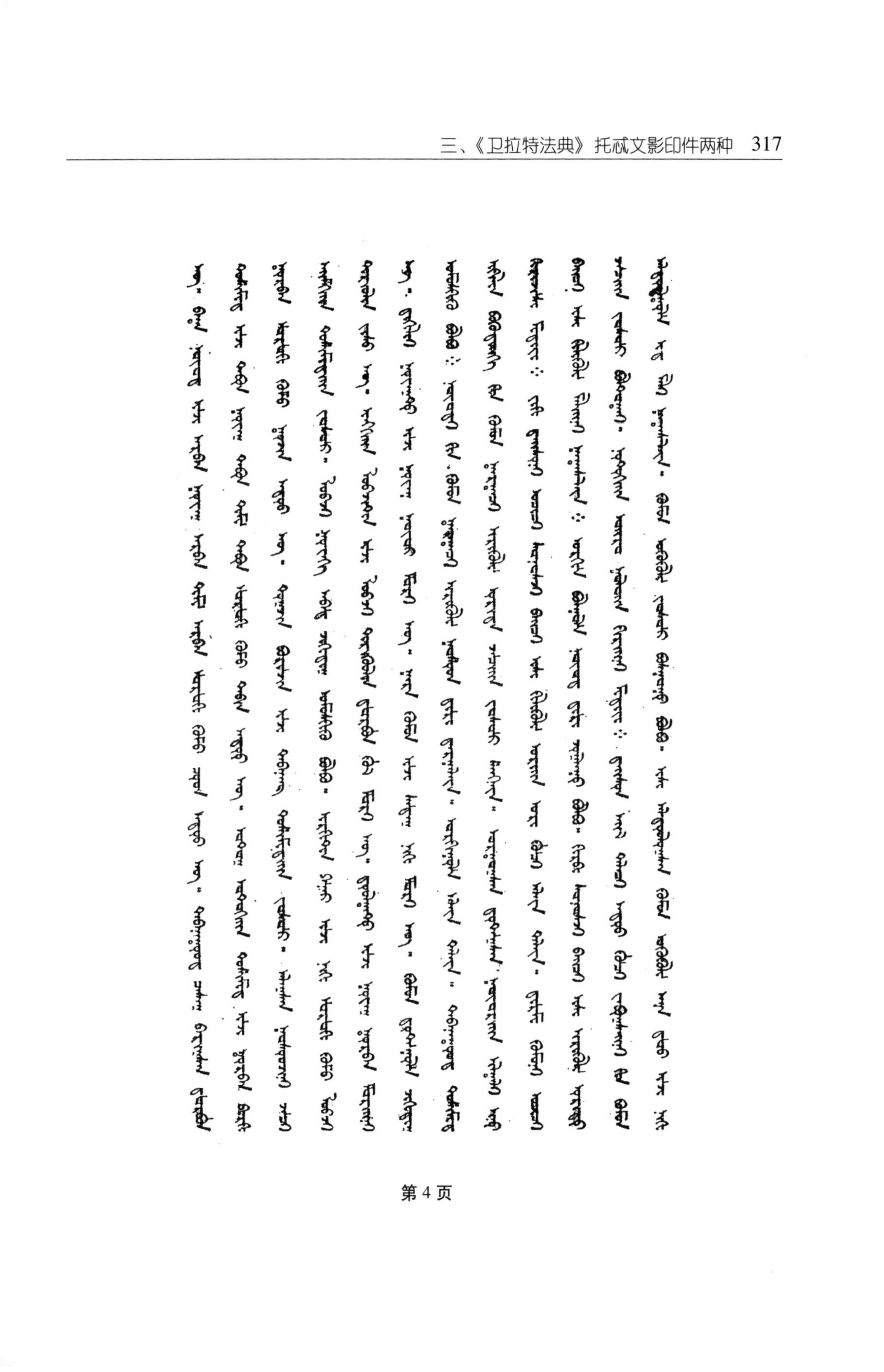

[illegible]

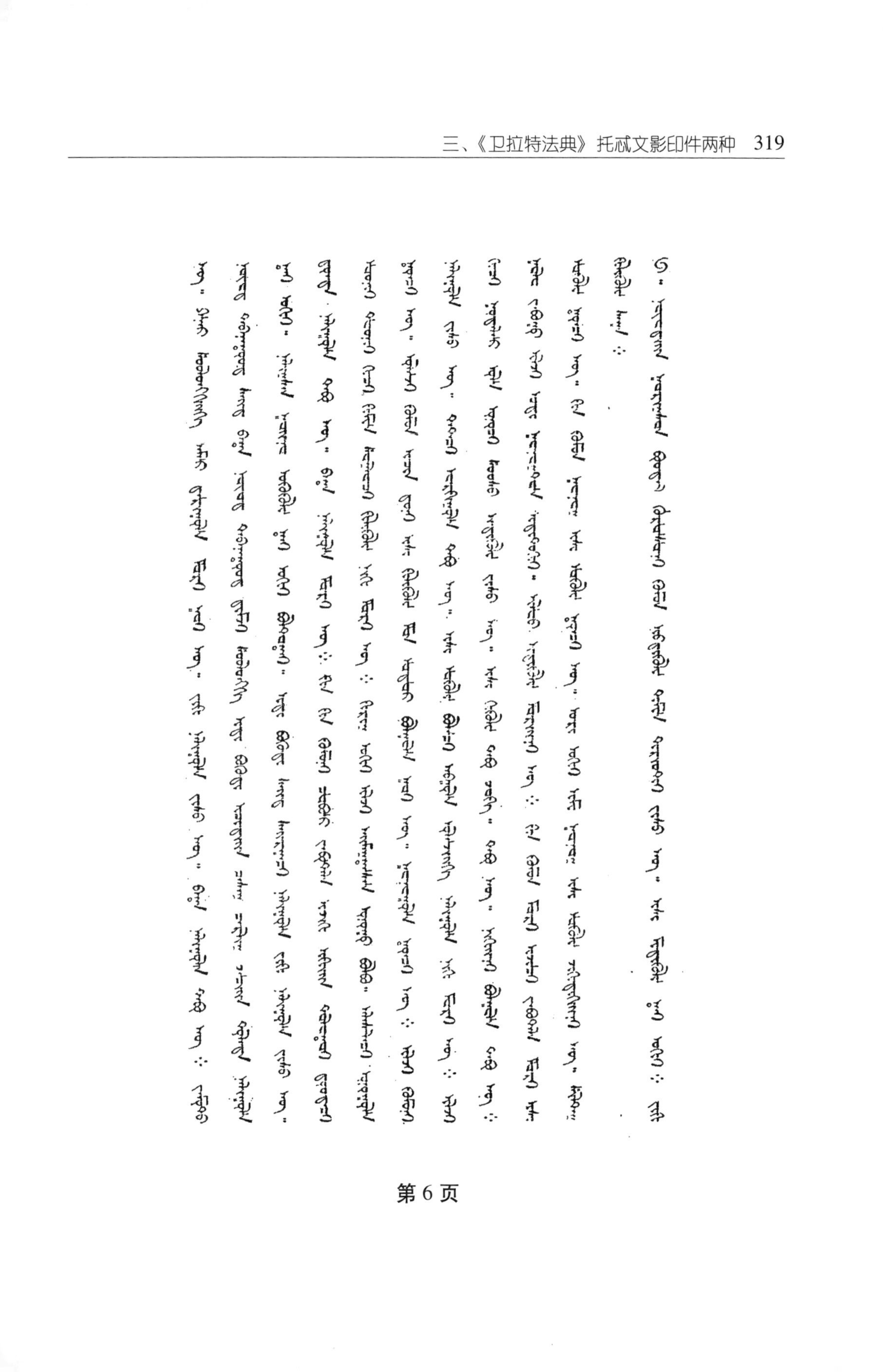

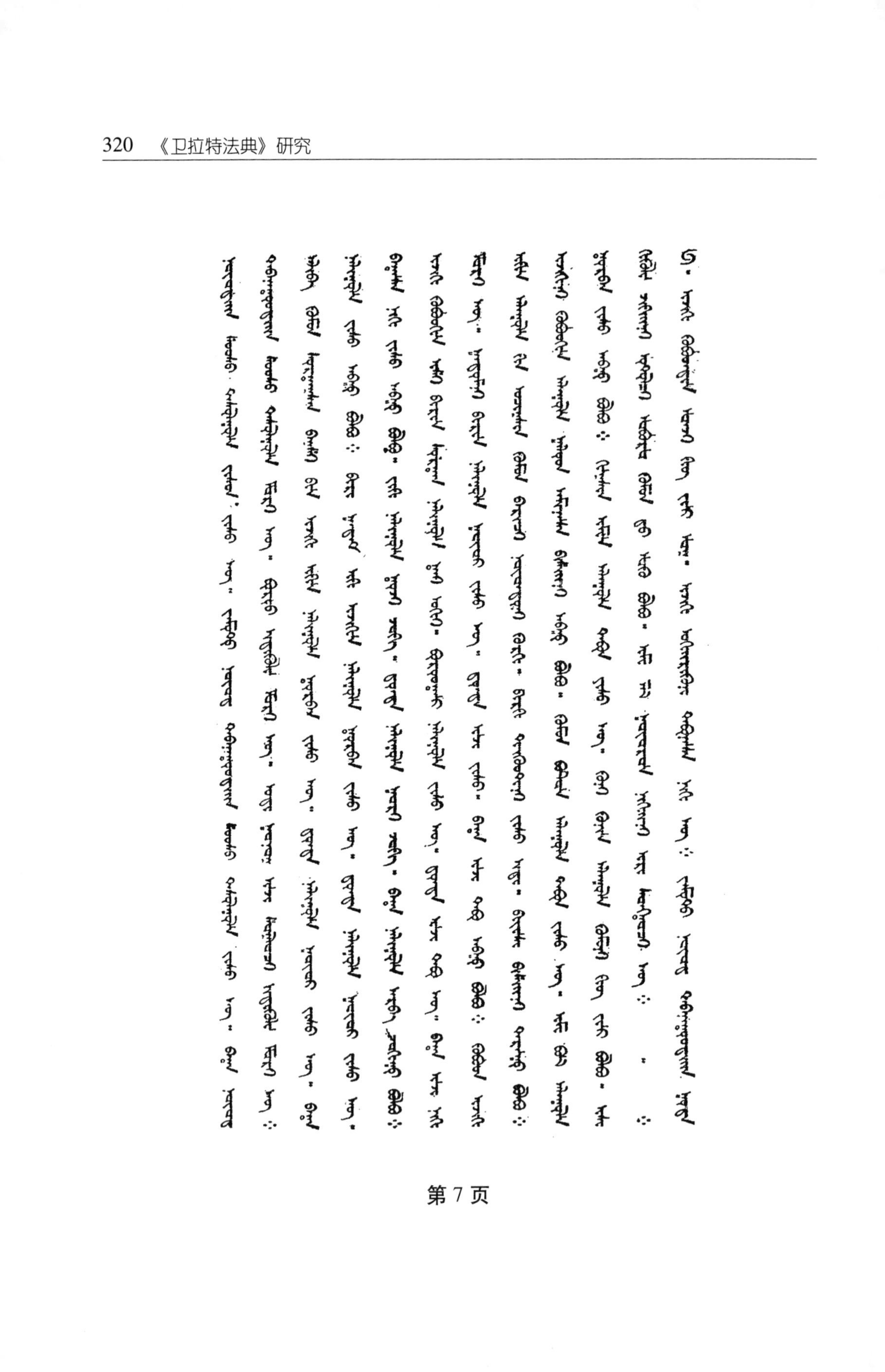

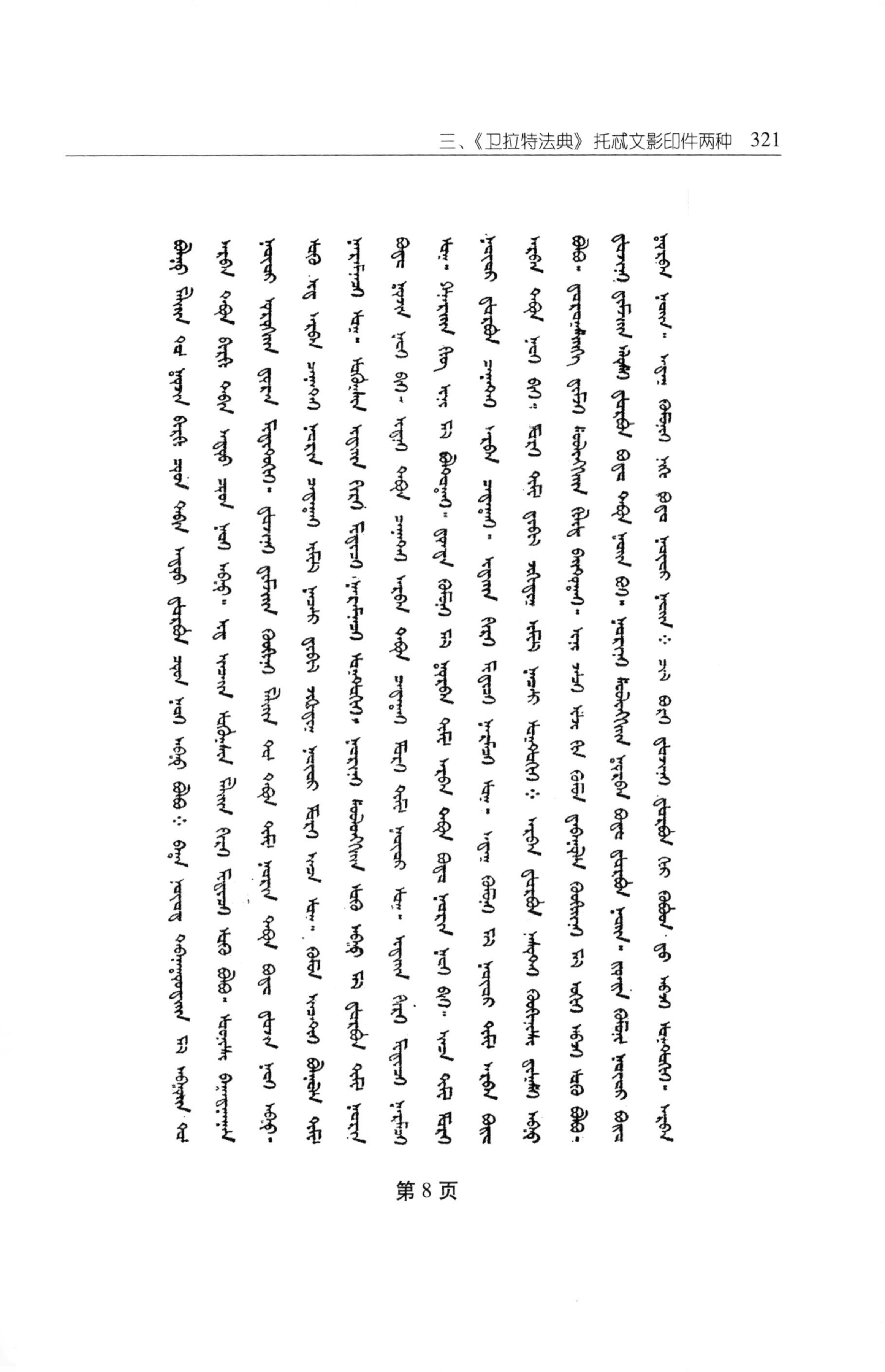

第 8 页

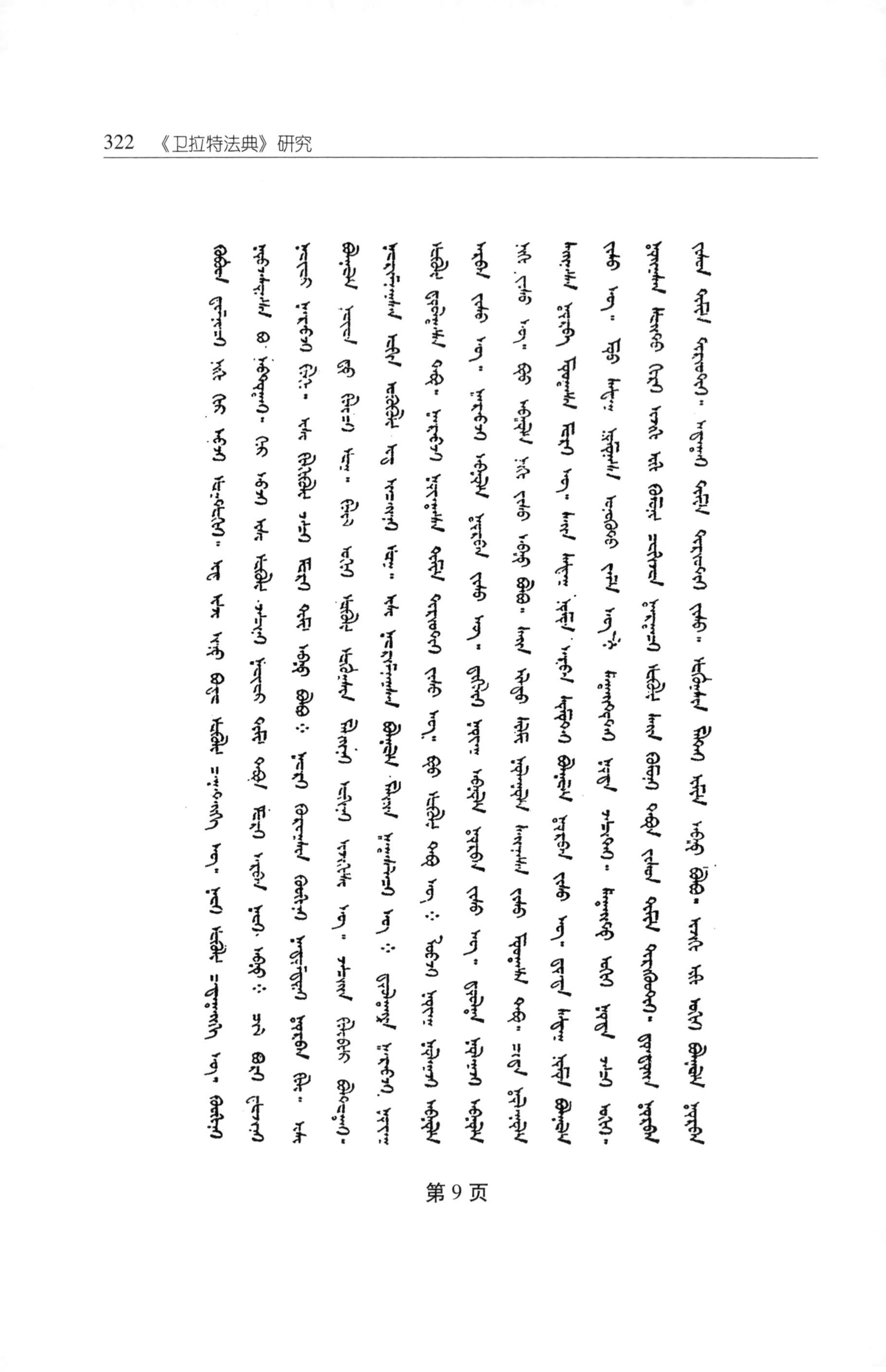

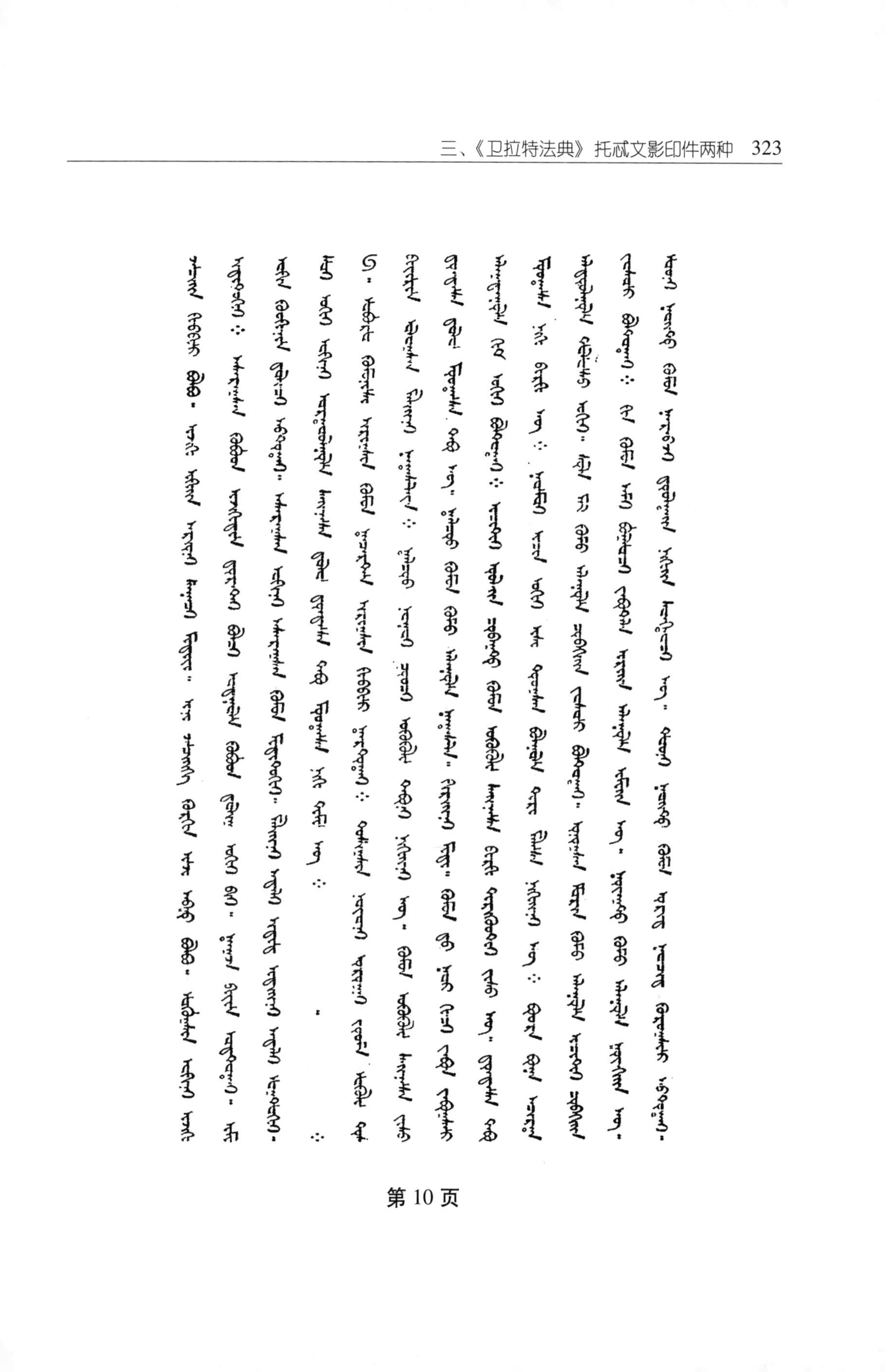

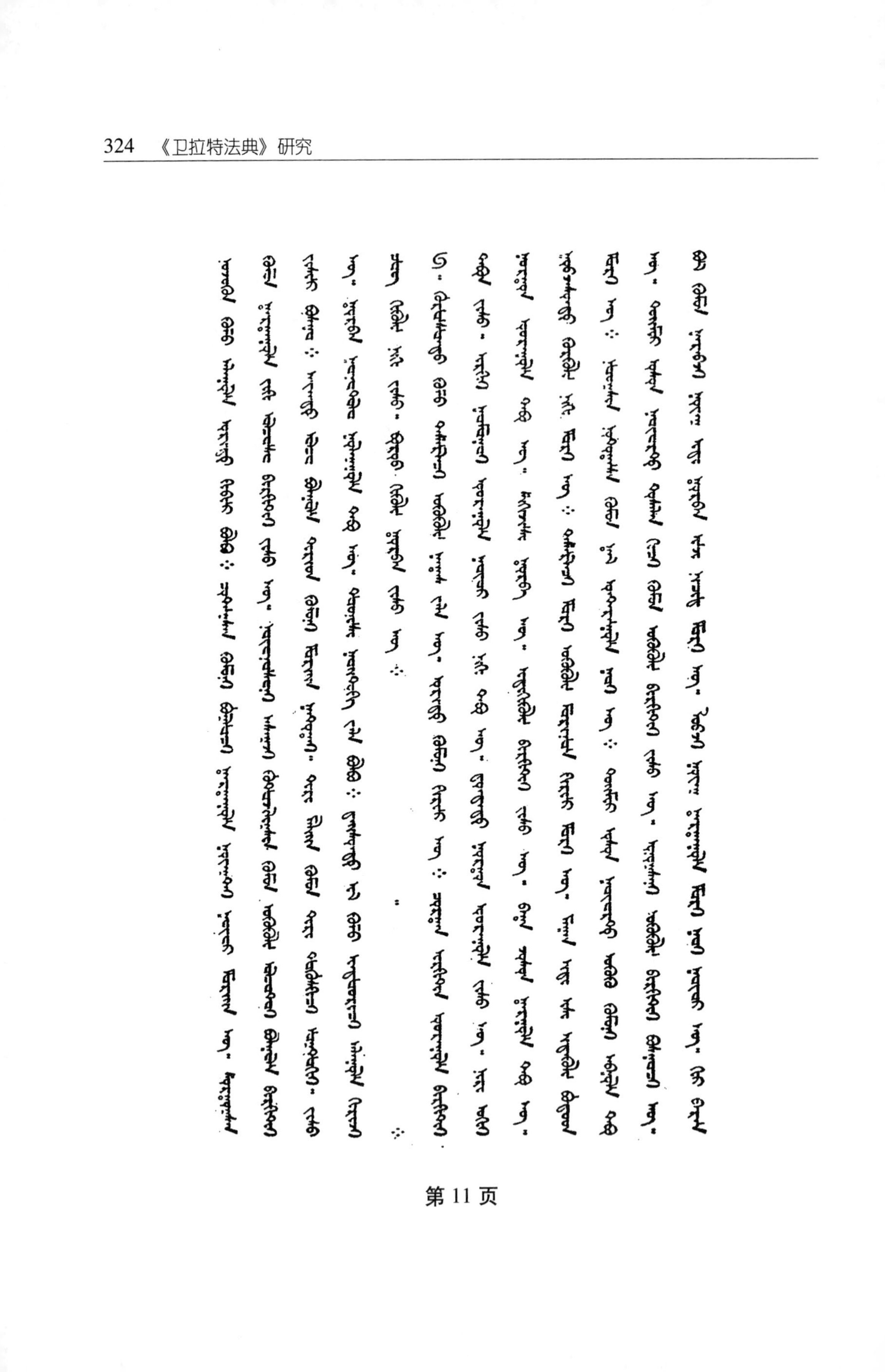

[illegible]

第11页

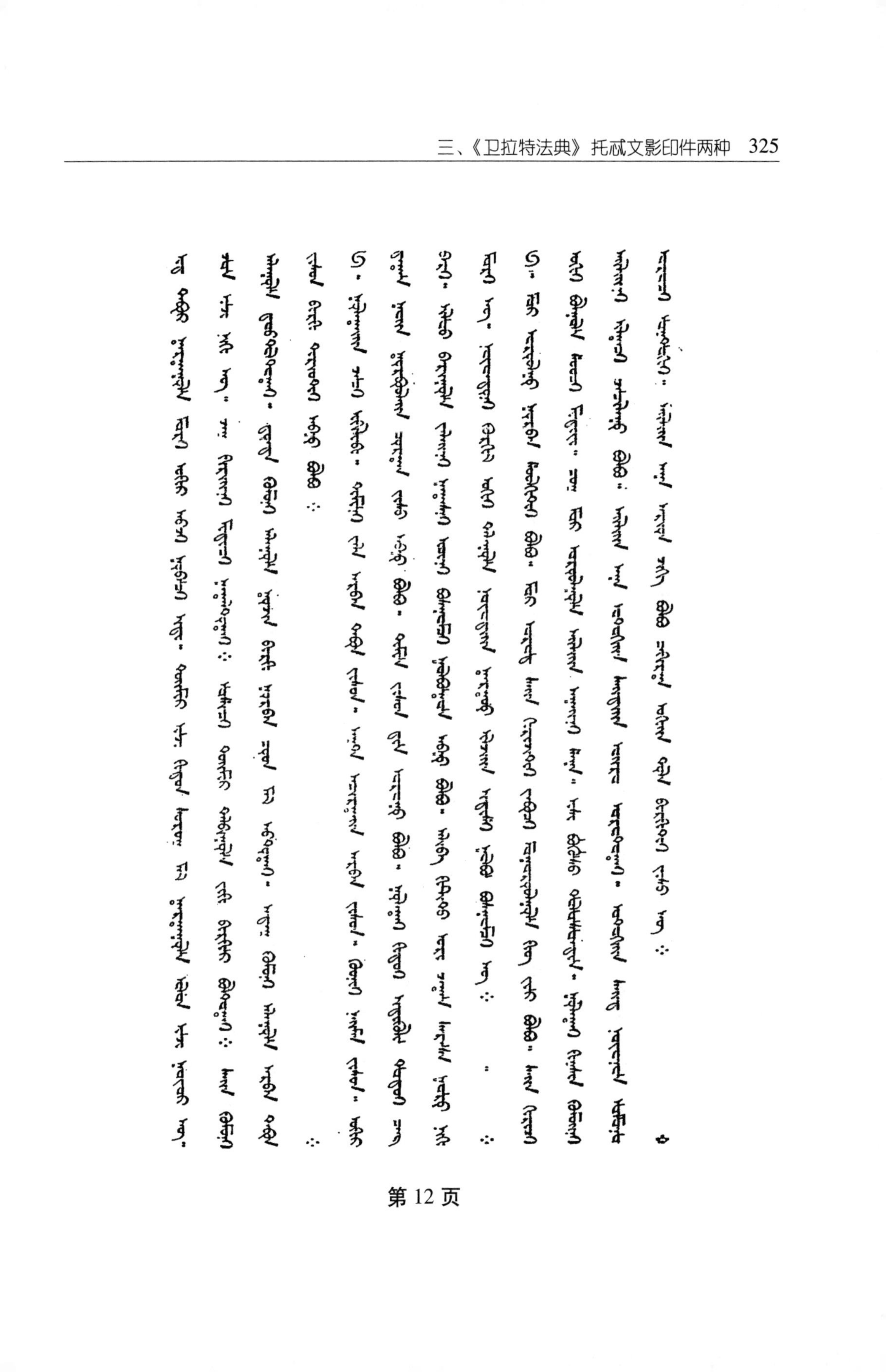

第 12 页

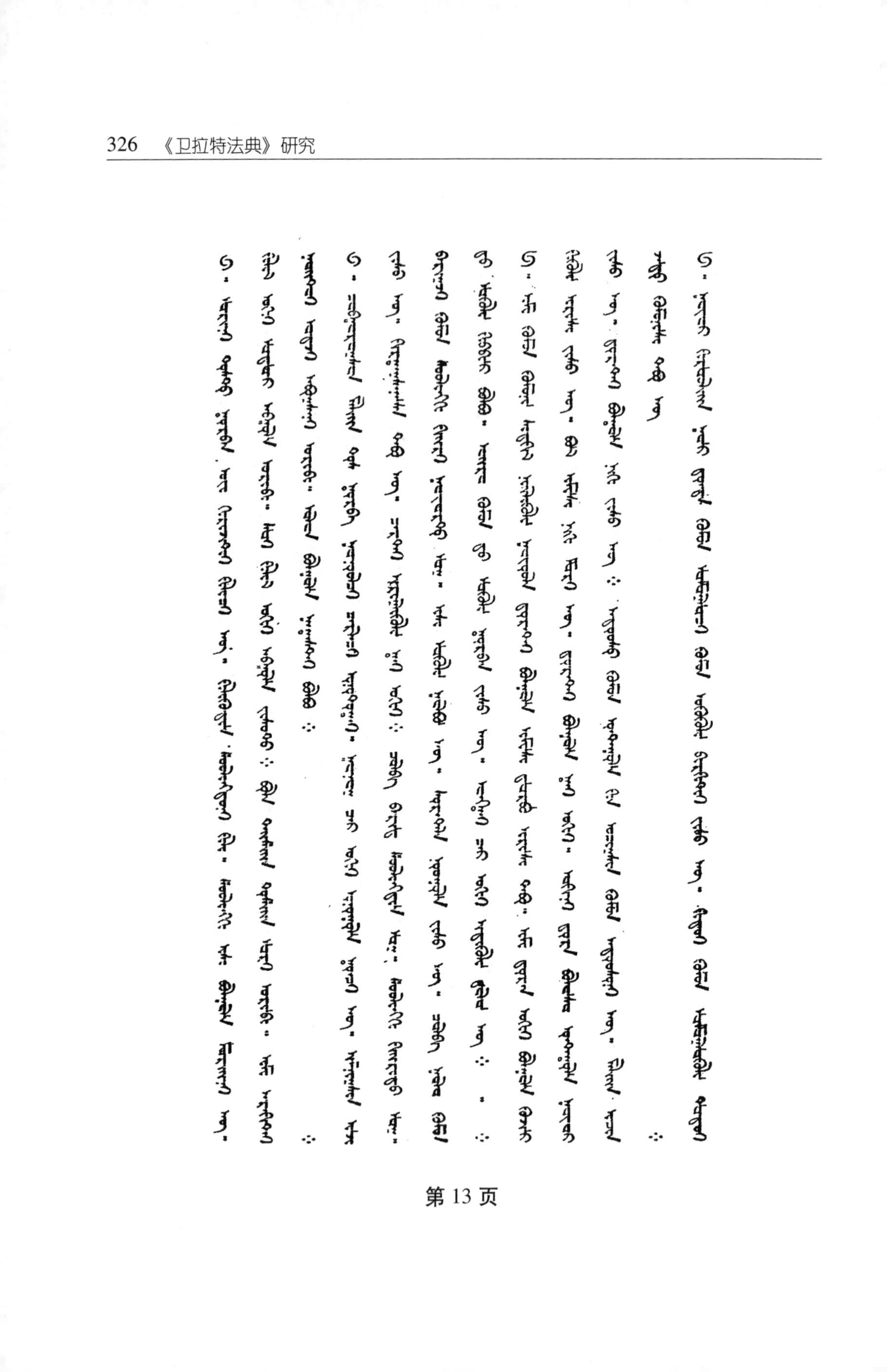

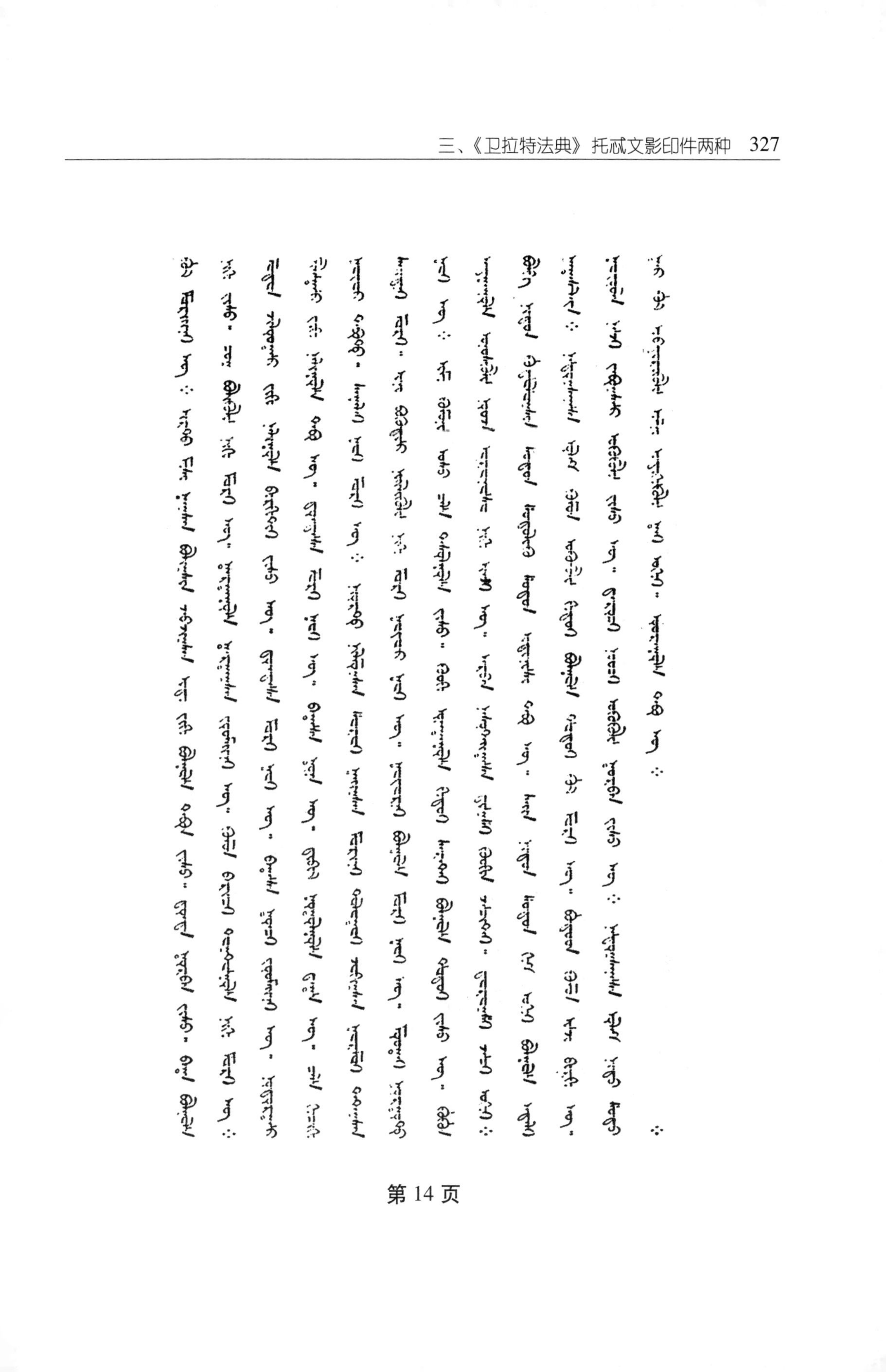

第 14 页

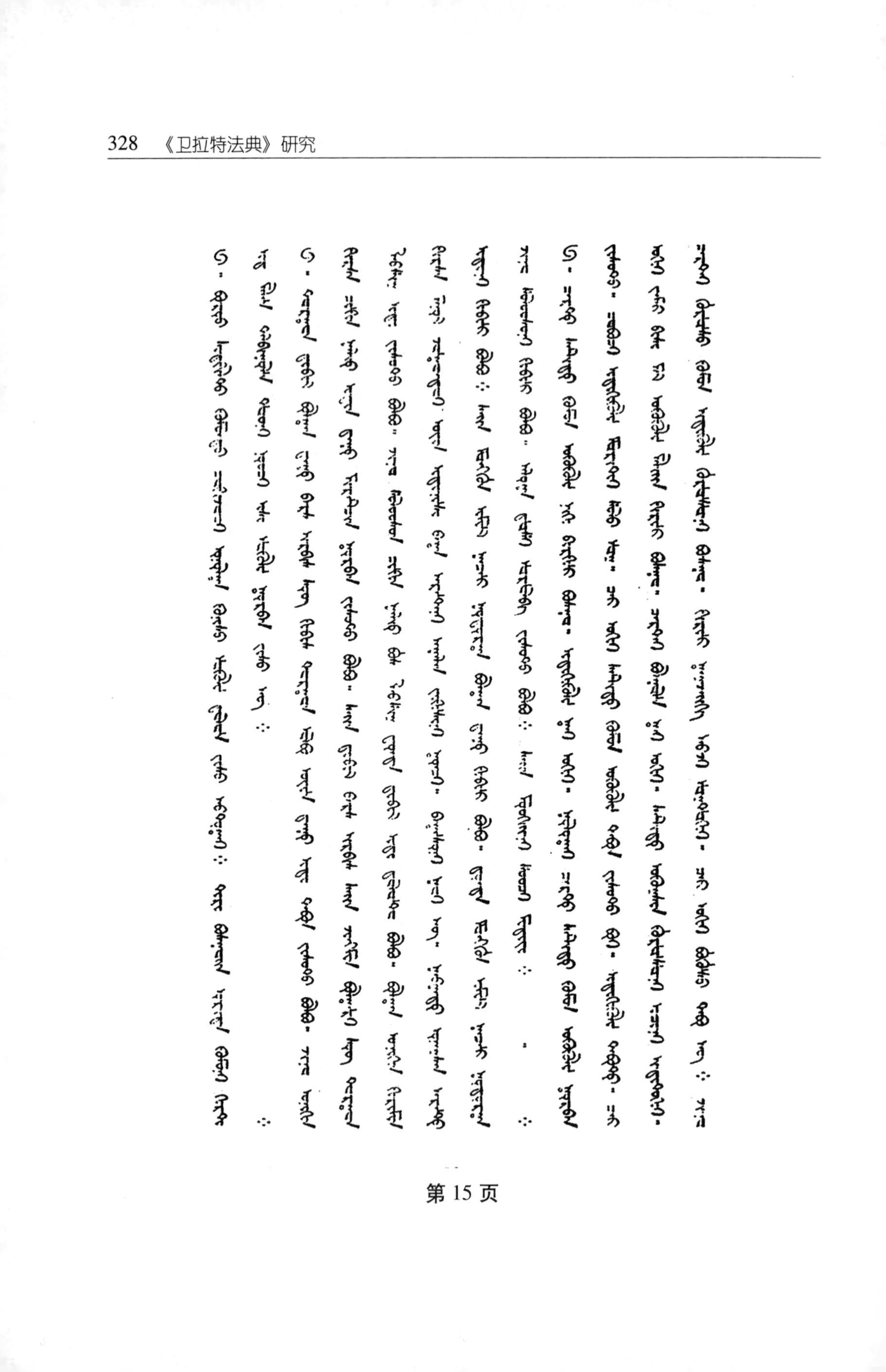

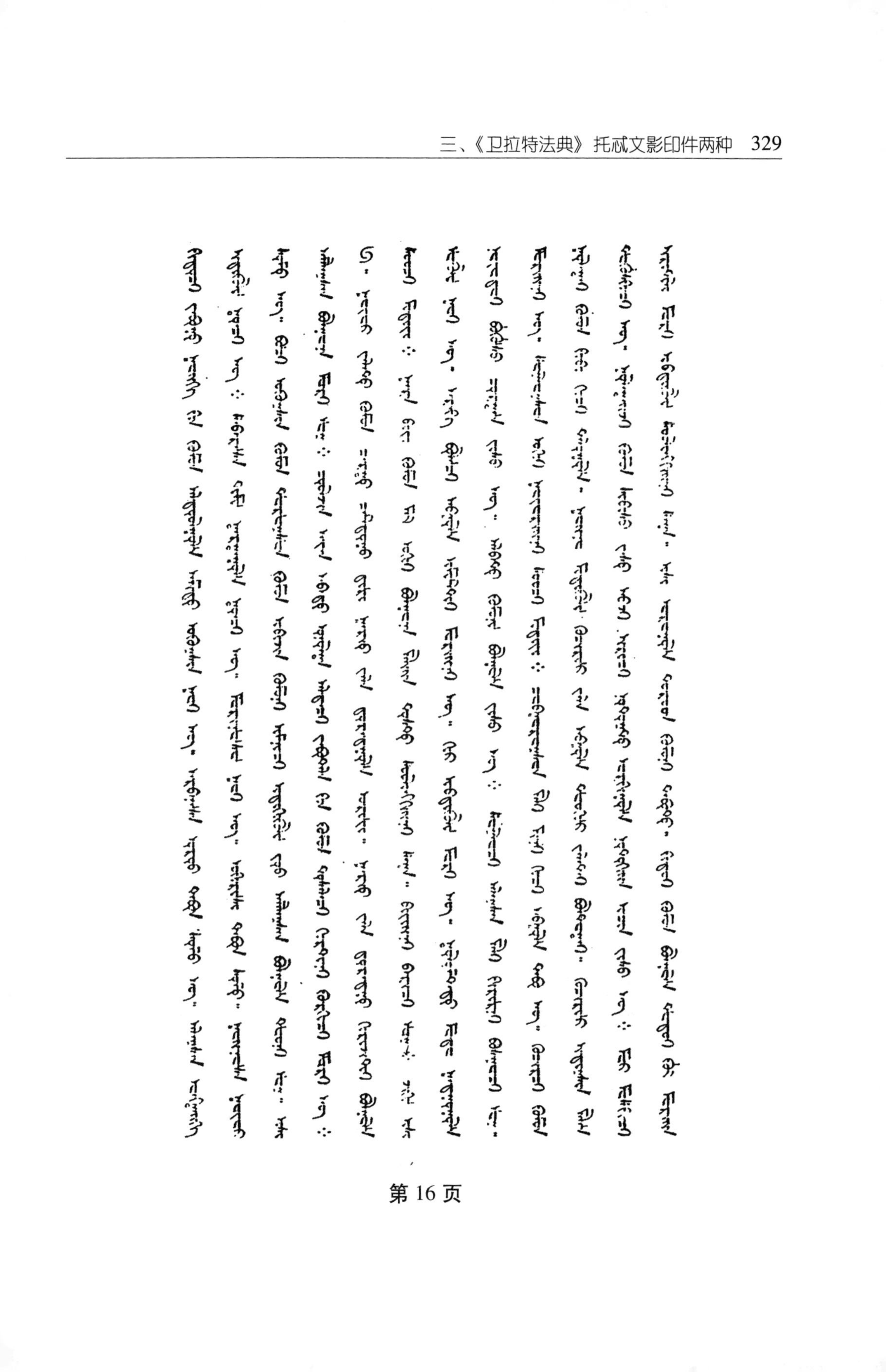

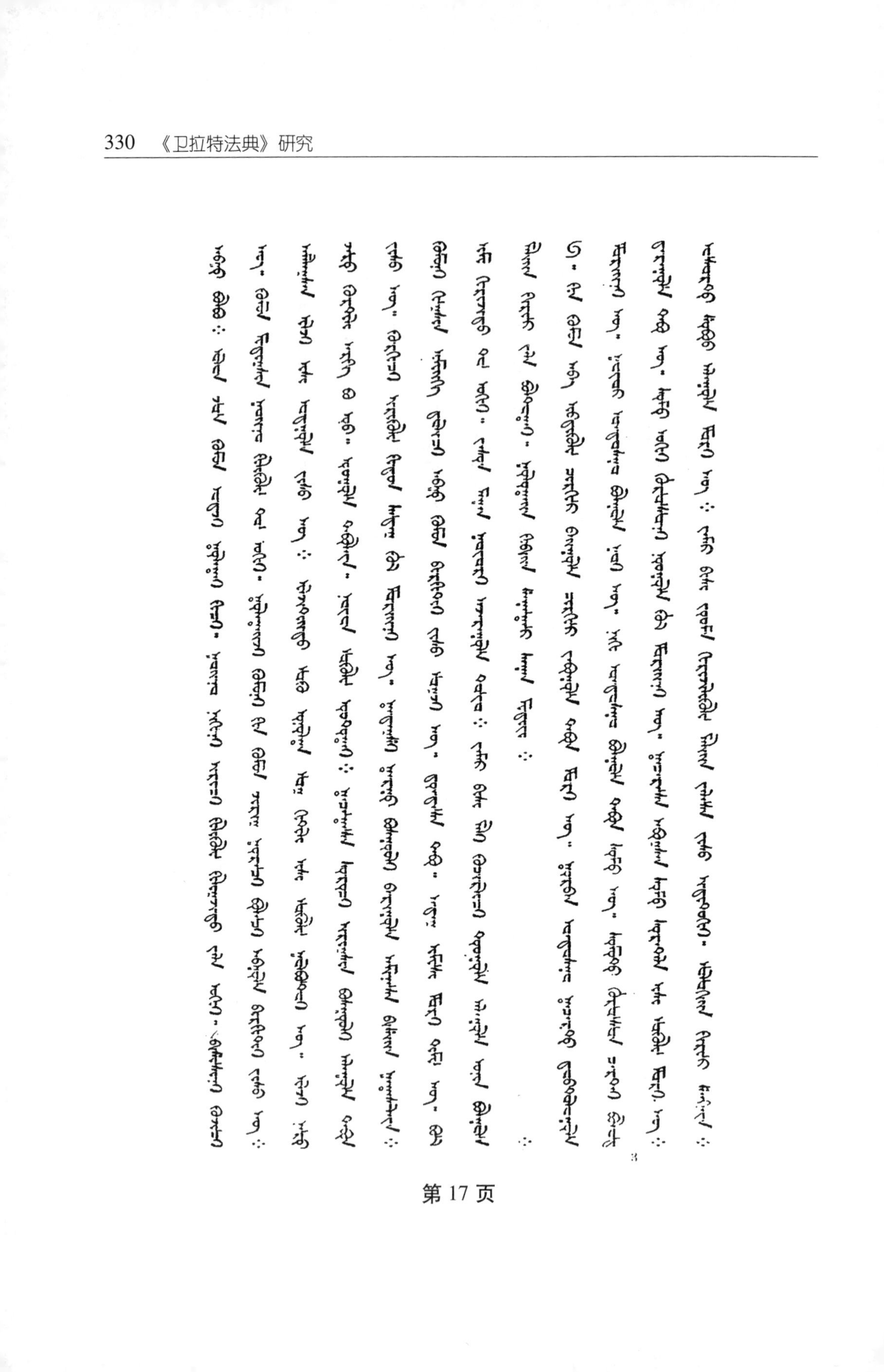

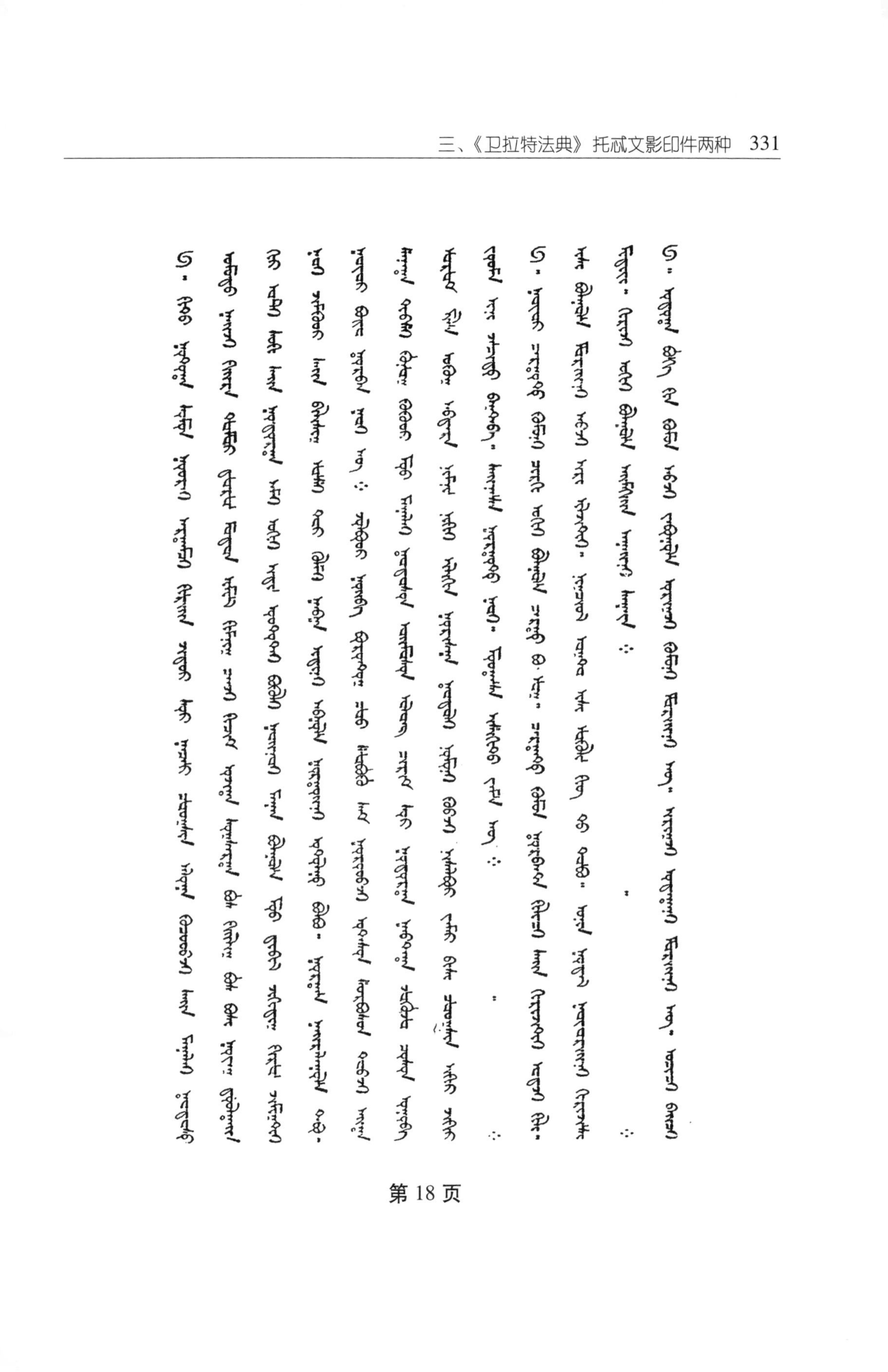

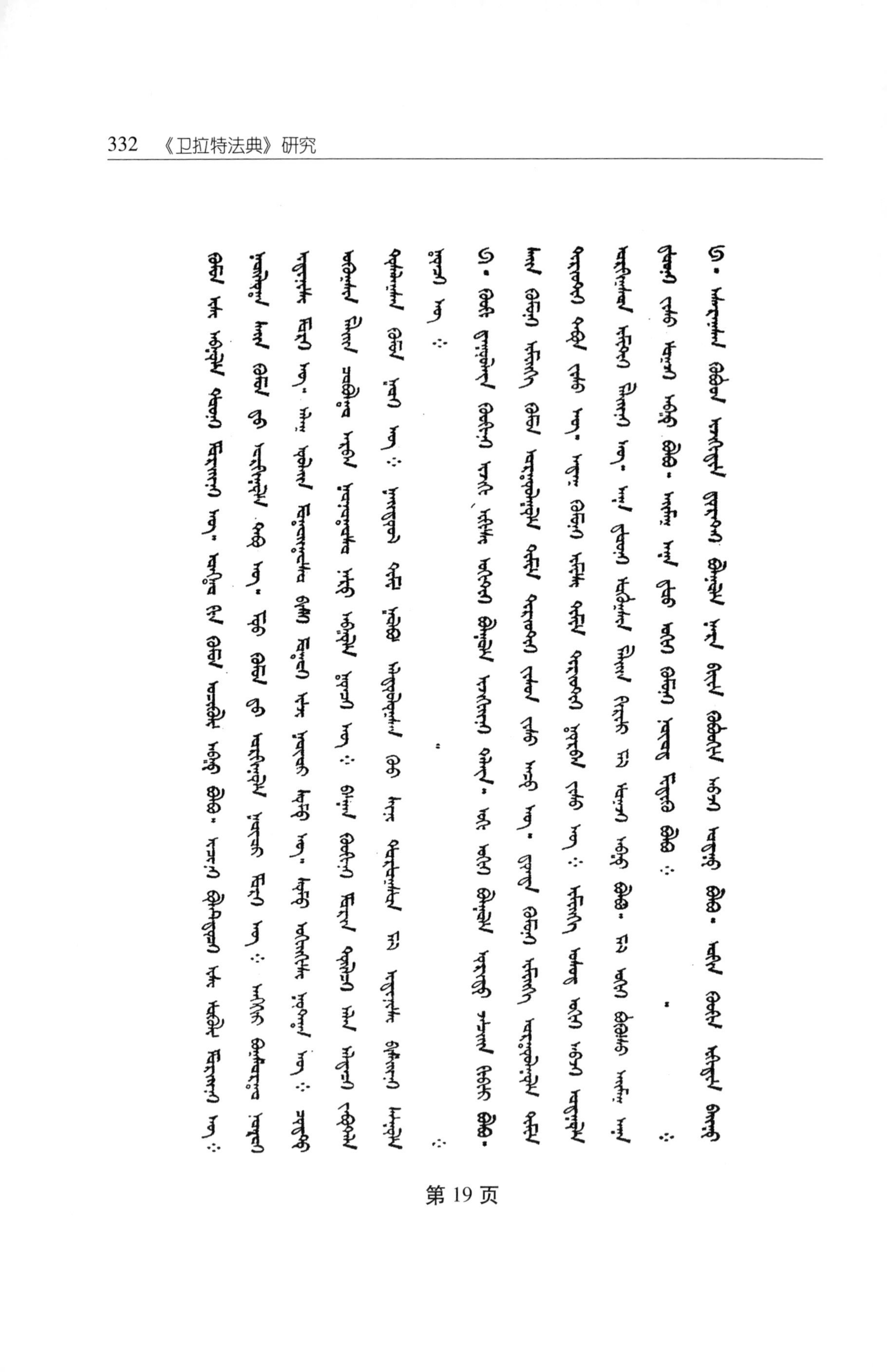

第 19 页

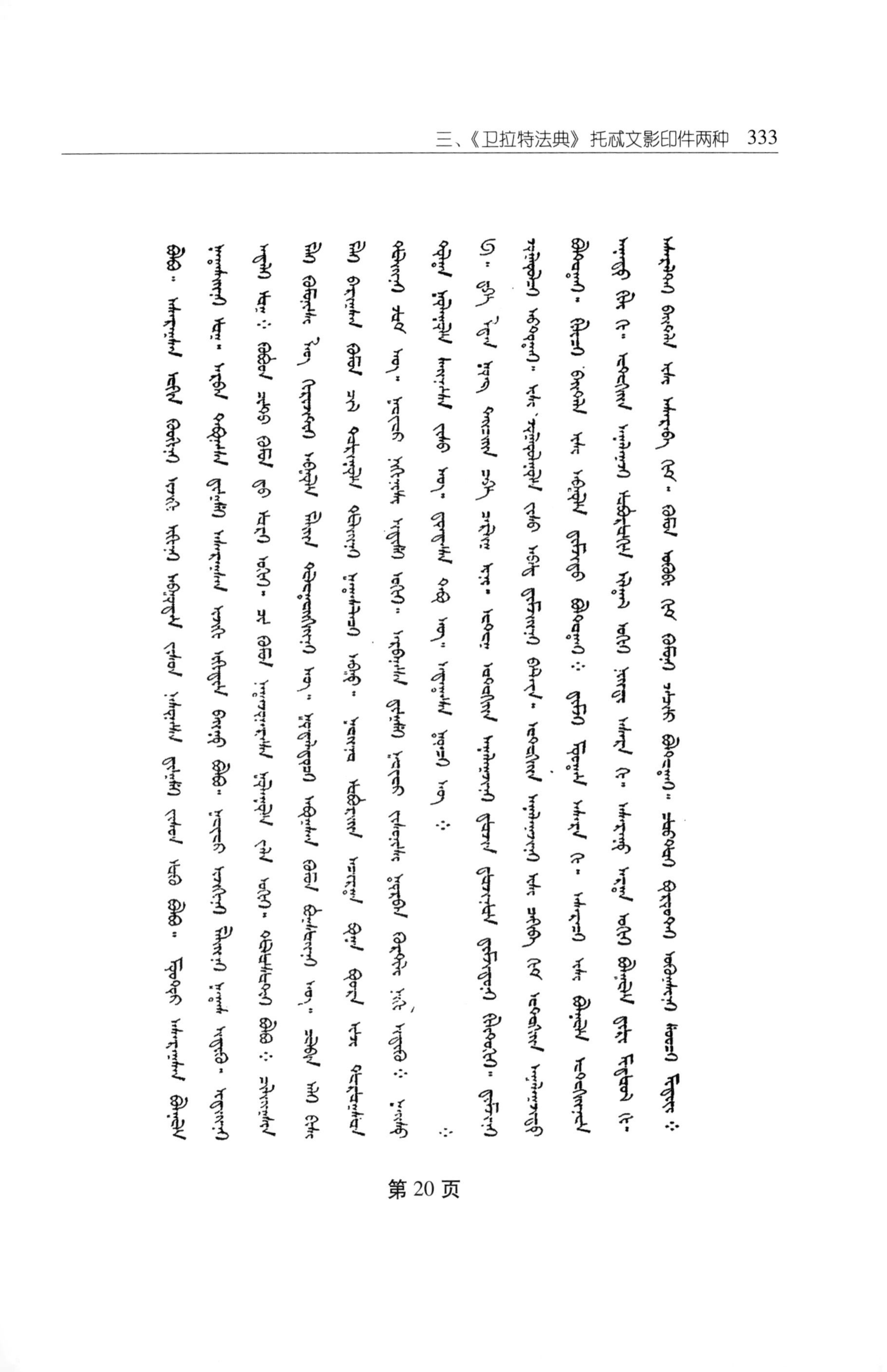

第 20 页

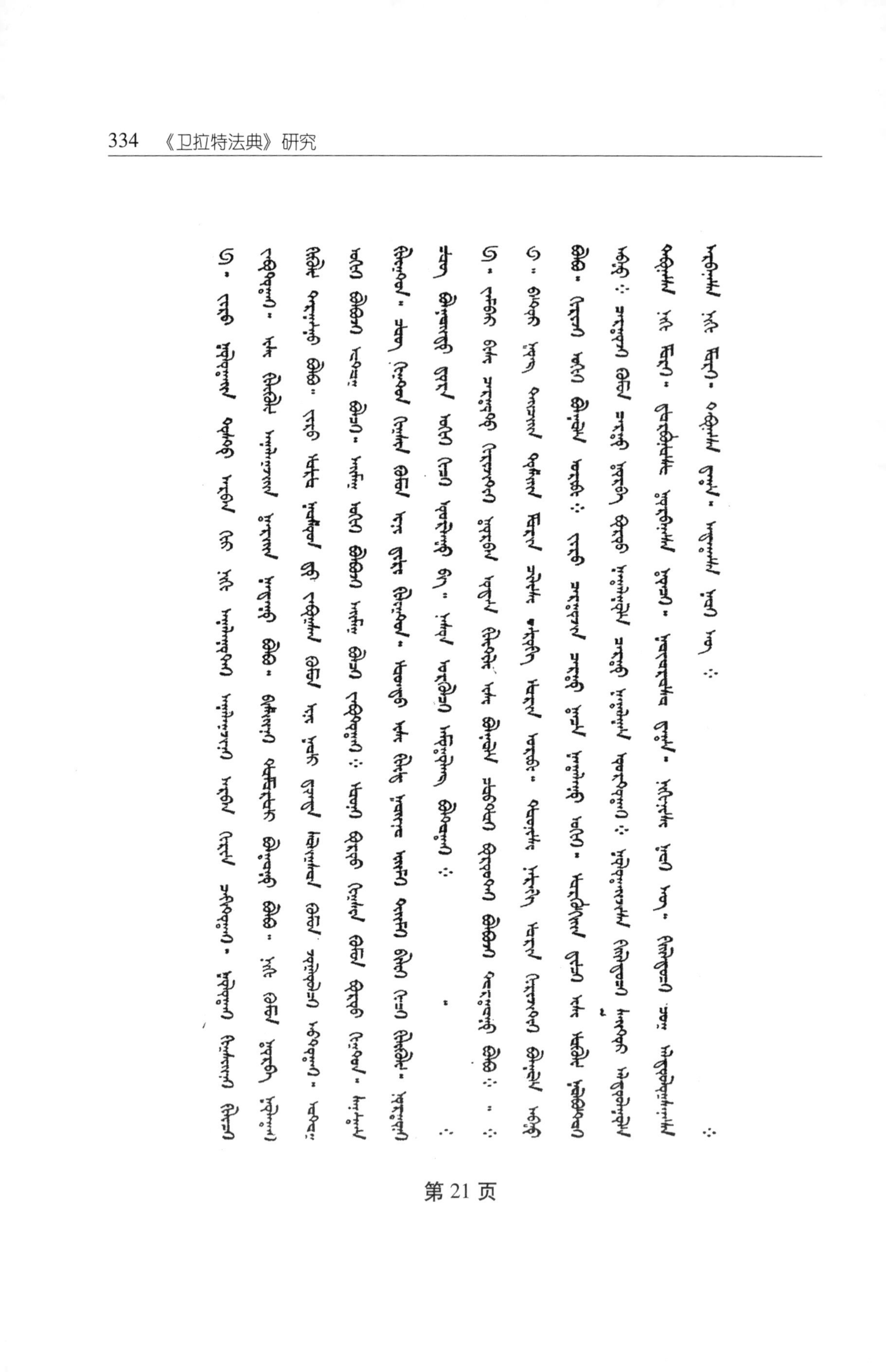

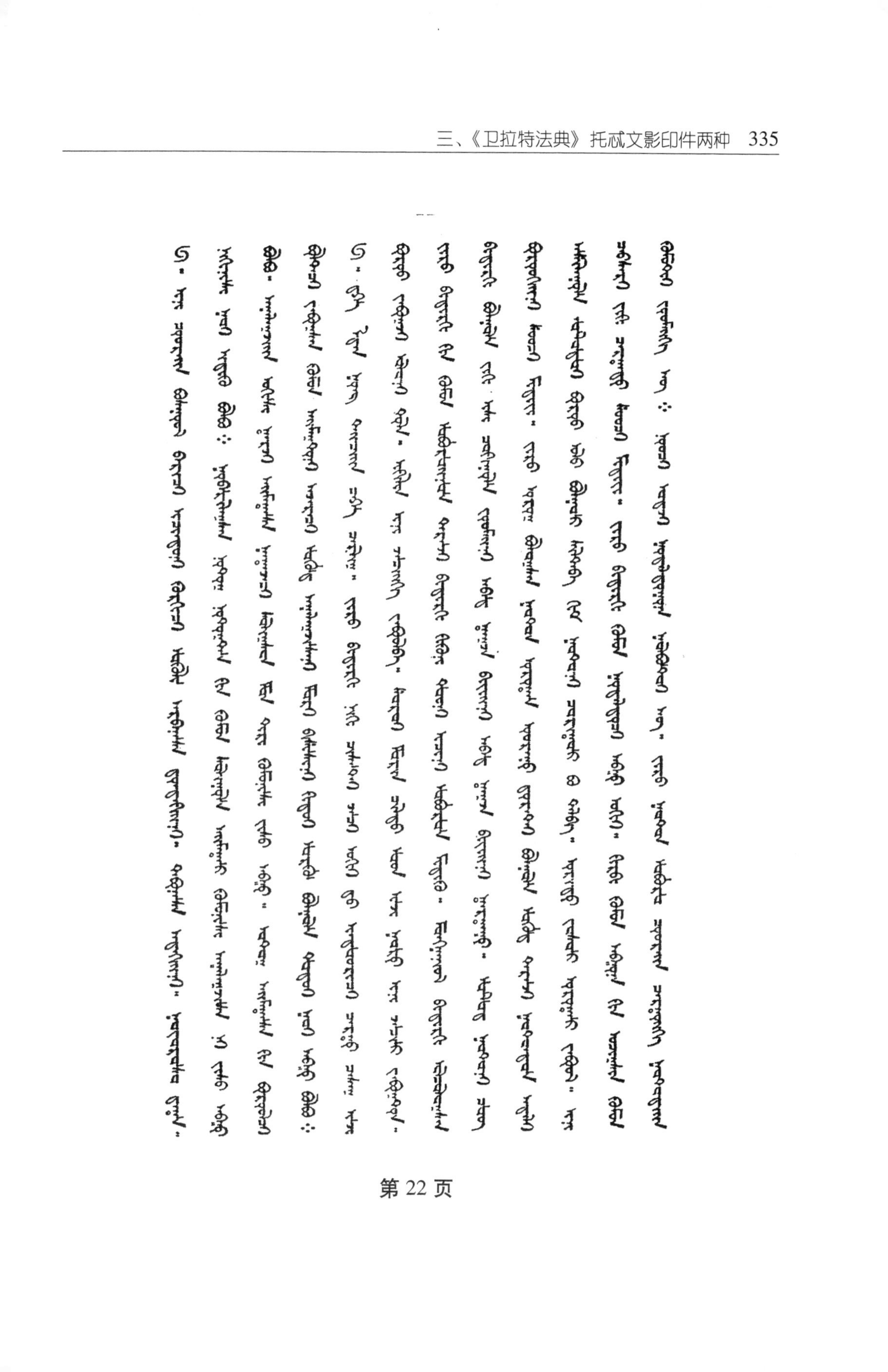

第 22 页

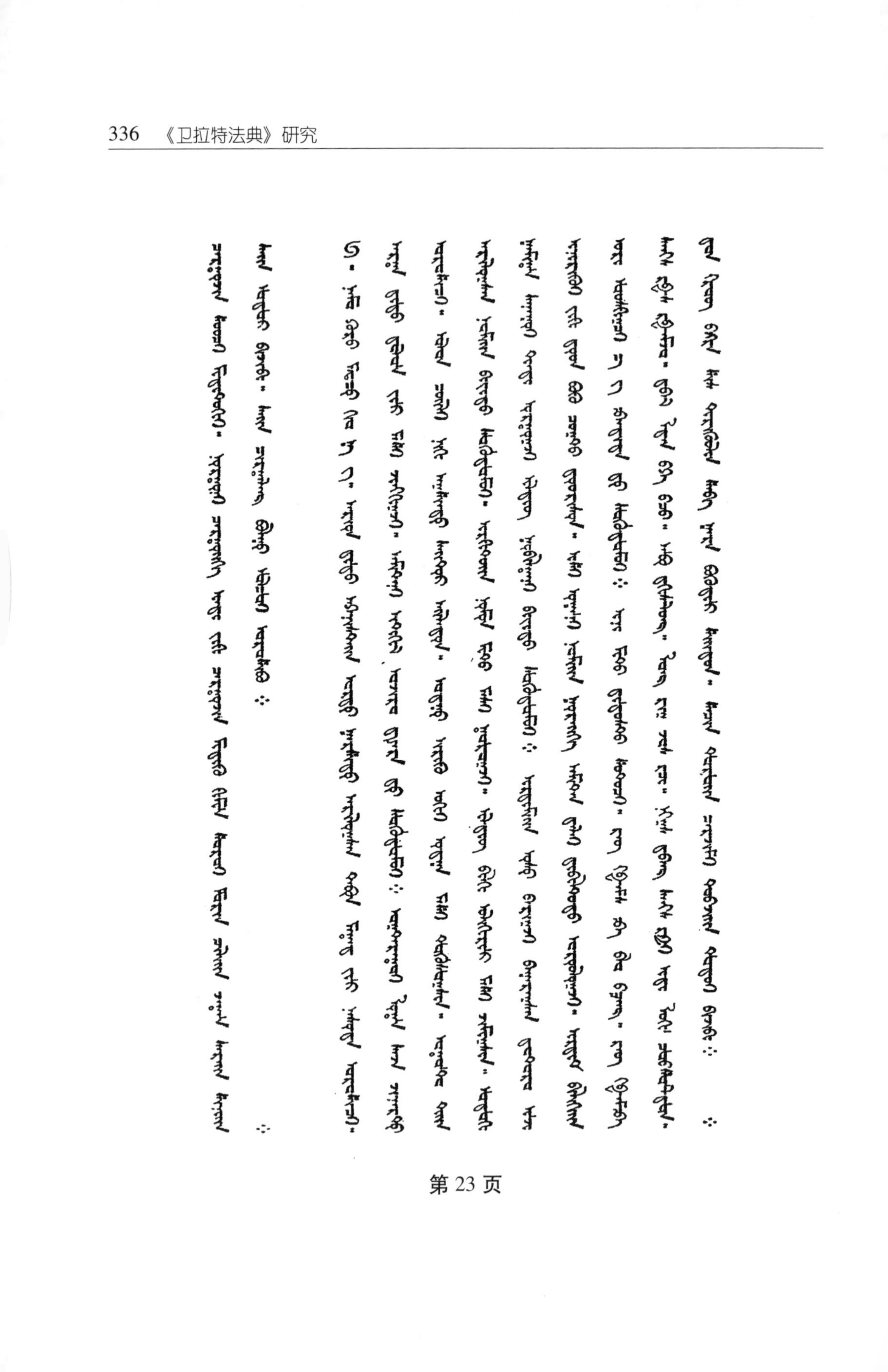

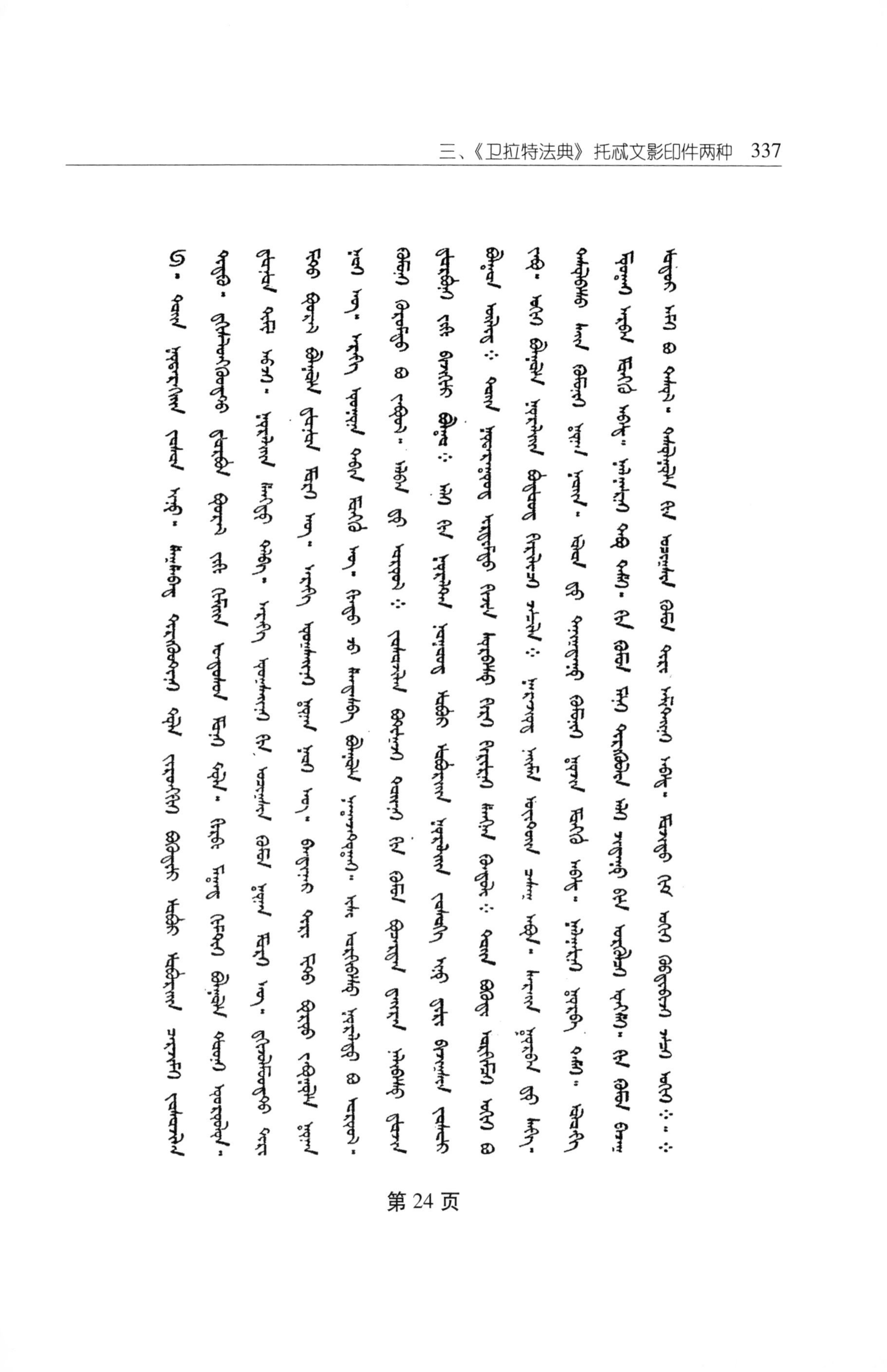

第 24 页

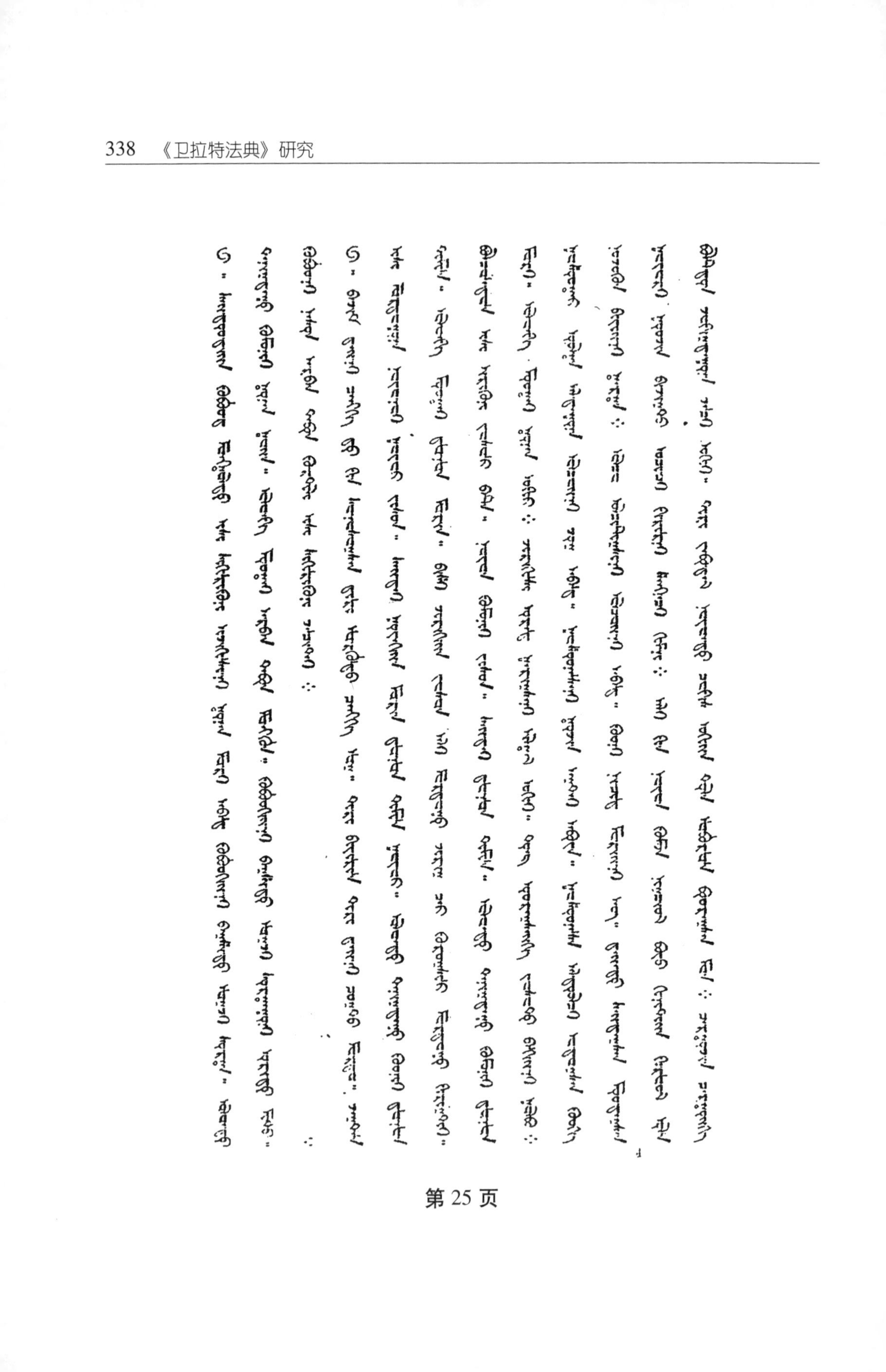

第 25 页

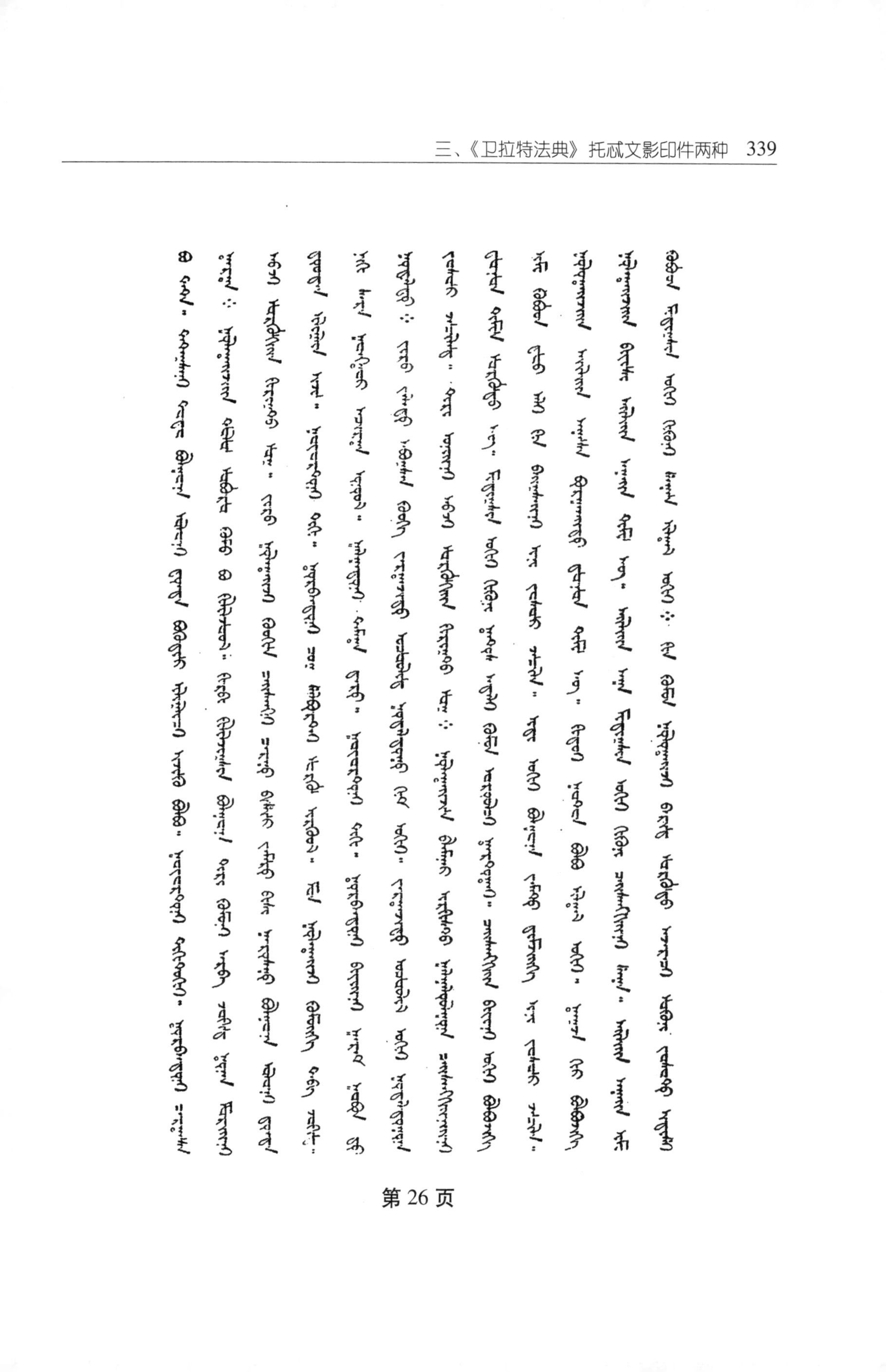

第 26 页

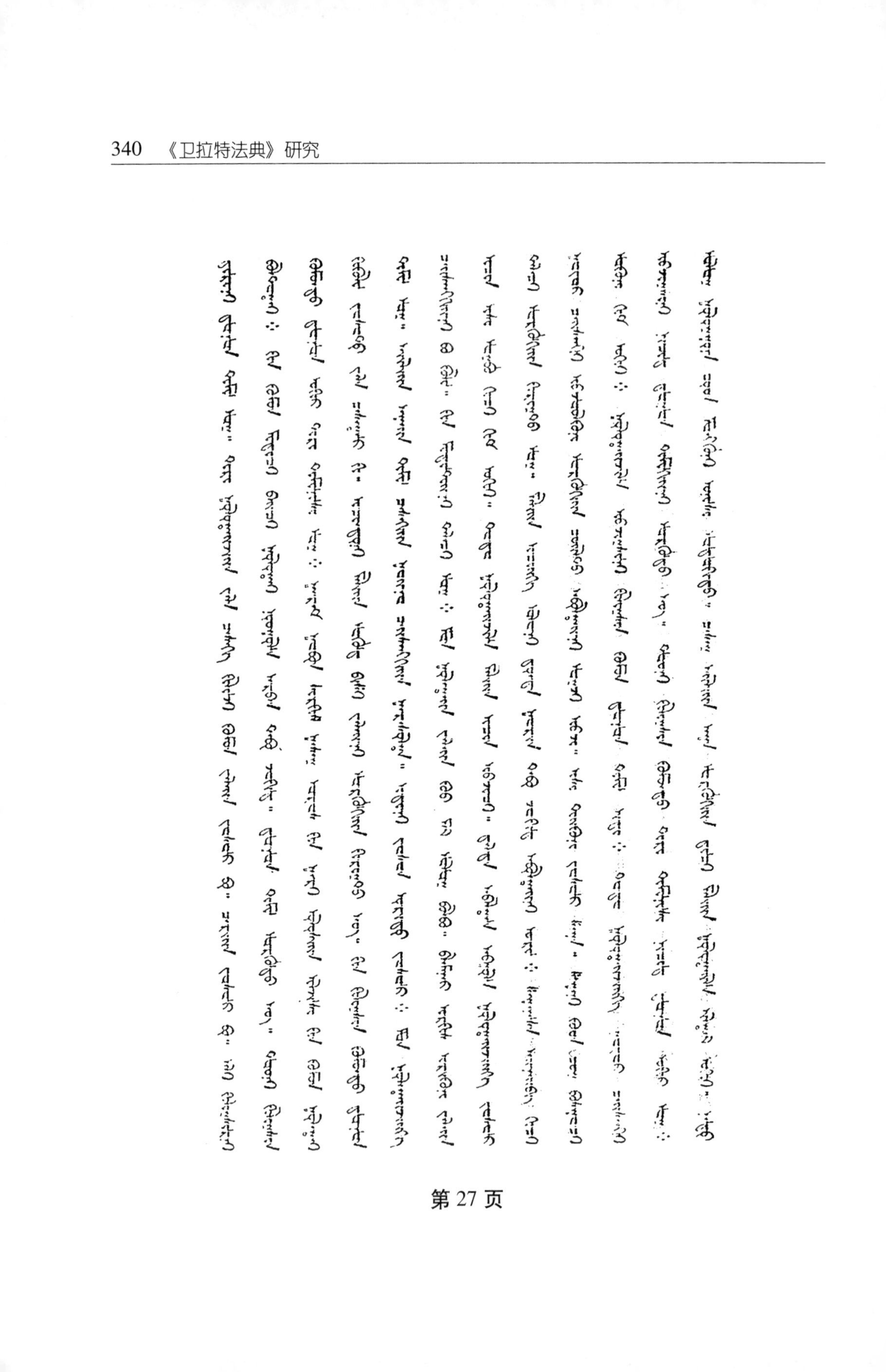

第 27 页

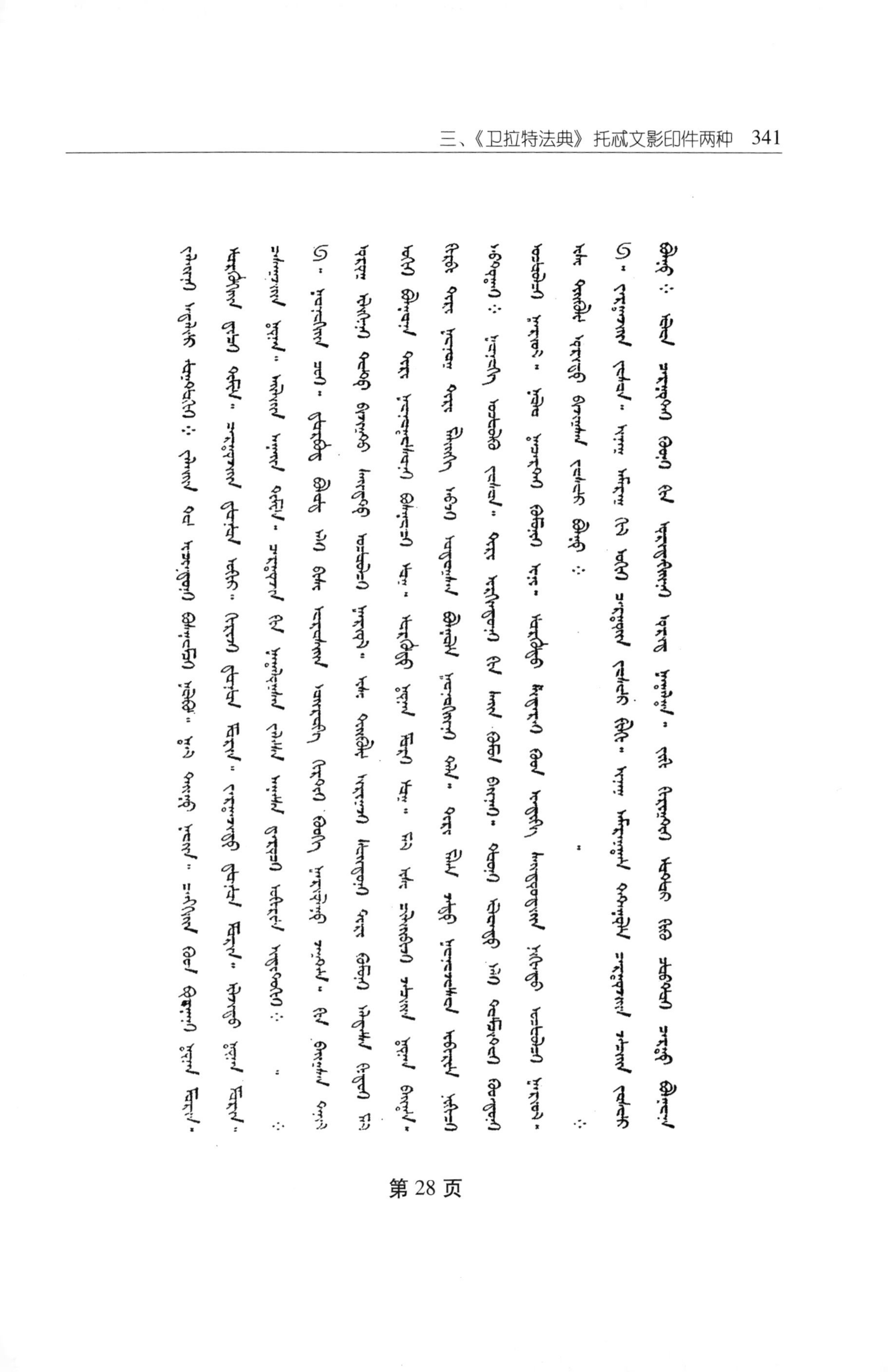

第 28 页

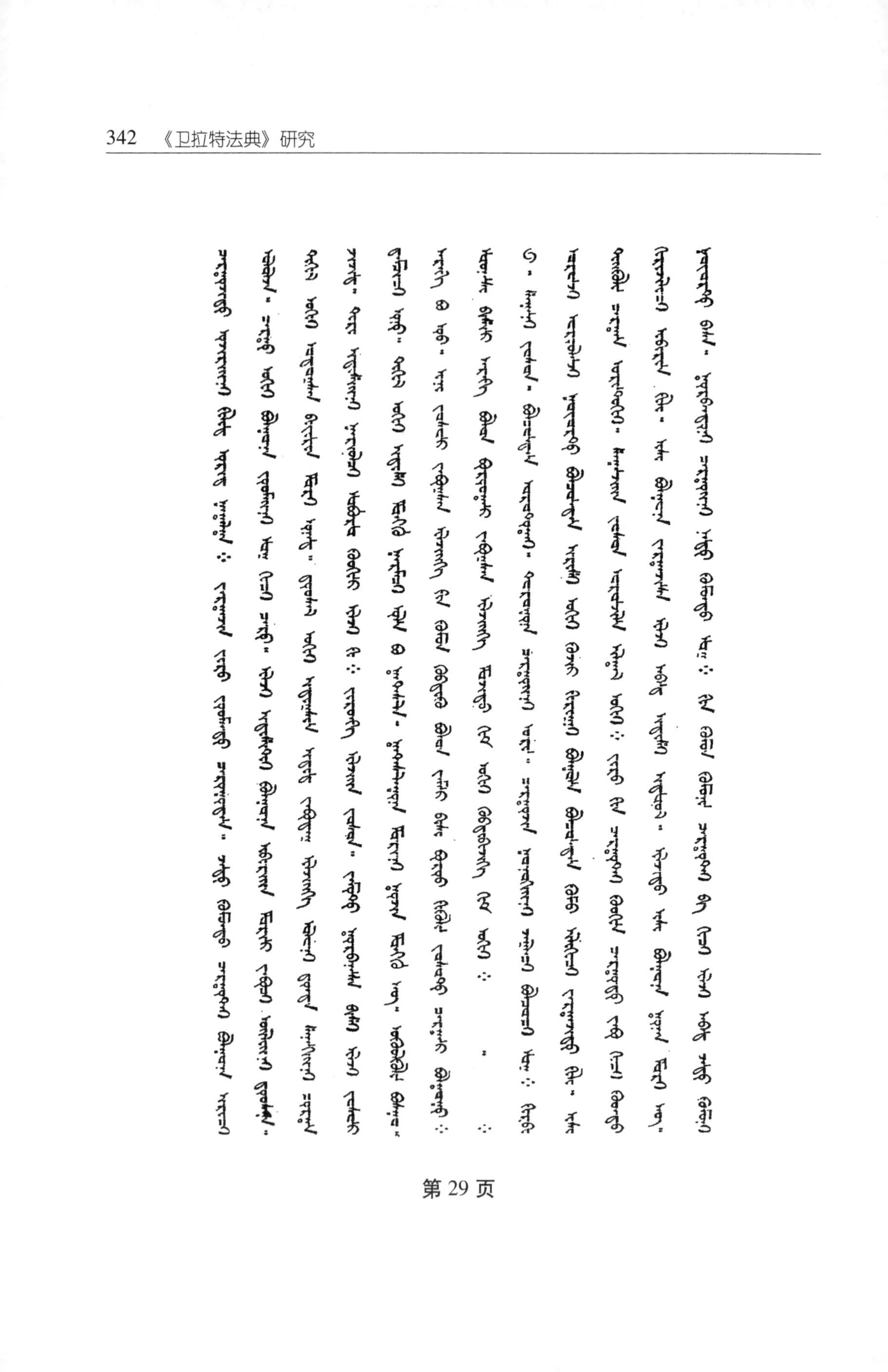

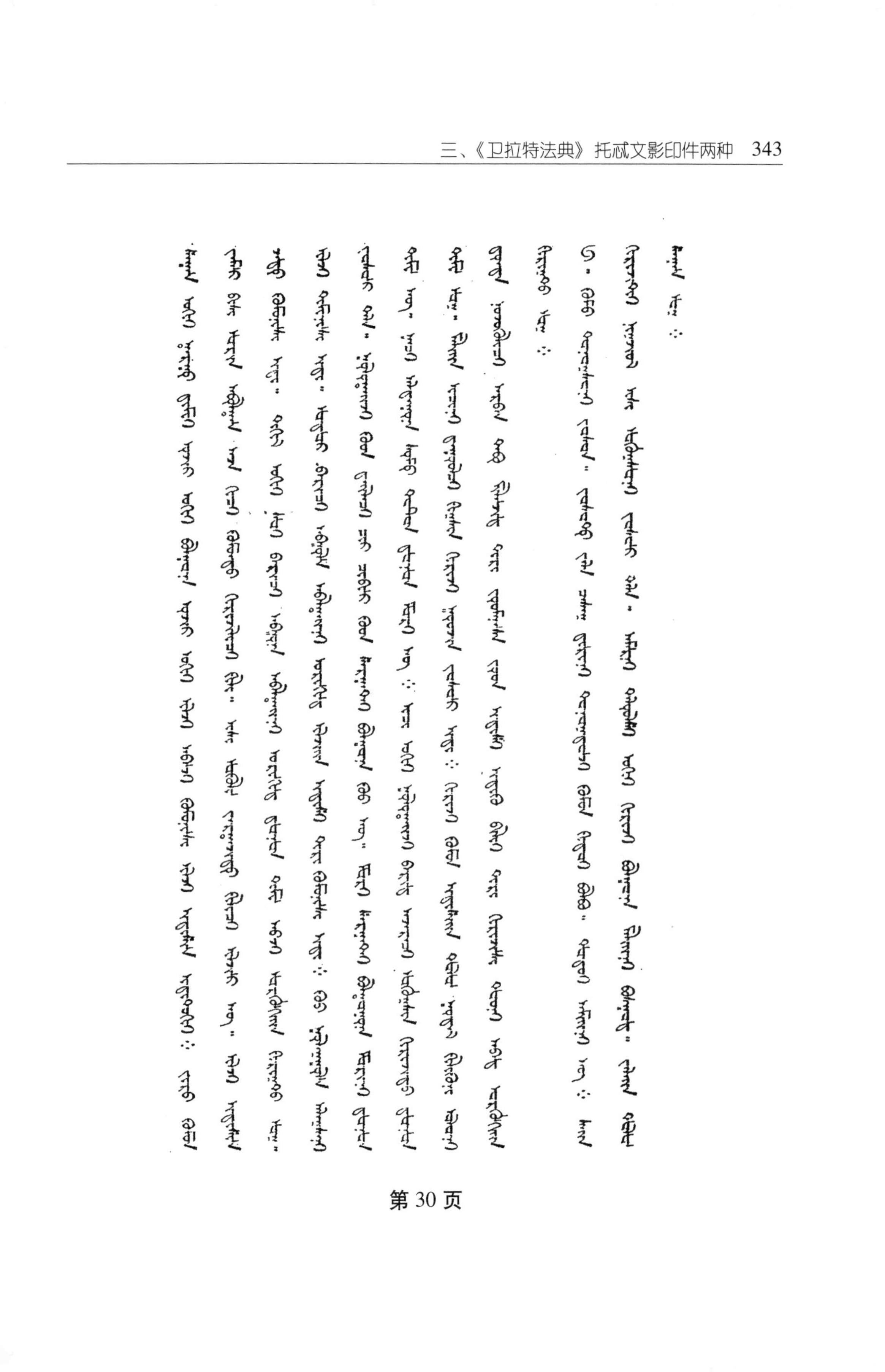

第 30 页

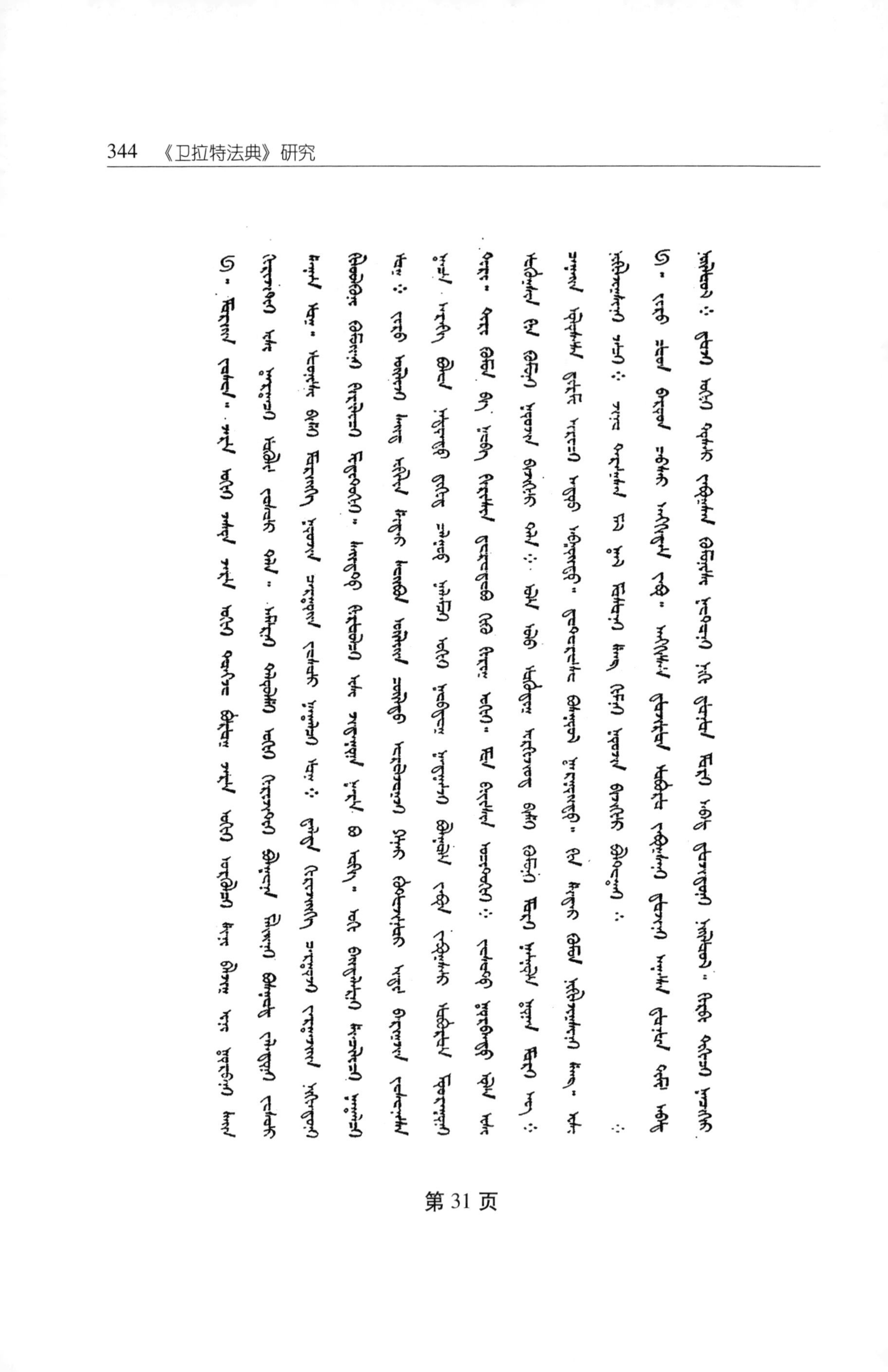

第 31 页

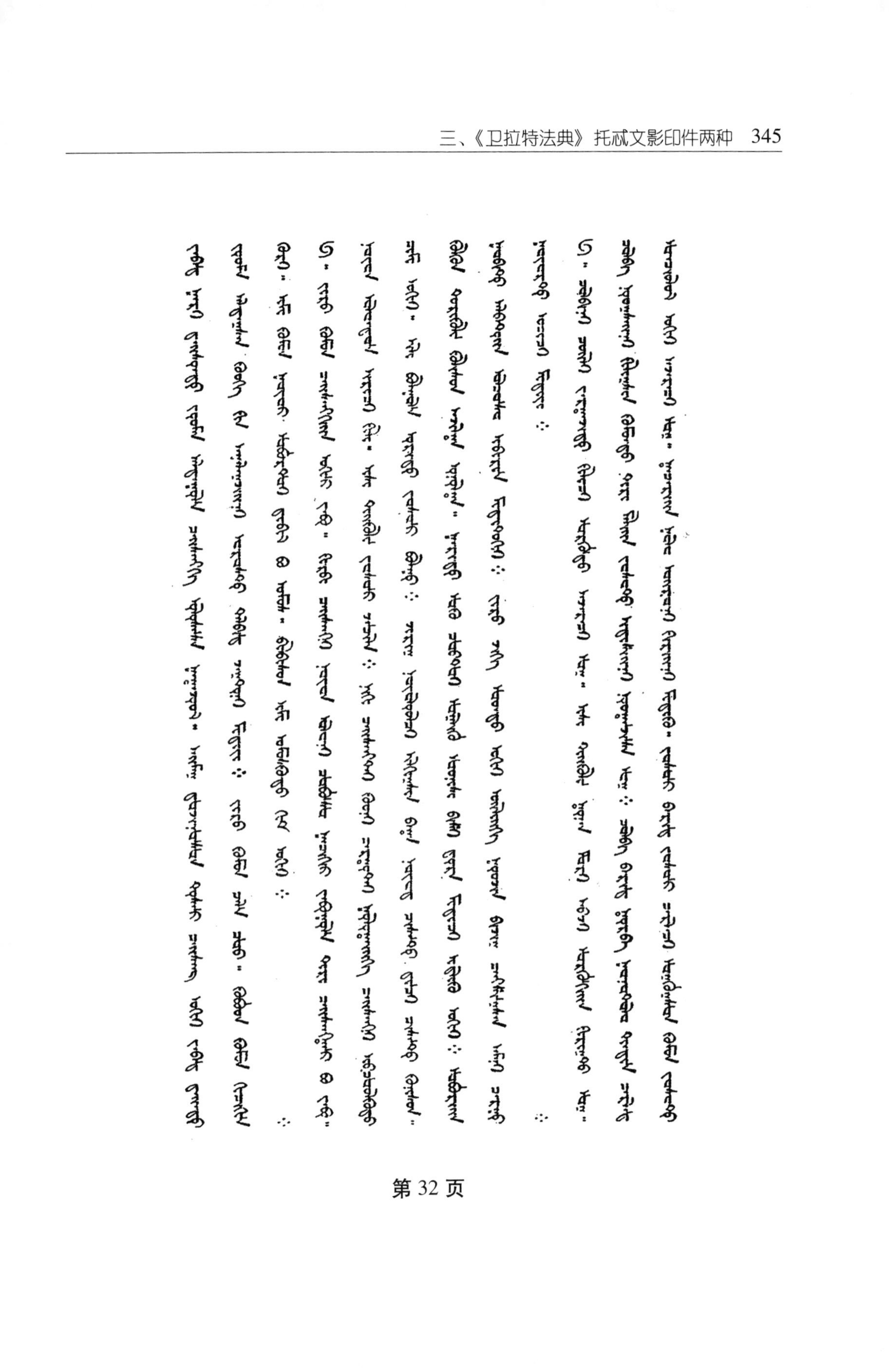

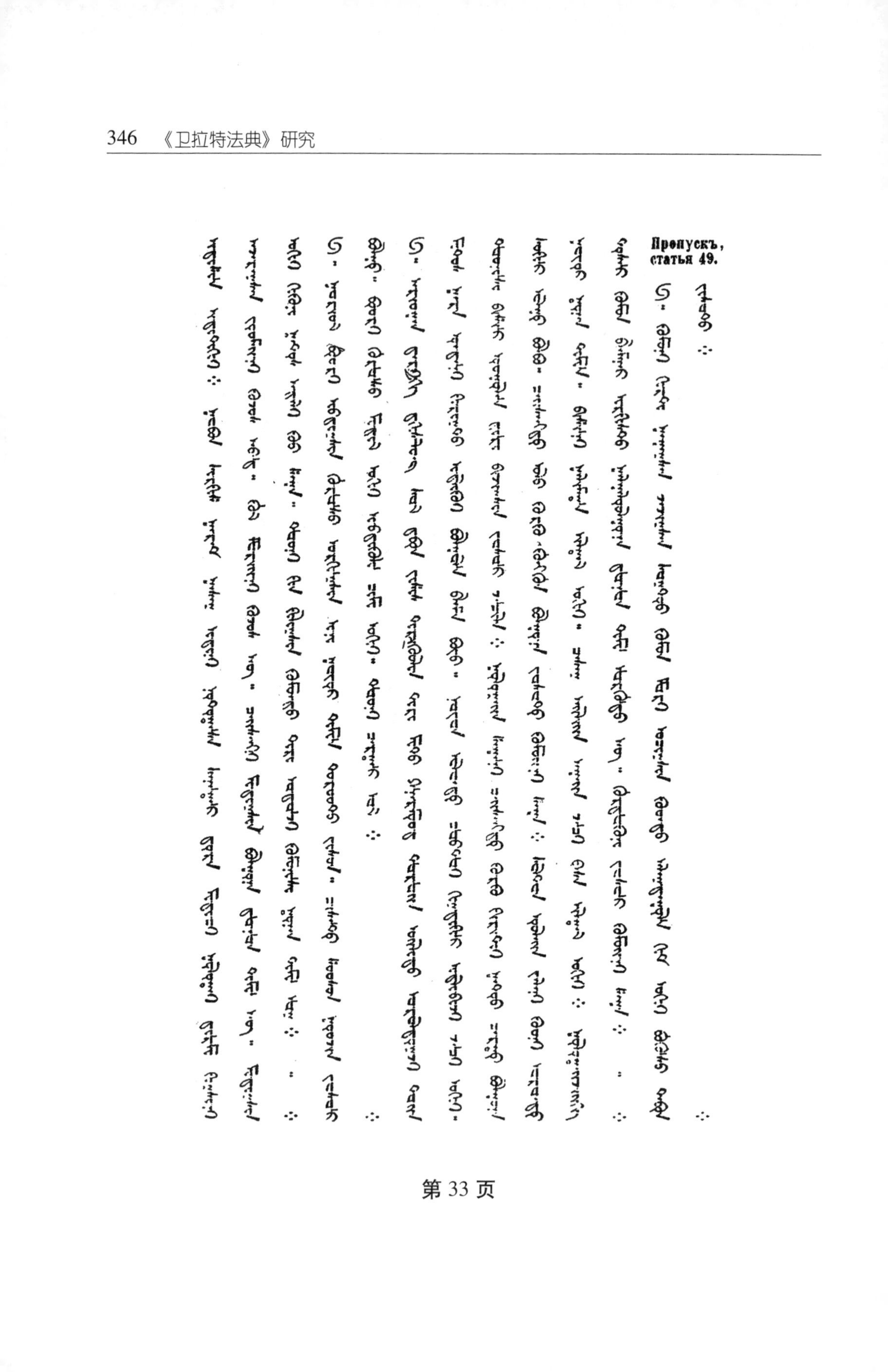

Пропускъ, статья 49.

（二）С. Д. 迪雷科夫本托忒文影印件

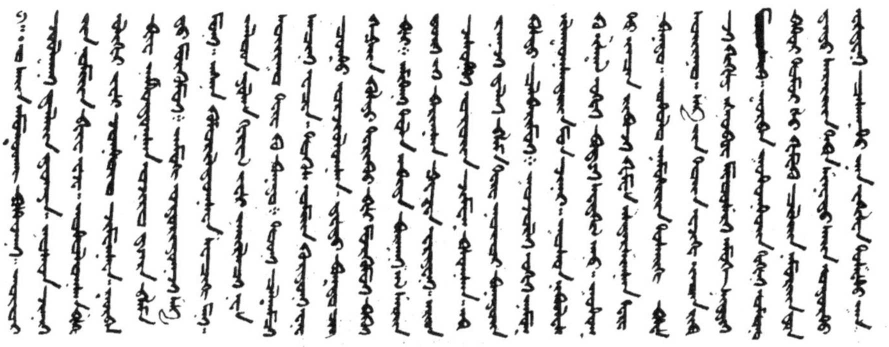

迪本第 124 页

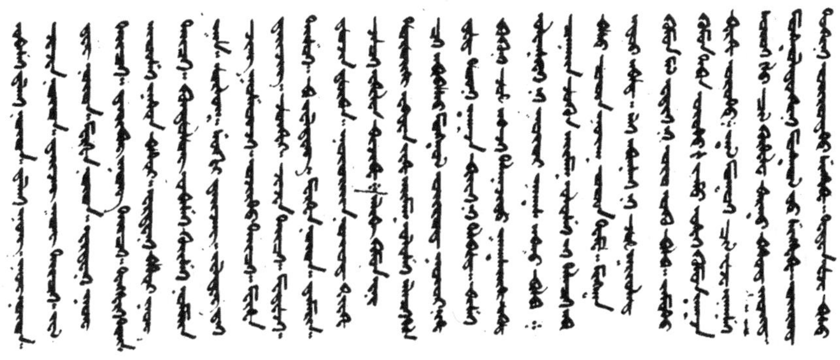

第 125 页

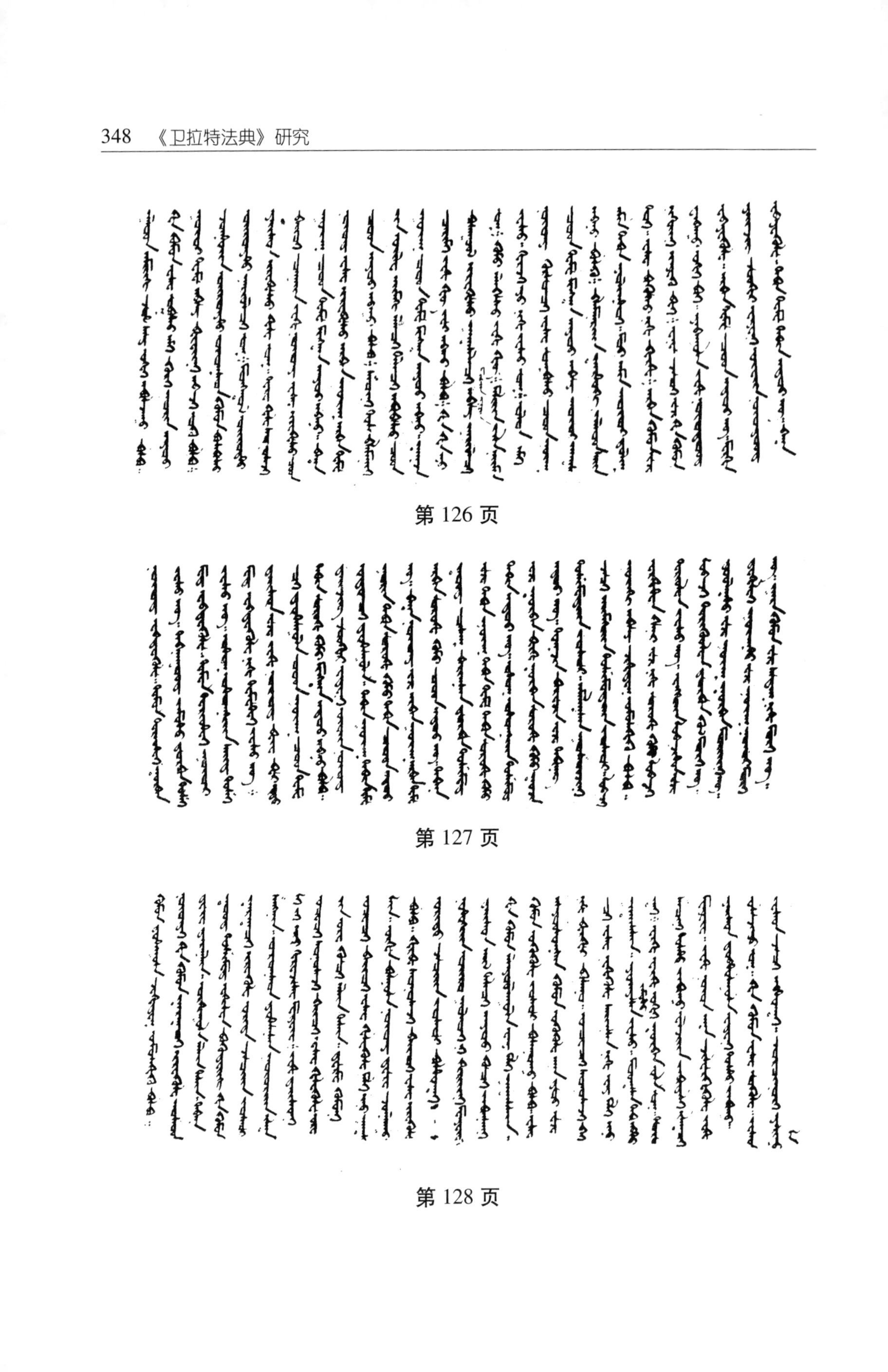

第 126 页

第 127 页

第 128 页

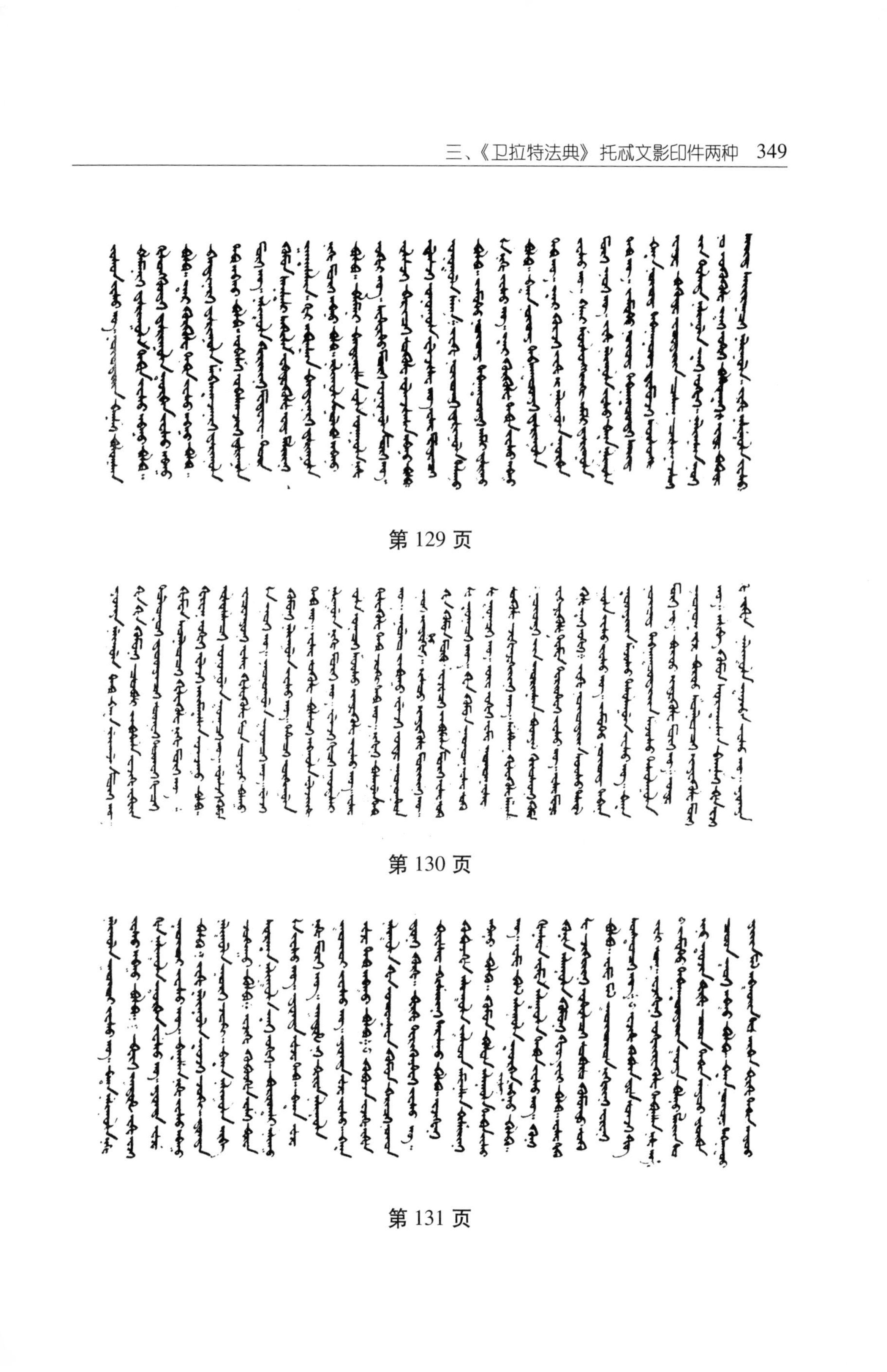

第 129 页

第 130 页

第 131 页

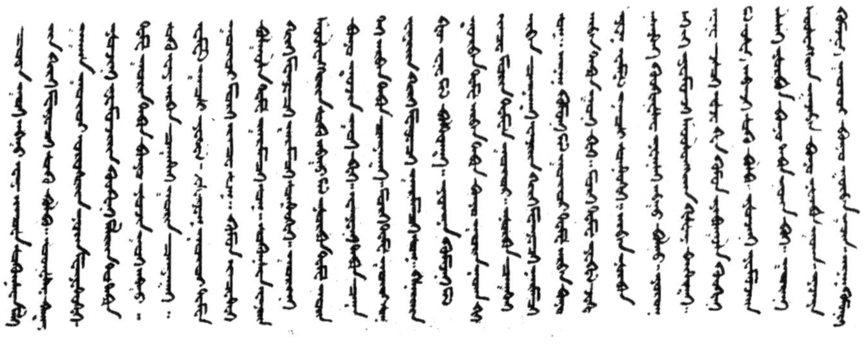

第 132 页

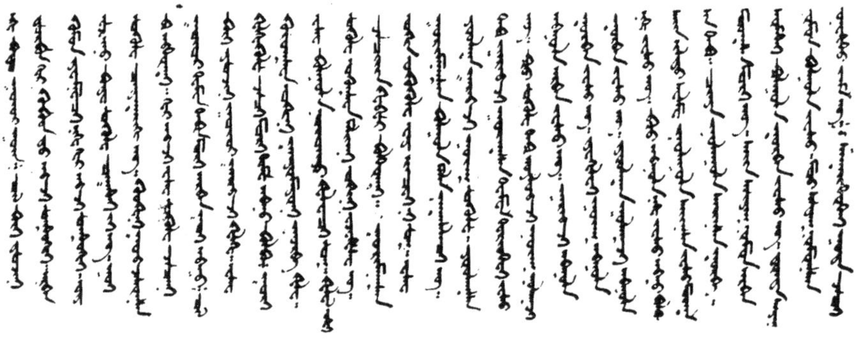

第 133 页

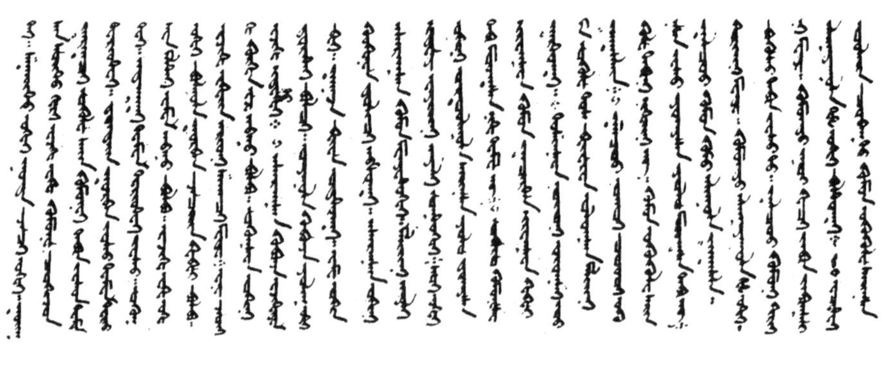

第 134 页

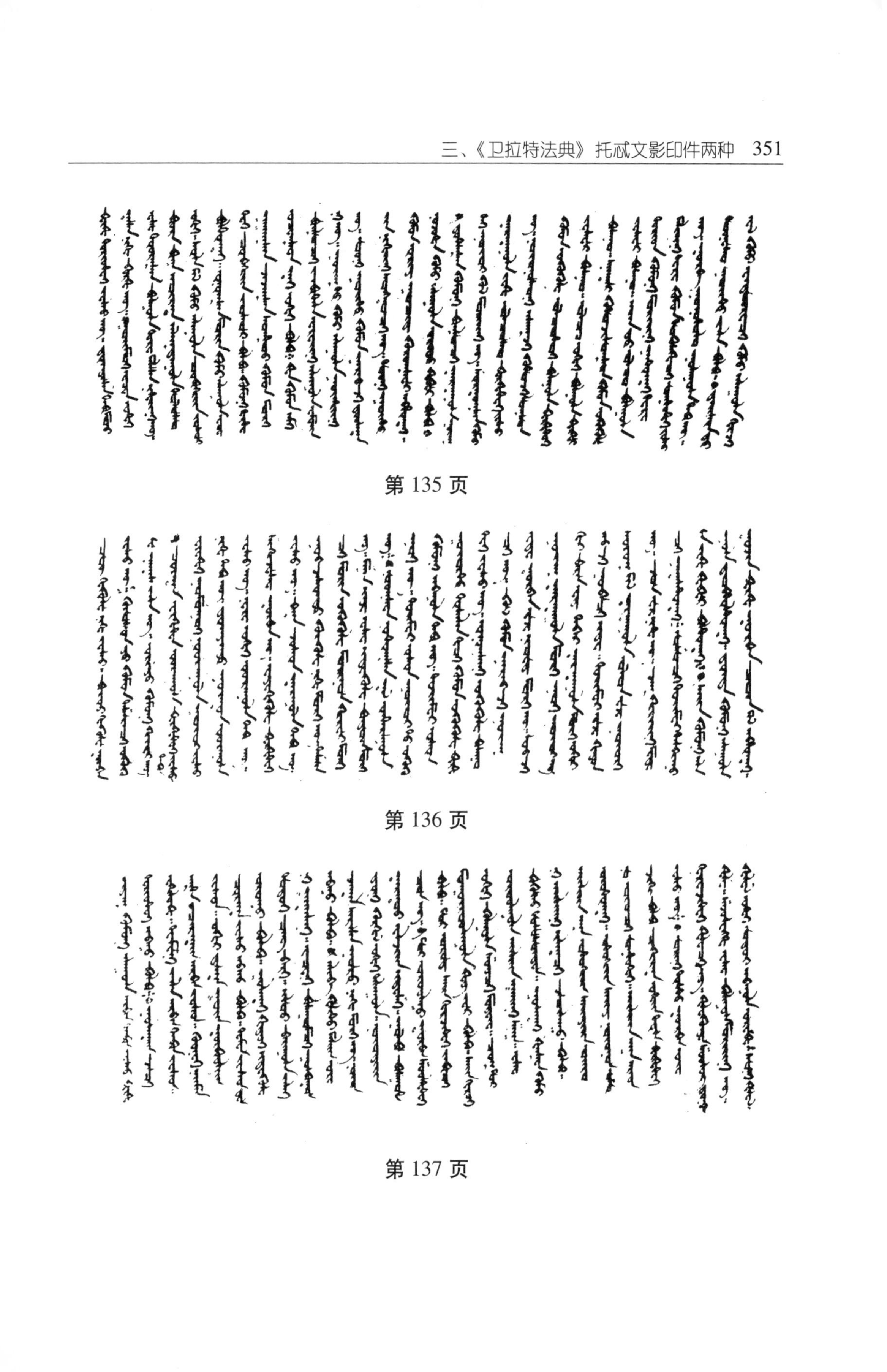

第 135 页

第 136 页

第 137 页

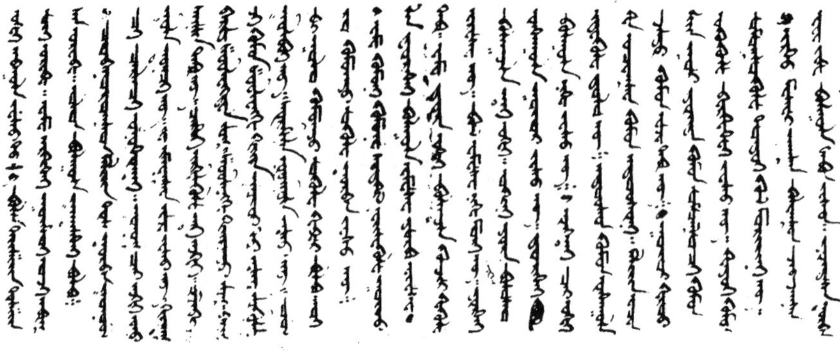

第 138 页

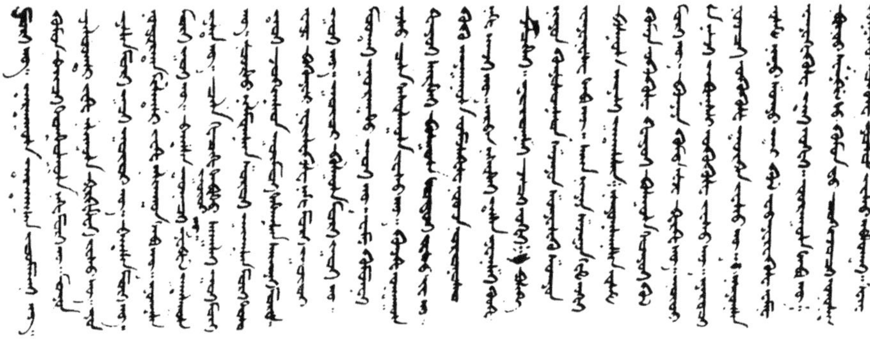

第 139 页

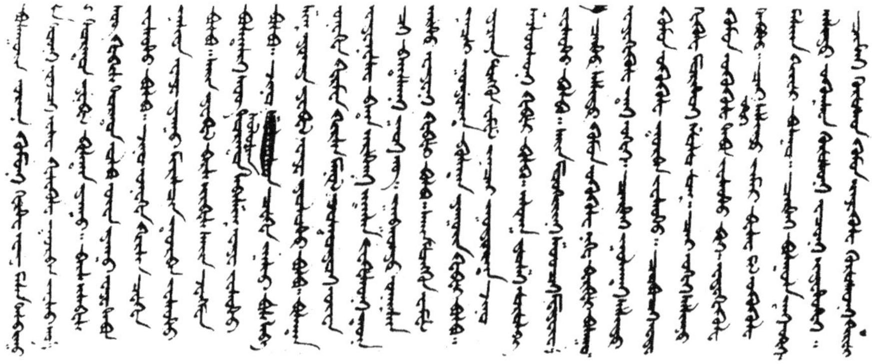

第 140 页

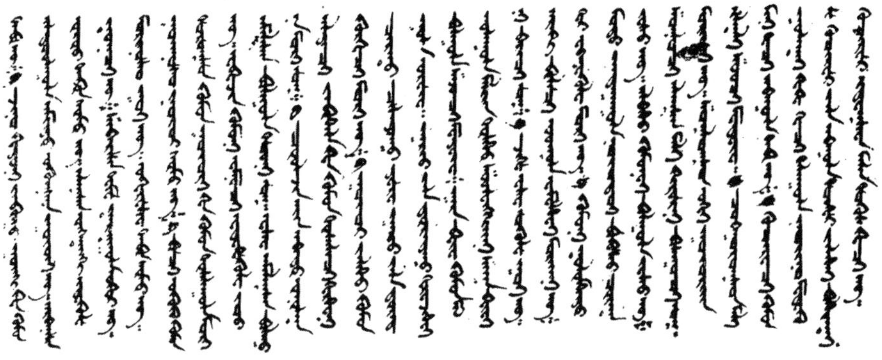

第 141 页

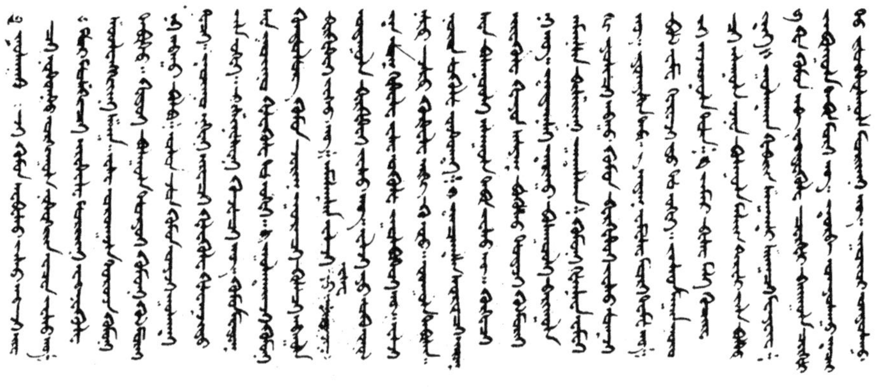

第 142 页

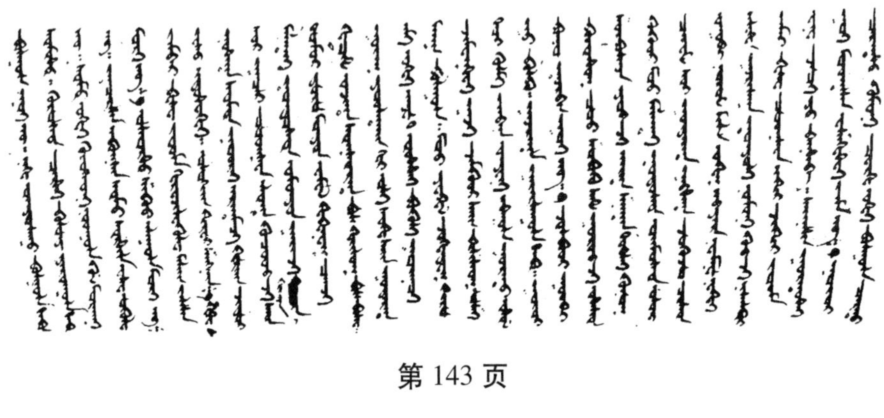

第 143 页

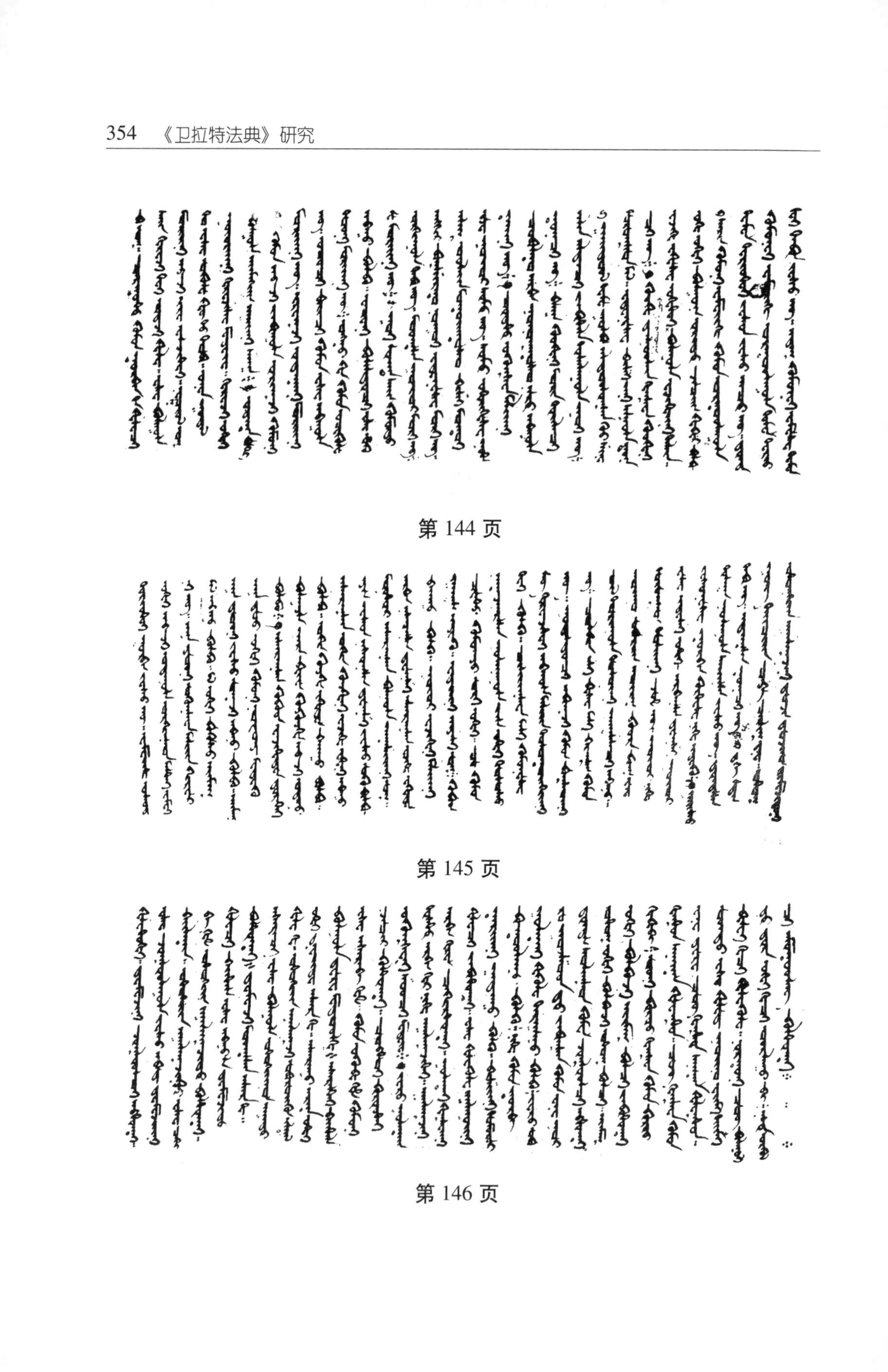

第 144 页

第 145 页

第 146 页

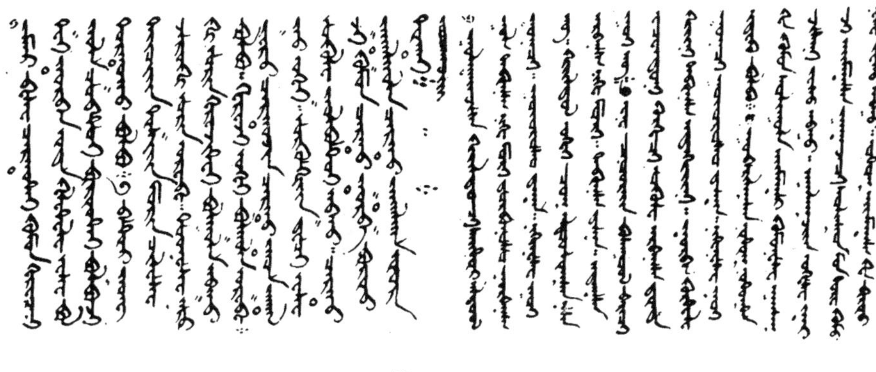

第 147 页

第 148 页

参考文献

一、著　　作

（一）汉文著作

1. 王国维：《黑鞑事略笺证》，载《王国维遗书》第十三册，上海古籍书店 1983 年版。

2. 王国维：《长春真人西游记校注》，载《王国维遗书》第十三册，上海古籍书店 1983 年版。

3. 乌兰校勘：《元朝秘史》（校勘本），中华书局 2012 年版。

4. 阿尔达扎布译注：《新译集注〈蒙古秘史〉》，内蒙古大学出版社 2005 年版。

5. 陈高华、张帆、刘晓、党宝海点校：《元典章·刑部》，中华书局 2011 年版。

6. 杨讷点校：《吏学指南》（外三种），浙江古籍出版社 1986 年版。

7. 呼格吉勒图、萨如拉编著：《八思巴字蒙古语文献汇编》，内蒙古教育出版社 2003 年版。

8. 蔡美彪：《八思巴字碑刻文物集释》，中国社会科学出版社 2011 年版。

9. （元）熊梦祥，北京图书馆善本组辑：《析津志辑佚·学校》，北京古籍出版社 1983 年版。

10.《永乐大典》，全十二册，中华书局影印本，1986 年版。

11.（明）萧大亨：《夷俗记》，载《北京图书馆古籍珍本丛刊》第 11 卷，《史部 · 杂史类》，书目文献出版社。

12.（明）杨嗣昌：《杨文弱先生文集》，载王锺翰主编：《四库禁毁书丛刊》集部第六九，北京出版社 1998 年版。

13.（明）卢象昇：《卢肃公文集》，清光绪元年卢氏家祠刻本。

14.《清实录》，中华书局影印本，1985—1987 年版。

15. 田涛、郑秦点校：《大清律例》，法律出版社 1998 年版。

16.（康熙朝）《大清会典》，台北文海出版社影印本，1993 年版。

17.（雍正朝）《大清会典》，台北文海出版社影印本，1995 年版。

18.（乾隆朝）《大清会典》，载《影印文渊阁四库全书》第 619 册，上海古籍出版社 2003 年版。

19.（乾隆朝）《钦定大清会典则例》，载《影印文渊阁四库全书》第 624 册，上海古籍出版社 2003 年版。

20.（嘉庆朝）《大清会典》，台北文海出版社影印本，1991 年版。

21.（嘉庆朝）《钦定大清会典事例》，台北文海出版社影印本，1991 年版。

22.（光绪朝）《大清会典》，载《清五朝会典》，北京线装书局 2006 年版。

23.（光绪朝）《清会典事例》，中华书局 1991 年版。

24. 钟兴麒、王豪、韩慧校注：《西域图志校注》，新疆人民出版社 2002 年版。

25. 温达等撰：《亲征平定朔漠方略》，载西藏社会科学院西藏学汉文文献编辑室编《西藏学汉文文献汇刻》第 4 辑，上册，中国藏学出版社 1994 年版。

26. 祁韵士：《皇朝藩部要略》，载西藏社会科学院西藏学汉文文献编辑室编《西藏学汉文文献汇刻》第 3 辑，全国图书馆文献缩微复制中心 1993 年版。

27. 包文汉、奇 · 朝克图整理：《蒙古回部王公表传》第 1 辑，内蒙古大学出版社 1998 年版。

28. (清) 苏尔德撰:《新疆回部志》卷1《城池》,吴丰培校订,载《西北民俗文献》,《中国西北文献丛书》[总] 第118册辑002卷,1990年版。

29. 妙舟:《哲布尊丹巴传略》,载《清代蒙古高僧传译辑》,全国图书馆文献缩微复制中心1990年版。

30. 奇格:《古代蒙古法制史》,辽宁民族出版社1999年版。

31. 黄华均:《蒙古族草原法的文化阐释——〈卫拉特法典〉及卫拉特法的研究》,中央民族大学出版社2006年版。

32. 那仁朝克图:《13—19世纪蒙古法制沿革史研究》,辽宁民族出版社2015年版。

33. 《准噶尔史略》编写组编著:《准噶尔史略》,广西师范大学出版社2007年版。

34. 南京大学历史系元史研究室编:《元史论集》,人民出版社1984年版。

35. 杜荣坤、白翠琴:《西蒙古史研究》,新疆人民出版社1986年版。

36. 马大正、成崇德主编:《卫拉特史纲》,新疆人民出版社2006年版。

37. 马汝珩、马大正:《漂落异域的民族——17至18世纪的土尔扈特蒙古》,中国社会科学出版社1991年版。

38. 张体先:《土尔扈特部落史》,当代中国出版社1999年版。

39. 叶尔达:《卫拉特高僧拉布紧巴·咱雅班第达研究》,社科文献出版社2012年版。

40. 《卫拉特史论文集》,《新疆师范大学学报》1987年增刊专号。

41. 阿拉善盟公署、内蒙古师范大学合编:《卫拉特史论文集》,《内蒙古师范大学学报》(哲社版) 1990年第3期专号。

42. 乌云毕力格、成崇德、张永江:《蒙古民族通史》第4卷,内蒙古大学出版社2002年版。

43. 蒙古族通史编写组编:《蒙古族通史》中册,民族出版社1991年版。

44. M. 乌兰:《卫拉特蒙古文献及史学——以托忒文历史文献研究为中心》,社会科学文献出版社2012年版。

45. 蔡家艺：《清代新疆社会经济史纲》，人民出版社 2006 年版。

46. 王力：《明末清初达赖喇嘛系统与蒙古诸部互动关系研究》，民族出版社 2011 年版。

47. 达力扎布：《清代蒙古史论稿》，民族出版社 2015 年版。

48. 达力扎布：《〈喀尔喀法规〉汉译及研究》，中央民族大学出版社 2015 年版。

（二）汉译蒙古文、藏文著作

49. 苏鲁格译：《阿拉坦汗法典》，载《蒙古学信息》1996 年第 1、2 期。

50. 李金山主编：《蒙古古代四部法典》，内蒙古教育出版社 2010 年版。

51. 成崇德译注：《咱雅班第达传》，载《清代蒙古高僧传译辑》，全国图书馆文献缩微复制中心 1990 年版。

52. 申晓亭、成崇德译注：《哲布尊丹巴传》，载《清代蒙古高僧传译辑》，全国图书馆文献缩微复制中心 1990 年版。

53. 五世达赖喇嘛阿旺洛桑嘉措：《一世—四世达赖喇嘛传》，陈庆英、马连龙译，中国藏学出版社 2006 年版。

54. 五世达赖喇嘛阿旺洛桑嘉措：《五世达赖喇嘛传》（上下册），陈庆英、马连龙、马林译，中国藏学出版社 2006 年版。

55. 章嘉·若贝多杰：《七世达赖喇嘛传》，蒲文成译，中国藏学出版社 2006 年版。

56. 乌兰：《〈蒙古源流〉研究》，辽宁民族出版社 2000 年版。

57. 乌云毕力格：《〈阿萨喇克齐史〉研究》，中央民族大学出版社 2009 年版。

（三）汉译外文著作

58.《喀尔喀法典》，［日］内田吟风等：《北方民族史与蒙古史译文集》，余大钧译，云南人民出版社 2003 年版。

59.［俄］К. Ф. 戈尔斯通斯基俄译：《1640 年蒙古—卫拉特法典》（三种不同文本中所载之《1640 年蒙古卫拉特法典》条目译文对照），罗致平汉译，载中国社会科学院民族研究所历史室、新疆维吾尔自治区民族研究所编《蒙古族厄鲁特部历史资料译文集》第五辑，1978 年版。

60. 国家清史编纂委员会编译组、中国社会科学院原民族研究所《准噶尔史略》编写组合编：《卫拉特蒙古历史译文汇集》（全四册），2005 年，内部刊本。

61. ［俄］К. Ф. 戈尔斯通斯基：《〈1640 年蒙古——卫拉特法典〉译文》，罗致平译，国家清史编纂委员会编译组、中国社会科学院原民族研究所《准噶尔史略》编写组合编：《卫拉特蒙古历史译文汇集》第 1 册，2005 年。

62. ［俄］К. Ф. 戈尔斯通斯基著：《三种文本中所载之〈1640 蒙古——卫拉特法典〉条目译文对照》，罗致平（汉译编辑），载《卫拉特蒙古历史译文汇集》第 1 册，2005 年。

63. ［俄］К. Ф. 戈尔斯通斯基：《噶尔丹洪台吉的两项补充敕令》，罗致平译，载国家清史编纂委员会编译组、中国社会科学院原民族研究所《准噶尔史略》编写组合编：《卫拉特蒙古历史译文汇集》第 1 册，2005 年。

64. ［俄］К. Ф. 戈尔斯通斯基：《卡尔梅克汗顿杜克·达什统治时期编订的补充法律》，罗致平译，载国家清史编纂委员会编译组、中国社会科学院原民族研究所《准噶尔史略》编写组合编：《卫拉特蒙古历史译文汇集》第 2 册，2005 年。

65. ［俄］阿·马·波兹德涅耶夫：《蒙古及蒙古人》第 1 卷，刘汉明、张梦玲、卢龙译，内蒙古人民出版社 1989 年版。

66. ［俄］阿·马·波兹德涅耶夫：《蒙古及蒙古人》第 2 卷，张梦玲、卢龙、郑德林、孟苏荣、刘汉明译，内蒙古人民出版社 1983 年版。

67. ［苏联］Н. 帕里莫夫：《卡尔梅克在俄国境内时期的历史概况》，许淑明译，徐滨校，新疆人民出版社 1986 年版。

68. ［苏联］Б. Я. 符拉基米尔佐夫：《蒙古社会制度史》，刘荣焌译，中国社会科学出版社 1980 年版。

69. ［苏联］伊·亚·兹拉特金：《准噶尔汗国史》（修订版），马曼丽译，兰州大学出版社 2013 年版。

70. ［苏联］瓦西里·弗拉基米罗维奇·巴托尔德：《中亚历史》上册，

张丽译，兰州大学出版社 2013 年版。

71. ［苏联］Н. П. 沙斯季娜：《十七世纪俄蒙通使关系》，北京师范大学外语系七三级工农兵学员、教师译，商务印书馆 1977 年版。

72. 苏联科学院远东研究所等编、厦门大学外文系翻译组译、黑龙江大学俄语系翻译组校：《十七世纪俄中关系》（两卷），商务印书馆 1978 年版。

73. ［苏联］И. Я. 兹拉特金主编，М. И. 戈利曼、Г. И. 斯列萨尔丘克：《俄蒙关系历史档案文献集》上册（1607—1636），马曼丽、胡尚哲译，兰州大学出版社 2014 年版。

74. ［苏联］И. Я. 兹拉特金主编，М. И. 戈利曼、Г. И. 斯列萨尔丘克：《俄蒙关系历史档案文献集》下册（1636—1653），马曼丽、胡尚哲译，兰州大学出版社 2014 年版。

75. ［俄］Ш. Б. 齐米特道尔吉耶夫：《17—18 世纪蒙古诸部与俄罗斯》，范丽君译，乔吉审订，内蒙古人民出版社 2008 年版。

76. ［德］P. S. 帕拉斯：《内陆亚洲厄鲁特历史资料》，邵建东、刘迎胜译，云南人民出版社 2002 年版。

77. ［英］约·弗·巴德利：《俄国·蒙古·中国》（上下卷），吴持哲、吴有刚译，胡钟达校，商务印书馆 1981 年版。

78. ［法］伯希和：《卡尔梅克史评注》，耿升译，中华书局 1994 年版。

79. ［法］莫里斯·古郎：《十七和十八世纪的中亚细亚——卡尔梅克帝国还是满洲帝国》，冯桂生译，凌颂纯校，载国家清史编纂委员会编译组、中国社会科学院原民族研究所《准噶尔史略》编写组合编：《卫拉特蒙古历史译文汇集》第三册，2005 年版。

80. ［日］田山茂日译、潘世宪汉译：《卫拉特法典》（又称《察津毕齐格》），载内蒙古大学蒙古史研究所编《蒙古史研究参考资料》，1982 年，新编 24 辑。

81. ［日］田山茂日译、潘世宪汉译：《噶尔丹洪台吉敕令》，载［日］田山茂：《清代蒙古社会制度》，潘世宪译，商务印书馆 1984 年版。

82. ［日］田山茂日译、余大钧汉译：《喀尔喀法规》，载［日］内田吟风等：《北方民族史与蒙古史译文集》，余大钧译，云南人民出版社 2003 年版。

83. ［日］田山茂：《清代蒙古社会制度》，潘世宪译，商务印书馆 1984 年版。

84. ［日］若松宽：《清代蒙古的历史与宗教》，马大正等编译，黑龙江教育出版社 1994 年版。

85. ［日］二木博史：《蒙古的历史与文化蒙古学论集》，呼斯勒译，内蒙古人民出版社 2003 年版。

86. ［日］宫胁淳子：《最后的游牧帝国——准噶尔汗国的兴亡》，晓克译，内蒙古人民出版社 2005 年版。

（四）蒙古文著作

87. 道润梯步校注：《卫拉特法典》，内蒙古人民出版社 1985 年版。

88. 道润梯步编注：《喀尔喀律令》，内蒙古教育出版社 1989 年版。

89. 宝音乌力吉、包格校注：《蒙古—卫拉特法典》，内蒙古人民出版社 2000 年版。

90. 拉德那博哈得拉：《札雅班第达传》，西・诺尔布校注，内蒙古人民出版社 1999 年版。

91. 巴岱、金峰、额尔德尼整理注释：《卫拉特历史文献》，内蒙古文化出版社 1985 年版。

92. 丹碧、格・李杰编著：《蒙汉对照托忒文字卫拉特蒙古历史文献译编》，新疆人民出版社 2009 年版。

93. 才仁巴力、青格力注解：《青海卫拉特联盟法典》（蒙古文），民族出版社 2009 年版。

94. 《康熙六年增定律书》（Engke amuγulang-un ǰirγuduγar on-u qaγučin ǰasaγ-un bičig-dür nemeǰu toγtaγaγsan ǰasaγ-un bičig），藏中国第一历史档案馆。

95. 《理藩院律书》（γadaγa-tu Mongγol-un törö-yi ǰasaqu［yabudal-un yamun-u］čaγaǰan bičig），藏蒙古国中央图书馆。

96. 策・巴图：《〈蒙古—卫拉特法典〉词语研究》，民族出版社 2006 年版。

97. 策・巴图：《〈蒙古—卫拉特法典〉语言研究》，民族出版社 2012 年版。

98. 策・巴图：《〈蒙古—卫拉特大法典〉文献学研究》，民族出版社 2014 年版。

99. ［蒙古］拉・呼尔勒巴特尔：《哲布尊丹巴一世传》，嘎拉桑转写，内蒙古人民出版社 2009 年版。

100. 答里麻：《金轮千辐》，乔吉校注，内蒙古人民出版社 1987 年版。

101. 衮布扎布：《恒河之流》，乔吉校释，内蒙古人民出版社 1980 年版。

（五）基里尔蒙古文著作

102. С. Жалан-Аажав：Халх Журам бол монголын хууль цаазны эртний дурсгалт бичиг，Улаанбаатар，1958.

103. Хөдөгийн Пэрлээ ：Халхын Шинэ Олдсон Цааз-эрхэмжийн Дрсгалт Бичиг. Монгол Ба Төв Азийн Орнуудын Сёлын Туухэнд Холбогдох Хоёр Ховор Сурвалж Бичиг. Улаанбаатар хот. 1974.

104. Р. Эрдэнцогт，Дөчин Дөрвөн хоёрын Их цааз. Ховд.，1988.

105. Э. Амирмэд，Д. Дашцэдэн，Г. Совд：Монгл Хууль，Улаанбаатар хот，1997.

106. Т. Алтангэрэл：Монгол Ойрадын Их Цааз，Түүний Судалгаа，Улаанбаатар，1998.

107. В. А. Рязановский Зохиозий，Ч. Баатар，Н. Лүндэндорж Орчуулсн：Монголчуудын Хууль Цаазын Дурсгал Бичгүүдийн Түүхен Тойм，Их Засаг Хууль，Улаанбаатар，2000.

108. Баянбаатар Батбаяр："ИХ ЦААЖ"-ын эх бичгийн судалга，Улаанбаатар 2008 он.

109. Б. Баярсайхан，Б. Оюунбилэг，Б. Батбаяр：Халх Журам（Эх бичгийн судалгаа），Улаанбаатар，2009.

110. С. Чулуун Н. Хатанбаатар Шинээр Олдсон Халхын Дөрвөн Аймгийн Ноёдын Хүрдэн Зураг. Улаанбаатар，2011.

111. Ж. Болдбаатар Д. Лүндээжанцан：Монгол Улсынн төр，эрх зүйи түүхэн уламжлал Улаанбаатар，2011.

112. Byamba-yin Asaraγ č i Neretü （-yin） Teüke （Эхбичгйн судлагаа），Тэргүүн дэвтэр，Галиглаж，үгийн хэлхээг үйлдэн хэвлэлд бэлтгэсэн Цэвэлийн Шагдарсүрэн，И Сөн Гю（Lee Seong-Gyu），Улаанбаатар，2002.

（六）西文著作

113. V. A. Riasanovsky，*Fundamental principles of Mongol Law*，Indeana University，1965.

114. David Sneath，*The Headlees State：aristocratic orders，kinship society，& misrepresentations of nomadic inner Asia*，Columbia University Press，New York，2007.

115. Michael khodarkovsky，*Where Tworlds Met：The Russian State and the Kalmyk Nomads（1600—1771）*，Ithaca and London：corenll University Press，1992.

116. Elisabetta Chiodo，*The Mongolian Manuscripts on Birch Bark frorm Xarbuxyn Balga in the Collection of Mongolian Academy of Sciences*，part 1，Harrassowitz Verlag. Wiesbaden，2000.

117. Elisabetta Chiodo：The Mongolian Manuscripts on Birch Bark frorm Xarbuxyn Balga in the Collection of Mongolian Academy of Sciences，part 2，Harrassowitz Verlag. Wiesbaden，2009.

118. К. Ф. Голстунскаго，Монголо-Ойратскiе Законы 1640 года，Дополнительные указы Галдань-хунь-тайджiя и законы，составленные для влжскихь калмыковъ при калмыкомъ хане Дондукъ-Даши. Санктпетерьургь，1880.

119. К. Ф. Голстунскаго，Монголо-Ойратскiе Законы 1640 года，Дополнительные указы Галдань-хунь-тайджiя и законы，составленные для волжскихь калыковь при калмыцкомь хань Дондукь-Даши. Эрхлэн хэвлүүлсэн Н. ЛүндэндорЖЬ. Ьаярсайхан，Ulaanbaatar，2004.

120. С. Д. Дылыкова：Халх Джурам памятник монгольского

феодальног правя XⅦв. Москва. 1965.

121. С. Д. Дылыкова《Их Цааж》(Великое уложение), Памятник монгольского феодального права XⅦв. Ойратский текст, Москва, 1981.

122. Ш. Нацагдорж: Улаан Хацарт, Улаанваатар, 1960.

123. Curt Alinge. Mongolische Gesetze, Darstellung des geschriebenen mongolischen Rechts (Privatrecht Strafrecht u Prozeß), Leipzig, 1934.

124. Dorothea Heuschert: Die Gesetzgebung Der Qing Für Die Mongolen im 17. jahrhundert Anhand des Mongolischen Gesetzbuches aus der Kangxi-Zeit (1662—1722), Harrassowitz Verlag · Wiesbaden, 1998.

（七）日文著作

125. ウエ・エ・リヤザノフスキイ:《蒙古慣習法の研究》, 東亞經濟調查局刊, 1935 年版。

126. [日] 田山茂:《蒙古法典の研究》, 日本學術振興會, 1967 年版。

127. [日] 岛田正郎:《北方ユーラシア法系の研究》——東洋法史論集第四, 創文社, 1981 年版。

128. [日] 島田正郎:《清朝蒙古例の研究》, 創文社, 1982 年版。

129. [日] 岛田正郎:《明末清初モンゴル法の研究》——東洋史論集第六, 東京: 創文社, 1998 年版。

130. [日] 萩原守: 《清代モンゴルの裁判と裁判文書》, 創文社, 2006 年。

二、汉、满、蒙文档案

1. 国立中央研究院历史语言研究所编: 《明清史料》甲编, 第九本, 1930 年版。

2. 中国科学院编:《明清史料》丁编, 上海商务印书馆 1951 年版。

3. 中国第一历史档案馆、辽宁省档案馆合编: 《明朝档案总汇》第 24 册, 广西师范大学出版社 2001 年版。

4. 冯明珠主编：《满文原档》全十册，台北故宫博物院 2006 年版。

5. ［日］神田信夫、松村潤、岡田英弘譯注：《舊滿洲檔（天聰九年）》全二冊，東洋文庫，1972 年版。

6. ［日］東洋文庫東北アジア研究班編：《内國史院檔天聰八年》全二冊，東洋文庫，2009 年版。

7. 关嘉录、佟永功、关照宏等译注：《天聪九年档》，天津古籍出版社 1987 年版。

8. 中国第一历史档案馆整理编译：《内阁藏本满文老档》，辽宁民族出版社 2009 年版。

9. 中国第一历史档案馆编：《清初内国史院满文档案译编》全三册，光明日报出版社 1989 年版。

10. 李保文编辑整理：《十七世纪蒙古文文书（1600—1650）》，内蒙古少年儿童出版社 1997 年版。

11. 中国第一历史档案馆、中国人民大学国学院西域历史语言研究所编：《清朝前期理藩院满蒙文题本》（全 22 册），内蒙古人民出版社 2009 年版。

12. 中国第一历史档案馆、内蒙古自治区档案馆、内蒙古大学蒙古学研究中心编：《清内秘书院蒙古文档案汇编》（全七辑），内蒙古人民出版社 2003 年版。

13. 中国第一历史档案馆、内蒙古大学蒙古学学院编：《清内阁蒙古堂档》第 22 卷，内蒙古人民出版社 2005 年版。

三、学术论文

（一）汉文论文

1. 罗致平、白翠琴：《试论卫拉特法典》，《民族研究》1981 年第 2 期。

2. 马曼丽：《浅议〈蒙古——卫拉特法典〉的性质与宗旨——兼评苏联柯津院士的有关观点》，《西北史地》1981 年第 2 期。

3. 道润梯步：《〈卫拉特法典〉在蒙古法制史上的地位》，载《卫拉特史论文集》，《新疆师范大学学报》1987 年增刊专号。

4. 道润梯步：《论〈卫拉特法典〉》，《新疆师范大学学报》1989 年第 4 期。

5. 道润梯步：《论〈卫拉特法典〉的指导思想》，载《卫拉特史论文集》，《内蒙古师范大学学报》1990 年增刊。

6. 杨选第、刘海滨：《〈理藩院则例〉与〈卫拉特法典〉之比较》，《卫拉特史论文集》，《内蒙古师范大学学报》1990 年增刊专号。

7. 加·奥其尔巴特：《〈从卫拉特法典〉追溯古代蒙古人的刑法思想》，《西北史地》1993 年第 4 期。

8. 奇格：《〈卫拉特法典〉中“别尔克”一词考释》，《前沿》1996 年第 3 期。

9. 苏鲁格译：《阿拉坦汗法典》，《蒙古学信息》1996 年第 1、2 期。

10. 杨选第：《从〈理藩院则例〉与〈卫拉特法典〉的比较看其民族法规的继承性》，《内蒙古社会科学》1998 年第 6 期。

11. 包红颖：《〈卫拉特法典〉中民法内容初探》，《内蒙古社会科学》1995 年第 3 期。

12. 奇格：《〈卫拉特法典〉体系的产生及其主要特点》，《西北史地》1998 年第 2 期。

13. 特木尔宝力道：《从〈卫拉特法典〉看 17 世纪蒙古族婚姻家庭制度》，《内蒙古师范大学学报》2000 年第 3 期。

14. 白翠琴：《卫拉特法典与噶尔丹洪台吉敕令之比较研究》，《卫拉特研究》2004 年第 1 期。

15. 黄华均、刘玉屏：《略论藏传佛教对蒙古〈卫拉特法典〉的渗透与影响——兼论蒙古草原固有法对我国当代民族法制的几点启迪》，《中央民族大学学报》2004 年第 3 期。

16. 成崇德、那仁朝克图：《清代卫拉特蒙古及其〈蒙古——卫拉特法典〉研究》，《卫拉特研究》2005 年第 3、4 期。

17. 策·巴图：《〈蒙古——卫拉特法典〉与蒙古族传统的财产分配习俗》，《新疆大学学报》2005 年第 6 期。

18. 那仁朝格图：《简论17—18世纪卫拉特司法机构和扎尔忽赤》，《卫拉特研究》2006年第1期。

19. 黄华均、刘玉屏：《〈卫拉特法典〉的发源探微》，《卫拉特研究》，2005年第3期。

20. 黄华均、刘玉屏：《明代草原法的文化解读——以〈蒙古—卫拉特法典〉为主要法据》，《西北师范大学学报》2006年第1期。

21. 青格勒图：《论《〈蒙古卫拉特法典〉中的“扎尔忽”与“扎尔忽赤齐”》，《内蒙古大学学报》2007年第2期。

22. 特木尔宝力道：《〈蒙古—卫拉特法典〉研究述评》，《内蒙古师范大学学报》2008年第6期。

23. 李保文：《“伯德尔格”考释》，《西域研究》2009年第4期。

24. 陈志强：《〈蒙古—卫拉特法典〉的立法思想初探》，《河北经贸大学学报》2009年第4期。

25. 陈志强、高进：《试论〈蒙古—卫拉特法典〉对蒙古社会的法律调控》，《大连民族学院学报》2009年第2期。

26. 陈志强：《〈蒙古—卫拉特法典〉的生态保护法规及思想论述》，《昌吉学院学报》2009年第3期。

27. 陈志强：《〈蒙古—卫拉特法典〉所见卫拉特社会等级状况管窥》，新疆大学学报2010年硕士学位论文。

28. 策·巴图：《〈蒙古—卫拉特法典〉中“强制人为僧”规定辨析》，《新疆大学学报》2012年第2期。

29. 特木尔宝力道：《从〈蒙古—卫拉特法律〉看十七世纪蒙古诉讼制度》，《内蒙古师范大学学报》2013年第4期。

30. 固·才让巴利：《〈青海蒙古会盟法典〉初探》，《内蒙古大学学报》（蒙古文版）2003年第6期。

31. 固·才让巴利：《〈青海蒙古会盟法典〉的主持者、成书年代、编纂者、整理者考》，《内蒙古师范大学学报》（蒙古文版）2003年第3期。

32. 张长利：《关于成吉思汗大札撒的若干问题》，《民族研究》1998年第6期。

33. 吴海航：《成吉思汗〈大札撒〉探析》，《法学研究》1999年第

5 期。

34. 方龄贵：《〈通制条格〉释词五例》，载南京大学元史研究室编《内陆亚洲历史文化研究——韩儒林先生纪念文集》，南京大学出版社 1996 年版。

35. 李涵：《蒙古前期的断事官、必阇赤、中书省和燕京行省》，南京大学历史系元史研究室编《元史论集》，人民出版社 1984 年版。

36. 刘晓：《元代大宗正府考述》，《内蒙古大学学报》1996 年第 2 期。

37. 刘晓：《蒙元早期刑罚用语“按答奚”小考》，载中国社会科学院历史研究所学刊编委会编辑：《中国社会科学院历史研究所学刊》第五集，商务印书馆 2008 年版。

38. 留金锁、奇格：《古代蒙古家庭法》，《内蒙古社会科学》1998 年第 5 期。

39. 何金山、关其戈：《论古代蒙古罚畜刑》，《内蒙古社会科学》2003 年第 6 期。

40. 何金山、朝鲁门：《蒙古族古代游牧特色的罚畜刑处罚规定》，《内蒙古社会科学》2014 年第 2 期。

41. 齐木德道尔吉：《1640 年以后的清朝与喀尔喀的关系》，《内蒙古大学学报》1998 年第 4 期。

42. 齐木德道尔吉：《腾吉思事件》，载宝音德力格、乌云毕力格、齐木德道尔吉主编：《明清档案与蒙古史研究》第 2 辑，内蒙古人民出版社 2002 年版。

43. 宝音德力根：《十七世纪中后期喀尔喀内乱》，载宝音德力根、乌云毕力格、齐木德道尔吉主编：《明清档案与蒙古史研究》第 1 辑，内蒙古人民出版社 2000 年版。

44. 乌云毕力格：《清太宗与喀尔喀右翼扎萨克图汗素班第的文书往来——兼谈喀尔喀—卫拉特联盟的形成》，《西域研究》2008 年第 2 期。

45. 乌云毕力格：《关于尹咱呼图克图》，载《蒙古史研究》第 4 辑，内蒙古大学出版社 1993 年版。

46. 乌云毕力格：《十七世纪卫拉特各部的游牧地研究》，《西域研究》2010 年第 1 期。

47. 乌云毕力格：《十七世纪卫拉特各部的游牧地研究》，《西域研究》2010 年第 2 期。

48. M. 乌兰：《英藏呼图克图史实考》，《内蒙古社会科学》1993 年第 5 期。

49. 达力扎布：《清太宗和清世祖对漠北喀尔喀的招抚》，《历史研究》2011 年第 2 期。

50. 达力扎布：《17 世纪上半叶喀尔喀与明朝的短暂贸易》，《清史研究》2011 年第 2 期。

51. 达力扎布：《1640 年喀尔喀—卫拉特会盟的召集人及地点》，载《民族研究》2008 年第 4 期，增补稿收入达力扎布：《清代蒙古史论稿》，民族出版社 2015 年版。

52. 达力扎布：《读〈咱雅班第达传〉札记》，《西部蒙古论坛》2010 年第 1 期。

53. 达力扎布：《清朝初期与厄鲁特诸部的关系》，载达力扎布主编：《中国边疆民族研究》第三辑，中央民族大学出版社 2010 年版

54. 李金珂、王希隆：《土尔扈特人在伏尔加河时期联姻状况评述》，《新疆大学学报》2009 年第 5 期。

55. 王力：《关于内齐托音一世的几个问题》，《世界宗教研究》2011 年第 1 期。

56. 达力扎布：《〈敦啰布喇什法典〉浅探》，《青海民族研究》2016 年第 4 期。

57. 达力扎布：《〈1640 年蒙古—卫拉特大法典〉文本辨析》，《中央民族大学学报》2018 年第 1 期。

（二）汉译国外论文

58. ［俄］M. 诺伏列托夫：《卡尔梅克人》，李佩娟译，载国家清史编纂委员会编译组、中国社会科学院原民族研究所《准噶尔史略》编写组合编：《卫拉特蒙古历史译文汇集》第 2 册，2005 年。

59. ［苏联］Л. С. 普契柯夫斯基：《苏联科学院东方学研究所所藏托忒文〈卫拉特法典〉抄本三种》，余大钧译，载内蒙古大学蒙古史研究所

编:《蒙古史研究参考资料》,1982 年,新编 24 辑。

60. [苏联] M. И. 戈利曼:《1640 年蒙古卫拉特法典的俄文译本和抄本》,李佩娟译,载国家清史编纂委员会编译组、中国社会科学院原民族研究所《准噶尔史略》编写组合编:《卫拉特蒙古历史译文汇集》第 1 册,2005 年。

61. [苏联] C. Д. 迪雷科夫:《厄鲁特蒙古封建法的整理和研究》,马大正译,《民族译丛》1984 年第 5 期。

62. [苏联] Ш. Ъ. 齐米德道尔吉叶夫:《论 18 世纪卫拉特人的大迁徙》,阿拉腾奥其尔译,《西北民族研究》1993 年第 1 期。

63. 陈弘法:《〈伊赫·察基(大法典):十七世纪蒙古封建法规文献〉介绍》,《蒙古学资料与情报》1985 年第 1 期。

64. 武国璋汉译:《卡尔梅克苏维埃社会主义自治共和国史纲》(摘译),《第五章十八世纪的卡尔梅克汗国七十年代的危机及其影响》,载国家清史编纂委员会编译组、中国社会科学院原民族研究所《准噶尔史略》编写组合编:《卫拉特蒙古历史译文汇集》第 2 册,2005 年。

65. 蔡曼华汉译:《卡尔梅克苏维埃社会主义自治共和国史纲》(摘译),《第四章十七世纪后半叶十八世纪初的卡尔梅克》,载国家清史编纂委员会编译组、中国社会科学院原民族研究所《准噶尔史略》编写组合编:《卫拉特蒙古历史译文汇集》第 2 册,2005 年。

66. [苏联] C. Д. 迪雷克夫:《关于蒙古封建法律文献》,盛肖霞译,达力扎布主编:《中国边疆民族研究》第 1 辑,中央民族大学出版社 2008 年版。

67. [蒙古] Ш. 那楚克多尔济:《关于〈乌兰哈齐尔特〉》,盛肖霞汉译,《蒙古学信息》2004 年第 2 期。

68. [蒙古] X. 普尔来:《新发现的喀尔喀珍贵法律文献(研究部分)》,达力扎布译,载《中国边疆民族研究》第 6 辑,中央民族大学出版社 2012 年版。

69. [美] V. A. 梁赞诺夫斯基:《卫拉特和喀尔喀蒙古法律概述》,达力扎布译,载达力扎布主编:《中国边疆民族研究》第 7 辑,中央民族大学出版社 2013 年版。

70. ［美］亨瑞·赛瑞斯：《喀尔喀法规中的誓约》，牛小燕译，《卫拉特研究》2005 年第 4 期。

71. ［日］岛田正郎：《蒙古法中刑法的变迁》，《蒙古学资料与情报》1991 年第 2 期。

（三）蒙古文论文

72. 道·巴图扎布：《论〈卫拉特法典〉中有些词语翻译》，《语文与翻译》1990 年第 3 期。

73. 布仁巴图：《卫拉特法典中有关习惯法的一条规定》，《语文与翻译》1990 年第 4 期。

74. 图尔巴图：《〈卫拉特法典〉中的 beterge 一词考》，《蒙古语文》1992 年第 10 期。

75. 尼·巴德玛：《对〈卫拉特法典〉中某些词语注释的商榷》，《卫拉特研究》1992 年第 1 期。

76. 特木尔博罗特：《略论〈卫拉特法典〉中的诉讼制度》，《内蒙古大学学报》1994 年第 2 期。

77. 策·巴图：《论〈卫拉特法典〉中某些词语误注的商榷》，《卫拉特研究》1995 年第 1 期。

78. 吴·特木尔巴图：《试论〈卫拉特大法典〉中的黄教思想》，《语言与翻译》1996 年第 3 期。

79. 策·巴图：《论〈卫拉特法典〉中某些词语误注的商榷》，《卫拉特研究》1997 年第 2 期

80. 策·巴图：《论〈卫拉特法典〉中某些词语误注的商榷》，《卫拉特研究》1998 年第 3—4 期。

81. 布仁巴图：《对〈卫拉特法典〉“财产法”条目修订解释》，《内蒙古社会科学》1999 年第 2 期。

82. 策·巴图：《论〈卫拉特法典〉中某些词语误注的商榷》，《语言与翻译》1997 年第 3 期。

83. 策·巴图：《论〈卫拉特法典〉中某些词语误注的商榷》，《蒙古语文》1997 年第 2 期。

84. 布仁巴图：《〈卫拉特法典〉有关“殴斗”“戏犯”等词语解释的商榷》，《内蒙古大学学报》2000 年第 3 期。

85. 特木尔宝力道：《从〈卫拉特法典〉看 17 世纪蒙古族婚姻家庭制度》，《内蒙古师大学报》2000 年第 3 期。

86. 策·巴图：《〈卫拉特法典〉词语解释方面错误的辨析》，《启明星》2000 年第 1 期。

87. 特木尔包勒德：《〈卫拉特法典〉有关无因责任方面》，《内蒙古大学学报》2002 年第 4 期。

88. 策·巴图：《〈卫拉特法典〉词语解释若干问题辨析》，《内蒙古大学学报》2002 年第 3 期。

89. 策·巴图：《〈卫拉特法典〉词语简释》，《蒙古语言文学》2002 年第 4 期。

90. 策·巴图：《〈卫拉特法典〉词语解释方面错误的辨析》，《启明星》2002 年第 4 期。

91. 布仁巴图：《〈卫拉特法典〉一些条款的新解释》，《内蒙古大学学报》（蒙古文版）2003 年第 4 期。

92. 青格勒图：《〈卫拉特法典〉刑法有关内容辨析》，《蒙古语文文学》2003 年第 5 期。

93. 何·才布希格：《〈蒙古——卫拉特法典〉部分解释商榷、补充和纠正》，《内蒙古大学学报》2004 年第 4 期。

94. 策·巴图：《〈敦多布达什补充法典〉部分词语研究》，《西北民族大学学报》2004 年第 1 期。

95. 萨仁格日勒：《〈卫拉特法典〉中与宗教习俗相关内容》，《卫拉特研究》2004 年第 2 期。

96. 布仁巴图：《〈1678 年噶尔丹台吉敕令〉法规研究》，《内蒙古大学学报》2004 年第 4 期。

97. 策·巴图：《〈卫拉特法典〉词语研究》，《内蒙古大学学报》2005 年第 5 期。

98. 青格勒图：《论〈蒙古—卫拉特法典〉中的“扎尔忽”与“扎尔忽齐”》，《内蒙古大学学报》2005 年第 5 期。

99. 青格勒图：《〈卫拉特法典〉有关牲畜伤害人责任解析》，《内蒙古大学学报》2005 年第 5 期。

100. M· 额尔德木图：《卫拉特喇木占霸咱雅班第达讷木海扎木苏给清朝顺治皇帝的一篇奏文》，《内蒙古大学学报》（蒙古文版）2008 年第 2 期。

101. 巴图：《〈卫拉特法典〉中的审判机构及其名称》，《中国蒙古学》2008 年第 4 期。

102. 朝克图：《成吉思汗大扎撒的原形考》，《中国蒙古学》2008 年第 2 期。

103. 包丽娟：《〈卫拉特法典〉中的审判员和审判制度初探》，《中国蒙古学》2008 年第 2 期。

104. 萨仁格日勒：《〈卫拉特法典〉中涉及“策格德克”的条文及新娘磕头礼仪》，《中国蒙古学》2008 年第 5 期。

105. 策·巴图：《〈蒙古—卫拉特法典〉中的“雅木图人”研究》，《西北民族大学学报》2010 年第 2 期。

106. 布仁巴图：《〈卫拉特法典〉研究中值得注意的交叉方法问题》，《内蒙古大学学报》2012 年第 1 期。

107. 李海英：《佛教对〈蒙古—卫拉特法典〉的影响》，《中国蒙古学》2013 年第 6 期。

108. 王海锋：《〈蒙古—卫拉特法典〉中的财产侵权法律制度研究》，《中国蒙古学》2014 年第 5 期。

109. 王海锋：《〈蒙古—卫拉特法典〉中的民事法律制度研究》，《中国蒙古学》2014 年第 5 期。

110. 胡春香：《论蒙古族习惯法中的刑法特征》，《中国蒙古学》2014 年第 5 期。

111. 包朝鲁门：《论蒙古族古代法中罚畜刑的特征》，《中国蒙古学》2015 年第 2 期。

112. 春荣：《浅论〈蒙古—卫拉特法典〉中的盗窃罪》，《中国蒙古学》2015 年第 4 期。

（四）英文论文

113. John. R. Krueger，“New Materials on Oirad Law and history”，Part One：The jinjil Decrees，*Central Asiatic Journal*，Volume XVI，No. 3，Wiesbaden，1972.

114. John. R. Krueger，“New Materials on Oirad Law and history”，Part Two：“The Origin of the Torgouts”，*Central Asiatic Journal*，Volume XVIII，No. 1，Wiesbaden，1974.

115. Henry Serruys，“Oaths in the Qalqa-jirum”，*The Mongol and Ming China：Customs and History*. Edited by FranÇoise Aubin，Variorum Reprints London，1987.

116. Rash Bormanshinov，“Kalmyk Pilgrims to Tibet and Mongolia”，*Central Aciatic Journal*，42（1998）1.

117. Lhamssuren Munkh-Erdene，“The 1640 Great Code：an Inner Asia Parallel to the Treaty of Westphalia”，*Central Asian Survey*，2010 年 11 月 22 日，见 http：//www. informaworld. com /smpp/ title-content -1713409859. 2010/11/22。

（五）日文论文

118. ［日］二木博史：《白樺法典について》，Journal of Asian and African Studies，No：21，1981。

119. ［日］二木博史：《譯注白樺法典（Ⅰ）》，《遊牧社會史探究》第 50 冊，1977。

120. ［日］二木博史：《譯注白樺法典（Ⅱ）》，《モンゴル研究》第 12 號（1981）。

121. ［日］二木博史：《譯注白樺法典（Ⅲ）》，《モンゴル研究》第 14 號（1983）。

122. ［日］二木博史：《白樺法典について》，《アジア・アフリカ言語文化研究》第 21 號（1981）。

123. ［日］二木博史：《ハルハ・ジロムの成立過程について》，《一橋研究》第 8 卷第 1 號（1983）。

124. ［日］宫脇淳子：《ガルダン以前のオイラット——若松説再批判——》，《東洋學報》第 65 卷，第 1、2 號，1984 年版。

125. ［日］島田正郎：《モンゴル法における刑罰の變遷》，《東洋史研究》第 40 卷第 1 號，1981 年。

《卫拉特法典》汉译文词语索引

本索引所收词语包括人名、部名、族名、国名、社会组织名称、社会阶层名称、职官、罪名、与刑罚等方面词语。所注页码为该词语在汉译部分的页码，可以据以上词语所在的条款在对应的托忒原文和托忒文拉丁字母转写中查到该词的原文和转写。本索引词条后括注托忒原文的拉丁字母转写。

A

B

附录:《卫拉特法典》汉译文比勘表

《〈卫拉特法典〉汉译文比勘表》是作者在研究过程中为方便比对各本内容而制作的表格，由于其便于读者了解汉译诸本间的差异，节省翻检时间，故保留下来作为附录。比勘栏目中的评论仅代表个人看法，错误之处在所难免，仅供读者参考。

一、《1640 年蒙古—卫拉特大法典》七种汉译文比勘表

以下选取从德文、日文、俄文、蒙古文汉译的《1640 年蒙古—卫拉特大法典》译本六种，加本书译文为七种，列表逐条比勘。由于诸本划分条目不相同，有的甚至没有划分条目，为方便比对，法典条文的序号依据本书汉译文的序号，将诸本相关内容分列于各条相应表格内。“比勘”栏中仅对各条款中的重要内容、个别词语及汉语表达作了比勘说明，没有逐字逐句详细比勘和评论。对法规中出现的一些重要词语的解释详见本书汉译文注释。为方便比对，七种汉译文的书名在表格中都使用了省称，其简称如下：

一、日译帕，潘世宪汉译日本学者田山茂日译的帕拉斯德译本。①

二、汉译帕，由邵建东、刘迎胜汉译帕拉斯德译本。②

① ［日］田山茂:《清代蒙古社会制度》，潘世宪译，商务印书馆 1987 年版。

② ［德］P. S. 帕拉斯:《内陆亚洲厄鲁特历史资料》，邵建东、刘迎胜译，云南人民出版社 2002 年版。

三、俄本，罗致平汉译俄国学者戈尔斯通斯基俄译本。①

四、奇本，奇格汉译道润梯步校注蒙古文本（未全译）。②

五、额本，额尔德木图汉译本（未注明底本）。③

六、策本，策·巴图汉译本，译自迪雷科夫本托忒文。④

七、本书，本书译释编第一篇汉译文。

条序	版本	内容
序	一、日译帕	望天赐给幸福和恩惠！向释迦牟尼、宗喀巴二佛礼拜并祈祷！感谢西藏国这二位祖宗。承认这部法典的汗、台吉、诺颜的姓名如下：额尔德尼札萨克图汗、土谢图汗（衮布）、乌巴什达赖诺颜、达赖洪诺颜、车臣诺颜、岱青洪台吉、叶勒丁诺颜、墨尔根诺颜、额尔德尼洪台吉、戴本洪台吉、腾古里托颜、墨特池台吉、博额耶尔登、阿尤希哈顿巴图尔、额尔德尼巴图尔洪台吉、昆都仑乌巴什、顾实汗、鄂尔勒克台吉、舒库尔戴青、额尔登台吉、岱青和硕齐、鄂什儿图台吉、墨尔根—岱青—祖克尔、彻臣台吉、墨尔根诺颜、达马琳。上列蒙古及卫拉特四十四部王公于庚辰年仲秋月之第五吉日，全体一致公布此法典。
	二、汉译帕	长生天赐福兮！在不儿罕（佛）释迦牟尼和宗卡巴的脚下献上你们的赞美和崇敬之情吧！在土伯忒帝国两大活佛的脚下，呈上你们的感激之情吧！宣誓制定本法的汗、台吉和诺颜：额尔德尼札萨克图汗、土谢图汗、乌巴什达赖诺颜、达赖洪诺颜、车臣诺颜、岱青洪台吉、伊勒登诺颜、墨尔根诺颜、额尔德尼洪台吉、岱本洪台吉、腾格里脱因、默德奇台吉、博伊勒登、阿玉什哈冬巴图尔、额尔德尼巴图尔洪台吉、昆都伦乌巴什、顾实汗、和鄂尔勒克台吉、书库尔岱青、伊勒登台吉、岱青和硕吉、鄂齐尔图台吉、墨尔根岱青楚呼尔、车臣台吉、墨尔根诺颜、达玛琳。蒙古和厄鲁特四十四部的上述王公在铁龙年中秋月第五个吉日一致同意公布本法。

① ［俄］K. Ф. 戈尔斯通斯基俄译：《〈1640年蒙古—卫拉特法典〉译文》，罗致平编译，载国家清史编纂委员会编译组、中国社会科学院原民族研究所《准噶尔史略》编写组合编：《卫拉特蒙古历史译文汇集》第1册，2005年。

② 奇格：《古代蒙古法制史》，辽宁民族出版社1999年版。

③ 李金山主编：《蒙古古代四部法典》，内蒙古教育出版社2010年版。

④ 策·巴图：《〈蒙古—卫拉特法典〉文献学研究》，民族出版社2014年版。

续表

条序	版本	内容
序	三、俄本	三位一体的佛啊，愿幸福同我们在一起！向一身具三性、在二众中充分显示空劫圣德的喇嘛鄂齐儿、达儿叩拜。众生的导师释迦牟尼啊，愿你以炽热的光辉解脱我一开始就激动着的业感。向迄今仍转法轮的高贵尊者宗喀巴，继续继承神圣的“托音”（释迦牟尼）之主叩拜。向纯洁的白雪之国（西藏）所矜夸的护法者达赖喇嘛和为（济度）众生而缠红黄法衣的（地上的）阿弥陀佛的再来者班禅额尔德尼两位尊者叩拜。以神圣的因赞、楞波泽之名而著称的尊者啊，愿您以诸胜利者（即诸佛）无异的摄律仪、摄差法、摄众生之戒与众生分享。在不空成就文师利，阿姑文殊师利、因赞、楞波泽之父释迦牟尼托音三位尊者面前，于英雄铁龙岁（1640 年）仲秋第五吉日，以额尔德尼、札萨克图汗为首的我等四十四领侯，即图什图汗、车臣诺颜、戴青洪台吉、叶勒丁诺颜、墨尔根诺颜、额尔德尼洪台吉、戴本洪台吉、腾吉里托音、阿尤西哈屯巴图尔、额尔德尼巴图尔洪台吉、昆都仑乌巴什、顾始诺颜汗、鄂尔勒克（台吉）、书库尔戴青、额尔登（台吉）、戴青和硕齐、鄂什儿图台吉、墨尔根戴青祖契尔、车臣台吉、墨特池台吉、博额尔登、墨尔根诺颜及达玛磷商议大纲，（在法典上署名）写下了伟大的法典。
	四、奇本	没有译。
	五、额本	颂辞 奥吮·赛音·阿木古朗·宝勒图贵——祝吉祥安康　向两个丘日干之海洋当中　出自空性之经身　圣识一切的神威　三身合一之瓦奇尔达赖喇嘛膜拜　统领一切的释迦牟尼　用温暖的光辉　赐予开化解释　相互抵触的疑惑　彼圣僧托音后嗣神主　将完整法轮传播到此之　圣宗喀巴脚下　顶礼膜拜　为所有生灵之益　显示阿毕达佛黄金神威的班禅额尔德尼　作为圣洁雪山之顶的偶像之　救苦救难的达赖喇嘛等二位圣僧脚下叩首　圣识一切的本性　我之慈悲无斑的菩提心　祈求呼图克图·尹禅·仁布察　赐予一切的广益 引言 萨嘉僧父尹禅·仁布察以及曼殊室利、安巴·西迪·曼殊室利这三位呼图克图·格根坛前，于英雄的查干鲁斯音吉勒秋中月初五吉日，以额尔德尼·札萨克图·汗为首的图什业图·汗、斡巴西·达赖·诺颜、达赖·洪·诺颜、彻齐勒·诺颜、岱青·洪·台吉、伊勒登·诺颜、墨儿根·诺颜、额尔德尼·洪·台吉、太琫·洪台吉、腾格里·托音、阿尤西·哈丹·巴图尔、额尔德尼·巴图尔·洪·台吉、昆都伦·斡巴西、顾什·诺门·汗、乌尔鲁克、楚琥尔·岱青、伊勒登、岱青·和硕齐、瓦奇尔图·台吉、墨儿根·岱青、楚琥尔·彻臣·台吉、莫德齐·太师、布克·伊勒登、墨儿根·诺颜·达木林等都钦都尔本二部的诺颜们开笔写下此大法。

续表

条序	版本	内容
序	六、策本	三位一体的佛啊，愿幸福同我们在一起！向一身具三性、在二资粮之海中充分显示空劫圣德的喇嘛鄂齐儿达儿叩拜。众生的导师释迦牟尼啊，愿您以炽热的光辉解脱我一开始就混乱的业感。向迄今仍转法轮的高贵尊者宗喀巴，继续继承神圣的“托音”【释迦牟尼】之主叩拜。向纯洁的雪域之国所矜夸的护法者达赖喇嘛和为【济度】众生而缠红黄法衣的【地上的】阿弥陀佛的再来者班禅额尔德尼两位尊者叩拜。以神圣的因赞楞波泽之名而著称的尊者啊，愿您以诸胜利者无异的摄律仪、摄差法、摄众生之戒与众生分享。在不空成就文殊室利，不动摇文殊室利释迦【氏】托音父因赞楞波泽三位尊者面前，于英雄铁龙岁【1640年】仲秋第五吉日，以额尔德尼札萨克图汗为首，图谢图汗、乌巴什达赖诺颜、达赖洪、洪诺颜、车臣诺颜、岱青洪台吉、叶勒登诺颜、墨尔根诺颜、额尔德尼洪台吉、戴本洪台吉、腾格里托音、阿尤西哈屯巴图尔、额尔德尼巴图尔洪台吉、昆都仑乌巴什、顾始诺明汗、鄂尔勒克、序库尔岱青、叶尔登、岱青和硕齐、鄂齐尔图台吉、墨尔根岱青、楚克尔、车臣台吉、墨德齐台什、保伊勒登、墨尔根诺颜、达玛林等四十【万蒙古】和四【万卫拉特】的官员们指定了大法典。
序	七、本书	愿太平吉祥！ 向在二积之海中、以空性法身诸形焕然装饰的、三身一体的瓦齐尔达喇喇嘛跪拜！祈请众生导师释迦牟尼以您炽热温暖的光辉解脱我们最初翻覆的业惑；向把完备的佛法转播于此｛方｝的圣托音的继承者、教主圣宗喀巴脚下叩首；向济度众生的阿弥陀佛之化身班禅额尔德尼，圣洁雪域之冕、拯救者达赖喇嘛两位圣人脚下叩拜。以呼图克图尹咱仁布齐之称闻名天下的圣人，愿您以无差别的仁慈菩提心将诸佛之法与空性无遗地赐予众生！ 在释迦之托音父亲尹咱仁布齐和阿姑文殊师利、不空成就文殊师利三位呼图克图之前，于称作巴图尔铁龙之年秋仲月（八月）初五吉日，以额尔德尼扎萨克图汗为首，土谢图汗、乌巴什达赖诺颜、达赖［洪］洪诺颜、车臣诺颜、岱青洪台吉、伊勒登诺颜、墨尔根诺颜、俄木布额尔德尼珲台吉、泰朋洪台吉、腾额哩陀音、阿尤希哈坦巴图尔、额尔德尼巴图尔珲台吉、昆都伦乌巴什、顾实诺门汗、和鄂尔勒克、书库尔岱青、伊勒登、岱青和硕齐、鄂齐尔图台吉、墨尔根岱青、楚琥尔、车臣台吉、墨德格齐太师、博伊勒登、墨尔根诺颜、达玛林等四十（万）与四（万）两方诺颜等开始写大法典。
序	比勘	日译帕、汉译帕摘译部分序言。“四十四部王公”，误，应为“四十与四”，指四十万蒙古与四万卫拉特。墨尔根一岱青一祖克尔、墨尔根戴青祖契尔，应为墨尔根岱青、楚琥尔两个人。俄本赞礼诗含义大多正确。“以额尔德尼、札萨克图汗为首的我等四十四领侯”，额尔德尼札萨克图汗是一人，“四十四领侯”亦误。额本的“颂辞”（赞礼诗）有误译之处，“楚琥尔·彻臣·台吉”应为楚琥尔（乌巴什台吉）与车臣台吉两个人。俄本少译“乌巴什达赖诺颜、达赖［洪］洪诺颜”两人。

续表

条序	版本	内容
1	一、日译帕	对搅乱我国国内和平、互相战争，侵入并掠夺［他人的］大爱马［克］或努图克的王公，整个蒙古及卫拉特的其他王公应联合起来加以攻击并打到［他］，没收其封地分配给各王公。但保存犯人的性命，剥下他的衣服，赤身赶走。犯人的财产，一半给被害人，其余一半分给蒙古族，另一半分给卫拉特族。
	二、汉译帕	对在我们的国家里扰乱和平、互相发动战争、屠杀和掠夺大爱马克或整个嫩秃黑人民的王公们，其他蒙古和厄鲁特的王公们要联合起来攻击之，没收其财产，将它们分配给其他王公。但不要处死犯人，而要剥光其衣服，让他自由。将他的财产一半交给受害者，另一半中的四分之一交给蒙古人，四分之一交给厄鲁特人。
	三、俄本	蒙古人与卫拉特人应联合一起，对违反法典规定（即所规定的行政秩序），杀（人）和掠夺大爱玛克人民者全蒙古和卫拉特应团结起来（攻击打倒之），犯人阙所，没收其（犯人）全部财产，一半交给受害者，一半（剩下的）平均分配。
	四、奇本	无论何人破坏此政权，如杀掠、抢劫大爱马克、大兀鲁思，蒙古卫拉特联合起来，擒斩其身，没收其全部财产。擒杀者得其财产之一半。另一半两方共分之。
	五、额本	无论何人，违背国法，杀戮或蹂躏民众，蒙古与卫拉特将合力讨伐，着将其一人流放，没收其一切财产。财产之一半付给受害者，剩余的一半分成两份，蒙古与卫拉特各取一份。
	六、策本	谁若破坏此事，杀【人】和掠夺大爱马克众人，蒙古和卫拉特联合起来【攻击打倒之】，只释放其本人，没收其全部【财产】，一半交给没收者，剩下的【部分】，【蒙古和卫拉特】二【部】平均分配。
	七、本书	凡人违犯此法规，杀掠大爱马克人众，蒙古和卫拉特双方共同［出兵惩治］，只释放其本人，将其属民［财产］全部籍没，一半给予{惩治者}，余下的一半［由蒙古和卫拉特］之间平分。
	比勘	日译帕本、汉译帕本中“没收封地”“没收财产”“剥下他的衣服赤身赶走（或剥光其衣服让他自由）”“交给受害者”皆误。俄本“一半给受害者”皆误。奇本，“擒斩其身”误。额本“着将其一人流放”“违背国法，杀戮或蹂躏民众”“财产之一半付给受害者”皆误。策本“破坏此事”不明确，“全部”应指属民及其财产。
2	一、日译帕	并未公然作战而争夺边界，侵入小爱马克或和屯者，应归还所掠之物，并拿出甲胄百领、骆驼百峰、马千匹作为赔偿。如系王公，还要拿出五件最好的财宝；如系平民，拿出一件最好的财宝。这些赔偿物品，归属处理纠纷的各部王公。
	二、汉译帕	没有公开发动战争而在边境地区制造骚乱并毁灭小爱马克或和屯者，必须归还其掠夺之物，并罚最贵重物品一件。所罚之物分配给各部的审判王公。

续表

条序	版本	内容
2	三、俄本	掠夺边境地方小爱玛克人民者，科铠甲百领、骆驼百只、马千匹的财产刑；凡被掠夺之物必须偿还。（此外），官吏科贵重（品）五件，非官吏科贵重（品）一件。
	四、奇本	没有译。
	五、额本	居住在二部边缘地带的少数人，如果掳掠部落之民众，罚十副铠甲、一百峰骆驼、一千匹马。将掳掠之财产全部归还原主，并补偿所损失的一切人与牲畜、财产。违法者如果是有官职的人，罚其掳掠物之五倍；如果是无官职的人，罚马、牛、骆驼、羊各一（匹、头、峰、只）。
	六、策本	【谁】若掠夺边境地方小爱马克众人，科铠甲百领、骆驼百峰、马千匹，凡被掠夺之物还给【原主】，并偿还【死去和所缺之】人、牲畜和财物，雅木图人的赔偿为五个别尔克，无雅木之人的赔偿为一个别儿克。
	七、本书	在边境抢掠少量爱马克人众者，罚甲百副、骆驼百峰、马千匹。将其所抢掠的一切归还［原主］，令其赔偿损失的人、畜和财物。若［杀死］有官职之人赔偿［命价］五个［伯尔克］，无官职之人赔偿一个伯尔克。
	比勘	日译帕本、汉译帕本中“珍贵物品”“财宝”，应为伯尔克（四种牲畜或五种牲畜）；“归属处理纠纷的各部王公”“所罚之物给审判的王公”误，应为赔偿被害人，对被害的官员和平民的赔偿额不同。俄本“贵重品”应为伯尔克，同前。科，误，应为赔偿。奇本未译。额本，“居住在二部边缘地带的少数人，如果掳掠部落之民众”，误，应为有人掳掠某部边境的少数人众。罚其掳掠物之五倍，误，应为赔偿五个伯尔克。把获赔偿的被杀者误为违法者。
3	一、日译帕	当骚乱时，由一方君主［下］逃出投降另一方君主的人，应当送还；从蒙古［逃出］的投降者应还给蒙古；从卫拉特［逃出］的投降者，应还给卫拉特。双方亲属也应彼此送还。从卫拉特方面［逃出］的逃亡者，也应该交还。
	二、汉译帕	在骚乱中从某一王公的领地投奔到另一领地的人要归诸原主。——蒙古部的火亦巴图忒（Choibatut）应留在蒙古人那里，厄鲁特部的火亦巴图忒应留在厄鲁特人那里，各部的亲属应互相归还其主。厄鲁特部的投奔者（Zoktui）也要归还原主。
	三、俄本	从火蛇年（1617 年）至地龙年（1628 年）间巴尔古族、巴杜特族、辉特族之俘虏，在蒙古者归蒙古，在卫拉特者归卫拉特；双方家族（投降者）全部应不拖延地互相送还；不交出者科羊二十头，驼两只的财产刑，并交出投降者。卫拉特之逃亡者引渡给卫拉特。

续表

条序	版本	内容
3	四、奇本	从火蛇年（1617年）到土龙年（1628年），在蒙古的巴儿虎、巴图特、辉特已被蒙古融合，在卫拉特的已被卫拉特融合。此外之人，该归喀尔喀的归喀尔喀，该归卫拉特的归卫拉特。如有人不予归还，［按占有之人数计，向占有者］每人罚马二十匹、驼二峰，连同占有者本人一起归还［所属方］。与朝克图一同归降卫拉特的人如逃回［喀尔喀］，要归还给卫拉特。
	五、额本	乌拉克钦毛该吉勒至锡剌鲁斯音吉勒之间，巴尔虎、巴图特、辉特等部人，在蒙古居住生活则归籍蒙古，在卫拉特居住生活则归籍卫拉特。除此之外，所有归属蒙古的，一律由蒙古管辖；归属卫拉特的，一律由卫拉特管辖。违反此法则每人口处罚二十匹马、二峰骆驼，另将其遣送原籍。与朝克图一起进入卫拉特而逃亡到其他部落者，将他遣返卫拉特。
	六、策本	从火蛇年（1617年）至土龙年（1628年）间，巴尔古、巴图特、辉特【之俘虏】，【已】在蒙古者归蒙古，在卫拉特者归卫拉特；除此之外的其他亲族者，全部应不受任何阻碍互相送还。若谁不还，对每一亲族者科马二十匹、驼两峰，并把他本人也交给【卫拉特或喀尔喀】。若投降给卫拉特的朝可图之人逃跑，要引渡给卫拉特。
	七、本书	自火蛇年（1617年）至土龙年（1628年）间，巴尔虎、巴图特、辉特人在蒙古者归蒙古，在卫拉特者归卫拉特。除此之外，［此后凡双方所属］人口［有逃走或被掳掠者］，可以不受限地［相互］索取。何人不肯还给，每口人罚马二十匹、骆驼二峰，并将此人索出返还。［喀尔喀］绰克图台吉［属下］被兼并入卫拉特之人，若有逃［回喀尔喀］者，应返还给卫拉特。
	比勘	日译帕本、汉译帕本没有译时间、巴尔虎等部名，还缺不还逃人的处罚，没有译出“人口”，误为亲属。汉译帕本把巴图特、辉特误为火亦巴图忒。俄本将人口误为家族。奇本“连同占有者本人一起归还”，误。日译帕本、汉译帕本、俄本都未能理解和译出绰克台吉属人之句，重复了返还卫拉特逃人之句。奇本、额本“与朝克图一同”归降或进入，误。绰克台吉被杀，属下被兼并。绰克台吉没有与其属下一同归降或进入卫拉特。额本中逃亡到“其他部落”，误。策本，“若谁不还，对每一亲族者科马二十匹、驼两峰，并把他本人也交给【卫拉特或喀尔喀】”，亲族，误，是逃人。罚的是收留者，交给喀尔喀的也是逃人，不是收留者本人。
4	一、日译帕	没有适时发现我国国内即将爆发的战争，且事后可以证明预先知道的人，应视为敌人加以处罚。——尽管收到爆发战争的通知而不召集其人民参加联合军的王公，应罚甲胄百领、骆驼百峰、马千匹。
	二、汉译帕	对在我们帝国里爆发的战争未及时察觉者以及嗣后被证明其知情者，要把他当做敌人一样惩罚。——得到战争爆发的报告而不集合其人民参加联合军队作战的王公，罚铠甲百领、驼百峰、马千匹。

续表

条序	版本	内容
4	三、俄本	敌人来袭蒙古及卫拉特时应即报告；得报告而不出动（反对敌人）者，大王公（邻境）科铠甲百领、驼百只、马千匹，小王公科铠甲十领、驼十头、马百匹之财产刑。
	四、奇本	未译。
	五、额本	蒙古与卫拉特有外敌入侵，必须立即通报。得到通报而不前来救援的邻近部落之大诺颜处罚一百副铠甲、一百峰骆驼、一千匹马；小诺颜处罚十副铠甲、十峰骆驼、一百匹马。
	六、策本	敌人来袭蒙古及卫拉特时应立即报告；得报告而不出动（反对敌人）者，边境地方的大王公科铠甲百领、驼百峰、马千匹，小王公科铠甲十领、驼十峰、马百匹。
	七、本书	若有敌人来侵袭蒙古与卫拉特［互相］报警。闻警之后，邻近［部落的］大诺颜若不［率兵］来［御敌］，罚甲百副、骆驼百峰、马千匹；若小诺颜不［率兵］来［御敌］，罚甲十副、骆驼十峰、马百匹。
	比勘	日译帕本、汉译帕本前半句误。奇本未译。俄本、额本正确。策本“边境地方”不准确，应为“邻境”。

二、《准噶尔法典》七种汉译文比勘表

本表中的汉译诸本与前表即《〈1640年蒙古—卫拉特大法典〉七种汉译文比勘表》相同，汉译诸本的版本出处和有关说明详见前表。

条序	版本	内容
1	一、日译帕	对危害萨满及喇嘛，或掠劫其爱马克者，罚甲胄百领、骆驼百峰、马千匹。并加倍赔偿掠夺的财产，把坏的换成好的赔偿。
	二、汉译帕	伤害僧侣和喇嘛，或掠夺其爱马克者，罚铠甲百领、驼百峰、马千匹。并罚双倍归还掠夺之物，坏的赔好的，半的赔整的。
	三、俄本	反对宗教、杀（人）和掠夺属于僧侣的爱玛克者，科铠甲百领、驼百只、牛千头之财产刑；而只对某些（掠夺者）重罚。
	四、奇本	［喀尔喀、卫拉特双方］如杀掠、抢劫寺庙喇嘛所属爱马克，罚铠甲百领、驼百峰、马千匹。按伊克黑卜处理。
	五、额本	杀戮或蹂躏寺庙喇嘛所属人员，处罚一百副铠甲、一百峰骆驼、一千匹马。如果一个人则按大法处置。

续表

条序	版本	内容
1	六、策本	掠夺、杀死属于僧侣的爱玛克者，科铠甲百领、驼百峰、马千匹；对个别【情节严重的掠夺者】重罚。
	七、本书	有关宗教［的法规］，凡杀掠喇嘛的爱马克和产业者，罚甲百副、骆驼百峰、马千匹。若杀掠个别或少数人，依也可合博处罚。
	比勘	日译帕本、汉译帕本中“危害萨满”误，后半句“并加倍赔偿掠夺的财产，把坏的换成好的赔偿”误。俄本“而只对某些（掠夺者）”、额本“一个人”、策本“对个别【情节严重的掠夺者】”皆误。都没有译出有关宗教［的法规］一词。额本“蹂躏”，不准确。“依也可合博处罚”意为重罚或从重处罚。
2	一、日译帕	有劫掠人民或财产的嫌疑的王公，应赔偿甲胄百领、骆驼百峰、马千匹。
	二、汉译帕	有隐瞒人民或财产之嫌的王公，罚驼百峰、马千匹。
	三、俄本	接纳逃人者，科（其财产）的一半，并将人送回；同时又杀人者，加重处罚。（偷盗）牲畜的罚款：罚八九，罚一九归证人。给众多逃人提供避难所的王公不将其引渡者，科铠甲百领、驼百只、马千匹，（此外），（这些人的所有主）得领取半数。
	四、奇本	不论谁那里来了逃亡者，罚其财产、牲畜之一半。［然后］送交其主人。如［逃亡者］杀了人，以大法罚畜八九，给证人一九。如［收容之］诸颜作梗阻拦，不听处罚、不给牲畜，罚［此诸颜］铠甲百领、驼百峰、马千匹，［卫拉特、喀尔喀］平分。
	五、额本	潜逃者无论投奔何处，一律将其财产牲畜没收一半，并遣返原籍交还原主；出现命案，按大法处置。杀死或偷窃牲畜，处罚八九牲畜。证人获得一九牲畜。诸颜等接收隐匿逃亡者，处罚一百副铠甲、一百峰骆驼、一千匹马。并分成两份，双方各得一份。
	六、策本	谁那里来了逃人，没收逃人财产的一半，并将人送回【原主】；杀死人者，加重处罚。【抢夺逃人的】牲畜的惩罚为八九，【其中】一九归证人。【给众多逃人提供避难所的】诸颜要赖，不将逃人引渡，科铠甲百领、驼百峰、马千匹，并把这些【铠甲和牲畜】双方平分。
	七、本书	逃人至何人之处，可以收取［逃人所携牲畜财产］之半，将逃人［及其牲畜财产的另一半］送还原主。若杀［逃人］依也可合博处罚，罚畜的雅拉为八九牲畜，给证人一九牲畜。诸颜若将众多［逃人隐匿］，抵赖不返还，罚甲百副，骆驼百峰，马千匹，将其应得的一半和应归还原主的一半这两半都收回。
	比勘	日译帕本、汉译帕本是摘译，皆误。俄本“（这些人的所有主）得领取半数”误。奇本、额本、策本“［卫拉特、喀尔喀］平分”或“分成两份，双方各得一份”“双方平分”等皆误。

续表

条序	版本	内容
3	一、日译帕	凡有任何违背法律行为的人，大王公罚骆驼十峰、马百匹；墨尔根台吉或舒库尔则罚骆驼五峰、马五十匹；如系最卑贱的人，罚骆驼一峰及三九牲畜。高贵的人在爱马克引起骚乱时，除罚骆驼一峰之外，还应加罚牲畜二十头。
	二、汉译帕	随意更改法律者，大王公罚驼 10 峰、马百匹，位如墨尔根岱青或书库尔的王公罚驼 5 峰、马 50 匹，最小的王公罚驼一峰及罚三九。在爱马克里制造动乱的贵人或上等人，罚驼一峰、牲畜 20 头。
	三、俄本	僧侣有权向近亲的同族者的贵族征收赎金（牲畜）五头、向平民征收（牲畜）两头和贵重（品）一件。十人中必有一人献身于佛。谁也不许违反本法典。如有违反，大王公科驼十只、马百匹；中王公科（原文作墨尔根戴青、祖契儿一级的）驼五只、马五匹；小王公科驼一只及罚三九；塔布囊及四达官（管理人）科驼一只及罚二九；王地的官吏科驼一只及罚一九。
	四、奇本	任何人不得违犯此法典。如违犯，大诺颜罚驼十峰、马百匹。墨尔根、岱青、舒库尔等诸颜罚驼五峰、马五十匹。小诺颜，以驼为首罚三九。塔布囊和四图什墨得，以驼为首罚二九。鄂托克之赛特、图什墨得，以驼为首罚一九。
	五、额本	喇嘛属辖上等人赔偿五头牲畜，下等人赔偿二头牲畜。或者赔偿一搏尔和。从十个人中应有一人充当寺庙属民。所有人不得违犯此大法，违犯者为大诺颜，处罚十峰骆驼、一百匹马；违犯者为墨儿根、岱青、楚琥尔等，处罚五峰骆驼、五十匹马；违犯者为小诺颜，处罚以骆驼为首的三九牲畜；违犯者为塔布能或执政的四类诺颜，处罚以骆驼为首的二九牲畜；违犯者为鄂托克诺颜，处罚以骆驼为首的一九牲畜。
	六、策本	逃到僧侣处的近亲的同族的上等人的赎金为五头【牲畜】，平民的赎金为两头【牲畜】或一个别尔克。十【个逃】人中一人归僧侣。谁也不许违反本规定。若大诺颜违反，科驼十峰、马百匹；墨尔根、戴青、祖契儿一级的【中】诺颜科驼五峰、马五十匹；小诺颜科驼为首的三九；众塔布囊及雅木图四位图仁墨尔科以驼为首的二九；各鄂托克的赛特、图仕墨科以驼为首一九。
	七、本书	［逃至］喇嘛处之人，［主人收回时须赎取］，其上等者以五头牲畜赎取，下等者以两头牲畜赎取，或者以一个伯尔克赎取。从十个［逃］人中留给［喇嘛］一人。任何人不得违犯此法规。违犯此法者，若为大诺颜，罚骆驼十峰，马百匹；若为墨尔根岱青、楚琥尔等辈的诺颜，罚骆驼五峰，马五十匹；若为小诺颜罚以骆驼为首的三九牲畜；若为塔布囊、有官职的四个图什墨尔，罚以骆驼为首二九牲畜；若为各鄂托克的赛特、图什墨尔，罚含骆驼一峰之一九牲畜。

续表

条序	版本	内容
3	比勘	日译帕本、汉译帕本是摘译，前面缺漏，皆误解、误译。俄本“僧侣有权向近亲的同族者的贵族征收赎金（牲畜）五头……”，误，将赎取逃人误解，“十人中必有一人献身于佛”亦误。奇本少译前部分内容，“不得违犯此法典”误，应为违此（赎人的）法条。额本，前半句与俄本相同，误；“墨儿根、岱青、楚琥尔”断句错误；“四类诺颜”误，应为四个土锡默特或赛特，不是诺颜。策本的“逃到僧侣处的近亲的同族的”误，“墨尔根、戴青、祖契儿”断句误。
4	一、日译帕	战时犯错误或因怯懦而逃亡的王公，罚甲胄百领、骆驼百峰、部属五十家及马千匹。如系小王公，则罚甲胄十领、骆驼十峰、马百匹及部属十家；如系宰桑、扎尔扈齐或其他首领，则罚取奴隶三人、帐篷三顶及马三十匹。此外，如系指挥战争的人，则剥夺其甲胄，使着妇女上衣，游街示众。额尔克顿及乌斯登有卑鄙行为者，罚属下一家、甲胄一领及牲畜八头。如系披甲士兵，则没收其甲胄及马四匹；兵士则没收其胸甲及马三匹；更贫者则没收马二匹；最下级的人，则没收其弓、箭囊及乘马。即使只是奔赴战场迟到的人，亦应着妇女上衣游街示众。
	二、汉译帕	在战争中表现不良，甚至临阵逃脱的王公，罚铠甲百领、驼百峰、臣民50户、马千匹。小王公只罚铠甲10领、驼10峰、臣民50户、马百匹；宰桑、扎鲁花赤及其他领主罚奴隶3名、帐篷3顶、马30匹。对将帅，还要科以卸甲并穿上妇人无袖衣游乡的耻辱刑。鄂尔克腾和兀思登临阵逃脱的，罚臣民一户、铠甲一领、牲畜8头。佩戴铠甲者罚其铠甲及马4匹，普通人罚次等铠甲及马3匹，下等人罚马2匹，最下等的人罚弓、箭筒及乘马。——集合时迟到者，科以穿上妇人无袖衣游乡的耻辱刑。
	三、俄本	无论任何借口，临阵后逃脱者，大王公科铠甲百领、驼百只、人民五十户、马千匹；中王公（原文作戴青和祖契儿）科铠甲五十领、驼五十只、人民廿五户、马五百匹；小王公科铠甲十领、驼十只、人民五户、马五十匹；塔布囊和四达官科（长官）铠甲五领、驼五只、人民五户、马五十匹；王公的地方官科吏贵重品三件、人民三户、马三十匹；旗手及小号手的处罚同塔布囊及达官；前卫同爱玛克的长官一样，除此以外，还要脱下军衣、头盔和穿上妇人无袖短衣；侍卫和内侍官科人民一户、罚一九，而主要东西为军衣一套；兵士科马四匹，主要东西则为军衣一套；甲士科头盔一件，马三匹；甲骑兵科胸甲一件，马二匹；平民科箭筒一个、马一匹，又逃走者，穿上妇人无袖短衣。
	四、奇本	不许任何人逃跑，如逃跑，上至各级诺颜、下至旗手、号手和一般平民百姓，按其职位、等级、地位的不同，分别罚以不同数目的铠甲、驼、马、人户和牲畜。

续表

条序	版本	内容
4	五、额本	外敌来犯时，大诺颜逃命则处罚一百副铠甲、一百峰骆驼、五十户属民、一千匹马；岱青、楚琥尔等诺颜逃命则处罚五十副铠甲、五十峰骆驼、二十五户属民、五百匹马；小诺颜逃命则处罚十副铠甲、十峰骆驼、十户属民、一百匹马。塔布能、执政的四类诺颜逃命则处罚五副铠甲、五峰骆驼、五户属民、五十匹马；鄂托克诺颜逃命侧处罚三搏尔和、三户属民、三十匹马。图克钦、布热钦逃命，按塔布能之例处罚；和硕齐逃命，按爱玛克诺颜之例，令其脱下盔甲，穿着女人短衣。额尔克腾、恰逃命，处罚一户属民和以盔甲为首的一九牲畜。穿长袍之士兵逃命，处罚以盔甲为首的四匹坐骑；戴战盔者逃命，处罚一副铠甲、三匹马；穿铠甲士兵逃命，处罚一副铠甲、二匹马。普通百姓逃命，处罚一张弓箭、一匹马；奴隶逃命，着令其穿女人短衣。
	六、策本	临阵后乘机悄悄溜走者，大诺颜科铠甲百领、驼百峰、人民五十户、马千匹；戴青和祖契儿级中诺颜科铠甲五十领、驼五十峰、人民廿五户、马五百匹；小诺颜科铠甲十领、驼十峰、人民十户、马百匹；众塔布囊及执政四位图仕墨尔科铠甲十领、驼五峰、人民五户、马五十匹；各鄂托克的众大臣科三个别尔克、人民三户、马三十匹；旗手及小号手的处罚同塔布囊及图仕墨尔；带前锋部队的和硕齐和惩罚同爱玛克的众图仕墨尔一样，没收其军衣、头盔，穿上妇人无袖短衣；额尔科腾和内侍官罚人民一户及军衣一套为首的一九；兵士科军衣一套，为首马四匹；头盔兵士科铠甲一件，马三匹；胸甲兵科铠甲一件，马二匹；平民弓箭一个、马一匹；若有人逃跑，穿上妇人无袖短衣。
	七、本书	大诺颜亲自出征后于阵前败逃，罚甲百副、骆驼百峰、属人五十户、马千匹；岱青、楚琥尔等辈的诺颜出征于阵前败逃，罚甲五十副、骆驼五十峰、属民二十五户、马五百匹；若小诺颜［败逃］，罚甲十副、骆驼十峰、属民十户、马百匹；若塔布囊及执政的四图什墨尔［败逃］，罚甲五副、骆驼五峰、属民五户、马五十匹；若各鄂托克之图什墨尔［败逃］罚三个伯尔克、属民三户、马三十匹；若旗手和号手［败逃］，依塔布囊、图什墨尔之例处罚；若｛立誓｝出征的和硕齐［败逃］，依爱马克之图什墨尔之例处罚，没收其全副铠甲，令其穿妇人无袖外衣；若为有官职之人和恰等［败逃］，罚一户属民，罚全副铠甲为首的一九；若为全副铠甲之士［败逃］，罚全副铠甲为首四匹乘用马；若为戴头盔甲士［败逃］，罚铠甲和［乘用］马三匹；若为着胸甲之士［败逃］，罚甲、［乘用］马两匹；若平民［败逃］，罚其箭筒（内有弓箭）、［乘用］马一匹。凡人［于战阵］败逃者，令其穿妇人无袖外衣。

续表

条序	版本	内容
4	比勘	日译帕本、汉译帕本所罚户数不准确，宰桑、扎尔固齐、额尔克顿及乌斯登等职务错误，“奴隶三人、帐篷三顶”误。“即使只是奔赴战场迟到的人，亦应着妇女上衣游街示众”误。有些内容没有译出。俄本，“贵重品”“军衣”误。奇本没有全译，只是概括了其大概内容。额本中的“逃命”不准确。策本没有译出“立誓出征的”和硕齐，“军衣”不准确。额尔科腾应为有官职之人。
5	一、日译帕	从敌人手中救出王公的人应做该王公的兀鲁思的达尔罕。在战斗中遗弃王公的人处死刑，并剥夺其财产。救出被俘的宰桑或扎尔固齐的人，应得到同救出王公一样的赏赐。自称救了这样的人而被救出的人也承认，但没有确凿证人时，还不能凭信。对遗弃自己王公者的处罚亦同。
	二、汉译帕	从敌人手中援救王公者，成为该王公兀鲁思的达尔罕。在激战中离开王公者，处死刑并没收其财产。援救被俘获的宰桑或扎鲁花赤者，享受与援救王公者相同的褒赏。但对吹嘘援救了宰桑或扎鲁花赤或王公的人，即使有被援救者证实，在没有真正的证人作证之前，不要相信吹嘘者。就像不要相信某人诬陷他人遗弃了王公一样。
	三、俄本	（战时）（从危境）中救出王公者，受免税（达尔汉）的褒赏，（危险时）遗弃王公者处死刑及没收财产。（从危境）中救出达官、塔布囊及其他人等者按上述规定赏赐。关于潜逃者同临危逃脱者的区别由见证人识别之。
	四、奇本	谁如救出诺颜，在和硕里做答儿罕。如丢弃，斩其人，没收其财产。谁如救出塔布囊、图什墨得等人，以前法奖赏。［战斗中］是不战自逃还是战中逃跑，要通过证人知道。
	五、额本	战场上救援诸诺颜，免除和硕赋税；情势危急而不予救援，没收其所有财产或处死；救援塔布能、诺颜为首的诸诺颜则依前例赏赐；临阵脱逃者，依据证人证词处置。
	六、策本	【战时】谁若【从危境】救出众诺颜，在和硕范围内封为达尔罕，遗弃王公者则处死刑及没收财产。（从危境中）救出塔布囊、图什墨尔等者按上述规定赏赐。关于英勇冲战者和逃脱者的区别由见证人识别之。
	七、本书	何人［在战阵中］救出诺颜，在和硕内封为达尔罕，丢弃诺颜而走者，处死和籍没［家产］。何人将塔布囊、图什墨尔等为首以下诸人救出，依上述规定赏赐。是战前潜逃还是阵前败逃，依据证人［的证词加以分辨］。
	比勘	日译帕本、汉译帕本、俄本无“和硕范围”内封为达尔罕。

续表

条序	版本	内容
6	一、日译帕	亲眼看见敌人大军而不报告的人，剥夺其财产、其家属均收为奴隶。
	二、汉译帕	见到敌人大批军队而不报告者，要夺去其财产，贬他及其家人为奴隶。
	三、俄本	看见或听到大敌而不报告者，处子孙追放、杀死、阙所之刑。
	四、奇本	看见或听到来了大敌而不报，流放其子孙，斩杀其人。
	五、额本	大敌当前而不予通报者，处以极刑，没收全部财产。
	六、策本	看见或听到大敌而不报告者，处子子孙孙杀死、没收财产之刑。
	七、本书	闻知和眼见大敌前来［侵袭］而不报告者，追究其本人直至其子孙，皆处死，籍没其家产。
	比勘	日译帕本、汉译帕本未译出杀死，因此误译为收为奴隶。奇本的“流放”误，是追究。额本，没有译出追究至子孙的含义。
7	一、日译帕	看见小部队［敌人］而不报告的人，也要没收其财产的一半。
	二、汉译帕	见到敌人小股军队而缄默者，夺去其一半财产和家人。
	三、俄本	看见匪帮掠夺而不报告者，籍没其一半的牲畜。
	四、奇本	看见劫盗而不报，没收其牲畜之半。
	五、额本	见到贼寇而不通报者，没收其牲畜的一半充公。
	六、策本	看见匪帮掠夺而不报告者没收其一半的牲畜。
	七、本书	见强盗而不报告者，罚没其牲畜之半。
	比勘	日译帕本、汉译帕本“小部队”“小股部队”应为“强盗”。汉译帕本“夺去其一半财产和家人”误，应为没收其牲畜之半。
8	一、日译帕	在发生骚乱时知情的人应立即武装起来驰赴该王公的阵营，不驰赴的人，应剥夺其全部财产及自由。
	二、汉译帕	闻知军情者，要立刻备好武器，奔赴王公的牙帐，违者夺去其财产，剥夺其自由。
	三、俄本	遇有动乱时，必须集合到王公左右；听到动乱而不报告者，科同前者一样的刑罚（按即死刑、犯人的阙所、子孙的追放），而当时游牧地方远近的和平是贵族必需的。
	四、奇本	发生了动乱，要到诺颜那里集中。如听见而不来，根据鄂托克之远近，以前法处理。
	五、额本	发生动乱则必须集中到诺颜处听候调遣，拒绝调遣按前例处置。驻牧地过远而耽搁，酌情处置。

续表

条序	版本	内容
8	六、策本	遇有动乱时，必须集合到诺颜之处；听到【动乱】而不到诺颜之处集合者，科同前者一样的刑罚，但要考虑【未集合人的】游牧地方远近的程度。
	七、本书	闻有动乱［率兵］集合于诺颜之处。闻知发生动乱而不来集合，依前面的规定处罚，以其驻牧地距离远近酌情予以处罚。
	比勘	日译帕本、汉译帕本少译“以其驻牧地距离远近酌情予以处罚”的内容。俄本“而当时游牧地方远近的和平是贵族必需的”，误。额本“拒绝调遣”不准确。
9	一、日译帕	一牧群遭敌袭击掠夺时，如果另一牧群跑去救援而夺回了被夺去的牲畜时，以一半归原所有者，其余一半给前去救援的人；倘若在追击时有战死者，其全家属都应受到补偿。纵然根本没有夺回牲畜，对每个丧命的人都应给以补偿。但是，如果知道敌人袭击而不去救援或不追击敌人时，对上层分子应没收其一半财产；对中层分子没收牲畜九头；对下层分子则没收牲畜五头。
	二、汉译帕	敌人前来袭击掠夺某部落时，如有另一部落前来相助，从敌人手中夺回的掠夺之物，其中一半归还原主，另一半归援救者所有。追击敌人时失去了生命的人的家属应得到补偿；没有夺回牲畜的，要给该家补偿一口人。闻知敌人来袭的消息后不速去相助并追击敌人者，上等人罚去其一半财产，中等人罚牲畜 9 头，下等人罚牲畜 5 头。
	三、俄本	敌人掠夺游牧地方马匹时，夺回被掠夺之马匹者，给予被夺回牲畜及财产之一半；同时如夺回者因而致死，则应按规定赔偿损失。如企图夺回牲畜而死亡者，则（破产者）兄弟应按人赔偿贵重品一件；看见或听见（敌人赶走牲畜）时，未追踪敌人将其夺回，系贵族者没收其牲畜及财产之一半，系中层阶级者罚九，系平民者科牲畜五头。
	四、奇本	谁如夺回被敌人抢走的马群和牲畜，分给其一半。如死了人，要给顶立，未能夺回而死了人，由丢失者之兄弟以一别尔克顶立。看见、听到而不追赶，［如是］赛因［库蒙］，［罚］分其财产、牲畜之半。［如是］敦达［库蒙］，罚一九，［如是］毛［库蒙］，罚一五。
	五、额本	贼寇抄没人家，驱走马群时，奋勇上前抢回马群者，获得牲畜之一半；抢回马群过程中，有被杀者，必须得到赔偿；为抢回马群而与贼寇搏斗致死，马群主人之兄弟以一博尔和予以赔偿；拒绝或逃避者，赛音·珲处罚财产牲畜的一半；敦达·珲处罚一九牲畜；毛乌·珲处罚五头牲畜。

续表

条序	版本	内容
9	六、策本	敌人掠夺阿寅勒抢走马群时，谁若夺回被掠夺之马群者，给予被夺回牲畜及财产之一半；谁若在夺马群的过程中致死，【马群主人】则应按规定赔偿损失。虽未能夺回马群，但企图夺回【马群】而死亡者，则其兄弟应受到一个别尔克赔偿；看见和听见【敌人掠夺阿寅勒赶走马群】却未追踪【敌人】者，系上等人罚一九，并没收其牲畜及财产之一半，系中等人罚九，系下等人科牲畜五头。
	七、本书	敌人来抢掠阿寅勒和赶走马匹时，凡人［将其抢走的马匹和财物］夺下，获得此牲畜和财物之半。若有人［与盗贼搏斗而］死，［被抢劫之人］依法赔偿［其命价］，未能拦截下［马匹和财物］而死人，从［被抢劫之人的］兄弟取一伯尔克偿其命。若有人闻见劫匪而不追，上等人罚取其财产牲畜之半，中等人罚一九牲畜，下等人罚五头牲畜。
	比勘	日译帕本、汉译帕本没有译出“从［被抢劫之人的］兄弟取一伯尔克偿其命”。俄本“贵重品”误。策本“则其兄弟应受到一个别尔克赔偿”，误。
10	一、日译帕	在我国内，如发生以下三种情况，任何人绝对不能拒绝无偿提供驿马。一僧侣或因宗教上的任务而派遣使节或使者时；二、奉王公之命旅行的人；三、为了向王公报告战争或有敌人来袭而必须急速驰赴其本营时，有以上三种情况，拒绝为急使提供替马的人，罚九的九倍，即八十一头牲畜。
	二、汉译帕	兹永久规定，遇到下列三种情形，我们帝国的任何人不得拒绝无偿提供驿马。第一，对因宗教事务而派出的公使和信使；第二，对为处理王公的事务而出差者；第三，对为向王公报告军情或敌人来袭的消息而奔赴牙帐的人。在上述三种情形下拒绝向驿使提供骏马者，罚九九或 81 头牲畜。
	三、俄本	必须提供三种法定的大车。必须区别使者的任务，有的为宗教上及行政上而出发的使者。有的为王公及其配偶生病而出发的使者，或者在大敌袭来的场合而出发者，均须提供大车；如不肯提供者则科罚九九。
	四、奇本	要供给无权的三种雅穆图人乌拉使用，要区分为政教而行之使者事。如为大诺颜、阿嘎得重病，如为抗击大敌而行的使者，要给乌拉。如有人不给乌拉，罚九九。
	五、额本	无论有权无权，一切人等必须为办理三件紧要事务者提供驿马；政教要务、诺颜哈屯患病和大敌侵袭的紧急讯息之公差，必须得到提供驿马之助。拒绝提供者处罚九九牲畜。
	六、策本	以下三种情况必须无偿提供驿马；行政和宗教上任务而派遣的使者；为大诺颜及其夫人生病而派出的使者；为了向王公报告大敌袭来的消息而派出的使者，如不肯对上述三种情况的使者提供驿马者，则科罚九九。

续表

条序	版本	内容
10	七、本书	［必须］给因三类事务出使的执政或非执政官员提供乌拉，为政教之事出使的使者，甄别其是否为政教之事后［提供乌拉］；为大诺颜及阿噶（贵妇）生病和为大敌来袭［之事出使的］使者提供［乌拉］，以上［三类］使者，何人不提供乌拉，罚九九牲畜。
	比勘	日译帕本、汉译帕本都漏译“为大诺颜及阿噶生病”事。俄本“大车”误。奇本“无权的三种雅穆图人”误。额本“无论有权无权”，不准确。日译帕本、俄译本、策译本将诺颜译为“王公”不准确。
11	一、日译帕	与高级僧侣发生口角或骂高级僧侣的人，也要罚八十一头牲畜；侮辱或辱骂下级僧特别是说教僧的人，罚家畜四十五头；但侮辱学徒僧或尼姑的人，则罚牲畜五头；侮辱修士或巡礼者，罚马一匹。在这时使用暴力的人，分别情形，加重处罚。
	二、汉译帕	殴打或谩骂高级僧侣者，罚牲畜九九。谩骂或伤害下级僧侣特别是教师（八哈石，Bakschi）者，罚牲畜五九。侮辱僧生（Manshiki）和尼姑者罚牲畜5头，侮辱僧侣或隐士者罚马一匹。有上述情形并动手殴打僧尼者，则视情节轻重加重处罚。
	三、俄本	以言词侮辱高级僧侣者科罚九九（牲畜）；侮辱喇嘛、王公教师者罚五九；侮辱格隆者罚三九；殴打者罚五九。侮辱班第或齐巴罕察者罚（牲畜）五头，殴打者罚九。侮辱乌巴什及乌巴桑察者罚马一匹，殴打者，按情节轻重处理。
	四、奇本	骂绰尔济等［喇嘛］，罚九九。骂诺颜的巴克什等喇嘛，罚五九。骂格隆等［喇嘛］，罚三九，动手打，罚五九。骂班第和察卜干赤等，罚一五，动手打，罚一九。骂乌巴什、乌巴三察，罚马一匹，动手打，根据打之程度处罚。
	五、额本	攻讦绰儿济处罚九九牲畜；攻讦为诺颜巴克什之喇嘛处罚五九牲畜；攻讦格隆处罚三九牲畜，殴打则处罚五九牲畜；攻讦班第或尼姑处罚五头牲畜，殴打则处罚九头牲畜；攻讦斡巴西或居家查布根赤，处罚马一匹，殴打则视其家境酌情处置。
	六、策本	以言词侮辱朝尔济【喇嘛】者，科罚九九【牲畜】；侮辱诺颜的师父喇嘛者，罚五九；以言词侮辱格隆者，罚三九；动手【殴打】者罚五九。侮辱班第或尼姑者罚（牲畜）五头，以言辞侮辱乌巴什及乌巴桑察者罚马一匹，殴打者，按情节轻重处理。
	七、本书	辱骂绰尔济罚九九牲畜，辱骂诺颜的喇嘛老师，罚五九牲畜。辱骂格隆罚三九牲畜，若殴打则罚五九牲畜。辱骂班第、察巴干查罚五头牲畜，若殴打则罚一九牲畜。辱骂乌巴什、乌巴伞察，罚马一匹，若殴打，视其程度而定。
	比勘	日译帕本、汉译帕本“说教僧”“教师”不准确。策本漏对班第和尼姑“若殴打则罚一九牲畜”一句。额本“攻讦”，不准确。

续表

条序	版本	内容
12	一、日译帕	冒渎正式任命的僧职人员的人，没收其一半财产。
	二、汉译帕	侵犯司佛事的僧侣之尊严者，罚去其一半财产。
	三、俄本	僧侣擅自破坏戒律者，科牲畜及财产之一半。
	四、奇本	托因人随意犯戒，罚其财产、牲畜之一半。
	五、额本	托音任意违背戒律则处罚其财产牲畜之一半
	六、策本	托音之人擅自破坏戒律者，科牲畜及财产之一半。
	七、本书	托音随意破戒，罚没其财产牲畜之半。
	比勘	日译帕本、汉译帕本的“冒渎”“侵犯”僧侣，误。
13	一、日译帕	嘲笑离开僧职而结婚者的人，应罚马一匹。对此加以暴行的人，加倍处罚。
	二、汉译帕	讥讽还俗并结婚的僧人者，罚马一匹，动手殴打者加倍处罚。
	三、俄本	侮辱在家（结婚）班第者罚马一匹，殴打者加倍。
	四、奇本	骂成家的班第，罚一马。动手打，罚双马。
	五、额本	攻讦娶妻之班第则处罚一匹马，殴打则处罚二倍。
	六、策本	以言辞侮辱还俗并结婚的班第者罚马一匹，殴打者加倍。
	七、本书	辱骂娶有家室之班第者，罚马一匹，殴打者加倍罚取。
	比勘	日译帕本、汉译帕本“离开僧职”、策本“还俗”误。
14	一、日译帕	当急使而乘用僧侣之马的人，应罚牝牛一头。
	二、汉译帕	驿使骑坐属僧侣所有之乘马者，罚母牛一头。
	三、俄本	向喇嘛及班第征用大车者，罚母牛一头。
	四、奇本	向喇嘛、班第们征用乌拉骑乘，罚牛一头。
	五、额本	让喇嘛、班第提供额力齐以兀拉，处罚一头牛。
	六、策本	向喇嘛及班第征用驿马者，罚牛一头。
	七、本书	从喇嘛、班第的牲畜征用乌拉，罚牛一头。
	比勘	日译帕本为“罚牝牛一头”，汉译帕本、俄本为“罚母牛一头”，原文为牛一头。

续表

条序	版本	内容
15	一、日译帕	这种人乘捐献的神马时，罚马一匹。但如系马丁借给使用时，应由马丁负罪责。急使辩解说不知情时必须发誓。
	二、汉译帕	骑坐供司佛事用之乘马者，罚马一匹。达马勒（Damall，圉人）将乘马交给驿使者，对圉人科以相同的处罚。驿使以不知情为由为自己辩护者，必须立誓。
	三、俄本	将献佛之马征用于运输（大车）者，罚马一匹；但如系马夫贷与的场合，则马夫受罚，如系使者乘的场合，则使者受罚；如果证明使者不知情时，则应对此设誓。
	四、奇本	骑用拴有敬佛鬃尾的马匹，罚一马。如系乌拉赤抓给的，［所罚之马］向乌拉赤要，如系使者［自己］骑的，向使者要。
	五、额本	骑色特尔马处罚马一匹；额力齐帮助抓色特尔马则处罚额力齐；公差自己骑色特尔马则处罚公差；不知而骑色特尔马则拷问弄清真相。
	六、策本	骑用献佛之马者，罚马一匹；但如系马夫自作主张的，则马夫受罚，如系使者【自作主张】骑用，则使者受罚；如果证明使者不知情时，则应对此设誓。
	七、本书	［凡人］乘用献给神的马匹，罚马。若乌拉齐将献给神的马给人乘用，从乌拉齐罚马。使者乘用则罚使者，不知情而乘用则立誓。
	比勘	日译帕本、汉译帕本“捐献的神马”“供司佛事用之乘马”不准确。俄本的“大车”“如系马夫贷与的场合”，都不准确。奇本漏“使者不知而骑用则立誓”。
16	一、日译帕	急使如果骂大王公，罚牲畜九头；骂小王公罚牲畜五头，骂自己的王爷，应加三倍重罚。严厉殴打家臣或长官时，罚牲畜九头；如不严厉则罚牲畜五头；单是骂［长官］，罚马一匹或羊一只。
	二、汉译帕	驿使谩骂大王公者，罚牲畜 9 头，谩骂小王公者罚牲畜 5 头。动手殴打王公者，科以三倍处罚。殴打兀思登或封臣者罚牲畜 9 头，情节较轻者罚 5 头，谩骂者罚马一匹、羊一只。
	三、俄本	侮辱大王公者没收其财产；侮辱中王公或塔布囊者罚一九；殴打者罚五九；侮辱小王公或塔布囊者罚五（牲畜），殴打系重打者罚三九，系轻打者罚二九。以言词侮辱内侍官或收楞额者，（罚）马羊各一头，重打者罚一九，轻打者罚五。
	四、奇本	如骂大诺颜，没收其全部财产和牲畜。骂雅穆图职官、塔布囊，罚一九，动手打，罚五九。骂小诺颜、小塔布囊，罚一五。动手打，如打得厉害，罚三九，如打得轻微，罚二九。骂乞雅、收楞格，罚一匹马、一只绵羊，如动手大打，罚一九，轻微打，罚一五。
	五、额本	攻讦大诺颜，没收其财产；用言词攻讦有官职的诸诺颜、塔布能则处罚一九牲畜，殴打则处罚五九牲畜；攻讦诸小诺颜、塔布能则处罚五畜，动手重殴则处罚三九牲畜，轻殴则处罚二九牲畜；诸恰以言词攻讦西古楞格则处罚马羊，重殴则处罚一九牲畜，轻殴则处罚五畜。

续表

条序	版本	内容
16	六、策本	以言辞侮辱大诺颜者，没收其财产；以言辞侮辱雅木图诺颜和塔布囊者，罚一九；动手【殴打】者，罚五九；侮辱小诺颜和塔布囊者，罚五（牲畜），动手重打者，罚三九，以言词侮辱内侍官或收楞额者，（罚）马、羊各一头，重打者罚一九，轻打者罚五。
	七、本书	辱骂大诺颜者籍没［其家产］，辱骂有官职的诺颜、塔布囊者罚一九牲畜，殴打者罚五九牲畜。辱骂小诺颜、塔布囊者罚五头牲畜，严重殴打者罚三九牲畜，殴打轻微者，罚二九牲畜。辱骂恰、收楞额者罚马、羊各一头，严重殴打者罚一九牲畜，轻微者罚五头牲畜。
	比勘	日译帕本、汉译帕本、俄本驿使谩骂“王公”“王爷”，称谓不准确；有关内容、塔布囊及恰、收楞额等官职未全译。额本“诸恰以言词攻讦西古楞格则处罚马羊”，误。策本漏“系轻打者罚二九”。
17	一、日译帕	必须执行王公交给任务的人，无需忍受任何侮辱，对此可使用暴力。王公的家臣由于这种斗争，即使杀死部下，也不负任何责任。如果仅限于格斗程度，而且是王公的家臣斗败了时，侮辱者应赔偿其名誉，必须拿出九头牲畜来，给那个［受侮辱的］家臣。向地位低的人夸耀自己财富，发生争论而殴打他们的王公或宰桑，应拿出牲畜九头赎罪；倘若这种行为有危险性，应加五倍赎罪；但根据情况和人的身份，这种处罚可以加重或减轻。
	二、汉译帕	为王公服务和处理事务者，不要忍受任何人任何方式的侮辱，而要以暴力反抗之。即使发生殴斗，王公仆役将臣民打死，也不负责任。双方打架时王公吏役败北者，罚侮辱者牲畜 9 头以赔偿名誉损失。王公或宰桑仗势在口角中殴打次等人者，罚牲畜 9 头，殴打致重伤者罚五九。得视情节轻重及当事人等级高低从轻或从重处罚。
	三、俄本	为了执行公务、（汗之）敕令和法律，大小王公、官吏、得木齐、收楞额殴打人不坐罪；因而致死者，亦不坐罪。但任意殴打则科财产刑，重打罚一九，中打罚五，轻打罚马一匹。
	四、奇本	职官诺颜们、塔布囊们、赛特，小诺颜、小塔布囊们、得木齐、收楞格这些人，根据主人的旨令为护法打人，无罪，打人后致死亦无罪。但这些赛特不能随意打人，随意大打，罚一九、中打，罚一五；小打，罚一马。
	五、额本	有官职的诺颜、塔布能、赛德、小诺颜、德木齐、西古楞格等执行公务，对妨碍公务者可予鞭打，妨碍严重而鞭打致死也不予追究。诺颜为显示威风，无故寻衅，重殴则处罚一九牲畜，中殴则处罚五畜，轻殴则处罚马一匹。
	六、策本	为了执行公务、（汗之）敕令和法律，众雅木图诺颜、塔布囊、赛特、小诺颜、得木齐、收楞额殴打人不坐罪；因而致死者，亦不坐罪。但这些大臣傲慢自大，任意殴打，重打者，罚一九，中打者罚五，轻打者罚马一匹。

续表

条序	版本	内容
17	七、本书	有官职的诺颜、塔布囊、赛特、小诺颜、（小）塔布囊、德木齐、收楞额等为执行其主人之令旨和法规殴打人不坐罪，被殴者其后［因伤而］死，亦不坐罪。以上臣僚若为炫耀其权威殴打人，严重者罚一九牲畜，中等者罚五畜，轻微者罚马一匹。
	比勘	日译帕本、汉译帕本译文表述不够准确。奇本“为护法”打人不准确。额本“鞭打”与原文不符。
18	一、日译帕	因闹着玩或轻率而冒渎别人父母的人，罚马一匹。
	二、汉译帕	以戏谑或轻狂之语诅咒他人父亲或母亲之头部或生命者，罚马一匹。
	三、俄本	对骑者詈骂道：“你父亲这家伙”，又对他们嘲笑说：“没出息的”，均科马一匹的财产刑。
	四、奇本	没有译。
	五、额本	谩骂无辜，指名侮辱戏谑其人父母者，罚马一匹。
	六、策本	无缘无故侵惹别人，叫他父母和祖宗的名字，科马一匹。
	七、本书	何人招惹无辜之人，直称别人父母名字开玩笑，罚马一匹。
	比勘	汉译帕本不准确。
19	一、日译帕	任何人假借虚伪的口实而乘用急使的马时，应罚上等牲畜一头。
	二、汉译帕	以虚假的借口骗取使用驿马者，罚好牲畜一头。
	三、俄本	使者非因公务，征用大车仅限于自己的爱玛克，如从别的爱玛克征用时，则科三岁母马一匹的财产刑。
	四、奇本	无公事的使者要从自己的爱马克使用骑乘。如从别处寻找骑乘，罚三岁母牛一头。
	五、额本	非公务差使，可骑本爱玛克之马。骑其他爱玛克之马，罚三岁大母畜。
	六、策本	非因公务的使者，骑用自己爱玛克的驿马，如超出公务地区的范围，从别的爱玛克征用时，则科三岁母牛一头。
	七、本书	使者非因公务从［自己］爱马克乘用乌拉马匹，越境［从其他爱马克］乘用乌拉，罚三岁母牛一头。
	比勘	日译帕本、汉译帕本未译出“越境”乘驿马；俄本“大车”不准确。其余诸本对“越境”乘用其他爱马克的乌拉表达不够清晰。
20	一、日译帕	擅自骑驿马一天以上而不送还的人，应罚羊一只。
	二、汉译帕	未经报告乘坐驿马超过一天者，罚羊一只。

续表

条序	版本	内容
20	三、俄本	替使者赶大车的使用马匹当天不通知其主人者，科羊一头，经过一昼夜后而不报告者科三岁母马一匹。
	四、奇本	如在本日乌拉赤不请示畜主［而提供乌拉］，罚绵羊一只。如隔宿过了一夜，罚三岁母牛一头。
	五、额本	额力齐未经主人允许而骑其马者，当日则罚一只绵羊；过宿则罚三岁大母畜。
	六、策本	马夫当天不通知其主人，擅自给使者骑用驿马，则科羊一只，经过一昼夜而不报告者，科三岁母牛一头。
	七、本书	乌拉齐［为使者］提供乌拉而不告知牲畜主人，于当日罚绵羊一只，若过夜则罚三岁母牛一头。
	比勘	日译帕本、汉译帕本中“不送还”应为“未告知”，“未经报告”应为“未告知主人”，都未译下半句。
21	一、日译帕	妨碍王公的急使通行的人，罚牲畜一头。
	二、汉译帕	给王公驿使设置障碍者，罚牲畜一头。
	三、俄本	殴打使者罚一九，将其从马上拉下者，罚五（牲畜）。不提供大车或强行取回并殴打车夫者，（均）处以马一匹的财产刑。
	四、奇本	没有译。
	五、额本	殴打公差者处罚一九牲畜；拽公差下马者处罚五畜；公差抢骑其马而殴打公差则处罚一匹马。
	六、策本	殴打使者罚一九，将其从马上拉下者，罚五（牲畜）。若不提供驿马而使者强行取回驿马时殴打使者，科【马夫】马一匹。
	七、本书	［凡人］殴打使者罚一九牲畜，将使者拉下马弃之者罚五头牲畜。拒不提供乌拉，使者强取时殴打使者之人，罚马一匹。
	比勘	日译帕本、汉译帕本未全译。奇本没有译。俄本“大车”“车夫”不准确。
22	一、日译帕	为了自己的私事，伪造口实，并无资格而潜用急使特权的人，认为王公因此遭受损失时，罚牲畜九头，或笞刑五十及罚牲畜五头。
	二、汉译帕	以虚假的借口让驿使为处理自己的事情服务，而对此并无权利者，应视作侵吞领主收入，罚牲畜 9 头，或科 50 棒的体罚刑及 5 头牲畜的财产刑。
	三、俄本	僭称使者而征用大车及粮食的人，罚一九或科五打并罚五（牲畜）的财产刑；犯右罪之一者科罚五（牲畜）的财产刑。
	四、奇本	如谎称使者骑乌拉、吃舒思，罚一九，或杖责五下，罚一五。违犯［骑乌拉、吃舒思］其中之一项，罚一五。

续表

条序	版本	内容
22	五、额本	冒充公差骗骑兀拉马或抽吃首斯处罚一九牲畜；或鞭笞五下，处罚五畜；诳骗其中之一者，罚五畜。
	六、策本	僭称使者而骑用驿马享用食物者，罚一九或科五打并罚五（牲畜）；犯二之一者科罚五（牲畜）。
	七、本书	诈称使者享用乌拉和首思者，罚一九牲畜，或［鞭］打五下、罚五头牲畜。有犯诈乘乌拉或诈食首思之一事者，罚五头牲畜。
	比勘	日译帕本、汉译帕本未全译。俄本“大车”“粮食”“五打”等词不准确。
23	一、日译帕	被派赴远方的急使，可在住宿地方接受免费住宿及一只羊的招待。但要求超过这种招待的人应受处罚。使者故意伤害乘马时，应罚牲畜一头。对急使拒绝［提供］免费住宿和招待的人亦同；但强要住在没有儿子的寡妇家里的人，如无正当理由，应给他穿上妇女上衣游街示众。这时欲申诉理由者，必须先发誓。
	二、汉译帕	驿使被遣远出者，夜间住宿可免费，并可食一只羊，但索取更多物品者要坐罪。驿使故意杀死驿马者，罚牲畜一头。拒绝给驿使免费提供住宿和伙食者，科与此相同的财产刑。以暴力宿于无子寡妇之住所者，科以穿上妇人无袖衣游乡的耻辱刑，但能说明正当事由者不在此限；在此情形欲为自已申辩者，必须立誓。
	三、俄本	拒绝替换疲劳之马者，科以三岁母马一匹之财产刑；拒绝他人之投宿者，科以三岁母马一匹之财产刑；无子妇人拒绝他人之投宿时，科以无袖短衣一着之财产刑，但如欲辩明其无罪时则使其设誓。
	四、奇本	远行的使者中午吃饭或过夜时，吃一只羊。如多吃，罚其马。使者远行马瘦，如有人不给换马，罚三岁母牛一头。不准过夜，罚三岁母牛一头。无子女的妇女不准使者住宿，罚其棉坎肩。如其找理由强行辩解，逼［罚］之。
	五、额本	必须为公差提供中餐和晚餐，非饭时索要滥吃则没收公差坐骑；公差乘马疲劳，不提供乘马者处罚三岁母畜；不提供公差食宿者处罚三岁母畜；孀居无子女者免除提供食宿义务，但须上缴短衣一件；借故推诿，不提供任何帮助则予追究。
	六、策本	远行之使者中午和晚上【在所住宿的家里】可食用羊一只。超额食用者，没收其马。拒绝【给使者】替换疲劳之马者，科以三岁母牛一头；拒绝他人之投宿者，科以三岁母牛一头；无子女之妇人拒绝（给使者）投宿，没收其无袖短衣，若提出理由，则使其设誓。
	七、本书	远途使者午间和晚间住宿时食［首思］，非时索要多食者罚取其马匹。［使者］所乘马匹疲乏时，何人不提供替换马匹，罚三岁母牛一头。何人不给［使者］提供住宿（借宿），罚三岁母牛一头。无子女的寡妇若不准［使者］借宿其家，罚取其无袖妇人外衣。若找借口拒绝［使者借宿］，令其立誓。

续表

条序	版本	内容
23	比勘	日译帕本、汉译帕本“故意伤害乘马”“故意杀死驿马”“以暴力宿于无子寡妇之住所者，科以穿上妇人无袖衣游乡的耻辱刑”等误。俄本没有提到首思，“拒绝替换疲劳之马者”不清楚。奇本没有译出“非时”索食。额本“孀居无子女者免除提供食宿义务，但须上缴短衣一件”，误。以上“吃一只羊”原文为提供首思（羊或饮食），无量词。奇本、额本中的“棉坎肩”“短衣”不准确。
24	一、日译帕	将牲畜赶进王公的根据地指定的帐篷而致污损的人，罚骆驼一峰及其他牲畜九头；但如能证明不知道那是王公的宿帐的话，则不应受任何处罚。
	二、汉译帕	驱赶牲畜破坏用做王公牙帐之草场者，罚驼一峰、其他牲畜 9 头，但能证明其不知情者不坐罪。
	三、俄本	在王公禁猎区灭绝野山羊者，罚一九及驼一只之财产刑；不知（是禁区）而犯之者则不坐罪。
	四、奇本	猎手破坏诺颜们的猎场，以驼为首罚一九。未破坏者无事。
	五、额本	在诸诺颜所属禁猎区破坏宿营地、驱惊野兽则处罚以骆驼为首的一九牲畜；不知禁猎等情属实可以免罪。
	六、策本	闯入诺颜围栏的宿营地和猎区者，罚以驼为首的一九；不知情况而犯之者则不坐罪。
	七、本书	凡人破坏诺颜已经圈禁的营地和围场，罚骆驼为首之一九牲畜，不知者不坐罪。
	比勘	日译帕本、汉译帕本把牲畜赶进“帐篷而致污损”“牙帐之草场”，皆误。俄本“灭绝野山羊者”误，俄本、奇本均未提“驻营地”。“未破坏者无事”，误，应为不知者不坐罪。策本“围栏”不准确。
25	一、日译帕	冒领或企图冒领王公收入的人，罚牲畜九九。
	二、汉译帕	盗窃或企图夺取王公财产者，罚牲畜九九。
	三、俄本	断绝大王公之食物者，科以罚九九之财产刑，属于中王公者则罚一九，小王公者则马一匹之财产刑。
	四、奇本	如断大诺颜的舒思，罚九九。断职官诺颜、塔布囊的舒思，罚一九。断小诺颜、小塔布囊的舒思，罚马一匹。
	五、额本	无故中断诸大诺颜的首斯处罚九九牲畜；中断有官职诸诺颜及诸塔布能的首斯处罚九畜；中断诸小诺颜及诸塔布能的首斯则处罚一匹马。
	六、策本	拒绝给大诺颜之食物者，科以罚九九之刑；拒绝雅木图诺颜和塔布囊之食物者，则罚一九；断绝小诺颜及塔布囊之食物者，则科马一匹。
	七、本书	拒给大诺颜首思者罚九九牲畜。拒给有官职的诺颜、塔布囊等首思者罚一九牲畜。拒给小诺颜、小塔布囊首思者罚马一匹。

续表

条序	版本	内容
25	比勘	日译帕本、汉译帕本摘译，内容不全，“冒领或企图冒领王公收入的人”“盗窃或企图夺取王公财产者”皆误。俄本，译为“王公”，笼统译称之为大、中、小王公，不译具体名称，不够准确。
26	一、日译帕	没有译。
	二、汉译帕	没有译。
	三、俄本	不正当（非法地）地骗取（吃掉）王公的食物者，则科马一匹。午后和晚饭后嬉食者科马一匹。
	四、奇本	但如多吃［舒思］，罚［小诺颜、小塔布囊］马一匹。以午饭、晚饭之名吃舒思，罚马一匹。
	五、额本	假借诺颜之名征首斯自己享用则处罚一匹马；骗吃午餐处罚一匹马。
	六、策本	不正当地食用食物者，则科马一匹。侵害他人，不正当地食用午餐和晚餐者，科马一匹。
	七、本书	［诺颜、塔布囊］不按规定［时间和待遇］食用首思者罚马一匹。在中午和晚餐以玩笑不按规定［待遇］食用首思者罚马一匹。
	比勘	俄本“骗取（吃掉）王公的食物者”，非王公食物，误。奇本“以午饭、晚饭之名吃舒思”不准确。额本“假借诺颜之名征首斯自己享用则处罚一匹马；骗吃午餐处罚一匹马”亦误。首思是元代就有的汉译名，不宜再译为“舒思”“首斯”。
27	一、日译帕	与自己的师父或父母格斗或有下流行为的人，罚牲畜三九；轻者罚二九；再轻者罚牲畜九头。
	二、汉译帕	与教师（巴哈石）、父亲或母亲打架并毫无羞耻地作乱者，罚牲畜三九，情节较轻者罚二九或者牲畜 9 头。
	三、俄本	（重）打老师及父母者罚三九，中打者罚二九，轻打者罚一九。
	四、奇本	任何人如大打教育自己的老师、自己的父母，罚三九；中打，罚二九；小打，罚一九。
	五、额本	殴打师长、父母严重者处罚三九牲畜；殴打者处罚二九牲畜；有殴打倾向者处罚九畜。
	六、策本	【重】打教导的老师及父母者罚三九，中打者罚二九，轻打者罚一九。
	七、本书	凡人殴打教导自己的老师及父母，［严重者］罚三九牲畜，中等程度者罚二九牲畜，轻者罚一九牲畜。
	比勘	日译帕本、汉译帕本“与自己的师父或父母格斗或有下流行为的人”与“与教师（巴哈石）、父亲或母亲打架并毫无羞耻地作乱者”等误。额本没有译出殴打的程度，“有殴打倾向者”，误。

续表

条序	版本	内容
28	一、日译帕	儿妇反抗翁姑时,法庭应由她征收牲畜三九;儿媳殴打婆婆时,除上述处罚外,还应笞打三十、二十,最少也要打十下。
	二、汉译帕	儿媳反抗公公或婆婆者,法院对她科以罚三九的财产刑。胆敢殴打婆婆者,除上述财产刑外,鞭笞 30 或 20 下,至少 10 下。
	三、俄本	媳妇(重)打公公或婆婆者罚三九,中打者罚二九,轻打者罚一九;此外并科鞭刑,即重打鞭三十,中打鞭二十,轻打鞭十。
	四、奇本	大打自己的妻子、岳母、岳父,罚三九;中打,罚二九;小打,罚一九;大打者,责打三十下;中打者,责打二十下;小打者责打十下。
	五、额本	儿媳乖张,重殴公婆者处罚三九牲畜;中殴者处罚二九牲畜;轻殴者处罚九畜。补充条款:重殴者鞭笞三十,中殴者鞭笞二十,轻殴者鞭笞一十。
	六、策本	媳妇【重】打公公或婆婆者罚三九,中打者罚二九,轻打者罚一九;重打者打三十,中打者打二十,轻打者打十。
	七、本书	儿媳妇殴打公公、婆婆,[严重者]罚三九牲畜,中等程度者罚二九牲畜,轻度者罚一九牲畜。对严重殴打者责打三十下,中等程度殴打者责打二十下。轻度殴打者责打十下。
	比勘	日译帕本、汉译帕本摘译,不全,亦未表示出殴打的程度。奇本“大打自己的妻子、岳母、岳父”误,不是儿子,而是媳妇殴打公婆。
29	一、日译帕	丈人为了教育女婿出于善意鞭打时,无罪;但无正当理由只是出于暴行而殴打时,应罚牲畜九头。如系丈母娘这样殴打,则罚牲畜二九。
	二、汉译帕	父亲出于好意或为训诫目的责打儿媳者不坐罪。但父亲并无正当理由而仅出于暴戾责打儿媳者,罚牲畜 9 头。婆婆如有类似情形,罚牲畜二九。
	三、俄本	父亲为教育儿子,婆婆为教育媳妇,即使责打也不坐罪,但是错误的(无辜的)责打,则(重)打罚一九,(中)打罚五,轻打科马一匹的财产刑。公公(重)打媳妇时,罚二九,(中)打罚一九,轻打罚五的财产刑。
	四、奇本	如父亲教育儿子、母亲教育儿媳而责打,无事。但如错打,大打者罚一九;中打,罚一五;小打,罚马一匹。父亲如打儿媳,大打罚二九,中打罚一九,小打罚一五。
	五、额本	父亲管束教训儿子,婆婆管束教训儿媳,如果动手鞭打,重则处罚九畜,中则处罚五畜,轻则处罚马一匹。公公重殴儿媳处罚二九牲畜,中殴处罚九畜,轻殴处罚五畜。

续表

条序	版本	内容
29	六、策本	父亲为教育其儿子，婆婆为教育其媳妇而殴打，不坐罪，但是错误的殴打，则【重】打者罚一九，中【打】者罚五，轻【打】者科马一匹。公公【重】打媳妇，罚二九，【中】打者罚一九，轻【打】者罚五。
	七、本书	父亲为教训儿子、婆婆为教训儿媳而责打，不坐罪。错打者［若严重］罚一九牲畜，中等程度罚五头牲畜、轻者罚马一匹。公公［错］打儿媳妇，［严重者］罚二九牲畜，中等程度者罚一九牲畜，轻者罚五头牲畜。
	比勘	日译帕本“丈人为了教育女婿出于善意鞭打时”，误，应为儿子，非女婿。汉译帕本父亲责打“儿媳”，误。额本“如果动手鞭打”，误，应为错打，无辜殴打。日译帕本、汉译帕本未译中打、轻打的处罚。日译帕本、汉译帕本将公公译为“丈母娘”“婆婆”殴打儿媳，误，并且都未译出中打、轻打的处罚。奇本“父亲如打儿媳”应为“公公错打儿媳”。以上述诸本都未译出“错打”即无辜殴打。
30	一、日译帕	见有反抗双亲的儿子，应立即［将儿子］扭送王公处告发；其子如系成人且已通达事理时，应罚交纳同等阶级的一个士兵所用甲胄一领，并罚牲畜九头，并令其完全离开双亲。
	二、汉译帕	子女如反抗其父母，目睹者要把他们扭送到王公那里并控诉之。子女已成年并晓事者，则罚其等级之战士所具全套武器及牲畜 9 头；此外要把他们与父母隔离起来。
	三、俄本	儿子杀父或母，目击者须将（杀人犯）扭送王公处，为此得（从杀人犯财产中）罚一九及贵重品一个；此外，杀人犯的其他一切（财产和家庭）须被籍没。
	四、奇本	儿子杀自己的父母亲，谁看见都要抓捕送交诺颜，并以一别尔克为首吃一九，除杀人者其身外，其他财产分与众人。
	五、额本	凡见到儿子杀死父母者，须押送至诺颜处；押送之人可获博尔和为首的九畜；没收案犯全部财产充公。
	六、策本	儿子杀父或母，目击者须将【杀人犯】扭送诺颜处，为此【从杀人犯财产中】得一个别尔克为首的一九；杀人犯其他一切【财产和家庭】须被籍没。
	七、本书	儿子杀死父母，见之者捉送其诺颜处，获得以伯尔克为首一九牲畜，将此子本身外的一切人口、财产和牲畜籍没。
	比勘	日译帕本、汉译帕本“见有反抗双亲的儿子”“子女如反抗其父母”皆误。将“伯尔克”一词误译为“甲胄”“武器”等，没有译出籍没杀父的儿子一切财产牲畜。籍没父亲除生命外的一切误，应为籍没其人口之外的一切。奇本“除杀人者其身外”误，应为“其人口”外，即包括其本身和家庭人口外。策本没有清楚表达籍没“儿子本身外”的含义。

续表

条序	版本	内容
31	一、日译帕	父亲由于惩戒其男孩而终于被杀害时，加害者除其生命外，一律予以没收。
	二、汉译帕	父亲严刑责打儿子致死者，没收杀人父亲生命之外的所有东西。
	三、俄本	父亲杀儿子，除本人家庭外，其他一切（即财产及人）须被籍没。
	四、奇本	如父亲杀了儿子，除其本人外，没收其全部财产。
	五、额本	父亲杀死儿子，则抄没全部财产。
	六、策本	父亲杀儿子，除本人家庭外，其他一切须被籍没。
	七、本书	父亲杀死儿子，籍没其家庭人口之外的一切财产牲畜。
	比勘	日译帕本，谁被杀害不清楚。汉译帕本“没收杀人父亲生命之外的所有东西”，误。应为籍没其人口之外的一切。奇本“除其本人外”误，应为“其人口”外，即包括其本身和家庭人口外。
32	一、日译帕	如果是［殴杀］女奴隶的话，只罚牲畜三头。
	二、汉译帕	杀死女奴者罚牲畜 3 头。
	三、俄本	杀男奴隶者罚五九，杀女奴隶者罚三九之财产刑。
	四、奇本	人如杀了自己的［男］奴隶，罚五九。如杀了女奴，罚三九。
	五、额本	杀死男奴处罚五九牲畜；杀死女奴处罚三九牲畜。
	六、策本	杀男奴隶者罚五九，杀女奴隶者罚三九之财产刑。
	七、本书	杀死男奴隶，罚五九牲畜，杀死女奴隶，罚三九牲畜。
	比勘	日译帕本、汉译帕本漏杀男奴内容，只罚“牲畜三头”，误。
33	一、日译帕	殴杀已离婚的妻子者，罚牲畜五九。
	二、汉译帕	杀死被遗弃之妻室者，罚牲畜五九。
	三、俄本	丈夫杀其遗弃之妻罚五九。
	四、奇本	如杀了自己遗弃之妻，罚五九。
	五、额本	谋害弃妻处罚五九牲畜。
	六、策本	丈夫杀其遗弃之妻罚五九。
	七、本书	丈夫杀死已休弃之妻，罚五九牲畜。
	比勘	额本“谋害”，不准确。

续表

条序	版本	内容
34	一、日译帕	其他类似情况，如果女子用不幸的方式杀死别的男人或女人时，或女子杀人的时候，按情况判处该女人，最坏的情况是挖去鼻、眼、耳，卖去当女奴隶。
	二、汉译帕	在类似情形，女人不慎打死男人或另一女人者，视情节轻重处罚，情节最严重的捣碎其鼻子、眼睛和耳朵，并贬为女奴。
	三、俄本	妻杀（他人之）妻（在重婚的场合）者，以（杀）人论处；或割去两耳，另嫁他人。即（将其另嫁给他人）（或领取赏付的）牲畜者得由丈夫选择。
	四、奇本	［男］人之妻如杀了别人之妻以杀人的习惯法处理。或者割其耳朵，［把她］给别人。［但只能］选要女人、牲畜二者之一。
	五、额本	谋害与丈夫通奸之女按杀妻罪论处，并割其耳朵配给他人；女犯用牲畜赔偿被杀者。
	六、策本	妻杀【他人之】妻者，以【杀】人论处，或割去耳朵，另嫁他人。被杀害者的丈夫将选择妇人和牲畜之一。
	七、本书	妻子杀死他人之妇，依杀人罪论处，［罚五九牲畜］，或割掉此杀人之妇耳朵后将其送给别人，［被杀妻之人］可在此妇与［五九］罚畜之间择取其一。
	比勘	日译帕本、汉译帕本误增“杀死别的男人”“按情况判处”“视情节轻重处罚”皆误。以下挖或碎其鼻子、眼睛，卖去或贬为女奴等皆误。奇本按“习惯法处理”，误。额本，“谋害与丈夫通奸之女按杀妻罪论处”“女犯用牲畜赔偿被杀者”，误。俄本“即（将其另嫁给他人）（或领取赏付的）牲畜者得由丈夫选择”，误。
35	一、日译帕	做父亲的要分给儿子们以应得的财产。如果后来穷了的话，父亲还有权取得孩子们的五分之一牲畜。
	二、汉译帕	父亲要适当地将遗产分配给儿子。父亲变穷时，有权从其子女的牲畜中五取一。
	三、俄本	父亲应按照惯例分给儿子以遗产；父亲贫困时，可从家畜五头中取一头。
	四、奇本	父亲按习惯法给自己儿子财产，如父亲穷困，五只牲畜中要一只。
	五、额本	按习惯法分配财产给儿子，父亲贫穷，则儿子获得不超过五分之一的财产。
	六、策本	父亲应按惯例分给儿子遗产；若父亲变为贫困时，【儿子从父亲那里】只能得到应得到的财产的五分之一。
	七、本书	父亲须按习俗分给儿子应得家产，父亲若穷困，［儿子］可得父亲家产的五分之一。

续表

条序	版本	内容
35	比勘	日译帕本、汉译帕本，父亲“有权从子女的牲畜取五分之一”，误。
36	一、日译帕	上层阶级的男人嫁女儿的时候，可以接受彩礼骆驼或其他贵重品三十［件］、马五十［匹］及羊四百只。对此，父亲必须酬以与其财产相适应的婚资。
	二、汉译帕	贵人嫁女者，聘礼（引者，Insa）为驼 30 峰或其他贵重物品 30 件、马 50 匹、羊 400 只。父亲以此补偿妆奁的费用，但多寡由其自主决定。
	三、俄本	位高的王公同塔布囊之间的婚约，其（聘礼）牲畜的头数规定如下：即贵重（品）三十、马百五十匹、羊四百头。
	四、奇本	职官诺颜们、塔布囊们的做亲家的牲畜［彩礼］数三十别尔克，一百五十匹马，四百只绵羊。
	五、额本	有官职的诺颜、塔布能之女的聘礼牲畜数为三十博尔和、一百五十匹马、四百只绵羊。
	六、策本	雅木图诺颜、塔布囊的【女儿】定婚牲畜头数为三十个别尔克，马百五十匹、羊四百只。
	七、本书	有官职的诺颜、塔布囊女儿出嫁时收取的聘礼牲畜数额为三十个伯尔克、马一百五十匹、绵羊四百只。
	比勘	日译帕本、汉译帕本是摘译，中间缺漏内容；“上层”“贵人”不准确；“50 匹”应为“150 匹”；“贵重物品”应为伯尔克。俄本“贵重（品）”误，而且不提具体称号，称为王公。把聘礼称作（引者，Insa），误。奇本“职官诺颜们”不准确。
37	一、日译帕	没有译。
	二、汉译帕	没有译。
	三、俄本	小王公同塔布囊之间的婚约为贵重品十五、牛五十头、羊百头。嫁奁依牲畜（聘礼）的头数而定；这一（数量）的减额也可根据双方的协定。
	四、奇本	小诺颜、小塔布囊们的牲畜［彩礼］数十五别尔克，五十匹马，一百只绵羊。陪嫁的物品和媵者要根据所给的牲畜数而定。如要减少，亲家两方自愿办理。
	五、额本	小诺颜、塔布能定亲，聘礼牲畜数为十五博尔和、五十匹马、一百只绵羊。女方随礼之引者，依据男方所送聘礼酌定，具体聘礼数目由男女双方家庭协商确定。
	六、策本	小诺颜、塔布囊【的定婚牲畜头数】为十个别尔克、马五十匹、羊百只。【女方家要准备的】嫁奁依【男方家要出的】牲畜头数而定；减少这一数量【标准】，双方自愿决定。
	七、本书	小诺颜、小塔布囊女儿结婚收取的聘礼牲畜数为十［五］个伯尔克、马［五十］匹、羊一百只。女方陪嫁牲畜的数量应视男方聘礼牲畜数酌情而定。若欲减少聘礼数额，由亲家双方自己商定。

续表

条序	版本	内容
37	比勘	策本，“十个别尔克”，应为十五个别尔克。
38	一、日译帕	百户的宰桑为嫁女儿，可以接受聘礼骆驼五峰、马二十五匹、同数目的牝牛，以及羊四十只；同时，女儿也可以从父亲方面得到缝制好的衣服十套、衣料十套以及完整的马具、家具、新娘服装，乘马2匹，骆驼2峰，作为嫁资。嫁女儿的父亲如果配送女儿仆人或女婢时或嫁资与此有同等价值时，可以不再给骆驼。
	二、汉译帕	百户以上宰桑嫁女者，聘礼为驼5峰、马25匹、母牛25头、羊40只，妆奁为成衣10件、衣料10块、整套马具、家什、婚礼服、乘马2匹，骆驼2峰。父亲送给新娘一名仆役或一名婢女或妆奁昂贵者，可不给骆驼。
	三、俄本	得木齐（四十户长）之女的聘礼为驼五只、大角兽二十五头、羊四十头；而得木齐之女的嫁奁，则须成衣十件，衣料二十件、鞍子、笼头、外套及无袖短衣各一件、马二匹；增人一口，则（女婿）须给驼一只；须回赠多少一般说来和财产数量相符（同嫁奁相当的礼物）。
	四、奇本	四十户得木齐姑娘的牲畜［彩礼］数，要五峰驼，二十五头大畜，四十只绵羊。陪嫁物要给长袍十件，短袍衣二十件，马鞍、马嚼、大皮袄、棉坎肩［各一件］，马二匹。如有媵者，要以骆驼回谢。陪嫁的物品，要据其质、量给回谢礼。
	五、额本	都钦的德木齐之女聘礼和陪送牲畜数为五峰骆驼、二十五头牛、四十只绵羊；随礼为十个札哈、二十个札达盖、鞍辔、衣物坎肩、马二匹等物引者。随礼中如果有人引者，则配送备有鞍辔的骆驼，根据人引者数确定备有鞍辔的骆驼数目。
	六、策本	四十户长得木齐之女的牲畜数量为驼五峰、【牛、马等】大畜二十五头、羊四十只；而嫁奁，则须成衣十件，衣料二十块、鞍子、笼头、外套及无袖短衣各一件及驼两峰、马二匹；女方若陪送媵婢，则【男方】须给报酬驼一峰；【男方】须回赠多少礼物要根据女方所陪嫁奁的情况而定。
	七、本书	四十户德木齐之女儿的［聘礼］牲畜数骆驼五峰、大牲畜二十五头、绵羊四十只。嫁奁成衣十件，衣料二十件，鞍辔、袍服、妇人无袖外衣、陪嫁｛骆驼两峰｝、马两匹。若有陪嫁婢女，［男方］则回赠骆驼，［男方］视嫁奁回赠相应的礼物。
	比勘	日译帕本、汉译帕本将“四十户”译为“百户”，“德木齐”译为“宰桑”不准确；最后一句误解。奇本“短袍衣”误。奇本、额本“坎肩”不准确。俄本、奇本未译出“配有鞍韂的”之句，额本“鞍辔”，不准确。

续表

条序	版本	内容
39	一、日译帕	下级宰桑嫁女儿，可接受聘礼骆驼四峰、马二十匹、牝牛二十头、羊三十只。同时，陪送缝制好的衣服五套、衣料五套，马一匹、骆驼一峰及廉价家具作为嫁资。
	二、汉译帕	小宰桑嫁女者，聘礼为驼 4 峰、马 20 匹、母牛 20 头、羊 30 只，妆奁为成衣 5 件、衣料 5 块，马 1 匹、驼 1 峰及适量家什。
	三、俄本	收楞额（二十户长）之长的聘礼为驼四只、大角兽二十头、羊三十头；而收楞额之女的嫁奁则须成衣五件、衣料十五件、驼一只、马一匹。（女婿）须回赠同嫁奁相当的礼物。
	四、奇本	二十户收楞格要的牲畜［彩礼］要四峰驼、二十头大畜、三十只绵羊。陪嫁物给五件长袍、十五件短袍、一匹马、一峰驼。［娶家］要根据［陪嫁］物品的质、量给回谢礼。
	五、额本	浩仁的西古楞格之女聘礼和陪送牲畜数为四峰骆驼、二十头牲畜、三十只绵羊；物引者为五个札哈、十五个札达盖、骆驼与马各一峰（匹）；根据物引者数配送备有鞍辔的骆驼。
	六、策本	二十户长收楞额送去的和接受的牲畜数量为驼四峰、大牲畜二十头、羊三十只。而收楞额之女的嫁奁则成衣五块、衣料十五件、驼一峰、马一匹。（男方）须根据嫁奁的程度回赠相当的礼物。
	七、本书	二十户收楞额之女儿的聘礼牲畜为骆驼四峰、大牲畜二十头、绵羊三十只。嫁奁为成衣五件、衣料十五件、骆驼一峰、马一匹。［男方］视嫁奁回赠相应礼物。
	比勘	日译帕本、汉译帕本“下级宰桑”“小宰桑”不准确；日译帕本“廉价家具”或汉译帕本“适量家什”都不准确。额本“根据物引者数配送备有鞍辔的骆驼”，缺少主语。
40	一、日译帕	没有译。
	二、汉译帕	没有译。
	三、俄本	内侍官之女的聘礼等于收楞额同（数量）的牲畜。
	四、奇本	乞雅们的牲畜彩礼与收楞格相同。
	五、额本	诸恰亦按此数目执行。
	六、策本	内侍官之女的聘礼同于收楞额之女。
	七、本书	恰之女儿的［聘礼数额］与此［收楞额女的聘礼］牲畜数相同。
	比勘	
41	一、日译帕	富裕的平民嫁女儿时，可接受聘礼马及牝牛各十五（匹）头、骆驼三峰、羊二十只。并陪送马一匹、骆驼一峰，缝制好的衣服四套、衣料四套以及与其财产相适应的家具，作为嫁资。

续表

条序	版本	内容
41	二、汉译帕	富有之普通人嫁女者，聘礼为马 15 匹、母牛 15 头、驼 3 峰、羊 20 只，妆奁为马一匹、驼一只、成衣 4 件、衣料 8 块及适量家什。
	三、俄本	中层阶级之间的（聘礼）牲畜如下：驼三只、牛十五头、羊二十头；嫁奁为成衣四件、衣料十件、驼及马各一头；（女婿）须回赠同嫁奁相当的礼物。
	四、奇本	敦达库蒙的牲畜［彩礼］，三峰驼、十五头大畜、二十只绵羊，陪嫁物给驼马二、四件长袍、十件短跑。［娶家］要根据物品之质、量给回谢礼。
	五、额本	敦达・琿之女聘礼和陪送牲畜数为三峰骆驼、十五头牲畜、二十只绵羊；物引者为骆驼与马各一峰（匹）、四札哈、十札达盖；根据物引者数配送备有鞍辔的骆驼。
	六、策本	中等人的牲畜数量为：驼三峰、大牲畜十五头、羊二十只；嫁奁为驼一峰、马一匹、成衣四件、衣料十块；【男方】须根据嫁奁的情况回赠相当的礼物。
	七、本书	中等人之女儿的聘礼牲畜为骆驼三峰、大牲畜十五头、绵羊二十只。嫁奁为骆驼一峰、马一匹，成衣四件、衣料十件、［男方］视嫁奁回赠相应礼物。
	比勘	日译帕本、汉译帕本“富裕的平民”“富有之普通人”都不准确；“相适应的家具，作为嫁资”不准确。没有译最后一句。
42	一、日译帕	贱民也可以要求最好的马及牝牛各十（匹）头和羊十五只作为聘礼；应该陪送女儿马一匹、衣服一套、马具一套以及够用的家具作为嫁资。
	二、汉译帕	下等人嫁女者，聘礼不超过马 10 匹、母牛 10 头、羊 15 只，妆奁不超过马一匹、成衣一件、马具一套以及饶足的家什。
	三、俄本	下层阶级之间的（聘礼）牲畜（数量）如下：驼二只、牛十头、羊五头；嫁奁为马及驼各一头，外套、无袖短衣、鞍子、笼头各一件。
	四、奇本	阿达克库蒙的牲畜［彩礼］，二峰驼、十头大畜、十五只绵羊。［陪嫁物］给一匹马、一峰驼、大皮袄、棉坎肩、马鞍、马嚼。
	五、额本	阿达格・琿之女聘礼和陪送牲畜数为二峰骆驼、十头牲畜、十五只绵羊；物引者为马与骆驼、衣物坎肩、鞍辔等。
	六、策本	下等人的牲畜【的数量】为驼二峰、大牲畜十头，羊十五只；嫁奁为马及驼各一头，外套、无袖短衣、鞍子、笼头各一件。
	七、本书	下等人之女儿的聘礼牲畜为骆驼两峰、大牲畜十头、绵羊十五只。嫁奁为骆驼一峰、马一匹，袍服、妇人无袖外衣和鞍辔。
	比勘	日译帕本译为“贱民”不准确，聘礼漏骆驼二峰，陪嫁漏骆驼一峰，将无袖外衣误为家具。汉译帕本聘礼漏骆驼二峰，多出 10 头牛，此处应为十头大畜，同样将无袖外衣误为家具。俄本，牛十头应为大牲畜十头，羊应当为十五只。

续表

条序	版本	内容
43	一、日译帕	年满十四岁的处女便可以结婚。虽未满这个年龄，亦不妨订立婚约。如在适龄以前，父亲要嫁女儿时，必须将女儿交给第三者［男人］，然后，再无偿地给别的青年。
	二、汉译帕	满 14 足岁之少女可以完婚。低于此龄之少女只可订婚。父亲低于婚龄嫁其女儿者，由女儿的丈夫把她带走并无偿交给另一个年轻人。
	三、俄本	女子的婚龄是十四岁以上，不及适龄者须有得木齐及收楞额的证明。违反上述规定者，娶女不付牲畜（即无聘礼），嫁女不陪牲畜（即无嫁奁）。
	四、奇本	要迎娶十四岁以上的姑娘，十四岁以下的要报告得木齐、收楞格。谁要违犯此规定，要将其姑娘不要牲畜给别人。
	五、额本	女方年满十四岁始可定亲。十四岁以下的女方父母如若许聘并强索聘礼，男方应向德木齐、西古楞格通报暂缓。违犯此令者，无权接受聘礼。
	六、策本	十四岁以上年龄的女子可收婚约聘礼；不及适龄者须由得木齐及收楞额劝说【女子的父母暂时】制止。违反上述规定者，娶【其】女不付牲畜。
	七、本书	姑娘十四岁以上可以定婚［收聘礼］。若有十四岁以下者欲定婚［收聘礼］，其德木齐、收楞额［暂行］劝阻。何人违犯此法，将其女儿无聘礼出嫁。
	比勘	日译帕本、汉译帕本未能理解误译。俄本、奇本都未能译出不及龄者应报官暂行阻止、及龄再纳聘的意思。额本没有译出收楞额暂行劝阻之意。
44	一、日译帕	举行婚礼时，宰桑可屠宰大牲畜三头、羊五只；以下的首领可屠宰大牲畜三头、羊四只；平民可屠宰大牲畜一头、羊二至三只。
	二、汉译帕	婚宴宰杀的牲畜，宰桑为大牲畜 3 头、羊 5 头，小领主为大牲畜 3 头、羊 4 只，普通人为大牲畜一头、羊 2 或 3 头。
	三、俄本	（结婚时）得木齐（四十户长）（举行宴会）可屠宰大牲畜四头及羊五头；收楞额（二十户长）可屠宰大牲畜三头及羊四头；中层等级者可屠宰大牲畜二头及羊三头；下层等级者可屠宰大牲畜一头及羊二头。
	四、奇本	四十户得木齐的［婚礼］食畜，四头大畜、五只绵羊。二十户收楞格的［婚礼］食畜，三头大畜、四只绵羊。敦达库蒙的，二头大畜、三只绵羊。阿达克库蒙的，一头大畜、二只绵羊。
	五、额本	都钦的德木齐嫁女宴席所用阿勒什数为四头牲畜、五只绵羊；浩仁的西古楞格所用阿勒什数为三头牲畜、四只绵羊；敦达・珲所用的阿勒什数为二头牲畜、三只绵羊；阿达格・珲所用的阿勒什数为一头牲畜、二只绵羊。

续表

条序	版本	内容
44	六、策本	【结婚时】四十户长得木齐【举行宴会】可屠宰大牲畜四头及羊五只；二十户长收楞额【可屠宰】大牲畜三头及羊四只；中等人大牲畜二只及羊三只；下等人大牲畜一头及羊二只。
	七、本书	四十户德木齐［婚宴宰杀］牲畜数为大牲畜四头、绵羊五只。二十户收楞额大牲畜三头、绵羊四只、中等人大牲畜二头、绵羊三只。下等人大牲畜一头、绵羊两只。
	比勘	日译帕本、汉译帕本摘译，缺中等人的内容，未能译出“四十户德木齐”和“二十户收楞额”等官职，羊只数不对。
45	一、日译帕	管四十户的得木齐应该每年说成四对（每十家一对）婚事；做不到的（得木齐）应罚骆驼二峰、马五匹及羊十只。应当注意聘礼应按所定数额确实授受。对无资力的新郎，别人可以援助他牲畜，从嫁资中适当地偿还给别人。
	二、汉译帕	40 户之达木齐要做到每年有 4 对青年成婚，每 10 户中有一对，渎职者罚驼 2 峰、马 5 匹、羊 10 只。聘礼要严格按照上述标准收取。他人要向不富有的新郎赠送牲畜，给予帮助，赠送者则可从晨礼中拿一样东西。
	三、俄本	四十户中有四户每年必使其儿子完婚，十人必为一人的婚事给予援助；给大牲畜（援助时）一头者，因此领取（从新娘嫁奁中）衣物（即已缝的）一件，给羊一头者得未缝的衣物，但不应取未婚妻的任何衣服。结婚之际不予帮助者，科驼两只、马五匹及羊十头的财产刑。
	四、奇本	每年，每一得沁要人四户人家之子娶妻。有儿子的十户人家，要帮助一户娶妻。［帮助之家］如给了大畜，回要一件长袍。如给了绵羊，回要一件短袍。［但］不许要姑娘的衣裳。如不帮助成家，以法罚［四十户］二峰驼、五匹马、十只绵羊。
	五、额本	每年一个都钦可为四个男青年娶亲。十个男青年资助一人成婚。资助牲畜者可从新人物引者中接受一札哈；资助绵羊者可从新人物引者中接受一札达盖；不得索要新人衣物；拒绝参加资助者，处罚二峰骆驼、五匹马、十只绵羊。
	六、策本	每年四十户中有四户必使其儿子成家，十人必为一人的婚事给予援助；给大牲畜【援助】一头者，因此领取成衣一件，给羊一只者得布料一块，但不应取未婚妻的任何衣服。成家之际不予援助者，科驼两峰、马五匹及羊十只。
	七、本书	每年四十户内给四个男孩娶妻子。十个男孩共助一个男孩娶妻，资助大牲畜者从新娘嫁奁中得成衣一件，资助羊者从嫁奁中得衣料一件。不要从新娘自用的衣服中收取。若不给娶妻，依法罚四十户骆驼两峰、马五匹、绵羊十只。
	比勘	日译帕本、汉译帕本摘译，未译出资助者从陪嫁获补偿的具体内容。奇本“短袍”误，应为衣料。俄本“不予帮助者”、额本“拒绝参加资助者”，都不准确，应为四十户，不是指某人。

续表

条序	版本	内容
46	一、日译帕	四十户的首领（得木齐）应努力使他的属下人民每年新制甲胄二领，以增强兵力；不这么做的得木齐，应罚羊及骆驼。
	二、汉译帕	兹特令40户之达木齐每年让其人民打造新铠甲两领，以增加装备精良的战士的人数。对渎职的达木齐，要科以罚骆驼和马匹的财产刑。
	三、俄本	四十户每年必须造胸甲二件，否则科马驼各一头。
	四、奇本	每一得沁每年要制作二副盔甲，如不制作，罚马、驼各一。
	五、额本	每年一个都钦保证二户人家作十件甲袖；不按规定完成任务者，处罚马、骆驼各一匹（峰）。
	六、策本	【得木齐】让四十户每年必须造肘甲二件，否则科马驼各一头。
	七、本书	四十户每年制造臂甲两副，否则依法罚取骆驼一峰、马一匹。
	比勘	日译帕本“罚羊及骆驼”误。各本的甲胄、胸甲、盔甲都不准确，应为臂甲。额本“甲袖”应为臂甲。“十件甲袖”，误。策本为“肘甲”。
47	一、日译帕	已订婚的处女年满二十岁而对方（男方）仍不迎娶时，可通过媒人催请履行婚约三次；如果男方仍不履行婚约时，（女方的）父亲应报告王公，由王公将该女子另行择配其他男子。其父［前］已接受的聘礼，归其父所有。但父亲预先没有报告王公时，不仅应将从最初订婚者所受聘礼归还［男方］，还要罚牲畜九九。
	二、汉译帕	订婚之少女满20足岁仍未由新郎娶走者，媒人得为该少女重新说媒三次。新郎仍不愿娶新娘者，新娘父亲应将此情况报告给王公，由王公将新娘许配给他人；父亲可不归还已接受的聘礼。未告知王公而自行其是者，不但要退还聘礼，还须罚牲畜九九。
	三、俄本	订婚的女儿（未婚妻）到二十岁时须三次将此告知未婚夫之父（未来的公公），如仍未完婚，将此事向王公呈报，然后可以将女儿另嫁别人；不呈报而将女儿别嫁时，对此，先前交付的聘礼被取回，而且构成法律上的罪（依法办理）。
	四、奇本	年已二十岁的姑娘［还未过门］，要向婆家催说三次，如仍不娶，向诺颜报告［另嫁别人］。如不报告［另嫁别人］，以习惯法［原定婚主］向姑娘的父亲要回牲畜［彩礼］。
	五、额本	女方年龄已满二十岁还未婚嫁，可向男方家长通告三次，男方家长不予理会，向诺颜报告并可另选婆家。不向诺颜报告而擅自另嫁，女方父母退回聘礼。聘礼牲畜头数按本法所定三十三、三十四、三十五、三十六、三十七条执行。
	六、策本	已满二十岁的姑娘的娘家须三次将此告知未婚夫之父，如（婆家）仍未办婚事，将此事向诺颜呈报，然后可以将女儿另嫁别人；不呈报而将女儿另嫁时，对此，先前【婆家】付的聘礼被取回，依法办理。

续表

条序	版本	内容
47	七、本书	已聘之女至二十岁仍未完婚，应向未婚夫家催促三次，仍不娶，上报诺颜另嫁他人。若未报知未婚夫家和诺颜，将女儿另嫁他人，［未婚夫家］从女方父亲索回聘礼牲畜，依照法规处罚。
	比勘	汉译帕本“重新说媒三次”，误。奇本“以习惯法”不准确。日译帕本“不仅应将从最初订婚者所受聘礼归还［男方］，还要罚牲畜九九”、汉译帕本“不但要退还聘礼，还须罚牲畜九九”，误。额本，“还未婚嫁”，不准确。
48	一、日译帕	处女在准备结婚时死亡时，聘礼归父亲所有，但在准备结婚以前死亡时，应由双方的双亲协商分配。分配时，盔一顶合骆驼一峰或其他牲畜九头；腕甲一副合牲畜五头；火枪一只合牲畜五头。
	二、汉译帕	新娘在筹备婚礼过程中死亡者，其父可保留聘礼；新娘在筹备事宜开始前死亡的，对于已接受的聘礼，由双方父母平分和解。分割聘礼时，一副头盔抵一峰骆驼或 9 头其他牲畜，一对臂铠抵 5 头牲畜，一支猎枪抵 5 头牲畜。
	三、俄本	订婚礼酒宴已毕后，订婚女子死时，则嫁奁应退回，如在酒宴前时，则未婚夫可以取回牲畜（聘礼）之一半。给头盔或铠甲者，可得代赏如下：头盔得五（牲畜），铠甲得以罚一九及骆驼一只；给火枪者得五（牲畜）。
	四、奇本	结婚后姑娘死亡，要给陪嫁物。如未结婚［死亡］，［彩礼］牲畜［两家］对半分。如［陪嫁物］给了头盔，以一五畜返还。铠甲、腕甲，以驼为首还一九。如给了火枪，还一五畜。
	五、额本	女方婚后亡故，物引者如数陪送；尚未出嫁而亡，有权分得一半牲畜。聘礼禁止陪送盔甲、甲袖、枪支。陪送盔甲处罚五头牲畜，陪送甲袖处罚骆驼为首的三九牲畜，陪送枪支处罚五头牲畜。
	六、策本	成家不久新娘死去，则嫁奁留给（男方），如在婚礼前（死去），则未婚夫可以取回牲畜【聘礼】之一半。如【作为聘礼】给【女方家】头盔、肘甲者，可得奖赏如下：头盔得五【牲畜】，肘甲得以驼为首一九；给火枪者得五【牲畜】。
	七、本书	已婚之女死亡，［夫家］将其嫁奁还给女家。已聘未婚之女死亡，未婚夫家可以取回聘礼牲畜的一半。聘礼若为头盔、臂甲，头盔给牲畜五头，臂甲给以骆驼为首一九牲畜，聘礼若为火铳，给牲畜五头。
	比勘	日译帕本、汉译帕本新娘准备结婚时死亡，“聘礼归父亲所有”“其父可保留聘礼”，误。应为夫家应将其陪嫁返还给其父。奇本的“要给陪嫁物”未明确谁给谁。额本译文错误。策本，“嫁奁留给（男方）”误，“可得奖赏”，误，应为退还男方头盔等类聘礼时折合成牲畜的规定。

续表

条序	版本	内容
49	一、日译帕	甲胄一领（包括盔、腕甲）合牲畜九十头；高级刀剑一把合牲畜九头、低级刀剑一把合牲畜五头；矛一枝合牲畜三头；弓及箭囊一套合三九牲畜。应罚物品也同样按此计算。
	二、汉译帕	一领铠甲含头盔臂铠抵牲畜十九，一把好马刀抵 9 头牲畜，次等马刀抵 5 头，一杆长矛抵 3 头，弓箭和箭筒抵牲畜三九。科罚财产刑时，亦同。
	三、俄本	盗窃头盔及铠甲者十罚九，盗窃头盔者罚三九；盗窃胸甲者罚三九；盗窃铠甲者罚一九；盗窃火枪者罚一九；盗窃良质剑及马刀者罚一九，劣质者罚五（牲畜）；盗窃矛者科如下之财产刑：良质者马三匹，劣质者马一匹；盗窃良弓及装箭十支的箭筒者罚三九；盗窃中等弓及箭筒者罚一九；盗窃劣质箭筒及弓者科母山羊及山羊羔各一种。
	四、奇本	没有译。
	五、额本	偷窃铠甲处罚十九牲畜，偷窃甲袖处罚三九牲畜，偷窃短襟铠甲处罚三九牲畜，偷窃头盔处罚一九牲畜，偷窃枪支处罚一九牲畜。偷窃上好刀剑处罚一九牲畜，普通刀剑处罚五头牲畜；偷窃上好长矛处罚三匹马，普通长矛处罚一匹马；偷窃上好弓带、十支箭处罚三九牲畜，中等弓处罚一九牲畜，一般弓处罚带羔山羊。
	六、策本	偷窃铠甲者罚十九，偷窃肘甲者罚三九；偷窃胸甲者罚三九；偷窃头盔者罚一九；盗窃火枪者罚一九；盗窃良质剑及马刀者罚一九，劣质者罚五；偷窃良质矛者科马三匹，劣质者马一匹；偷窃良质弓装箭带有十支箭者罚三九；偷窃中等弓箭者罚一九；偷窃劣质弓箭者科带羔母山羊一只。
	七、本书	偷窃全副铠甲罚十九牲畜；偷窃臂甲罚三九牲畜；偷窃胸甲罚三九牲畜；偷窃头盔罚一九牲畜；偷窃火铳罚一九牲畜；偷窃马刀、剑，其优等者罚一九牲畜，劣等者罚五头牲畜；偷窃矛，优等者罚牲畜三头，劣者罚马一匹；偷窃优等弓箭在箭筒内带有十支箭者罚三九牲畜，中等弓箭罚一九牲畜，劣等弓箭罚带羔山羊一只。
	比勘	日译帕本、汉译帕本是摘译，缺少大部分内容。俄本将偷窃臂甲与头盔的罚畜数倒置。
50	一、日译帕	想解除婚约的人或订婚后不想嫁女儿的人，按情况应罚牲畜。新娘的双亲必需宣誓证明该姑娘还纯洁（没有怀孕）。结婚或接受聘礼之后，如果证明该姑娘已同其他男人发生关系怀了孕的话，女婿可从姑娘的双亲接受相当赔偿的牲畜。但是，证明青年在婚礼以前已有不轨行为时，该青年应视其资力向姑娘的双亲拿出若干赔偿。
	二、汉译帕	企图撤销婚姻关系或不愿出嫁其已订婚之女儿者，视情节轻重科以罚牲畜的财产刑。新娘的父母要立誓证实其女儿是纯洁的（即未孕）。婚后证明新娘先前已怀他人身孕者，其夫应向岳父母讨还答应作为酬报给付的牲畜。但能够证明新郎自己先前致新娘怀孕者，新娘须根据财产多寡向岳父母提供少许赔偿。

续表

条序	版本	内容
50	三、俄本	将许嫁他人之少女嫁人，媒人得处罚款；如少女未曾许嫁，则媒人不科罚款。女儿的双亲在婚约后将其另嫁他人者，科如下之财产刑：系高贵者科罚五九及驼一只，系中层阶级者科罚三九及驼一只，系下层阶级者科罚一九及驼一只，又第一未婚夫有取回妻（即未婚妻）及已付聘礼的权利。未经双亲同意而同别人结婚时，依法得付三倍罚金。同时应通过设誓把双亲的无辜问明白。这三倍罚金取之于第二未婚夫，应为嫁出少女的父亲所使用。
	四、奇本	定婚的亲家有法律约束，无婚约的亲家无法律约束，如女家的父母把姑娘另嫁别人，赛因库蒙的，罚五九驼，敦达［库蒙］的，罚三九驼，阿达克［库蒙］的，以驼为首罚一九。［原婚约主］要回［彩礼］牲畜和他的女人。如其父母不服此罚，查其父母是否清白无罪，以法罚三倍。这项罚畜向［另嫁之］女婿取要，姑娘的父亲吃［女婿］给的［财礼牲畜］。
	五、额本	有沙盖图关系一方的忽达，权利受到损害时，有权提出诉讼；无沙盖图关系则没有诉讼权利。已有婚约关系的女方父母违背婚约，将女儿另外许配他人，赛音・珲则处罚以骆驼为首的五九牲畜，敦达・珲处罚以骆驼为首的三九牲畜，阿达格・珲处罚以骆驼为首的一九牲畜。女方为孤儿，处罚数额为以上所定三条的三倍。违背婚约者的父母有无责任，拷问确定。处罚的财物与牲畜由后聘男方支付。女方父母可以接收后聘男方聘礼。
	六、策本	按习俗已定婚的少女不得违反婚约另嫁他人。而未按习俗订婚的少女解除婚约另嫁他人不坐罪；女儿的双亲在婚约后将其另嫁他人者，科上等人科罚以驼为首五九，系中等人科罚以驼为首的三九，系下等人科罚以驼为首的一九，第一未婚夫将取回已付的聘礼和【未婚】妻。不是双亲劝导，而是姑娘擅自同别人结婚，依上三个法规处治。同时应通过设誓把双亲是否无辜问明白。这罚金取之于第二未婚夫，应为嫁出少女的父亲所使用。
	七、本书	已举行订婚宴有婚约的亲家受法律约束，［违约者依法处罚］，未举办订婚宴的亲家不受法律约束，［违约者不受处罚］。已行聘礼之女，其父母与他人撮合而改嫁者，上等人罚以骆驼为首五九牲畜，中等人罚以骆驼为首三九牲畜，下等人罚骆驼为首一九牲畜。原未婚夫取回聘礼牲畜和未婚妻。若无父母之命自己［改嫁］，依以上三个法条规定分别处罚，其父母有无干系，立誓澄清。此罚畜从女婿（第二个未婚夫）收取，给予嫁女之父。
	比勘	日译帕本、汉译帕本对此条误解误译，全部错误。俄本“媒人得处罚款”“依法得付三倍罚金”皆误。奇本“如其父母不服此罚”“以法罚三倍”误。额本“女方为孤儿”“拷问确定”皆误。策本，罚金，不准确。

续表

条序	版本	内容
51	一、日译帕	关于养子结婚的费用，应由养父母完全负责。
	二、汉译帕	养父母要全部负担其养子女的费用。
	三、俄本	养子情愿离（养父）去自己（生）父处者，可不付赎金；但只允许一人，如带妻子儿女同去则须赎金。养女得听从养育者的命令。双方的父亲（即生父和养父）各享有女儿牲畜（聘礼）的一半，同时也得分担嫁奁的半份。
	四、奇本	养子愿意回到亲生父亲家，不作赔偿，但只能自己走，其妻和子女要作赔偿后领回。养女由收养人做主。［养女结婚时养父与生父］一样收取彩礼和给陪嫁物。
	五、额本	被收养儿子若自愿回生父身边，许可独自回生父家生活，免除向养父赔偿财产义务；成家男子则必须偿清娶妻及生养子女所花销费用。被收养女儿，养父母有权做主许配；聘礼和随礼，生父母与养父母有同等权利义务。
	六、策本	养子情愿离【养父】去自己【生】父处者，【生父】可不付赎金，但只允许【儿子】一人去，如带妻子儿女同去，则须赎金【给养父】。养女的决定权在养育者那里。【生父和养父】各享有女儿牲畜的一半，同时也得平均分担嫁奁。
	七、本书	养子如愿回归其亲生父亲处，［若携其］儿子前往不需赎身，净身出户［不得携畜产］。若欲携其妻子和女儿同往，则须赎取妻女。养女［的婚事］由养父母做主，［在女儿出嫁时］养父母［与亲生父母］平分聘礼牲畜，平摊嫁奁。
	比勘	日译帕本、汉译帕本对此条误解误译，全错。奇本，“赔偿”应为“赎身”“赎取”。俄本、奇本、额本、策本，未译出可以带儿子回其生父处不需要赎取之意。额本，“成家男子则必须偿清娶妻及生养子女所花销费用”，不准确。
52	一、日译帕	诱骗少女的人，如果是上流姑娘，应罚骆驼七峰；中等姑娘，罚骆驼五峰；下层的姑娘，罚骆驼一峰。
	二、汉译帕	拐骗姑娘者，姑娘是上等人的，罚驼 7 峰，姑娘是中等人的，罚驼五峰，姑娘是下等人的，罚驼一峰。
	三、俄本	诱拐同自己无婚约的女子私奔者，科以财产刑，高贵者罚七（牲畜），中层阶级者罚五，下层阶级者罚驼一只。
	四、奇本	收容没有婚约的姑娘，罚赛因［库蒙］七头［牲畜］，敦达［库蒙］五头，毛［库蒙］一峰驼。
	五、额本	与无婚约关系女方私奔者，赛音·珲之女，赔偿七头牲畜，敦达·珲之女，赔偿五头牲畜，毛乌·珲之女，赔偿一峰骆驼。

续表

条序	版本	内容
52	六、策本	诱拐同自己无婚约的上等人家的女子私奔者，罚七【牲畜】，【诱拐】中等人家的女子罚五，【诱拐】下等人家的女子罚驼一只。
	七、本书	诱拐未聘的姑娘私奔，若为上等人之女，罚七头牲畜；中等人之女，罚五头牲畜；下等人之女，罚骆驼一峰。
	比勘	日译帕本、汉译帕本没有提被诱拐姑娘婚姻状况。奇本的“收容”一词不准确。
53	一、日译帕	在其他游牧群中生活一段时期之后而要离去的人，只能把在那里取得的财产带走一半。
	二、汉译帕	在他部生活过一段时期后复欲迁离者，离开时只许携带其在当地获得的财产的一半。
	三、俄本	来自其他领主的人返回自己（以前的）住地时只得携带来时所带的财产。王公（在那里寄居者曾找到安身之处）的亲属在返乡时可得所给什物的一半以及自己所得牲畜的一半。
	四、奇本	从别人那里来的人，从哪儿来的回哪儿去。其投靠的诺颜如给其生活资助，要给他靠本人劳动所得牲畜的一半。
	五、额本	有逃亡者，着令遣归原籍；有诺颜出资助其成家立业者，罚没所得财产之一半。
	六、策本	来自其他领主的人返回自己【原前的】住地时，只得携带【原前】所带的财产。当初他所依靠的诺颜手下的亲属给予了他援助，则返乡时这人所得的牲畜一半要给他所依靠的诺颜那里。
	七、本书	从其他领主来投的属民，返回故地时携带其来时［的人畜和财产］离开。其所依附的诺颜若曾给予资助，离开时将其本人在此期间繁殖之牲畜的一半留给诺颜。
	比勘	日译帕本、汉译帕本摘译不全，称“财产”，应为牲畜，漏译“携带其来时［的人畜和财产］离开”“所依附的诺颜若曾给予其资助”。俄本的“可得所给什物的一半”误。奇本、额本都没有译出携带其来时的人畜和财产离开，额本用“逃亡”和“罚”字都不够准确。策本，诺颜手下的亲属，不准确。
54	一、日译帕	由于没有及时处理疯狗，咬人而负重伤时，应处罚狗的主人；［狗的主人］应以全牲畜的五分之一给被害者的家属作为赔偿。
	二、汉译帕	饲养的狗变疯不及时杀死而致咬死人者，疯狗的主人要向死者亲属罚赔其所有家畜的五分之一。
	三、俄本	狂犬咬死（牲畜）者，科犬主以五头取其一（牲畜）之财产刑。
	四、奇本	疯狗咬畜致死，从［其主人］五头牲畜中罚要一头。
	五、额本	疯狗咬死牲畜，疯狗主人赔偿五分之一。

续表

条序	版本	内容
54	六、策本	狂犬咬死【牲畜】时，科犬主赔偿【狂犬所咬死的牲畜】的五分之一。
	七、本书	疯狗咬死［牲畜］，［狗主人］赔偿［损失牲畜的］五分之一。
	比勘	日译帕本、汉译帕本仅译前一句，并与后面一条相混，把咬牲畜译为咬人，而且译为“［狗的主人］应以全牲畜的五分之一给被害者的家属作为赔偿”皆误。俄本、奇本中从犬主五头牲畜中取一头，不准确，应为“赔偿［损失牲畜的］五分之一”。
55	一、日译帕	与前条相混。
	二、汉译帕	与前条相混。
	三、俄本	［疯狗］如咬人致死者，则对高贵者科罚一九，以中层阶级者罚七，对下层阶级者罚五。
	四、奇本	［疯狗］如咬人致死，赛因［库蒙］罚一九，敦达［库蒙］罚七头，毛［库蒙］罚一五。
	五、额本	疯狗咬人致死，疯狗主人是赛音·珲，赔偿九头牲畜；疯狗主人是敦达·珲，赔偿七头牲畜；疯狗主人是毛乌·珲，赔偿五头牲畜。
	六、策本	如咬人致死者，则对高等人者科罚一九，对中等人者科罚七，对下等人者罚五。
	七、本书	疯狗咬死人，［向狗主人罚取牲畜］，［死者］若为上等人罚取一九牲畜，中等人罚取七头牲畜，下等人罚取五头牲畜。
	比勘	日译帕本、汉译帕本与前条相混，且误。俄本、奇本、策本未明确所谓高、中、低三等人是指狗主人还被咬死的人，额本认为三等人是指狗主人。应指被咬死的人的社会等级，因为身份不同，命价不同；而不是因为狗主人身份不同，而责任不同。
56	一、日译帕	疯人杀死人时，被害者的家属应得到疯人所有牲畜的一半。杀掉威胁自己性命的敌人的人，不受惩罚。
	二、汉译帕	疯子杀人者，死者亲属获得属疯子所有的牲畜的一半。击败欲杀死自己的敌人并戮之者不坐罪。
	三、俄本	疯子杀人者，没收疯子继承人财产的一半。但同时必须考虑各种情况（即由法院审理）。如疯子因经常害人而被杀，则杀人者不坐罪。
	四、奇本	疯子杀人，罚其家财之半或者罚畜五九，要据其家境而定。但［死者因］一路上做坏事害人而被杀，无事。
	五、额本	疯癫者致人死命，处罚常人处罚额之一半，或视其病情酌定；疯癫者侵害他人而死，不追究正当防卫者责任。
	六、策本	疯子杀人，【按一般人杀人的】一半惩罚。但同时必须考虑【疯病的】程度。如疯子因经常害人而被杀，则杀人者不坐罪。
	七、本书	疯人杀人，雅拉减半，视其情形而定。｛被人杀死，若无它情，罚五九牲畜，依疯人情形而定。｝疯人伤害人被杀，杀者不坐罪。

续表

条序	版本	内容
56	比勘	日译帕本、汉译帕本该条误解误译。俄本被害人得疯子继承人财产的一半，误。奇本“罚其家财之半或者罚畜五九，要据其家境而定”，误，后一句“死者”似指疯子。俄本、策本，“如疯子因经常害人而被杀”不准确。应为疯子伤害某人时，某人被迫自卫将其杀死，而不是因为疯子作恶而将其杀死。
57	一、日译帕	在有人居住地方的山谷间或其他隐蔽地方有人被杀害时，或挖坑陷害人致死时，在发现死者的地区住的人们或挖掘这个不幸之坑的人，应赔偿受害者遗族骆驼一峰及牲畜九头，但附近没有居民而只有放牧的牲畜时，遗族只能从那牲畜中取得赔偿。牲畜伤害别人牲畜时，不得要求赔偿。凶悍的牡马或牡牛杀伤人畜时，附近的居民不负责任。
	二、汉译帕	在有人群居住的地区，在山谷或在其他隐蔽之地发现有被打死之人，或某人跌入挖出的坑壑致死者，则发现死者之地区之居民或挖掘坑壑者要向死者亲属赔偿骆驼一峰、牲畜9头。附近无人居住而只有吃草之牲畜者，死者亲属可取这些牲畜作为补偿。牲畜杀死或伤害另一牲畜者，不得索取赔偿。即使牡马或公牛受惊发怒致人或牲畜死亡，亦不得追究附近居民的责任。
	三、俄本	人在山谷为（行走山间的牲畜）所杀害，在牲畜所有主看管情况下被杀，则科牲畜主人财产刑：杀高贵者时，则处以罚一九及贵重品一个之财产刑，中层阶级者时则罚五，下层阶级者时则没收贵重品一个。杀人的牲畜在没有主人在场放牧时，则（受害者的继承人）从该牲畜群人取（牲畜）一头。公驼、公牛、公马相斗（致死）者不偿付。行走自由的牲畜杀人者，按有关峡谷，（即在山谷杀害）的法规办理。如有人骑乘之马杀人者，按有关有主人的峡谷（有主人看管的牲畜在峡谷杀人）的法规办理。
	四、奇本	有主的［牲畜］在山沟致死人，［如是］赛因［库蒙］的，以一别尔克为首罚一九。敦达［库蒙］的，罚一五。毛［库蒙］的，罚一别尔克。如是无主、无人牧放的牲畜［致死人］要其中一头牲畜。走失的公驼、公牛、公马［致死人］，不赔偿。散畜致死人，与山沟里无主畜致死人一样处理。乘马致死人，与有主牲畜致死人一样处理。
	五、额本	牧场山沟中死人，牧场拥有者是赛音·珲，赔偿一博尔和为首的一九牲畜；拥有者是敦达·珲，赔偿五头牲畜；拥有者是毛乌·珲，赔偿一博尔和。畜群无主或无放牧者，畜群中抓一头牲畜抵偿。公驼、公牛、公马离群伤人或致人死命，无赔偿责任；其他散畜致人死命则按本法第五十二条规定赔偿。所乘之马致人死命，按本法第五十二条规定赔偿。

续表

条序	版本	内容
57	六、策本	人在山中为牲畜踩踏而滚下石头所砸死，若死者为上等人者，科主人以一个别尔克为首的一九；中等人科五（牲畜），下等人者则科一个别尔克。主人大意或不在场或主人不知【那里有险】情况时，则【受害者的继承人】从该牲畜群中取【牲畜】一头。种公驼、种公牛、种公马因失去控制而杀人时，【牲畜主人】不赔偿。散畜杀人者，按有关由于有主人的山中的滚石而致死人的法规办理。
	七、本书	有人放牧的［牲畜］在山上踩落石头致人死者，死者若为上等人赔伯尔克为首一九牲畜，中等人赔五头牲畜，下等人赔一个伯尔克。散处、无人牧放、无人驱赶的［牲畜在山上踩落石头］致人死，从以上牲畜中取一头牲畜［给死者家属］。种公驼、种公牛和种公马伤害人｛致死｝不赔偿。无人看管的牲畜害死人，依无人看管的［牲畜在山上踩落石头］致人死处罚。［何人］所乘之马害死人，依照有人牧放牲畜在山上踏落石头的法规处罚。
	比勘	日译帕本、汉译帕本整条误解误译，缺少最后一句。俄本、奇本，牲畜在山谷中致人死，误。应为“在山上踏落石头致人死”。额本，山沟中死人，不准确。俄本，种公牛等相斗致死，应为种畜伤害人。奇本、额本“走失的”或“离群”的种畜，误。策本，“主人大意或不在场或主人不知【那里有险】情况时”，不准确，缺少最后的所乘马害人的内容。
58	一、日译帕	因醉酒将别人的帐篷弄脏的人，不会因此而受到处罚，但酩酊大醉而杀人的人，要罚牲畜五九。未醉而犯杀人罪的人，没收其妻、武器、武具及其他一切财产。如果加害者的财产不足赔偿时，被害者的遗族可由加害者将来应取得的财产中，或由其继承人逐渐取得适当的赔偿。
	二、汉译帕	酒醉后以不法方式玷污他人帐篷者，不坐罪。酒后打人致死者，须罚牲畜五九。未饮酒而打人致死者，夺去其妻室、武器和所有财产，罪犯的财产不敷赔偿死者亲属者，以罪犯将来的财产，甚至由其继承人分期清偿债务。
	三、俄本	戈尔斯通斯基本此条不在此位置，在《敦啰布喇什法典》之后。
	四、奇本	没有译。
	五、额本	在人家中呛食、泻肚、醉后大小便，可不问责。
	六、策本	在别人家【用餐时】被食物卡住、呛住或由于酒醉而【在别人家】大小便者，定为不坐罪。
	七、本书	在人家吃喝时噎着、呛着、酒醉后［在人家中］解手，被人杀死，［若无他故］无罪，［赔偿］五九牲畜。
	比勘	日译帕本、汉译帕本译文不准确。额本、策本依据的是迪雷科夫本，无被杀死内容。“泻肚”一词不准确。本书依据的是戈尔斯通斯基本。

续表

条序	版本	内容
59	一、日译帕	在战斗中杀死武装敌人的人，可取得其甲胄。最先给予援助的人可选取盔或腕甲中任何一种；其他的人取得其余物品。分配没有武装的敌人的掳获物品时，也照此办理。
	二、汉译帕	在战斗中杀死身穿铠甲之敌人者，铠甲归其所有。帮助该人杀死敌人者，可择头盔或臂铠为己有；第三人得其所获之物。杀死未穿铠甲之敌人者，分析战利物的标准同。
	三、俄本	为了保卫生命在战斗中杀夫（主要人物）者作为褒赏得其妻。作战时，毙敌者作为褒赏领取所毙之敌的甲胄。对此予以帮助者则可选领胸甲或头盔一件，之后按来到（即遇上）的先后得到褒赏；如击毙之敌一无所有者，按前一规定（即取被杀者之妻）办理。
	四、奇本	谁拼命杀敌，杀一男人，可要其女人。杀穿铠甲之人，要其铠甲，后到之人可要其腕甲或头盔中之一件，再后之人以到之先后分取。被杀之人如一无所有，以前法处理。
	五、额本	战争中击杀敌方挑战者，有权利获其妻子；击杀穿甲胄者，有权掳获其甲胄；后到达战场者，只能选取战利品中的甲袖或盔甲一；最后到达者，只能得到普通什物；击杀无甲胄之敌，按前例所定。
	六、策本	在战斗中杀死（主要人物）者作为褒赏得其妻。作战时，击毙有铠甲者，则可得其铠甲，之后的人【对此予以帮助者】则可选领肘甲或头盔之一，再之后者按来到【遇上】之先后【顺序】得到褒赏；如击毙之敌一无所有者，按前一规定办理。
	七、本书	凡人不顾生死冲锋陷阵，杀死敌人可以取其妻子，杀死甲士者取其甲，随后冲入之人可择取臂甲或头盔之一，再后之人，依次分取掳获物。杀死无铠甲之人依前法［取掳获物］。
	比勘	日译帕本、汉译帕本少译了第一句。俄本、奇本、策本“一无所有者”应为“无甲之人”。俄本、策本中的“褒赏”不准确，是自己获取掳获物（战利品），而不是别人奖赏的。
60	一、日译帕	营救弱者或非武装人员的人，可取得他所有的马二匹及武器一件。从困境中救出勇士或武装人员的人，可要求取得掳获品中的一件贵重品及大牲畜八头。
	二、汉译帕	援救怯弱且未穿铠甲之人者，得向被救者索取马二匹及武器一件，但以被援救者拥有此物为限。援救骁勇善战装备精良之人于危难之际者，得从战利物中取贵重物品一件及大牲畜 8 头。
	三、俄本	帮助从敌人中逃脱者作为褒赏赐马二匹，铠甲一着（营救冲入敌阵者，可从大批战利品中的获得罚一九及贵重品一个）。
	四、奇本	拼命救出［被敌］击溃逃跑之人，连同铠甲要二匹马。救出受敌围困之人，从总缴获物中要一别尔克加一九。

续表

条序	版本	内容
60	五、额本	战斗中援救被困者，可以用其铠甲及乘马；援救冲锋被困者，从其战利品中可得以博尔和为首的一九牲畜。
	六、策本	帮助从敌人中逃脱者脱离危险的，作为褒赏赐铠甲一、马二匹；营救冲入敌阵者，可从大战利品中获得九个别尔克。
	七、本书	不顾生死在阵前救出败退之人，得其甲及［乘］马两匹。救出冲入敌阵被困之人，从大量掳获物中得伯尔克为首一九牲畜。
	比勘	日译帕本、汉译帕本后半段有误，不准确；“贵重品”误，应为“伯尔克”。额本，“可以用其铠甲及乘马”，误，应为“可得”。策本，“褒赏赐铠甲”“九个别尔克”误。
61	一、日译帕	取得王公许可驰赴战场而战死者的家属，可以得到与上述同样的报酬，但未奉命令而战斗的人，其遗族只能要求掠获品中的一件贵重品。
	二、汉译帕	受王公之恩准参战并在战斗中阵亡者，其亲属受相同之褒赏；没有王公之命参战者，其家属只能从战利物中索取贵重物品一件。
	三、俄本	作战时杀害请准为王公服役者，如得战利品，则（被害者）应得赔赏（偿）罚一九及贵重品一个。
	四、奇本	［抗敌中］忽突赤死亡，经请示诺颜，如有缴获物，以一别尔克加一九顶立。
	五、额本	呼图其战死，用战利品予以抚恤，可获博尔和为首的一九牲畜。
	六、策本	作战时得到其诺颜同意而服役的马夫被杀，如得战利品，则以九个别尔克赔偿（死者）。如未得战利品，则以一个别尔克赔偿（死者）。自愿做马夫的人致死，以一九赔偿。
	七、本书	经诺颜允许作为阔端赤参战而死者，若此战有掳获，则以伯尔克为首一九牲畜抵偿［其命］，｛无掳获则以一伯尔克抵偿。未经允许而作为阔端赤参战死于战场者，以一九牲畜抵偿。｝
	比勘	日译帕本、汉译帕本、俄本都未译出阔端赤。俄本、奇本据戈尔斯通斯基本，原无后一句。“忽突赤”译名不恰当，“经请示诺颜”，应为战前获得诺颜同意参战。额本“呼图其”译名不恰当，元代开始汉译为“阔端赤”，约定俗成。
62	一、日译帕	但趁混乱之机抢掠别人的正当掳获品的人，除杀掉他所乘的马、剥夺他一切（掠夺的）掳获品外，还要罚牲畜九头。
	二、汉译帕	乘混乱之机企图抢走他人应得之战利物者，射死其坐骑，夺走其所有战利物，并罚牲畜 9 头。
	三、俄本	出征时遇有战利品对第一人（即第一个袭击战利品者）之马应予射杀；（此外）（攫取）牲畜者应全部交返和赏（偿）付一九（罚款）。三昼夜过后，偷窃部分（战利品）者罚五（牲畜），追随者受处分。

续表

条序	版本	内容
62	四、奇本	行军作战清缴战利品，先到之人要拦截马匹，最后要将所获牲畜交公，［收缴者］要一九。如过三日而不交，罚一五，跟随者也有罪。
	五、额本	行进中有贪财隐匿者，鞭打诺颜坐骑头部；没收所掳获之牲畜，并处罚一九牲畜。隐瞒所得牲畜逾三宿者，处罚五头牲畜；协从者受相应处罚。
	六、策本	出征的途中为战利品而互相争斗者，击毙带头人之马；得到牲畜者应全部交返并罚一九，若三昼夜之内偷窃者，则罚五（牲畜），之后者受处分。
	七、本书	征战中得到掳获，［若有人来争抢］，射为首之人所乘马，［掳获者］将其所获牲畜清点上交，获得一九牲畜［奖赏］。若在三天内［掳获的牲畜］有被窃者，获得五头牲畜［奖赏］。［三天］之后［有失］则坐罪。
	比勘	日译帕本、汉译帕本、俄本、奇本、策本，后半句误。额本，误。
63	一、日译帕	在战斗中因过失杀死我方某人的人，应以牲畜九头赔偿给其遗族。有人证明并非过失时，赔偿加三倍。
	二、汉译帕	战斗中误杀本军队之战士者，向死者亲属赔偿牲畜 9 头。有证人证明杀人有过失者，加罚三倍。
	三、俄本	作战时误杀盟友、有见证人证明者，则（加害者）偿付一九；如（见证人）云不是真情则罚三九。
	四、奇本	战斗中误杀自己人，证人如证明确属误杀，罚一九。如不是误杀，罚三九。
	五、额本	战斗中误杀同伴，证明属实则赔偿一九牲畜，无事实证明则赔偿三九牲畜。
	六、策本	作战时误杀盟友，有见证人证明的，则【加害者】偿付一九；如【见证人】云不是真情则罚三九。
	七、本书	在战场上误杀自己人，若有人证明［是误杀］，罚一九牲畜，若证明非误杀，则罚三九牲畜。
	比勘	汉译帕本“有证人证明杀人有过失者”误。俄本，误杀盟友，不准确。各本“赔偿”不准确，原文不是 oro 而是 ab，应为罚取。
64	一、日译帕	打猎时射死人而不是狩猎物，或伤人致死的人，应将自己财产的一半给其遗族作为赔偿。对被杀死的每个人的法定完全赔偿额是一个人的整套甲胄和武器以及家畜九九。对丧失四肢的人，应按其机能及价值予以赔偿。对丧失拇指的，赔偿牲畜二九；对（丧失）中指的，赔偿牲畜九头；（对丧失）食指（的）、无名指（的），赔偿牲畜五头；（对丧失）小指（的），赔偿牲畜三头；对重伤肌肉的，也赔偿牲畜五头；箭未穿透衣服的伤势，赔偿马一匹。在类似上述的情况下，射死别人的马的人，应该除死马以外再赔偿活马一匹。如果被害人不要死马时，应该给比死马更好的良马一匹。

续表

条序	版本	内容
64	二、汉译帕	狩猎时因过失未射杀野兽而射杀人，或使之受伤致死者，死者亲属得取罪犯财产的一半以资赔偿。杀人者必须依法赔偿整套男人用铠甲及武器，外加牲畜九九。砍掉他人手指者依手指用途及价值赔偿：大拇指偿牲畜二九，中指偿牲畜 9 头，食指和无名指偿牲畜 5 头，小指偿牲畜 3 头。致他人肉体受伤较深者偿牲畜 5 头，用弓箭仅略破伤者皮肉者偿马一匹。射杀他人马匹者，偿还马尸及活马一匹，马主不要马尸者，偿好马一匹。
	三、俄本	（围猎）野山羊时（因射击）而误杀人者，征收射击者罚金的一半；按上述（有关于杀人的）规定处罚。切断指六只者处以罚五九同贵重品一个；切断拇指或食指者处以罚二九及罚五（牲畜），切断中指者罚一九，切断无名指者罚五（牲畜），切断小指者罚三（牲畜）。（伤害）人而又平愈者，科罚一九及贵重品一个，轻伤者罚五。射箭穿过外衣者科马一匹的财产刑。无意（射）杀马者，则（所射杀的马的主人）得（被射杀的）马，（被射杀的）马的优良部分和享用其肉；肉不能用则换肥马（即四岁以上的马）。
	四、奇本	猎手失误杀人，按杀人罪之半以前法罚之。损伤［人之］六器官，罚一别尔克加五九；折损拇指、食指，罚二九加一五。折损无名指，罚一五。小指，罚三只［牲畜］。［失误伤人而］治愈，罚一别尔克加一九。少量出血，罚一五。损坏衣服，罚一匹马。失误杀马，以同等马赔之，如未吃马肉，〔主人〕要一匹大马。
	五、额本	狩猎中误伤致人死亡，罪责减轻一半，以原定之法赔偿；损伤身体则赔偿以博尔和为首的五九牲畜；大拇指或食指折断则赔偿二九加五头牲畜；中指折断则赔偿一九牲畜；无名指折断则赔偿五头牲畜；小指折断则赔偿三头牲畜。误伤严重被救活，赔偿博尔和为首的一九牲畜；流少量鲜血，赔偿五头牲畜；衣物受损则赔偿一匹马。狩猎时马匹被误伤致死，赔偿相等马匹；乘马者不忍收取死马皮肉则赔偿良马一匹。
	六、策本	【围猎】时【因射击】而误杀人者，征收射击者罚金的一半；按上述（关于误杀盟友者的）规定处罚。使别人六个器官丧失功能者，罚带别儿克的五九。使拇指或食指丧失功能者处以罚二九及罚五（牲畜）；使中指丧失功能者罚一九，使无名指丧失功能者罚五（牲畜），使小指丧失功能者罚三（牲畜）。切断手指者，科罚以一个别克为首的一九，轻伤者罚五。射箭而蹭破衣服者科马一匹。误射杀马者，则【死马的主人】得与被射死的马相当的马，马主人若不吃【被射杀的马】肉，则【误杀者】赔偿大马。

续表

条序	版本	内容
64	七、本书	狩猎时误射中人致死，其雅拉减半，依此前规定数额收取罚畜。误伤至别人六种器官残废，罚有伯尔克的五九牲畜。丧失拇指、食指者罚取二九牲畜加五头。丧失中指者罚取一九牲畜，丧失无名指罚取五头牲畜，丧失小拇指者罚取三头牲畜。若［被箭镞］划伤，罚取有伯尔克之一九牲畜，少量出血罚取五头牲畜，损毁衣服罚马一匹。误杀马匹，赔偿相当的马匹，若不食死马之肉，可获赔比死马更好的马。
	比勘	日译帕本、汉译帕本中将前两句混淆，误伤致人死……外加牲畜九九，皆误。缺“若［被箭镞］划伤，罚取有伯尔克之一九牲畜”。日译帕本“对丧失四肢的人，应按其机能及价值予以赔偿”，误；汉译帕本漏译。奇本、额本失误伤人而治愈，皆误，应为划伤。额本没有译出六种器官，译为“损伤身体”。
65	一、日译帕	由于没有很好地把火熄灭掉便跑开，那里发生了野火，别人很快扑灭时，应该负责的那个部落要赏给灭火者一只羊。
	二、汉译帕	离开一地时因未灭掉火种致草原发生火灾，他人及时赶来灭火者，有责任的村落要送给灭火者羊一头。
	三、俄本	在牧民迁出的游牧地方扑灭（残）火者，予以羊一头的褒赏。
	四、奇本	如有人灭掉已迁出的鄂托克之火，［向遗火人］要一只绵羊。
	五、额本	迁徙者于驻牧地留有火苗隐患，给及时处置者支付一只绵羊。
	六、策本	在【牧人】迁出的游牧地方扑灭【残】火者，得一只羊【的褒赏】。
	七、本书	扑灭已迁走的游牧营地内［遗留］的火者，得一只绵羊的奖赏［从遗火之人罚取］。
	比勘	汉译帕本中“村落”一词不准确。
66	一、日译帕	从水里或火中救出一个人的人，接受牲畜五头的报酬。这时营救者丧失自己性命时，其遗族可从死者所营救的人那里取得一个人份的武器、甲胄、兵器以及牲畜九头。从火中或水里救出家具或奴隶的人，可就救出奴隶、甲胄或帐篷之一取得马一匹。此外还救出家具的人，也还可取得牝牛一头。从野火中救出畜群的人，可从各所有者取得报偿；对大所有者可要求两头；对小所有者可要求一头家畜。
	二、汉译帕	救他人于水或火者，奖赏牲畜五头。在救援中失去生命者，其亲属得向被援救者索取男用的武器和铠甲，外加牲畜 9 头。从水灾或火灾中救出家什或奴隶者，若救出仆役、铠甲或帐篷获马一匹，另有家什者加母牛一头。从草原大火中救出畜群者，占有畜群大部分的主人要给他牲畜两头，小部分的主人给他牲畜一头以资褒赏。

续表

条序	版本	内容
66	三、俄本	从火灾或水灾中救出人者，领得（牲畜）五头，想抢救他人而自身被烧死或溺死者，则死者的继承人得一罚九及贵重品一个；如同时救助者所乘之马也因而死亡者，则得到（同样的马）及贵重品一个之赔赏。（救出）奴隶或胸甲或甲胄者得马一匹，搬出胸甲或甲胄者从（物主）得马及羊各一头。搬走存放财物的帐幕者，每人赏给马及母牛各一头，从火灾中救出若干畜群者，则（数量）多的得（牲畜）两头，（数量）少的得（牲畜）一头；并且按照时间及情况来分。
	四、奇本	从草原荒火或水中救出将死之人，要一五畜。在草原荒火或水中想要救助别人而死去，以驼为首要一九。骑乘死亡，以一别尔克顶立。［救出］孛兀勒、头盔、铠甲这三种。各要一匹马。如救出甲士（及其）铠甲，要一匹马、一只绵羊。如救出帐篷及物品，要一匹马、一头牛分而吃之。从草原荒火中救出几群牲畜，群数多要二群，群数少要一群，要根据不同季节决定而分取。
	五、额本	野火或洪水中救出人命，须给予五头牲畜；野火或洪水中救人而死，获得以博尔和为首的一九牲畜赔偿；野火或洪水中救人而死乘马，获得博尔和加一匹马赔偿；野火或洪水中救出奴隶，捞出甲袖、铠甲等，可获一匹马奖赏；捞出盔甲，获马与绵羊各一匹（只）奖赏；捞抢出帐篷及什物，获得马、牛奖赏；野火中救出畜群，数量多则获二头牲畜奖赏，数量少则获一头牲畜奖赏；季节不同，酌情定量。
	六、策本	从火灾或水灾中救出人者，领得【牲畜】五头。想抢救他人，而自身被烧死或溺死者，则死者的继承人得一个别尔克为首的一九；如同时救助者所乘之马也因而死亡者，则得到一个别尔克和一匹马的赔赏。救出奴隶或肘甲、胸甲者得马一匹，搬出铠甲从【物主】得马及羊各一。【众人】若搬出家什财物者，得马及母牛各一，再平分。从火灾中救出多少群牲畜者，则【数量】多的得【牲畜】两头，【数量】少的得【牲畜】一头；并且按照时间及程度来办理。
	七、本书	从水、火中救出将死之人者，［从被救人］收取五头牲畜，若救人者在水、火中丧生，［救人者家人］向［被救人］收取有伯尔克的一九牲畜［偿命］。若救人者［为救人］所乘马匹死亡，［被救者］赔偿［马匹］外加一个伯尔克牲畜。若救出奴隶、臂甲和胸甲三者，各得一匹马［的报酬］。若抢救出全副铠甲，得马和羊各一个。若抢救出帐篷、家什、财物，得马、牛［为报酬］，由救出者分取。从火灾中救出几群牲畜，数量多者取其中二头，数量少者取其一头［作为报酬］，依其［所到］时间和［效力］多少裁定。
	比勘	日译帕本、汉译帕本译文有误，将伯尔克译为铠甲和武器。野火中救出牲畜的大所有者（或主人）句误。俄本“贵重品”误，“搬走存放财物的帐幕者，每人赏给马及母牛各一头”误。奇本“如救出甲士（及其）铠甲”误，应为全副铠甲；“要一匹马、一头牛分而吃之”，应为分取；“群数多要二群，群数少要一群，要根据不同季节决定而分取”，误。额本，未译出由救者“分取”“季节不同，酌情定量”，误。策本，“并且按照时间及程度来办理”，不明确。

续表

条序	版本	内容
67	一、日译帕	但是由于恶意而引起野火的人，应该受到严惩。
	二、汉译帕	对出于敌意故意纵火焚烧草原者要处以最严厉的惩罚。
	三、俄本	由于仇恨而纵火者处极重之刑。（纵火）杀害高贵者阙所；杀害中层阶级者处以牲畜三百头及贵重品三十个；杀害下层阶级者处以十五罚九及贵重品一个的财产刑。
	四、奇本	因报复而放草原荒火，以大法处理。如杀赛因库蒙，要进攻而杀之。如杀敦达库蒙，罚三十别尔克、三百头牲畜；如杀阿达克库蒙，罚十五别尔克。
	五、额本	宿怨复仇纵火者，处罚博尔和；纵火致死赛音·珲，征讨缉拿首犯；纵火致死敦达·珲，赔偿三十博尔和加三百头小畜；纵火致死阿达格·珲，赔偿以博尔和为首的十五个九牲畜。
	六、策本	为报仇而纵火者处重别尔克之刑。【纵火】杀害上等人者，没收其所有财产；杀害中等人者处以三十个别尔克及三百头（牲畜）；杀害下等人者科一个别尔克为首十五九。
	七、本书	挟仇放火依也可合博处罚。烧死上等人，攻掠之；烧死中等人，罚三十伯尔克及三百头牲畜；烧死下等人，罚以伯尔克为首的十五九牲畜。
	比勘	日译帕本、汉译帕本摘译，内容不全，不准确。俄本“阙所”“贵重品”，皆误。额本“征讨缉拿首犯”“小畜”皆不准确。策本，“没收其所有财产”，不准确。攻掠之，即作为敌人攻掠之，可以杀掠其人畜，不止财产。没收是和平、合法的方式进行，攻掠是以武力进行。
68	一、日译帕	偷盗骆驼一峰的人，应罚牲畜九的十五倍，但盗种马一匹，罚九的十倍；盗牝马一匹，罚九的八倍；盗牝牛、马驹、或羊一只，罚九的六倍。
	二、汉译帕	盗窃骆驼者，罚牲畜十五个九。从畜群中盗窃牡马者罚十九，盗窃牝马罚八九，盗窃母牛、马驹或羊罚六九。
	三、俄本	有关偷窃的法律。（偷窃）应科罚：偷窃骆驼者十五罚九，骟马及种马九罚九，母马八罚九；母牛、二岁小马及羊六罚九。骆驼列入罚九之数。
	四、奇本	没有译。
	五、额本	偷盗骆驼，处罚十五个九畜牲；偷盗骟马与公马，处罚十九牲畜；偷盗骒马，处罚八九牲畜；偷盗犍牛、二岁马、绵羊，处罚六九牲畜。以上处罚包括骆驼在内的九数。
	六、策本	以下是有关偷窃的法律：偷窃骆驼【一峰】者罚十五个九，骟马及种公马九个九，母马八个九；母牛、二岁小马及羊六个九。骆驼列入九之数。

续表

条序	版本	内容
68	七、本书	以下是［有关］偷窃的法规。偷窃骆驼罚十五个九牲畜，骟马、种公马罚十个九牲畜，骒马罚八九牲畜，牛、二岁马、羊三种牲畜罚六九牲畜。九畜中皆含有骆驼。
	比勘	日译帕本、汉译帕本漏译“九畜中皆含有骆驼”。除俄本外，都省略“以下是［有关］盗窃法规”一句。俄本“十五罚九”等表述误，应罚十五个九或十五九。策本，“骟马及种公马九个九”，误。
69	一、日译帕	其中，原所有主取得被盗牲畜的二倍，其余归王公所有。窝藏被盗赃物的人一经发现，予以严惩。申诉要求取得被盗物数额以上的人，同样要丧失（应得）赔偿额的一半。查明被害人不（向王公法庭）申诉而与盗贼私自谈判时，王公可溯征自己应得的份额。这时，被害人连本来应按被盗物取得两倍的赔偿，也不能取得了。申诉要求取得被盗物数额以上的人，同样要丧失（应得）赔偿额的一半。
	二、汉译帕	被盗牲畜之主人双倍获回牲畜，剩余牲畜归王公所有。对屡犯盗窃之人要再次重罚。对窃贼不起诉而与之和解者，如嗣后败露，则王公再次取得其应得之牲畜，而牲畜主人不得双倍获回被盗牲畜。索取多于被盗之牲畜者，丧失应偿还牲畜之一半。
	三、俄本	按所盗物品的数量而没收之（被盗多少，就向盗贼取多少）。要求赔偿应得额以上者，则只应取得罚款的半分。而牲畜所有主则只应得赔偿的一半。
	四、奇本	没有译。
	五、额本	被偷盗者按实数上报。多报者，赔偿所得降低为应罚数额的一半。
	六、策本	按所被盗【牲畜】的数量而【准确】呈报【被偷盗牲畜的数量】。要求赔偿应得额以上者，则只应取得罚款的半分。
	七、本书	窃贼偷窃多少牲畜，［事主］如数报取被窃牲畜，虚报多取牲畜者，一半雅拉由事主抵偿，［事主］只得到雅拉和赔偿的各一半。
	比勘	日译帕本、汉译帕本未理解此句，皆误。俄本“而牲畜所有主则只应得赔偿的一半”，没有反映雅拉，即罚畜。策本，“则只应取得罚款的半分”，未提及赔偿。
70	一、日译帕	正月以后，被盗牲畜按每一胎，赔偿马一匹。
	二、汉译帕	偷窃白月（蒙古人的节令——译者注）之后的牲畜者，还须赔偿牲畜体内之幼胎，每胎赔马一匹。
	三、俄本	正月后被盗的牲畜，其仔畜一头则赔偿马一匹。
	四、奇本	没有译。
	五、额本	怀胎牲畜过产期产仔（驹、羔），处罚一匹马。
	六、策本	正月以后被盗的怀胎的牲畜，其仔畜一头则赔偿马一匹。

续表

条序	版本	内容
70	七、本书	怀胎母畜，正月以后［被盗］，其仔畜亦罚马一匹。
	比勘	额本表述不准确，未提及正月时限。
71	一、日译帕	犯罪的盗贼经确认而故意不交赔偿时，可向王公的法庭申诉，加倍处罚被告。
	二、汉译帕	窃贼被捉拿后不愿自行交出所罚之物者，要请王公的审判人员执行，双倍处罚窃贼。
	三、俄本	凡占据赃物（盗贼）而不报告王公者，则为了（拨出）应酬王公的开支及为此事而奔走的使者，应得的东西（被盗牲畜的）所有主应得被盗物加倍的赔偿。
	四、奇本	没有译。
	五、额本	没收牲畜须有牲畜主人在场，主人不在场，有其诺颜负责支付。
	六、策本	牲畜主人不把【偷盗者】扭送到【偷盗者的】主人那里，而直接明目张胆地抢劫偷盗者，则加倍赔偿牲畜主诺颜的开支及为此事而奔走的使者的食物。
	七、本书	［事主］未至［窃贼］诺颜处［获得允许，擅自］去抄没［应罚取的］牲畜，则［向其］加倍收取诺颜审理费用及派遣使者的报酬。
	比勘	日译帕本误解误译。汉译帕本后半句误。俄本、额本误，策本前半句误，后半句的“食物”不准确。
72	一、日译帕	盗贼的足迹完全可以（追踪）到某住户时，该户的人必须负责任，但没有确认这种嫌疑的旁证或证人时，审判官可酌情判断。足迹终于一个爱马克的入口处而不能断定［哪个］部落或［哪家］住户时，宰桑经适当调查后，应宣誓说关于该盗窃案一无所知或毫无隐瞒。实际告发盗窃的人，应该是偶然确认盗贼的行为和牲畜的邻居本人。由十户长报告宰桑，由宰桑报告王公，没有忠实地采取这种措施的上司，应罚甲胄一领、武器及牲畜九头。
	二、汉译帕	盗窃之踪迹引向某一帐宅者，帐宅之所有人对此必须负责。但无其他迹象及证人能证明疑忌者，由法院断定判决。探寻盗窃踪迹至某一爱马克而无从确定是何村何宅时，该爱马克之宰桑在适当研究情况后要立誓对该盗窃案一无所知并决不袒护罪犯。邻居要自行告发窃贼，因为邻居有机会准确甄别其言行及牲畜数量。管理 10 户人家之官吏要向宰桑汇报有关情况，宰桑向王公汇报。有官吏弄虚作假者，罚整套铠甲加武器及牲畜 9 头。
	三、俄本	跟踪足迹应从三个方面来审理：在跟踪时，如有高贵的见证人在场，把足迹（追踪）到最后时，则按盗窃律处理，即认为此脚印人为有罪；如当时高贵的见证人不在场，则由裁判所审理之。但如足迹的证据（仅是受害人）所提则应向牧区长设誓，或代之以牧区长指出牧区中盗窃的人，此人应受到惩处。牧区（阿寅勒）长应面对兀鲁思当局设誓，而兀鲁思当局面对王公设誓，纵使牧区长原来没有过错，但由于管理无方也要科罚一九和贵重品一个。

续表

条序	版本	内容
72	四、奇本	［对偷盗者］觅踪三审断。觅踪时与赛因格日赤一起追查到底，以法处理。如没有赛因格日赤，继续审查。最后找到盗窃者住户之踪，要逼其牧户长处理。如牧户长不管，为找回丢失的东西，找到盗窃者之家以法惩处。牧户长到鄂托克赛特处报告。鄂托克赛特到诺颜面前汇报。牧户长虽然清白，但因管理不善，罚一别尔克加一九。
	五、额本	缉捕盗贼，得到赛音·珲举证可直接抓捕，抓捕即可结案；没有赛音·珲举证则拷问弄清事实；缉捕盗贼到艾里，须找到阿哈了解情况；阿哈不了解实情或回避，从艾里缉拿盗贼后，因未尽管理之责，处罚阿哈博尔和为首的一九牲畜。
	六、策本	跟踪足迹应从三个方面来审理：在跟踪时，如有充足的证据，并把足迹【追踪】到最后时，则按盗窃罪处理，即认为此脚印人为有罪；如当时没有充足的证据，则由裁判厅审理之。但如足迹【并确定】方向，则严厉审讯阿寅勒首领或让阿寅勒首领赔偿【牲畜】。要特地惩罚偷盗者的阿寅勒。阿寅勒首领应面对鄂托克当局设誓，而鄂托克当局面对诺颜设誓，纵使阿寅勒首领没有过错，但由于未采取管理措施，科罚带有一个别尔克的一九。
	七、本书	发现踪迹进入之案的审断有三种情形，发现踪迹进入之案，追踪时若有可靠证人随行，穷其踪迹者，依法决断。若无可靠证人作证，则经审理断案。仅发现踪迹进入［而无证人］，令户长立誓，或者在赔偿［失物］时，将窃贼之家甄别后依法处罚。户长应在鄂托克赛特前［立誓］，鄂托克赛特在诺颜前［立誓］，户长即使其本人得以澄清与偷窃无涉，因管束不严，仍罚伯尔克为首一九牲畜。
	比勘	日译帕本、汉译帕本、俄本对伯尔克译文不准确，在开头未译出三种审断情形，对第三种情形的译文不够准确。俄本的“牧区长”“高贵的见证人”等用词不甚妥帖。奇本中“继续审查”“如牧户长不管”等句不准确。额本“阿哈不了解实情或回避”不准确。策本，没有“甄别”窃贼表述。
73	一、日译帕	债务人到期没有偿还债务的意思或能力时，债权人经三次警告之后，报告上司。债务人奉到上司命令仍不偿还时，应罚马一匹。反之，对债务人擅施暴行的人，丧失其请求（还债）之权。夜间袭击债务人的人，除丧失其请求权外，还应罚牲畜九头。
	二、汉译帕	债务人在约定的时间内不愿或不能清偿其债务者，催告三次并报告其领主。领主发令后债务人仍不清偿债务者，罚马一匹。擅自对其债务人施以暴力者，丧失其债权。夜间袭击其债务人者，除丧失其债权外，还须罚牲畜 9 头。

续表

条序	版本	内容
73	三、俄本	论债务，关于债务（债权人）应在见证人前宣告三次，（然后）得到偿还；在宣告时应通知收楞额；如不通知收楞额，则对他（债权人）处马一匹的财产刑，如不预告，日间（从债务）回收债权时，则债务被取消，夜间回收时，（除剥夺债务外）还要处以罚一九的财产刑。
	四、奇本	有关债务，要与证人去三次讨要。讨要前要向收楞格报告。如收楞格［偏袒欠债人］不给，罚其乘马。如不报告而讨债，废除此债务。如不报告夜里去讨要，罚一九。
	五、额本	债务关系必须有充分证据。产生纠纷向西古楞格通报，西古楞格拖延或不予协助解决，罚没其乘马；不向西古楞格通报而白天去逼债，取消其债务；擅自夜间去逼债，处罚债主一九牲畜。
	六、策本	关于债务【债权人】应在见证人前告知【债务人】三次，【然后】得到债还；在告知时应告知收楞额；如收楞额不去，则罚收楞额马一匹，如不预告【收楞额】，白天【从债务人】回收债权时，则债务被取消，【如不告知收楞额而】夜间回收时，（除取消债务外）还要处罚【债权人】一九。
	七、本书	有债务可带证人［向债务人］索取三次，并告知其收楞额，若收楞额不协助索取，取其乘马。若未告知［收楞额］，［白天］自己去收取债务，取消其债务，夜间未告知［收楞额］去收取，［取消其债务并］，罚一九牲畜。
	比勘	日译帕本、汉译帕本“上司”“领主”不准确，未译出债权人“带证人”去催债三次。将罚收楞额马一匹，误为罚债权人。汉译帕本，对债务人施暴、袭击，皆误。俄本，“如不通知收楞额”则对债权人罚马，误。额本未译出带证人讨三次。
74	一、日译帕	没有译。
	二、汉译帕	没有译。
	三、俄本	债务涉及布拉台吉者不赏还。
	四、奇本	有关布喇台什时期的债务废止。
	五、额本	取消了应给博拉太师的债务。
	六、策本	关于涉及布拉台吉的债务不偿还。
	七、本书	取消布拉台什［时期的］债务。
	比勘	俄本、额本、策本，取消给布拉台吉债务，误。

续表

条序	版本	内容
75	一、日译帕	没有译。
	二、汉译帕	没有译。
	三、俄本	妇女在运酒和羊的途中，取去其中一部（负债），那不算数，如果（拿走）负债很多，那么债应算一半（即赏还一半）。
	四、奇本	女人拿着酒、绵羊前去借的，废止。如［借得］多，要一半。
	五、额本	取消了妇人带着羊去借的债，债额多则取消其一半。
	六、策本	妇女带酒和羊而借的债务被取消。如果负债多，则偿还一半。
	七、本书	妇女携羊、酒去借的债务取消，数额多者减免一半。
	比勘	俄本有误，不准确。额本漏“酒”字。
76	一、日译帕	迷入别人畜群的牲畜，应保护三天。在此期间，在自己畜群内发现这样（迷入）的牲畜的人，应该公开表明，经过三天以后，可自由使用；如果是马可以乘骑。但是事先没有公开表明而使用这种牲畜的人，应罚三岁马一匹。把迷入的牲畜打上自家的烙印（tamaga）的人，应罚牲畜九头。在合法时期以前盗取别人牲畜的毛的人，应罚牲畜五头。但预先提出合法报告者，不在此限。迷入牲畜首先应该给收楞额看，收楞额在牲畜搜索使来时，提出报告。拾得许多牲畜的人，应报告首长或牲畜搜索使；不报告者，罚其牲畜的二倍；否认时，应再罚牲畜九头。为隐匿迷入牲畜而转给别人的人，应罚牲畜九的三倍。
	二、汉译帕	因迷途混入他人畜群之牲畜，让它们自由并保护它们 3 天；在此期间如发觉自己畜群中有迷入的牲畜要举报。举报之后，若是乘马，应允许此人乘坐该马。事先未曾举白而役使迷入之牲畜者，罚三岁之马驹一匹。在迷入之牲畜身上打烙印（塔木花）者，罚牲畜 9 头。不合时令地剪取他人牲畜之毛者，罚牲畜 5 头，但事先已作适当之举白者不坐罪。迷途的牲畜，首先要向收楞额报告，待牲畜找寻者找来时可提供情况。收容多头迷途牲畜者，须向官吏或牲畜找寻者报告；不报告者，罚与所收容牲畜同量的牲畜；否认收容行为者，除此之外还要罚牲畜 9 头。收容后将迷途之牲畜交予他人以隐瞒事实者，罚牲畜三九。
	三、俄本	对迷路的牲畜如果三昼夜后公告此事，然后可骑乘；（三）昼夜内不公告而骑乘（此牲畜）者，则须支付所有主（物主）以三岁母马一匹；在（他人牲畜）的耳上打上自己的烙印，则支付罚一九，剪毛则罚五（牲畜）；如经公告而做此事则不坐罪。捕获迷路（无主）牲畜者必须交给收楞额，收楞额必须转交给奇衣列；（一般情况下）捕获（他人之牲畜）者必须转交给收楞额或奇衣列，不转交者加倍科罚。如有人询问（此等家畜）而仍藏匿者则罚九。（捕获）迷路牲畜而转交给远处之人者，则科以同（盗窃）一样的刑罚，转交给近邻者（按住址）则罚三九。

续表

条序	版本	内容
76	四、奇本	有关跑失之牲畜，［收留者］三宿后通知大家可以骑用。不到日子而骑用，罚三岁母牛一头。若是已打印的，罚一九。若是剪鬃尾的，罚一五。若是通告大家后使用，无事。抓到离群之牲畜要交给收楞格。收楞格交给贺日格。抓捕者要与收楞格一同交给贺日格。如不交给，罚双马。如藏匿，罚一九。如把离群之畜给远方之人，以［偷盗之］习惯法惩处。如给近处之人，罚三九。
	五、额本	赶回离群牲畜，通告三天后可骑乘使用；不予通告，未到三天而骑乘使用者，处罚三岁母畜。捡到离群牲畜，私下做标记，处罚一九牲畜；私下修剪鬃尾，处罚五头牲畜；通告之后骑乘则不问责。捡到离群牲畜，须交给西古楞格，西古楞格负责交给贺热格；抓到离群牲畜者不交给西古楞格及贺热格，处罚离群牲畜数的二倍；对牲畜主人隐瞒实情，处罚一九牲畜；捡到牲畜私自转送居地遥远者，按大法处置；私自转送邻人，处罚三九牲畜。
	六、策本	捉到流离走失的牲畜，公告三昼夜后可骑乘；不满【三】昼夜，也不公告而骑乘【此牲畜】者，则须支付其主以三岁母牛一头；在【他人牲畜】的耳上打上自己牲畜的耳记，则支付一九，剪毛则罚五【牲畜】；如经公告后使用则不坐罪。捉到流离走失的牲畜者必须交给收楞额，收楞额必须转交给奇衣列；不转交给收楞额和奇衣列者加倍科罚。直到【牲畜主人】询问仍藏匿者则罚九。捉到流离走失的牲畜而转交给远处之人者，则科以同【偷窃】一样的刑罚，转交给近邻者则罚三九。
	七、本书	有关走失牲畜，捉获离群走失牲畜收留三天，通告之后乘用。不收留三天亦不通告即乘用者，罚三岁母牛一头。给走失牲畜擅做［自家］标记者罚一九牲畜，剪其鬃、尾者罚五头牲畜。通告后使用者无罪。捉获走失牲畜交给收楞额，收楞额交给失畜查索使。捉获者交给收楞额和失畜查索使，若不交则加倍罚取。失主找寻时仍隐藏者罚一九牲畜，若将［捉获的］走失牲畜送给远处之人［隐匿］，依［偷窃］律处置。送给近处之人［隐匿］，罚三九牲畜。
	比勘	日译帕本、汉译帕本“毛”，应为“鬃、尾”。日译帕本、汉译帕本不准确，有些细节未译出。奇本，“双马”，额本，加二倍，都不准确。
77	一、日译帕	拾得被野兽咬死或别人杀死的别人的一头牲畜，擅自把它吃掉的人，应交出两头（牲畜）作为赔偿［给原主］。
	二、汉译帕	拾取他人的被野兽咬死或因其他原因而死亡的牲畜，并未经报告而食之者，须偿还牲畜两头。
	三、俄本	凡用牲畜死体而不公告者，则罚七（牲畜）。
	四、奇本	在野外得到离群之死畜不通知大家而吃食，罚七头牲畜。

续表

条序	版本	内容
77	五、额本	捡到死畜，不予通告而占为己有，处罚七头牲畜。
	六、策本	不公告而食用他人之死畜者，则罚七【牲畜】。
	七、本书	［将野外］死畜尸肉，不通告而食用者，罚七头牲畜。
	比勘	日译帕本未译出“通告”之义。汉译帕本，“须偿还牲畜两头”，误。奇本“吃食”用词不准确。
78	一、日译帕	与有夫之妇即使合意通奸的男子，罚牲畜五头，女的应拿出（牲畜）四头给审判官。女的如系被强奸时，双方应罚［的牲畜］均由男方负责。与女奴隶通奸的人，应给女奴隶的主人一匹马；但如系合意通奸，且未告发时，不罚。强奸处女而被告发的人，罚牲畜九头的二倍；如果是合意通奸由处女的亲族告发时，还要罚牲畜九头。
	二、汉译帕	与已婚之妇私通而妇人同意者，罪犯须向法官缴牲畜 5 头，妇人缴 4 头。妇人被强迫者，罪犯罚牲畜 9 头。与女奴性交者，须向女奴主人罚交马一匹；但主人同意并未提起诉讼者不坐罪。强迫处女与自已性交者，若起诉则罚牲畜二九；若处女同意，而其亲属提起诉讼者，罪犯罚牲畜 9 头。
	三、俄本	妇女爱慕别人，双方心愿下行淫者，则奸妇科罚四（牲畜），奸夫科罚五（牲畜）的财产刑；妇女不愿意，男子强（奸）之者，则男子处罚一九；（强奸）女奴隶者科马一匹，如女奴隶心愿者则不坐罪。强奸未婚之女子者罚二九，如女子心愿者则罚一九。
	四、奇本	男、女人相好，如两人情愿，女人罚四头牲畜，男人罚一五。如女人不是自愿，而系被迫，罚男人一九。如是女奴，罚［男人］一匹马。如女奴愿意，无事。如姑娘不愿意而与之睡觉，罚二九。如愿意，罚一九。
	五、额本	已婚男女私通，处罚女方四头牲畜，处罚男方五头牲畜；女方被迫，处罚男方一九牲畜；强奸奴婢，处罚一匹马，奴婢自愿则不问责；强迫未婚女子同床，处罚男方二九牲畜，未婚女子自愿则处罚男方一九牲畜。
	六、策本	妇女爱上别人，如双方心愿者，则妇女科罚四【牲畜】，男子科罚五【牲畜】；妇女不愿意，男子强【奸】之者，则处罚男子；【强奸】女奴隶者科马一匹，如女奴隶心愿者则不坐罪。强奸未婚女子者罚二九，如女子心愿者则罚一九。
	七、本书	有夫之妇与别人奸，若双方情愿，罚女方四头牲畜，罚男方五头牲畜，若女方不情愿，指男方强奸，则罚男方一九牲畜。强奸女奴罚马一匹，若女奴愿意则无罪。强奸未婚女子，罚二九牲畜，若合意通奸罚一九牲畜。
	比勘	汉译帕本“但主人愿意”，应为奴妇愿意。

续表

条序	版本	内容
79	一、日译帕	兽欲发作而奸淫别人牲畜的人，罚牲畜五头给牲畜所有人，并应将所污牲畜带走（换一头给原主）。
	二、汉译帕	与他人牲畜发生兽奸被发现者，须向牲畜的主人罚交牲畜 5 头，被玷污之动物归罪犯所有。
	三、俄本	兽奸者被剥夺牲畜一头予见证人。畜主则从犯罪人领得五头（牲畜）。
	四、奇本	奸畜者，谁看见，谁要其人和牲畜，罚畜主及其他参与者一五畜。
	五、额本	奸狎牲畜者，牲畜收归检举者；奸狎者赔偿牲畜主人五头牲畜。
	六、策本	兽奸者被剥夺牲畜一头予见证人。畜主则从犯罪人处领得五头【牲畜】。
	七、本书	若［有人］奸牲畜，捉获者获得被奸之牲畜，若奸别人的牲畜，牲畜主人从奸牲畜者罚取五头牲畜。
	比勘	日译帕本、汉译帕本“并应将所污牲畜带走（换一头给原主）”“被玷污之动物归罪犯所有”，皆误。奇本皆误解误译。额本“奸狎”一词不准确，未译出奸别人的牲畜。俄本、策本，未译出奸别人的牲畜，“领得”不够准确。
80	一、日译帕	两人格斗时，任何人不得介入。如果有人参加任何一方，他方斗败竟被杀害时，加害者两人都应受罚，各拿出一人份的甲胄、武器及牲畜九头。仅介入两人的格斗时，介入者应每人拿出马一匹。
	二、汉译帕	两人发生斗殴时，不要去介入。帮助一方打倒另一方并不慎打死此人者，两人须罚男人用铠甲和武器以及牲畜 9 头。介入两人斗殴若干回，罚马若干匹。
	三、俄本	口角（打架）时，双（方）介入，因参与而死亡（被打死）者，科行凶者罚一九及贵重品一个；有多少人参加则（受害人）得马多少匹。
	四、奇本	两人斗殴中有人偏袒一方而致死人命，罚一别尔克加一九，有几人偏袒罚几匹马。
	五、额本	二人斗殴，有偏袒致人死亡者，赔偿以博尔和为首的一九牲畜，并罚没所有偏袒者乘马。
	六、策本	口角时，介入双方袒护（某方）而致死人者，科袒护者以带别尔克的一九，有多少人参加袒护，则没收他们多少匹马。
	七、本书	两方殴斗时偏袒一方［介入］殴斗，致人死者，罚偏袒［介入］者伯尔克为首一九牲畜。凡偏袒［介入］斗殴者，无论几人各罚取其坐骑。

续表

条序	版本	内容
80	比勘	日译帕本、汉译帕本、俄本皆将“伯尔克”误译为铠甲武器或贵重品。汉译帕本“介入两人斗殴若干回，罚马若干匹”，误。俄本，“双（方）介入”，不准确。奇本、额本没有明确译出偏袒方“介入斗殴”的意思。策本“口角时”，不准确。
81	一、日译帕	以凶器对准他人者，没收其凶器。两人都使用凶器斗殴，一方受重伤时，胜者视其伤势程度，应拿出牲畜九头的五倍或以下，作为处罚，但伤势最轻时，也不少于马一匹。
	二、汉译帕	用致命之枪支射击他人者，丧失该枪支。两人在斗殴中动用致命之枪支致一方受重伤者，视伤势轻重，胜者罚牲畜五九或五九以下，伤势轻微的，最少罚马一匹。
	三、俄本	用利剑（凶器）切断、刺杀或射击使人重（伤）者罚五九，中等（伤）者罚三九，轻伤者罚一九；只用凶器刺人时则科马一匹之财产刑；为了斩人而拔出凶器时则没收其凶器，对夺取出鞘的凶器并制止之者必须赏马一匹。
	四、奇本	以利剑大劈、大搅、大砍，罚五九。中劈、中搅、中砍，罚三九。小劈、小搅、小砍，罚一九。如指向人，罚一马。如有人夺下其利剑，可要其剑。如制服其人，要一匹马。
	五、额本	用利器刺、砍、击伤人者，重伤处罚五九牲畜，中伤处罚三九牲畜，轻伤处罚一九牲畜。用利器而未致人受伤，处罚一匹马；用利器威吓，没收利器；被人制止，处罚使用利器者一匹马。
	六、策本	用利剑【凶器】射击、刺杀、砍切使人重伤者罚五九，中等【伤】者罚三九，轻伤者罚一九；凶器只触及到人时，则科马一匹；为了斩人而拔出凶器时则没收其凶器，制止拔出凶器者赏马一匹。
	七、本书	动用尖刃利器射、刺、砍人者，根据伤害情形，严重者罚五九牲畜，中等程度者罚三九牲畜，轻者罚一九牲畜。刺［而未中］者罚马一匹。亮出凶器者罚没其凶器，由别人制止者，罚马一匹，给制止者。
	比勘	日译帕本、汉译帕本漏译后一句。汉译帕本，“枪支”误。俄本只用凶器刺人时，应为未刺中时。奇本未译出依伤害情形罚畜之意，不准确；“可要其剑”误。额本“处罚使用利器者一匹马”，漏“给制止者”。策本“凶器只触及到人时”，不准确。
82	一、日译帕	以棍棒或石块伤害别人的人，应罚甲胄、武器及牲畜九头。
	二、汉译帕	用棍棒和石块猛击他人致其生命危险者，罚铠甲和武器以及牲畜9头。
	三、俄本	用木棍或石块重打人者则罚九和贵重品一个，中（打）者则罚马和羊各一头，轻打者则罚三岁母马一匹。

续表

条序	版本	内容
82	四、奇本	以木、石大打，罚一别尔克加一九。中打，罚一匹马、一只绵羊。小打，罚一头三岁母牛和［他的随身］物品。
	五、额本	用木棍或石器重击他人，处罚以博尔和为首的一九牲畜，中击则处罚马或绵羊，轻击则处罚三岁母畜或相等财物。
	六、策本	用木棍或石块重打人者则罚带一个别尔克的一九，中【打】者则罚马和羊各一，轻打者则罚三岁母马一匹。
	七、本书	用木棍、石头击打人，情形严重者罚以伯尔克为首一九牲畜，中等程度者罚马、绵羊各一，轻者罚相当三岁母牛价值的牲畜或财物。
	比勘	日译帕本、汉译帕本译文是摘译，只译了严重殴打的处罚，没有译中等和轻度殴打的处罚。将“伯尔克”译为甲胄和武器。俄译本“贵重品”误。奇本“罚一头三岁母牛和［他的随身］物品”误，此处应为处罚三岁母畜或相等财物，另一抄本为“马”。
83	一、日译帕	以鞭或拳头对别人施加暴行的人，没收其牲畜五头。
	二、汉译帕	用马鞭或拳头殴打他人者，罚牲畜 5 头。
	三、俄本	用拳头或马鞭重打人者则罚五（牲畜），中（打）者则罚马和羊各一头，轻打者则罚三岁小马。
	四、奇本	以拳、鞭大打，罚一五。中打，罚一匹马、一只绵羊。小打，罚一头三岁公牛。
	五、额本	用拳头或马鞭重打他人，则处罚五头牲畜，中则处罚马或绵羊，轻则处罚三岁母畜。
	六、策本	用拳头或马鞭重打人者则罚五【牲畜】，中【打】者则罚马和羊各一，轻打者则罚三岁公牛一头。
	七、本书	用拳头、鞭子打人，情形严重者罚五头牲畜，中等程度罚马、绵羊各一，轻者罚三岁公牛一头。
	比勘	日译帕本、汉译帕本译文缺少后半部分。俄本“三岁小马”，不准确。额本“三岁母畜”，不准确。
84	一、日译帕	斗殴时撕破别人衣服的人，罚马驹一匹；揪人头发的人，罚牲畜五头；揪人胡子的人，罚马一匹及羊一只。往别人脸上吐唾沫，或向别人投掷土或其他污物的人，罚马一匹。殴打斗殴对手的头，或把别人从马上拉下来的人，罚马一匹。犯以上所列各罪中的两种以上［罪行］的人，罚马一匹及羊二只。这些情况，最轻的是罚羊一只、羊羔一只。
	二、汉译帕	斗殴时撕破他人外套者，罚马驹一匹；扯散他人发束者，罚牲畜 5 头；揪落他人胡须者，罚马一匹、羊一只。朝他人脸上吐痰，用污泥或粪便投掷他人者，罚马一匹。击打对手之头部或试图把对手拉下马者，罚马一匹，同为上述两种行为者，罚马一匹、羊二只；于此情形，若殴打下等人，至少罚羊和羊羔各一只。

续表

条序	版本	内容
84	三、俄本	撕破他人衣服者科二岁小马一匹，断人帽缨和发辫者罚牲畜五，扯掉胡子者科马和羊各一头，当着高贵者之面吐痰、投土者，殴打其乘马之头，从马上拉其下地者，各科马一匹。犯以上全部（罪）者科马一匹及羊两头，犯以上罪二种者科马及羊各一头之财产刑。
	四、奇本	如毁坏大皮袄，罚二岁马一匹，毁坏帽缨、发辫，罚二五畜。毁地弩，罚绵羊一只、马一匹。向人脸上唾吐沫、扔土、打马头，扯衣大襟、［犯］赛特的乘马等加起来，罚一匹马、二只绵羊。如犯［其中］两项，罚一匹马、一只绵羊。如犯［其中］一项，罚带羔绵羊一只。
	五、额本	撕坏他人衣物，处罚二岁马一匹；揪断他人帽缨或头发，处罚五头牲畜；触损他人胡须，处罚绵羊或马；同时啐人脸面、向人撒土、鞭打他人马头、撩掀他人衣襟、惊扰诸颜乘马，处罚马一匹、绵羊二只；其中有两种行为者，处罚马和绵羊各一匹（只），有一种行为者，处罚带羔绵羊一只。
	六、策本	撕破他人衣服者科二岁马一匹，断人帽缨和发辫者罚五【牲畜】，扯掉胡子者科马和羊各一，向他人吐痰、投土或殴打其乘马之头，从马上拉其下地者，触及赛特的马者，犯以上全部【罪】者科马一匹及羊两只，犯以上罪二种者科马及羊各一。向下等人吐痰、投土或殴打其乘马之头，从马上拉其下地者，罚以带羔的羊。
	七、本书	［殴斗时］损坏衣物罚二岁马一匹。揪坏帽缨、辫发各罚五头牲畜，揪断胡须罚马和绵羊各一头。往人脸上吐痰、撒土、鞭打马头、扯袍襟、［侵犯］赛特［所乘］马，合犯以上诸事者罚马一匹、绵羊两只，若犯其中两项，罚马、绵羊各一头，最轻者罚带羔绵羊一只。
	比勘	日译帕本、汉译帕本，殴打或击打“对手的头”，误。日译帕本、汉译帕本、俄本、策本，把别人或对手“拉下马”，误。额本惊扰“诸颜”马匹，误。俄本少译“最轻者带羔绵羊一只”。奇本将揪胡须误为“毁地弩”。
85	一、日译帕	但揪妇女帽子的穗子或发髻的人，罚牲畜九头。
	二、汉译帕	揪落妇人帽子上的缨苏或者扯散妇人之发辫者，罚牲畜 9 头。
	三、俄本	拔掉妇女之头发或帽缨者处以罚一九之财产刑（这足够购买高贵者所遗弃之妻的价格）。
	四、奇本	断女人的发穗，罚一九。
	五、额本	揪断妇女帽缨或头发，处罚一九牲畜。

续表

条序	版本	内容
85	六、策本	拔掉妇女之头发或帽缨者罚一九。
	七、本书	揪断妇女辫发、帽缨者，罚一九牲畜。
	比勘	奇本“发穗”一词不够精确。
86	一、日译帕	对孕妇施加暴行致使流产的人，应罚牲畜的数目是以九乘怀孕月数。
	二、汉译帕	强迫怀孕妇人与自己性交并致使未成熟之胎儿死亡者，罚与胎儿之月份相同数量个九的牲畜。
	三、俄本	造成坠胎之因者科以同胎儿月数相等的罚九之财产刑。
	四、奇本	堕妇女之胎儿，有几个月罚几九。
	五、额本	使之堕胎，按怀胎月数处罚九数牲畜。
	六、策本	致妇女坠胎者科以同胎儿月数相等的罚九。
	七、本书	［殴打孕妇］致坠胎，按怀孕月数每月罚一九牲畜。
	比勘	汉译帕本“强迫怀孕妇人与自己性交”，误。
87	一、日译帕	摸处女的乳房或其他不适当的地方，或与之接吻或接触的人，如有人告发，应当众指弹被告人的耻部，但这种刑罚只限于对方是十岁以上的幼女；如对十岁以下幼女有这种行为，不在此限。
	二、汉译帕	抓摸处女之乳房或其他隐秘之处，或亲吻或摸弄少女者，若起诉，由原告在公开场合击打罪犯之隐秘之处一下；但该刑罚仅适用于侮辱10岁以上之少女，少女不足10岁的，虽犯上罪亦不处罚。
	三、俄本	抚摸十岁以上女子之乳房或（与之）亲吻者，除财产刑外，还指弹其阴部；如果小于十岁者不科罚。
	四、奇本	抓摸女人的乳房，吻嘴，［触摸］秘密地方，罚一个媵者。十岁以上的女孩犯罪要受处罚。十岁以下的［犯罪］不受处罚。
	五、额本	触摸妇女乳房或私处、公开接吻，处罚一引者；触犯年满十岁以上女性，依法处置；触犯十岁以下幼女者，还未有处置法规。
	六、策本	摸女子之乳房或亲吻者，除财产刑外，还指弹其阴部；小于十岁的男孩不使用于本法律。
	七、本书	［对女人］有触摸乳房、亲吻、触摸阴部等事之一者，罚一个媵者。十岁以上女孩在此例，十岁以下不在此例。
	比勘	日译帕本、汉译帕本、俄本、策本中当众指弹被告人的“耻部”或“阴部”，误。策本，“小于十岁的男孩不使用于本法律”，误。

续表

条序	版本	内容
88	一、日译帕	没有译。
	二、汉译帕	没有译。
	三、俄本	（损伤）病眼、摇动的牙或长出的牙齿（即这样的牙齿，代替它还长出另一牙齿者）罚五（牲畜）；如果是好眼和牙齿没有受损害，则科以（杀人的罚金）的一半。
	四、奇本	以邪淫眼［看女人和姑娘］，以牙齿［在脸上或其他地方］留下印迹，罚一五。以好眼、好齿虽然无事，但要罚五头畜之半。
	五、额本	引诱、玩弄已婚或未婚妇女，在其脸部或其他部位咬出牙痕等，处罚五头牲畜；恋爱男女，在公众场合举止轻浮有失风雅，处罚五头牲畜之半。
	六、策本	【损伤】病眼、摇动的牙或长出的牙齿者罚五（牲畜）；如果是触及到好眼和好牙齿虽没有受损害，还科以上述罚金的一半。
	七、本书	损坏原不健康的眼睛、松动的牙和乳牙，罚五头牲畜。击打健康的眼和牙，虽痊愈［未残疾］，罚雅拉的一半。
	比勘	奇本、额本皆误解误译。俄本，科以杀人罚金的一半，误，应为损坏健康牙、眼使其残废所罚牲畜的一半。
89	一、日译帕	在游戏或格斗时，因过失负伤，结果后来死亡时，当时在场的人，都要罚马一匹；如果死者是上层分子，所有（在场）的人，除上述处罚外，还应再罚甲胄一领及武器一套。两个人在嬉戏中格斗，一方因过失受致命伤时，应罚对方牲畜九头。又，企图隐蔽加害行为时，应加三倍处罚。
	二、汉译帕	在玩耍打斗时因轻狂而伤害他人致其死亡者，每个在场者均须罚马一匹；致上等人死亡者，全体参与者须罚全套铠甲和武器。两人玩耍扭打时，若一人不幸受伤死亡，则另一人罚牲畜 9 头，企图隐瞒事实者罚牲畜三九。
	三、俄本	因嬉戏误杀（打死）人者，则被害者的继承人（从加害者）取得相当于参加游戏者人数的家畜；加害者系成人男子时则并科贵重品一个的财产刑。两人在嬉戏时误杀对方者则处一罚九之财产刑。如隐瞒其杀人行为时则加重三罚九。
	四、奇本	如因以戏要而死人，有多少人罚多少马。罚［家里］大人一别尔克。两人途中嬉戏而死人，罚一九。致死人而隐匿，罚三九。
	五、额本	未成年人玩耍、游戏时致人死亡，按人数处罚马匹；成年人玩耍、游戏致死则处罚一博尔和；二人戏耍致死其一则处罚一九牲畜；致人死亡而隐匿不报，处罚三九牲畜。

续表

条序	版本	内容
89	六、策本	因玩耍而致死人者，则死者的继承人【从加害者】取得相当于参加游戏玩耍者人数的马匹；加死者成人男子时则科【加害者】一个别尔克。两人在互相嬉戏玩耍时误杀对方者则罚一九；【致伤他人而】隐瞒【其打人行为】而导致死人者，则罚三罚九。
	七、本书	开玩笑致人死亡者，［若为未成年人］无论几人各罚取其坐骑，若为成年人罚伯尔克。两人一起玩至其中一人死亡，罚［另一人］一九牲畜。隐瞒致人死亡之事者，罚三九牲畜。
	比勘	日译帕本、汉译帕本“上层分子”“上等人”应为成年人；将伯尔克误译为甲胄武器”。俄本，“贵重品”误。奇本“罚［家里］大人”，误。策本“【致伤他人而】隐瞒【其打人行为】而导致死人者”，不准确。
90	一、日译帕	嬉戏中伤害别人的眼、牙或者四肢的人，如伤势轻微可以治愈时，不予处罚；但不能治愈时，罚牲畜五头。
	二、汉译帕	在玩耍时致他人眼睛、牙齿或肢体受伤者，若伤口得以痊愈，宽宥加害人；若伤口无法痊愈，则罚牲畜 5 头。
	三、俄本	在游戏时误伤对方眼睛、牙齿、手和足时，经医治平复，则不治罪；如未（治疗）则罚五（牲畜）。
	四、奇本	因戏耍坏人眼、齿、手、腿，经治疗痊愈，无事。但不予理会，罚一五。
	五、额本	玩耍、游戏中损伤眼睛、牙齿、手脚，已经治愈则不予处罚，致残则赔偿五头牲畜。
	六、策本	由于玩耍而导致误伤对方眼睛、牙齿、手和足时，经医治平复，则不治罪；如【经治疗】未能康复而完全丧失功能者，则罚五【牲畜】。
	七、本书	因玩笑伤及眼睛、牙齿、手、足者，治愈者不处罚，残废者，罚五头牲畜。
	比勘	俄本“如未（治疗）”，误。奇本“但不予理会”，误。
91	一、日译帕	犯罪人乘马逃亡时，罚牲畜七九。窝藏重大盗窃犯人者，罚牲畜三九。纵使（窝藏的）是最轻微的罪犯窝藏者也应罚羊一只。
	二、汉译帕	向罪犯提供马匹助其逃脱者，罚牲畜七九。隐瞒盗窃事实者，罚牲畜三九；情节特别轻微的，隐瞒者至少罚羊一只。
	三、俄本	纵容怀有恶意之恶人而提供大车及粮食者，科七罚九（牲畜）之财产刑；（恶人）逃走前援助其窝藏财产或牲畜而不将其交出者，科罚三九之财产刑。

续表

条序	版本	内容
91	四、奇本	如与歪心人勾结，给其提供骑乘、肉食，罚七九。其逃往前，在别人家存放物品、牲畜，［存放者］藏匿不交［公］，罚三九。
	五、额本	给逃亡者提供乘马、干粮，处罚七九牲畜；窝藏逃亡者财产牲畜，处罚三九牲畜。
	六、策本	纵容怀有恶意之人而提供驿马及食物者，科七九【牲畜】；【恶人】逃走前援助其窝藏财产或牲畜而隐瞒此事不将其交出者，科罚三九。
	七、本书	与心怀歹意之人结好，给其提供马匹和饮食者罚七九牲畜。此歹人出逃前将财物牲畜留存于人家，而此家人隐匿不报，则罚三九牲畜。
	比勘	日译帕本、汉译帕本的罪犯、重大盗窃犯、窝藏等词不准确；末尾多出对最轻微罪犯的窝藏者也应罚羊一只，系法典所无。
92	一、日译帕	没有译。
	二、汉译帕	没有译。
	三、俄本	（盗窃）绸裹大皮袍，或黑貂皮袄、虎、豹、水獭皮的地毯，或人棉的绸制短大衣，或银鼠皮袄者，则罚五九；（盗窃）狼、狐、鞑靼狐、狼獾、海狸的皮袄或地毯者，则罚三九；（盗窃）良质大皮袄或虎、豹的（毛皮），或良质呢子，山羊皮或水獭的（毛皮），或绸长袍者，则一罚九；（盗窃）狼或狼獾或野猫或海狸的（毛皮）、夏布长袍或中等质量大皮袍者则罚七（牲畜）；（盗窃）黑貂、狐、松鼠、鞑靼狐、西伯利亚狐、野猫和貂的毛皮，特别是小野兽的（毛皮）者，则大块毛皮者科三岁母马一匹，小块毛皮者科羊一头的财产刑。（盗窃）掉进陷阱的野兽者，科以同盗窃该野兽毛皮一样的财产刑。盗窃用良质银镶嵌的马鞍、笼头和兜尾秋者，科以同盗窃貂皮袄一样的财产刑；盗窃用中等质量银镶嵌的马鞍、笼头和兜尾秋者，科以同盗窃狼皮、狼獾皮一样的财产刑。（盗窃）锥子、铁钻、钳子者（科）一罚九的财产刑，但同时得通过侦查讯问（品物）的好坏。
	四、奇本	没有译。
	五、额本	偷盗绸缎衣服，貂皮大衣，虎、豹、水獭皮大衣，地毯，绸缎垫子，骚鼠皮大衣，处罚五九牲畜；偷盗狼、狐狸、沙狐、脆生、水獭等兽类皮做的大衣以及野猫皮大衣，处罚三九牲畜；偷盗优质大衣，虎豹、氆氇、香牛水獭皮，脆生、水獭、绸缎大衣等，处罚一九牲畜；偷盗狼、猞猁、脆生、水獭、棉布大衣，中等大衣等，处罚七头牲畜；偷盗貂、狐狸、银鼠、沙狐、野猫、狸猫、骚鼠等皮，区分其大小，大皮处罚三岁母畜，小皮处罚绵羊；偷盗落人套夹野兽，处罚同上。偷盗优质银鞍、辔鞦与偷盗貂皮大衣同罪；偷盗中等银鞍、辔鞦与偷盗狼皮、猞猁皮大衣同罪；偷盗锤子、砧子、钳子，处罚一九牲畜；视偷盗物质量，酌情增减处罚数额。

续表

条序	版本	内容
92	六、策本	【偷盗】绸裹大皮袍、貂皮袄、虎皮、豹皮、水獭皮、棉衣、入棉的绸制短大衣、银鼠皮袄者，则罚五九；【偷窃】狼、狐、沙狐、狼獾、海狸皮袄或粗布毯子，则罚三九；【偷窃】良质皮衣或虎、豹【皮】、或良质氆氇、皮革或水獭【皮】，或绸长袍者，则罚一九；【偷窃】狼、猞猁狲、狼獾、海狸【毛皮】、布制长袍、中等质量大皮袍者则罚七【牲畜】；【偷窃】貂、狐、松鼠、沙狐、西伯利亚狐、狸和银鼠的毛皮等小野兽为首者，大块毛皮者科三岁母牛一头，小块毛皮者科羊一只，【偷窃】踩上夹子的野兽者，科以同偷窃该野兽毛皮一样的财产刑。偷窃用银镶嵌的良质马鞍、笼头和兜尾秋者科以同偷窃狼皮、猞猁狲皮一样的财产刑；【偷窃】锤子、铁钻、钳子者科一九，但同时得通过侦查讯问【品物质量】的好坏。
	七、本书	偷窃绸缎衣物、貂皮外套，虎皮、豹皮、水獭皮、栽绒、绸面布里、白鼬皮等外套，罚五九牲畜；狼、狐狸、沙狐、狼獾、水獭等皮外套及粗布毯子等，罚三九牲畜；上等蒙古袍、虎皮、豹皮、上等氆氇、染色水獭皮、长绸袍等，罚一九牲畜；狼、猞猁、狼獾、水獭、棉布长袍、中等蒙古袍等，罚七头牲畜；［偷窃］貂、狐狸、灰鼠、沙狐、野猫、豹猫、白鼬等小兽皮，分别大小，大者罚三岁母牛一头，小者罚绵羊一只。偷窃落入捕兽夹子的野兽依前法。［偷窃］上等白银镶嵌的马鞍、马衔、后鞧依偷窃貂皮外套规定［罚五九牲畜］；中等白银镶嵌的马鞍、马衔、后鞧依偷窃狼皮、猞猁皮外套规定［罚七头牲畜］；偷窃铁锤、砧子、钳子罚一九牲畜。［以上］物品的好坏［质量和新旧程度］经审理确定。
	比勘	俄本“掉进陷阱”，误。俄本的“地毯”、额本“野猫皮大衣”应为“粗布毯子”。额本的“脆生”应为狼獾。“香牛水獭皮”应为染色水獭皮，俄本中没有译出此词。俄本“狼獾皮”应为猞猁皮；“通过侦查讯问（品物）的好坏”，应为“［以上］偷窃物的好坏［质量和新旧程度］经审理确定”。额本“优质银”鞍应为“白银镶嵌”的马鞍。
93	一、日译帕	重罪犯人在审理中死亡时，由死亡被告人的财产中没收甲胄一领、武器一套及武具，并没收牲畜九头，交给法庭。判决前盗犯死亡时，其遗产中拿出牲畜九的三倍，归法庭所有。无论谁投下陷阱都应该将此事通知一切邻居，这样，有人因此受害时，设陷阱人除拿出一套上等衣服之外，不负其他责任。又，如有牲畜因此死亡时，只赔偿同样（同类同数）的牲畜即可。但如有人证明有害人之意的话，家畜死亡时，应罚牲畜九的三倍；（如有人）受伤，在该受伤人痊愈以前，应负责替他放牧羊群，另外再给马一匹。

续表

条序	版本	内容
93	二、汉译帕	若某人在重要的诉讼程序过程中死亡，则从其财产中拿出铠甲、武器以及9头牲畜交给法庭。窃贼在判决前死亡的，其遗产中三个九的牲畜归法院所有。已安设自射装置者，若将此事告知全体邻居，则即使有人因此丧命，安设者也仅罚上等成衣一件；若牲畜被射杀，应赔偿同样的牲畜。能够证明安设装置者，是故意针对某人，则罚安设者牲畜三九；受伤者能够痊愈的，安设者须以羊肉喂之直至伤者身体康复，并须赔偿马一匹。故意以此致上等人死亡者，占其帐庐并没收其一切财产。
	三、俄本	声明安装自动弩地点而杀害人者，则（自动弩所有主）必须赔偿（受害者）以贵重（品）一个；如获痊愈，则不坐罪。自动弩杀人，虽声明自行安装，但是暗中进行（即地点不明者）者，则（自动弩所有主）必被科以罚三九之财产刑；如折磨一阵子又恢复健康者，则所有主给予清汤（用肉、鸡等煮成受害人病中食用）和马一匹。没声明安装自动弩而杀害人者，则自动弩所有主必被科以罚五九之财产刑；如（受害者）痊愈，则罚五（牲畜）。
	四、奇本	以明弩伤人致死，以一别尔克顶立，如未死，无事。以暗弩伤人致死，罚三九；伤人未致命而康复，选罚好马一匹。偷下地弩人们不知而致死人命，罚五九。没致死而康复，罚一五。
	五、额本	架设萨阿里先予通告，误中萨阿里致死，获得一博尔和赔偿，伤者抢救痊愈则不予赔偿。通告后架设萨阿里，但过于隐蔽而伤人死亡赔偿三九牲畜；抢救未死但饱受折磨，获赔马一匹加汤羊。架设萨阿里未予通告而误伤致人死亡，赔偿五九牲畜；抢救未死，赔偿五头牲畜。
	六、策本	被已有声明的自动弩射死者，则【自动弩所有主】赔偿【死者】一个别尔克；如获痊愈，则不坐罪。自动弩杀人，虽声明自行安装，但是暗中进行者，则【自动弩所有主】被科以罚三九之财产刑；如折磨一阵子又恢复健康者，则所有主给予清汤和马一匹。没声明安装自动弩而导致射死人者，则自动弩所有主被科五九；如【受害者】痊愈，则罚五（牲畜）。
	七、本书	有人误触已告示的［明］弩死亡，［弩主］赔偿一个伯尔克，痊愈则免于追责，［不予赔偿］。有人误触已告示的隐密伏弩而死，［弩主］赔偿三九牲畜，经痛苦折磨后痊愈，给予马一匹及养伤期间的食物。有人误触未告示的伏弩而死，［弩主］赔偿五九牲畜，若痊愈赔五头牲畜。
	比勘	日译帕本、汉译帕本误解误译。奇本“顶立”一词不妥帖。策本，“清汤”，不准确。

续表

条序	版本	内容
94	一、日译帕	拾得的牲畜在提出报告前死亡时，拾得人应从自己畜群中拿出牲畜补偿。但拾得人已提出合法报告时，免除一切责任。
	二、汉译帕	迷途之牲畜在彼处死亡而当事人又未为报告的，则从他的畜群中取出牲畜赔偿之；但已做适当之报告者，免除一切责任。
	三、俄本	没有声明（安装）自动弩而杀害牲畜者，则（自动弩所有主）必须赔偿所毙牲畜的数量；如声明（安装自动弩地点者）则不坐罪。
	四、奇本	散弩致死什么牲畜，以同等牲畜顶替。如是明弩，无事。
	五、额本	未通告架设萨阿里，误伤致死牲畜，赔偿相等牲畜；已经通告则不问责。
	六、策本	没有声明（安装）自动弩而射死牲畜者，则【自动弩所有主】赔偿所毙牲畜的数量【的牲畜】；如声明【安装自动弩地点者】则不坐罪。
	七、本书	未告示的｛伏弩｝射死何牲畜，［弩主］赔偿相应的牲畜，若已告示则免于追责，［不予赔偿］。
	比勘	日译帕本、汉译帕本误解，皆误。奇本“散弩”不准确。
95	一、日译帕	拾得别人杀死的野兽的人，应交还给正当的所有人。
	二、汉译帕	将不是自己猎获的野兽占为已有者，必须向合法所有人赔偿损失。
	三、俄本	自动弩杀害野兽者，由（自动弩）所有主享用之；享用别人的野兽，在所有主搜索野兽时，声明此事，必须赔偿野兽：按数量赔赏一头牲畜（代替一头野兽）；没有声明而（享用）者，则野兽所有主得（代替野兽的牲畜）五头。
	四、奇本	地弩猎获物，归其主人。明弩之猎获物如别人吃了，要以此物赔偿，只赔一只。如是散弩［之猎物］，罚一五。
	五、额本	中萨阿里之野兽，由萨阿里主人享用；偷窃中萨阿里之野兽，赔偿相等价值钱物，赔偿相等一头畜。无通告则索取五头。
	六、策本	自动弩射死野兽者，由【自动弩】所有主享用之；享用别人的有声明的自动弩所射死的野兽者，赔偿野兽：按数量赔赏一头牲畜【代替一头野兽】；亨用被没有声明的自动弩所射死的猎物者，则猎物所有主得【代替野兽的牲畜】五头。
	七、本书	伏弩射死之野兽归于置弩之人。何人将已告示的伏弩射杀的野兽拿去，应赔偿［弩主］的野兽，依其价值给予一头牲畜。若拿未告示之伏弩所射杀之野兽，则赔偿弩主五头牲畜。
	比勘	日译帕本、汉译帕本摘译，而且未理解和译出“伏弩”，误。奇本“吃了”不贴切。“只赔一只”“散弩”不准确。额本“无通告则索取五头”，谁向谁索取不明确。

续表

条序	版本	内容
96	一、日译帕	在遭狼袭击的羊群中，救出羊十只以上的人，除把狼咬死的羊只给他以外，另加一只健全的羊，作为奖赏。被救出的羊不满十只时，只赏给五支箭。窃盗被咬死的羊只的人，罚三岁牲畜一头。
	二、汉译帕	从狼口中救出 10 头以上羊者，得活羊一头及死羊以资褒赏；所救之羊少于 10 头者，得箭五枚。偷偷占死羊为己有者，罚三岁之牲畜一头。
	三、俄本	从咬羊的狼中救出羊者，取得羊的所有主的活羊一头和为（狼）所咬死的羊，救出的羊不及十头者得箭五支；享用为狼所杀的羊的死体者，则给物主三岁母马一匹。
	四、奇本	谁救出被狼驱赶的羊群，要［一只］活羊和死羊。救出十只，要五只箭。［但］如吃了狼咬死的羊，罚一头三岁母牛。
	五、额本	羊群受狼袭击，驱赶野狼，保全羊群者，羊群主人奖励绵羊死羊一只、活羊一只；保全十只以下羊，奖励五支箭；索要狼咬死羊只，赔偿三岁母畜。
	六、策本	从袭击羊群的狼中救出羊者，取得羊的所有主的活羊一只和【为狼所咬】死羊一只，救出的羊不及十只者得箭五支；享用为狼所杀的死羊者，则给物主三岁母牛一头。
	七、本书	何人救出被狼袭击之羊群，获得活羊和［被狼咬死的］死羊［各一只］为酬谢。十只羊以下酬谢五支箭。若［有人］捡食［被狼咬死的］死羊（尸肉），罚三岁母牛一头。
	比勘	额本“索要狼咬死羊只”，误。
97	一、日译帕	救出因劳累而被沙土埋没的骆驼的人，应赏给一头三岁的牲畜，救出被埋的马时赏给羊一只；牝牛则赏箭五支。
	二、汉译帕	救出因疲惫不堪而陷入泥淖之骆驼者，将三岁之牲畜一头。在类似情形下救出马匹者奖羊一只，救出母牛者奖箭 5 枚。
	三、俄本	从泥泞中救出骆驼者，得三岁母马一匹；救出马者得羊一头；救出母牛者得箭五支；救出羊者得箭两支。
	四、奇本	从泥淖中救出骆驼，要一头三岁母牛。救出马，要一只绵羊。救出牛，要五支箭。救出绵羊，要二支箭。
	五、额本	救活陷泥骆驼，骆驼主人奖励三岁母畜；救活陷泥马匹，马匹主人奖励绵羊一只；救活牛，奖励五支箭；救活羊，奖励二支箭。
	六、策本	从泥泞中救出骆驼者，得三岁母牛一头；救出马者得羊一只；救出母牛者得箭五支；救出羊者得箭两支。
	七、本书	从泥淖里救出骆驼者，［从其主人］获得一头三岁母牛［的报酬］，救出一匹马得一只绵羊，救出牛得五支箭，救出绵羊得两支箭。

续表

条序	版本	内容
97	比勘	日译帕本被沙埋，误，应为掉进泥淖中。日译帕本、汉译帕本少救羊一句。
98	一、日译帕	从杀人凶手中救出了人，或救了因迷路而濒于饿死的人的人，可受到被救者力所能及的报酬。
	二、汉译帕	从杀人犯手中挽救他人，或帮助迷途之饥人度命者，应得褒赏，但以被救者所拥有的财产为限。
	三、俄本	护理病人、产妇、（因绞杀）晕倒者，按照契约支付报酬，没有契约时则赐马一匹。
	四、奇本	如治活上吊之人、新生儿、生病之人，原来答应给什么就要给什么。如不曾答应，给一匹马。
	五、额本	救活上吊者和临产者，受益人奖励马一匹。
	六、策本	救活即将缢死者、正在分娩【难产】者得马。
	七、本书	救助自缢之人、产妇｛者，获一匹马的报酬｝。
	比勘	日译帕本、汉译帕本所谓从杀人凶手或杀人犯手下救人、帮助迷途饥饿之人等皆误译，后面内容亦不准确。俄本、奇本中护理病人或治活上吊之人、新生儿等不准确。皆把两条混为一条，并遗漏“获得一匹马报酬”。
99	一、日译帕	即使事前没有请医生治疗，病完全好了之后，医生最低限度可以得到一匹马的报酬。
	二、汉译帕	医生治愈病人疾病者，即使治愈前未给予任何报酬，治愈后最少要奖给医生马一匹。
	三、俄本	护理病人、产妇、（因绞杀）晕倒者，按照契约支付报酬，没有契约时则赐马一匹。
	四、奇本	如治活上吊之人、新生儿、生病之人，原来答应给什么就要给什么。如不曾答应，给一匹马。
	五、额本	病人病愈，应将许诺之物付给医治者，没有许诺则赠送马一匹。
	六、策本	治好病人者，按照契约得到报酬，没有契约时则得马一匹。
	七、本书	病人被医治好，应依其先前的许诺给予医者报酬，若无许诺，则给马一匹。
	比勘	日译帕本、汉译帕本、俄本、奇本将前后两条混为一条。

续表

条序	版本	内容
100	一、日译帕	对因狩猎或战斗，远离故乡，丧失马匹而又不能徒步回乡的人，给他一匹马的人，可以取得归还两匹马（的权利）。
	二、汉译帕	给远离故乡而在狩猎或战争中遗失了坐骑，靠双脚无法回乡与家人团聚的人提供马匹者，奖马一匹。
	三、俄本	谁外出作客、打仗、狩猎而丢失乘畜（马）者，对此予以帮助回到家中者，则得马一匹。
	四、奇本	旅行者在途中打猎丢失马匹步行时，谁给予帮助送回其家，要一匹马。
	五、额本	远程途中或狩猎时失去乘马而困顿，帮助送其致家者，受益人奖励马一匹。
	六、策本	遇到出远路或打猎而丢失坐骑者，如帮助此人送到家中，则得马一匹。
	七、本书	凡人将［在外］出行、出征和出猎时失去乘骑之人送回其家，从其得一匹马之报酬。
	比勘	奇本“旅行者在途中打猎”不准确。
101	一、日译帕	已经作出判决，还要求对方给予判决以外的赔偿，并加以威胁的人，丧失自己（依判决应得）的权利。
	二、汉译帕	向已判罚的对手索要多于该罚之物品，或以此胁迫对方者，丧失其权利。
	三、俄本	两个被告在法院上互相指出反罪行时，则罪责消灭（不过问）；但如有见证人，则通过审讯查明之。
	四、奇本	两位罪人在诉讼中，如被告反诉原告，废止此案。如反诉有证人，可以审断。
	五、额本	原告与被告诉讼，被告反诉原告有罪，停止诉讼受理；反诉证据确凿，拷问定罪。
	六、策本	两个被告正打官司时，如互相指出对方的犯罪行为，则罪责消灭；如有提出犯罪行为的证据时，则通过审讯查明之。
	七、本书	两人争讼，被告反诉则不受理，反诉者若有证人则审理。
	比勘	日译帕本、汉译帕本误解误译。俄本、策本，被告反诉“则罪责消灭（不过问）”或“则罪责消灭”，误。奇本“两位罪人”，误。额本“被告反诉原告有罪”“拷问定罪”，皆误。
102	一、日译帕	但因贫穷不能付出判决所科的赔偿，其首长宣誓确认他无资力时，应给对方当奴隶去劳动，直到赎完所科处罚为止。

续表

条序	版本	内容
102	二、汉译帕	被判罚者因穷困无法缴纳罚物，其官吏亦以誓言证实其确无财产者，将被判罚者交给原告为其奴仆，到赎完罪过为止。
	三、俄本	一个属于普通阶层的单身汉自己没有牲畜，（被证明是穷困的），在（盗窃）牲畜的（场合）应向收楞额设誓，而收楞额则应引渡（小偷）。
	四、奇本	没有译。
	五、额本	独身者成为原被告，申告无财产牲畜，由西古楞格作证；无财产牲畜属实，则予羁押。
	六、策本	一个属于非宗教的贫穷的单身汉偷窃牲畜时，应让收楞额设誓，并被捕此人（贫穷的单身汉）。
	七、本书	单身汉偷窃牲畜，［其］有无牲畜，令其收楞额立誓，［若无牲畜］捉送其人。
	比勘	日译帕本、汉译帕本“直到赎完所科处罚为止”“到赎完为止”误，未译出“单身汉偷窃”。俄本“引渡（小偷）”误。额本“则予羁押”，误。策本“非宗教的”“被捕此人”，不准确。
103	一、日译帕	拒绝给口渴者一杯牛奶的人，应罚羊一只。
	二、汉译帕	拒绝给焦渴之人喝一碗奶者，罚羊一只。
	三、俄本	（为了解渴）而不给库木斯（马乳酒、酸奶子）者，收羊一头。
	四、奇本	不给［远行口渴的客人］马奶酒喝，罚绵羊一只。
	五、额本	饥渴者可得酸马乳之助，拒绝帮助者赔偿绵羊。
	六、策本	【家里来客人】不给喝马奶者，罚羊一只。
	七、本书	不给［来客提供］酸马奶者，罚绵羊。
	比勘	日译帕本，“牛奶”误。
104	一、日译帕	向邻人强索乳酒喝的人，应罚备好鞍子的马一匹。
	二、汉译帕	以暴力抢夺邻居之奶酒饮尽者，罚备有鞍鞯之坐骑一匹。
	三、俄本	用暴力夺酒者，科以带马鞍的马一匹的财产刑。
	四、奇本	［但］如［客人］抢酒喝，罚其带鞍马。
	五、额本	以饥渴之名强抢酒食，则赔偿全鞍马。
	六、策本	用暴力夺酒喝者，其马与马鞍一同没收。
	七、本书	［行人至人家］强行夺［马奶］酒饮用，罚其带鞍马。

续表

条序	版本	内容
104	比勘	日译帕本、汉译帕本向“邻人”“邻居”不准确。额本“以饥渴之名”不够准确。
105	一、日译帕	一怒之下损毁别人房屋的人，罚马一匹。
	二、汉译帕	愤怒中毁坏他人住宅者，罚马一匹。
	三、俄本	折毁蒙古包者，科马一匹之财产刑。
	四、奇本	破坏包帐，罚一匹马。
	五、额本	毁人屋帐，用乘马作赔偿。
	六、策本	毁坏蒙古包者，科马一匹。
	七、本书	损坏毡帐，罚马［一匹］。
	比勘	ger，被译为房屋、住宅、蒙古包、包帐、屋帐，译为毡帐更恰当。蒙古包是满语的汉语译音。日译帕本、汉译帕本“一怒之下”“愤怒中”原文没有此义。俄本的“拆毁”不准确。
106	一、日译帕	在王公的圣地内钉桩的人，罚牲畜九的六倍，因为这是侵犯了王权的缘故。但（他）是属于平民的，最少罚牲畜九头。
	二、汉译帕	在王公的灶火地域内插桩于地上者，罚牲畜六九，是为侵犯王公主权之故。普通人犯前罪的至少罚牲畜九头。
	三、俄本	将木头投入正在燃烧的炉子里，而炉子系设在领侯的蒙古包者，则罚六九；系设在平民的蒙古包者，则罚一九。
	四、奇本	火灶上插木棍，如是诺颜的［火灶］，罚六九。如是阿勒巴图的［火灶］，罚一九。
	五、额本	他人火灶里插木棍，诺颜人家，赔偿六九牲畜；阿拉巴图人家，赔偿一九牲畜。
	六、策本	向他人的灶火中央插立木棍者，若是诺颜家的灶火，则罚【插立木棍者】六九；若是平民的灶火，则罚一九。
	七、本书	在｛别人家｝灶火中插木棍者，若为诺颜家的灶火罚六九牲畜，若为阿拉巴图家的灶火罚一九牲畜。
	比勘	日译帕本、汉译帕本误译。俄本“将木头投入正在燃烧的炉子里”，不准确。
107	一、日译帕	因过失杀死牲畜的人，除赔偿外，还要罚马一匹。
	二、汉译帕	因轻狂杀死牲畜者，须赔偿并罚马一匹。
	三、俄本	（戏谑）时误杀家畜者应赔偿相当于（被杀家畜的）数量，此外，（被害牲畜的所有主）得其（所杀）的马一匹；但同时须通过审讯查明是否是开玩笑。

续表

条序	版本	内容
107	四、奇本	因戏要而致死牲畜，以其质量顶立，罚要其乘马。如不是因戏要致死，对两人通过审断决定其处罚。
	五、额本	要弄牲畜致死，赔偿相等牲畜，并用乘马作额外赔偿；不承认要弄所致，依法弄清真相。
	六、策本	惹人或侵害他人杀其家畜者，应赔偿相当于【被杀家畜的】数量，并没收其马一匹；但同时要通过审讯查明是否侵害。
	七、本书	玩笑弄死牲畜，赔偿相等的牲畜，并罚马一匹，是否开玩笑，经审理确定。
	比勘	日译帕本、汉译帕本“因过失”或“因轻狂”，不准确，缺少审理确定是否为开玩笑一句。奇本“顶立”，不贴切，“如不是因戏要致死，对两人通过审断决定其处罚”不准确。额本“不承认要弄所致”，不准确。策本“但同时要通过审讯查明是否侵害”，误。
108	一、日译帕	没有译。
	二、汉译帕	没有译。
	三、俄本	捕获（他人）迷路的家畜僭称是自己者，对所有主必须支付相当罚五的（牲畜）。
	四、奇本	把别人丢失之畜说是我的而要走，罚一五。
	五、额本	讹占失群牲畜为己有，处罚五头畜。
	六、策本	捕获（他人）流离走失的家畜僭称是自己者，罚五【牲畜】。
	七、本书	将走失的牲畜称为己畜而收取，罚五头牲畜。
	比勘	俄本、策本“捕获”，不贴切。
109	一、日译帕	无论谁受到冤枉的盗窃罪判决，而后来弄清是无罪的人，可由原告取得两倍于处罚的赔偿。
	二、汉译帕	被控犯盗窃罪并被判罚者，若嗣后能证明其无罪，则控告者要向无辜被控者赔偿两倍于处罚之物品。
	三、俄本	言人盗窃，进行诬告，夺其财产，后经查实，知是诬告，则因其诬告，得科罚金，为此处罚诬告者，而被诬告者从诬告者得其由于被诬告而夺去的自己的牲畜。
	四、奇本	诬陷别人偷盗而抢夺［丢失之畜］，后来知道他以诬陷而抢夺，要判其罪。［畜主］要把其诬陷所吃之畜全部收回。
	五、额本	讹占者反诬他人偷盗，弄清真相后依法处置，并返还全部讹占牲畜。

续表

条序	版本	内容
109	六、策本	言人盗窃，进行诬告，夺其财产，后经查实，知是诬告，但已得【被诬告者的】罚金者，则要反科罚诬告者，而被诬告者从诬告者得其由于被诬告而夺去的自己的牲。
	七、本书	诬陷别人偷窃其牲畜，而夺去他人牲畜者，后来澄清，罚以其诬陷他人罚取的雅拉（罚畜），并将其诬陷他人而获得的牲畜全数还给［受害人］。
	比勘	奇本、额本、策本少“罚以其诬陷他人罚取的雅拉（罚畜）”。俄本、策本“罚金”不准确。
110	一、日译帕	偷牲畜的人为了湮灭自己的罪迹，把偷来的牲畜的内脏、骨头或其他东西弃置于别的部落而被发觉时，应该给该部落首长牲畜九头。
	二、汉译帕	盗窃牲畜者为掩盖其罪行而将牲畜之粪便、骨殖等物携至他村者，若贼被擒，则须向被侮辱村的官吏交所罚牲畜 9 头。
	三、俄本	小偷把（所杀的牲畜）拿来偷放到（他人的）兀鲁思里面，则兀鲁思的领主对（小偷）科以一九的牲畜。
	四、奇本	没有译。
	五、额本	偷盗的牲畜粪便或骨头扔到别人营地，赔偿营地主人一九牲畜。
	六、策本	小偷把【所偷并杀的牲畜的）反刍物、骨头拿来偷放到【他人的】地方，则地方的领主科【小偷】一九的【牲畜】。
	七、本书	窃贼［盗杀牲畜后］，将牲畜［胃瘤内的］刍物和骨殖移弃于何人牧地，牧地主人可向窃贼罚取一九牲畜。
	比勘	日译帕本、汉译帕本中部落、村庄、兀鲁思皆不准确。俄本“兀鲁思”“所杀的牲畜”，不准确。
111	一、日译帕	冬季雪上留下的牲畜脚印一直继续到另一部落时，即使收楞额发誓证明所属部民无罪，如果没有其他确证，应由部落全体负责，所有居民每人应罚马一匹。
	二、汉译帕	在冬季，若被盗牲畜之雪印终于某村，而收楞额即刻发誓其村民无罪但又没有其他无罪证据的，则全村须对该窃案负责，村民每人罚马一匹。
	三、俄本	跟踪追寻（所盗牲畜）的踪迹时，另一些人消灭其踪迹，则须使其向收楞额设誓；如不设誓，则第一个人（消灭踪迹者）被科以罚五（牲畜）的财产刑，否则（一般情况下）当时有多少人就科多少匹马的财产刑。
	四、奇本	没有译。
	五、额本	偷盗者隐踪灭迹，由西古楞格协助缉捕；西古楞格回避，处罚首犯五头牲畜，罚没其他同案及协从者乘马。

续表

条序	版本	内容
111	六、策本	跟踪追寻【所被盗窃牲畜】的脚印时，一直继续到另一部落时，若谁湮灭其踪迹，则须让此部落的收楞额设誓；如不设誓，则第一个【湮灭踪迹的】人被科五【牲畜】，同时有多少人就科多少匹马。
	七、本书	当跟踪盗贼踪迹［至某地］时，［该处人］破坏踪迹，令其收楞额立誓，不入誓，则罚为首［破坏踪迹］者五头牲畜，无论［破坏踪迹者］多少人，各罚其所乘坐骑。
	比勘	日译帕本、汉译帕本“雪印”不准确，草地上也可以有踪迹，此条是指破坏踪迹，两本未译出。额本误解误译。
112	一、日译帕	脱离贼团而向法院报告其同伙的人，应受到保护，免予处罚，他的罪［责］由其他共犯分担。
	二、汉译帕	脱离盗伙并检举匪帮者，不坐罪；要保护检举者，其原应承受的处罚由该匪帮的其他成员分担。
	三、俄本	有许多人或少数人（即匪帮）出去偷东西，后来他们中有人声明此事，则声明（盗窃）者不治罪，其他人等则被没收全部什物，如声明（盗窃的）时间，正好此事已尽为人知（声明以前），则得不到受理。
	四、奇本	没有译。
	五、额本	众人行窃，其中一人自首，自首者免罪；偷盗之物由其他案犯悉数赔偿。
	六、策本	有许多人或少数人去偷窃，后来他们中有人透露此事，则透露者不治罪，其他人等则被没收全部（偷窃的）什物，但众人已得知此事后来声明，则不算数。
	七、本书	无论多少人同去偷窃，其中一人先首告，免除首告者的雅拉，其雅拉从其余人罚取。别人已知之后再承认，无效，［不免除其雅拉］。
	比勘	日译帕本、汉译帕本、额本都少译后一句。以上诸本都未提雅拉（罚畜），只提收回原物或赔偿原物等。以上译文中所谓的免责、不坐罪、不治罪、免罪等都是指免除雅拉（罚畜），返还偷窃物是另一回事。惩治盗贼，除令其返还或赔偿偷窃物外，还要追加罚畜，首告者免除的雅拉是罚畜。
113	一、日译帕	如果这时有人虐待这个人，罚甲胄、武具一套及牲畜九头。
	二、汉译帕	对因此虐待检举者的人，罚整套甲胄武器以及牲畜 9 头。
	三、俄本	招集军队，打击盗贼者，则得相当于罚九和贵重品一个的褒赏。
	四、奇本	没有译。
	五、额本	抢劫盗窃物为己有，处罚以博尔和为首的一九牲畜。

续表

条序	版本	内容
113	六、策本	第三者招集军队，抢夺盗贼者，则科带别尔克的一九【牲畜】。
	七、本书	何人率兵夺取盗贼赃物［归已有］，罚有伯尔克之一九牲畜。
	比勘	日译帕本、汉译帕本、俄本皆误，另误译伯尔克为“甲胄武器”“贵重品”。策本“抢夺盗贼者”，不确切。
114	一、日译帕	奉到命令而不立即出发的急使，应罚交出贵重物品一件及牲畜八头。
	二、汉译帕	驿使接令后不即刻登程者，罚贵重牲畜一头、牲畜 8 头。
	三、俄本	奉命出差的使者拒不出差时，科罚一九。
	四、奇本	使者答应出使而不走，罚一九。
	五、额本	公差不执行公务，处罚一九牲畜。
	六、策本	奉到命令而不立即出发的使者应交出带一个别尔克的一九【牲畜】。
	七、本书	已允诺出使之人不履行诺言，罚｛有伯尔克之｝一九牲畜。
	比勘	日译帕本、汉译帕本“贵重物品”，误。俄本等以上三本都未译出“已允诺出使之人不出使”的含义。俄本、奇本、额本采用了不同抄本，无“伯尔克”一词。
115	一、日译帕	急使要求乘马时，无论如何必须提供，拒绝（提供乘马）的人，每一匹罚两匹。
	二、汉译帕	要义无反顾地给驿使提供坐骑，拒绝提供者要拒一罚二。
	三、俄本	有允许使者及其随员征发大车的敕令，不从者科罚二九。
	四、奇本	指令给使者及其从者骑乘而不给者，犯连带罪罚双马。
	五、额本	拒绝给公差等提供驿马，处罚双倍。
	六、策本	已奉到给使者提供驿马而拒绝的人，应加倍科罚。
	七、本书	令给使者提供乘用马匹时，不提供者，加倍罚畜。
	比勘	俄本“大车”不准确。奇本“连带罪”不准确。额本“双倍”不准确，应为一倍。
116	一、日译帕	急使们在出差时，不得喝醉酒，如违犯时，罚牲畜五头。急使只要是得到王公许可，喝醉也无妨。
	二、汉译帕	驿使们！你们被遣外出，不要喝醉，违者罚你们牲畜 5 头。只有在王公处你们才可喝酒。
	三、俄本	禁止使者喝酒，违反者科罚五（牲畜），但王公接待的场合为例外。

续表

条序	版本	内容
116	四、奇本	使者往来各地间不要喝酒。喝酒者，罚一五。如系诺颜给酒，可以喝。
	五、额本	公差执行公务不得饮酒，饮酒则关禁闭，诺颜赏赐酒水例外。
	六、策本	使者在执行公务的过程中不允许喝酒，违反者将减少其饮食或禁食，但诺颜赐的，则可以喝。
	七、本书	使者出使往来［履职］期间禁止饮酒，饮酒者罚五头牲畜，若诺颜赏酒可以饮用。
	比勘	日译帕本“急使”，此条无此意。策本“减少其饮食或禁食”，误。
117	一、日译帕	杀死已收容的从别的部落逃来者的人，罚牲畜九的五倍。把逃亡者带到王公跟前去的人，每人赏马一匹。
	二、汉译帕	打死从他部投奔过来的人者，罚牲畜五九。将投奔者送到王公处者，奖马一匹。
	三、俄本	杀害被收容的从其他地方来的逃人者，罚五九；把逃人扭送王公近处者，受到箭筒多少个即给马多少匹的褒赏。
	四、奇本	如杀从外地寻名而来的逃亡者，罚五九。如送还［给其主人］，有几个箭袋要几匹马。
	五、额本	擅自杀害逃亡者，处罚五九牲畜；有担保逃亡者，按担保者弓箭数处罚同数乘马。
	六、策本	杀害被收容的从别的部落来的逃人者，罚五九；把逃人扭送到诺颜者，扭送的人是多少，则得多少匹马。
	七、本书	杀死从外面来寻［投靠者］的逃人，罚五九牲畜。送至［其投靠之人处］者，逃人中有多少带箭筒（即携弓箭）之人，将其乘马均给予［送至者作为报酬］。
	比勘	日译帕本、汉译帕本未译出“带箭筒之人”和“乘马”。俄本、策本“被收容的”，不准确。额本，没有译出“外面来寻投靠者的”“担保逃亡者”，误。策本“扭送的人是多少，则得多少匹马”，没有译出“带箭筒之人”。
118	一、日译帕	逃亡者如再逃亡时，逮住他并送交（王公）的人，可以得到该逃亡者的马、武器、马具、衣服及其他所有物品的一半（奴隶及其生命除外）。
	二、汉译帕	若抓获并送回复欲逃脱之投奔者，则得罪犯马匹、武器、马具、成衣以及除仆役和生命以外之所有财产的一半。
	三、俄本	捕获企图越境去到（别的国家）的逃人者，则除（逃亡者）本人外，可得他的其他财产的一半。
	四、奇本	如抓捕外逃的逃亡者，除其人外，其财产、牲畜对半分。

续表

条序	版本	内容
118	五、额本	抓捕逃亡者，获得其财产牲畜之一半的奖励，另一半充公。
	六、策本	捕获企图越境【去投靠别的部落的逃跑】者，则除【逃亡者】本人外，可得他的其他财产的一半。
	七、本书	何人捉到外逃之人，可以获得逃人以外其所携财产牲畜之半。
	比勘	日译帕本、汉译帕本“再逃亡”或“复欲逃”，皆误。额本“抓捕逃亡者”“另一半充公”不准确，未译出逃人人口外之意。“生命外”“本人外”不准确，应为逃人，包括其本人及家属或随其逃走的人。应为逃人外，人口必须归还主人，所携财产牲畜可以用于奖励捕获者，给捕获者一半。
119	一、日译帕	娶已经离婚的妇女的人，如果该女人美丽，应给其前夫贵重物品一件及牲畜八头；如果相貌普通，给牲畜五头；如果相貌丑陋，给马一匹。
	二、汉译帕	娶被抛弃之妇女为妻者，女人相貌漂亮的，给其前夫贵重牲畜一头、牲畜 8 头，相貌一般的给牲畜 5 头；丑陋的给马一匹。
	三、俄本	（亲属）希望赎取为丈夫所遗弃之妻者可以娶之，付前夫以相当于罚一九及贵重（品）一个；中等阶级者之（妻）则付牲畜五头，下等阶级者之妻则付马及驼各一头。
	四、奇本	迎娶别人遗弃之妻者，［如是赛因库蒙的女人］，要给一别尔克加一九迎娶，敦达［库蒙］的［女］，给一五，阿达克［库蒙］的女人，给一马一驼［迎娶］。
	五、额本	娶赛音·珲遗弃的女人，陪送弃妇父母以博尔和为首的一九牲畜；娶敦达·珲遗弃的女人，陪送弃妇父母五头牲畜；娶阿达格·珲遗弃的女人，陪送弃妇父母骆驼与马各一峰（匹）。
	六、策本	赎娶为丈夫所遗弃之妻者，付前夫以带别尔克的一九【牲畜】；中等人【之妻】则付马牲畜五头，下等人【之妻】则付马一匹及骆一头。
	七、本书	［以牲畜］赎取别人弃妇者，［上等人之弃妇］给有伯尔克之一九牲畜，中等［人之弃妇］给五头牲畜，末等［人之弃妇］给马及骆驼各一头。
	比勘	日译帕本、汉译帕本以美丽程度分等级，误，这里是以其原夫身份确定等级；“贵重品”，误。俄本，没有译出“上等人之弃妇”，“（亲属）”误，应为欲娶者；“贵重品”，误。额本误，牲畜是给弃妇的前夫，而非给弃妇的父母。
120	一、日译帕	奴隶的证词，除非非常清楚，在法律上一律无效。
	二、汉译帕	在一切法律案件中，仆奴之证词，只有一目了然时始有效力。
	三、俄本	女奴隶不能作见证人；如其（证据确凿）拿来（被盗的）畜骨和肉，才会被重视。

续表

条序	版本	内容
120	四、奇本	女奴不能作证人。［但］如拿来骨和肉，可以作证。
	五、额本	奴婢不得作为诉讼证人；作证者须以亲生子女作保。
	六、策本	女奴隶的证词【有法律上】一律无效；如拿来【被盗牲畜的】骨和肉，才可有效。
	七、本书	女奴作证无效，若拿出［牲畜］骨、肉两个［实物证据］则有效。
	比勘	日译帕本、汉译帕本未译出女奴拿来被盗牲畜的骨肉实物证据才有效。额本，后半句误。
121	一、日译帕	没有译。
	二、汉译帕	没有译。
	三、俄本	怀恶意赶走他人牲畜和杀害之者，如证明属实，则按数科牲畜；涉及盗窃行径者须通过设誓问明白。
	四、奇本	没有译。
	五、额本	讹占或处置他人牲畜，按讹占牲畜数处罚，并按本法第六十五条处置。
	六、策本	诬蔑【他人为小偷】而杀死任何牲畜，并最后证明确实是诬蔑，罚诬蔑者以同样的【已杀】牲畜。同时要通过偷窃的设誓审讯查明。
	七、本书	将任何牲畜强称为己畜而赶走或宰杀，若属实，罚以相应雅拉，将此以偷窃法立誓确定。
	比勘	额本“处置”，不明确。策本“诬蔑【他人为小偷】而杀死任何牲畜”，误。
122	一、日译帕	狩猎中追赶别人瞄准的猎物或放箭射跑该猎物的人，以盗窃牲畜罪论处，按其情节，罚马一匹、羊一只或箭五支。
	二、汉译帕	狩猎时吓走或射跑他人之猎物者，受与盗窃罪相同之处罚，或视情形罚马一匹、羊一只或箭 5 支。
	三、俄本	破坏围猎的（规定），围猎时同别人并立或并进者科五（牲畜），走出线外三射程以上的距离者，罚马一匹，二射程者罚母绵羊一头，一射程者没收箭五支。
	四、奇本	谁如破坏打猎，并行站立、并行骑走，罚马五匹。三次错跑路线，罚其乘马。二次错跑，罚绵羊一只。一次错跑，罚箭五支。
	五、额本	破坏狩猎序列者，处罚马五匹；擅自离开序列三射程者，罚没其乘马；擅自离开序列二射程者，处罚绵羊一只；擅自离开序列一射程者，处罚五支箭。

续表

条序	版本	内容
122	六、策本	围猎时破坏围猎队列的并进规定者，科五匹马，驰出线外三射程以上的距离者，罚马一匹，二射程者罚母绵羊一头，一射程者没收箭五支。
	七、本书	何人破坏围猎规矩，在围猎行列中［离开规定位置凑］在一起，在行进时［离开规定位置凑］在一起走，罚马五匹，离［围底］三射程之地即开始出发射猎，罚其乘骑，离二射程之地开始出发射猎，罚羊，离一射程之地出发射猎，罚五支箭。
	比勘	各本未能理解原意，皆误。其中俄本、奇本前一句正确。
123	一、日译帕	拾得别人射死的野兽而隐藏起来的人，一经泄露，应罚牲畜五头。拾到猎人所放的箭而拒绝交还的人，罚马一匹。
	二、汉译帕	捕获并隐匿他人打伤之猎物者，若败露，罚牲畜 5 头。拾取猎手射出之箭矢而拒绝归还者，罚马一匹。
	三、俄本	被告知有为箭所伤而逃走的野兽，捕获而藏匿之者罚五（牲畜），藏匿非箭伤之野兽者没收其马。从地上捡起他人之箭，经请求而不归返者，罚马一匹。
	四、奇本	猎取带箭受伤之猎物，罚一五。偷藏无箭之猎物，罚一匹马。捡到箭支［失主］寻问而不给，罚一匹马。
	五、额本	隐匿中箭的野兽，处罚五头牲畜；隐匿带伤的野兽，罚没其乘马；不交还捡拾的箭镞，罚没其乘马。
	六、策本	将被告知有为箭所伤而带箭逃走的野兽捕获而藏匿者罚五【牲畜】，藏匿【箭已脱落的】无箭之野兽者没收其坐骑。从地上拣到【他人射出之】箭，询问之前不主动归还【主人】者，罚马一匹。
	七、本书	隐匿已通告的［被别人射中的］负箭野兽，罚五头牲畜。隐匿［别人射中］而箭已脱落的野兽，罚其坐骑。从地上拾取别人［未射中］的箭，直至其主人询问之前仍不还给者，罚马。
	比勘	日译帕本、汉译帕本译文不全、不准确。俄本“藏匿非箭伤之野兽者”，误。奇本“偷藏无箭之猎物”不准确。俄本、奇本、额本经请求、询问不还或捡到箭镞不还，不准确。
124	一、日译帕	捕到脚上缚着皮带的猎鹰而杀死的人，罚同上。
	二、汉译帕	捕捉并杀死他人驯养的脚上有皮革标记的黄鹰者，亦罚马一匹。
	三、俄本	打死狩猎用之鸟者，罚马一匹。
	四、奇本	杀死已训成之猎鹰，罚一匹马。
	五、额本	杀死有标记的猎鹰，以乘马作为赔偿。

续表

条序	版本	内容
124	六、策本	射死【他人】狩猎用之鸟者，罚马一匹。
	七、本书	杀死脚上有拴绳［标记］的鹰隼（即已驯服之猎鹰）者，罚马。
	比勘	俄本、策本“打死狩猎用之鸟”，不准确。
125	一、日译帕	无论哪一类诉讼，原告都可取得处罚被告所交出物品的九分之一。
	二、汉译帕	在任何一种类型的诉讼中，起诉者都可主张取得该罚物品的九分之一。
	三、俄本	见证人可从所罚牲畜中取得相当于一罚九的褒赏；（如果是关于什物的证人），则按什物的数量获奖。
	四、奇本	［证人］如证畜和证了财物，在所罚牲畜中吃一九，并根据财物的多少给予奖赏。
	五、额本	对诉讼案件作证者，从罚没的牲畜中获得一九牲畜奖励。
	六、策本	见证【所有主的】任何什物者，可从所罚牲畜中取得相当于一九的褒赏；根据所见证什物的数量奖赏。
	七、本书	无论出首何事，从罚畜中获得一九牲畜，若所涉为什物，视什物的［价值］给予奖赏。
	比勘	日译帕本、汉译帕本误解，误译。奇本“［证人］如证畜和证了财物”不准确。额本未译出“什物”的奖赏。策本认为此条是见证什物的规定，误。
126	一、日译帕	盗取不能加锁保管的物品（如马具、小刀、手斧、火镰、剪子、槌子、网、衣料等）的人，可判决割掉一只手的手指。想免除（这种处罚）的人，必须按一个手指交大牲畜二头，中牲畜五头，小牲畜三头。
	二、汉译帕	盗窃他人不易上锁保管之小物品，诸如鞍鞯、刀、斧、火镰、剪刀、铁锤、绳索、内衣之类者，经判决后砍去其一只手的手指。愿意以罚牲畜赎罪者，则每只手指抵大牲畜两头、中牲畜 5 头，小牲畜 3 头。
	三、俄本	凡盗窃火镰、刀、箭、锉刀、绳、三腿架、马勒、小锥、颈圈、良质帽子、皮靴、裤、剪刀、短剑、铁镫、木鞍、毡制伊盼初(Эпанчу)、毡斗篷、装饰鞍被、弓袋、箭袋、布村（衬）衫、布腰带、钢盔或铠甲套、锄头、斧子、良质兜尾秋（马镫）、袋肉、整羊肉、粗皮袍、妇人无袖背心、锯、装饰盒子、钳子、镶宝石的戒指、网罟、猎鸟和打鱼用网、捕兽用夹子者，断其指；如惜其手指，则罚五（牲畜），即大牲畜两头和羊三只。

续表

条序	版本	内容
126	四、奇本	没有译。
	五、额本	火镰、刀子、弓箭、钢锉、縻绳、马绊子、辔子、戴眉子、脖套、帽盔、靴子、裤子、剪子、锯子、铁镫子、木鞍子、蓑披、披蓬、毡鞴子、坠儿、布匹、长衫、带子、倭缎布、薄萨、甲胄匣、锛子、斧子、好锹、谷物类食品、袋装羊肉以及旧衣物、坎肩、其热额、有印记的绵羊、镊子、戒指、鸟网、渔网、夹子等，偷盗者砍断手指，或者处罚五头牲畜二头大畜加三只绵羊。
	六、策本	偷窃火镰、刀、箭、锉刀、系长绳、【马腿上的】马绊、熟皮条、马嚼子、【戴在身上的】小锤子、颈圈、良质帽子、皮靴、裤、剪刀、薄刀、铁镫、木鞍、斗篷、毡斗篷、詹托、弓箭袋【装饰鞍被】、被褫套子、布衬衫、布腰带、铠甲或钢盔套、锛子、斧头、良质兜尾秋、缺肩骨部和脊骨部的羊肉、袋装的整羊肉以及粗皮外衣、妇人无袖背心、锯、装饰的刀鞘、【男人戴在左耳朵上的】耳坠子、高档的戒指、【鱼】网、大网套、猎鸟和打鱼用网、【捕兽用】夹子者，断其手指；如惜其手指，则罚五【牲畜】，即大牲畜两头和羊三只。
	七、本书	偷窃火镰、刀、箭、锉刀、拴马绳、三腿马绊、马衔、便携小锤子、脖套、良质帽子、靴子、裤子、剪刀、刮皮薄刀、铁镫、木鞍、毛织斗篷、喇嘛披的斗篷、毡鞴、坠饰绸布条、布长衫、布腰带、盔甲套、锛子、斧子、上等后鞒、缺肩骨部和脊骨部的羊肉、袋装整羊肉、劣等或旧的皮袍、妇人无袖外衣、锯、有装饰的刀鞘、耳坠、优质的戒指、捕渔网、捕禽网、大捞网、捕兽夹子和此类之物，割其手指。如不愿被割指，罚取五头牲畜，即大牲畜两头和羊三只。
	比勘	日译帕本、汉译帕本，摘译，未译具体物品，“中牲畜五头”，误。额本有些具体物件不准确，如戴眉子、锯子、倭缎布、薄萨等。
127	一、日译帕	盗窃捻线或其他粗糙器物等，不拘多么轻微的盗窃，应罚带羔的羊一只，最少带羔的山羊一只。
	二、汉译帕	盗窃微不足道之物，如线及用坏的什物者，罚羊及羊羔各一只，至少罚山羊及小山羊各一只。
	三、俄本	缰绳、套杆、驼缰绳、针、钳子、梳、指箍、线、制鞋用的腊线、钮扣、小碗、勺子、大盘子、水桶、小皮囊、质量差的帽子、皮靴、长袜子、马肚带、鞍皮带、兜尾秋（马镫）、盘子、鱼胶、车刀、钻子、马鞭、橱柜、大箱子、马衣、羊皮、山羊皮、羔皮、缺铁制尖头的箭、弓弦、压榨器以及列入这一法典的任何小器物，凡盗窃其中质量好的科（带羊羔的）母绵羊一头，盗窃质量差的科带山羊羔的山羊一头。
	四、奇本	没有译。

续表

条序	版本	内容
127	五、额本	偷盗马缰绳、套马杆套绳、骆驼缰绳、针、锥子、梳子、顶针、线、筋线、扣子、碗、勺子、盘子、水桶、皮囊以及旧帽子、靴袜、肚带扯肚、皮鞦、褡裢、佛灯碗、朱砂、扣槽子、钻、马鞭、驮箱、木箱子、披盖子、皮被、脱毛皮、绵羊皮、尖箭、弓弦、弹弦诸如此类的随身零星饰品，质量好，处罚带羔绵羊，质量一般，处罚带羔山羊。
	六、策本	偏缰绳、【套马杆的】皮套绳、【连在鼻空的】驼缰绳、针、锥子、梳、【顶针】指箍、线、制鞋用的腊线、钮扣、碗、勺子、木盘子、皮桶、皮囊、旧帽子、皮靴、【毡】袜子、带子、鞍皮带、【皮制】后鞧、荷包袋、佛灯碗、鱼胶、剜刀、钻子、马鞭、橱柜、箱子、【给弱畜盖的】护腰、【已鞣好的】羊皮、取毛光皮、羊羔皮、镞、弓弦、压榨器以及一切戴在身上的小器物列入这一法典，凡偷窃其中质量好的，科带羔的母绵羊一只，偷窃质量一般的科带羔的山羊一只。
	七、本书	［偷窃］皮缰绳、套马杆等用的皮绳、骆驼缰绳、针、锥子、梳子、顶针、线、筋线、钮扣、碗、勺、大方木盘、木桶、皮囊（用以盛奶或酒）、劣等的帽子、皮靴、袜子、马鞍胸带和马鞍吊带、皮条、马后鞧、荷包、佛灯碗、鱼胶、剜刀、钻子、马鞭、驮箱、箱子、（给体弱牲畜的）苫盖物、熟制羊皮、去毛鞣革、绵羊羔皮、鸣镝、弓弦、压榨器、佩带之饰物等零碎物品均在此条例，优等者罚取带羔绵羊一只，劣等者罚取带羔山羊一只。
	比勘	各译本中对个别词语的理解有异。
128	一、日译帕	起诉后，如无充分证词，其诉讼费用应由自己负担。
	二、汉译帕	提起诉讼而又无法提供充足的证据说明案情者，承担诉讼费用。
	三、俄本	原被告（原告人及被告人）必须自己出庭，否则不予裁判。诉讼当事人（原告人）应三次向被告声明（要其出庭），然后伴同适当见证人出席并向（法庭）说明此事；如被告人不到，则通过使者拘留被告并没收其马。
	四、奇本	两人诉讼如不同时到达［法庭］，不予审理。诉讼人要带好证人去［法庭］说三次要求审断。如［被告人］不来，要与使者［前去］罚其乘马。
	五、额本	原被告缺失不得立案；原告状告被告三次，被告不予到案，则由公差强制执行。
	六、策本	原告人及被告人必须亲自到法庭，否则不予裁判。诉讼当事人应伴同可靠的见证人三次向被告声明【要其出庭】，如被告人不到，则与使者一起去没收其马。

续表

条序	版本	内容
128	七、本书	两个诉讼之人不同时出庭，不受理其诉讼，［原告］带有效证人前去［被告处］三次通知其赴庭，仍不赴庭则与［官方所遣］使者一同前去罚取其所乘马。
	比勘	日译帕本、汉译帕本摘译，误译。额本未译出“取其马来”。奇本、额本原告到法庭三次，误，应为向被告告知其赴庭。
129	一、日译帕	对法庭所派的使者，拒绝他正当搜查自己住处的人，应判处败诉。但如没有证人证明此事，或被告的首长宣誓他无罪时，不在此限。
	二、汉译帕	拒绝让法庭差役（也里只，Eltschi）适当地搜查其住宅者，败诉；但没有证人证明该事实，且被告之主人发誓被告系无辜者，不在此限。
	三、俄本	在必要的场合，可进行家宅搜索，拒绝搜索者科财产刑，但同时必须通过见证人调查真假（即是否拒绝进行家宅搜索）；如见证人（此时）不在场，得向爱玛克长设誓。
	四、奇本	如根本不交出逃亡者，以法惩处。其真假要通过证人证实。如无证人，逼审其爱马克首领。
	五、额本	隐匿赃物或贼寇，依法处置；处置时无证人证言，须有嫌犯家族长者作证。
	六、策本	在进行家宅搜索，拒绝搜索者则视为小偷科罚，但同时必须通过见证人调查清真假；如无见证人，让爱玛克长设誓。
	七、本书	坚决拒绝被搜查者，依法处罚，其是否拒绝搜查则依据证人之言，无证人则由爱玛克长立誓［证明］。
	比勘	日译帕本、汉译帕本译文从败诉以下有误，不准确。奇本、额本皆误译。
130	一、日译帕	延请男女巫师来施魔法者所乘的马及巫师的马，归告发人所得。明知巫师作法而不告发的人，或仅身临巫师作法场所的人，罚交出自己所乘的马。
	二、汉译帕	请神汉或巫婆来家施行巫术者，其坐骑及巫师之坐骑归告发者所有。隐瞒真情甚至旁观巫术者，罚没其坐骑。
	三、俄本	邀请萨满教的巫师或女巫来家者，科邀请者以马一匹的财产刑，以及科来家的女巫师马一匹；如看见而不捉住（他们的马匹）者，科马一匹。看见翁干（偶像）者须将其拿走，如占有翁干，经过争论仍不交出者科马一匹。
	四、奇本	谁如邀请乌都干孛额而行，罚邀请者之马。罚来者乌都干之马。看见之人如不罚，罚他的马。谁如看见翁供，要取走。其主人如阻拦不给，罚要他的马。

续表

条序	版本	内容
130	五、额本	请斡都根、孛，罚没乘马；见证者回避，罚没乘马；见到翁衮者必须没收翁衮，同情翁衮者，没收乘马。
	六、策本	邀请萨满教的巫师或女巫来家者，科邀请者以马一匹，以及科来家的女巫师马一匹；如看见而不捉住【女巫师的马】者，科马一匹。看见翁干须将其没收，如翁干之主人与没收者争夺【翁干】不交出者科马一匹。
	七、本书	凡人邀请伊都干或博［作法］，罚其坐骑，亦罚前来之依都干［和博］之坐骑，何人见到而不罚取其马，则罚此人之马。何人见翁衮即夺之，主人若不给而争抢，罚其坐骑。
	比勘	日译帕本、汉译帕本“归告发人所得”，误。俄本“如占有翁干”，误。额本漏译罚伊都干或博的乘马，“见证者回避”“同情翁衮”皆误。
131	一、日译帕	迷惑人的巫师，罚牲畜五头。
	二、汉译帕	巫师伤害他人者，罚牲畜5头。
	三、俄本	萨满诅咒高贵者科马五匹，诅咒下层阶级者科马两匹。
	四、奇本	萨满行巫诅咒上等人，罚一五。诅咒下等人，罚马二匹。
	五、额本	以赛音·珲作殉葬，处罚五头牲畜；以毛乌·珲作殉葬，处罚二匹马。
	六、策本	萨满给死去的上等人进行埋葬仪式时，把牲畜及什物一起埋入，科五【牲畜】，下等人者科马两匹。
	七、本书	给上等人殉葬，罚五头牲畜，给下等人殉葬，罚马两匹。
	比勘	额本译出“殉葬”，余本未译出或准确译出。但额本“以”什么人殉葬误，应为“给”什么人殉葬。
132	一、日译帕	巫师凭魔法显示云雀野鸭、犬等以吓人时罚马一匹。用五色蛇以外的普通蛇演奇术的人，至少罚箭二支或小刀一把。
	二、汉译帕	以施行巫术时使用的动物，即使红鸭、红云雀以及红狗惊吓他人者，罚马一匹。用花山蛇以外的普通蛇向他人变玩戏法者，至少罚箭两枚或刀一把。
	三、俄本	将海番鸭、麻雀及犬用于祭祀者科马一匹；宰杀各种蛇（除阿拉克乌拉的以外）用于祭祀者科箭两支，无箭者科刀子一柄。
	四、奇本	以黄鸟、阿兰雀、狗等［行咒］，罚马一匹。以阿拉克山之蛇、其他［种类］之蛇［行咒］，罚箭二支。如无箭，罚刀［一把］。
	五、额本	用黄鸭、云雀、狗作殉葬，处罚一匹马；除山蛇外，用其他蛇作殉葬，处罚二支箭或刀。

续表

条序	版本	内容
132	六、策本	将黄鸭、麻雀及狗用于祭祀者科马一匹；宰杀除阿拉克乌拉山以外的蛇用于祭祀者科箭两支，无箭者科刀子一柄。
	七、本书	［杀死］黄鸭、阿兰雀、狗者罚马，［杀死］阿拉克山蛇以外的蛇者，罚二支箭，无箭者罚取其刀。
	比勘	各本中的施巫术、祭祀、行咒、殉葬皆误。
133	一、日译帕	拾得冻死后十天以内的牲畜，而吃掉的人，罚三岁马一匹。
	二、汉译帕	拾取冻死不足 10 天之牲畜并拾之者，罚三岁之马一匹。
	三、俄本	擅取饿死后十日以内的牲畜之死体者，科三岁母马一匹。
	四、奇本	没有译。
	五、额本	接受暴晒十天死畜者，处罚三岁母畜。
	六、策本	擅取饿死于灾害的牲畜之肉十日以内者，科母牛一头。
	七、本书	捡拾死于灾害不及十天的牲畜尸肉者，罚三岁母牛一头。
	比勘	额本“受暴晒十天死畜者”，误。应为因“灾害”而死，有多种原因，译为冻死或饿死不准确。
134	一、日译帕	从奔马的危难中救下来儿童或少女的人，至少要赏给一只羊。
	二、汉译帕	从野马蹄下救出男童或女童者，最少奖羊一头。
	三、俄本	婴孩为马所踢几乎致死，对救出者应给予羊一头的报酬。
	四、奇本	儿童骑马马惊脱蹬时，救助者要一只绵羊。
	五、额本	抢救乘马摔伤的少年，获得绵羊奖励。
	六、策本	帮助由于乘马尥蹶子而处于危险的小孩脱离险情者得羊一只。
	七、本书	小孩子乘马失控有生命危险时救助者，得绵羊一只。
	比勘	奇本、策本外各本译文皆不准确。
135	一、日译帕	没有译。
	二、汉译帕	没有译。
	三、俄本	除无仔驼留下的母骆驼、脱缰络的母马，最近产犊的母牛外，挤（别人牲畜）之奶者，科三岁母马的财产刑。
	四、奇本	从海达格母驼、拴马绳上跑掉的母马、新生仔的牲畜以外的其他［母畜］挤奶，罚三岁母牛一头。
	五、额本	除母驼、骒马、乳牛，给其他牲畜挤奶，处罚三岁母畜。

续表

条序	版本	内容
135	六、策本	挤取【别人的】已死子【但还有奶的】母骆驼、有奶的母马，刚生的母畜以外者，科三岁母牛一头。
	七、本书	除挤用离开驼羔的母驼、与小驹分离的母马以及刚产子之母畜之奶外，随意挤用别人母畜之奶者，罚三岁母牛一头。
	比勘	额本译文错误。策本译文不够准确。
136	一、日译帕	没有译。
	二、汉译帕	没有译。
	三、俄本	作为王公女儿院（陪）嫁的姑娘、如经父母同意嫁人者，则罚其父母，如非（父母）同意而嫁人者按上述法律办理（作诱拐少女论）。
	四、奇本	没有译。
	五、额本	有婚约女方，由父母教唆逃亡，罚没女方父母财产；非教唆逃亡，按本法第四十六条处置。
	六、策本	作为王公女儿陪嫁的姑娘、如经父母同意嫁人者，则没收其父财产，如非【父母】同意而嫁人者按上述【诱拐少女】法律办理。
	七、本书	父母允诺［给主人的女儿陪嫁］的女儿［随他人］{逃走}，［若为父母令其逃走］没收其父亲家产，若与其父母无干系，则按前定法规处罚。
	比勘	俄本、策本“王公”不准确，额本没有译出是给主人的女儿陪嫁的姑娘。
137	一、日译帕	诱拐有名望者的妻女与之同居的人，罚骆驼一峰及牲畜九九。但可依被害人的身份而减轻，最低限度骆驼一峰及牲畜三九。这也就是对诱拐平民之妻的人所科的处罚。但在这种情况下，不能领回逃亡者时，应将诱拐者的妻及其财产给予被害人，或者由被诱拐女方的亲属退还聘礼。亲属无力偿还时，由王公裁断。
	二、汉译帕	拐骗有名望者之妻并蓄之于家中者，罚驼一峰、牲畜九九；其他犯如是罪名依被拐骗者之夫地位高低罚物递减。拐骗下等人之妻者，最少罚驼一峰、牲畜三九。无法捉回私奔者的，拐骗者之妻室财产归被侮辱之男人所有，或由被拐骗妇人之亲属偿还聘礼。亲属没有财产的，由王公裁定。
	三、俄本	诱拐高贵者之妻私奔者，科罚九九及驼一头之财产刑；诱拐中层阶级者之妻私奔者，科罚五九及驼一头；诱拐下层阶级者之妻私奔者，科罚三九及驼一头。诱拐他人之妻到看不见她（难于发现）的地方，则其丈夫取其（诱拐者）的牲畜以及离弃之妻；则（被遗弃的）妻之兄弟有权将其赎回；按牲畜（即赎金）的头数予以牲畜。如他们没有牲畜，则爱玛克的兄弟（爱玛克的亲属）以牲畜九头将其赎回；如爱玛克的兄弟无力赎回，应立即把情况向王公报告。

续表

条序	版本	内容
137	四、奇本	如收容赛因库蒙之妻，以驼为首罚九九。收容敦达库蒙之妻，以驼为首罚五九。收容阿达克库蒙之妻，以驼为首罚三九。携［别人之］妻远逃，要其丢弃之妻和牲畜。其兄弟要用［迎娶时］所给牲畜数赎回。如无兄弟，其爱马克［族属］兄弟以一九赎回。在爱马克无兄弟之人，交诺颜处理。
	五、额本	与赛音·珲的已婚妇女私奔，赔偿以骆驼为首的九九牲畜；与敦达·珲的已婚妇女私奔，赔偿以骆驼为首的五九牲畜；与阿达格·珲的已婚妇女私奔，赔偿以骆驼为首的三九牲畜。与已婚妇女私奔无音信者，由其妻子负责赔偿牲畜；男方家庭没有牲畜，男方兄弟向女方兄弟赔偿一九牲畜；男方兄弟没有牲畜，由诺颜赔偿。
	六、策本	诱拐上等人之妻私奔者，科罚以骆驼为首的九九【牲畜】；诱拐中等人之妻私奔者，科罚以骆驼为首的五九【牲畜】；诱拐下等人之妻私奔者，科罚以骆驼为首三九【牲畜】。诱拐他人之妻到遥远的地方者，则【被诱拐者的】丈夫取【诱拐者的】的牲畜以及离弃之妻；则【被遗弃的】妻之兄弟有权将【诱拐者之】妻按其结婚时的聘礼的头数予以赎回；如他们没有牲畜，则爱玛克的兄弟以牲畜九头将其赎回；如没有所属爱玛克和兄弟者，由其诺颜处理解决。
	七、本书	拐走上等人妻者，罚以骆驼为首九九牲畜案主，拐走中等人妻者罚以骆驼为首五九牲畜，拐走下等人妻者，罚以骆驼为首三九牲畜。若携此妇逃得无影无踪，［失妇之人］收其遗留之妇和牲畜。拐人者妻子的兄弟，以［此妇初嫁时］所获聘礼牲畜相等的牲畜［从失妇之人］将其赎走。若其兄弟无牲畜，由其亲族兄弟交一九牲畜赎走。若无亲族兄弟，由［双方］的诺颜作主。
	比勘	日译帕本、汉译帕本“或者由被诱拐女方的亲属退还聘礼”，误；另省略了拐中等人妻的处罚规定。俄本“应立即把情况向王公报告”，不准确；额本“由其妻子负责赔偿牲畜”之后的句子皆误。
138	一、日译帕	养父如对养子不满意时，可赶出（家）门，使他净身出户，但养女却不能离开养母。养女满十岁后，养父与其生身父共同分担嫁奁费用，聘礼也与生身父均分。
	二、汉译帕	养父不再喜欢养子的，可以直言令其走。但不得将养女与养母分离。养子女满 10 足岁时，由养父与生父一起共备聘礼共置妆奁。
	三、俄本	（由他家）教养的人想念自己的（生）父，可离开自己的养父，带着自己的儿子，而女儿则须留在自己的母亲那里。生父想领回由他人教养的自己的女儿者，如女儿超过九岁者得支付养父以相当罚一九的东西，如教养得不好则只支付一半。如女儿超过十五岁者则应留在自己的养父家里；双方的父亲（即生父及养父）各取得其女聘金的一半，同时也应分担财产（嫁奁）的一半。

续表

条序	版本	内容
138	四、奇本	养子愿意去生父那里，可以只身带儿子去。养女可以在养母家，养女之亲生父母要想叫女儿回去，九岁以上需给九头牲畜。如其［养父母］抚养不善，只给九头牲畜之一半。十五岁以上的，要在养父母家。［结婚时］两个父亲各收彩礼之一半。给相同数量的陪嫁物。
	五、额本	被收养的儿子提出回生父身边生活，养父母不得拒绝；被收养的女儿不得离开养父母。生身父母强行领走，年满九岁者赔偿一九牲畜，受虐者赔偿半数；年满十五岁者不得离开养父母；女儿出嫁时，养父生父提出接受聘礼要求，则必须同等陪送妆奁。
	六、策本	养子原属意去【生】父处，可离开养父，带着自己的儿子，而女儿则须留在自己的母亲那里。生父想领回由他人教养的自己的女儿者，如女儿超过九岁者得支付养父一九【的牲畜】，如养父养得不好则只支付一半【一九的】一半。超过十五岁女儿，则应留在自己的养父家里；双方的父亲各取得其女聘金的一半，同时也应分担嫁奁的一半。
	七、本书	养子若欲返回其生父之处，只身带儿子回其生父处，其女儿应留在母亲处。若养女的亲生父母欲取回其女，九岁以上者送给养父母一九牲畜取回，若抚养较差者送给一九牲畜的一半取回。若十五岁以上者应留在养父母处，两位父亲［在姑娘出嫁时］各得一半聘礼牲畜，各出一半嫁奁。
	比勘	日译帕本“养父如对养子不满意时，可赶出（家）门”，误；中间有关养女少译一些内容。额本，未译出可以带儿子离开，“养父生父提出接受聘礼要求”，误。
139	一、日译帕	近亲（之人）不得互相告状，兄弟姊妹间如有盗窃行为，可私自谈判解决。
	二、汉译帕	近亲之间不得互诉。即便侄甥互盗，也应让其自行和解。
	三、俄本	（谁家的）儿子都不应对母方的亲属有债务上的账目，外甥偷母方亲属的东西不受科罚，只须支付而已。
	四、奇本	孩子对舅舅家的人无债务，外甥偷舅家不算犯罪，但要赔还。
	五、额本	父亲或舅父向儿子或外甥借贷，无还贷能力时，可以免除。外甥偷拿母舅财物，可不问罪，但须还齐财物。
	六、策本	舅舅没有义务还给借于外甥债务。外甥从舅舅那里偷窃的东西不受科罚，只须支付而已。
	七、本书	舅舅［借用外甥之物］无须偿还，外甥偷窃舅舅家财物无雅拉，赔偿所窃财物。
	比勘	日译帕本、汉译帕本译文误。俄本“儿子都不应对母方的亲属有债务上的账目”，误。俄本、策本“只须支付而已”，不准确。

续表

条序	版本	内容
140	一、日译帕	跑掉的牲畜被人逮住卖掉时，原主一经发现即可取回。这时只给买主半价作为赔偿即可。
	二、汉译帕	遗失之牲畜被捕获并卖掉的，原所有人如发现可取回之。仅需向新占有人交付一半价金。
	三、俄本	逃逸（迷路）的牲畜的所有主在有诚实的证人的场合下，有取得牲畜头部（即优良部分）的权利，而购得此迷路牲畜的卖主有取得其臀部（即劣等部分）的权利。
	四、奇本	跑到远方之畜，失主有证据证明而索要，失主要回好畜，买主留下次畜。
	五、额本	没有译。
	六、策本	远离【自己畜群】已失散的牲畜的所有主在有确切的证人的场合下可取得牲畜头部，而购得此失散牲畜的卖主有取得其臀部的权利。
	七、本书	畜主［从购牲畜者处］认出［自己］走失的牲畜，有可靠证人，可得牲畜身体前半部分，购者得其后半部分。
	比勘	奇本“失主要回好畜，买主留下次畜”，误。俄本、策本没有表示出畜主“认出”其所失牲畜。
141	一、日译帕	如果跑掉一年后原主才发现时，应由原主给该畜群管理人一半饲养费。如果在这期间，有由非原主所有的种马或种牛交配而生的仔畜，应由后来的管理人取得。但其数额超过二九时，原主也可请求连同母畜交还超额之畜。
	二、汉译帕	迷途牲畜迷入他人畜群一年后主人始发觉者，应向收容者交付牲畜价值之一半。在此期间迷途母畜与公马或公牛交配所生之幼仔，若数量低于二九，则归收容者所有；超过二九的，则适用母畜分割之比例。
	三、俄本	饲养迷路（流浪）的家畜者，一年后得其仔畜的一半。在此期间内原不属自己的骆驼、种牛、种马传种而生的仔畜，全归饲养者所得。饲养一头或两头牲畜者不取报酬，饲养十头以上的牲畜者，则得两头牲畜，饲养九至三头（牲畜）者则得一头牲畜。
	四、奇本	抓取离群之畜者，如牧养一年，留取其繁殖的僚畜之半。一年以后，由自己的公马、公牛、公驼［配种］所生之仔畜全部归其所有。［抓取牧养离群畜］二头，不能吃留一头，十头以上吃留二头，九到十头以上吃留一头。
	五、额本	饲养失群牲畜逾一年，饲养者与牲畜原主人有同等获得仔畜的权利，即各得一半。一年后抓获者将索要自己种马、种牛、种驼的全部仔畜。抓获一两头失散牲畜，原数返还牲畜主人；抓获十头失散牲畜，可获二头牲畜奖励，抓获三至九头失散牲畜，可获一头牲畜奖励。

续表

条序	版本	内容
141	六、策本	捉获无主流浪家畜者，一年后得其仔畜的一半。一年后由自己的种公驼、种公牛、种公马传种而生的仔畜，全归饲养者所得。饲养一头或两头牲畜者不取报酬，饲养十头以上的牲畜者，则得两头牲畜，饲养九至三头【牲畜】者则得一头牲畜。
	七、本书	无论收留何种走失牲畜，［在主人来领取时］，如至一年，收留者分取在此期间繁殖的仔畜之半［作为报酬］。［一年］后［走失牲畜］与收留者的种公马、种公牛、种公驼交配所生仔畜，全部归收留者所有。［收留者还可以从原收留的牲畜中抽取牲畜作为收养的报酬］，一、二头牲畜不抽取，十头以上抽取二头牲畜，三头至九头抽取一头牲畜。
	比勘	日译帕本、汉译帕本“一半饲养费”，不准确；“但其数额超过二九时”以下的内容误。
142	一、日译帕	没有译。
	二、汉译帕	没有译。
	三、俄本	盗窃大锅或三脚铁架者，系上等的罚九，系中等的罚五（牲畜），系下等的罚三岁母马一匹。
	四、奇本	没有译。
	五、额本	偷盗锅、火撑子，赔偿一九牲畜；中等质量，赔偿五头牲畜；质量一般，赔偿三岁母畜。
	六、策本	偷窃锅或锅架者，系上等人的【锅或锅架】罚九，系中等人的【锅或锅架】罚五，系下等人的【锅或锅架】罚三岁母牛一头。
	七、本书	偷窃铁锅、［锅］撑子者，若上等［铁锅和撑子］，罚一九，中等罚五头牲畜，下等罚三岁母牛一头。
	比勘	策本，将锅或锅架依其主人的地位分等，误。三个等级应指锅、锅撑子的质量。

三、《噶尔丹珲台吉敕令》（一）六种汉译本比勘表

以下选取从德文、日文、俄文、蒙古文汉译的《噶尔丹珲台吉敕令》译本五种（与前表一、二相同）加上本书汉译文共六种，列表逐条比勘。书名在表格中使用省称，其对应如下：

一、日译帕，潘世宪汉译日本学者田山茂日译的帕拉斯德译本。①

二、汉译帕，由邵建东、刘迎胜汉译帕拉斯德译本。②

三、俄本，罗致平汉译俄国学者戈尔斯通斯基俄译本。③

四、奇本，奇格汉译道润梯步蒙古文本。④

五、额本，额尔德木图汉译本（未注明底本）。⑤

六、本书，指本书译释编第三篇汉译文。

序号	版本	内容
1	一、日译帕	我管辖下的全体鄂托克的得木齐应严格监督人民，及时征收租税。不忠实执行职务的得木齐应交付审判，视情况，得没收其全部财产。鄂托克的最年长的宰桑应严格监督其所属得木齐，传达各项命令，必须做到不能以不知道命令为借口。所有得木齐都应救济照顾贫困的人。如果资财不足，应报告鄂托克的长老宰桑，请示办法。不管贫困者是什么人，宰桑都应加以保护。万一宰桑也拿不出救济办法时，应通过上级审判官报告王公。王公指示的救济办法对贫困者没有忠诚施行时，该贫困者可以上告。该负责人对此必须加以解释说明。又，有因贫困而致死的人时，该管首长应对此负责，依照已证实的不忠诚的程度，加以处罚。
	二、汉译帕	令我所有鄂托克之达木齐严格照管其人民，及时征取税收，不得懈怠。有达木齐玩忽职守者，要对他提起诉讼，并视情形没收其财产。褫夺其职务。对年长宰桑之鄂托克，达木齐要严格照管，并将敕令告诉宰桑。俾其不得以不知为自己免责。令所有达木齐救贫济穷。若达木齐钱资不敷，则应告知其鄂托克中最年长之宰桑，由其指配。宰桑对缺衣少食者应不分其地位一律给予照应。但宰桑亦无饶足钱资济贫者，应由高级法院告知王公。用于济贫之钱资嗣后没有正确送至贫困者手中致怨声载道者，则追究高级官吏的责任。贫者因此饿死的，主人应负责，要视其恶意渎职之程度给以相当的处罚。

① ［日］田山茂：《清代蒙古社会制度》，潘世宪译，商务印书馆 1987 年版。

② ［德］P. S. 帕拉斯：《内陆亚洲厄鲁特历史资料》，邵建东、刘迎胜译，云南人民出版社 2002 年版。

③ K. Ф. 戈尔斯通斯基俄译：《噶尔丹洪台吉的两项补充敕令》，罗致平编译，载国家清史编纂委员会编译组，中国社会科学院原民族研究所《准噶尔罗略》编写组合编：《卫拉特蒙古历史译文汇集》第 1 册，2005 年，第 319—321 页。

④ 奇格：《古代蒙古法制史》，辽宁民族出版社 1999 年版。

⑤ 李金山主编：《蒙古古代四部法典》，内蒙古教育出版社 2010 年版。

续表

序号	版本	内容
1	三、俄本	每一鄂托克（氏族）的管理人必须教导四十户的得木齐及时向人民征收租税。如得木齐不征收则被罚九，丧失得木齐的称号。如鄂托克的管理人不这样处理，则处分鄂托克的管理人；如果宣告了，而得木齐不向人民征税，则处分得木齐。得木齐应关心照料不幸者（贫困者）；如无能力照料，应把情况向鄂托克的管理人申述，鄂托克的管理人应照料所有的人同自己的人民一样；如无资财照料，应把处理情况向上级（上级政权）反映。如有能力照料而不照料以致人亡者则按杀人法律处治；但必须通过审讯查明，死亡是否真的（由于没有照料所致）。
	四、奇本	各鄂托克的首领要说给自己各得沁的得木齐。得木齐要收集［已失散的部众］。如不收集，罚一九，撤其得木齐之职。鄂托克首领不下令［收集］，错在鄂托克首领。已下令而不收集，错在得木齐。得木齐要扶助贫困者，扶助不了要向鄂托克首领报告。鄂托克首领不要区分是否是你的部众，要全部扶助。如扶助不了，要向上级报告。能扶持而不扶持，有错；死了人，有错，要以杀人罪惩处。死人之事与之无关，还是有错，要通过审断弄明白。
	五、额本	要求阿哈拉克奇向都钦的德木齐提供贫困人口名单，贫困人口由都钦负责救助。都钦不予救助，处罚德木齐一九牲畜。阿哈拉克奇没有提供名单，处罚阿哈拉克奇。德木齐救济贫困百姓，必须向上级报告。因救济不及时致人死亡，以杀人罪论处。
	六、本书	各鄂托克首领传令各四十户的德木齐｛收集散失和穷困者，予以救济｝，德木齐［得令后］收集［穷困之人］，若有不收集者罚一九牲畜，｛革职｝。鄂托克首领若未传达命令则罪鄂托克首领，若已传达命令而仍不收集，罪在德木齐。令德木齐救济穷困之人，如无力救济，上报鄂托克首领，鄂托克首领则不分彼此一体救济抚养。若无力救济再上报。有能力救济而不救济者有罪。若［因不救济致］死人则有罪，以杀人罪处罚，对［致］人死有无过错，经审理确定。
	比勘	日译帕本、汉译帕本、俄本将čoqloulji asarji ökü，即收集和救济误译为征收赋税，误。日译帕本“视情况，得没收其全部财产”“依照已证实的不忠诚的程度，加以处罚”，皆误。汉译帕本“要对他提起诉讼，并视情形没收其财产”“要视其恶意渎职之程度给以相当的处罚”，皆误。奇本译文基本准确。额本译文不全，未提鄂托克、革职，所谓“提供名单”不够准确。
2	一、日译帕	为了防止发生盗案，每十户置一（十人）长，该（十人）长关于管下居民负有正确（向上级）报告的义务。如果发现该管区内有犯盗窃的形迹时，应如实报告。不提出这种报告者解除其职务。盗人应监禁起来。两次重犯盗窃罪被处罚后，第三次再犯同样罪行时，其妻子、财产一律没收，并判为奴隶。

续表

序号	版本	内容
2	二、汉译帕	为尽量防范盗窃发生，每十户设一阿合（Achcha），负责对于属下之情况做详尽汇报。汝等若发现汝等中有盗贼之踪迹，要如实告发，懈怠者要受到惩罚。将窃贼羁押起来。盗窃两次并已被判罚两次而第三次重操旧业者，夺去其妻小和一切财产，并贬之为奴。
	三、俄本	关于一般的盗窃（规定）如下：应由一人管理十户，管理者应把自己的十户管好；必须宣布犯盗窃的情况（十人的），如不宣布则砍掉其手，其他（自己的）人等则上镣铐。犯三次盗窃者，受到放逐的处分。
	四、奇本	有关盗窃事，十户人家要有一位首领，首领要管十户，要管教偷盗者，如不管教，要钳首领之手。其他人要烫铁烙。一个人如偷盗三次，没收其全部财产、牲畜。
	五、额本	十户必须有十户长，十户长管理好所辖十户治安。出现偷盗案件必须上报；隐瞒不报，用铁钉钉十户长手；余者用烧铁烙手。一人偷盗三次，籍没全部财产。
	六、本书	为防偷窃，十户设一长，十户长管理十户，若有人偷窃则首告，若不首出，铐十户长手，用铁箍其余人之手。凡人偷窃三次则籍没其家财。
	比勘	日译帕本、汉译帕本对十人长的处罚（解职、惩罚）、将盗贼监禁或羁押，以及贬偷窃者为奴或判为奴等句皆误。俄本砍管理者手、放逐盗贼皆误。奇本要管教偷盗者、其他人烫铁烙等皆误。额本铁钉钉手、烧铁烙手等亦误。
3	一、日译帕	鄂托克全体居民合谋进行窃盗时，按别的爱马克的章程严重监视该鄂托克。
	二、汉译帕	要把窃贼聚集起来，组成独立的鄂托克，像看管其他爱马克一样最严格地看管他们。
	三、俄本	去到别的和顺的普通老百姓，同当地居民杂居者应收税；如果他们没加入鄂托克，则把他们安置到鄂托克，如没加入爱玛克则安置到爱玛克中去。
	四、奇本	要收集走出自己的和硕，在别的和硕杂居的人们。［收集后］没有鄂托克，［要］成为鄂托克，没有爱马克，［要］成为爱马克而行。
	五、额本	组织好跨和硕迁徙者，人口达到鄂托克数，成立一个鄂托克；达到爱玛克数，成立一个爱玛克。
	六、本书	将移至其他和硕之人，此间杂居于其他和硕之人收集起来，无鄂托克者设立鄂托克，无爱马克者组成爱马克。
	比勘	日译帕本、汉译帕本、俄本大部分句子皆错。

续表

序号	版本	内容
4	一、日译帕	那些为非作歹的人，要当众斥责，加以侮辱，并应公布他们的恶劣行为，任何人都有权诽谤这类人，决不怜惜。并可公开说这是应得的报应。我就是这样照顾你们的。
	二、汉译帕	此类窃贼皆应遭到全体人民羞辱唾弃，其恶劣行径要公布于众；每个人都有权辱骂他们。任何人都不要怜惜他们，而要公开地说他们是罪有应得。如是，爱民如子者，朕也！
	三、俄本	认为这样处理不合适，就让他们说不合适，发表自己的意见；认为合适的也应当时就声明，如果此时不声明，以后应该声明，说“原来如此”，但是当全体人民都承认这是合理时，那我就要生气，说“不希望这样”。
	四、奇本	认为这种做法是错误的人是不对的。［但可以］说自己的意见。认为是对的人也在这里说自己的意见。在这里不说如以后说三道四，是对正确的尼伦［大政］不满，我将生气。
	五、额本	对此条款允许提出不同意见，但不执行者予以斥责。不提自己的意见或建议而散布不满言论，视为对正确决策的抵制。祝一生平安。
	六、本书	认为这样做不正确者，请说出认为不正确的想法。认为是正确的，也请说出自己认为正确的想法。现在不说，若以后再说本该如何云云，我将视你们为不满于正确的大政方针而大怒。愿永久安乐太平！
	比勘	日译帕本、汉译帕本、俄本皆错。奇本、额本不够准确。额本“但不执行者予以斥责”，不准确。
5	一、日译帕	一切诉讼，除正规的审判官外，别人所作的判决都无效。
	二、汉译帕	所有诉讼，如没有钦定法官到场不得进行审判。
	三、俄本	如果被告在见证人面前三次被传唤都不到庭，则无论其有罪与否都得罚款。
	四、奇本	不论何种诉讼，如带证人告三次而不予审理，不论对错，［对札儿忽赤］都要进行处罚。
	五、额本	凡行诉讼，被告三次拒绝出庭，无论有罪无罪都予处罚。
	六、本书	凡诉讼，原告带证人三次通知被告到庭，［被告］不到庭者，无论其诉讼胜败都予以处罚。
	比勘	日译帕本、汉译帕本误。奇本认为“不予审理”，误。
6	一、日译帕	没有译。
	二、汉译帕	没有译。
	三、俄本	早在“马年”（1654）的涉及巴图尔洪台吉的债务则作罢，但其后的债务如果有见证人在场的话则应收，如无见证人则作罢。

续表

序号	版本	内容
6	四、奇本	巴图尔洪台吉时期马年以前的债务予以废除。如马年以后的债务有证人的话，可以讨要。如无证人，予以废除。
	五、额本	巴图尔洪台吉于呼和抹林吉勒前形成的债务一律取消；抹林吉勒后形成的债务，根据证据讨还，无证据不予承认。
	六、本书	取消巴图尔珲台吉［去世的］马年之前的债务，此后之债务有证人者收回，无证人者取消。
	比勘	日译帕本、汉译帕本没有译。俄本、额本认为是与巴图尔珲台吉本人有关债务，误。“抹林吉勒”即马年，无须音译。
7	一、日译帕	由于审理迟延，给嫌疑犯以逃亡机会，或帮助他逃亡的审判官，应没收其牲畜的一半。就与己无关的事件，为别人告状的人，可以受到其赔偿额一半的奖赏。不在限期内向王公缴纳租税的人，其后必须自动交纳两倍的数额。
	二、汉译帕	拖延调查致窃贼逃脱，抑或资助窃贼逃脱者，罚其牲畜之一半。与案件虽不相关，但出自善意为他人起诉者，得罚物之一半，以资奖励。不及时向王公交纳税物者，罚交应交两倍之税物。
	三、俄本	在一般情况下法官必须（在规定的地点）进行裁判。如果（法官）不把规定的部分上交王公则加倍科罚。如果法官三次都错判了，则法官受到停职的处分。
	四、奇本	平常，札儿忽赤断案不能在［法庭］外进行。［札儿忽赤］不上交乌日古格的德吉，罚其双份［德吉］。
	五、额本	札尔忽奇不得在斡尔古格以外处理案件；提起诉讼必须提交诉讼费，拒绝提交诉讼费，处罚双倍。
	六、本书	扎尔扈齐不得在官府衙署之外审理案件，若［扎尔扈齐审断案件后］不缴纳给官府的费用，则加倍罚取。
	比勘	日译帕本、汉译帕本除最后一句正确外皆误。俄本“上交王公”不准确，应为官府。
8	一、日译帕	做过三次不公正判决的审判官应予免职。
	二、汉译帕	法官做出显失公平之判决满三次者，褫其职。
	三、俄本	如果法官三次都错判了，则法官受到停职的处分。
	四、奇本	札儿忽赤三次断错案，要撤其职。
	五、额本	札尔忽奇审判案件出现三次失误，罢免其职务。
	六、本书	扎尔扈齐判错三次案件，停止其审理案件。
	比勘	日译帕本、汉译帕本除最后一句正确外皆误。其他译本基本正确，俄本“上交王公”不准确，应为官府。

续表

序号	版本	内容
9	一、日译帕	没有译。
	二、汉译帕	没有译。
	三、俄本	谁经过格斗从盗窃手中救出牲口者则受到如下的报酬：牲畜五头得马一匹，四头或三头（牲畜）得三岁母马一匹，两头牲畜得两岁马驹一匹，一头牲畜得母绵羊一只。不经过格斗而夺回牲口者则得如下的报酬：九头（牲畜）得马一匹，五头牲畜得两岁马驹一匹，其余的（五头以下）得羊一只。
	四、奇本	与盗贼搏斗，抢回牲畜，如五头，要一匹马。四头、三头，要一头三岁母牛。二头，要二岁马一匹。一头，要一只绵羊。
	五、额本	与盗贼搏斗抢回赃物，五头牲畜须给予一匹成年马奖赏，四头或三头牲畜给予三岁母马奖赏，二头牲畜给予二岁马奖赏，一头牲畜给予一只绵羊奖赏。未经搏斗抢回赃物，十头牲畜给予一匹成年马奖赏，五头牲畜给予一匹二岁马奖赏，最少给予一只绵羊奖赏。
	六、本书	若与窃贼交战安全地拦截下［被窃的马匹］，［从畜主获得报酬］，五匹马给一匹马，三到四匹马给三岁马一匹，两匹给二岁马一匹，一匹给一只绵羊。若未经交战拦截下［被窃马匹］，十匹马得一匹马，五匹得二岁马一匹，五匹以下得绵羊一只。
	比勘	日译帕本、汉译帕本没有译此条。奇本少后半句。
10	一、日译帕	没有译。
	二、汉译帕	没有译。
	三、俄本	谁将投降者扭送到王公者处得如下的报酬：（马）十匹得马五匹，马五匹得马三匹，马二匹得两岁马驹一匹，马一匹得羊一头。
	四、奇本	在部众内部，谁把跑失之畜抓住送还其主人，如十头，要中等的一头。如五头，要下等的一头。如二头，要一匹二岁马。如一头，要一只绵羊。
	五、额本	熟人偷盗牲畜，赶回畜群者，交还牲畜主人十头（匹），奖励中等牲畜一头（匹）；交还五头（匹），奖励普通牲畜一头（匹）；交还三头（匹），奖励三岁马一匹；交还二头（匹），奖励二岁马一匹；交还一头（匹），奖励一只绵羊。
	六、本书	将此间的逃人捉住后送还其主人，［其报酬为］送十个逃人，得其中的中等之人，送五个逃人得其中最差之人，送三个逃人得三岁（马）一匹，送两个人得二岁马一匹，送一人得绵羊一只。
	比勘	日译帕本、汉译帕本漏译。俄本把 bosqoul 译为“投降者”误。奇本译为逃人所携牲畜亦误，本书认为指逃人而非牲畜。额本将其译为“熟人偷盗牲畜”，误。

续表

序号	版本	内容
11	一、日译帕	逃出自己的爱马克而请求别的爱马克保护的人，应作为叛逆送回，并罚交爱马克长老牲畜九头。将逃亡者送回其爱马克的人，可以受到爱马克长老给的马一匹及每个居民给的羊一只的奖赏。长幼、贵贱、全体都平安！
	二、汉译帕	逃离自己的爱马克到另一个爱马克寻求避难者，要将他作为反叛者引渡回来，罪犯要向其长老罚交牲畜 9 头。将逃亡者引渡回其爱马克者，可向该村长老要马一匹，向每个村民要羊一只，以资奖赏。男女老幼贫富贵贱，愿安宁与和平与你们常在！
	三、俄本	如有人从自己所属的鄂托克迁往别处者，管理他的爱玛克长则代表整个爱玛克的人应罚其一九。谁不听爱玛克管理人的话离开自己的爱玛克迁往别处者罚一九。凡把离开本鄂托克或爱玛克而躲起来的人送交其爱玛克者，则得到（爱玛克）管理者马一匹的赏赐，从别人那里得到公绵羊（爱玛克），有多少帐幕就取得多少公绵羊的报酬。
	四、奇本	谁交换已划分了的鄂托克，全爱马克罚其人和首领各一九牲畜。经首领同意离开爱马克换居的人，仍要罚一九。谁从鄂托克、爱马克心怀不满而逃离，要抓回爱马克，罚首领一匹马，其他的人有几户罚几只绵羊。
	五、额本	不得私自交换鄂托克属地。交换以爱玛克为单位辖地，处罚阿哈拉克奇一九牲畜；不听阿哈拉克奇劝阻，擅自越级交换，处罚交换者一九牲畜；从鄂托克、爱玛克逃亡者，必须押解遣送原籍，并处罚阿哈拉克奇一匹马；余户有连坐之责，按户处罚一只绵羊。
	六、本书	各鄂托克之人不得随意更换鄂托克，若［整］爱马克投奔其他鄂托克，罚其爱马克长一九牲畜。若有不遵从爱马克长之言，离开爱马克投奔其他［鄂托克］者，罚此人一九牲畜。若有人脱离其鄂托克、爱马克，［何人将其］送还给其爱马克长，则从为首脱离者罚取马一匹，从其余［从逃者］，每户罚取一只绵羊。
	比勘	日译帕本、汉译帕本及俄本第一句皆误。日译帕本、汉译帕本中间缺“若有不遵从爱马克长之言，离开爱马克投奔其他［鄂托克］者，则罚此人一九牲畜”一句。奇本、额本皆误。

四、《噶尔丹珲台吉敕令》（二）七种汉译本比勘表

该表用于比勘的六种汉译本与前面的《噶尔丹珲台吉敕令》（一）完全

相同，新增一种，即李保文汉译文，简称“李文”，[①] 合计共七种汉译文本。

序号	版本	内容
1	一、日译帕	如今与我们有亲密关系的和顿人，应该像同族人一样公正对待，决不应该将不正义同正义混淆起来，稍微差别对待，折磨他们。对于和顿人，应按旧的法规，普遍履行手续，进行公正审判。
	二、汉译帕	对这个与我们血缘相近的种族，我们要赋予其我们的族人所享有的权利，永远不使正义与不义相混，决不故意伤害他们。对于他们，一切依原有法律处理审判。
	三、俄本	因为一般的诉讼缺乏明确的法规所以往往有误审的情况，又因为有许多违背法庭和法规的事，所以在土马年（1678 年）开始规定了这些法规，以后就要按这法规办事。
	四、奇本	因过去诉讼没有统一的法律规范，审断中错判者很多，特制定此法。土马年之后按此法执行。
	五、额本	因过去缺少统一的某些法律条文，札尔忽奇审判案件无法可依，特定此法。从锡剌抹林吉勒开始颁行。
	六、李文	因无一体遵行之伯德尔格人等律，故违法违例者众，遂颁行此律。土马年起执行。
	七、本书	回商原无统一法规，因而无所适从，违犯诉讼法规者甚多，故颁行此法规。自土马年（1678 年）始施行此法。
	比勘	日译帕本、汉译帕本误。俄本，前半段不准确。额本漏译违法者多。日译帕本译伯德尔格为“和顿人”，其余诸本未提伯德尔格“回商”一词，李文用原词，解释正确。
2	一、日译帕	没有译。
	二、汉译帕	没有译。
	三、俄本	诉讼是件大事要办好，接受诉讼者必须本人办理。如果案子判错了和受贿，不符合法规，那么就要没收其财产（即交给法庭），受到逮捕和免（职）的处分。
	四、奇本	平时，谁承担了诉讼案件，就要自己做主审断。如不能明断、吃贿赂、出大错，没收其［所吃］财物，抓其人，撤其职。
	五、额本	凡札尔忽奇承接案件，必须由札尔忽奇自己审结；案件事实不清或收受贿赂徇私审判，没收所受贿赂，罢免札尔忽奇并按逮捕法办。

① 李保文：《“伯德尔格”考释》，《西域研究》2009 年第 4 期。李保文汉译文未注明所依据的底本。

续表

序号	版本	内容
2	六、李文	凡伯德尔格，若为他人所属塔哩雅沁伯德尔格，则听由伊主。居无定所之伯德尔格、被俘之伯德尔格，若着实不端，则没其价物，籍其本人并逐之。
	七、本书	凡回商，自行散处［各地］行商者，由其隶属的主人管领。隶属不明确和被俘掠来的回商，若有严重不当行为，籍没其财物，只免其本人，逐之出境。
	比勘	诸本皆误，李文基本正确，其“塔哩雅沁伯德尔格”一句误。
3	一、日译帕	厄鲁特人与和顿人之间的诉讼，也应严正地加以审理。
	二、汉译帕	对厄鲁特人与和屯人（即居住在城市的布哈拉人）之间发生的一切法律纠纷，也要认真处理。
	三、俄本	额鲁特人和突厥斯坦人之间的纠纷应由（法庭）审理之。
	四、奇本	［对于］厄鲁特［蒙古］和回族［之间的案件］谁对谁错要通过审断弄明白。
	五、额本	卫拉特人与穆斯林信教者产生纠纷，须审慎考察，弄清事实真相。
	六、李文	厄鲁特、霍屯人之是非曲直，审确。
	七、本书	对厄鲁特人和回人之间的是非曲直，应经审理判决。
	比勘	奇本将霍屯译为“回族”误。额本“须审慎考察”不准确。李文“审确”等词不准确。
4	一、日译帕	没有译。
	二、汉译帕	没有译。
	三、俄本	一般说来，由于（结婚）做了亲戚的突厥斯坦人，如果愿意留在自己的氏族中，就允许之；如果单独地（个人地）（和亲戚一起）在另一村落（霍屯人）那里过活，那就不答应突厥斯坦人的要求，为了是怕违犯厄鲁特人的利益；强迫他们按照从前的即按亲戚的规定生活。他们之间的关系应该审理即由高等法院来处理。
	四、奇本	与厄鲁特蒙古人结婚的回族人，如愿意离婚，给予审断离婚，与其他回族人一样对待。［如为了离婚］找各种理由把错误加在厄鲁特人身上的话，不能随其愿而批准离婚，要维持原来的婚姻。这种两族关系事，要由伊克札儿忽审断。
	五、额本	穆斯林信教者与卫拉特人联姻，自愿解除婚姻关系者，必须准予离婚，不得因离婚而歧视穆斯林信教者。他们的风俗习惯应予尊重。穆斯林人寻找借口加害卫拉特人，当事人是联姻者，如提出解除婚姻关系，必须由最高法庭审理。

续表

序号	版本	内容
4	六、李文	凡结亲之霍屯人，若情愿离异者听之。回归塔哩雅沁霍屯处，若仍如前行；（或）非因厄鲁特人之过，此等情形，不听有过之霍屯人之所愿，不准离异。此间之情形，由大扎尔古审确。
	七、本书	凡回人与厄鲁特结亲之人，若情愿离异者听之；仍像在其在回城时一样自由［生活］。若找借口将过错诿之于厄鲁特［而欲离婚者］有罪，不得依从其所愿，仍如前保持婚姻，不准其离异。此［两族］间的［案件］，由大扎尔扈齐审定。
	比勘	俄本将回人与厄鲁特间的婚姻误解为回人间婚姻。额本不准确。李文“审确”一词不准确。
5	一、日译帕	我国人民中间，不得贩卖别国人作奴隶。如有发现（这种）买卖情形的人，就应逮捕买主或卖主，并有权没收这种买卖的款项。秘密进行人身买卖者，一经发觉，应征收其代价的二倍，作为罚款，并解放那个奴隶。从前已经有奴隶的人，承认其所有（权），但决不能不公正地对待奴隶；作为战利品的奴隶的主人，与奴隶不融洽时，也不能卖，应该不给任何东西逐出家门。
	二、汉译帕	我们不将外族人当做奴隶在我们中间买卖；目睹此等事情者，有权羁押买卖双方当事人，并没收赃款。暗中买卖人口者，如被发现，罚其双倍之价值，并释放奴隶。先前曾蓄过奴隶者，可以拥有奴隶，但亦不得施之以不义。主人与掠夺来的奴隶无法共处者，应剥光其衣服，赶出家门，而不要卖掉他。
	三、俄本	总之，谁也不应包揽诉讼，如果有人贿赂，目击者就应没收犯人（贿赂者）的财物；谁秘密贿赂，就被加倍科罚。
	四、奇本	诉讼时不要以钱行贿，如有人以钱行贿，见者罚要其人及其财物。如有人暗地行贿，罚双份。
	五、额本	诉讼案件不得以金钱抵罪；以金钱抵罪，金钱全部奖励给知情检举者；触犯本条款者，处罚双倍。
	六、李文	凡伯德尔格人等勿得贩卖人口，否则见知者取人并价物。若为潜赴［伯德尔格处所］卖之者，加倍取之。
	七、本书	回商不得买人口，若买人口，见证之人将获得［回商所买人口］和回商的财物。若有人偷偷去卖［人口］于回商，则以其价值加倍罚之。
	比勘	日译帕本、汉译帕本译文不准确。俄本、奇本、额本，皆误解。
6	一、日译帕	全布哈拉的和顿族也可设立他们自己的法庭，但主要诉讼案件，应由我们来裁判。
	二、汉译帕	本来，布哈拉的和屯也应自主地司法，惟有大案要案应交我们裁定。

续表

序号	版本	内容
6	三、俄本	一般说来，（霍屯人）的村落应由霍屯人自己的法院来裁决，共同的（人民的）诉讼应由这里的高等法院为处理。写完于土马年（1678 年）白月新月吉日。
	四、奇本	回族人之间的案件由回族札儿忽赤审断。尼伦札儿忽由这里的大札儿忽赤审断。写于土马年正月初一。祝幸福吉祥。
	五、额本	穆斯林信教者的内部纠纷，应有穆斯林的札尔忽奇受理；大法庭须有大法官主持审理。锡剌抹林吉勒正月初吉日制定。吉祥如意！
	六、李文	凡霍屯人之间之案件，由霍屯特之扎尔古沁审断。（霍屯人与非霍屯人）之案件，由此处之大扎尔古沁终审。等因，于土马年正月吉日写就。
	七、本书	回人之间的诉讼，由回人扎尔扈齐审断。重要的诉讼则由本处的大扎尔扈齐审断。于土马年（1678 年）吉日制订。愿幸福吉祥！
	比勘	日译帕本、汉译帕本译出基本含义，不够精确。奇本译为“回族”，误。

五、《敦啰布喇什汗法典》六种汉译本比勘表

表中的六种汉译本与前面相同，各本在表内的顺序和简称如下：

一、日译帕，潘世宪汉译日本学者田山茂日译的帕拉斯德译本。

二、汉译帕，由邵建东、刘迎胜汉译帕拉斯德译本。

三、俄本，罗致平汉译俄国学者戈尔斯通斯基俄译本。[①]

四、奇本，奇格汉译道润梯步校注蒙古文本（未全译）。

五、额本，额尔德木图汉译本（未注明底本）。

六、本书，指本书译释编第四篇汉译文。

① ［俄］К·Ф·戈尔斯通斯基：《卡尔梅克汗顿杜克·达什统治时期编订的补充法律》，罗致平译，载国家清史编纂委员会编译组、中国社会科学院原民族研究所《准噶尔史略》编写组合编：《卫拉特蒙古历史译文汇集》第 2 册，2005 年，第 69—78 页。

条序	版本	内容
序	一、日译帕	敦多克达什汗的补则——六大僧侣认证下公布的法典补则。关于教、俗两界的规定。
	二、汉译帕	对法典的最新补充令，由六名大僧侣宣誓制定，宗教及世俗各界均须遵守本法！
	三、俄本	我们拜伏在万物生灵的庇护者阿洽・达赖的面前，他是圣洁至高的大自在天宫殿中有七种神通和五种美德之神。我们跪拜在来去无踪、掌握瞬息变化，可与苍天媲美的圣洁的神灵（菩萨）面前，我们跪拜在菩萨的化身面前，只要思念到哪里，这种化身就显现在哪里，她预未各种先兆，体现各种美德，像彩虹一般美丽，我们跪拜在咱雅・班第达面前，他培育出智慧的种子，并把开启人智慧的雨露和怜悯的圣音降给人间和万物生灵，使其从美德的海洋传遍各地。我们期待着这些最高尚的东西，在得到拉木嘉木巴・桑杰嘉错、巴尔丹・加布楚、阿波・格隆、隆尼克・策尔济和纳格班・桑杰的同意后，以顿杜克・达什为首，我们全体僧俗人员决定简略地拟出一个僧俗法令。
	四、奇本	没有译。
	五、额本	颂辞 纳木・固如・满珠・基弗嘎 向满珠基弗嘎师尊膜拜 清洁高尚的阿格尼斯达宫殿，清净的五条智慧常存其本身，阳界七尊佛祖栖身于永乐宫，向保佑众生灵的救世主之金刚佛身跪拜。身具上苍之性情，全知全释全为一切事物于一瞬间，通明过去未来之缘由，向彻底清净的化身跪拜。像佛经一样绝对正确，以变化无穷力之技能装饰自己，心想之处显现其法身，瞬间至神通广大的佛祖跪拜。掌握佛经灵云的丽身，充满四方佛经的妙音，向菩萨佛经雨露于四海之众生之，智慧之源咱雅班第达跪拜。引言 如此虔诚地崇拜上师佛尊，与拉卜咱巴・罗卜桑、拉卜咱巴・桑杰扎木苏、巴勒丹・嘎卜楚、阿布・格隆、龙力克・绰尔济、纳克邦・桑杰等贤者磋商后，以敦罗布・喇什为首的僧俗人众，制定了这份政教法规。
	六、本书	顶礼尊师曼殊师利！向无色界之殿内，以寂灭的五决定永存的，以七方法而快乐的，生灵信仰之佛身瓦齐尔达喇跪拜！向似天之永恒瞬间悟释诸事成就八不缘起之意的，全然寂灭的法身跪拜！像天上的彩虹一样显现优姿百态随人意念无处不在的各种化身跪拜！向似学问聚集之云朵雷鸣般震响于各处降下佛法之雨露于人间万物生灵的肇启学问智慧之果的咱雅班第达跪拜！ 因如此尊崇佛祖，与然占巴罗卜藏、然占巴桑吉扎木苏、巴勒登噶布楚、阿布格隆、隆利克绰尔济、囊邦桑吉等人商议，敦啰布喇什为首僧俗人员决定拟定出简要的政教法则。
	比勘	日译帕本、汉译帕本没有全译，摘译最后一句。

续表

条序	版本	内容
1	一、日译帕	为维护这些荣誉阶级的品格，制定的有关僧侣的法规。查明圣职者与妇人同衾，有伤其品格，且犯破戒之罪时，罚骆驼一峰，上交呼勒尔。僧侣被发现饮酒者，应提供马一匹给目击者。副僧（Gödsüll）奸淫妇女时，应交呼勒尔马一匹；饮酒时交一羊一只。但僧侣的弟子（Mandshi）有此不正当行为而被告发时，重罪（奸淫妇女）罚羊一只；饮酒过度而无克制时，罚五戈比。仍不停止这种不正当行为者，逐出宗门，不得参与呼勒尔，不得做鸠尔鲁木（为病人或死人作祈祷），剥夺其僧侣身分，令其还俗。此荣誉阶级的任何人犯淫猥无耻的不正当行为时，均按世俗审判和法规断处。
	二、汉译帕	为维护僧侣这一可敬可爱的等级之尊严，特制定本宗教法如下：司佛事之僧侣（Gellong）与女性交媾而损害僧侣之尊严者，如罪行败露，科以向呼拉尔（Churrul）罚交驼一峰的财产刑。僧侣耽饮烈酒者，如被人发现，须向该人罚马一匹。执事（Göosüll）与女性交媾者罚马一匹；耽饮烈酒者罚羊一头。所罚物品归呼拉尔所有。僧生（Mandshi）犯有前罪者，近女色的仅罚羊一头。豪饮无度的罚 5 个戈比。对前述罪行不思悔改者，要将其清除出去，不许他参加呼拉尔，亦不让他主持古鲁木（Gúrrum）为病人或亡灵做道场，而要褫除其教职，贬为臣民。身为［僧侣］这一可敬可爱之等级的成员，而犯有更大的淫事及耻辱罪过者，对他应适用世俗的法院与法律。
	三、俄本	僧侣法令。凡宣誓者，法律上应遵守自己之职责。对于格隆来说，腐化堕落四次，就铸成犯大罪之根源，有鉴于此，如他们之中果真有人犯罪，则应规劝他不要再作孽，并罚四岁骆驼一匹，送交庙库充公。凡目睹格隆饮酒者，可向他索取三岁马一匹。如格丘（Гецюл）犯了这种罪，则罚四岁马一匹。目睹格丘饮酒者，则可向其索取三岁绵羊一只。如班第犯此种罪，应向其索取三岁绵羊一只；如果他们饮酒，目睹者可索取五十铜钱。凡僧侣已婚者，必须离婚；若不肯弃妻，则不准入寺庙，不准参加仪式，并贬为纳税阶层。犯亵渎、以言词侮辱，或殴打正当执行其职务的高僧者，按大法规（古法典）第四十四条的规定处理。总之，全体寺庙人员在任职时均应遵守上述规定。
	四、奇本	托因喇嘛的约孙是戒律之一，全体人员都要遵行各自的原则。格隆们犯四戒是大错之根，如犯戒要撤职，罚四岁公驼一峰，交法会使用。谁看见格隆们喝酒，罚要三岁公马一匹。贺楚勒们如像格隆们一样错行，罚四岁公马一匹，如喝酒，罚三岁公绵羊一只。班第们如像他们一样错行，罚三岁公绵羊一只。如喝酒，罚五十元（戈比）。不论谁淫乱［与女人相好］，要分离之。如不丢弃，不准其参加法会，不准其到施主家做祝祷，要让其做劳役。不论何人辱骂、殴打以法成就的托因，按都沁都日本的大法惩处。所有参加法会之人，要以上面写的法规遵行法会制度。

续表

条序	版本	内容
1	五、额本	托音、呼巴拉克之道应为遵守戒律，所以，全体僧侣及其尊崇者各守戒律。格隆者犯四种戒律是为祸根，如果确有违犯则撤销格隆称号，处罚四岁公驼一峰，充庙仓。有检举饮酒者，获一匹三岁骟马奖励。格楚勒违犯戒律，处罚四岁骟马一匹；处罚饮酒者三岁骟马一匹。班第犯戒律处罚三岁公绵羊一只；饮酒处罚五十分钱。格隆、格楚勒、班第，肆意三达斯巴，勒令脱离女方独身。继续三达斯巴，不得参加寺庙诵经会，不得参加施主所请诵经会，并令其缴纳贡赋。辱骂或抽打严守戒律的托音者，按都钦都尔本的大法处置。凡参加诵经会者，按上述条款规定，严守诵经会戒律。
	六、本书	［有关］僧人法规，以守戒律为要事，［所有佛教信徒］都要按规矩遵守各自的戒律。格隆等违犯四戒是大恶之根，若有犯者将革除其格隆号，罚四岁骆驼，给予经会之仓。若有饮酒者，见者罚取三岁马。格楚勒若如前违犯四戒，罚四岁马。若饮酒，罚三岁羊。班第若如前违犯四戒，罚三岁羊，若饮酒，罚五十戈比。［以上］无论何人犯淫恶，令［与其女人］分离，否则，不得参加经会和［为施主］做佛事，贬为阿勒巴图。何人侮辱、骂詈和殴打遵守戒律的僧侣，以四十与四的大扎萨处罚。凡各经会［主持者］，将以上所定法规作为其会规，将［犯戒］者依规处罚。
	比勘	日译帕本、汉译帕本，未译出佛教戒律事宜、僧人名号，故译文不够准确。俄本译出了僧名，未能译出戒律。额本未译出淫戒。日译帕本、汉译帕本最后两句误。俄本“第四十四条的规定”，误。奇本“以法成就的托因”，误。
2	一、日译帕	采用年轻人为僧侣时，应充分检查其能力及所长，且应按其才能、品格，褒奖并提拔有品格的贤明者。
	二、汉译帕	接收年轻人进入僧界时，要注意其能力和特长，要依天赋和等级来奖赏、尊崇和提升高贵聪颖之人。
	三、俄本	如某些僧人能努力学习科学，则应酌情予以奖励，并受到尊敬。
	四、奇本	托因喇嘛们如努力学习经典，以其程度给予奖赏、尊重。
	五、额本	托音、呼巴拉克勤勉于学业，按经学高深程度给予职称以示尊重。
	六、本书	托音、僧人认真研习经教学问者，依其等次给予赏赐和尊崇。
	比勘	日译帕本、汉译帕本，前半句误解误译。俄本“努力学习科学”，误。
3	一、日译帕	僧侣必须常着法衣（Orkimdshi）。僧侣而不着法衣者，应受呼勒尔最高长老的处罚。
	二、汉译帕	每个僧人都必须身穿鄂尔其木奇（Orkimdshi），违者由呼拉尔长老科以刑罚。

续表

条序	版本	内容
3	三、俄本	全体僧人必须身系佩带，不系佩带者，寺庙长老应酌情予以惩罚。
	四、奇本	所有托因不要不披袈裟而行。如不披袈裟装，以其在法会上的地位予以处罚。
	五、额本	所有托音必须披戴袈裟，不披戴袈裟者，根据参加诵经会的级别和地位，给予适当处罚。
	六、本书	喇嘛平日应身着袈裟，不穿袈裟者，视其在经会的地位分别予以处罚。
	比勘	日译帕本、汉译帕本、俄本等三本中后半句误。俄本“佩带”误。
4	一、日译帕	每月三次祈祷日，僧侣必须做祈祷。不做祈祷者，除罚羊一只及三十戈比外，还应以手掌击额三下。如系穷僧可只交十戈比，击额五下。
	二、汉译帕	以虔诚之心，尊每月之三个诵经日为圣日；违者罚羊一头或相当于30戈比的物品，并掴耳光3记；贫者罚10戈比，掴耳光5记。
	三、俄本	凡履行八戒的世俗人员，每月应斋戒三天；违者将受到惩罚；贵族罚三岁绵羊一只；知名人士罚铜钱三十，批颊三次；贱民罚铜钱十，批颊五次。
	四、奇本	哈喇出们要执行八个季节的法规，每月初三要紧守戒律。如违犯，赛因库蒙罚四岁公绵羊一只。大家认识的库蒙罚三十元（戈比）并打三个耳光。大多不好的［库蒙］罚十元（戈比）并打五个耳光。
	五、额本	俗众必须遵守八节气供养规定，牢记初三制。中断供养者，赛音·琿处罚三只绵羊；敦达·琿处罚三十分钱加三记耳光；阿达格·琿处罚十分钱加五记耳光。
	六、本书	俗人持行八戒，每月有三日斋戒。不行斋戒者，上等人罚三岁羊一只。众所知晓之人罚三十个戈比，打脸颊三下。下等众人罚十个戈比，打脸颊五下。
	比勘	日译帕本“僧侣”“击额”，误，应为信众，未译出八戒、优等人、知名人士。汉译帕本未译出八戒、优等人、知名人士。奇本未译出八戒，“三十元”误。额本未译出八戒，“八节气”“三制”“供养”皆误。额本钱币单位不准确。
5	一、日译帕	祈祷日应做祈祷、断食、念贵重经。
	二、汉译帕	诵经日要念咒，要斋戒，要吟诵经文。
	三、俄本	人人均应诵经，特别要诵嘛吸经（六音节的祷文）。
	四、奇本	人们都要不断地念数珠诵唱自己会的经文。

续表

条序	版本	内容
5	五、额本	僧俗人众须备念珠，确保日常诵经之需。
	六、本书	凡人经常念诵已经学会的以玛呢咒语为首的经文。
	比勘	日译帕本、汉译帕本误。额本“须备念珠”，误。
6	一、日译帕	因不这样而遭受［其他］热心僧侣鞭惩，任何人不得提出异议。
	二、汉译帕	违者纵使受到虔诚僧徒笞打亦不得反抗。
	三、俄本	斋戒日任何人均不得杀生；如有违犯者，目睹者应抢走其牲畜，即使是打人也可，只要不伤人，就不受罚。
	四、奇本	任何人在斋戒日不许杀生。如杀生，谁看见谁要那个生命，如其肢体无伤而卧，无罪不罚。
	五、额本	斋戒日不得杀生，有杀生者，罚没杀生之物。杀生者胆敢以身体相抗，允许责打，以示警戒。
	六、本书	任何人不得在斋戒日杀生，杀生者，何人见到，没收其所杀之物，虽将其殴打，未伤残其肢体者，无罪。
	比勘	日译帕本、汉译帕本误译。奇本“谁看见谁要那个生命，如其肢体无伤而卧”，不准确。额本“杀生者胆敢以身体相抗，允许责打，以示警戒”，不准确。
7	一、日译帕	贵族之子一律要受蒙古教育。儿子满十五岁尚未受蒙古教育时，罚其父交出马一匹，并必须将其子送往学校教师（Bakschi）处。
	二、汉译帕	上等人要把所有儿子都送到蒙文学校去读书。儿子已满15岁而父亲仍不把该儿子或其儿子中的一个送去学习者，罚马一匹，并将儿子交给教师（八哈石）入学。
	三、俄本	若贵族子弟不学习蒙古字，则向其父亲罚三岁马一匹，并把这些孩子交给老师去开导；若是名人子弟则罚三岁绵羊一只，贱民罚铜钱十五，其子弟也照例交老师去开导。如某人之子年至十五仍不读书，则罚款。
	四、奇本	赛特们的儿子如不懂蒙古文，罚其父四岁公马一匹，并把孩子送给老师，教他学习。大家认识的库蒙［之子，如不懂蒙古文，罚其父］四岁公绵羊一只。大多不好的［库蒙之子，如不懂蒙古文，罚其父］十五元（戈比）。要把其子像以前一样送交老师，让他学习。孩子到十五岁还不懂蒙古文，要以法处理。
	五、额本	赛德们必须保证儿子接受蒙古文教育，违反者处罚三岁骟马一匹；敦达·珲，处罚三只绵羊，阿达格·珲，处罚十五分钱。年满十五岁男子，不懂蒙古文者予以惩罚。

续表

条序	版本	内容
7	六、本书	赛特之子不懂蒙古文，罚其父三岁马，送其子至老师处学习。众人所知晓之人［之子］，罚［其父］三岁羊。下等人［之子］，罚［其父］十五个戈比，其子照前例送至老师处学习，若其子至十五岁仍不能学会［蒙古文］，治罪。
	比勘	日译帕本、汉译帕本译文不全。日译帕本、汉译帕本、俄本的“贵族之子”“上等人”“贵族子弟”等都不准确。额本“敦达・珲”，不准确，未译出责令以上人送其子去老师处学习。奇本“四岁公绵羊”，误。
8	一、日译帕	听到战乱风传的人应赶紧报告王公，并使尽人皆知。凡是听到这种报告的人应立即做好战斗准备，集结到危机迫切的方面。不去集合而仍留在家里的人，只要不能证明有不得已的障碍，应罚交牲畜二九。
	二、汉译帕	闻知战乱军情者，要尽快地告知王公并晓喻公众。全体闻报者要即刻备好武器，朝危险将临的方向集结。违令者，如待在家里不出来者，罚牲畜二九，但因正当原因不能出行者不在此限。
	三、俄本	某人得知敌人迅速逼近的消息时，应立即向王府报告，同时，本人应挺身去御敌。如不及时出战，则受罚：王公罚牲畜二九之数，贵族罚佩带全副鞍套之马一匹和四岁骆驼一匹，名人罚四岁骆驼一匹，贱民罚四岁马一匹。
	四、奇本	听见敌人进犯之急讯，要立即向大帐报告。他本人要驰向战场。不按时迎敌，诺颜罚二九。赛特罚带甲马一匹、三岁公驼二峰。大家认识的人（中等人）罚三岁公驼一峰。大多不认识的（下等人）罚三岁公马一匹。
	五、额本	出现紧急战事，必须去官衙报到，无条件赴征参战；拒绝参加征战者，诺颜处罚二九牲畜，赛德处罚战马、四岁公驼各一匹（峰），敦达・珲处罚四岁公驼一峰，阿达格・珲处罚四岁骟马一匹。
	六、本书	何人听闻紧急敌情，上报官府，并挺身向敌人来处出发御敌。若不及时出征，诺颜罚二九牲畜，赛特罚铠甲、马和四岁骆驼各一。众所知晓之人罚四岁骆驼一峰，下等人罚四岁马一匹。
	比勘	日译帕本、汉译帕本译文不全，缺少有关人员罚畜记载。
9	一、日译帕	发出召集命令而不按时报到的人，依上述规定处罚。再者，应召后又逃回家的人，加二倍处罚。
	二、汉译帕	在征兵作战的情形下，未在规定时间到场集合者，依本法惩处。嗣后逃离将领回家者加倍处罚。
	三、俄本	其他军事规定是，待命出征之军队接到出征令，应立即出征，如逾期不到，依法罚款：王公罚牲畜九头，贵族罚四岁骆驼一匹，名人罚四岁马一匹，贱民罚三岁牛一头；出征中逃归者，罚款相等，不肯出征者，依法加倍处罚。

续表

条序	版本	内容
9	四、奇本	其他兵士的约孙，需带所能带的兵器出战。有［军事］约定而不来，以法惩处，诺颜罚一九，赛特罚三岁公驼一峰，大家认识的库蒙罚三岁公马一匹，大多不好的［库蒙］罚四岁公牛一头。战前撤退的，与以上惩处法相同。根本没来的，罚双倍。
	五、额本	严申军纪，兵丁得到征战檄文，必须立即赴征参战。贻误出证时间者，处罚诺颜一九牲畜，处罚赛德四岁公驼一峰，处罚敦达·珲四岁骗马一匹，处罚阿达格·珲三岁犍牛一头。阵前退缩者，与贻误出证时间者同罪；一直不参加征战者处罚双倍。
	六、本书	［紧急情况之外的］其他军律，凡应出征之军队获得命令（消息）后必须立即出发，逾期不至者，依法罚巴。诺颜罚一九，赛特罚四岁骆驼一峰，众所知晓之人罚四岁马一匹，下等人罚三岁牛一头。撤军之前先行返回家者，依前例处罚。拒不来者，依法加倍罚巴。
	比勘	日译帕本、汉译帕本译文不全，仅摘译大意。俄本“贵族”“出征中逃归者”，误，应为战后先行返家者。奇本、额本“战前撤退的”“阵前退缩者”，皆误。以上译文中都未译出“巴”。
10	一、日译帕	在战争中表现勇敢者应予提拔，按功绩给予表扬。
	二、汉译帕	作战骁勇者要厚待之，视其行为给以褒赏，以资鼓励。
	三、俄本	如先遣部队擅自攻打敌人，未达目的被击退，则没收其所获之全部战利品，此外，罚先遣部队马三十匹。凡从先遣部队中逃离者，褫夺一切，逐出。凡抢攫战利品者，要没收战利品，并每人罚一匹马。参照古法典，战斗中战功卓著者与玩忽职守者均酌情奖赏和惩办。
	四、奇本	如和硕俘获乌拉，把这些战利品全部拿回，和硕要三十匹骗马。在和硕里抢夺乌拉而逃之人，要把他本人赶出和硕。掠掳战利品者，没收战利品，同时每人罚马一匹。在战斗中表现好与表现坏的，要依照旧书，根据其程度给予奖赏和惩处。
	五、额本	征战时缴获兀拉，与其他战利品相同，统归和硕所有；和硕从缴获物中上交三十匹骗马。有争抢兀拉者，没收其财物并予流放。参加征战兵丁，按《蒙古·卫拉特法典》第八、九条规定，进行赏罚。
	六、本书	凡［在战场上不听从指挥］整个和硕去抢掠［敌方牲畜财物］，将掳获物一起没收，罚该和硕马三十匹。和硕内［若有部分人］去抢掠者，没收其全部财物，只余其裸体。得到掳获物者，没收其掳获物，每人罚马一匹。依据［每人］在战斗中的表现好坏，根据旧法典分别奖赏和处罚。
	比勘	日译帕本、汉译帕本几乎未译，所译出部分均误。俄本“未达目的被击退”“凡从先遣部队中逃离者”，误。奇本“俘获乌拉”，误。额本“从缴获物中上交”“争抢兀拉”，误；“参加征战兵丁”以下皆误。

续表

条序	版本	内容
11	一、日译帕	凡王公自己蔑视自己的尊严，与臣下进行丑恶争执者，纵使招致臣下激愤而身受伤害，乃系自作自受，不得因此而请求处罚伤害者。王公更不应为此而自伤其威严。
	二、汉译帕	王公置其尊严于一旁，与其臣民发生卑劣之斗殴者，若有人乘机殴打王公，则王公乃咎由自取，不得因此惩处罪犯。故王公不应以此种方式辱没自己的尊严。
	三、俄本	如某王公进行搜捕时发生争吵，或摊派大车时偶然发生争执而被打，则不必罚款，因这有失王公体统，也表现王公的宽容大度。
	四、奇本	不论哪位诺颜因追逃亡人或突然事件与人争抢乌拉而被打，不罚。那是因为诺颜办事不当，降低了自己身份之故。
	五、额本	诺颜有争抢兀拉行为被打，属于诺颜的失误所致，可不问罪。
	六、本书	凡诺颜在搜查、突发的殴斗中、或在争夺乌拉时被打，殴打者无罪。因为此事与诺颜身份不符，是其自失体统［所致］。
	比勘	日译帕本、汉译帕本未译出因搜查、争夺乌拉殴斗等具体事由。俄本“大车”不准确。奇本“因追逃亡人”不准确。额本摘译其大意，不全。
12	一、日译帕	审判官不得故意拖延或中止审判。违者免职，应当众受到公然侮辱。
	二、汉译帕	法官不应故意拖延及阻碍诉讼程序，违者褫职、示众并受公开嘲讽。
	三、俄本	法官应当公正无私进行审判；如发现有所偏袒，人们可当众耻笑和羞辱之；再犯，同样处之；三犯，则停止其审判职务。
	四、奇本	札而忽赤断案时不能偏袒一方，如确实偏袒一方，要在大众中羞辱之。犯第二次，仍如前法羞辱之。犯第三次，撤其职。
	五、额本	札尔忽奇审案过程中必须公正，有失公正一次，公众耻笑札尔忽奇；有失公正再次，公众耻笑札尔忽奇再次；有失公正三次，罢黜札尔忽奇。
	六、本书	扎尔扈齐断案不要偏袒，［应公正无私］，若有偏袒者，当众嘲笑和羞辱之。若第二次再犯，如前［当众嘲笑和羞辱之］。第三次，革其扎尔扈齐之职。
	比勘	日译帕本、汉译帕本误译。
13	一、日译帕	无罪的人不应连坐。违者受笞刑，并须交出马一匹给王公宫廷。
	二、汉译帕	不要将无辜者卷入诉讼，违者笞 10 杖并向王公牙帐罚马一匹。
	三、俄本	开庭时，他人不得替盗贼辩护，如果辩护，则重笞辩护人十下，罚三岁马一匹，送交王府供王公使用。

续表

条序	版本	内容
13	四、奇本	为了偷盗者，自己人不要去讲情，如去讲情，将其人责打十下后罚三岁公马一匹给法庭公务使用。
	五、额本	不许为盗贼说情。有说情者，鞭打一十，处罚三岁骟马上交法庭。
	六、本书	偷窃之事别人不得替贼撮合［与事主］私议完结，若有人从中撮合私议，打十下，罚三岁马，用于官府之事。
	比勘	日译帕本、汉译帕本误译。俄本“不得替盗贼辩护”，误。奇本、额本为盗贼“讲情”“说情”，误。
14	一、日译帕	盗犯应在自己的宰桑下，在其审判管辖区内受审判，不得依任何人的要求被送到自己管区以外的法庭受审。帮助盗贼的人应当众受辱。
	二、汉译帕	窃贼应由其宰桑并在该宰桑所辖法院受审，万万不得将窃贼移送其他法院受审。为窃贼辩护者，应受公众嘲讽。
	三、俄本	如果宰桑不经过审理机构，以某种方式庇护盗贼，则将此宰桑召来，当众耻笑和羞辱之；再犯，同样处之；三犯，则令其仅穿下衣，牵其围王公帐幕绕行示众。
	四、奇本	平时，如宰桑以不属于诉讼的各种办法对偷盗者进行庇护，要叫到大众中羞辱之。犯第二次，仍如前法羞辱。犯第三次，让他穿上沙力布尔绕转法庭。
	五、额本	宰桑恃权偏袒一次，叫到公众面前耻笑羞辱；恃权偏袒再次，耻笑羞辱再次；恃权偏袒三次，让其只穿内裤环绕法庭予以羞辱。
	六、本书	宰桑不得在审理规定之外袒护窃贼，若袒护者，当众嘲笑和羞辱之；再犯，如前处罚；三犯，令宰桑仅穿一条裤子，袒露上身围绕官府衙署转圈。
	比勘	日译帕本、汉译帕本误译。俄本“不经过审理机构，以某种方式庇护盗贼”不准确。奇本“沙力布尔”未译出内容。额本“内裤”，误。
15	一、日译帕	犯盗者笞五十，且以重枷（Chongor adsirga）加项一个月，并在面颊烙印以为标志，可任意卖与克里米亚、库巴等地方。
	二、汉译帕	对窃贼应科以笞 50 棒、戴重枷（Chongor adsirga）一个月的刑罚，两颊烙印，任意将其卖往克里米亚、库班或其他任何地方。
	三、俄本	对盗贼本人，则重笞五十，戴脚枷一月，并在双颊上烙以印记；再犯，同样处之；三犯，将其卖至库班和克里木。
	四、奇本	同时打偷盗者五十下，骑一个月生个子马，脸上打印。如［偷盗］二次，仍如前法［惩治］。如［偷盗］三次，把其人卖到克里木、库班。

续表

条序	版本	内容
15	五、额本	盗贼鞭打五十，并施以古刑，刑期一个月，且面施烙印；屡次偷盗，将盗贼流放。
	六、本书	将此窃贼［鞭］打五十下，戴一月木枷，在双颊上烙以印记；再犯，同样处罚；三犯，将窃贼卖给喀里木和库班等地。
	比勘	汉译帕本“笞 50 棒”，不准确。奇本“生个子马”，误。额本“施以古刑”，不准确，“将盗贼流放”，误。
16	一、日译帕	因无力交纳所科罚款而充当奴隶者，其主人可以随意出卖。但应事先向所辖官署报告。
	二、汉译帕	受罚而无力偿还罚金致沦为奴隶者，主人亦可将其出卖；惟主人事先须在适当地方公告此事。
	三、俄本	总之，贩卖因偷盗而受处罚者，如已向雅尔奇报告过此事，则不予追究；如果某人未向雅尔奇报告，竟自贩卖受处罚的人，依法对其罚款，并没收贩卖盗贼所得之款额，交王府。
	四、奇本	平时，经雅日古赤审查后把判刑之人卖掉无罪。不经雅日古赤审查而卖掉要以法惩处。［卖掉之］钱没收，交法庭公务使用。
	五、额本	案犯经审判员允许，可以出卖；未经允许出卖者，依法惩处，并没收违法所得上交法庭。
	六、本书	因罚雅拉而收取的人，经雅尔噶齐验核后卖掉无咎。若未经雅尔噶齐核验卖掉，依法处罚，将其所卖身价银没收，用于官府之事。
	比勘	日译帕本、汉译帕本后面半句内容未译出。
17	一、日译帕	恶名昭彰的盗犯的邻居，无论人数多少，应该共同向祠堂交纳赎罪骆驼一峰。因为这些邻居不可能不知盗犯的罪行。
	二、汉译帕	臭名昭著的窃贼之邻居也要受到株连，不管其邻居数量多寡，要共同向佛庙罚骆驼一峰；是为邻居不会不识窃贼之故也。
	三、俄本	如盗贼受到喇嘛和有权势者之保护，则向该贼原所属之宰桑索取四岁骆驼一匹供王公享用；如宰桑称其不知晓此盗窃事件，则应遣与其身份完全相等者（也是宰桑）去替他宣誓。如宰桑本人此时不在家，那就向在家的宰桑的妻子或兄弟索取罚款；如这些人也不在家，那么就向官员德木奇索取罚款，并向盗贼所在之村长索取四岁骆驼一只，送交寺庙。不论有多少霍屯（村子），对村长的处罚都一样。如只有盗贼单独一个帐篷，那么就向盗贼本人索取一匹应该由村长出的骆驼。如果村长声称他不知晓此事，则将其宰桑召来宣誓；如村长的妻子儿女均称不知此事，宰桑照旧要宣誓（宰桑应来宣誓）。

续表

条序	版本	内容
17	四、奇本	宰桑利用喇嘛们、权贵们包庇偷盗者，罚三岁公驼一峰。如宰桑不知此事，要有像钉子一样牢靠的证人，才能排除［其罪］。如宰桑本人不在，如其妻子、儿子、兄弟［参与其事］，也按这种办法处罚。如这些人也不在，要以这种办法处罚有公职的得木齐。罚管领偷盗者之家的阿寅勒因阿合向佛供奉三岁公驼一峰。即使是回族人，也无区别［同样处罚］。如偷盗者只一户［没人管领］，罚阿寅勒因阿合的骆驼向偷盗者取要。阿寅勒因阿合如说不知道［盗者之事］，要逼审宰桑［搞清楚］。阿寅勒因阿合之妻子、儿子如说不知道，同样逼审。
	五、额本	宰桑藏匿盗贼于喇嘛或权贵处逃避惩罚，处罚宰桑四岁公驼一峰；宰桑证明自己没有责任，必须由有威望的长者担保；宰桑本人不在，妻儿、兄弟之一人代替，按上述办法处置；无代替者，由德木齐代替，按上述办法处置；盗贼的十户长进献四岁公驼作为被盗者佛祖的供品。穆斯林信教者按本法处置。盗贼居住地远离艾里，处罚十户长进献的公驼由盗贼支付。十户长推卸管理之责，问责宰桑。
	六、本书	若将盗贼庇护于喇嘛和权贵之处，罚宰桑四岁骆驼，归官府。若［宰桑］称不知情，派可靠证人立誓。宰桑本人不在家，对其妻、子、兄弟在［家］者依此法处置。这些人亦不在，将其有官职的德木齐依此法处置。向贼的户长罚取供佛的四岁骆驼一峰，即使是回子亦不例外。若［盗贼家］为单独的住户，向盗贼本人罚取应罚户长之骆驼。户长若称不知情，令宰桑立誓。户长之妻、子若称不知，亦立誓，无区别。
	比勘	日译帕本、汉译帕本译文不全，译出内容误。俄本“如盗贼受到喇嘛和有权势者之保护”罚所属宰桑，“如宰桑称其不知晓此盗窃事件”，误；“索取罚款”，误；“霍屯”不准确。奇本“这种办法处罚”“回族”“逼审”，不准确。额本“盗贼居住地远离艾里”，误。少译“户长妻、子若称不知”以后的内容。
18	一、日译帕	报告盗犯或其他犯罪行为的人，应将征自盗犯的部分财物给他作为奖赏。
	二、汉译帕	告发盗窃或其他犯罪行为者，获得部分罚物做褒赏。
	三、俄本	如某人捉住盗贼后，送至王府，那么，除规定的奖赏外，还要给他四岁骆驼一匹。惩罚盗贼，无论按盗窃法或按证据法，皆以证人的证词为据。
	四、奇本	谁如抓住偷盗者送交法庭，吃合理的亦得西外，取要三岁公驼一峰。怎样处罚偷盗者，要看抓捕者述说了［盗者］犯了什么罪，或动用了什么武器，以其说法［给偷盗者］判刑。

续表

条序	版本	内容
18	五、额本	抓住盗贼扭送法庭者，支付审理费，外加四岁公驼一峰；叙述盗贼罪行的人按刑罚或按通告执行，任其选择。
	六、本书	凡人捉获盗贼送至官府，除依法获得的报酬之外，加赏四岁骆驼一峰。告知［失主］盗贼的雅拉和刑罚，是依雅拉法，还是依通告的法规处置，依据失主之意定夺。
	比勘	日译帕本、汉译帕本简单摘译，不全，有误。俄本“皆以证人的证词为据”，不准确。奇本“吃合理的亦得西外”以后的“三岁公驼”及依捉贼之人的说法判刑，不准确。额本“支付审理费”“叙述盗贼罪行的人按刑罚或通告执行”，误。
19	一、日译帕	但知情而隐匿盗犯事实者，在证据确凿的情况下，应笞十五，并向宫廷交纳骆驼一峰。告发隐蔽者的人可给牝牛一头以为奖赏。
	二、汉译帕	对盗窃知情不报并否认者，如败露，笞 15 杖，并向牙帐罚交骆驼一峰，向告发者罚母牛一头。
	三、俄本	凡得知盗窃事而隐瞒者，重笞十五，并罚四岁骆驼一匹供王公使用；除骆驼外，尚需给告发隐瞒盗窃案的人四岁牝牛一头。
	四、奇本	谁如知道偷盗者而隐藏，责打十五下，罚交法庭三岁公驼一峰，从此驼［价钱］中给揭发者三岁公牛一头。
	五、额本	窝藏盗贼者，鞭打十五，处罚四岁公驼一峰。检举窝藏者，奖励四岁犍牛一头。
	六、本书	凡人明知盗贼而匿藏，打十五下，罚四岁骆驼归官府。从此骆驼［折价的牲畜］中给首告人四岁牛一头。
	比勘	日译帕本、汉译帕本都没译所罚骆驼的年龄，汉译帕本向告发者罚牛误，应为奖励。俄本“除骆驼外”，不明确。奇本“三岁公驼一峰”“三岁公牛”，误。
20	一、日译帕	偷窃俄罗斯、克里米亚、库巴、车尔克斯、吉尔吉思等外国使臣的任何物品者应严厉惩处，奖给其告密人骆驼一峰。
	二、汉译帕	偷窃俄罗斯、克里米亚、库班、扯尔哥斯、吉尔吉斯或其他外国使者之物者，应科以最严厉的处罚，奖告发者驼一峰。
	三、俄本	凡对外国来使，诸如俄国人、吉尔吉斯人、切尔克斯人、库班人和克里木人行窃者，则处以一定罚款并加惩办；将所盗之牲畜归还原主，并科以专门罚款给王府（王公）。对盗窃案的告发人，赏给四岁骆驼一匹；为处罚盗贼，仍按原规定向村长和有窝藏行为之宰桑索取骆驼一匹。至于证据确凿的现行盗窃犯，不必候其宰桑处理，当时在场的任何管事人都可对此贼课以罚款，然后将其交出。对于证据确凿的现行盗窃案，盗贼应交人质或者牲畜和财产作为罚款；如有僧侣和有权势的人为盗贼求情，而该罚款的所得者又不肯交出此贼，则不予追究。

续表

条序	版本	内容
20	四、奇本	克里木、库班、吉尔吉斯、哈萨克、俄罗斯不论哪国的使者如偷盗，以法把牲畜还给畜主后，其他罚畜给法庭公务使用。谁揭发，谁取要三岁公驼一峰。罚阿寅勒因阿合和执法后宰桑包庇盗者这些事，以前法处理。对偷盗者和包庇之宰桑不能留情。谁知道［偷盗之事而包庇］，没收其全部财产。同时罚偷盗者牲畜和财物。［偷盗者把他所偷之畜、财］如贡献给喇嘛们、权贵们而不还给畜主，无事［不罚］。
	五、额本	盗窃卡尔梅克、浩罕、吉尔吉斯、哈萨克、俄罗斯诸国公差者以法惩处；盗窃物归还原主，检举盗贼者奖励四岁公驼一峰。参照本法第十二条、第十四条处置。偷盗者进献偷盗物给喇嘛或诺颜可免罪。
	六、本书	凡人偷窃外国使者，如克里米亚、库班、吉尔吉斯、哈萨克、俄国使者的牲畜，依法规罚畜并施以刑罚，将［所窃］牲畜给还主人，其他雅拉归于官府，用于官府开支。首告之人赏给四岁骆驼一峰，罚户长骆驼。审断之后宰桑庇护盗贼，此类事仍依前法处罚，不必等待窃贼的宰桑，有何管事之人则［向贼］罚取雅拉，其雅拉包括人、牲畜和财物。［盗贼将所窃牲畜财物］若献给了喇嘛和权贵，不能给失主返还所窃牲畜财物，无咎。
	比勘	日译帕本、汉译帕本不全，所译文中有误。奇本“三岁公驼”不准确。俄本，最后一句误。
21	一、日译帕	倘告密人同情被判有罪的犯人，私自免除自己应得的份额而被发觉时，该告密人应当众笞二十五，并将其［应得］份额交给王公。
	二、汉译帕	控告者嗣后出于友情私下免除罪犯之刑罚的，若败露，则当众笞 25 杖，并没收其应得之罚物，归王公所有。
	三、俄本	如被盗牲畜之失主同证据确凿之盗贼和解，并约好秘密收回其起诉。则向此贼课以适当的罚款，将罚款交归王府使用，并重笞牲畜之失主二十五，取消其起诉。
	四、奇本	如畜主与盗者相商，私下索赔了事，要以惩罚盗窃之法没收偷盗者之财产给法庭公务使用。把畜主在大众中责打二十五下后废除其索赔的牲畜。
	五、额本	失主以赠送物品拿回失物的方式私自与盗贼交易，依法惩处盗贼；失物上交法庭，失主鞭打二十五，罚没交易之物。
	六、本书	［有窃案］，失主若与证据确凿的窃贼私议和解，悄悄收回自己的牲畜，则将贼［的人口、牲畜和财产］依法没收，归于官府，用于官府之事；将失主当众打二十五下，剥夺其收回所丢失牲畜的权利。
	比勘	日译帕本、汉译帕本前半句误。俄本未译出取消失收回失畜权利。额本误。

续表

条序	版本	内容
22	一、日译帕	任何人如害怕替代别人宣誓时，凭向宫廷交纳相当数额的赔偿，可免除其义务。
	二、汉译帕	惧怕为他人起誓者，得向王公交付赎物以求免除。
	三、俄本	如双方宰桑因怕宣誓而同意盗贼和失主和解，那么，在他们交出王府应得的物品后，方可和解；如不照办（即被告不肯交款），则按规定办法使之宣誓。但是，如果应当宣誓的人同意赔偿所窃之物，此案就算了结。告发某人与盗贼和解者，可得到四岁骆驼一匹。参与调解公开盗窃案的双方宰桑各罚四岁骆驼一匹，送交王府；除所罚骆驼之外，还要各送四岁牝牛一头给告发人。
	四、奇本	[管领盗者和被盗之] 两位宰桑说“我怕逼审”而相商解决，必须向法庭交纳所取费用后才准许。如不交纳所取费用，以法逼审。[两位宰桑] 向逼审人 [以畜、财] 顶立、无事。揭发与偷盗者相商之人，吃三岁公驼一峰。对明确的偷盗者，两位宰桑如相商解决，各罚他们三岁公驼一峰，揭发者从所罚三岁公驼 [价格] 中各吃三岁公牛一头。
	五、额本	失主与盗贼达成谅解，须由宰桑担保，赃物必须上缴，可不予处置，反之，依法惩处。检举失主与盗贼串通交易者，获得四岁公驼奖励。宰桑偏袒盗贼而于失主间调解，双方宰桑各罚四岁公驼一峰。检举者获得四岁犍牛奖励。
	六、本书	双方宰桑若害怕为 [无确凿证据的盗案] 立誓，而同意失主与盗贼和解，必须给官府缴纳费用后和解。若不缴纳给官府的费用，则仍依法立誓，[立誓之后] 被 [宰桑] 立誓证明之人仅赔偿 [失物]，无咎。首告与盗贼私议和解之人获得四岁骆驼一峰。若双方宰桑 [允许失主] 与有确凿证据的盗贼和解，罚双方宰桑各四岁骆驼一峰，给官府。从此两峰四岁骆驼中，支给首告者各四岁牛一头。
	比勘	日译帕本、汉译帕本仅译第一句，而且没有译出“同意失主与贼和解”。额本摘译，缺少内容，赃物上缴，误；“反之，依法惩处”不准确。奇本“三岁”公驼、公牛误。额本未译出上缴官府，从所为骆驼价中支给首告之人四岁牛一头的内容。
23	一、日译帕	盗窃价值一卢布以上的物品者，除规定处罚外，还应罚交发现人马一匹、交祠堂马一匹、交王公骆驼一峰、交各审判官牝牛一头、交辅佐官（Jergatschi）马一匹、给廷丁马一匹。
	二、汉译帕	偷窃价值一卢布以上之物品者，要向发现者罚马一匹，向佛庙罚马一匹，向王公罚驼一峰，向每个法官罚母牛一头，向普通法官罚马一匹，向法院捕役罚马一匹，还须接受法院判定的处罚。

续表

条序	版本	内容
23	三、俄本	凡偷窃价值一卢布以上之物者，对盗贼之惩处，向村长之罚款，及王府之应得与盗窃牲畜之惩处相同，对他们的罚款也一样。罚款额如下：加倍赔偿失主，还要给其绵羊一只作为祭祀火神之用；给告发人三岁马一匹，作为上庙敬神之用；给王府骆驼一匹，给法官每人四岁牛一头，给证人四岁马一匹，给雅尔奇四岁马一匹，给派来处理此案件者三岁马一匹，给执刑者三岁畜一头，向村长罚骆驼一匹；审理盗窃案之法官可向贼首要牛一头（即法定给他的牛）。
	四、奇本	偷盗财物超过一百元（戈比），罚取阿寅勒因阿合的法庭费用与偷盗者的数目相同。对偷盗一百元以下犯罪的处罚，偷多少罚多少。对偷盗罪犯的主人要罚双倍。祭火绵羊一只，给送消息的人和供佛的三岁公马各一匹，法庭费用骆驼一峰，札儿忽赤的四岁公牛一头，证人的四岁公马一匹，雅日古赤的四岁公马一匹，使者的三岁公马一匹，札萨克齐的三岁公［按：缺字］，阿寅勒因阿合的骆驼一峰。哪一位札儿忽赤审断案件，从罪犯的首领那里吃一头牛。
	五、额本	盗窃物价值超过一百钱，由出现盗贼的艾里十户长向法庭进献德额吉，其进献的德额吉数与处罚盗贼的财物数相同。盗窃一百钱以下，加倍处罚盗窃者，［其中包括］祭火神的绵羊一只、祭传递消息者之佛爷的三岁骗马一匹、献给斡日古格的德额吉骆驼一峰、札尔忽奇的四岁犍牛一头、证人的四岁骗马一匹、亚尔嘎齐的四岁骗马一匹、公差的三岁骗马一匹、札萨克其的三岁马一匹、艾里阿哈骆驼一峰，着手审理此案的札尔忽奇从盗贼首领索要一头牛。
	六、本书	偷窃财物，价值一百戈比以上，［在罚其］户长［骆驼］、给官府缴纳费用及对窃贼的处罚方面［与之前的规定］相同，雅拉亦相同。其雅拉额数如下：加倍赔偿失主、另给失主祭火的羊、给告发者供佛的三岁马一匹；给官府费用［四岁］骆驼［一峰］、给扎尔扈齐四岁牛［一头］、给证人四岁马一匹、给雅尔噶齐四岁马一匹、给［派来处理案件的］使者三岁马一匹、给扎萨扈齐（执行官）三岁［大牲畜一头］、给户长骆驼［一峰］。扎尔扈齐何人审断，从盗贼贼首开始依次向每个窃贼各收取一头牛。
	比勘	日译帕本、汉译帕本摘译，内容不全。俄本，最后一句只提贼首，应为从贼首开始依次各收取一头牛。奇本“对偷盗一百元以下犯罪的处罚，偷多少罚多少。对偷盗罪犯的主人要罚双倍”“从罪犯的首领那里吃一头牛”，误。额本“其进献的德额吉数与处罚盗贼的财物数相同。盗窃一百钱以下，加倍处罚盗窃者”，误。奇本、额本最后一句，仅提从贼首收取牛一头，未提其他窃贼。

续表

条序	版本	内容
24	一、日译帕	在德尔柏特，如有外地来客应报告村长，尽可能留宿在自己的帐篷里。不这样作时，外客所遭一切损害，都由他单独负担。还有，如牲畜走失时，除赔偿走失数额外，还应罚交宫廷马一匹。外客完全未遭损失，然留宿外客不报者亦必须交出马一匹，以示惩罚。
	二、汉译帕	我们每个杜尔伯特人都要将异族客人光临的消息告知村长老，并引客人到自己家住宿。懈怠者要独立承担客人遭受的一切损失，并赔偿所有走失的牲畜，此外还须向王公牙帐罚马一匹。客人财物纵无遗失，若未曾报告长老而接纳了客人，仍须罚马一匹。
	三、俄本	夜宿法。当杜尔伯特部的异乡人，或在俄国村庄附近有家室者在夜宿之后离去时，所有亲属或熟人应让其离去，但事先要登记其姓名，或向某贵族报告，否则，次夜于留宿人附近地方丢失几头牲畜，留宿人则应赔偿。此外，还应给王府三岁马一匹；如事先不作声明，即使没有丢失牲畜，也要罚交三岁马一匹。若借宿人偷走某人一头牲畜，则向留宿人罚款；留宿人可亲自向该借宿人讨还其牲畜（交作罚款之牲畜）。
	四、奇本	住宿的约孙：把因溃逃居住在跑离俄罗斯较近的牧户之人迁返时，［要把他在原鄂托克］有多少认识人、亲戚、写成文字交给赛特看过后方许返回。如不这样做，回来后的第一宿他如丢失了多少牲畜，要由其住宿之家赔偿顶替，并交法庭四岁公马一匹。如没有丢失牲畜，罚［住宿之家］四岁公马一匹。如住宿［之家］赶走了返回人的牲畜，没收住宿［之家］的全部财产，返回人自己去住宿之家追回牲畜。
	五、额本	战乱或其他灾难流离失所者，离营地较近有房屋的人回到家乡住宿的话，首先要把附近亲戚朋友的详细情况登记在案，得到赛德的允准之后，可以住宿。如其不然，当天夜里从其住处附近丢失多少牲畜，须由准住者赔偿，并向斡日古格上缴三岁骟马一匹；如果没有丢失牲畜则上缴斡日古格三岁骟马一匹；如果当天夜里从其住处把牲畜赶走，抄没该住宿者的牲畜，住宿者把自己的牲畜跟准住人讨要。
	六、本书	［有关］住宿规定。杜尔伯特部人和在俄国附近有家室之人离开时，［留宿者］应将留宿的熟人、姻亲和亲属请主管登记的赛特验看之后让［他们］离开。否则，当夜［于留宿之家附近］丢失多少牲畜，由［留宿者］赔偿，上缴官府三岁马一匹。即使牲畜没有被赶走［丢失］，［若未如此办理］仍依法罚三岁马。若此夜赶走牲畜的话，从留宿者如数籍没这些牲畜。这些牲畜由留宿者自己向赶走牲畜者追讨。
	比勘	日译帕本、汉译帕本译文不全，开头的“在德尔柏特”或“我们每个杜尔伯特人”，误，未译出“在俄国附近有家室之人”。没有译后一句。奇本、额本皆误。

续表

条序	版本	内容
25	一、日译帕	没有译。
	二、汉译帕	没有译。
	三、俄本	关于夜宿声明的规定。必须向某个在社会上受尊敬的人，或住在附近的某个贵族报告借宿人情况后，才可让借宿的异乡人离去。本规定是为那些居地距王公较远者所制定，而居于王府附近者必须向王府中一位官吏报告后，方可让借宿的异乡人离去；否则，按上述规定办理。
	四、奇本	查看住宿的约孙。在其附近有怎样的赛因库蒙［居住］，在他们中间让最中意的人看过后方许返回。从远处回来的人，要派亲信人到乌日古格，让赛特中之一人［查］看过后方许返回。如不这样做，以前法处理。
	五、额本	准住制度。住宿无赛音・珲担保，必须有贤者担保才可准住。求宿者务必遵循这条规定。法庭附近求宿者须有法官允许才可准住；出现问题按上述第二十二条规定处置。
	六、本书	［有关］验看留宿之人［离开］的规定，在附近若有上等人，或找其中最受人尊重的人来验看留宿之人，然后令其离开。此指居地远离官府之人，居地离官府较近之人，应请官府赛特之一前往验看后令其离开。否则依前面的规定处置。
	比勘	奇本、额本都误解误译。
26	一、日译帕	在法庭方面，先处理先受理的案件。但预先通知审判官的重大案件不在此限。原告及被告必须随时亲自到法庭受审。原告如无特别根据而告状者，应赔偿廷丁付出的一切烦劳。
	二、汉译帕	在法院审理中，对先送达的案件要先处理。但事先向法官报告了的重大案件不在此限。原告和被告要随时准备亲自到庭。原告不具备充足之理由者，要酬劳捕役并撤回委托给捕役办理的所有事宜。
	三、俄本	雅尔奇职责。雅尔奇必须不徇私情，遵守诉讼规章，如徇私偏袒，则依法官惩罚条款处之。公诉讼人中谁先来（按讼案呈报的先后顺序），就应首先审理该案。如遇急需迅速判决之案件，雅尔奇向法官们说明原因后，可将此案提前判决。雅尔奇在通知案件的被告人时，应附带一份通知，以便使被告认为需要由法院审理时，就出庭并提出自己对原告的意见，如不打算经法院裁决，则将物品退还原主，（使原告满意）。

续表

条序	版本	内容
26	四、奇本	雅日古赤的约孙，要不分亲疏做审案工作。如偏袒亲人，以札儿忽赤的约孙处理。 多人［申报］诉讼，首先审理先来者。如是大事需首先审理的正确诉讼，把事情说给札儿忽赤首先审理。雅日古赤平常要把审案的东西准备好，诉讼人争讼要去收取牲畜。［诉讼人］如无罪，要返还所收牲畜。
	五、额本	法官制度。法官办案，必须公平公正，依法办事。徇私偏袒者，按第十一条规定处置。诉讼案件按受理程序审理。重大急迫的案件，向扎尔忽奇申明后，按特例审理。法官向扎尔忽奇转送案卷时，先由被告承担审理费；被告无罪则退还审理费。
	六、本书	［有关］雅尔噶齐的规定，雅尔噶齐不得徇私情，必须遵守诉讼规章公正审断，若徇私偏袒，依扎尔扈齐的法规处罚。若有诸多诉讼案，［应按顺序］先提交者先审理。若遇重大须紧急审理的案件，向扎尔扈齐请示说明后再提前审理。雅尔噶齐使用［审案消费］物品时若被告涉诉讼则使用，若不涉诉讼，则告知将［审案消费］物品还给其人。
	比勘	日译帕本、汉译帕本少译第一句，译文不准确。奇本“雅日古赤平常要把审案的东西准备好”，不准确。额本“法官”一词不准确，应为雅尔噶齐；“法官向扎尔忽奇转送案卷时”，不准确。
27	一、日译帕	廷丁如不切实执行其职务，有所拖延时，应当众笞颊六下，并将其薪金分给其他廷丁。
	二、汉译帕	若公认为捕役没有正确履行委托，束之高阁，则当众掴其耳光6记，犒赏归他人所有。
	三、俄本	如派去受理案件之人得到酬劳，就应骑自己的马去，并把案件了结；如派去之人不这样做，而骑申诉人之马，且未结案而受酬，则痛击其颧骨六次，并没收其所受报酬，再另派他人。
	四、奇本	如是有亦得西的使者，要骑自己的马去完成任务。如不那样做，走到哪里骑哪里的马，没完没了地吃亦得西，要将这个使者在大众中刺其下腮，追回亦得西，换别人当使者。
	五、额本	公差获得佣金，须骑自己的马匹完成公务；乘骑驿马或供马，获得不当佣金，戳击面额六次，并退还佣金，免去公差职务。
	六、本书	［派去审理案件的］使者若有报酬，应骑自己的马去审结案件。［派去的使者］久不结案，且收取［使者］报酬，则当众戳其太阳穴六下，收回其［使者］报酬，另派其他人为使者。
	比勘	日译帕本、汉译帕本，误。

续表

条序	版本	内容
28	一、日译帕	没有译。
	二、汉译帕	没有译。
	三、俄本	对派遣人的一般规定。所有被委派去审案者，除法定所必备的三匹马外，按规定应改乘拉车的马，不得因勒索钱财和受贿而错过坐车，如果错过坐车，则每匹马罚三十铜钱；如把马累死，应予以赔偿，不准饮酒。因此，凡殴打在途中的审案人和待其不公道者，则依法惩处之；如审案人办事不公，并饮酒，凡殴打这样的审案人，只要不打伤人，则不予追究。
	四、奇本	使者的约孙，总体上办职官三件大事的使者，要以法途中换乘马匹。如不那样做而吝啬亦得西金钱，不要供给马匹。如供给马匹，每匹马要三十元。如骑死马匹，赔偿顶立。不要喝酒。谁如对按这个约孙行走的使者［使坏，用酒］放倒［不能行走］或［对之］做什么坏事，要以法惩处。不是办三件大事的使者，［途中］饮酒或歪行，不伤其身让其休息停走，无罪。
	五、额本	公差总则。除三种要务公差以外，其他公差应按规定换骑乘马，违反规定，为求私利骑驿马远行者，处罚公差三十钱；驿马劳顿而死，赔偿驿马；公差不得饮酒；冒犯公差者依法惩处；公差酗酒闹事而被殴打，不损伤四肢，则殴打者无罪。
	六、本书	［有关］普通使者的规定，除官方三类事务的使者外，其他使者依例替换其乘用［的马匹］。若违犯此规定，为节省酬金而不换乘乌拉马匹者，每匹马罚三十戈比，马匹若倒毙则赔偿。［使者］不得饮酒。遵行此规定的使者，何人殴打使者或做错事，依诉讼规定处置。使者未按此规定，饮酒和做错事被殴打，未伤残其肢体则无咎。
	比勘	俄本，至“三十铜钱”之前的译文错误。奇本“不要供给马匹”，误；未译殴打，“使坏”“放倒”“歪行”“让其休息停走”等不准确。
29	一、日译帕	没有译。
	二、汉译帕	没有译。
	三、俄本	宣誓法。必须在指定日期内宣誓，如逾期不宣誓，则取消这一诉讼程序；法官应慎重指定宣誓日。如必须宣誓的被告和敦促宣誓的原告遇有急事，被告和原告不能按期宣誓，应事先派人向雅尔奇报告；否则，取消彼等之诉讼程序。对宣誓的被告和敦促宣誓的原告所作之规定相同。
	四、奇本	逼审的约孙。要按约定时间到法庭。如不按时到，废除此案。札儿忽赤要给规定约会［规定］时日期限。如原告、被告两方因有困难事不能按时来，要在约会时间派人向札儿忽赤说明。如不这样做，废除此案。西哈赤的约孙，与此相同。

续表

条序	版本	内容
29	五、额本	起誓制度。起誓双方按规定时间前去起誓，迟到或误期者撤销诉讼权利。起誓日期和时间由扎尔忽奇制定。原告与被告方，遇到无法参加起誓的紧急事务，须亲自或派人向助理法官申明，反之，撤销诉讼权利。主持起誓者不按时到场，处置与原告同。
	六、本书	［有关］立誓规定。依约定时间来立誓，不能按时来，则取消此诉讼。扎尔扈齐计时指定立誓之日。若人誓者和要求立誓者双方在约定的日期有难以分身之事，不能前来，则事先派人将难以履约之事告知雅尔噶齐，若不派人告知，则取消诉讼。对主持立誓之人和人誓之人的规定相同。
	比勘	奇本没有译出此条“立誓”主题，误；“逼审”不准确。
30	一、日译帕	被告应考虑其住处的远近，在指定的［审判］日期出庭。在指定日期不出庭者，丧失自己的权利。
	二、汉译帕	被告必须在依地点远近确定之日期到庭。不可缺席，逾期者丧失其权利。
	三、俄本	任何人都应亲自在证人面前向争讼人声明，使其出庭；如对方不来出庭，应向雅尔奇要一名传令人，派他去催，并着令其给传令人以报酬。若不听传，则罚三岁马一匹；再次不从，同样处之，如三次不从，则判原告胜诉。如有人向雅尔奇请求派一名传令人，并声称他与某人打官司，但如此案既无根据又无理由，被告可不去宣誓，并免除被讼。因原告毫无理由地请求派传令人，传令人可向其所取报酬。
	四、奇本	诉讼中，原告要有证人［陪同］自己去叫被告人到法庭审案，如被告人不来，报告给雅日古赤，带着使者去叫，给使者亦得西。使者叫仍不来，罚四岁公马一匹。第二次叫仍不来，仍罚四岁公马一匹。第三次叫还不来，算原告胜诉。有人状告别人，要带使者去叫被告人，经逼审如被告人无罪，使者要吃无事告人者的亦得西费用。
	五、额本	原告必须告知被告到庭，告知时须有证人。被告拒绝到庭，向助理法官申明，由公差传令被告到庭。被告仍拒绝到庭，处罚三岁骟马一匹；第二次仍未到庭，处罚三岁骟马一匹；第三次不到庭，判决原告胜诉。凡是原告称有诉讼而请公差，结果被告不经过西哈安而脱身，则从无端请公差者索要公差佣金。
	六、本书	凡诉讼之人，向所要起诉之人在有证人的情况下提请其出庭。若不出庭，从雅尔噶齐请派使者［前去传唤］，付给使者报酬，使者传唤后仍不出庭，罚三岁马一匹。再次［派使者传唤仍不出庭］，再如前［罚三岁马一匹］，如第三次［传唤］仍不出庭，则宣判原告胜诉。凡人为起诉向雅尔噶齐请求派遣使者，［经审理］被告未经立誓已清白，则由滥请派遣使者的原告付给使者的报酬。
	比勘	日译帕本、汉译帕本译文不全，译出者有误。奇本“四岁公马”，误。

续表

条序	版本	内容
31	一、日译帕	没有译。
	二、汉译帕	没有译。
	三、俄本	任何人均应于证人面前，向欠债人要求偿还某项债务；如欠债人不还，可向雅尔奇申诉，并经由传令人讨还债务，传令人应向被告索取报酬。如债主不这样做，而是夜间去向欠债人逼取某物，则取消其债务，此外，还罚他四岁骆驼一匹，送交王府，传令人也可得到报酬。如债主于白天去逼取某物，亦取消其债务，而传令人则向欠债人索取报酬。
	四、奇本	平时，任何人讨债要有证人证明。［欠债者］如不给，报告给雅日古赤，派使者去要。使者的亦得西由欠债者出。如不这样做而在夜里自己强行去讨要，废除此债务并罚三岁公驼一峰交法庭公务使用。使者从［罚取的］骆驼中吃［亦得西］。如是白天讨要，取消债务，使者的亦得西向索取人要。
	五、额本	出现债务纠纷，须向债务人出示证据；债务人拒绝还债，向助理法官控告，由公差处理债务纠纷，债务人承担公差费用；没有证人或公差出面，债权人夜间逼债，免除债务关系，处罚四岁公驼一峰上缴法庭，公差从一峰骆驼的价值中获得公务补贴；债权人如果白天逼债，同样免除债务关系，公差公务补贴由债务人支付。
	六、本书	凡人有何债务，告知证人后向债务人索取。若不还债，报知雅尔噶齐派使者去索取，债务人支付使者的报酬。若不依此规定，夜间去索债（捉牲畜），则取消其债务，罚四岁骆驼一峰，给官府，用于官府事务，使者报酬从此骆驼［价值］中支出。白天索取（捉取牲畜），取消债权人的债务，并由其支付使者的报酬。
	比勘	俄本“而传令人则向欠债人索取报酬”，误。奇本“三岁公驼”，误。额本“公差公务补贴由债务人支付”，误。
32	一、日译帕	已被逮捕的盗犯因逃跑而伤人时，罚充奴隶。但止于伤马一匹时，则罚征骆驼一峰。在上述盗犯逃亡情况下，为了免除诉讼，可与原告举行射的竞赛。每射不中一次，应罚马一匹。故意杀人者，一律毫不留情，处以死刑。
	二、汉译帕	窃贼被人发觉而在逃跑时伤人者，沦为奴隶。伤害马者罚骆驼。窃贼得以逃脱者，为免受起诉，他须与原告比试射箭，射偏一次罚马一匹。故意杀人犯必须一概杀掉，决不赦免。

续表

条序	版本	内容
32	三、俄本	凡偷窃他人者，按杀人法科以罚款。如盗贼进袭，并以武器伤人者，受伤者要盗贼交出一人；若伤马，则索取四岁骆驼一匹作为赔偿。如盗贼开枪，未射中，则按射击次数，每次罚四岁马一匹。凡目睹者没有捉住盗首，而捉住一般盗贼，将其送交王公，应获四岁骆驼一匹；若目睹者将盗首也捕获，则按古法典规定获赏。
	四、奇本	没有译。
	五、额本	绑架他人按杀人罪论处，抄没所有财产；绑架者伤害被绑架者，以人作为赔偿；伤害乘马，赔偿四岁公驼一峰；箭射救助者，按射出的箭数，赔偿四岁骟马；捉拿盗贼扭送法庭者，奖励四岁公驼一峰，证人按规定获得奖励。
	六、本书	[盗贼] 偷窃人，依杀人法规籍没。盗贼来交战，用枪或箭 [等武器] 伤 [事主和追捕之] 人，则赔偿人 [命价]。若伤马匹，伤马一匹罚四岁骆驼一峰。若 [射人] 未中，依其所射箭数每箭罚四岁马一匹。在畜主不在场时捉获窃贼送来的证人，赏四岁骆驼一峰，畜主带来的证人依旧例给付报酬。
	比勘	日译帕本、汉译帕本误译。俄本“受伤者要盗贼交出一人”，应为赔偿一人命价；“若目睹者将盗首也捕获”，误。额本“捉拿盗贼扭送法庭者”，应为从贼。
33	一、日译帕	没有译。
	二、汉译帕	没有译。
	三、俄本	如证人为领赏而诬告，则当众将其剥光，鞭笞十五，并课以罚款，罚款数与此人报案应领取之报酬相等，然后将罚款送交王府。
	四、奇本	证人为了亦得西而说谎，在大众中羞辱之，鞭打十五下，吃多少 [亦得西] 罚多少，交法庭公务使用。
	五、额本	证人为私利作假证，当众脱光衣服，鞭打十五，违法所得上缴法庭。
	六、本书	证人若为获得报酬而作伪证，当众人脱其衣服，鞭十五下，罚取 [与其作伪证] 应得报酬相等的 [牲畜或财物] 归于官府，用于官府之事。
	比勘	奇本“在大众中羞辱之”，误。奇本、额本“法庭”应为王府。

续表

条序	版本	内容
34	一、日译帕	没有译。
	二、汉译帕	没有译。
	三、俄本	抢劫法。除依法惩办和罚款外，有多少人被抢劫，即向此等强盗追罚多少。凡当着贵族见证人的面，拒不让搜查者，依法罚款。如根据证人证词不能弄清案情时，不让搜查者，需赔偿被盗去之牲畜，不罚款，但要宣誓。
	四、奇本	［惩治］抢劫的约孙。以法惩治犯罪时，被抢劫者有多少人，就要罚多少抢劫者。有赛因证人的逃亡者如不交［罚金］，以法没收其全部财产。如是不能没收财产的证人，为惩治犯罪要赔偿抢劫之牲畜。
	五、额本	抢劫罪，按抢劫者人数赔偿同等数量的物品；抢劫证据确凿而依然抵赖，抄没所有财产；无法以人赔偿，赔偿所抢劫的牲畜外，抢劫者必须起誓。
	六、本书	［有关］抢劫的法规。［抢劫］除按规定的雅拉和刑罚惩办外，有多少人被抢走，则令［盗贼］赔偿多少命［价］。有可靠证人陪同去搜查时，［嫌疑人］拒绝搜查，则依法没收。无可靠证人，［嫌疑人拒绝搜查］而不能没收时，令［嫌疑人］赔偿［被盗］牲畜，不罚雅拉，令立誓。
	比勘	俄本“追罚多少”“罚款”，不准确。奇本“就要罚多少抢劫者”，不准确；“逃亡者如不交［罚金］”，误；最后一句不准确。额本译文错误。
35	一、日译帕	没有译。
	二、汉译帕	没有译。
	三、俄本	足迹法。当贵族见证人在场时，失踪的牲畜留在雪地上、砂地上和泥泞地上的足迹尚在，则依法向此人罚款。如出现这样的证人，根据其证词不能弄清案情，虽然足迹尚在，只赔偿丢失的牲畜，不罚款，但要宣誓。此外，关于其他足迹案，应根据古法典规定判决之。如责成某个不便露面的、偶然看见此事者向法官和雅尔奇提供证据时，应根据此人情况酌情采纳其证词；如此人也不便向官吏公开身份，也不能对其置之不理，需注意其言谈与态度，作出判断。
	四、奇本	马匹的约孙。如果［丢失的马匹］没有印迹、没有雪迹、没有［其他］任何痕迹这三种经常搞不清的状况，［而偷盗者］有赛因证人［包庇］，不交出马匹，要以法没收其全部财产。如是不能没收财产的证人，为惩治犯罪要赔偿马匹。［三种情况］以外［丢失］的马匹，以过去的案例审断。如暗地里证人向札儿忽赤或雅日古赤其中者去说情，要是与赛特无关连，不必管它，根据情况予以审断。

续表

条序	版本	内容
35	五、额本	盗马处罚条例。不留踪迹，雪地无痕，印迹模糊不清，此三种情况下捉拿盗马贼，依法抄没盗马贼财产；不以人作赔偿，则必须赔偿牲畜，并依法起誓。除此之外，按原规定处罚。有向扎尔忽奇或助理法官作伪证，视盗马贼实际情况定罪，与赛德无关则不予以照顾，看其言行予以审处。
	六、本书	［有关］踪迹的法规。［失踪牲畜的］足迹在草地、雪地和泥泞地上模糊不清这三者，若有可靠证人，而［嫌疑人］不交还牲畜，则依例没收。若证人无法确证，不能以没收处罚时，令［嫌疑人］赔偿［丢失的］牲畜，依法为雅拉立誓。除此情况之外的踪迹，仍依旧例审断。不愿公开身份的证人向扎尔扈齐和雅尔噶齐之一报告，应根据此人情况酌情采纳。赛特既无法向其取证，则不必令其露面。视其言谈和态度判断和审决。
	比勘	奇本、额本误译。盗“马”条例，误，此处指牲畜踪迹，非专指马匹。对三种疑案有三种证人情况下的审断误解。
36	一、日译帕	没有译。
	二、汉译帕	没有译。
	三、俄本	从在职的官吏起，凡参加审案之侍从或卫护、仆从或献礼品者，(当显贵人物在场时)，如行为不轨，有失体面，如争吵、贪婪、粗鲁、懒惰、好赌和酗酒，如此度日，乃自毁名誉；此等人决不应该说：我被贬低了身份，应该看到，此乃自做自受。
	四、奇本	平常，以办事之赛特为首的［活佛］近侍在办事时，参加者乞雅们、忽突赤们，在规定抓取的肉食约孙之外，如过分沉迷于酒、玩耍、令人厌恶的馋嘴和搬嘴弄舌，他们自己在生活历程中自然会变穷。对于这些人不用说是他自己造成的，让他从本身检查原因。
	五、额本	主持寺庙附属鄂托克与爱玛克的公务人员以及格根呼毕勒干、呼图克图喇嘛近侍、恰、忽图其人员，除规定的公务应酬外，沉溺于酒食、赌博、懒惰、贪婪成性、挑拨离间者，严惩不贷。
	六、本书	自服侍官以下，侍卫和掌索永布文字事务的恰等、阔端赤等，在侍膳礼法规定之外嗜酒、贪玩，懒惰、不热心于职事、挑拨是非，自甘堕落者，不要说我的身份被降低了，而应自省其所作所为。
	比勘	俄本“凡参加审案之”，误。奇本“赛特为首”“［活佛］”“自然会变穷”，误。额本，错误。
37	一、日译帕	没有译。
	二、汉译帕	没有译。
	三、俄本	依法应出公车三次，凡不肯出车者，按古法典处罚之。

续表

条序	版本	内容
37	四、奇本	不提供三件大事乌拉的人，以旧法没收其全部财产。
	五、额本	对三种紧要事务不供给驿马者，按《蒙古·卫拉特法典》原定第十三条处罚。
	六、本书	法定三类事务不提供乌拉者，依旧法典籍没。
	比勘	俄本“公车”“处罚之”，不准确。
38	一、日译帕	没有译。
	二、汉译帕	没有译。
	三、俄本	不承担出车义务之有权势者，若藏匿他人驾车之马，罚三岁马一匹。
	四、奇本	不提供乌拉的当权者，随便换骑别人的马匹，罚四岁公马一匹。
	五、额本	除大喇嘛、诺颜、赛德等不得摊派驿马外，其他随便摊派驿马者处罚三岁骟马一匹。
	六、本书	无提供乌拉义务的权贵，替换别人马匹［使其逃避乌拉］，罚三岁马一匹。
	比勘	俄本“出车”，误。奇本“随便换骑别人的马匹，罚四岁公马一匹”，误。额本“大喇嘛、诺颜、赛德等不得摊派驿马外，其他随便摊派驿马者处罚三岁骟马一匹”，误。
39	一、日译帕	没有译。
	二、汉译帕	没有译。
	三、俄本	如盗贼来了，并从邻近的兀鲁思赶走牲畜，或村社内有叛逆者逃走，附近地区每一个去捉捕他们的人，都应获赏，不去追捕者，则受罚。
	四、奇本	边界上来强盗抢劫马群时，在内部出现逃亡者，谁英勇追捕，赏。不去追捕者，罚。
	五、额本	蒙古部有逃亡者协助邻国强盗越境劫掠马群，准噶尔人有义务予以阻截，阻截者奖赏，不予阻截者处罚。
	六、本书	有强盗来边界之人中抢劫马群，或有人外逃时，在近处之人追赶则有赏，不追赶者依法处罚。
	比勘	额本“蒙古部有逃亡者协助邻国强盗越境劫掠马群”“阻截”，误。
40	一、日译帕	没有译。
	二、汉译帕	没有译。
	三、俄本	凡抢救被狼噬之牲畜者，或从火中、薄冰上抢救危难的牲畜者，以及不肯去抢救者，均按古法典予以奖惩。

续表

条序	版本	内容
40	四、奇本	狼驱散的牲畜，用火与剑［救出者］，赏。做错事者，以旧书处罚。
	五、额本	野狼冲散畜群，驱逐野狼者按《蒙古·卫拉特法典》第八十四条规定予以奖励。
	六、本书	救助被狼袭击、遇火灾和掉冰窟的牲畜者赏，其奖赏数额照旧法规。
	比勘	俄本“以及不肯去抢救者，均按古法典予以奖惩”不准确。奇本“用火与剑［救出者］，赏。做错事者，以旧书处罚”，皆误。额本译文不全；“野狼”，不准确。
41	一、日译帕	假如爱马克内部秩序发生混乱，责任经常须由宰桑承担。这类宰桑应予免职。倘若宰桑单独无力统制其麾下部队时，必须立即将其指挥权移交给其他人。犯重大错误的指挥官交由俄罗斯人审判。
	二、汉译帕	爱马克秩序混乱者，宰桑必须一概负责，要褫其职。宰桑在军队里无法驾驭其兵马者，剥夺其指挥权，归他人所有。将帅犯有重大错误者，事后交给俄罗斯人审查。
	三、俄本	每个人皆应居于自己的牧区，或左或右或中；如果爱马克（每四十个帐幕为一爱马克）中有人离开自己牧区，则罚爱马克首领四岁骆驼一匹，并将此等牧人并入爱马克首领的驻地。对于未加入爱马克而单独游牧者，则向每霍屯（Хотон）罚四岁马一匹，并将其并入他们的爱马克。如某人单独游牧，被外敌抢走某种物品，则撤销其宰桑的管理职务。如其些人未经宰桑同意，擅自离开自己的爱马克单独游牧，其头人则应把这些遭敌人抢劫的牧人告知俄国人，偶而调查一下他们的情况。
	四、奇本	平时，东西临界的［昂吉之人］，要在自己的昂吉中生活［不许脱离］。如得沁脱离自己的昂吉到别处去，罚四十户长四岁公马一匹后把得沁归回原昂吉。没有得沁［管领］单独出走的人，每一浩特罚取四岁公马一匹后归入得沁管领。［爱马克、得沁］如像上述一样错误出走而被外敌把牲畜、财物抢走，要把宰桑从其辖众中赶走。爱马克、得沁没有宰桑［管领］行进战斗中谁是丢失牲畜、财物人的领头者，要把他关押起来，听候处理。
	五、额本	昂吉属民，跟随昂吉移牧，一个都钦脱离昂吉移牧，处罚都钦诺颜四岁公驼一峰，并令其回归本昂吉；若干户脱离都钦移牧，处罚浩屯四岁骟马一匹，并令其回归本都钦。脱离昂吉或都钦被外敌劫掠财物，由宰桑负责处置；脱离爱玛克或都钦者，无诺颜跟随而财物被劫掠，选择其中一人充当诺颜，及时负责处置。
	六、本书	凡人在左、右边界内随其昂吉［游牧］。从昂吉以四十户往其他地方离去者，罚其四十户长四岁骆驼一峰，令回归昂吉。不足四十户单独分离去的人，罚各和屯四岁马一匹，令其返回四十户。若如此偏离而损失［人畜］于外敌者，令其所管宰桑［不得继续管领］，离开众人。若从爱马克、四十户在无专管宰桑之下出走的人众，在战争中失去牲畜财物者，将其为首之人至俄国时处置。

续表

条序	版本	内容
41	比勘	日译帕本、汉译帕本译文错误。俄本“或左或右或中”不准确，未译出“不足四十户”；“其头人则应把这些”以下误。奇本“把宰桑从其辖众中赶走”“要把他关押起来，听候处理”，不准确；四十户长罚“四岁公马一匹”，误。额本“脱离昂吉或都钦被外敌劫掠财物”以下的译文误。
42	一、日译帕	男子必须编发辫。女子必须穿女人服装，不得穿成年男子用的皮衣，但寡妇任何时候都不在此限。
	二、汉译帕	汝等男人们，要束发于顶！汝等女人们，要穿你们自己的衣服，休要穿戴宽大的男人的毛皮衣服！但寡妇则不在此限。
	三、俄本	每个人都应在帽子上缀穗，男人应梳辫子，女人不许穿对襟衣服，但寡妇穿了，不算犯罪。
	四、奇本	平时，人们要戴缨帽。男孩要梳辫子。女人要穿对襟衣服。寡妇可以再嫁。
	五、额本	每人必须头戴缨穗帽；男子须编发；妇女不穿两襟上衣。孀居者不受此限。
	六、本书	凡人应在帽子上缀缨，男人编起头发，女人不得穿对襟衣服，寡妇穿则无咎。
	比勘	日译帕本、汉译帕本除男人编发辫一句外皆误。奇本“女人要穿对襟衣服。寡妇可以再嫁”，误。
43	一、日译帕	任何人都要服从首长的命令，如果受到首长不适当的待遇，可向王公报告。王公应立即审问该首长。
	二、汉译帕	尔等众人要听从官吏！若他们多行不义，则去报告王公，王公会处理他们的。
	三、俄本	每个人均应听从宰桑，如果宰桑本人的言行违背王公和村社之正确决定，则不应服从宰桑之命令，并且要向王公和村社报告此事。否则，依法惩办。
	四、奇本	平时，人们要听从宰桑的话而行。如果宰桑不听从众诺颜的正确领导而歪行，不要听他的话。要去报告众诺颜。如不这样做，要以法惩处。
	五、额本	听从宰桑调遣或指示；宰桑不执行上级指示或违背众人意愿行事，则提出反对意见并向上级报告，隐瞒不报者依法惩处。
	六、本书	凡人听从宰桑之命令。若宰桑不听从诺颜和众人正确的话，错误行事，则可以不听从此宰桑之言，并向诺颜和众人告知，否则依法处罚［不听从宰桑命令者］。
	比勘	日译帕本、汉译帕本误。额本“隐瞒不报者依法惩处”，不准确。

续表

条序	版本	内容
44	一、日译帕	没有译。
	二、汉译帕	没有译。
	三、俄本	宰桑的臣民（即同一爱马克的人）发生盗窃纠纷，应由法庭审理，也允许宰桑进行调解；如盗窃证据确凿，则按上述法律处理。
	四、奇本	一位有宰桑［管领］之人把犯有盗窃案的小偷与被盗者之宰桑相商［处理］，不受谴责。如弄清楚，以前法处理。
	五、额本	宰桑所属出现偷盗者，偷盗另一宰桑所属财物，由两个宰桑协商解决；被偷盗者向法庭告发，则按本《补充》条例第二十条处置。
	六、本书	宰桑令事主与盗窃嫌疑人和解，若两人同属于其管辖之人，无咎。而有确凿证据的盗贼，则仍依前例处置。
	比勘	俄本“应由法庭审理”，误。奇本、额本误。
45	一、日译帕	没有译。
	二、汉译帕	没有译。
	三、俄本	如率军出征之小王公需要牲口驮载，需要一些食物和礼品（美食等），则应供给他们乘马和驮载物品之牲口、仆役和送给外国人之礼物。除此之外，不得随意享用。
	四、奇本	领军小诺颜按规定送来的德吉、粮物、乘马、车马、驮马、从马，给其他部族的正确的施舍物，以及此外别的［一些物品］，不能随意占有。自己分的那一份，从阿勒巴图的战利品中，［小诺颜］自己做主分配。
	五、额本	率兵出战，小诺颜有权解决给养，对战利品有优先处置权。
	六、本书	受派遣率军出征的小诺颜，任职期间享受首先获得战利品、［所需］饮食、乘马为首的乘用和驮载之役畜、送给外国人的适当礼品等。除此之外，不得随意［征用和］享用其他物品。自己私属的阿勒巴图的战利品（掳获）可以自己作主。
	比勘	俄本没有译出“首先获得战利品”的权利、自己私属阿勒巴图的战利品等内容。奇本，前半句“按规定送来的德吉、粮物、乘马、车马、驮马、从马”，不准确，语意不清楚；“自己分的那一份”，不准确。额本摘译，内容不完整。
46	一、日译帕	没有译。
	二、汉译帕	没有译。
	三、俄本	凡本法典中没有规定的各种案件，可参照古法典裁决，或根据公认的习惯法以口头审理。

续表

条序	版本	内容
46	四、奇本	此法中从来没有的事项，依照旧书和习惯法两者处理。
	五、额本	涉及战争的其他事项，按《蒙古·卫拉特法典》有关条款及固有习惯执行。
	六、本书	凡本法规中未规定之事，依照旧法典和公认的口头判例审理。
	比勘	俄本“以口头”审理，不准确。额本“涉及战争的其他事项”所谓“按《蒙古·卫拉特法典》”，不准确。
47	一、日译帕	没有译。
	二、汉译帕	没有译。
	三、俄本	至于找到失散之牲畜，应向雅尔奇报告，并将牲畜送交王府。违反者，罚三岁马一匹，并将此马交王公使用。如有人告发找到的失散之牲畜是被某人所隐藏，隐藏者应给告发人以适当报酬。
	四、奇本	抓到走失的牲畜，要向雅日古赤报告，送交法庭。如不这样做，罚一岁公马一匹交法庭公务使用。揭发藏匿走失之牲畜者，以法要向藏匿者吃亦得西。
	五、额本	抓获失群牲畜，必须报告助理法官并由法官处理。自行处置者处罚三岁骟马一匹；检举揭发者，获得适当奖励。
	六、本书	［见到］走失的［牲畜］向雅尔噶齐报告，送至官府。否则罚三岁马一匹，用于官府事务。有人隐匿走失牲畜，首告之人依例获得报酬，此报酬由隐匿者付给。
	比勘	俄本未译出由隐匿者支出首告者的报酬。奇本“一岁公马”，误。额本未译出由隐匿者支出首告者的报酬，“自行处置”不准确。应为“官府”，当时政、法机构未分立。
48	一、日译帕	没有译。
	二、汉译帕	没有译。
	三、俄本	有人捉住逃失的牲畜后，应在三昼夜内向当地邻居宣布，然后，不超过三昼夜将此牲畜送交王府，但应注意离王府的距离远近而定。若某人用适当方法捉住牲畜，按规定作了声明，又把牲畜交给应得之人，此人应得到法定之报酬。
	四、奇本	抓到走失之牲畜，三宿内要从那里不许耽搁以法送交法庭。但要看距离之远近处理。以法抓走失牲畜，以法交公之人，要以法吃亦得西。
	五、额本	移牧地相距较远者抓获失群牲畜，先通告本部，无人认领，三天内送交法庭，法庭根据移牧距离远近，给予抓获者适当奖励。

续表

条序	版本	内容
48	六、本书	获得走失的牲畜向当地之人通告三天，三天内送至［官府］。根据其居地远近确定［送至日期］。按规定捉获和通告之人，获得报酬。
	比勘	奇本“法庭”不准确；“但要看距离之远近处理”，不准确。额本“法庭根据移牧距离远近”，没有译出根据距离远近定“日期”之意；“给予抓获者适当奖励”译文不十分准确。
49	一、日译帕	在车尔克斯、库巴、克里米亚以及对吉尔吉思人，有人为了当强盗而结伙时，知情者可以跟踪、逮捕［他们］。抓来这种强盗者，应给予足够的报酬。上述盗伙为了实行盗劫而出发时，等待他们回来，没收其盗赃及乘马。如宰桑得知此种情况，罚征骆驼一峰，并须发誓始能免除其责任。
	二、汉译帕	对结伙抢劫扯尔哥斯、库班、克里米亚或吉尔吉斯人的盗匪，每个知情者皆应跟踪追击之。捕获这些盗匪者获重赏。盗匪业已行劫者，在其回来时要夺去其掠物和坐骑。宰桑知情者，罚骆驼一峰，或必须起誓为自己免责。
	三、俄本	如有人擅自在吉尔吉斯人、克里木人、切尔克斯人和库班人住地偷盗和抢劫，则应没收其全部盗窃之物，并没收他们乘骑来的所有马匹。如他们的宰桑知晓此盗窃案，则罚他四岁骆驼一匹，如宰桑说不知道此事，则找一个地位与他完全相等的人（即也是宰桑）代他宣誓。由抢劫者拿出一匹三岁骆驼给报案人。
	四、奇本	随意在库班、吉尔吉斯、克里木、哈萨克等鄂托克偷盗、抢劫，没收其全部偷抢之财物后，罚其全部乘马。其宰桑如知道［偷、抢之事］，罚四岁公驼一峰。如说不知道，要有像钉子一样牢靠的证人［证明］。揭发者要从去鄂托克偷抢者那里吃三岁公驼一峰。
	五、额本	偷盗、劫掠浩本、吉尔吉斯、哈拉姆、哈萨克等领地财物者，依法没收财物及偷盗者乘马。偷盗者所属宰桑纵容偷盗行为，处罚四岁公驼一峰。宰桑回避或推脱责任，必须有可靠者陪同起誓。检举揭发者获得三岁公驼奖励。
	六、本书	若有人从库班、吉尔吉斯、克里米亚、哈萨克等地任意偷盗和抢劫，没收其全部盗窃之物和所乘马匹，宰桑若知晓则罚四岁骆驼一峰，若称不知此事，找可靠之人立誓，何人首告获得三岁骆驼一峰，由偷盗之人支付。
	比勘	俄本“乘骑来的”，不准确；额本“浩本”“哈拉姆”不准确，没有译出“奖励”由谁出。
50	一、日译帕	在指定宫廷专用的土地上放牧而毁损［牧场］时，应向法庭交纳骆驼一峰及牲畜九头。
	二、汉译帕	在用做牙帐的地方牧畜，致草被吃尽或草地损坏者，要向法院罚驼一峰，牲畜 9 头。

续表

条序	版本	内容
50	三、俄本	践踏禁地幼苗和惊走野山羊者，罚九头牲畜，其中包括一匹骆驼。如不交出一定数量之粮食给王公，则按古法典处之。某人因不知规定杀了野山羊和践踏了幼苗地，则不定罪，但应由法庭调查清楚。
	四、奇本	放走围圈发情的公驼，使围起的野牲逃走这两件事，要以驼为首罚一九。在集赛审断的要以旧法处理。如不知公驼发情和围猎之事而坏事，不必批评，要经法庭调查弄清其知道还是不知道。
	五、额本	毁坏诺颜所属禁猎区，驱惊禁猎区野兽，处罚以骆驼为首的一九牲畜；不知禁猎区者，弄清真相后可免罪。延误或中断进献诺颜的首斯，按《蒙古・卫拉特法典》第二十五条处置。
	六、本书	破坏诺颜［圈禁的］驻营地和惊散围猎中的野兽，此两种事，罚以骆驼为首的一九牲畜，以轮值处审理的旧例为准。若不知是［诺颜圈禁的］驻营地和［正在］围猎的围场而破坏，无咎。通过审理判明其知情与否。
	比勘	日译帕本、汉译帕本，译文不全，有误。俄本译文第一句不准确，交不出粮食之句误。奇本“放走围圈发情的公驼”，误。额本“延误或中断进献诺颜的首斯”，误，少“以轮值处审理的旧例为准”一句。
51	一、日译帕	没有译。
	二、汉译帕	没有译。
	三、俄本	管寺庙清洁事宜的格隆、索伊班（Сойбоны）、额申（Йэшэи）（均系职称），和管理世俗事务之托因（Тойны，僧侣）以及护卫等人，经喇嘛、王公和村社许可而饮酒，则不处以罚款，若因其他原故饮酒，按上述法令罚款。
	四、奇本	没有译。
	五、额本	罗汉・达尔扎、格隆・楚勒特木・业喜等高级喇嘛公务饮酒，有其他喇嘛和诺颜作证，不予问罪；非公务饮酒，按本《补充》条款第一条处置。
	六、本书	阿里古罕达尔扎格隆楚勒图木业喜为首的噶伦等参与行政事务的托音管事之人，经大喇嘛或诺颜及众人许可饮酒，不罚。除此之外饮酒，依前面的法规处罚。
	比勘	俄本第一句前半段喇嘛称号，误断误译。额本“作证”，不准确。
52	一、日译帕	轻微的纠纷应向你们宰桑申诉，只有重要诉讼，应在上级法庭进行彻底争讼。 萨尔瓦・猛喀拉姆！（藏语，意为“万物哟，皆大欢喜！”）
	二、汉译帕	小的纠纷让你们的宰桑来处理，大的诉讼始属高级法院主管，斯时岌岌乎，烧红的斧子在等待。萨尔瓦芒迦拉木！

续表

条序	版本	内容
52	三、俄本	凡遇重大审判案，如应由宰桑本人亲自进行宣誓的盗窃案，应先调查一下；如果案件不重大，无须宰桑亲自宣誓时，只要与案件有关人宣誓即可。
	四、奇本	逼审偷盗者，如是与宰桑有牵连的重案，要握斧宣誓。如与宰桑无牵连之轻案，要逼审事主。
	五、额本	偷盗案件的起誓，涉及宰桑则属大案，须持斧立誓。
	六、本书	偷盗案件立誓，若需宰桑审理的重案，须持斧立誓，无需宰桑审理的小案，依法由相应之人立誓。
	比勘	日译帕本、汉译帕本误。俄本未译出“须持斧立誓”。奇本“要逼审事主”，不准确，应为相应之人。额本漏译后半句。
53	一、日译帕	没有译。
	二、汉译帕	没有译。
	三、俄本	苏丹山区发生盗窃案索取罚款如下：不交出人，就罚两匹三岁骆驼顶替；其他罚款与卡尔梅克人发生盗窃案索取的罚款一样；对村长之惩处和罚款也一样。
	四、奇本	［触犯］苏鲁丁山之罪，罚二峰四岁驼。其他民族与卡尔梅克人一样处罚。管领［苏鲁丁山］之民户头领［触犯］，也无区别［同样处罚］。
	五、额本	触犯苏鲁德山，按人头处罚三岁公驼二峰；所有部人的处罚均相同；苏鲁德山所在地札萨克艾里诺颜触犯禁忌，处罚三岁公驼二峰。
	六、本书	［冒犯］苏勒坦山罚以人命的雅拉，可以用两峰三岁骆驼代替。其他［族］人与卡尔梅克人无区别，其刑罚和对户长的处罚亦无区别。
	比勘	俄本全误。奇本“四岁驼”误，奇本、额本都没译出“人命的雅拉”。
54	一、日译帕	没有译。
	二、汉译帕	没有译。
	三、俄本	如有人，诸如喇嘛和有权势者庇护盗贼，则向此等人各罚四岁骆驼一匹送交王府；如果这些人矢口抵赖，则依法将他们当中抵赖者召来宣誓。
	四、奇本	谁要让喇嘛们、权贵们包庇偷盗者，法庭罚取四岁公驼一峰。如诡辩不承认，以前法逼审之。
	五、额本	送盗贼至喇嘛或诺颜处试图庇护，由法庭处罚四岁公驼一峰；抵赖庇护罪行者，根据本《补充》条例第二十九条规定起誓。

续表

条序	版本	内容
54	六、本书	若有人将盗贼庇护于大喇嘛、权贵之处，罚四岁骆驼一峰，收归官府。若此人抵赖，令其依法立誓。
	比勘	俄本将“喇嘛和有权势者”包括在被处罚之人内不准确。

后　记

本书作为国家社会科学基金重点项目成果，于 2016 年 12 月送交审核，于 2017 年结项。2019 年申请国家社科基金文库资助，2020 年 9 月获得立项。从 2010 年立项算起，至今已有十年，能够顺利结项和出版也是对这些年来努力工作的回报。即将付梓之际，最想感谢在项目研究过程中曾给予热情帮助的人。李杰先生将其珍藏的蒙古国重版戈尔斯通斯基俄译《1640 年蒙古—卫拉特法典》一书慷慨相赠，盛肖霞博士先后翻译数篇研究急需的俄文资料，陈岚博士为我搜集和复印多篇蒙古文学术论文，解了我的燃眉之急，使研究得以顺利进行，在此谨致诚挚的谢意！还要感谢匿名评审专家的鼓励和提出的宝贵意见。感谢中央民族大学历史文化学院彭勇院长对拙稿申报国家社科基金文库的支持和热情推荐出版社。感谢责编刘松弢先生为本书的立项和编辑给予的指导和付出的辛勤劳动。最后感谢老伴伊杰女士，独自承担家务，并抽出时间帮助录入相关资料。由于本人的学术水平和能力所限，本书中难免存在不足和错误之处，请读者不吝指正。

2020 年 12 月于复旦大学仁德公寓

责任编辑：刘松弢
封面设计：肖　辉　汪　阳
版式设计：肖　辉　周方亚

图书在版编目(CIP)数据

《卫拉特法典》研究/达力扎布 著. —北京:人民出版社,2021.9
(国家哲学社会科学成果文库)
ISBN 978 - 7 - 01 - 023335 - 2

Ⅰ.①卫… Ⅱ.①达… Ⅲ.①蒙古族-法典-研究-中国-蒙古语(中国少数民族语言) Ⅳ.①D929.49

中国版本图书馆 CIP 数据核字(2021)第 065158 号

《卫拉特法典》研究
WEILATE FADIAN YANJIU

达力扎布　著

人民出版社 出版发行
(100706　北京市东城区隆福寺街 99 号)

北京盛通印刷股份有限公司印刷　新华书店经销

2021 年 9 月第 1 版　2021 年 9 月北京第 1 次印刷
开本:710 毫米×1000 毫米 1/16　印张:33.5
字数:523 千字

ISBN 978 - 7 - 01 - 023335 - 2　定价:150.00 元

邮购地址 100706　北京市东城区隆福寺街 99 号
人民东方图书销售中心　电话 (010)65250042　65289539